Else Lasker-Schüler
Der Prinz von Theben
und andere Prosa

Herausgegeben von
Friedhelm Kemp

Suhrkamp

Gesammelte Werke
Band 2/1

Der Text folgt der dreibändigen Ausgabe
der Werke von Else Lasker-Schüler,
die 1959-1962 im Kösel Verlag München erschien.

suhrkamp taschenbuch 2848
Erste Auflage 1998
© dieser Ausgabe
Suhrkamp Verlag Frankfurt am Main 1996
Suhrkamp Taschenbuch Verlag
Alle Rechte vorbehalten, insbesondere das
des öffentlichen Vortrags, der Übertragung
durch Rundfunk und Fernsehen
sowie der Übersetzung, auch einzelner Teile.
Druck: Nomos Verlagsgesellschaft, Baden-Baden
Printed in Germany
Umschlag nach Entwürfen von
Willy Fleckhaus und Rolf Staudt

1 2 3 4 5 6 – 03 02 01 00 99 98

DAS PETER HILLE-BUCH

PETRUS DER FELSEN

Ich war aus der Stadt geflohen und sank erschöpft vor einem Felsen nieder und rastete einen Tropfen Leben lang, der war tiefer als tausend Jahre. Und eine Stimme riß sich vom Gipfel des Felsens los und rief: »Was geizst Du mit Dir!« Und ich schlug mein Auge empor und blühte auf, und mich herzte ein Glück, das mich auserlas. Und vom Gestein zur Erde stieg ein Mann mit hartem Bart- und Haupthaar, aber seine Augen waren samtne Hügel. Und kleine Kobolde kletterten über seinen Rücken und beklopften ihn mit ihren Hämmerchen und nannten ihn Petrus. Und wir stiegen ins Tal hinab, und der Mann mit dem harten Bart- und Haupthaar fragte mich, von wo ich käme – aber ich schwieg; die Nacht hatte meine Wege ausgelöscht, auch konnte ich mich nicht auf meinen Namen besinnen, heulende hungrige Norde hatten ihn zerrissen. Und der mit dem Felsennamen nannte mich Tino. Und ich küßte den Glanz seiner gemeißelten Hand und ging ihm zur Seite.

PETRUS UND ICH AUF DER WANDERUNG

Als wir auf die Landstraße kamen, begegnete uns ein Mann mit einem kurzen schwarzen Bart, der trug ein großes Buch auf dem Rücken und er sagte, seine Seele trüge er also bei sich. Und als er das große Buch aufschlug, war es voll von eitlen Buchstaben, die sich reimten. Und da Petrus wieder stehen blieb und mit den jungen Bäumen sprach, die an beiden Seiten der Chaussee standen, geschah es, daß der Mann mit der eitlen Seele mich verleiten wollte, Petrus nicht zu folgen. »Er kennt die Wege dieser Erde nicht, und haltloser ist er noch tausendmal mehr, wie Du es bist, und zwei Herumtreiber wird man Euch aufhalten an der nächsten Ecke.« Aber ich hielt meine Blicke fest auf den Gefundenen gerichtet, wie auf ein leuchtendes Land, wie auf ein Himmelreich mit blauen Gärten. Und als der Mann sah, daß er nichts ausrichten konnte, begann er mich zu schmähen, bis er von einem Graben verschlungen wurde.

PETRUS UND ICH AUF DER WANDERUNG

Vor einem Häuschen bei der Stadt wollte ich mich von Petrus eine Weile trennen – dort wohnte meine Schwester. Aber er trat durch das kleine Zauntor in den Garten. Und es kamen uns zwei liebliche Mädchen entgegen – das Bübchen in ihrer Mitte hatte sich von ihren Händen losgerissen, kletterte wie ein Wiesel auf einen Birnbaum, munteren Spatzen nach, von einem Ast zum andern. Es war mein Bübchen. Und Petrus fragte die beiden Mädchen, wie sie hießen. »Sage und Haidekraut.« Es sind meiner Schwester Kinder. Und zu Sage sagte Petrus: »Dein Gesichtchen ist ein schöner Blumenstrauß.« Denn Sage hatte Augen wie silberne Ähren und einen Malvenblütenmund, und wie Rosen glühten ihre Wangen. Und Haidekraut hob fragend ihr Gesichtchen: »Und Du, erzähle Deiner Mutter, bist ein sonnenfarbenes Prinzeßchen.« Und als ich in den Flur des Häuschens trat, sprangen die beiden lieblichen Mädchen

hinter mir her: »Mutti, Mutti, der liebe Gott ist draußen im Garten!« Aber meine Schwester hatte uns kommen sehn und war sehr nachdenklich. Ich wußte, daß die Majestät Petrus sie beängstigen würde – und sie erfaßte sorgenvoll meine Hände: »Willst Du nicht bei uns bleiben?«
Aber Petrus wandte sein Antlitz, und plötzlich war es hell über dem kleinen Blumengarten. Doch meine Schwester senkte betrübt den Kopf; ich riß mich los, streichelte Sage und Haidekraut, küßte meinen kleinen Wildfang und ging dem Herrlichen nach. Als ich mich umwandte, sah ich meine Schwester am Fenster stehen; ihre Augen waren verwundert aufgetan; sie blickte noch lange, lange hinter unsern Flug.

PETRUS UND ICH AUF DER WANDERUNG

Dann standen wir vor einem Herrenhaus. »Hier wohnt Onit von Wetterwehe,« sagte Petrus, und ich ging ihm nach durch das knarrende Tor. Ausgestreckt in der heißesten Sonne fanden wir den jungen Fürsten mitten im hohen Grase liegen, und vor ihm kauerte sich ein runder, zusammengeballter, rotköpfiger Schläfer; der hielt im Traume Possengespräche, und dem jungen Fürsten rannen die Tränen über die Wangen. »Nun, was meinst Du zu solch einem Tyrannen, dessen Narr sich am helllichten Tage schlafen legen muß, um ihm die Langeweile mit blödsinnigem Kauderwelsch zu vertreiben.«
Und Onit von Wetterwehe sprang auf, als er Petrus' Stimme hörte, umarmte ihn und betrachtete mich neu-

gierig. »Wer ist sie?« »Ja, das möchtest Du gerne wissen – gefunden habe ich sie – irgend ein fremder, gebräunter Stern hat sie wohl aus der Hand fallen lassen.« Und von der andern Seite des Gartens näherten sich drei Gestalten, die waren groß und schlank, und Petrus nannte den schönsten der beiden Jünglinge Antinous und den andern Grimmer von Geyerbogen, und Najade hieß der Brüder blauäugige Schwester. Und wir verwunderten uns und waren uns gut.

PETRUS UND DER MOND

Wir standen auf einem kleinen Hügel in der Nähe der Stadt und blickten in unsere Fernen. Auf die silberdunkle Linie zeigte Petrus, die Himmel und Erde vereinte. Er sagte: »Von dort bin ich gekommen.« Und es war mir offenbar: eine wandernde Landschaft ist er, die ersehnte Heimat der Jubelnden. Und als ich zu ihm reden wollte, erreichten ihn meine Augen nicht, höher war er gewachsen wie der Mond – und er hielt ihn in der Hand, den größten goldenen Reichsapfel. Ich rief. Da kamen alle die Knaben, die Petrus liebten, und die Mädchen, die um ihn wie um eine steinerne Urgestalt Tänze tanzten und blickten zu ihm auf. Aber er hatte den glänzendsten Stern zurück in die Wolken geworfen, und ein heftiger Regen ergoß sich. Wir stiegen den Hügel herab und traten unter breitlaubige Baumriesen. Die andern sahen wir fliehen zurück in die Stadt.

PETRUS-POSEIDON

»Ich würde mich gar nicht wundern, wenn ich eines Tages die Füße in Goldpantoffeln trage und eine Krone von Rubinen in meinen Haaren liegt. Und in den bunten Spiegelgalerien meines Palastes spiegele ich tausend und ein Mal mein strahlendes Geschmeide.« Und Petrus gütig: »Erzähle noch mehr, Prinzessin!« Aber mein Blut zeigte aus allen Poren auf mich, da ich noch an Nichtigkeiten dachte neben der Herrlichkeit, an deren Seite ich strömen durfte. Und Petrus-Poseidons Gesicht kam und ging und sein Bart war wie Schaum. »Warum sollst Du nicht von Flittergold träumen,« sagte er, »manchmal dünkt es mich, Du bist noch zu jung, um ins Meer zu fließen.« Aber ich eilte zu ihm und erfaßte stürmisch seine Hand.

PETRUS UND ICH BEIM PRUNKMAHL ONITS VON WETTERWEHE

Als wir kamen, eilten uns schwarze Diener in farbigen Festgewändern entgegen. Aber Petrus wehrte ihrer Beflissenheit: »Ihr wollt mich doch nicht meiner letzten Haut berauben?« Also betrat er in seinem grauen Mantel den goldenen Prunksaal, und ich lehnte an seiner Seite. Musikanten in bunten Vogelmasken zwitscherten zwischen blühenden Palmenbäumen auf ihren Zauberflöten, und Spaßmacher sprangen behende über die Galaschleppen der schönen Frauen, ihre Kautschukglieder verrenkten sich zu allerlei drolligen Figuren. Und Tabak, der Narr, saß auf der Tafel in einer großen Kristallschüssel, sein grüner Mund unzählige Male im Tausendschliff gewulstet. Und als wir in der Mitte des Saales standen, wo sich die vielen fremden Fürstlichkeiten paarten, senkte sich eine fremde Wolke schwer auf seine üppige Laune. Die schönen Prinzessinnen verbargen ihre verdutzten Gesichter in den Spitzen ihrer Seidenmäntel, indessen sich die Kavaliere um den erblaßten Gastgeber drängten; der aber eilte uns entgegen. »Ich habe meinen Hermelin zu Hause gelassen!« sagte Petrus lächelnd, und Onit von Wetterwehe wandte sich zu seinen Gästen: »Er hat ihn vergessen anzulegen vor lauter goldenem Träumen.« Und Antinous und Grimmer von Geyerbogen und Najade umringten uns und riefen die Zagenden herbei; dem rotäugigen Zwillingspaar mit den weißen Atlashaaren war Petrus schon im Traume erschienen und auch dem jungen König Otteweihe war also geschehn, seine schüchternen Augen blühten wie Knospen halb erschlossen. Aber einen Freudenschrei stieß der Häuptling Bugdahan aus – Petrus kannte seine wilden, blutigen Schlachtengesänge wohl. Und Raba kam, Bugdahans Schwester, und umarmte mich. Und von den Jerusalemitern traten einige zu uns heran; Onit liebte die dichtenden Söhne Zebaoths. Sie hatten blasse Wangen und schwermütige Lider, und der älteste mit den tröstenden Augen nannte sich Ben Ali Brom. Und Petrus zur Rechten saß Antinous und ich an der Seite seines Herzschlags. Und über uns gebärdete sich einer von den Musikanten unbändig, als er Petrus erblickte, sprang über die bunten Vogelköpfe, über das Geländer der Galerie herunter in den Saal und spielte Petrushymnen auf seiner Bratsche, am Rosenholz seines Stuhles gelehnt. Und Negerknaben mit langen Ohrgehängen reichen Edelspeisen auf goldenen Tabletts, Paradiesvögel mit blauen Früchten. Und Wein, aus Königstrauben gewonnen, gießen sie aus Smaragdkrügen in Prunkbecher – auf dem Grunde formen sich Perlen. Und neben Onit von Wetterwehe saß Weißgerte, die schönste der Prinzessinnen; ihr weißer Hals – Alpenschnee. Und rosige und blaue Libellen, die durch die Taumellüfte des Raumes schwebten, setzten sich auf ihre Flechten, sanken in ihre kleinen zitternden Stirnlocken und nippten Süße. »Du fragst mich,« antwortete Onit von Wetterwehe, »wer der vergötterte Bettelmann und sein Kind sind? Du wirst es mir bald selbst sagen.« Aber Weißgerte kräuselte ihre schlanken Prinzessinnenlippen, bog sich mit schillernder Tanzlustigkeit zu ihm über die blaue Seide der Tafel: »So stoß mit mir auf die Liebe an, Meister, wenn Du Dich nicht über sie erhoben hast.« Und Petrus schwang seinen Pokal, daß er in wilden Strömen überrann, aus seinem Barte lockten knisternde Sterne. Und Tabak, der Narr, hatte sich auf den Rand der Kristallschüssel gesetzt – er schielte unaufhörlich auf ihn – sein Blick stank. Aber Onit entführte mich dem seltsamen Mahle in seine weißen Rosengärten; dort zeigte er mir die Hecke, hinter der Dornröschen hundert Jahre im Zauberschlaf gelegen hatte. Und ein winziger, verrunzelter Zwerg spazierte über die glitzernden Kieswege; es war der kleinste, der um Schneewittchen war. Bimbam machte immer sein bemooster Kopf, und er sagte zu allem, was man ihn fragte, schon »ja«. Und den großen goldenen Schlüssel zu Onits Märchensammlung trug er um den Hals, und ich mußte das Kleid Scheherezadens anlegen. Und als wir zurück in den Prachtsaal traten, erkannten mich die Gäste nicht. Aber um Petrus knieten all die stolzen Prinzessinnen, und Weißgerte küßte den Saum seines schlichten Mantels, und die Kavaliere kredenzten selbst einen Becher. Und Petrus erfüllte den Wunsch der Lauschenden und erzählte ihnen, warum er unvermählt geblieben sei. Und als er am Vorabend der Herzensfeier seine Auserwählte vor ihrer Burg begehrte – stolz blickte der blaue See – »und in der Schlinge ihres Halses erstickte meine sündige Ungeduld. Sie war eine Schwanenjungfrau, Weißgerte. Aber als ich durch Arabien kam, trieb ich dem Kalifen die bösen Teufel aus, die sein Gehirn mit glühenden Nadeln pickten, und wie ein mächtiger Palmenbaum umfing mich seine Gunst. Aus einem Morgenschlummer holten mich seine Sklaven auf einer Karawane weißer Kamele, Brautschau zu halten unter seinen Töchtern. Ihre Schönheit wurde im Lande gepriesen; aber als sie im Geschmeide den Kalifensaal betraten und ihre Schleier lüfteten, fiel ich in eine vierzigtägige Ohnmacht. Sie hatten alle Totenköpfe. Und meine dritte Flamme war ein träumendes Prinzeßchen, goldblond, wie Du bist, Weißgerte. Das bat mich in der Zeit der Brautschaft, es nur alle dreißig Tage zu besuchen. Aber die Sehnsucht trieb mich, einmal vor der Zeit seine Lippen zu küssen – da hatte mein Prinzeßchen nur ein halbes Gesicht – es war ein Mondmädchen.«

Und als Petrus seine Liebesabenteuer zu erzählen beendet hatte, versteckten sich die schönen Prinzessinnen hinter den Säulen und Nischen des Saales; die Kavaliere lächelten beklommen, und selbst seinen Lieblingen bangte. Und Weißgerte sagte zu Onit von Wetterwehe: »Satan ist er.... Ich fürchte mich vor ihm.« Und sie verlangte, Buße zu tun für ihre übermütige Rede bei der Tafel; als sie nicht nachließ, in Petrus-Satan zu drängen, sagte er: »Wohlan, wenn Dich zu büßen sehnt, schöne Fürstin, magst Du mit Deiner kleinen goldenen Zahnbürste die Zinnen Deines Palastes putzen.« Und dann setzte Petrus den funkelnden Pokal noch einmal an den Mund; der Wein lohte auf in bunten, zischenden Flammen, und er schwang den Kragen seines Mantels um mich: wir schwebten über die Kronen der Gäste hinweg.

PETRUS UND DER NAZARENER

Und der Silberstern hing am Morgenhimmel und viele von den Jünglingen begleiteten uns, auch Onit, der fürstliche Gastgeber, und sein Leibarzt Kraft und auch der rundliche Tafelnarr und Antinous und Grimmer von Geyerbogen, und dicht hinter uns schritten Goldwarth, der unbändige der Musikanten, und der stille junge König Otteweihe, der wandte sich zu Petrus: »Alle hast Du mit Deinen leuchtenden Reden beschenkt, Meister, willst Du mich nicht auch reich machen?« »Das will ich tun, König Otteweihe,« und Petrus sagte ihm: »Dein Herz ist ein Wald von blühendem Geschweige.« Und leise verhallten die Schritte hinter uns; aber jubeln hörten wir die Jünglinge, und das waren goldene Klänge. Und als wir uns nach einer Weile nach ihnen umsahen, konnten wir sie gar nicht unterscheiden. »Echte Müßiggänger sind's, diese sorglose Bande.« Und wie eine bunte Schleife waren sie in der Ferne, die sich auflöste, verwickelte und sich wieder band. »Wie eine spielende Schleife...« sagte Petrus und lächelte. Und ich war so müde – ging mit geschlossenen Augen weiter, aber meine Gedanken konnten nicht schlafen. Und frische Winde kamen und tanzten mit meiner Müdigkeit dem Morgenläuten entgegen, und aus Petrus' Palmsonntagaugen standen selige Erinnerungen auf – ich hob mich andächtig auf meine Zehen, hineinzuschaun. Und als wir vor der Kirche standen, öffnete er das schwere Portal. Mütter beteten zur Mutter, und Kinder legten Blumen nieder vor dem Sternenknaben, und ich sah zum ersten Male Männer aus Stein, die Petrus ähnelten; sie hatten auch rauhes Haupthaar und trugen lange Bärte und hielten den Kopf gesenkt, aber sie hatten keinen Gipfel wie er. Und am Kreuz harrte der Nazarener; er litt unendlich, so festgenagelt, so blutgenagelt, so hergegeben... »Nimm ihn vom Kreuz, nimm ihn vom Kreuz!« – Und draußen betete die Erde zur Sonne, und auf der Treppe standen die Jünglinge und erwarteten uns; schön waren sie, und selbst der rundliche Narr glich einer schnurrigen Groteske eines seltenen altheidnischen Schmuckes aus kaiserlichem Schatze.

PETRUS UND DER SCHÄFER

Der Himmel füllte sich mit Blau. Die Kühle duftete, es war Mai. Petrus und ich ließen uns über den kleinen Fluß setzen, und als wir am andern Ufer waren, kam uns ein junger Schäfer entgegen mit seinen mäenden Zöglingen: »Na, das schwarze, das Du auf dem Rücken trägst, ist wohl Dein Lieblingsschäfchen?« Und der Knabe nickte... »Es ist meins, die andern Lämmer sind dem Gutsherrn seine.« »Verzeihlich wie eine Mutter handelt er,« sagte Petrus, und der zärtliche Hirte schaute sich noch lange Zeit neugierig um nach dem Knecht Ruprecht mit dem wilden Grimmbart. Und ich zeigte ihm zum erstenmal mein Kind. Es saß wie ein kleiner Reiter auf meiner Schulter. Petrus hatte es nie gesehen, aber nun, da er es in die Höhe hob, sagte er: »Deines Kindes Auge ist ein klarer Stern,« und er wußte auch nun, warum ich so oft um Abendzeit allerlei flüstere und singe: Wurzel-Purzellieder.

PETRUS-GEBURTSTAG

Am folgenden Tage... war der Petrus-Tag, da er an ihm geboren war. Und in der Frühe schon kamen seine Lieblinge und brachten ihm Geschenke, und auch die andern Knaben und Mädchen bekränzten ihn mit Rosen und goldenem Laub. Und wir setzten uns alle im Kreise um ihn, nur Klein-Pull fehlte. Der war von meiner Schulter heruntergeklettert, und wir hörten ihn leise mit einem kleinen Bürschchen murmeln hinter einem großen Eichenstamm. Und das kleine Bürschchen sah in seiner weiten Kapuze aus wie ein Erdmännchen, und niemand von uns hatte es kommen sehen. »Wenn Du mir Deinen Himbeerstrauch für Petrus seinen Geburtstag schenkst, so schenke ich Dir ein Döschen mit einem kleinen Döschen darin.« Aber das Erdmännchen schüttelte das Köpfchen und aß eine rote, süße Himbeere von seinem Strauch! »Ich schenke Dir ein Döschen,« rief Klein-Pull ungeduldig, »mit einem kleinen Döschen darin, und in dem kleinen Döschen ist noch ein kleineres Döschen, und in dem kleineren Döschen ist noch ein ganz, ganz kleineres Döschen darin, und ein ganz kleines Döselinken ist in dem ganz, ganz...« Auf einmal fing er laut an zu schreien, denn das Erdmännchen hatte in der Zeit alle die süßen, roten Himbeeren aufgegessen, sprang auf und lief in den Wald hinein.

AM NACHMITTAG VOR DER GEBURTSTAGSFEIER EREIGNETE SICH FOLGENDES:

Die Jünglinge waren noch nicht erschienen, aber Raba und Najade bestellten den Tisch mit Schüsseln voll Näschereien und Krügen mit rotem und goldenem Wein und schmückten mit Girlanden das Waldhäuschen. Und vor seiner Efeupforte wandelten auf und ab das herrliche Geburtstagskind und ich. Seine braunen Augen waren zwei Himmel, daher kam es auch, daß alle, die ihn sahen, – glaubten. Und wir bemerkten eine Schar Müßiggänger kommen, die waren in heftigem Wortwechsel. Und als sie uns gewahrten, beschleunigten sie ihre Schritte, und ich erkannte unter ihnen Jene, die sich dünkten, mit mir verwandt zu sein, und sie baten mich, ihnen meinen Sohn zu zeigen. Aber Raba guckte aus der kleinen Luke des Waldhäuschens und lächelte ob ihrer List. Und da ich mich also weigerte, wurden sie jähzornig und bewarfen meine Scham. Und Petrus schritt grimmig unter ihnen, sein Bart ballte sich. Und es geschah, daß Klein-Pull den Jünglingen vorausgeeilt war, und Petrus setzte ihn auf seine Hand und hob ihn über die Köpfe der Hämischen: »Ihr fragt nach dem Stern und kennt die Höhe nicht... aber hier seht ihn Euch an, ihrer Schulter entstiegen ist er!« Die Jünglinge schlugen die lästigen Feinde – nur Antinous blieb gläubig an meiner Seite. Und dann kehrte die Sonne heim mit silberner Armbrust, und wir tranken im Waldhaus den roten und goldenen Wein und aßen die süßen Bäckereien. Und Petrus trank aus einem schweren Riesenbecher, der sang immer Schelmenlieder, ein Geschenk seiner Lieblinge, und zwei der stärksten Negerknaben Onits von Wetterwehe mußten ihn jedesmal an seine Lippen setzen, wenn Petrus durstete.

PETRUS SETZT KLEIN-PULL IN DIE SONNE

Und Klein-Pull hatte alle schäumenden Reste aus den Bechern getrunken und schlich heimlich wieder unter den Haselnußstrauch und holte tief Atem und knurrte, als ob er schliefe. Aber in der Nacht hörte ihn Raba wimmern und weckte mich, und sie legte ihre stillen Hände auf meines Sohnes Stirn – die taten Wunder. Und ich mußte mich an seine Seite setzen neben Rabas Schoß und ihm Geschichtchen von allen Tieren erzählen und namentlich immer wieder die drollige eine von der Pavianmutter mit ihrem Kind. Auf der Kiste im Käfig sitzen sie beide – die Pavianin hält ihr schönes Paviänchen im Arm und singt:

Schlafe, schlafe,
Mein Rosenpöpchen,
Mein Zuckerläuschen,
Mein Goldflöhchen,
Morgen wird die Kaiserin aus Asien kommen
Mit Zucker, Schokoladen und Bombommen,
Schnell, schnell,
Hase-Hase machen,
Sonst kriegt Blaumäulchen nichts von den Sachen.

Und morgens setzte Petrus den blassen kleinen Pull auf einen bunten Blumenhügel, und die Sonne spielte mit ihm in ihrem kurzen, goldpunktierten Fransenkleidchen Fangeball.

DER HÄUPTLING BUGDAHAN BESUCHT UNS IN DER KALKFELSENSCHLUCHT

Und wir saßen in der Kalkfelsenschlucht wie in einem weißen Riesenkessel und erwarteten Bugdahan. Und Petrus rief ihm entgegen, indessen sich der Häuptling quälte, die steile Wand zu erklimmen: »Willkommen, Sam Bugdahan, wir machen es unsern Gästen nicht leicht, zu uns zu gelangen.« Aber des Häuptlings Wangen glänzten; seine knolligen Augen waren aus den Höhlen getreten, und von seiner Dichterstirn perlte die Freude. Gold hat sein Vater in den Urwäldern gegraben, und die Lust an Abenteuern hat sich in seinem Sohne vergeistigt. Und als er uns seine Kriegsgesänge vorgetragen hatte, meinte Petrus, er habe ganz deut-

lich gerostete Speere knarren und den Bumerang durch die Lüfte sausen hören. Und ich reichte unserm Gast einen frischen Trunk, ihm zur Ehre in einem Becher aus australischem Holz geschnitzt. »Unter seinem blühenden Schatten haben deine Väter Menschenhühnerfleisch gegessen, Häuptling Bugdahan.« Und er lachte so heftig über meinen kannibalischen Einfall, daß Petrus und ich ebenfalls in Lachlust verfielen, der kein Ende abzusehen war. »Mädchen, Du gefällst mir, willst Du nicht meiner Schwester Raba Gesellschaft leisten?« Ich steckte ihm meine Zunge heraus, die wurde immer breiter und röter, und ich habe Petrus nie sich so herzlich freuen sehen, zumal Bugdahan mich für einen Freudengötzen seines Glaubens hielt. »Mit dem muß man zu spaßen verstehen!«
Und er begann, seine steifen Glieder für den Heimweg zu üben; pustend purzelte er über die Felslehne – ich formte in der Zeit Bälle aus Erde und Lehm und bombardierte ihn, bis er auf der Landstraße war.

PETRUS UND ICH IM TEMPEL JEHOVAHS

Von der Chaussee steil auf stiegen viele Männer und Frauen mit ihren Kindern. Auf der Höhe steht der Sternentempel. Heute ist der Versöhnungstag des Jehovahvolkes. »Ehern und weich ist unser Tempel, süß und schwermütig seine Gesänge.« Und Petrus sagte: »Wir wollen auf die Höhe steigen.« Und die Wangen der Männer und Frauen wurden blaß und freudezitterten, als sie ihn sahen mit den leuchtenden Feiertagsaugen und dem ewigen Barte. Und der Priester sang, und tausend Stimmen antworteten: unendlich wie die Wellen der Flüsse Babylons. Leise las Petrus die hebräischen Gesänge der Bibel: »Wundervoll ist die Gestalt dieser alten Sprache; wie Harfen stehen die Schriftzeichen, und etliche sind gebogen aus feinen Saiten.« Ich berührte seine Hand und zeigte auf die vielen Silbersterne des weißen seidenen Vorhangs: er verbarg Allerheiligstes. Schweigend gingen wir nebeneinander über die rissigen Steinstufen des Tempels hinaus in die wehende Wärme. Die Birken der Chaussee berührten sich innig mit den Ästen. Und ich pflückte Petrus die Blumen, die am Wege standen.

PETRUS IN DER HÖHLE

Auf den Bergen konnten wir nicht mehr sein und auch nicht auf den Wiesen, und die Bäume der Wälder glichen mächtigen Eissäulen. Und wir froren und waren ohne Obdach. Und die Jünglinge hatten sich entzweit mit ihren Angehörigen, die sie ihres säumenden Wandels wegen schalten. Und Onit von Wetterwehe war mit seinem Leibarzt Kraft und seinem Tafelnarr über die Meere gefahren. Aber eines Tages kam Bugdahan, der Häuptling; er hatte eine Höhle entdeckt, nahe seinem Zelte. Und wir machten uns auf – Bugdahan an der Spitze, dann kamen Petrus und ich; uns folgten Antinous, Najade und Grimmer von Geyerbogen und ihnen: Goldwarth und sein Freund, der Jerusalemiter mit den tröstenden Augen. Und es gesellten sich noch viele von den anderen Jünglingen zu uns, die obdachlos waren und die von unserer Unterkunft wußten. Und wir zimmerten für Petrus einen Sessel aus weißem Birkenholz und polsterten ihn mit Farren und Moos. Und in der Frühe losten wir untereinander, wer tagsüber auf Raub ausgehen werde. Und wir brachten süße Sahne und Weizenbrote heim, die wir vor den Türen reicher Häuser fanden, plünderten große Kaufläden, und Grimmer raubte für Petrus einen Pelz, der wog einen Zentner schwer. Und die Abende wurden gefeiert; wir saßen um kleine Feuer, rauchten aus Pfeifen und tranken von den eroberten Weinen, und Petrus lehrte uns Zigeunerlieder.

PETRUS UND DER ARZT

Durch den blanken, grauen Himmel sahen wir deutlich Lenzblau sprießen. Petrus liegt am Rande eines Waldes; unter ihn haben wir seinen großen Mantel gebreitet. Und noch immer waren die Jünglinge nicht zu sehen, die um den Fiebernden wußten. Nur der eine saß an seiner Seite und ich zu seinen Füßen, und wir betrachteten ihn mit Sorgen. Von der rotleuchtenden Arzenei reichte ihm Antinous, Südwein, den er so liebte. Aber wenn er hustete, suchten wir ängstlich unsere Hände und lächelten uns scheu an über den gewaltigen Körper herüber, wie über ein hochatmendes Meer. Petrus schlief. »Ich liebe Dich,« sagte Antinous, »und ich möchte Deine Augen küssen, die sind wie Brombeeren.« Zaghaft näherten wir uns und verbargen uns hinter dem Schlafenden, hinter dem harten Gekrause seines Hauptes. Aber als wir wieder nachdenklich an unsern Plätzen saßen und die Augen auf zu Petrus hoben, erschraken wir heftig über seine Blässe. Und ich lief achtlos über die hohe Weizensaat; zu Raba wollte ich, daß sie mich ihr zauberblaues Sprüchlein lehre. Unermüdlich werde ich es hersagen, unzählige Male auf jeder Perle meiner Kette, bis das Wolkenfenster droben aufspringt und sich Tausendwärme über Petrus neigt. Aber der Weg, der zu den steilen Felsgehängen führte, war versperrt; umkehren mußte ich, aber ich freute mich, als ich sah, daß alle seine Lieblinge ihn umgaben. Und der Leibarzt Onits von Wetterwehe war es, der sich über seine wogende Brust unter den Tannenzweigen beugte und hin und her wankte vom heftigen Stoß des mächtigen Petrusherzens: »Euer rauher Nordsturm ist mit keinem Kraut zu vertreiben und nicht mit bitteren Pillen zu bombardieren, aber Mairegen will ich Euch verschreiben und Sonne!«

Und Onits Negerknaben trugen Petrus auf ihren Schultern in einer goldenen Sänfte in den weißen Rosengarten. Dort grünten schon die Zweige und seidige Vögelinen sangen. Und um Mittag kam im Strahlenkleid die wiegsame, goldene Frau und reichte Petrus den leuchtenden Pokal.

PETRUS-NOAH

Fleißige Engeljungfrauen spinnen feinen Seidenregen und sie gönnen sich keine Feierstunde. Wir sitzen zwischen alten zusammengezimmerten Brettern am Ufer eines Flusses – Petrus hebt die Hand und zeigt auf die schwere Finsternis. Zwei schwarze Märzwolken hebt die nächtliche Frau des Westens aus ihrem schwärzesten Keller, die sehen aus wie große Wasserkessel, und ein Heulen beginnt und das furchtbare Kreischen und Toben in der Höhe. »Das sind die Teufelchen,« erklärt Petrus, »und es wird nicht mehr zu lange dauern und wir haben, plumps, die Bescherung hier unten.« Und wirklich, die kleinen Teufelchen gossen die großen Wolkenkessel rücksichtslos auf die Erde, und die wilden Wasser überschwemmten die Wiesen und Wälder, und der Fluß unter uns erwachte und träumte nicht mehr. Und seine Stille schäumte, und wir waren so hoch mit den Fluten gewachsen bis zu den Tannenkronen der Wälder ringsum. Das schwankende morsche Dach über uns begann einzustürzen, und meine Kleider waren durchfeuchtet, aber Petrus saß und dichtete von singenden Blüten im Sonnenschein. Kein Tropfen näßte seine Hand, und sein Bart lag wie eine stille Welle: »Meine wilde, schwarze Taube, die ich mit mir nahm,« sagte Petrus und lächelte. Und die Tage und Nächte vergingen, und der spielende Streit nahm kein Ende. Aber wenn die Teufelchen müde waren und die Jungfrauen wieder ihre zarte Regenseide spannen, schwang ich mich über das eingesunkene Dach unserer Arche und pflückte die jungen grünen Tannenzäpfchen, die aßen wir; aber wenn die Lärmmacher wieder an die Reihe kamen mit ihrem Wassergeplätscher, hüllte ich mich in den großen Mantel von Petrus ein und lehnte mich an seinen Schoß. Und dann kam ein Morgen, der war sonnig und selig wie ein großes Brautgemach. Die Auen glitzerten von

Demanttropfen, und der Fluß genas und träumte wieder, und die Wälder dufteten, trugen neue grüne Kleider und Petrus-Noah erzählte: daß der Frühling der Glaube Gottes sei, der immer wieder zurückkehre in die Welt!

PETRUS UND DIE WEIDE

Er setzte sich unter eine verkrüppelte Weide. »Wie jung Du bist –« sagte ich zu ihm und betrachtete unter dem Gegrau der Baumhexe den Unaussprechlichen. Wie jung er ist in seiner Ewigkeit — Baldur ist er, der Gott mit den jubelnden Hellen! »Warum kommst Du nicht näher?« fragte er mich. Aber ich wartete auf etwas nie Geschehenes. Ein rotwangiger Sturm sprang über den Weg und weckte die schlafende Wurzelgreisin, und ihre zwei haarigen, knorpeligen Äste legten sich über braunleuchtende Locken. »Frühling, Frühling, der Frühling der ist da!« Mädchen wie schimmernde rote und blaue Libellen kamen und helläugige Kinder mit silbernen Glockenspielen, junge mutwillige Lämmer, so sprangen sie und feierten Frühlingsgeburtstag. Blau wehten die Himmelsfahnen.

PETRUS UND DER MAI

Es ist Mai, da blüht ein Silberstrauch, und dort einer mit rosa Blüten, und Petrus muß mir immer sagen, wie sie heißen. Und auf einmal war ich ihm weit vorangegangen – er stand mitten auf der Wiese und dichtete. »Ich werde mich nie von ihm trennen,« sagte ich ganz laut zum hellen Himmel, aber er hörte es gar nicht in seinem Lenzübermut. Doch die Jünglinge hatten es gehört; aus einem Versteck schallte ihr vierlauniges Lachen. Und sie hoben mich über den Dorn und banden mich mit Bastfäden. »Du mußt uns jetzt sagen, wen Petrus von uns am liebsten hat.« Ich weigerte mich, da verbanden sie mir die Augen und greifen sollte ich den Liebling seines Herzens. Und ich konnte nur noch ein kleines Tröpfchen Morgenschein sehn und darunter Antinous, und ich ergriff ihn, und er klatschte in die großen, schlanken Hände und tanzte mit mir einen ungestümen Tanz. »O Du herzige Petrusbotin!« Und er küßte mich unzählige Male. Und dann setzten wir uns alle nebeneinander auf das frische Grün, und sie drangen unbändig in mich, zu gestehen, wen ich von ihnen am liebsten hätte – und ich zeigte nach der Reihe auf jeden von ihnen. »Euer Leben spielt in Tönen vor mir hin, und ich liebe Euer Lied wie das hohe Lied, das alle tausend Jahre wieder aufklingt.« Und die Jünglinge riefen: »Sie hat zuviel von den grünen Lüften getrunken,« – aber ich war tief bewegt, und um meine Rührung zu verbergen, sprach ich salbungsvoll wie ein Prediger. Und hinter dem Zaun stand Petrus und lachte und schwang seinen Riesenbleistift über unsere Köpfe! »Eine Quelle ist Eure Freundin, die nicht mündet, eine Quelle, die aufsteigt und Euch plötzlich überströmt.«

PETRUS UND MEINE LIEBE

Wir wandelten immer um die Rotdornhecken eines Wundergartens. Ich fühlte auch mein Herz duften. Und Petrus nickte versonnen und ich dachte: Er ist ein Schöpfer, wie er so hinwandelt lächelnd, lächelnd... Ein Schöpfer, und er sammelte in seinen großen Güten den Honig meines Glückes für eine neue Welt, die er auf der Schulter trug. Manchmal schweiften seine Gedanken hinauf wie eine Schar junger Vögel und ruhten auf einer schmalen Weißwolke, und seine Augen weiteten sich, Sonne zu trinken, frisch von der Natur. Aber wenn ich eine Weile schwieg, dann sah er auf meine Lippen und sie jubelten: »Ich liebe den schönen Antinous und Onit von Wetterwehe mit den seidenen Augen und dem Starrwuchs um den Herzen, und den kecklaunigen Grimmer von Geyerbogen, und Goldwarths Lenzhaare liebe ich, das Sonnengefunkel auf seiner Stirn. Aber nachdenklich machen mich oft diese heftigen Strahlen der Untreue.« Und Petrus legte meine Hand in die seine und sagte: »Freue Dich über Deine springende Liebe, sie ist ein Kind und will spielen.«

BEI DER ZAUBERIN HELLMÜTE

»Man muß sie gesehen haben, wie der Schiffer auf dem Meer den Leuchtturm gesehen haben muß,« sagte Petrus zu mir, und wir schritten durch eine lange, verwitterte Halle in den runden, kühlen Vorhof. Ich habe immer nur von zarten Zauberinnen mit goldenen Haaren gehört; aber Hellmüte war nicht zart und goldgelockt, wie schwere Taue fiel ihr silberdunkles Haar herab zu beiden Seiten ihres stolzen Angesichts. »Hier bringe ich Dir meinen Kameraden, Tino nenne ich sie; es ist die grünrote Ausstrahlung ihres Blutes – oder weißt Du mir ihren älteren Namen zu sagen, Zauberin?« Und Hellmüte küßte mich auf beide Wangen, und als ich ihr meinen Sohn zeigen wollte, saß er nicht mehr auf meiner Schulter. Alle die Seltsamkeiten, die von der Decke hingen und die vielen ungetümen, verzerrten Fratzen an den Wänden – Klein-Pulls Köpfchen guckte furchtsam aus Petrus' großer Manteltasche. Aber die Zauberin holte ihn aus seinem Versteck, zeigte ihm ihren Marabu, der beleidigt in einem Winkel stand. Er hatte grüne Teichnäschereien zu seinem heutigen Namenstag erwartet, und glücklicherweise hatte Pull seinen Zuckerfrosch vom Jahrmarkt bei sich, und indessen sich beide anfreundeten, bewirtete uns ein Indianerknabe im Blätterrock mit weißem Burgunderwein. Und Hellmütens irrende Meeraugen waren auf Petrus gerichtet; aber er hielt den Kopf abgewendet und erzählte von keimenden Inseln. Und immer dazwischen die stumpfe Klappermusik – der Marabu unterhielt sich köstlich mit meinem Pull, und Hellmüte bat mich, ihr den Pull zu schenken! Sein Fez mit der Silberquaste war dem putzigen Gespielen vom Kahlkopf auf den morschen Schnabel gerutscht. Und als auch die Sonne zu spielen begann, entführte mich die Zauberin unbemerkt über Wendeltreppen in einen weiten Raum. »Ich möchte Deinen älteren Namen wissen.« Dort strahlte durch tausendkantig geschliffene Fenster unzähliges Licht. Einen Tropfen Blut meines Herzens entwand sie, zwischen Licht und Licht klärte er sich wie ein Rätsel. Und Hellmüte sann.

Als wir wieder auf der Landstraße waren, sagte Petrus zu mir: »Vordunkel ist Dein Blut; die Zauberin mag nach Deinem ältesten Namen sinnen.« Und wir sprachen zusammen die blaue Sprache, in der sich Himmel und Erde erzählen. Und vor uns die vielen Felder, mit Mairegen überschwemmt! Und wir hatten alle drei den gleichen Wunsch – zogen uns die Schuhe aus, faßten uns an die Hand und wateten durch den warmen Trunk.

DIE ZAUBERIN HELLMÜTE
SENDET UNS GESCHENKE

Und als Petrus meine finstere Stirn sah, wunderte er sich, da der Tag ein buntes, lustiges Kleid trug und aus schelmischem Blauauge guckte. Ich dachte an die Zauberin Hellmüte. »Mich ärgert es, daß sie nicht vor dem Schuh Deines Fußes verharrt und ihre heimlichen Träume fiebernde Meeresnächte um Dich weben.« Aber Petrus lächelte: »Du bist eine gar strenge Priesterin.« Wir setzten uns auf eine Bank, und über uns hingen unzählige Äste mit geöffneten weißen Dolden. Und Petrus erzählte, daß dieser Strauch ein Fremdling sei und aus dem Lande der Wunderhimmel stamme. Und er nahm seinen Stift und aus seiner Manteltasche die große weiße Papierrolle und dichtete; aber ich blickte über die weiten, grünen Schoße der Wiesen auf zu den Vögeln. Wie silberne Wirbelwinde kreisten sie durch die Lüfte – wer so spielen könnte! Auf einmal stand der Indianerknabe der Zauberin Hellmüte vor uns; er kam durch die Lüfte gesaust, der rothäutige Vogel mit dem bunten Federschmuck in dem schwarzen Glanzhaar, gelbe, rote und grüne Federn. Und er warf sich zu unsern Füßen nieder, und Petrus begrüßte ihn mit allerlei Hurraren seiner Muttersprache. Und der junge Wildling jauchzte: Kulaia, wiwua, malibam! Und von seinem Gürtel löste er einen blühenden Rosenstrauch. »Herr, den sendet Dir Hellmüte, die Zauberin!« Zwischen den Rosen lag ihr stolzer Ring mit den weißen Opalen, aber in den Steinen irrte ein schmerzliches Fieberlicht. Und mir schenkte sie Sandalen aus Löwinnenhaut mit Silberschnallen. Und auch Klein-Pull-Pascha hatte sie nicht vergessen – der Marabu sollte fernerhin sein Spielgefährte sein. »Aber am Zügel mußt Du ihn halten, Master Pull, damit er Dir nicht durchgeht wie mir, der Herumtreiber, der Leckerschnabel«; da kam er endlich bedächtig über den Wiesengraben geschritten. »Ihn lockten Froschsirenen,« sagte Petrus, und wir gingen ihm entgegen, und Pull setzte sich sofort auf den weichen Federrücken und ritt voran durch die lauschigen Baumwege, sich glückstrahlend umwendend nach allen Seiten, ob wir ihn auch sähen! Und wir kamen auf ein großes borsthaariges Feld; eine Schar Jungens mit roten Apfelbäckchen ließen ihre Drachen fliegen, und Pull schoß mit seinem Propfengewehr auf die weißen und roten Papierdrachen, bis sie alle tot waren. Und die Jungens staunten über den sonderbaren großen Vogel und küßten den mutigen kleinen Jägersmann. Petrus freute sich und sagte: »Schließe nie hinter ihm das Tor, die Illusion ist der getreueste Lehrer und die Natur das weiteste Schulzimmer.« Und die ganze Erde lachte, und lauter Blumen aus Sonnenschein fielen vom Himmel. Das war ein herrlicher Tag! Und Pulls Augen strahlten. Und als es dunkel wurde, schlief der Marabu zu seinen Füßen ein, aber ich mußte ihm noch das kleine Lampenliedchen singen:

  Lampe Pampe Rampe
  Kämmchen Flämmchen Lämmchen Du
  Döschen Klöschen Röschen
  Kleinchen Meinchen Du.

PETRUS UND MEIN KIND

»Morgen gehe ich nach den Rheinlanden,« sagte Petrus zu mir, »was wirst Du so lange treiben?« »Ich werde mit meinem Kind durch die Straßen spazieren gehen, wo Zuckerläden sind.« Und also spazierten wir Hand in Hand durch die warme Luft, und still gingen die Menschen aneinander vorüber. Nur mein Kindchen sprang an meiner Seite wie ein junges, braunes Zieglein. Zuerst fragte es mich, wohin Petrus gegangen sei, so ganz allein, ob er vielleicht den großen Sturm wieder aufdrehe und alle die Kreiselwinde. Dann blieben wir vor einem Zuckerladen stehen; Schornsteinfeger, Pferde, Hunde aus Schokolade und Zucker standen im Schaufenster und alle die roten und die grünen und die gelben und die lila Bonbons immer.... Und als wir am Abend heimgingen, schwebte am Himmel droben ein großer Wolkenmann mit langem, langem, flockigem Wolkenbart; Pull erkannte ihn sofort – und einen grauen Mantel trug er – und nickte uns zu und holte aus einer großen Wolkentüte den Mond, der war rot und rund wie ein dickes Himbeerbonbon.

PETRUS UNTER DEN ARBEITERN

Wir gingen durch den Nordosten der Stadt, wo der Lenz nicht blühen kann und erstickt wird zwischen Häuserengen. Und auf den Höfen spielen die Kinder, die armen mit Greisengesichtern und krummen Gelenken, aber ihre kleinen Herzchen sind rot und wollen spielen und jauchzen. Balken haben sie quer übereinander gelegt; es macht ihnen großes Quietschvergnügen, so hoppsasa in den Himmel zu fliegen. Aber als sie Petrus gewahrten, plumpsten sie unsanft auf den harten Asphalt zurück und Lottchen und Lieschen heulten – für den schwarzen Mann hielten sie Petrus. Ich glaube, er war stolz darauf. Und vor dem Eingang des schmucklosen, grauen Hauses erwartete uns Sennulf, der Kämpfer; er stürmte Petrus entgegen, wie ein Sehnender seinem Gott. Aber die versammelten Arbeiter murrten, als sie ihn gewahrten mit den segnenden Augen und dem leuchtenden Barte. »Wir wollen uns nicht vertrösten auf den Himmel der Toten; wir wollen ihn wie die Reichen schon auf Erden haben!« Und ich fürchtete um Petrus, denn manche von ihnen hatten die derben Hände geballt und drohten. Aber er sagte zu mir: »Ans Kreuz schlagen nur die Heimlichen und die erreichen mich nicht.« Und unter Sennulfs Schritt verdampften die letzten Flüche. Eine gebietende Keuschheit ging von seiner heißen Knabengestalt aus. »Er ist eine dunkle Birke,« – und seine

Worte wirbelten über das freiheitshungrige Volk, wie Frühlingslaub vor dem Gewitter. Und am Schluß des Abends traten einzelne an Petrus heran, unter ihnen ein dichtender Handwerker, er hieß Damm. Und viele Jünglinge waren des hohen Gastes wegen gekommen: Ludwill, der Mißtrauische mit den mürrischen Veilchenaugen, und sein Freund, der dürr aufgeschossene Heiligenmaler mit dem Glockenherzen, und Gorgonos, der Starre. Der hatte schillerndes Haar und einen toten Vipermund und zögerte, sich dem Herrlichen zu nähern, und neben ihm stand sein Tänzer und spielte mit dem Armband.

PETRUS ERPROBT MEINE LEIDENSCHAFT

> (Ich lege einen Kranz aus Rosen nieder auf das Grab eines Propheten.)

Zwei Ochsen ziehen unseren Karren, und auf dem Rükken des Gescheckten sitzt der Bauernbursch. Er hatte uns mitgenommen. »Kommt man ruff ohne lange Fisematenten!« Wir waren müde von unserer Wanderung und lagen ausgestreckt auf den knarrenden harten Brettern. Und als wir am Ziel waren, reichte Petrus dem jungen Knecht eine große Kognakflasche: »Tu Er einen tüchtigen Schluck zum Dank!« – »Der da sein woll der Herr Pankratius von den gestrengen Herren eener? Mit seen Sturmbart fuhr er im Mai über die uffschießende Saat.« Streng genug sah Petrus aus, und er zeigte auf den stillen Garten des Propheten; weiße Maulbeerbäume und Tragantsträucher umschlossen den Kuppeltempel wie eine rauschende Mauer. »Die Berge des Hochlands von Iran durchstreiften seine Vorfahren,« sagte Petrus, »und er formte in den Wolken den neuen Menschen aus der lachenden Mittagssonne seiner Heimat. Ein göttlicher Bildhauer fürwahr – und wer sich spiegeln möchte im Auge seiner Schöpfung, muß schon Flügel haben wie er selbst.« Ich lauschte andächtig, denn Petrus' Worte klangen wie eine Feier. Und den Kranz aus roten Rosen legte er um meinen Arm; wir ließen ihn binden in einer Gärtnerei am Wege, er glänzte noch hell nach Freudenschein des Mittags. Und einen Dolch steckte er in meinen Gürtel – ich wußte nicht, warum das geschah. Aber als ich durch das goldne Tor in die Stätte kam, schwollen mir süßliche Eitelkeiten entgegen, statt herber, eingesteinter Lüfte tausendjähriger Königsgräber – über ihre Säume schleichen Katzen wie lichtverlorene Schlummer. Und mich überkam Ekel und Zorn, da ich des Propheten Katzin sah; sie kauerte auf seinem toten Herzen, behaglich, wie auf einem Seidenkissen – ihr Rücken war seiner müden Füße Schemel gewesen. Und als ich zu Petrus zurückkehrte, brannte mein Leib, und er zog den Dolch aus meinem Gürtel, der blutete. Und da meine Hände keine Spuren zeigten, sagte er: »Du wirst meinem Andenken einen Thron bereiten.«

PETRUSSEHNEN

Wie die Rasenplätze eingeheckt sind, sie können sich nicht breiten, und die jungen Wasser sind von Dämmen gefangen. »Ähnlich wie ihnen geht es mir, Petrus, darum bin ich betrübt. Aber einmal an einem Herbstabend, Du leertest mit den Jünglingen schäumendes Gold aus Himmeln – ich lag abseits hinter den Gärten im freien Wiesenschoß. Und die Stürme riefen wie Wildvögel, und meine Seele riß alles Lahme von sich, und ich schnellte hin, über Dein Haupt, über die Meere Deiner Ehrfurcht, durch die Rosenreiche Deiner Milde, bis ich rastete auf Deines Herzens Gipfel. Du Gottrinker, so war ich einmal der Trank Deiner Trunkenheit.«

PETRUS ERINNERT MICH

»Nun sind wir ein Sternenleben zusammen gewandert,« – erinnerte mich Petrus – »und Du hast mir nie meinen Namen genannt.« Und ich sagte: »Jeder Nachtwolke, jedem Tag habe ich Deinen Namen genannt, und die Sonne hat ihm einen Altar gestickt... und einmal wird mich ein Leben Menschen wie Mauern umschließen, die Deinen Namen hören wollen. Und meine Stimme wird ein Ozean sein. *Du heißt wie die Welt heißt!*« Petrus nickte, und als ich zu ihm aufsah, strahlten unzählige Firmamente aus seinem Angesicht und es war grenzenlos, und ich mußte mich abwenden, um nicht blind zu werden. Aber ich fühlte meine Kraft, die sich losstieß, und ich bäumte mich und streckte mich, und meine Augen blieben weit vor all der Majestät.

PETRUS LEGT EINEN BAUERNSOHN
IN DIE ERDE ZURÜCK

Der Himmel glitzert wie ein reifes Ährenfeld. Petrus und ich liegen im Schatten eines Ahornbaumes. Frühherbst ist es, und die Lüfte versieden noch auf dem Sommerherd. Wir denken beide an das Erntefest, und ich schwenke mich wie das flotteste Schunkelpaar tausendmal im Kreis. Und den Gevattern Bauern muß ich nachahmen, wie sie sich die Kartoffelnasen schnäuzen. »Aber kernig sind diese fluchenden Pflügetiere, die haben keine Seele, die ihnen zu schaffen macht.« Männer kamen den schmalen Feldweg geschritten; sie trugen Heugabeln, Sensen und andere Gerätschaften auf dem Buckel, und vor ihnen schnüffelte ein zottiger Hund. »Na, fluchen könnt Ihr probabel an diesem herrlichen Abend, das muß man Euch lassen.« Der Derbste hatte schon wieder zum Vermaledeien seinen großen Heuschober aufgesperrt, aber der olle verrunzelte Bauer drohte. »Mang de Rippen komm ick Dir,« und dann geheimnisvoll: »Det is eener von de Apostels.« Und weiter meinte er, »der mit'm jroßen Bart könne ihm wohl seggen,« er zeigte auf seine sechs Söhne, »wo der siebente von de sechse herumflaniere. Sin Kopp nämlich hat er immer vor sich jehabt, det hat er von Muttern jeerbt, die hat alle Pflanzens jekennt und alle Vögels, aber von de Männers und de Weibsleut hat se nischt wissen jewollt, und ihre Arbeit ging immer so sachteken weg. Vorichte Nacht is se vor men Bette jeschlichen, so janz dichte ran mit det Sargjesichte, wie ne Heilje hat se jejickt und jeseggt hett se: ›Justav is dot‹. Drimol hett set jeseggt, und da muß's doch wahr sint.«

»Allerdings muß das wahr sein!« betonte Petrus, und die sechs Söhne verkrochen sich hinter dem Laubwerk des Ahornbaumes. Aber er rief sie und schritt ihnen voran. Die Garben standen wie goldene Säcke aufrecht, nur einige lagen umgestülpt auf dem borsthaarigen Getreidebogen. »Bauer, Du bist fürwahr ein Krösus,« rief Petrus, und die sechs Söhne bemühten sich plötzlich, hochdeutsch zu sprechen und immer dazwischen wie'n verschlissener Dudelsack det Ollen Fistelstimme: »Justav, Justav min Küken, kluck, kluck, kluck, kluck!« »Wie ihm sein Gewissen zusetzt, er wird schon sein Teil Schuld dran han.« Und als wir das dritte Feld betraten, überrannte der zottige Hund einige Garbensäcke, beschnüffelte die goldblasse, beleckte sie und jammerte wie ein Kind. Und Petrus beugte sich über den goldblassen Körper. »Bauer, hier ist Dein siebenter Sohn. Gold zwischen dem Golde des Herbstes.« Und ich bat Petrus, ihn zu erwecken. Aber er schüttelte ernsthaft den Kopf. »Bauer, Dein Sohn ist tot,« – und zu den Sechsen sich wendend: »Euer Bruder war ein Dichter.« Und der zitternde Hauch, der noch über dem Toten schimmerte, zerfloß. »Sag uns doch, wie heißt der Mann mit dem harten Bart?« Petrus nickte mir abwehrend zu, aber ich sagte zu den Brüdern: »*Der heißt wie die Welt heißt.*« Und der olle Bauer mit dem Wackelkopf meinte: »Ick hew's Euch anfänglich gesegst, det is keener von de unsrige.« Petrus erbat sich den toten Knaben; er ließ ihn noch unter dem scheidenden Tage liegen. Aber als es dunkel wurde, nahm er ihn auf die Schulter, bedeckte seinen Leib mit dem Kragen seines Mantels und schritt den Berg des Dorfes herab. Zwischen der Falte seiner Stirn schlief der Abend, und ich folgte dem großen Erzengel, der unter seinem Flügel den Unverstandenen barg. Nach drei Tagen legte ihn Petrus selbst in die Erde zurück.

PETRUS UND DER SMARAGD

Vor uns schimmerte der See in grünen Strahlensplittern. Wir sitzen auf einem niederen Hügel aus Kies und lassen die kleinen Dinger durch unsere Finger gleiten. »Sieh, was ich hier gefunden habe!« rief Petrus, und in der Hand hielt er einen durchsichtigen Stein und prüfte seine Reine. »Einen Smaragd habe ich gefunden! Du glücklicher kleiner Schelm, ich lasse ihn Dir in Strahlen fassen.« Aber ich machte Petrus den Vorschlag, lieber für seinen Ertrag den Sonnenwendtag eichenmetgolden zu feiern. Und wir eilten in die Stadt. Petrus hatte vorher den Edelstein zwischen meine beiden Hände gelegt, sorglich, wie in ein Schmuckkästchen. Im Schaufenster funkelten Diademe und Ketten aus bunten Lichtern und liebliche weiße Perlenringe, und ich schritt zagend hinter ihm in den Juwelenladen und wurde befangen, als die Verkäufer uns neugierig nach unsern Wünschen fragten. Triumphierend aber legte Petrus den kostbaren Fund auf die Oberfläche seiner Hand. »Zwischen Kiesel habe ich ihn gefunden, wie ich ihn nicht strahlender dichten könnte in der Krone einer Königin. Aber Euren Herrn will ich selbst fragen, ob er ihn erstehen will.« Der hatte ihn schon von ferne leuchten sehen und stellte mit ihm eine regelrechte Prüfung an. Von dem braunen Samt seines Ärmels hob er sich herrlich ab. »Ihr bringt mir da einen kostbaren Juwel, Meister; wenn Ihr mit zehn Goldstücken zufrieden seid, so wären wir einig?« Hinter den Glasschränken und hinter den Ladentischen gebückt, versuchten die Verkäufer ihr Lachen zu verbergen, indessen ihr Herr sich immer von neuem freute über das Feuer des Smaragds. Und als wir wieder vor dem Schaufenster standen, legte Petrus die zehn Goldstücke lächelnd in meine Hände, »für den eichenmetgoldenen Sonnenwendtag.« Aber als ich mich noch einmal vor der Biegung der Straße umwandte, sah ich den galanten Goldschmied, umringt von heitern Gesichtern, vor der Türe seines Goldladens stehen.

WIR FEIERN EICHENMETGOLDEN
DEN SONNENWENDTAG

Über dem Waldboden liegt ein wolliger Moosteppich, mit blauen und roten Beeren bestickt, und die Sommerkrone hat sich der letzte nordische Frühlingssprößling aufgesetzt. Männer, halb entblößt, schleppen auf ihren breiten Nacken Fässer voll Met herbei und an den Stangen junge Eberböcke aus Onit von Wetterwehes Jagden und bepflanzen mit Spießen und Gerätschaften unsern grünen Saal. Und Raba und Najade sitzen, eine schwarze Fee und eine blonde Fee, am Rand des Waldes und weben aus Farnen und seidenen Gräsern Gewänder und binden aus Eichenlaub und wilden Rosen Girlanden und einen mächtigen Kranz für Petrus-Wotans Haupt; wie Sonnengehege hängt sein Bart über seine kantige Brust. Und auf meiner Schulter sitzt Klein-Pull und ruft den

Jünglingen lauter bunte Einfälle entgegen. Über Bäche und Hecken setzend, nahen sie, mit Bärenhäuten bekleidet. Antinous sieht aus: ein verzauberter Sagenkönig, gelb strotzen die Locken seines Bruders, und Onits Augen eilen voraus, wie schlanke Jagdhunde. Und vor der Schar der Hornbläser schreitet Goldwarth, und zu beiden Seiten über die Waldwege zerstreut, springen Waldschrats, lachende Elfen im Arm tragend, und auch Tabak ist unter ihnen; aber die kleinen Waldfräuleins sträuben sich vor seiner Umarmung; er ist unrein, und sie tragen alle zauberweiße Morgenseide. Aber teilnahmslos blickt Gorgonos der Starre – sein Tänzer in Zitronenfalteratlas umtänzelt ihn, in seinen Ohren glitzern kostbare Ringe. Und ihm folgen die Adalinge, Ritter und Ritterinnen auf herrlichen Rossen und das rubinenäugige Zwillingspaar singend nebeneinander im Silbersattel. Weißgertens Lider sind geheimnisgroß geöffnet. Doch Bugdahans ungeschickte Füße stolpern über die buckligen Baumwurzeln, und neben ihm auf dem Stier reitet sein Vater, der greise Häuptling. Sein linker Arm hängt schlaff über dem Nacken des markigen Tieres. Feindliche Stämme hielten den gefürchteten Krieger als Geisel zurück, an einem Kokusbaum gebunden. Und als er Petrus-Wotan sah, weinte er vor Wonne. Und Petrus-Wotan bat ihn, mich zu segnen. Und Goldwarth hatte seine Mutter mitgebracht, die war von mädchenhafter Anmut, und Petrus sagte zu ihr: »Frouwe Emmelei, du bist so vil jung, ich wähn du seist mit deim son in der wiegen gelegen.« Und immer, wenn Petrus-Wotan die Arme zum Sturm anhob, schmetterten die Fanfaren. Und die Jünglinge bauten Altäre aus gefällten Stämmen und Ästen und ließen Opferrauch aufsteigen. Und die Elfen spielten um Petrus-Wotan Ringelkranz und die Waldschrats trieben ihre Neckereien. Und ich mußte mit dem Tänzer in Schmetterlingsgelb tanzen – wir waren nur Atem. Und in den mächtigen Humpen schäumte der goldträufelnde Honigtrank, und wir aßen das am Spieß gebratene Wild. Aber Petrus-Wotan vermißte Ben Ali Brom, den Jerusalemiter, und Raba, die Häuptlingsschwester, fing bitterlich an zu weinen: Bugdahan habe ihm die bleichen Wangen zerschlagen und ihm den Bart ausgerissen, weil seine Väter damals in Jerusalem die Schmach dem Tode vorzogen. Und der ganze Wald schüttelte sich mit uns vor Heiterkeit, und Gorgonos der Starre lachte, wie es an ihm die Schelmereien seines Tänzers nie vermocht hatten.

Und als der Tag vorübergerauscht war, erzählte uns Petrus-Wotan die Sagen des Nordens und weissagte, und es geschah: indessen eines seiner Augen vom Dunkel ausgelöscht wurde, sich das andere füllte und zwiefach strahlte – eine Mitternachtssonne. Und wir legten uns alle um ihn auf den weichen Waldboden und schliefen.

MEIN TRAUM

Am Morgen, als Petrus-Wotan und die Ritter und die Edeldamen und ihre Knappen, die Elfen und Waldschrats in tiefem Metschlummer lagen, fielen auch meine Augen zu, und ich zerfloß in allerlei Grüngold. – Und über den Boden des Waldes lag er hingestreckt, ein Eichenriese mit sternenjährigem Laubhaupt. Kichernde Elfen tanzten zweigereigeneige um ihn und zupften an seinem Strahlenbart, und eine Horde Waldschrats hatte sich auf seiner Brust versammelt und führte dort Bockskämpfe auf, und ein ganz kleines Waldschrätchen, es trug vorneher ein Butterblümchen um sein rosiges Stengelchen gewunden, versteckte sich in Petrus-Wotans großer Ohrmuschel – es war mein Pull.

PETRUS UND DIE JERUSALEMITER

Einige Tage nach dem großen Wotanfeste besuchten uns Ben Ali Brom und die andern Jerusalemiter; sie waren wieder in ihrer Heimat gewesen und brachten Petrus und mir Geschenke, Feierkleider und seidene Tücher, geschnitzte Kästchen und Schmuck aus Zedernholz und verzuckerte rote Rosen und andere Näschereien. Und barfuß kamen sie, wie zur Pilgerfahrt. Und Petrus redete viele sonnige Worte mit ihnen. Aber vom Walde her eilten die Jünglinge herbei, die hatten die Wünsche der Juden vernommen und fürchteten, Petrus würde sie erfüllen und ihnen voranziehen ins verlorene Land ihrer Väter. Aber er antwortete ihnen: »Wer seine Heimat nicht in sich trägt, dem wächst sie doch unter den Füßen fort.« Aber der jüngste der Fremdlinge setzte mir seinen Turban auf, und eine Trauer kam über mein Leben, wie die Schwermutwolke über den Goldhimmel, und meine Hände sehnten sich, mit Sternen zu spielen. »Sieh, Deiner Freundin Augen stehen gen Osten,« riefen die Jerusalemiter. Und Petrus schwankte, aber seine Lieblinge lachten über ihre göttliche List – und sie nahmen heimlich ihre Harfen und spielten darauf Mißtöne statt der Lieder lieblicher Zebaothländer. Und Petrus schalt sie. Und wir beide zogen auf die Berge und saßen auf den Gipfeln wie auf dem Buckel großer Dromedare. Sein Bart wehte – eine Königsfahne. Und in der Ferne sahen wir die Jünglinge trotzigen Hauptes heimwärts ziehen; ihnen zur Rechten und Linken gingen die Dichter mit den Turbanen, ihre Gebärden erzählten von Wundern.

PETRUS UND ICH AUF DEN BERGEN

Am andern Morgen waren wir in Wolken gehüllt. Und unten am Fuße der Berge gewahrten wir die Jünglinge und die beiden Mädchen Raba und Najade. Aber Petrus spielte mit einem kleinen Tautröpfchen; es glitzerte auf der Oberfläche seiner Zeushand wie ein Käferchen aus Perlmutter, wie ein süßes Seelchen, eine zitternde Tänzerin – immer traumweise.... ein kleines Goldfüßchen zierlich verschwebend. »So hat's doch etwas vom Leben gehabt, wenn es sich auch fürchtete auf meiner grausamen Hand,« – tröstete mich Petrus, denn es lag auf den harten Steinen und war tot. Aber im Innern der Berge donnerte es zu den blauen zeusblitzenden Adern seiner Stirn. Und um die Berge lagen hingestreckt die müden Jünglinge und die beiden Edelmädchen, wie junge Liebesgötter und Göttinnen.

PETRUS UND ICH AUF DEN BERGEN

Unten am See an der Felswand lehnte Goldwarth und spielte auf seiner Geige; die andern waren mit dem scheidenden Tag gegangen. »Er liebt Dich,« sagte Petrus, »ein Knabe ist er in Rüstung und trotzen wird er allen Deinen Stürmen.« Und der erste Stern ging auf wie ein silberzitternder Ring, und um den Abendwind gewunden schwebte des treuen Geigers sehnsüchtiges, duftiges Spiel zu uns empor. Und dann war es, als ob er plötzlich versänke in den See.

PETRUS UND ICH AUF DEN BERGEN

Über uns blutete die Abendröte, wie ein Schlachtfeld gefallener Kämpfer; aber die sanfte Nacht beugte sich tröstend über die roten, sterbenden Wolken, und ihr großes Goldauge suchte Gott. »Warum schuf er sich gestaltlos, warum tat er das?« »Damit er sich nicht beenge und begrenze,« sagte Petrus, »und er breitet über alles sich.« Und wir stiegen die Wolkenstufen hinan, und Petrus lehrte mich die Namen vieler Sterne, die groß aufleuchteten, wenn er auf sie zeigte. Und ich rief helle Jubeltöne zur Erde – mein Menschenkleid verwehte. Und ich wurde unbändig, als Petrus wieder mit mir zur Erde steigen wollte. »Ich mag nicht mehr unter die Herzen gehen.« Aber er erinnerte mich an Antinous und an seine Liebe zu mir und an die blonden, rosenlockigen Schalklaunen Grimmers. »Und was würde der fürstliche Gastgeber sagen und Goldwarths Geigenspiel klagen. Tausend Hände mußt Du ihnen zum Rosenreigen um den Tag reichen und Dich in den Nächten nach Fluren sehnen. Nichts soll an Dir ungeblüht bleiben, willst Du wie ich, einmal gestillt, das Leben trinken.« Und ich erfaßte seine Hand und versteckte mein Gesicht. Gottwünsche waren die jubelnden Knaben und wie ich ein Tropfen seiner Ewigkeit. Die Auen und Wälder schlummerten in ihrer Grüne, dahinter die hungernde Stadt, ein furchtbares Gebiß von spitzgetürmten grauen Häusern. Und Petrus zeigte auf die hungernde Stadt und betonte: »Sie wird Dich nicht zerreißen um meinetwillen.«

PETRUS UND ICH AUF DEN BERGEN

In der Stadt ging die Kunde, Petrus sei mit dem Knaben (sie nannten mich also) in der Nacht oben auf den Bergen vom Blitz erschlagen worden. Und es versammelten sich alle, die um ihn wußten, und noch viele, die ihn zu sehen begierig waren. Und als sie ihn lebend auf der Höhe erblickten, stießen sie in große Hörner und ließen Raketen zum Himmel steigen, die aufklangen unter dem Blau in bunten Sternen. Aber Petrus' Antlitz wurde immer verfaltigter und abgewandter, und es war, als wüchse es in den Himmel hinein und sein Bart hob sich über die Welt. Und ich lag wie ein Ring um seinen Fuß, der war wie Stein. Und Petrus redete zu den Lärmenden, aber ich hörte seine Worte nicht vor dem Dröhnen seiner Stimme; aber das Volk da unten an den Wassern horchte gebannt, und die Wälder ringsum rauschten noch lange und finster:

Der Abend ruht auf meiner Stirne,
Ich habe dich nicht murmeln gehört, Mensch,
Dein Herz nicht rauschen gehört –
Und ist dein Herz nicht die tiefste Muschel der Erde!
O, wie ich träumte nach diesem Erdton.
Ich lauschte dem Klingen deiner Freude,
An deinem Zagen lehnte ich und horchte,
Aber tot ist dein Herz und erdvergessen.
O, wie ich sann nach diesem Erdton...
Der Abend drückt ihn kühl auf meine Stirne.

PETRUS UND ICH AUF DEN BERGEN

Schon drei Tage und drei Nächte saßen wir da oben, und manchmal flogen Scharen von wilden Gänsen an uns vorbei und Stürme vertauschten sich über uns; wohin sie wohl rauschen mögen? Und wir spürten keine Sehnsucht nach dem Tal, aber braunverbrannt war unsere Haut, und dörr hing unser Haar über die Schultern herab, und nach Regen sehnten wir uns mit dem Boden, auf dem wir saßen. Und Petrus legte zum erstenmal seinen grauen Mantel ab, und ich sah, wie schmal seine Schultern waren, aber wie gewaltig sein Haupt stieg, wie ein Ruf aus der Höhe über die Erde. »Mit wem redest Du, Petrus?« Seine Lippen bewegten sich leise gegen Westen. »Ich rede mit dem Fernsten, der mich geleiten wird.« Und dann fragte er mich: »Was wirst Du tun, wenn ich auf einem andern Stern wandle?« Und als Petrus sah, wie traurig ich wurde, senkte er den Kopf und erzählte mir Träume und Märchen aus den Städten der Goldmutter.

PETRUS UND ICH AUF DEN BERGEN

Am liebsten hörte ich von der Lagunenstadt, der Lieblingsstadt meiner Mutter; dann stiegen Wohlgerüche auf, die mich einwiegten. Schon ihre Vorfahren mit dem Zeichen Davids waren die Gäste der Dogen gewesen. »Manchmal dünkt es mich,« sagte Petrus, »Du hast dieselben Augen meines tiefsten Traumes.« Auf seinem Herzen stand er geschrieben mit den Sternenlettern meiner Mutter, und die Gondolieri erzählen ihn heute noch den fremden Fahrgästen, wenn sie am St. Markusplatz vorbeigondeln. Vor seinem Dome steht St. Marco. Die golddurchäderte Marmorpalme zu seinen Füßen entfiel seiner Hand, als er aus seiner Nische trat und die fremde Signora segnete. Wie ein blauer Samtbaldachin hing der Himmel über dem Schalkwillen der Stadt. »Und die Sterne haben es sich am Abend erzählt,« sagte Petrus, »per omnia saecula saeculorum«. Und sein Blick versank in Tausendtiefen. Harte Falten umhüllten seinen Leib, und er war nur Gestalt und kein Körper mehr. Ich hatte ihn schon einmal so gesehen in meiner ersten Blüte Blut, ihn nur gefühlt unter lauschendem Herzschlag zwischen zärtlicher Nacht von seidiger Haut umwebt. Und ich fürchtete mich; er war ein Zauberer, und ich stürzte die Berge herab, mir voraus mein Herz, über die Wiesen und Hecken, und ein Turm war mein Kopf; ich konnte mich nicht wiederfinden — — — — — — —
— — — — — — — — — — — — — — — — —

Es war im Spätfrühmonat 1903, als mich die Furcht vom Erdältesten vertrieb.

DIE JÜNGLINGE FINDEN MICH
AN DER HECKE

Vor einer Hecke lag ich, und die Jünglinge standen im Kreise um mich und flüsterten und wunderten sich, daß Petrus nicht bei mir war. Und als ich die Augen aufschlug, sah ich in blasse Gesichter. »Weshalb sind Deine Haare zerzaust und Dein Kleid zerrissen?« Und da ich nicht antwortete, legte Goldwarth seinen Samtrock unter meinen Kopf und bettete mich und streichelte meine zitternden Hände. Und Antinous weinte. Und da kam Bugdahan, der Räuber, und sagte zu ihnen: »In Schwermut ist sie gefallen, fest geschlossen sind ihre Lippen, die am Sonnenwendtag geöffnet standen. Eilt zu dem Leuchtenden und sagt ihm, daß er nicht zögern solle, denn die Seele seiner Freundin sinke in die furchtbarste Schlucht.« Unterdessen ging er und holte seine Schwester Raba, die brachte mir einen Tee aus heilenden Wunderkräutern ihrer Heimat und legte mir einen Stern von Metall auf die Brust und er alles Böse verbanne. Und Najade kam, Antinous' Schwester, und ihre Arme wiegten mich, wie seidene Maiwinde. Aber mein Blut blieb taub und mein Herz blind. Und der Abend blickte mit verschleiertem Auge auf die Erde, und endlich sahen wir die Jünglinge nahen, die gegangen waren, Petrus zu holen; aber sie brachten ihn nicht, und ihre Köpfe hingen wie welke Früchte herab auf der Brust.

GOLDWARTH TRÖSTET MICH
IN DER SCHWERMUT

Es hat eingeschlagen! Und ich erkannte die Stimme von Petrus; noch rollte das Donnerwort kugelab über den Rücken der Welt. Und die Jünglinge jauchzten, da sie wieder in meine Augen sahen. Graue Leinwand hing wie ein Schirm über uns gebreitet, und Scheite von kleinen Ästen brannten, denn die Nacht war nackt und ihr Atem kühl! Najade erhob sich und erinnerte Antinous: »Die Schwestern bangen sich um uns, und weit liegt der Weg noch hinter den Auen.« Und Raba sprach von ihrem alten, besorgten Vater, der nicht schlafen könne, »und schon singt der Frühstern sein Glockenlied.« Und die weißen Fahnenarme winkten von der Burg Onits von Wetterwehe. Die Fürstin Weißgerte steht vor dem Tor und stößt in ihr goldenes Jagdhorn. »Lebe wohl, Tino, grüße den Leuchtenden!« Und die andern Jünglinge folgten ihm. Und als Bugdahan, der Räuber, sah, daß mein Blick sie nicht gehen lassen wollte, sagte er: »Mädchen, Freundschaft ist ein Froschwort!« Aber Goldwarth saß still an meiner Seite. »Hast Du niemanden, der Dich ruft?« Und er küßte meine Wange und sagte: »Ich höre ihr Rufen nicht vor Deinem Schweigen!« Aber Bugdahan warnte ihn und sah schmerzlich auf uns beide. »O Jüngling, wenn Dir Dein goldenes Haar nicht leuchtet, so steht es schlimm um Dich!« Ich fühlte mich wieder von Grüften verschlungen.

ICH SUCHE IHN

Aber als es Morgen wurde und Goldwarth in einen fremden Garten eindrang, mir Blumen zu pflücken, raffte ich mich auf und flüchtete über die weiten Wiesen. Und ich rastete nicht, bis ich die Berge sah und ihn auf dem Gipfel. Ich rief, aber es schallte dumpf zurück, und ich fühlte plötzlich, daß ich ihn nie mehr erreichen würde. Immer wenn ich auf den Bergen stand, wandelte er im Tal, und manchmal glaubte ich, das Tal wandle um ihn, und wenn ich über die spitzen Steine talwärts schritt, stand er oben auf der Höhe. Und ich suchte nach seiner Stimme, denn meine Füße bluteten schon. Endlich in einer späten Abendstunde hörte ich meinen Namen rufen – und dann: »Mädchen, das mich sucht, meines Herzschlags tiefster, es liegt eine schwere Wanderung hinter mir, von Welt zu Welt, ich habe nicht mehr weit bis zum himmlischen Stern.« Ich lauschte noch lange, aber immer dichter sank der Nebel zwischen uns.

ZWEI GROSSE ENGEL TRAGEN
PETRUS INS TAL

Ich saß am Wasser und benetzte mein Gesicht, und die kleinen Kräuselwellen spielten mit meinen müden Händen und Füßen. Ich hatte Petrus schon tagelang nicht gesehen, und ich wußte, daß er am blauen Strand gelandet sei. Und zwei Männer fragten mich nach dem nächsten Weg zur Stadt; sie trugen eine Bahre und hatten ernste, schwebende Augen. Ich ahnte, wen sie trugen, und neigte mich vor dem Verhüllten. Aber als ich die Bahrenträger in der Ferne sah, schrie ich so laut – und der See stand still; die Frühlingswinde erstarrten, und der Himmel fiel auf die Welt herab in wilden Tränen. Und ich zerriß mein Gewand und verbarg mein banges Gesicht in die Erde.

AM MITTAG

Und mein Herz war wie ein großer Sarg, aber ein Sturm erhob sich und zerriß das junge Laub der Wälder und schüttelte an die Felsen, und ihre Gipfel schwankten furchtbar. Und meine Haare flogen wie Trauerschleier über den See, immer weiter, bis über die Dächer der Stadt. Da legten sich zwei Arme tröstend um mich; sie trugen zerrissene Ketten – Sennulf der Kämpfer war es. Er hatte vom Kerkerfenster aus die Männer mit den ernsten, schwebenden Augen vorüber schreiten sehen und durch das dichte Linnen das schlafende Antlitz des Herrlichsten erkannt. Und in der Ferne sah ich die Jünglinge heraneilen, sie hatten mich nicht am Fuß der Berge vermutet. Und wir küßten uns alle auf den Mund und weinten.

AM ABEND

Zwei rotbäckige Kinder kamen am Abend über die Berge den See entlang geschritten. Der Knabe trug einen großen, großen Bleistift und das Mädchen eine starke Papierrolle und freuten sich über ihren schönen Fund. Ich ließ ihnen beides, denn Petrus liebte die Kleinen.

ICH ERSCHLAGE TABAK

Am Morgen des Begräbnisses begegnete mir Tabak, der Narr; er grinste, und seine Lippen waren gritzegrün. Und in der Hand hielt er einen Kranz, und statt der Rosen waren kleine Kerzen zwischen den Blüten angebracht. »Den soll Petrus zur Wallfahrt in den Himmel um den Hals tragen, denn für den Abend ist eine Mondfinsternis prophezeit.« Die Jünglinge, die langsam des Weges hinter mir gegangen waren, hatten seine lose Rede gehört und erblichen, aber sie neigten sich stumm vor dem wehmütigen Morgen. Ich aber schritt hastig weiter, dem Grünmaul voran. Hinter die Büsche lockte ich ihn; wutrot brannte der Himmel zwischen dem Laub, und ich erhob meine Faust, die war vom Wetterleuchten gestählt, und erschlug ihn und verscharrte ihn unter Erde und Ästen.

PETRUS GRAB

Und von allen Richtungen kamen Scharen herbei, Männer, die Petrus kannten, und solche, die ihn nur gesehen hatten, und Frauen, die ihm begegnet waren – sie trugen alle Trauer. Aber wir hatten unsere Feierkleider angelegt, denn Petrus wußte nur vom heiteren Tod zu erzählen, der Hand in Hand mit dem Leben geht. Und seine Lieblinge standen auf dem Erdhügel vor seiner Gruft und hinter ihnen Kraft, der Leibarzt, und Bugdahan mit seinem greisen Vater. Und andächtig auf ihren Knieen lagen die Mädchen und Knaben, die um ihn, wie um eine steinerne Urgestalt, Tänze getanzt hatten. Und die Kavaliere kamen und die Fürstinnen vom Prunkmahle Onits von Wetterwehe; Weißgerte und die Zwillingsprinzessinnen weinten. Und König Otteweihe war zurückgekehrt vom Ozean; er hatte die ahnende Wolke am Himmel vorbeiziehen sehen. Und Gorgonos der Starre lehnte an seinem Tänzer, und Ben Ali Brom und die andern Jerusalemiter beteten. Und Ludwill und den Heiligenmaler mit der läutenden Einfalt und Damm, den Handwerker, erkannte ich und noch viele aus dem schmucklosen, grauen Hause im Südosten der Stadt, die gemurrt haben, als sie Petrus gewahrten. Ich aber stand fern vom Grabe. Und immer neue Wanderer, Reiche und Arme an Krücken betraten den stillen Garten mit den großen Denkmälern, mit den steinernen Stämmen, die nicht blühen und verblühen. Und ich dachte: Wie oft er wohl schon verblüht sein mag, da er so voll von leuchtendem Leben bis in den Himmel hinein blühte. Ich hatte die Augen tief geschlossen, aber Rabas Hand fühlte ich auf der meinen und Najades warmen Atem. Und Hellmüte, die Zauberin, hielt mich umschlungen und forschte bang in meinen Zügen. Ich hörte gläserne Engel singen über dem kühlen Garten, bis seine Hülle im Grabe lag.

ER HEISST WIE DIE WELT HEISST

Und als die letzten den kühlen Garten verlassen hatten und durch das lächelnde Petruswetter heimwärts wandelten, nahm ich von den Jünglingen Abschied: »Soll Dich nicht einer von uns begleiten?« Sie wußten, mich zog es nach dem Thron der Berge zurück. Und ich blieb drei Tage und drei Nächte. In den Nächten blickte ich in den größten Stern, in den seligen, goldenen Tempel, und am Tage wartete ich auf die Nacht. Und nur einmal näherte sich einer den Bergen (ich kannte ihn nicht); aber als er mich fand, bat er, meine Stirne küssen zu dürfen, da sie sein Bild trug. Aber ich zeigte auf den moosigen Stein der Höhe, auf dem Petrus so oft geruht hatte. Vor dem fiel der Fremdling nieder und betete in der Sprache seiner Heimat. Und am Morgen des vierten Tages schritt ich die Berge herab und mir nach viel schwer Geröll, und ich bog noch einmal den Pfad zu seinem Grabe ein. Unter dem weißen Traumkleide der Frühe umkreiste eine Schar tanzender Teufel sein Grab, und sie versuchten, sich zu verbergen, als sie mich gewahrten. Aber ich winkte ihnen, ihre Totenfeier zu beenden; es waren die treuen Negerknaben Onits von Wetterwehe. Auf dem Grabe blühten noch die Kränze der Trauernden, und die Blumen Rabas und Najadens standen voll von Tränen, und wie ein Beet duftete der Kranz seiner Lieblinge – er trug eine weiße Seidenschleife – darauf in Goldbuchstaben: Dem jubelnden Propheten. Und ich schrieb in die Erde:

Er heißt wie die Welt heißt.

DIE NÄCHTE DER TINO VON BAGDAD

ICH TANZE IN DER MOSCHEE

Du mußt mich drei Tage nach der Regenzeit besuchen, dann ist der Nil zurückgetreten, und große Blumen leuchten in meinen Gärten, und auch ich steige aus der Erde und atme. Eine sternenjährige Mumie bin ich und tanze in der Zeit der Fluren. Feierlich steht mein Auge und prophetisch hebt sich mein Arm, und über die Stirne zieht der Tanz eine schmale Flamme und sie erblaßt und rötet sich wieder von der Unterlippe bis zum Kinn. Und die vielen bunten Perlen klingen um meinen Hals.... oh, machmêde macheiï..... hier steht noch der Schein meines Fußes, meine Schultern zucken leise machmêde macheiï, immer wiegen meine Lenden meinen Leib, wie einen dunkelgoldenen Stern. Derwi, Derwisch, ein Stern ist mein Leib. Machmêde, macheiï, meine Lippen schmerzen nicht mehr... rauschesüß tröpfelt mein Blut, und immer träumender hebt sich mein Finger – geheimnisvoll, wie der Stengel der Allahblume..... Machmêde, macheiï, fächelt mein Antlitz hin und her – streckt sich viperschnell, und in den Steinring meines Ohres verfängt sich mein Tanz. Machmêde macheiï, machmêde machmêde . . . .

DAS BLAUE GEMACH

Und seit einigen Tagen beginnt meine Krone zu zittern, ich fühle ein leichtes Brennen auf der Stirn, und meine Augen sind halb geschlossen. Ich bin grenzenlos traurig, es ist, als ob sie mich überschütte, die Traurigkeit, wie dumpfes Nebelweinen eine Stadt. Meine dunkelhäutigen Sklavinnen standen wie schwarze Marmorsäulen um mich, und immer verharrte die Liebe vor meiner Seele, wie vor einem Tempel. Um mich zu belustigen, feiert der Khedive Freudenfeste... Dudelsackpfeifer und Flötenspieler machen helle, grüne Musik. Gaukler mit zerzausten Flachsperücken springen katzenbehende über schmale Stufen, klettern auf schwankende Bambusrohre und schwingen sich über die Bogengelände des Palastes. Der Weinschenk und die Speiseträger tragen Krokodilmasken, und Spaßmacher mit buntgeschminkten Händen und Füßen drehen Kreise mit ihren wilden, weiten, schellenbehangenen Röcken. Aber meine Augen sind halb geschlossen, und die harten roten Steine meiner Krone zerfließen – und meine schlanken Sklavinnen biegen sich wie Pinienstämme und lauschen heimlich dem Fieber meines tausendjährigen Herzens. Und wenn du wieder hier in der Heimat bist, Senna Pascha, so wirst du auf der Stirne der großen Pyramide in Hieroglyphen meinen Namen lesen.

Senna Pascha – – – ich sitze auf dem Rosenbeet hinter den silbernen Dachfirnen des Palastes und blicke hinüber – – über einen Wald von Pharaonenbäumen... – – unter der großen leuchtenden Kuppel lag der Harem, und ich starre auf das Fenster meines verlassenen Gemachs mit seinen blauen Wänden. Neben der stolzen, leuchtenden Kuppel erhebt sich die schwere Fahne des Botschafters wie eine fremde, abwehrende Hand. Ich bin endlos traurig – – es ist, als ob ich ersticke unter der Traurigkeit wie unter einer Wüste von Sandtropfen. Ich habe nie eine Prinzessin oder einen Prinzen so geliebt wie mein blaues Gemach. Wie eine Mutter hat mich sein wiegender, blauer Arm umschlungen, und tiefere blaue Augen hat nie ein König des Abend gehabt wie mein hehres, blaues Gemach. Ein blauer Schwan war es, auf dem ich gleitete – – eine Wunderblume war mein süßes blaues Gemach – – hei, eine Tänzerin... immer in seidenen blauen Schritten... zauberleise... und mit der Sonne hat es hellen Schattenschein getanzt und blaue Träume um die Sterne geschlungen, und hast du schon einmal ein Gemach gesehn, das blaue Haare hatte, Senna Pascha? Oh, ein Kuß war mein blaues Gemach und ich sterbe an diesem blauen, blauen Kuß. Und meine scheuen Sklavinnen umfassen sich im Schlaf – – ich singe Lieder aus tödlichen Tönen. Alle Sterne bedecken mein Gesicht .... – – – – – –

O du mein blauer Rauschegarten,

O du meine verlorene blaue Nacht ...

Beim großen Propheten, Senna Pascha, halte mein Geheimnis in deinem Herzen.

PLUMM PASCHA

Als Plumm Pascha nach Bagdad kam, sah er meinen Sohn Pull im Vorhof des Palastes auf einem weißen Elefanten reiten und hinter ihm seine Gespielen, immer längs der Mauer-Mosaik, immer rund über die grünen und blauen Steine des Vorhofs. Aber als Pull den Fürsten erblickte, sprangen, seinem Winke gehorchend, die kleinen Beduinen von den Rücken ihrer Riesen und warfen sich dem hohen Gast zu Füßen. Plumm Pascha ist der liebenswürdigste Fürst Ägyptens, ihm gefiel das stolze Spiel meines Sohnes, näherte sich ihm mit allerlei Zeremonien, wie vor dem Khediven selbst. Mein Sohn legte ihm huldvoll seine Kette aus jungen Krokodilzähnen um den Hals, ließ sich von dem lächelnden Fürsten aus dem Sattel heben, der ihn auf beide Wangen küßte. »Seine Glieder sind aus Elfenbein. Ich möchte ihn bei mir haben in der Blumenzeit in meinem Palaste an den Katarakten.« – Nach einiger Zeit erhalten wir eine Einladung Plumm Paschas. Ich lasse Pull ein Feierkleid anfertigen aus gelber Indien-Seide mit perlengestickter Borte, und auf seinen braunen Haaren trägt er einen dunkelblauen Fez mit langer Silberquaste. »Seine Glieder sind aus Elfenbein,« hat Plumm Pascha gesagt und Pull quält mich, weil sie nicht aus Zucker sind. Aber kleine Segelschiffe, mit lauter Süßigkeiten beladen, sendet der liebenswürdige Fürst uns zum Willkomm entgegen, und er steht selbst vor dem Tore seines Gartens, meinen Sohn zu empfangen. Durch die weiten Räume des Palastes trägt er ihn auf seiner Schulter und wiehert, wie einer der Hengste der Ställe. Er läßt sich von ihm die flatternden Haare zerzausen, unternimmt allein mit ihm Fahrten auf dem Nil und füttert zu seiner Belustigung die großen Khedivenfische mit bunten Bonbons. Aber die jungen Prinzen im Harem fürchten sich vor Pulls Tyrannei; er schlägt sie, wenn sie nicht seines Willens sind, und die lieblichen Prinzessinnen weinen. Hinter Nischen hat er wieder alle ihre Puppen versteckt. Plumm Pascha wehrt ihm nicht, und die Haremsdamen betrachten meinen Sohn mit mißbilligen Blicken. Und seit gestern trägt er an seiner Brust den goldenen Elefanten-Orden mit dem Rubinenauge, und das bedeutet, daß ihm alle die Ehren eines Paschas entgegentragen müssen. Und verlobt hat ihn der liebenswürdige Fürst mit seinen Zwillingsprinzessintöchtern, die sind ein und ein halbes Jahr alt und haben noch keine Haare. Aber sie wollen immer mit Pulls langer Silberquaste spielen. – In Bagdad hängen schon zu unserer Ankunft bemalte und bunte befranste Teppiche von den Dächern, und die Stadt ist mit Girlanden geschmückt. Und Plumm Pascha wird täglich schwermütiger, und ich werde mich wohl entschließen müssen, in seinem Palast an den Katarakten zu bleiben und seine neunundsiebzigste Frau zu werden ....

ACHED BEY

Ached Bey ist der Kalif, und ich bin Tino und weile im Palaste meines Oheims. Von einem kleinen Kuppelfensterchen aus kann ich ihn betrachten, wenn er auf seinem Dache liegt und die Nacht erwartet. Über Bagdad ruht sein Bart und mit jedem Stern, der aufsteigt am Himmel, entschwindet eine Falte seiner faltenschweren Stirn. Müde Wüstenreisende reiten auf Dromedaren am Palaste vorbei – cha machalâa!!... im schläfrigen Karawanenton. Mein Oheim, der Kalif, grüßt mit seiner großen Hand. Indessen ich durch heimliche Gänge über verwitterte Steinböden schleiche an vergessenen Götzengebilden vorbei – ich möchte kämpfen mit ihren schaurigen Krallen, aber der Duft der schwarzen Naëmirose seines Daches schwelgt mir entgegen. Naëmi.... es wissen alle am Hofe von der Jüdin seiner Jugend. – Mein Oheim, der Kalif, hebt seine große Hand: die schwarzen Fächerträger und Sudanneger gehorchen, nur der greise unter den Palastdienern nähert sich demütig seinem Ohre (ich bin unverschleiert), aber mein Oheim, der Kalif, wehrt ihm mit seiner großen Hand. Wir rauchen aus samtumspannten Pfeifen Opium und trinken blaue Getränke aus Diamantkrügen, und ich beuge mich über die Hieroglyphen seiner großen Hand. Am andern Morgen müssen mir meine Sklavinnen Knabenkleider anlegen, und seinen Dolch mit dem smaragdbesetzten Griff trage ich im Gürtel, und wir reiten auf grauen Tierriesen nach den Vorhöfen, dort werden die Verräter des Landes enthauptet . . . . . . Mein Oheim, der Kalif, ruht zwischen zwei Marmorsäulen auf einem Kissen, das ist rot wie ein Mal, und er hebt und senkt die große Hand blutstrafend in den Tod. Enthauptete Söhne edler Mohammedanergeschlechter lehnen an Ungläubige, nur der Kopf des jungen Fremdlings sitzt noch trotzig im Nacken. Dreimal holten sie ihn und dreimal brachten sie ihn – die knurrenden Henker – zurück in die vergitterte Nacht. Die große Hand meines Oheims flattert in meinen Schoß, aber ich kann den sich aufbäumenden Hieroglyphen im Pochen seines Pulses nicht deuten. Er senkt endlich seine große Hand. Durch die Risse der Steintore tropft des Fremdlings Blut über die rauhen, breiten Steine der Höfe hinweg bis vor die Füße des Kalifen. Nie hörte ich einen ewigeren Fluß. Er singt, wie die Jehovapriester an ihren Feiertagen, wie der Mosegipfel des Sinai.

Mein Oheim, der Kalif, liegt im Palast tot auf seiner großen Hand.

In den Moscheen beten die Derwische und drehen sich in ihren funkelnden Trauerkleidern – dunkle Sterne, die um seine Seele kreisen. Und morgens kommen die Totenweiber und heulen, und vor dem Palaste stehen schwarzvermummte Frauen und bieten heilige Ware feil, Katzen mit goldglänzenden Fellen (für das Grab des Kalifen), die schläfrigen Augen der Tiere sind von der Farbe der Naëmirose. Und Juden ziehen gen Bagdad, Knaben mit schwermütigen Augen und Mädchen, wilde schwarze Tauben, und sie werfen Steine auf des Fremdlings Grab – ziehen fluchend die Straßen entlang, ballen die Fäuste vor dem Palaste meines Oheims, des Kalifen. Er weilt bei Allah, aber den Juden sehe ich überall wandeln ..... wie der Stein unter ihm ist sein Schritt, aber seine Lippen sind geöffnet, rosige Dichterlippen, wie des Tyrannen Lippen, wenn er auf dem Dache lag und an Naëmi dachte, der Jüdin seiner Jugend.

Alle meine schwarzen Perlen sind eingesunken wie Höhlen – von meinem Stirnreif hängen die dunklen Häupter meiner Vorfahren. Meine Lippen sind tot, aber aus meinen Augen steigen Feuersäulen, die drängen aller Sterne Spur nach, seinem singenden Blute nach – ich tanze, tanze einen unendlichen Tanz, der zieht sich wie eine finstere Wolke über Bagdad, ich tanze über die Wellen der Meere, wirble den Sand der Wüste auf, und vor dem Palaste lauscht das Volk und die jüdischen Knaben und Mädchen verstummen . . . .

DER TEMPEL JEHOVAH

Und ich zog meine goldenen Schuhe von den Füßen, und meine Schritte waren unverhüllt. Und ich bestieg den Gipfel des Berges, der herabblickt auf die trunkene Stadt. Und da ich zu den Nächten sang, fiel in meinen Schoß das Gold der Sterne – und ich baute Jehovah einen Tempel vom ewigen Himmelslicht. Erzvögel sitzen auf seinen Mauern, Flügelgestalten, und suchen nach ihren Paradiesliedern. Und ich bin eine tanzende Mumie vor seiner Pforte ....

MINN, DER SOHN DES SULTANS VON MAROKKO

Der Sultan von Marokko trägt einen Mantel von weißer Seide, der ist über der Brust von einem Smaragd in der Größe eines Taubeneis gehalten. Aber sein Sohn kommt barfuß und im staubigen Kamelfell gehüllt, ein Bettler neben seinem königlichen Vater. Mein Vetter im Kamelfell ist sechzehn Jahre alt, Ali Mohammed könnte sein älterer Bruder sein, er ärgert sich nicht, er ist stets zu Scherzen aufgelegt, er hat schöne Zähne, Perlmutter, liebliche Frauenzähne, und er belächelt seines Sohnes mürrische Laune. Auch die Furche zwischen seinen Brauen ist nur ein seltener, huschender Schatten, sieben Häute tiefer schlummert die Nacht in seines Sohnes Stirn. Bei der Tafel weigern sich die Hofleute, neben diesem zu sitzen, und auf dem Dache sein Kissen ist ängstlich gezeichnet. Unter dem lieblichen Himmel des weißen Rosengartens wandelt er auf verbotenen Wegen; das Wandeln durch den weißen Duft ist nur uns Frauen gestattet. Aber ich bitte meinen Vater, den weißbärtigen Pascha, mit meinem Vetter in Kamelshaar am Krontag tanzen zu dürfen. Und ich tanze mit Minn, dem närrischen Sohne des Sultans. Meine Hände liegen quer übereinander, fingergespreizt, ein goldblasser Stern gegen seine zottige Brust gestemmt. »Nun muß ich vom Feste eilen,« klagt traurig mein Vetter, »denn du wirst nicht noch einmal mit mir tanzen wollen.« Ich meine ärgerlich, er glaube wohl, ich leide auch an so närrischen Launen wie er, folge ihm auf den Spitzen meiner beringten Zehe bis an das große Becken im dunklen Sultanshof. »Minn, siehst du mich, ich bin deine Tänzerin?« Und da er schweigt, sage ich verächtlich: »Ich möchte wohl wissen, ob du Heldenschultern unter deinem Bettelmantel versteckst, oder ob mich gar meine Träume necken und deine Arme nicht einmal ein Kätzchen zu bändigen vermögen?« »Oh, ich bin noch tausendmal stärker wie deine Träume dir's schildern, meine stolze Prinzessin, da ich dieses ärmliche Kleid trage und gegen alle stiere Verachtung gleichmütig bleibe. Mich dünkt, ich bin der stärkste Held im ganzen Land.« Er zerrt an der zottigen Naht seines Mantels, eine Masche zerreißt und das ganze Fell sinkt zu Boden. Der Abend färbt seine Glieder zart und sanft. »Wirst du noch einmal mit mir tanzen zum Lohne, da ich meine Rüstung abwarf? Horch, Flötentöne singen die Rosen des weißen Gartens zu unserer Feier.« Sklaven finden uns – und zaudern – auf dem Rand des großen Beckens setzen sich die Frauen, die Gesichte gestreckt, und hinter der Palme stehen unsere Väter, der Sultan Ali Mohammed und Mohammed Pascha, sein älterer, weißbärtiger Bruder. Wir tanzen, bis unsere Füße eins sind im Drehen. Dann läßt mein Vater den schwarzen Dienern, die also gesehen haben mit ihren nackten Augen unseren nackten Tanz, meinen Leib und vor allen Dingen mein Angesicht, er läßt ihnen ihre Zungen durchbohren und die edlen Hofleute blenden im Vorhof des Palastes; den Prinzessinnen geschieht nichts Übles, sie haben nur auf den Prinzen geschaut. Täglich empfängt er von ihnen Geschenke, Armspangen, Gürtel, und auf dem Dache liegen für seine Träume seidengestickte Kissen. Die Frau des Fruchtveredlers reichte ihm ein durchsichtiges Feigenblatt aus Mondstein geschliffen. Aber der huschende Schatten auf der Stirn seines königlichen Vaters krallt sich tief ins Fleisch, finster umschleicht er den Palast bis zur Lichtstunde. Man vermutet, er habe sich vor Schreck in jener Nacht an einer Säule einen seiner Perlmutterzähne ausgeschlagen. Die Frauen des Harems schmachten nicht mehr hinter den Fenstern ihrer Gemächer nach seinem Anblick, aber sie bestechen seines Sohnes wegen die Eunuchen, die ihnen Mannstrachten verschaffen und so ihre Anwesenheit bei der Abendtafel ermöglichen. Ich halte die Augen gesenkt über den trauernden Rosengarten, Minn hat die heilige Tanznacht vergessen zwischen schillernden Schmeicheleien. Nur mein Vater läßt manchmal seinen weißen Bart über meine Hände gleiten und schweigt. Er glaubt, ich habe das alles nur für einen Traum gehalten. Aber die Rosen im weißen Garten sind grau geworden. Zerbissen unter geknickten Ästen liegt Minn. Die Gärtner meinen, »nur eine eifersüchtige Prinzessin könne so grausam gewesen sein«. Ich weiß, wer seine zarten, sanften Glieder zerrissen hat – mein Gemach war grün beschient vom Smaragd des vorüberschleichenden Seidenmantels – seines Vaters, des Sultans von Marokko.

DER FAKIR VON THEBEN

»Innahu gad marâh alleija alkahane fi sijab.....« Priester in weißen Gewändern gingen über die Landstraße, die nach Theben führt; ich beugte mich vor ihrem heiligen Leben und bat sie, mich in ihre Mitte zu nehmen. Und die frommen Männer lächelten gütig, nur der Fakir, er war schon einige Male begraben gewesen und hatte die Kräfte der Erde gesammelt, runzelte die Stirn, als ich meine Bitte aussprach. Er haßte die Frauen, sie zu vertilgen, war eines seiner frommen Werke. Aber er gewahrte meinen Ring am Finger mit dem seltenen Caelumstein. Der entstammte dem Schatze eines besiegten Kriegers aus Latinien. Der Caelum wechselte seine Farbe mit der Zeit des Himmels. In der Frühe schien er traumhaft silbergetönt, am Mittag voll Lilaschwermutssüße, und dann umfing er die Dämmerung und dunkelte mit der Nacht in unzähligen Sternen. Der Fakir blickte unverwandt auf meinen Ring und murmelte unverständliche Worte. Mir bangte. Als wir Theben erreicht hatten und die Frauen ihren Fakir unter den anderen Priestern bemerkten, bebten ihre Leiber wie zur Kindsstunde. Viele von ihnen ließen ihre Krüge fallen und eilten zurück in ihre Wohnungen. Denn die Frau, welche der Fakir mit seiner fleischlosen Hand berührte, blutete vierzig Tage lang. Und das war wie eine Seuche, wenn er sich blicken ließ; es blutete bald ein Viertel der blühendsten Frauen der Stadt. Mich, die in der Gesellschaft der Priester blieb, neben ihm ging, verschonte der grausige Heilige – er blickte auf meinen Ring, in seinen Stein; der freute sich, er glänzte hell wie der Himmel über Theben. Ich aber war sehr betrübt über das Geschick der Stadt, und da keiner ihrer Bewohner wagte, sich dem Fakir zu nähern, fiel ich vor ihm nieder, umklammerte seinen kalten Fuß und bat ihn, meine Schwestern nicht weiter seinem frommen Werke zu opfern. Er blickte gierig auf meinen Ring, in den herrlichen Stein, in dem ich den Himmel trug. Den verlangte er für seine Gnade. Ich schüttelte trotzig den Kopf, und am selben Tage bluteten alle Frauen der Stadt. Und das war wie ein grausiges Meer über Theben, von dem üppigen Grün der Wälder alle die Menschentropfen!!! Und es stand kein Haus, was nicht rot gefärbt war vom Blut seiner Frau und auf zum Himmel schrie. Der Caelum an meinem Finger drohte mir, eine rote Nacht! Und ich fiel vor dem Fakir nieder, küßte seinen kalten Fuß und bat ihn flehentlich, auch mich zu berühren mit seiner fleischlosen Hand. Die ließ sich langsam auf meine Schulter nieder, ich fühlte nicht einmal ihren Moderhauch, sie erstarb im Herabsinken. Er aber wandte sich verächtlich von mir, die ich unwert seines frommen Werkes.

»Muktagirân!« »Silika Unu geivuh....« »Gadivatin« »biwila jati hi!!!«

DER KHEDIVE

Indeszeit Tino, die Dichterin Arabiens, Einlaß begehrte vor dem Tore des Palastes, saßen die Lieblingsfrauen des Khediven um den Springbrunn im Vorraum und freuten sich ihrer Ränke. Und als nach Jahren Mohammed Pascha der Weißbärtige zum Rosenfeste nach der

Nilhauptstadt reiste, erzählte ihm seine Tochter Tino auf dem Wüstenwege, wie sie verspottet wurde von dem Torwächter des Khediven. Noch in derselben Nacht weckte Mohammed Pascha sein Gefolge. Auf seinem schweren Elefanten saß er und ritt über die ruhenden Leiber der Würdenträger und Sklaven und sie nicht vergessen sollten diese Stunde. Und sie mußten bis zur Mondneige immer sein Gebot sprechen und es drehte sich schon in ihrem Munde, ein heiliger Tanz. Und als die große Karawane in die grüne Stadt einzog und das Volk auf den Straßen befragte, wie die Prinzessin mit den schillernden Augen heiße, sprachen sie nach ihres Herrn Gebot. Aber die Lieblingsfrauen des Khediven hatten schon für ihren Gast ein Bad bereitet und es getränkt mit duftendem, giftigem Öl. Und als sie hörten: Tino ist tot – und die fremde Prinzessin, des Paschas Bruders-Tochter, ihrer Freundschaft warte, schmückten sie ihre Schultern mit Ketten und Gehängen und legten sie auf ein Ruhebett von Seide; da träumte sie, ihr Name sei verklungen wie der Ruf des Wüstenvogels. Und als die funkelnde Goldhand am Morgen das blühende Kairo segnete, hatte sie ihren Namen vergessen, und alle die wußten ihn nicht zu nennen, welche gezogen waren mit ihr und ihrem Vater nach Ägypten. Aber die jungen Knospengärten unter ihrem Fenster füllten sich, wenn sie ihnen zur Märchenstunde von Farben singender Erden erzählte.

Aber die großen Feste begannen, da die Frauen teilnahmen einmal im Jahre. Des Weißbärtigen Tochter saß neben dem Herzen des Khediven und ihre Lippen murmelten immer süße Gesänge... um seine Stirne ein leuchtendes Liebesband. Und am letzten Tage des Festes erhob der Khedive des Weißbärtigen Tochter zu seinem Gemahl über alle Frauen seiner Liebe und seines Palastes. Und immer, wenn er sie fragte über ihrer Lippen süßes Gemurmel, verbarg sie ihr Angesicht in den Spitzenkelch des Schleiers. Und ihre Glieder glühten von den rauschenden Farben ihrer Gedanken. Ein Feuerberg war sie, der an seinem Feuer verdorrt, eine bunte Quelle, die nicht von ihrem Schäumen erzählen darf und in ihrem eigenen Gesprudel ertrinkt. Und den Khediven erfüllten die ruhlosen Schatten ihrer Seele mit Sorgen, und er schenkte ihr, um sie zu ermuntern, fünfhundert tanzende Zwerginnen zum Spielzeug – ließ ihnen vor ihrem Fenster ein kleines Städtchen bauen. Und Gärtner sandte er in ihre Heimat, die Blumen von den Ufern des Roten Meeres brachten. Schimmel und Esel aus den Ställen ihres Vaters, und den schweren Elefanten ließ er kommen, der sie und Mohammed Pascha in sein Land getragen hatte.

Und als die Prinzessin ihre Heimatfreuden nahen hörte, das Wiehern ihres Lieblings-Pferdes, die Rufe der mutwilligen kleinen Eseltreiber und das schwere Getrampel des Elefanten vernahm, eilte sie dem köstlichen Zuge entgegen. Und der Khedive gab ein großes Fest; von Dudelsackpfeifern und Flötenspielern waren die Höfe um den Palast gefüllt. Nach ihrer Musik tanzten die Prinzen und Prinzessinnen, und alle im Palast tanzten bis zu den Ziegenknechten. Und die Mauern der Gärten begannen sich zu drehen, und die ganze Stadt tanzte bis zum Ufer des Flusses. Und als der Khedive seine Herzallerliebste zum Tanze holen wollte, lag sie am Rücken des schweren Elefanten gelehnt – Tino ist tot! Und der Goldfinger der Sonne zeigte auf ihren eingeschnittenen Namen in der Haut des Riesentieres. – Von den Gipfeln der Pyramiden sprechen Priester zu allen Rosenmonaten ihre Märchen, und es ist bald niemand mehr im Lande, der sie nicht kennt. Aber die lachenden Locken des Khediven hängen starr um sein Angesicht und wer ihn ansieht, stirbt an seinem Schmerz . . . . . .

MEIN LIEBESBRIEF

Durch den goldenen Himmel blicken blau die Sterne, aber die Fenster des Harems sind schon dicht verhangen. Meinen schwarzen Perlenohrreif trägt der Eunuche am Daumen – dafür läutet er zeitiger zum Schlaf. Die Frauen träumen schon von ihrem neuen Naschwerk, von verzuckerten, roten Rosen; und der Schlummer liegt auf den Wangen der kleinen Prinzen und Prinzessinnen wie Tauben. Und ich bin heimlich durch den Vorraum des Harems entkommen, die herrlichen Türen des großen Sultansaals schließen sich hinter mir, eherne schützende Arme. Und meine andächtige Freundin wartet auf mich, die schlanke Kerze auf dem Marmortisch; sie ist bereit, für mich ihr Leben zu lassen. – O Abdul, deine Augen schweifen immer über die Dämmerung, und mein Herz ist blau geworden, dunkelblau wie der Garten des Jenseits. Auf dem Gipfel des Balkans sehe ich dich herannahen, wie auf dem Buckel eines Dromedars. Abdul, ich bin verliebt in dich, und das ist viel rauschender, als wenn ich dich lieben würde. Wie der Frühling ist es, verliebt zu sein . . . . . . Immer kommen große Stürme über mein Blut; ich fürchte mich vor ihnen, aber sie überjubeln mich mit tausend blühenden Wundern. Und der Schleier vor meinem Antlitz ist zerrissen, zu stürmisch dachte ich an unser Wiedersehn. Aber die Stunde unseres Glückes muß stumm sein – nicht reden, Abdul ... Und die Augen geschlossen halten, unsere Liebe selbst darf nichts ahnen, daß sie sich zwischen unsern Lippen verfing. Der große Prophet mag die Ungläubigen deiner neuen Heimat und ihre Lehren nicht, und er könnte aus einer heimlichen Spalte der Nacht lauschen. Aber ich habe einen dunklen Stern auf meine Stirn gemalt, und es wird alles nur ein unsichtbares Keimen sein und unsere Lippen werden Knospen bleiben, Abdul ....

DER MAGIER

Vor Bor Ab Balochs Blick stürzten die Tore der feindlichen Städte, und vom zackigen Dolch einer Gewitterschlacht fiel der jüdische Feldherr jehovahgesegnet. Tief im Antlitz senkt sich seines Sohnes Abduls herbes Knabenauge, aber seine Wange lächelt seiner Mutter Lächeln. Unter der Goldrose der Frühe wandelt Abdul Antinous an den Bächen vorbei, darin sich die Königskinder spiegeln. Bagdads Prinzessin blickt ihm entgegen – ein goldenes Samtsegel ist ihre beschattende Hand – Abdul Antinous .....
Alle Sonnen singen vor ihrer Seele, Psalme, die nach seinem ehernen Blute stehn und duften nach dem Lächeln seiner Wange.

Deine Schlankheit fließt wie dunkles Geschmeide.
O du meine wilde Mitternachtssonne,
Küsse mein Herz, meine rotpochende Erde.

Wie groß aufgetan deine Augen sind –
Du hast den Himmel gesehn
So nah, so tief.

Und ich habe auf deiner Schulter
Mein Land gebaut –
Wo bist du?

Zögernd wie dein Fuß ist der Weg –
Sterne werden meine Blutstropfen....
Du, ich liebe dich, ich liebe dich.

DER GROSSMOGUL VON PHILIPPOPEL

Der Großmogul von Philippopel sitzt im Garten des Reichspalastes in der Sultanstadt; kommt ein fremdes Insekt von Abend her und sticht ihn auf die Spitze seiner Zunge. Er hat nämlich die Angewohnheit, sie beim Nachdenken auf der Unterlippe ruhen zu lassen. Und trotzdem die Ärzte dem Unfall keine weitere Bedeutung beilegen, geschieht es dennoch, daß der erhabene Herr sich einbildet, nicht mehr reden zu können. Und auf andere Weise sich verständlich zu machen, lehnt er mit Finsternis ab; das ist ein unabsehbarer Schaden für das Land. Züge von kasteienden Priestern ziehen durch die Straßen Konstantinopels, und auf den Knien vor Allah liegt der Sultan. Seine beiden Söhne ruft er zu sich in sein Privatgemach: »Buben, ihr müßt ein Handwerk erlernen!« –

Könige mit spitzen Krummschnäbeln drohen schon lange den Balkan aufzufressen und allein die Geschicklichkeit des Großmoguls verschanzte die Beute. Und von den Dächern der Häuser und öffentlichen Gebäude, von der Kuppel der großen Moschee rufen Knaben Berichte aus über das Befinden des verstummten Ministers. –

Meine Tante schüttelt behäbig den Kopf, sie sitzt auf ihrem Dach und heißt Diwagâtme. Sie ist eine der dreißig Frauen meines reichen Oheims gewesen, er aber und ihre Nebenfrauen sind an ihrer Klugheit gestorben, neunundzwanzig Mumien um das Grabmal meines Oheims. Ich weile bei ihr ihres wunderherrlichen Sohnes Hassan wegen, denn ich bin eine Dichterin. Hassan und ich weinen immer abends heimlich unter großen Sternen – wir können uns nicht heiraten; Diwagâtme will uns keinen Palast bauen. Aber sie gibt mir den Rat, einen wundertätigen Trost zu erdichten, da es sich nur um das rechte Wort handle, die behexte Zunge des Großmoguls von Philippopel zu lösen. »Ein Honigstrom möge seine Gunst dich umfließen, mein Kind.« Und Krüge mit abendländischem, sündigem Getränk füllt die kluge Tante für die lechzenden Kehlen der grimmigen Türhüter des Reichspalastes. – Fremdgekleidete Weise und Ärzte wandeln zwischen den Säulen der Höfe auf und ab, reißen an ihren Bärten, beraten und streiten sich einander, und dazwischen die näselnden Schreie der Esel aus den Ställen. Und ich gelange unbemerkt zu dem schweigenden Großmogul; und über Kreuz liegen meine Arme auf der Brust und mein Schleier zittert.

Aber der erhabene Herr hebt das rotumbartete Haupt näher meinen zaubernden Lippen, und seine Stimme erschallt dröhnender wie je zu seinen Redezeiten. Auf sein Quastenkissen zieht er mich neben sich und er betastet meine Wangen, meine Augen, meine Stirne, und der Schleier zerreißt, und mein Atem flattert nur noch unter seiner schweren Freude. »Wir sind jetzt ein Staat, ein Volk!« ruft er. Aber als die Weisen und Ärzte und die Bürger von den Straßen und der Sultan auf der Schulter seines Schnelläufers in den Garten des Reichspalastes stürmen, senkt der Großmogul von Philippopel abermals sein Haupt und verfällt in Stummheit. Ich aber muß seines schwarzen Dieners Bericht bestätigen. In den großen Saal des Reichspalastes werde ich geführt, dort nehmen Schreiber vom Amte meine erdichteten, wundertätigen Worte auf, und die Staatsmänner bilden einen Chor um mich, und der Sultan nickt dazu immer herablassend mit dem Kopfe, und ich bin schon ganz müde vom Wiederholen meines erdichteten wundertätigen Trostes. Und in eine Glasurne auf blauem Purpursamt bestattet man das fremde Insekt vom Abend, das ich kühn ergriff, als es mich zur selben Stunde wie den Großmogul von Philippopel auf die Spitze meiner Zunge stach und meine Sprache raubte. »Und, o Herr, laß mich schweigen mit dir!« Und ich muß mit ihm aus seiner goldenen Schüssel speisen, aus seinem Pokal trinken, und ein orangegelbes seidenes Beinkleid und einen Mantel, feuerfarbig, wie ihn der Großmogul von Philippopel trägt, ist man im Begriff, mir anzufertigen. Und über uns blühen die Bäume gold, und wenn der erhabene Herr schlummert, denke ich an den wunderherrlichen Hassan. Aber in den kühlen Hallen des Reichspalastes warten die Landesvertreter auf mich. Ich muß ihnen heimlich seine Gutachten ihrer Entwürfe übermitteln, sie geschickt dem Gespräch beimischen, was wir abendlich eng aneinandergeschmiegt zur Insektenstunde führen. Aber ich vergesse des so hochgeschätzten Ministers Entgegnungen ihrer vielen politisch gewürzten Ausdrücke wegen, und von der Brüstung des Reichspalastes wiederhole ich gegenwärtig der versammelten hohen Gesellschaft der Staatsmänner entstellt die neue Steuerfrage betreffend die Zollerhebung von Spezereien fremder Länder. »Aber der erhabene Herr hat sich wiederholt bei mir doch für die zollfreie Einfuhr der Muskatnuß lebhaft ausgesprochen.« Und schon läutet der erhabene Herr, ich bin an seine Anhänglichkeit gefesselt. Und eine Stunde vor dem Monde naht der Sultan, dem Staatsmann den stummen Mund zu küssen, und mich beschenkt er mit seltenen Gaben, und einen Orden hat er für mich erfinden lassen: den wundertätigen Stern mit dem Diamant. Denn der Kredit des Landes ist beträchtlich gestiegen, und die Könige mit den Krummschnäbeln ergriffen schleunigst die Flucht, nachdem sie Bekanntschaft mit den höchst wertvollen, neuen Sprenggeschossen gemacht hatten. – Ich aber höre nichts mehr von dem wunderherrlichen Hassan – freue mich nicht mehr über die Pracht ringsum und nicht mehr über die mir dargebrachten Ehren, und es zerstreut mich, die verdutzten Gesichter der Staatsmänner zu sehen, wenn ich ihnen die Weisheiten meines erhabenen Bruders bringe. Das Todesurteil der Rotte herrenloser Hunde auf den Straßen Konstantinopels trage ich in meinem Herzen – ich aber freue mich schon auf die morgige Sitzung im Reichstagsgebäude. Was der Großmogul von Philippopel geruht zu entfalten, ist heilig wie die Worte des Korans. Also baut man im byzantinischen Stil Wohnstätten für die verwahrlosten, bellenden Geschöpfe. Neger und auch abendländische Arbeiter bezahlt der Staat für die Ausführung der Bauten. Und unter der Angabe berühmter Architekten wachsen kleine Paläste aus den wertvollsten Grundstücken der Hauptstadt. Daß den verlotterten Tieren blaues Blut durch die Adern strömt, bezweifeln die Balkanbewohner keineswegs länger. Die heruntergekommenen Hundearistokraten werden Mode, reiche Haremsdamen kaufen sich zottige Hundeprinzessinnen für tausende Piaster als Schoßspielzeug. Und in allen Erdteilen schon spricht man von dem Luxus der Bosporusstadt, von seinen verborgenen Goldfeldern und Diamantbergen. – Zweimal am Tage küßt Ali Rasmâr nun den stummen Mund. Ich aber rede nur noch in Versen, bis der erhabene Herr in Schlummer verfällt. Acht Stunden hat sein Vortrag über das Projekt der Kanalisation gedauert, das er mir ohne Pause vortrug. O Hassan, du Wunderherrlicher... Und es strahlte die Mondsichel mit dem ersten Stern über Konstantinopel, als die Weisen und die Ärzte und die Bürger und der Sultan auf der Schulter seines Schnelläufers in den Garten des Reichspalastes eilen durch die kühlen Hallen in den Großen Saal – wohin sie der erhabene Herr zu seinem Vortrag geladen hat. Und ich muß des schwarzen Dieners Bericht bestätigen, ich habe dem Großmogul von Philippopel gesagt, daß ich wieder reden könnte. Aber seine gelben Kuppelaugen, die noch eben dankerfüllt zum Himmel leuchteten, sind aus den Höhlen getreten, seine roten Haare stehen wie wilde Blitze gezückt, als er die

Urkunden des Reichsbuches zu durchblättern beginnt. Den Ministern schneidet er mit donnernden Flüchen das Wort ab, sie müssen flüchten, und hinter der Schulter des Schnelläufers hält sich der Sultan verborgen. Leise schleicht die Kunde durch die Sternenstadt: Der Großmogul von Philippopel sei tobsüchtig geworden. Man reißt mir das Gewand vom Körper, den Schleier vom Antlitz, schneidet meine langen Locken ab, und der Sultan hat den Zorn über mich gesprochen – und vertrieben werde ich aus dem Garten des Reichspalastes. Nur einer von den weißen Eseln der Ställe folgt mir. Ich wandle schüchtern neben ihm durch die Nacht – über den Platz – dort wohnt der wunderherrliche Hassan – aber er erkennt mich nicht und höhnt mich, und meine kluge Tante Diwagâtme spreizt ihre Hände abwehrend von ihrem Dache aus. – Und ein Abendländer kommt und fragt mich nach dem Preis eines Eselrittes am Ufer des Bosporus. Eseltreiber bin ich geworden, meinen geschorenen Kopf bedeckt ein alter Fez, ich fand ihn im Sand am Ufer. Und abends liegen wir unter dem großen Mondhaupt, mein Esel und ich, und ich deute mein Geschick, die eingeschnittenen Bilder seiner haarigen Haut! . . . .

TINO AN APOLLYDES

Tino von Bagdad hat schon zweiundfünfzig Monde die Erde nicht unverschleiert gesehen, und sie war müde der blinden Blicke und sie verwünschte ihre braunen, langen Haare und alles, was sie von Eva geerbt hatte.

An Apollydes schrieb sie, der war ein schöner Griechenknabe – auf den Plätzen ihrer Stadt pries er die Liebe.

APOLLYDES UND TINO SIND ZAGENDE
UND TRÄUMEN UNTER DER MONDSCHEIBE

Stille Lichte scheinen durch die gläsernen Wände der Säle, und wir sind ganz allein im gläsernen Schloß, und unsere schlanken Körper sind durchsichtig, sind zart und singen. Aber in unseren Schläfen sickert ein kleiner, roter Blutstropfen auf und nieder und dehnt sich wie ein fließender Reif um unsere Stirnen. Wir sprechen klingende Dinge, aber unsere Lippen bewegen sich kaum, sie sind von heimlicher Farbe, und unsere Augen sind aus Süße zuckender Sommernächte. Wir wissen nicht, in welchem Lande wir sind, heiß ist es, und in der Ferne steigen schwarze Feuer auf, die prangen oben tief in schillernden Rosen. Wir berühren kaum unsere Hände, aber wenn der Blutstropfen hoch steigt in unseren Schläfen, dann drängen sich unsere Lippen zusammen, aber sie küssen sich nicht, sie drohen zu zerbrechen im Wunsch. Nachts liegen wir auf weißen Teppichen und träumen von grausamen Farben – oder Lustgestalten kommen und spielen mit unseren zarten, kühlen Körpern wie mit toten Kindern. Unsere Locken aber sind verbrannt von der Glut des kleinen Blutstropfens, und unsere Lippen stehen geöffnet und schmerzen. Das Laub in den Gärten summt, und an den Randen der Teiche sitzen seltsame Tiere, Eingeweide, bläuliche, graufahle, und nikken immer mit ihren Zungen; wir stehen auf dem gläsernen Turm des Schlosses und warten auf die Morgenwinde und wanken nur noch, die Seide unserer Gewänder zittert – wir möchten unsere Hände berühren, unsere Lippen küssen, und unsere Augen sind gespannt wie Gewitteräther. Die gläsernen Wände der Säle krampfen sich – wir suchen etwas – zwei kühle Blicke richten sich spitz auf unsere Herzen – Glasdolche sind es, wir sehen sie immer wieder durch verschimmernde Spiegel – sie haben goldene Griffe, zarte Hände – die bewegen sich, sie winken uns – wir möchten uns küssen... uns küssen! Sie winken – in unseren Schläfen lauscht der Blutstropfen, er streckt seinen Kelch ins Unendliche . . .

APOLLYDES UND TINO KOMMEN
IN EINE MORSCHE STADT

Und als wir aufwachten, stand ein großer Finger am Himmel und zeigte, wo wir gehen sollten. Und wir kamen in eine morsche Stadt, die von einem allahalten Palmenhaupt beschattet war. Und da wir nach ihrem Namen fragten, lachten die greisen Torhüterinnen, und der elefantenhäutige Stadtpfeifer dudelte und schnitt dazu spaßige Geistergrimassen. »Chabâah! Bâah!!« Aber die Mädchen der morschen Stadt nennen sich mit Königinnennamen ihrer Mumien und duften nach dem heiligen Fluß; tanzen alle denselben unermüdlichen Tanz in staubfälligen Tüchern, chabâah... bâah... nur das Auge inmitten ihres Leibes, das wurzelliebesverschlungene, blickt . . . .

TINO UND APOLLYDES

»Nun küsse mich!« bat Apollydes – »ich weiß nicht zu küssen, denn unsere Rosengöttin in Hellas war meinem Vater böse, da er der Kriegerin opferte.« Ich verwunderte mich und sagte: »Keiner sprach so schön von Liebe wie du, und solltest nicht küssen können?« Ich selbst zagte, ihn zu küssen. Und er: »Immer träumen meine Lippen von deinem flatternden Taubenmund« . . . . . .

IM GARTEN AMRI MBILLRE

Und als es dunkel wurde, setzten wir uns auf das Seidenbeet im Garten Amri Mbillres, des Königs der namenlosen Stadt. Da begannen meine Augen zu singen, lauter goldene Tränen, Liebeslieder, indes wir uns küßten. Amri Mbillre wandelte dem Monde nach; wie die schlafenden Pfade des Gartens schwebten seine Füße um das Seidenbeet unserer Liebe. Ich warnte Apollydens geöffnete Lippen – aber schon haben sie ihn angerufen. An eine Säule seines Palastes bindete der König den Griechenknaben und schwelgte in seinem blühenden Schmerz. Ich werde meine Krone der rachsüchtigen Liebesgöttin von Hellas, sie zu versöhnen, weihen, denn auf den Plätzen meiner Heimat, wo der schöne Griechenknabe die Liebe pries, versammeln sich die Sterndeuter, aber niemand weiß, wo er geblieben ist, die namenlose morsche Stadt kann keiner nennen; ich habe den Sand des Weges dorthin verstreut mit meinem bangen Atem . . . .

DER SOHN DER LÎLAME

Als Lîlame, die Gemahlin des Großwesirs, noch in ihrem Schoß den kleinen Mêhmêd trug, geschah es, daß unter ihrem Fenster eine Gauklerbande mit hellblauen Flachsperücken ihre Späße trieb. Und als Mêhmêd auf die Welt kam, ringelten sich mitten auf seinem Kahlköpfchen zwei ganz kleine hellblaue Wollhärchen. Seine Mutter Lîlame soll schwermütig darüber geworden sein, und sein Vater, der Großwesir, ließ alle Friseure des Landes in den Palast rufen, aber die standen ratlos um den hellblaukeimenden Haarboden seines Sohnes. Und Mêhmêd wurde der Welt böse, als er zum erstenmal mit seinem Gouverneur durch die Straßen von Konstantinopel spazierte. Die reichen und die armen Leute hielten sich die fetten und die hageren Bäuche vor Lachen. Und einige von ihnen wurden sogar handgreiflich und zupften an den Spitzen seiner hellblauen Locken. Aber als Mêhmêd älter wurde, gewährte es ihm einen unerklärlichen Reiz, durch die lachende Volksmenge zu schreiten. Seiner Locken Blau hob sich grell ab von der Zitronenfarbe seines Turbans. Und in jedem Jahre einmal kam der Tag des großen Köpfens. An dem wurden alle, die sich des Lachens bei seinem Anblick nicht enthalten konnten, in den weiten Vorhof seines Palastes geladen. Der Sohn des Großwesirs saß dort auf einem eisernen Stuhl und zwang seine Opfer, sich noch einmal so ungebührlich zu gebärden, wie sie sich's vor ihm auf den Straßen Konstantinopels hatten zuschulden kommen lassen. Aber die Leute zitterten vor Nöten, und namentlich die Kinder heulten, denn auf einer Wetzbank lagen krummgebogene Schlachtmesser wie blitzende Mondsicheln, in jeder Größe, für jeden Hals passend. Aber es ist noch nie eines von ihnen blutig geworden, denn Mêhmêd erlöste die Qual der Schuldigen, indem er sie vor der Hinrichtung wieder in ihre Wohnungen schickte. Und man betrachtete den Sohn des Großwesirs bald mit scheuen Blicken. Die Lachlustigen verbargen ihre Gesichter, wenn sie ihn von ferne herannahen sahen. Und die alten Weiber auf den Plätzen, die Spezereien und Kräuter feilboten, tuschelten sogar von der Wunderkraft seiner heiligen, hellblauen Haare. Aber Mêhmêd war der Welt böse. Doch weil er sie so liebte, begann er seine außergewöhnlichen Haare mit flüssigem Kalk zu weißen. Und als ich ihn eines Abends also tun sah, trat ich in den Garten zu ihm, er saß am Rand des Spiegelsees, und sein Haupt war wie ein Stückchen Himmel, das in das kleine Wasser gefallen war. »Was beginnt Mêhmêd, mein lieber Vetter?« Und ich wehrte ihn, sein Vorhaben weiter auszuführen, denn ich empfand Allahs Willen im Leuchten seiner hellblauen Haare. »Mêhmêd, du bist ein Weiser und bist ein Narr, da du es nicht weißt. Und wenn du auch die schwarzen Haare deines Vaters oder die goldbraunen Locken Lîlames, deiner Mutter, trügest, dich hätte das gleiche Geschick ereilt.« Ich zeigte in den See. »Deine Stirne ist mit Gold beschrieben, wie sollten die Unwissenden ihre Sprache deuten können, und deine Augen blicken in eine andere Welt.« Und wir stellten noch am Abend eine Probe an, er verbarg seine hellblauen Haare tief im Turban und ich sah recht deutlich durch meinen Schleier, wie sich die Vorüberschreitenden neugierig anstießen und ihre Lachsucht ihm galt. Aber Mêhmêd wandelte seitdem nur noch vor meinem Gitterfenster des Harems auf und ab, bis ich zu ihm in den Garten trat. Seine hellblauen Locken ließ er sich nicht mehr nach Landessitte beschneiden, sie hatten schon seine Lenden erreicht, und eines Abends am Spiegelsee offenbarte er mir, ihn beseele die tiefe Erkenntnis, er sei tatsächlich ein Weiser und größer als alle seine Nebenmenschen, als Mond und Sterne. Und er könnte seine unumstößliche Erleuchtung nur damit begründen, daß er ein Zwilling Allahs sei. Auch würde er ferner nicht mehr über die Straßen Konstantinopels schreiten und die winzigen Menschenhaufen zertreten, das liefe nicht mit seiner Weisheit parallel. Aus verschiedenen Ländern ließ er Geometer kommen, welche die Höhe der Granitsäulen feststellen sollten, auf denen das Dach seines Palastes ruht. Er ging Wetten ein, natürlich gewann er immer. Er war ja beträchtlich größer als die steinernen Träger. Und die Pyramiden jenseits des Ufers hatte er selbst mit Klötzen aus den Baukästen der Haremskinder aufgebaut. Und die mächtige Moscheekuppel war ein Punkt gegen seinen Kopf. Und sein Vater, der Großwesir, erbaute sich an der heiteren Laune seines sonst so schwerbrütenden Sohnes; übersteigen seine Späße doch die Sprünge der Gaukler vor dem Palast. Aber ich wurde täglich schwermütiger, wie Lîlame, seine Mutter. Und es war in aller Frühe, die Priester hatten noch nicht die Gebete verrichtet, als ich Mêhmêds Stimme vor meinem Fenster höre; er schwenkte eine Zeitung triumphierend wie eine Siegesfahne durch die Luft. Und er ließ mir kaum Zeit, die große Neuigkeit zu lesen. Es handelte sich um ein Elefantenriesenmonstrum aus Ostindien. Augenblicklich weilte es in der Kaiserstadt der Deutschen, im Abendland. – Fünfundzwanzig schwarze und fünfundzwanzig Diener seiner Haut mußten sich zur Reise bereit halten und außerdem die Hochgestelltesten im Palaste und ich, seine Base, die ich seine Weisheit zuerst erkannt hatte. Auf der Fahrt über die Gewässer verhielt sich Mêhmêd auffallend schweigend, nur manchmal stieg ein Siegeslächeln jäh wie auf Meileneile über sein Antlitz und verklärte seine hellblauen Haare. – Umzäunt von drei Eisengittern gewahrten wir Goliathofoles, das Riesenmonstrum, und in den Nebenkäfigen die anderen Elefanten, die ihn kopfschüttelnd begafften. Er war gerade im Begriff, zwei Kessel Wasser auszuschlürfen. Auf eine Eingabe hatte die Hauptstadt die Kessel der Gasanstalt dem hohen Gaste zur Verfügung gestellt – und der Westen war ohne Beleuchtung. Goliathofoles war so groß – um gewissenhaft zu berichten: auf seinem Kopf lag Schnee. Aber nichtsdestoweniger verstand er mit seinem Rüssel die Orgel zu drehen und namentlich die Trommel zu schlagen. Heute aber weigerte er sich entschieden, seine Kunststücke dem Publikum vorzutragen, trotz der vielen Zukkerhüte, die für ihn zur Belohnung in Bereitschaft standen. Mêhmêds schmächtige Glieder krampften sich vor Ungeduld, und die fünfundzwanzig schwarzen und die fünfundzwanzig Diener seiner Haut spannten ihre volle Kraft an, um das Vorhaben ihres Herrn zu verhindern, in den Käfig einzudringen. Mit zugespitzten Lippen, girrende Töne flötend, versuchte er das unfolgsame Riesentier zu ermutigen. Biskuitkrümel warf er in sein höhlenaufgesperrtes Mäulchen. Er duckte sich immer kleiner, damit Goliathofoles auch den aufmunternden Trommelwirbel seiner Hände auf dem Gesäß eines seiner Diener vernehmen könne. »Gutes Kiehnd, gutes Kiehnd...!«

Einen so köstlichen Prinzen hatten die Menschen der fremden Hauptstadt noch nicht empfangen. Mir aber rannen schmerzende Tränen über das Herz . . . .

DER DICHTER VON IRSAHAB

Neunhundertneunundsechzig Jahre war Methusalem alt, als er starb. Noch am Mittag stand er auf dem großen Marktplatz in Irsahab und ließ seine Finger herabhängen, die Zweige seiner langen Armäste, und hielt den bemoosten Kopf trauernd zur Erde gesenkt. Und die Knaben und Mädchen, die sich in seinem lauschigen Versteck küßten, und die Kinder, die ihre Spiele unter seinem Schatten spielten, fürchteten sich vor seiner Düsterkeit. Und dann kam sein Sohn Grammaton und tröstete ihn. Sein Jüngster war es, der Einzige seiner letzten hundertsten Gemahlin, die sich aus Neugierde mit dem himmelalten Greis vermählt hatte. Und so kam es, daß Grammaton aus blauem Auge schaute, weil Methusalem der blauen Ferne näher war wie der Erde. Und Methusalem sagte zu seinem Sohne Grammaton: »Ich werde heute noch sterben, denn ich kann nicht weiter leben ohne Mellkabe, meine Amme.« Mellkabe war am Morgen bestattet worden, und ihre Wiegenlieder schläferten immer aus ihrem Grabe zu Methusalem auf. Und er hörte allerlei Schmeichelnamen und Methusalem sank also ins Grab neben ihr. Und ein alter Rabe setzte sich auf den Rand seiner Stätte, der hieß Henoch und war Methusalems Vater. Nach finsterer Seelenwanderung kam er endlich wieder in Rabengestalt auf die Welt, weil er Wischnu, den Gott des Nachbarvolkes, beleidigt hatte. Und außer diesem hinterließ der Himmelalte drei Söhne und eine unzählige Kindeskinderbrut. Und die beiden ältesten Söhne waren Zwillinge und fünfhundert Jahre alt und Grammaton, sein später Sprößling, der so viel himmlische Güte im Gesicht trug, war zu gleicher Zeit mit dem neuen Sternbild Pegasus geboren. Und Grammaton war ein Dichter und das war sein Unglück, denn er konnte nicht zwei von drei unterscheiden, auch hatte er sich nie mit dem Ein- und Verkauf der Ländereien und Viehherden seines Vaters abgegeben. Und es leuchtete ihm ein, als sein fünfhundertjähriges Brüderpaar ihm auseinandersetzte, daß die Hinterlassenschaft ihres Vaters sich wohl in zwei, aber nicht in drei Teile teilen lasse, und Grammaton verzichtete mit Edeltränen in seinem blauen Auge. Aber seitdem ließ ihm sein Großvater in Rabengestalt keine Ruhe. Er setzte sich auf seine Schulter, auf seinen träumenden Lockenkopf, und einmal hörte ihn Grammaton, der keine Ahnung von der nahen Blutsverwandtschaft des Vogels hatte, in warnendem Tone sprechen. Aber des Schwarzen Verdächtigungen entfachten sein Herz grimmig, bis seine Seele aufging unter Morgenleuchten und sich füllte mit Gold. Und er dachte, ich kann meine goldenen Gedanken nur prägen in Sternen und Zeichen in die Säule, die das Dach meines Vaterhauses trägt. Aber das schlaue Brüderpaar schimpfte ihn einen Heimlichen, der sich vergriff an ihrem Eigentum, und vertrieben wurde er aus Vater Methusalems reichem Garten. Und da die Säule, die das Dach seines Vaterhauses trug, der Tempel seiner Kunst war, begann er seine Brüder zu hassen und er konnte nicht den Tag erwarten, bis einer den anderen erschlug, wie Kain den Abel.

Und sein Haß dehnte sich aus auf die Kinder und Kindeskinder und er streute kranke Saat unter sie und eines riß das andere vom Erdboden fort. Aber ebenso schnell wuchsen sie wieder auf, von Kindeskindeskind aus Kindeskindeskindeskind, und starb der Vater, so ersetzte ihn ein Sohn in der Nacht. Und Grammaton sah ein, die ganze Stadt war mit ihm verwandt, und sein Haß wuchs von Glied zu Glied und er zertrat das mutwillige Zieglein, was ihm in den Weg lief – ehe es wiederkehre einmal auf zukünftigem Sterne als irgendeines kommenden Urneffen SohnesSohnesSohn. Und es gelang ihm, das Geschlecht Methusalem auszurotten, und das waren alle Einwohner der Stadt, und selbst seinen Tempel, die Säule, die das Dach seines Vaterhauses trug, verschonte er nicht. Und nur der Rabe, er konnte nicht mehr sterben, hockte in den Höhlen seiner Schultern, und er, Grammaton, saß auf dem Schwanz eines steinernen Affen und sang:

i! ü! hiii è!!
i! ü! hiii è!!

DIE SECHS FEIERKLEIDER

Sechs Feierkleider, aus Traumseide gesponnen, rauschen in meinem Nachtgemach auf goldenen Bügeln in Glasschränken. Ich bin die Prinzessin von Bagdad und wandele in der Großmondzeit durch helle Rosengärten um heimliche Brunnen. Der aufgeblühte Mondstern duftet zwischen Wolkenschwarz – ich lege mich schlummer in seinem Schoß . . . .

DER PRINZ VON THEBEN

Ein Geschichtenbuch

DER SCHEIK

Mein Vater hat mir schon so oft die Geschichte aus dem Leben meines Urgroßvaters erzählt, ich glaube nun, ich habe sie selbst erlebt... Nicht einmal der Insektenabwehrer durfte hinter dem großen Straußenwedel dem Gespräche lauschen, das mein Urgroßvater, der Scheik, allabendlich führte mit seinem Freund, dem jüdischen Sultan Mschattre-Zimt. Vom schlichten Dach des jüdischen Sultans führte eine Wolke herüber zum gastlichen Dach meines Urgroßvaters, des Scheiks, des obersten Priesters aller Moscheen. Oft vergaß der Scheik sein Abendgebet zu sprechen vor Ungeduld nach seinem Freund. Der schritt nicht verspätet, nicht verfrüht über die göttliche Brücke. Sie spielten: Enti. Durch kleine Kanäle liefen die Kugeln und fielen in die Rinnen des goldenen Spiels; oder gewannen bei geschicktem Wurfe, indem sie vorher Halt machten in dem ersten, zweiten oder dritten Kreis des Bretts. Das Haften der Kugel im dritten Kreis gehörte zum Ausnahmeglück; wenn es also geschah, wußte es der ganze Palast. Die Überraschung meines Urgroßvaters machte sich in einem Lachen Luft (namentlich wenn er der Gewinnende war), welches die Wände der Säle unter ihnen erschüttern ließ. Um Mondaufstieg brachten zwei Sudanneger den beiden königlichen Freunden Getränke und übliches Rauchwerk. Der Scheik rauchte den Opium unverdünnt und Mschattre-Zimt rügte immer schärfer den Schaden des Giftes auf seines Freundes Leib.

Mschattre-Zimt besaß in seiner Sammlung außer den Blöcken der Gesetztafel des Sinaï, auch unter andern eines der Bücher Mose, ein medizinisches, naturwissenschaftliches Werk in althebräischer Schrift. Diesem verdankte er seine medizinischen Kenntnisse, mit denen er sich aber nur im äußersten Falle hervortat. Denn der jüdische Sultan war kein Menschenfreund. Und selbst über seinen Freund, den Scheik, äußerte er sich in gleichgültigster Weise, was aber nur aus übergroßer Vorsicht geschah.

Mein Urgroßvater hatte dreiundzwanzig Söhne, unter ihnen einen Zwilling. Der jüngste der dreiundzwanzig Söhne war mein Großvater und hieß: Schû. Der setzte sich heimlich vor den Eingang des Daches; er war Geschichtsschreiber und erhielt der Nachwelt in Bildern und Sternen, was die zwei Bärtigen miteinander sprachen. Ob Allah oder Jehovah der einzige Gott der Erde sei – wurde zum streitenden Amen ihres Abends. Wie die Kugeln des goldenen Spiels überstürzten sich schließlich ihre Worte und Gebärden. Der Scheik vergaß sich in seiner Würde so weit, daß er die Krüge der Getränke wie ein unerzogener Knabe über die Zinnen seines Daches warf, bis die Tränen vor Erschöpfung aus seinen Augen rannen. Aber Mschattre-Zimt stand aufgerichtet auf meines Großvaters Dach, seine großen, braunen Augen lächelten schüchtern. Mit einem Schweigen, über das mein Urgroßvater das Ende der Dunkelheit mit Kümmernissen sann, verließ der jüdische Sultan vor Mitternacht das Dach. Und wenn Schû am Morgen, von seinem Vater bewogen, den jüdischen Sultan schon bei der ersten Waschung überraschte, kam es nicht selten vor, daß dieser sich verschwor, niemals wieder seinen Vater zu besuchen; heimlich aber dachte er: In ganz Bagdad findet Jehovah keinen jüdischen Knecht, auf den er mit größerem Wohlgefallen blicken würde wie auf den mohammedischen Priester aller Moscheen. Denn Mschattre-Zimt bewunderte heimlich den ungezähmten Eifer seines Freundes. – An einem Feiertage der Juden zerriß mein Urgroßvater, der Scheik, der oberste Priester aller Moscheen, seine Kleider; schüttete Asche auf sein glänzendes Haar... Mschattre-Zimt war am Morgen gestorben. Der Scheik folgte zu Fuß, inmitten seiner dreiundzwanzig Söhne dem schlichten Sarge seines Freundes, der zur Ruh bestattet wurde nach seines Gesetzes Gerechtigkeit wie der Ärmste der Gemeinde. Der Scheik sprach dreiundzwanzig Gebete und eins, dreiundzwanzig am Grabe des jüdischen Sultans nach seiner Söhne Zahl und eins in hebräischer Sprache zu Ehren seines Freundes. Dann wurde er schweigsam und blickte trübe wie der Himmel zur Regenzeit. Und Schû, der jüngste seiner dreiundzwanzig Söhne, saß an seines Vaters Seite, vor seiner Lippe, wie vor einem verschlossenen Tor. – – Es war ein Jahr nach Mschattre-Zimts Tod, als es ganz geheimnisvoll an die Wand des Palastes klopfte. Mein Urgroßvater saß an der Tafel, um ihn seine dreiundzwanzig Söhne, und speiste. Die schwarzen Diener, die gegangen waren, den Gast einzulassen, sahen niemand, der Einlaß begehrte; es klopfte unaufhörlich – aber sie brachten denselben Bescheid. Da erhob sich Babel, er war der älteste Sohn der Dreiundzwanzig, aber er brachte den späten Gast nicht, der die Ruhe seines Vaters störte. Und es gingen alle die dreiundzwanzig Söhne, einer nach dem andern, durchsuchten den Palast, zerstörten das dichte Laub der Sträucher und lauerten vor der Mauer des Gartens wie Spürhunde. Aber der Scheik, mein Urgroßvater, legte sein Feierkleid an und er ließ seine Füße mit dem Öle des

Tigris beträufeln. Seine Söhne folgten ihm in die unterirdischen Gewölbe der Stadt; aber die Königsmumien schliefen. Und in den Moscheen opferten ahnungslos die Priester und weihten Allah ihre Nacht. Und sie beugten sich vor dem Scheik und küßten seine geheiligten Füße. Durch die Straßen von Bagdad wehte ein klagender Wind, der kam von der Richtung des jüdischen Friedhofs her; aber die Söhne weigerten sich, auf ihres Vaters Wunsch ihm zu folgen. Er zwang sie. Denn der Pförtner des Friedhofs war ein Schläfer und die dreiundzwanzig Söhne meines Urgroßvaters mußten eine Leiter bilden von der äußeren bis herab zur Erde der inneren Friedhofmauer und über die lebendigen Stufen seiner Söhne: Babel, Mohammed, Ingwer, Bey, Nessel, Hassan, Bôr, Abdul, Hafid, Schâl, Neu, Ismaël, Iildiz, Amre, Säuel, Nachod, Asra, Gyl und Gabel, Abel, Bab, Haman, Schû, gelangte der Scheik in den stillen Garten. Mschattre-Zimt war aus seinem Grabe gestiegen, um seine feinblitzende Stirne den Turban Mose – und die Hand hatte er erhoben, wie er sie erhob gläubig zu seinem Gotte, wenn er den Freund vor Mitternacht erzürnt zu verlassen pflegte. Seine braunen schüchternen Augen waren aus den Höhlen getreten, verwitterte Kuppeln, rissige Synagogen. Ein Schauer ergriff den Leib des Scheiks. Versöhnend legte er den Freund zurück in seine Gruft.

In dem Tore von Bagdad ruhen eingeschnitten die Bilder meines Urgroßvaters, des Scheiks, des obersten Priesters aller Moscheen, und seines Freundes, des jüdischen Sultans Mschattre-Zimt.

TSCHANDRAGUPTA

Tschandragupta ist siebenzig Jahre alt. Am frühen Morgen wird ihn sein Sohn erschlagen. So ist es Sitte im Stamm. Und vor ihren Zelten schreien die Weiber und ihre Söhne klatschen mit ihren Händen einen wilden Freudentaumel. Der neue Häuptling zerbeißt das Genick eines Elefantenkalbes, springt dreimal über seinen Stamm, der steht aufgerichtet, ein Haupt, da er trägt seines Königs Dach. Und Tschandragupta, des erschlagenen greisen Tschandraguptas Sohn, liebt des Melechs Tochter. Sie lockt ihn übers Meer. Und an einem Gebettag des Jehovavolkes nimmt der junge Häuptling heimlich sein Weib, bringt es in sein heidnisches Land. Und die Tochter des Melechs schenkt ihm einen Sohn, den nennt Tschandragupta: Tschandragupta und nach seines Weibes Vater, dem Melech. Und Tschandragupta, der Abtrünnigen Sohn, hat Sehnsucht nach den Juden. Die Heidenmädchen lieben ihn, eine opfert ihm ihr Federkleid. Er fliegt an allen Sternen vorbei zu den Juden. Und die Leute von Jericho glauben, ein Engel sitze vor dem Tor, und bringen den Schlafenden auf ihren Händen in die Stadt. Gehen in das Haus des obersten Priesters und holen ihn nach dem Hügel, worauf Jehovas Tempel steht. Denn sie haben den heiligen Fremdling unter der Balsamstaude auf weichem Moos gebettet, und die Tochter des obersten Priesters wäscht seine Füße mit der Quelle. Da spaltet der Wind des Fremdlings Federkleid, – er erwacht – und die Leute sehen, daß er kein Gottgesandter ist und sie höhnen ihn. Aber ein Deuter ängstigt die Enttäuschten: Der dort ist Schaitan. Der Oberpriester nimmt den verhöhnten Gast in sein

Haus. Der sehnt sich nach den Juden, beschenkt die Männer auf den Plätzen und schlichtet ihren Streit und gewinnt so der Juden Herz. Und den Frauen hilft er die Rosen pflücken. Nur Schlôme, seines gastlichen Hauses Tochter, gewahrt er nie, und doch ist sie die früheste an den Hecken. Und Tschandragupta schnitzt Räucherbecken aus Elefantenzahn für den Altar Jehovas. Aber der oberste Priester verschmäht sie sanft. Da wird Tschandragupta traurig und mit ihm Schlôme, des obersten Priesters einziges Kind. Und sie bittet ihren Vater, die fromme Gabe seines Gastes nicht zu verachten; der ehrwürdige Knecht Jehovas aber wendet sein Angesicht. Da geht Tschandragupta und fällt die Stämme der schwarzen Rosen, Jehova einen Altar zu bauen, aber der oberste Priester wehrt ihm schmerzlich. Nun weint des Häuptlings Tschandraguptas Sohn und heimlich in ihren Schleiern Schlôme, des treuen Knecht Jehovas einzige Tochter. Und sie schilt ihren Vater seines Hochmuts. In der Dämmerung besteigt sie den Hügel, auf dem der Tempel Gottes steht, entfaltet ihr Angesicht und läßt ihre Haare spielen wie Eva vor dem Schöpfer und beginnt ihrem Gotte zu schmeicheln, erinnert ihn an den Schmerz der Liebe, da er noch Zebaoth hieß und das blinde Weib im Paradies ihn hinterging, und ihre Gebete werden Liebkosungen, und so versündigt sich des obersten Priesters einziges Kind. Den Hügel herab steigt sie, stolpert über ihres Hauses Gast, der sitzt unter der Balsamstaude und sehnt sich nach den Juden. Glieder waren aus seiner Glieder Glieder gewachsen, die sich sehnsüchtig verschlungen hielten, wie die vielarmigen Götzen seiner Heimat. Seitdem Tschandragupta in der Stadt weilt, bieten alte, fratzenhafte Weibchen in den

Winkeln der Straße oder in den Gruben hinter ihren Häusern heimlich verbotene Spielereien den stillen Mädchen von Jericho feil. In Urnen halten die Freundinnen Schlômes die kleinen Heidenliebesgötter gefangen und lächeln so eigen im Schlaf mit ihnen. Aber Tschandragupta sinnt, das hartherzige Herz des Priesters zu gewinnen. Mühsam gräbt er nach Gold in den Wäldern der Oase und belegt den Hügel, auf dem der ersehnte Gottestempel steht, mit seinem Fleiß. Prägt ein Stück Leben seines Nackens nach der edelsten Münze des Judenlandes und legt das atmende Gold zu dem verglommenen. Und die Leute der Stadt sehen von ihren Dächern den strahlenden Hügel. Eilen in des Oberpriesters Haus: »Die Sonne ist vom Himmel gefallen!« Aber der weiß, wer alles die Pracht gesäet, verbirgt sein Angesicht; denn er hat den Fremdling lieb. Und Schlôme hängt sich an ihres Vaters Schoß, bittet ihn, den frommen Wunsch des Jünglings zu erfüllen. Aber er sendet ungeduldig von den ehrlichen Hirten zwei zu dem Hügel, daß sie sammeln sollen das Gold in Säcken und nicht ein Stäubchen verloren gehe. Ist doch die lebendige Münze aus goldenem Fleisch und Blut schon abhanden gekommen. Da pocht der Deuter an das Haus des fürsorglichen Priesters, warnt ihn des beleidigten Volkes wegen: Der Enkel des Melechs wird dein einziges Kind töten. Aber der zuversichtliche Priester erinnert ihn an den Morgen, da er den sanften Heiden seines Hauses beschimpfte und die Leute beängstigte. Die sammeln sich auf den Plätzen in murrenden Scharen und ziehen vor ihres Oberpriesters Haus. Die Männer reißen an seinen starken Wurzeln und die Weiber springen wie Katzen um seine Balken. Und sie fordern von ihm, daß er den friedfertigen Fremdling zu Jehova führe. Beschimpfen ihren obersten Priester einen Dieb an Jehovas Gaben. Und Schlôme steht auf dem Dach, die Stadt sieht zum erstenmal ihr nacktes Angesicht. Wie eine lechzende Flamme seufzt ihre Stimme und schürt das Volk gegen ihren Vater auf. Vor seines ehrwürdigen Raumes Pforte lauscht Tschandragupta, seine Augen sind eingesunken und sein Atem hungert. Da kommt über ihn das Fieber seines Stammes nach verlorener Schlacht. Mit geöffnetem Rachen irrt der Fremdling an die Wände der Häuser vorbei. Die verscheuchten Rosen der Hecken flattern auf, sein Atem peitscht die Bäume und Sträucher um. Über die tobende Menge setzt er, »wer wagt Schaitan zu bezwingen!« Bis zu den Knien waten die bebenden Hirten heimwärts ihren Lämmern voraus, die sind von Menschensaft bespritzt. Um den Hügel, worauf der Tempel steht, kreist Tschandragupta, ein böser Stern, ihm rinnt das Blut schwarz aus den Poren. Und die Leute gedenken des Deuters und kriechen auf Knieen, auf dem Leibe kriechen sie über die Dächer und dringen so in des Oberpriesters Haus. Fordern sein Opfer, hat er doch soviel Unglück gebracht über die blühende Stadt. Und Schlôme salbt ihre Glieder wie zur Hochzeit, sie hatte des Deuters Warnung vernommen. Und sie schwingt sich herab, eine zarte Wolke von der Höhe ihres Hauses und wandelt lächelnd immer näher dem tödlichen Kuß. Es finstern die Sterne wie das Haupt des Häuptlings; das drohte ihr unzählige Male auf dem Vorhang der heiligen Gerätschaften. Über die Namen der Wildväter, die in heidnischen Zeichen und Bildern geprägt sind in Tschandraguptas Fleisch, fließt Schlômes geweihte Süßigkeit, über seine goldenen Lenden hinab, wie rosenfarbener Honigseim. Zwischen seinen Zähnen trägt er verzückt sein letztes Opfer, ihren Leib hin über Jericho. Die schmeichelnde Dunkelheit beleckt die Straßen und Plätze, die Brunnen bluten nicht mehr. Und aus des Oberpriesters Haus, in den Schleiern Schlômes tritt Tschandragupta wie die Frauen der Stadt. O und sein Wesen so liebevoll tastend, wie ein kindtragendes Weib. Zwischen den schaudernden Frauen, hinter den Gittern setzt er sich in den Tempel und seine Gebete tönen zwischen seinen Lippen, sanftes Gurren der Taube. Niemand hemmt den Wandel des Melech's Enkel. Auch im ergrauten Feierkleid der tempelalte Knecht nicht.

DER DERWISCH

Die englischen Damen reiten jeden Abend auf ihren Eseln die heiße Gräberstraße entlang, die heiligen Katzen hinter den Gittern der Gräber blicken schon weltlich. Der Derwisch tanzt. Die Ladies mit den hellen Augen like the spring hören auf zu zwitschern, aber die blauen Schleier ihrer Hüte zittern. Mein Herz wird täglich magerer in der Brust, wie die Mondhälfte in den Wolken. Die zarten Hälse der Abendländerinnen heben sich aus dem Rand ihrer durchsichtigen Kleider, darinnen ihre Leiber wie in gläsernen Vasen stehen. Ich aber trage den lammblutenden Hirtenrock Jussufs, wie ihn seine Brüder dem Vater brachten. Und die jungen Dromedare und Kamele weide ich, tränke sie mit Wasser der Brunnen. Und abends, wenn der Derwisch tanzt vor der kleinen rissigen Moschee, schenke ich den jungen Höckertieren meine Datteln und Feigen, daß sie nicht nach mir schreien. Nie hat ein Sohn oder eine Tochter der Stadt in die Augen des Derwischs gesehen, es warteten heimlich die Prinzessinnen Kairos vor seiner Wimper finsterer Sonne. Alle goldenen Bilder küßten die Moschee, da sie den Derwisch gebar. Ich reiche ihm Labung im Kelch der Derwischlilie und blase den aufgewirbelten Sand Ismael Hamed zu, der lehnt am Dorn der Oase und hat das Jenseits verloren. In einer Sänfte tragen Priesterknaben den erschöpften Priester schaumgeronnen in das Priestertum. Auf ihren Eseln reiten die englischen Damen die heiße Gräberstraße bergab am glänzenden Pupillengitter vorbei, der buntbetenden Nacht zu. Kostbare, allahgeweihte Teppiche fallen von den Dächern der Häuser bis auf die Steine der Straße und erwarten die roten Füße des Feiertags Jom 'aschuras. Der treibt am 10. des Monats Muharram das Blut der Stadt; den Enkel Mohammeds, der an diesem Tage bei Kerbela getötet wurde, lebendig zu halten. Ich jage meine Dromedare hintereinander und Kamele nach Karawanenart. Durch die Straßen springen schon in tollen Sprüngen Männer, ihre Schultern schaukeln auf und ab, wie die irdenen Krüge des Brunnens. Christenhunde flüchten vor Steinwürfen, den Juden ist das Menschvergießen ein Greuel. Vornehme Araber, Staatsleute, Priester in gestickten Satteln ziehen auf hochmütigen Pferden vorbei. Unter die Hufe unzähliger Tierbeine werfen sich unzählige Leiber. Mir klebt das Blut schon schwarz auf den Lippen. Blutweihrauch entströmt den Poren der Stadt. An die geöffneten Haremsfenster drängen sich die Frauen. Sichelaugen, mandelgoldene, zimtfarbene, Schwärme von schillernden Nilaugen, schweben über den tödlichen Zug. Mit Peitschenhieben züchtigen sich die jungen Heiligen, andere wetzen Waffen an der Säule ihres Rückens. Waghalsig über die Gelände des Daches beugen sich die englischen Ladies, werfen halbaufgeblühte Nachtschleierknospen und Mondschatten über den Derwisch. Der sitzt auf einem Kamel, allahtrunken, und trägt die weiße Taube Mohammeds, das Licht des Jenseits auf dem goldenen Ast seines beringten Fingers. Ich schreie. Der Derwisch winkt. Ein junger Edelmohammedaner wirft sich unter seinen frommen Reiterschritt; aber ich besteige den hinteren Buckelteil seines Tieres und halte mich am Schwanze fest, da es zu stolpern droht über zermalmte Leichen. Manchmal wendet der Derwisch seine goldene Stirne leise gegen meine. Von Gold sind die feinen Flügel seiner Nase. Meine Glieder halten den Odem ein und lauschen Melodieen nach: Am Tigris steht ein Palast, der gehört meinem Vater und meiner Mutter, die schlummern schon sieben Jahre im Gewölbe. Meiner Mutter Hände sind zwei einbalsamierte Sterne, und der Bart des weißbärtigen Paschas fiel: ein silberner Vorhang über stolze Vorfahren. Und ich vertauschte den Prinzessinnenschleier mit dem armseligen Rock der Weide. Nun bindet Ismael-Hamed die jungen Lasttiere. Ich erzähle: »Bocknäsig ist Abba, sein langhaariges Kamel, und Rebb wirft mit dem Schwanzwedel meinen Fez vom Kopf, und meine Kamelin liebt Amm, ein Dromedar aus Ismael-Hameds Herde.« Der lächelnde Derwisch beugt den Oberkörper feierlich im Wandel: Nacht und Tag – die glitzernden Perlenquasten des königlichen Sattels klingen über Beduinenhände, wie über braune Teppichfransen. Unser Tier sinkt in eine Blutlache, warm tröpfelt es von meinem Gesicht, es sind lebendige Regentropfen, bald naht die Zeit des segnenden Himmels: Allah begießt die Welt mit seinem Saft. Aber Ismael-Hamed wird die duftenden Wunder, die wachsen werden, nicht sehen, er hält den Kopf in seinem Nacken versteckt. Schmächtige Knaben wetteifern um den schnellen Weg ins funkelnde Jenseits, aber unser Kamel will nicht über ihre verhungerten Körper traben. Der Kinder Lockrufe übertönen die wilden Gebete der Halbpriester. Mich beschnüffelt schon die Plattnase eines Einhöckers und drängt mit seiner Gurgel ungeduldig nach meinem Rücken. Der Derwisch gibt den kleinen Bettlern ein Zeichen, sich zu entfernen. »Herr, warum verschließt du ihnen das Tor zum goldenen Garten? Und weißt doch, daß ihre Väter sich auflehnen wider den Koran. Sollen sie büßen wie Ismael-Hamed, der Hirte? Er trägt statt des Lichtes das finstere Bild seines ungläubigen, geschlagenen Vaters in der Brust und schämt sich, mich anzublicken, weil er so arm ist. Und ich verträumte, ein verklärter Grund hinter deiner frommen Schönheit, ihm ein Jenseits zu suchen im Damast des reichen Zuges. Herr, verzeih' mir den bösen Gedanken, ich hoffte, daß einer der Geweihten verlöre seine Seligkeit vor der dämmernden Stufe des Todes!« Nach der Richtung der zerlumpten Kinder tastet fürsorglich der erschrockene Derwisch. Die bauen ihr Leben auf, Kopf auf Kopf, und spielen Pyramide. Ich hänge über den Rücken des Tieres allem Blute nach, aber die Wimper des Priesters ergreift mich; der Schatten seiner leeren Augenhöhlen fällt über die blutende Stadt. In Allah ruht sein frommsüchtiger Vater, der ihm die runden Lichte ausgestochen hat.

Wir waten rot über aufspritzendes Grellrot. Wir reiten
in einem Gemälde. Der Nil ist rot gemalt. Ich zerschlage
mir die Stirne an den harten Säulen der Häuser, ich bin
im Finstern, meine Augen frieren. Ich habe im Grauen
seiner heimlichen Gräber mein Jenseits verloren, es fiel
in Ismael-Hameds, des Hirten, Schoß. In der warmen
Milch einer Kamelkuh badet er meine erstarrten Füße,
aber mein Gesicht legt sich schon im Wind zur Seite.
Blumen blühen; in Wasserfalten gehüllt schwemmt der
Nil die verwesten Leiber jenseits weilender Seelen ans
Ufer. Ich erkenne die drei Beduinen an ihrer Schlankheit
und den Edelmohammedaner an seinem Gürtel wieder.
Die armseligen, spielenden Kinder zerstampfte ein tanzender
Pferdehuf; es fehlen ihnen die bettelnden Händchen. – Über Kairo schwebt der Gebetschein des Korans.

EIN BRIEF MEINER BASE SCHALÔME

Im Hafen von Konstantinopel liegen goldene Boote –
Sterne.... Ich bin im Palaste meines Großoheims; wir
Basen aus Bagdad duften nach altem Gemäuer, wir Prinzessinnen
vom Tigris tanzen mit stummen Gliedern.
Und ich verstehe die Sprache der Frauen des Harems
nicht. Weiß nicht, was sie veranlaßt, sich zu freuen oder
sich gegenseitig zu überwerfen. Sie sprechen nicht ihre
Sultanssprache: »Wir sprechen parisisch«, erklärt mir
die Kleinste; ihre Haare sind rot, »chik«. Manchmal
summt sie hüpfende Lieder. Ich hungere, schwebe über
die bunten Mosaikbilder der Böden; ich fürchte mich
vor den bösen Speisen und Getränken, die heimlich in

die Frauengemächer geschafft werden. Verbotene Fleische essen sie und rote und gelbe murmelnde Getränke trinken wir, unsere Köpfe schaukeln immerzu. Auch schäme ich mich vor dem Eunuchen, seine Augen stehen vornüber, kranke Greise. Wenn ich an unsern Eunuchen denke – runde Mannakuchen sind seine Backen und seine Stimme dudelt lustig wie Gauklerflöten. Ich wollte, ich wär wieder in Bagdad. Hier sitzt auf dem schönsten Kissen der Eunuche. Meine Tante und ihre Töchter knien um ihn, ein Kranz von bunten Farben, sie tragen alle weite Hosen und meine alte Tante eine weite aus geblümtem Brokat. Mich langweilt ihr Lachen und ihre entblößten Gebärden, ich möchte ins Bad steigen, aber ich schäme mich, vor der kriechenden Stimme des Eunuchen, meinen Schleier vom Antlitz zu heben. Meine besessene Tante in der überweiten Brokathose beginnt sich zu entkleiden; neugierig folgen die anderen Frauen den Belehrungen des Eunuchen. Ein großes Buch mit grausamen Bildern breitet er auf dem Teppich hin. Seine Stimme schlängelt sich ein lüsterner Bach um die fiebernden Sinne der Frauen. Hinter dem Vorhang unter der Taube des Mohammeds, die sanfte Behüterin des Harems, stehen scharfe und zackige Gestelle, Peitschen und Pechfackeln. Meine Tanten und Basen haben mich heute Abend ganz vergessen; ich weiß nur, daß sie so spitz wie Dolchstiche durch meine Träume schreien wie Mütter, deren tote Kinder ihre Leiber zerfleischen. Ich bebe, der Eunuche ergreift eine der vielfältigen Peitschen; in Bleikugeln endet jeder Riemen; er wetzt sie einige Male wagerecht in der Luft, läßt sie dann langsam herab auf den weiten überweiten allerwertesten Vollmond meiner fiebernden Tante prallen, die ihn, ich schwöre es bei Allah, nach allen Seiten hin ihm zuwendet, mörderisch aufschreiend, kokett die Zähne zeigend. Auf dem Divan sitzen ihre Töchter; neidisch entblößen sie ihre Brüste, die blühen in gesprenkelten Goldnelken. Der Eunuche entnimmt dem Vorhang kleine spitze Nadeln. Ich schleiche auf Vieren über den Teppich aus dem Frauengemach und stehe hinter dem Fenster des Vorraums. Ich möchte in eins der kleinen Sternboote steigen, auf dem Bosporus – der Himmel ist ein einziger großer Stern.

DER FAKIR

Die drei Lieblingstöchter des Emirs von Afghanistan heißen Schalôme, Singâle, Lilâme. Ihre Gesichter sind wie Milch; Sklaven verscheuchen die Sonne vom Dach der Frauen wie einen lästigen Vogel. Um die Abendstunde wandeln die drei Emirstöchter unter Tamarisken und Maulbeerbäumen, oder sie werden in geschnitzten Sänften zum Zeitvertreib an Goldbasaren vorübergetragen; der Emir könnte reiche Schwiegersöhne gebrauchen. Er ist ein Vetter meiner Mutter, aber ich bin zum ersten Male an seinen Hof geladen. Wir Träumerinnen aus Bagdad haben von altersher schlimmen Einfluß gehabt auf die Töchter fremder Paläste. Wir schleifen einen bösen Stern hinter uns, meint mein Großoheim, und seine Edeltöchter weisen die gläsernen Spielereien zurück, die ich ihnen mitbrachte. Aber ich weiß mich zu rächen. »Wo ist euer Oheim, Schalômesingâlelilâme?« Denn sie schämen sich seiner Verkommenheit; ein Flekken klebt er auf dem milchweißen Hals ihrer Mutter, der Emirsgattin. Die alte Sklavin meldet ihr vertraulich, daß der Fakir wieder auf dem Hofe stehe; ob sie ihren Bruder dudeln höre? Aus seinem Schlangensack kriecht eine junge Viper, schleichender Schleim um seinen schmutzigen Oberkörper. Aber Singâle wirft ihm einen Königinnentropfen, ein kleines Ehrengoldstück, mit dem Kopfe ihrer Mutter geprägt, in den Schuh, den sich der bettelnde Oheim von seinem eitrigen Fuß gezogen hat. Singâle ärgert gerne ihre Mutter, sie hat ihre altsyrische Nase geerbt, die schon einen der jüdischen Stämme verunglimpfte. Beschnüffeltes, übergelassenes Futter, setzt man dem dudelnden Fakir in einem irdenen Becken der Hunde vor. Manchmal übernachtet er gesättigt zwischen den Säulen des Haremshofes auf seinem lebendigen Sack, dessen Schlangen aufständig werden, sich zu einem Hügel bäumen, um von der Last ihres Schläfers wieder einzusinken in nachgiebiges Dehnen. Schalôme steht am Fenster im Mond, wie auf rundem Goldgrund. Und ihre Schwestern fallen: angerufene Schlafwandlerinnen in ihre Kissen zurück. Der Geruch, der aus den Poren des Fakirs dringt, weckt das Blut auf, wie die pochende Beere, das verbotene Getränk des Korans. Die Eingeweide der Jünglinge quälen sich und die Töchter der Stadt nippen heimlich an seinem Geruch; ihre Leiber gehen auf wie braune und gelbe Rosen. Lilâme, die zweite Tochter des Emirs von Afghanistan, trägt seit Monden in ihrem Schoß ein atmendes Spielzeug, der türkische Prinz vergaß heute seinen Turban unter dem Lebensbaum im Frauengarten. Und Singâle liebt Hascha-Nid, der ist der Sohn des Chân, des Weißbarts eines wilden Stammes; seine Haut schimmert in süßerlei Farben. Aber seine Tracht ist herb, er vergißt jeden Schmuck anzulegen, wie es sonst Sitte ist beim Kriegstanz oder bei den Zeremonien ihrer Götzenfeste. Ich habe meine Augen, seitdem Singâle ihn mir gezeigt hat, noch nicht geschlossen. Immer starren sie herüber über die Zuckerfelder weiter nach der Richtung der wilden Waffengesänge. Und ich erschrak, als ich beim Schminken in meinem Spiegel den Fakir sah; er saß auf der Mauer des Hofes und küßte seine Schlangen. Die eine, die sich ihm wild ergab, steckte er zur Hälfte in seinen grauen, kriechenden Mund. Seitdem blicke ich mich in der Nacht ängstlich zu den drei Schwestern um, ob sie mein Brüllen nicht erschrecke. Manchmal schreit Schalôme auf; Lilâme tändelt mit ihrem Kissen, das ist silbern, wie der Turban des Prinzen. Und Singâle blickt eifersüchtig auf meine Lippen, sie stehen krampfhaft geöffnet. Ich höre die wilden Kriegsweiber heulen – Hascha-Nid, der Sohn des Chân, liegt im Sterben. Über die Abendwege der lächelnden Pflanzungen schlängelt sich der Fakir, er soll ein Wunder verrichten an des Weißbarts Sohn. Schalôme steht am Fenster im Mond, sie streichelt sanft meine Haare, der Wind reißt sie aus ihren Händen und weht sie über die süßen Äcker. Ich möchte ihre Hände küssen, aber meine Lippen färbt noch ein Tropfen Blut meiner nächtlichen Speise. Immer warte ich zwischen den hohen Rohren und halte seine Glieder in meinem Rachen versteckt, und bald feiert Schalôme Hochzeit; eine Karawane von indischen Elefanten bringt ihre Geschenke, und auf dem Rüssel des Riesen sitzt der Gekrönte, der sie holen wird in sein Haus. »Schalôme, wie träumst du von ihm in der Nacht?« »Immer kommen die Schlangen meines Oheims und erwürgen meinen Traum.« Und wenn Lilâme den Oheim gewahrt, versteckt sie ängstlich ihr weißes, aufgeblühtes Paradies unter den Lebensbäumen. Nur Singâlens wolkige Seide hebt sich von ihren weißen Hängen, der sterbende Häuptlingssohn aber verschmäht ihre gesprenkelten rosa Nelken. Ich darf nicht mehr im selben Gemach mit Schalôme, Singâle, Lilâme schlafen; meine Großtante, die Emirsgattin, hat mein Freudengebrüll gehört. Schalômes sanfte Hände zittern, sie lassen alles auf den Teppich fallen, was sie ergreifen, sie hat den Veitstanz. Jeden Abend dudelt der Fakir auf dem Hof. Schalômens Mienen tanzen nach seinen Tönen. Ich irre, nur von Spinnengeweben der alten Wände behangen, durch die Erdgewölbe des Palastes. Von dort, erzählt mir Singâle, entkommt ihr Prinz. Und ich habe über mein Kinn einen glühenden Streif gezogen, mein Spiegel dudelte dazu Hochzeitsmusik. Auch trage ich die langen goldenen Ohrgehänge, die mir Schalôme geschenkt hat. Die Schwestern sagen, ich habe einen goldenen Körper, und sie wollen die verschüchterte Sonne wieder anlocken. Hascha-Nid hat auch einen goldenen Körper, wenn wir uns kreuzten, würden wir ein goldener Palmenbaum sein. Ich bin müde, ich möchte mich begraben lassen, wie der verkommene Oheim es tut, einige Male im Jahre. Der Vater der Würmer sehnt sich nach seiner Erde zurück. Dann atmet die Emirsgattin bis zum anderen Ende der Ufer auf, und ihr Atem hält das Flüstern der jungen Lippen an, und bringt Nüchternheit über die Söhne und Töchter der Stadt. Ich stolpere über aufgeworfene Erde und greife in ein bereitgehaltenes Grab. Kleine, blitzende Gerätschaften liegen auf dem geöffneten Erddeckel, die dienen zur Ablösung des Häutchens, das die Zunge mit dem Unterkiefer verbindet. Ich sah es im Spiegel: man steckte sie ihm zum Luftabschluß wie einen Pfropfen in den Schlund. Ich muß so traurig summen: Schalôme kriecht ihm nach ins Grab. Und kann mich gar nicht mehr finden. Der Streif über meinem Kinn zieht sich durch meinen ganzen Körper, teilt ihn in zwei Hälften. Hascha-Nid ist tot? Ich höre die wilden Weiber wie Besessene toben, ihre Stimmen vermehren sich ungeheuerlich, im wuchernden Widerhall des Gewölbes. Ich wollte, mein Vater wäre da, ich schwebte auf seinem langen Bart in den Palast zurück in Schalômes Schoß, der wiegt sich wie eine tanzende Schlange. Und ihre ruhelosen, sanften Hände kriechen über den Staub der Böden. Unser Gemach mit den vier seidenen Kissen dudelt und ist angefüllt von lokkenden Narden des Fakirs. Schalôme erhebt sich eine Stunde vor Mitternacht und lächelt wieder im Mond. Dann sah die alte Sklavin sie über die letzten Stufen der Haremstreppe schnellen. Ich schneide meine Adern auf mit meinen gläsernen Spielereien. Der Palast ist taubstumm, Lilâme und Singâle sind zwei alte Götzenbilder. Der Emir von Afghanistan läßt alle Wälle in den Gegenden der Stadt aufgraben. Leichen liegen ihrer Erdhemden entblößt auf den Steinen des Friedhofs. Die Luft ist schauerlich. Unter den Wassern des Flusses schaufeln die Taucher. Manchmal streift mich forschend des Emirs Blick. Wir Mädchen aus Bagdad schleifen einen bösen Stern hinter uns; aber ich werde Schalôme nicht verraten; und ich wollte, mein Vater wäre da, sein langer Bart wehte der Gassenmäuler leichtfertige Melodie aus der Stadt. Ich habe sie an ihrem dunkelbereiteten Palast schwermütig erdacht.. Schalôme kriecht ihm nach ins Grab.

DAS BUCH DER DREI ABIGAILS

Abigail der Erste

Er wurde Melech, als er noch im Mutterleibe war. Die Melechmutter klagte, denn Abigail weigerte sich zur Welt zu kommen. Der lag in seiner Mutter Prachtleib wohl geborgen und schnarchte so laut, daß man seinen Schlummer vom Palaste aus bis über den Fluß, im Osten der Stadt vernahm. Der junge Melech wollte nicht zur Welt kommen. Und Diwagâtme, seine Mutter, gewann einen Umfang, der über das Königskissen hinauswuchs, und man polsterte für ihren hohen Leib ein Gemach des Palastes aus, darin sie sich ausdehnte von Tag zu Tag. Der junge Melech lebte nun in ihrem Leibe zwanzig Jahre und weigerte sich zur Welt zu kommen. Da berief die Melechmutter von jeder Vereinigung ihrer Stadt einen Mann, der ihr raten sollte. Von den Jehovanitern den vornehmsten Priester, von den roten und gelben Adames je einen der Viehzüchter, auch den liebwertesten Zebaothknaben, der der Gespiele ihres Sohnes Abigail hätte werden sollen. Und der Marktplatz wurde gehöhlt und mit weichen Schafsfellhaaren ausgestopft, denn Diwagâtme, die Mutter des eigensinnigen Abigail, konnte ihres Leibes wegen nicht mehr im Palast bleiben, und also geschah auf Raten ihres ärztlichen Beistands, daß sie behutsam trugen eines Mittags unzählige Sklavenhände, begleitet von der Musik der Dudelsackpfeifer und Schellen und Trommeln auf ihren neuen Sitz mitten auf dem Marktplatz in Theben. Abigail weigerte sich zur Welt zu kommen. Aber einmal hörte ihn seine Mutter eine himmlische Melodie sagen und sie dachte an das hohe Lied Salomos, doch sie verschwieg der Stadt und sogar den Nächsten ihrer Umgebung das neue Geheimnis ihres Leibes. Abigail, ihr Sohn, war ein Dichter und kein Regent; ihr sein Beharren in der dunklen, sorgenlosen Nacht wohl verständlich, den anderen ein immermehr zunehmendes Rätsel. Von dem Bewahren des Geheimnisses wurde Diwagâtme krank; Schatten bedeckten ihre strahlenden Augen, und stumm wurde sie vor Furcht, doch einmal einzuflechten den Dichtgeist ihres Sohnes in ein gleichgültiges Gespräch, zumal sie keine andere Freude empfand, als die beim Vernehmen des hohen Liedes ihres Sohnes. Sie mochte sich auch nicht mehr betasten lassen von dem kleinen Staate, der sich um ihren Leib wie um eine Insel bildete, Umschau hielt und Messungen anstellte. Der beharrende Melech aber lebte weiter vom Fleisch und Blut seiner Mutter, und sie fühlte ganz genau, daß er eine Vorliebe für einige Gerichte hatte; daß er nur dichtete beim Genusse süßen Blutes, wenn seine Mutter verzukkerte Rosen verzehrte. Aber immer, wenn sich die ungeduldigen Bürger der Stadt seiner Mutter näherten, verkroch er sich ganz tief in seiner einsamen, pochenden Heimat, bis er eines Tages das Herz seiner Mutter gewaltig mit seinem Fuß in die Rippen stieß und Diwagâtme tötete. Da weigerte sich der Muttermörder nicht mehr – zur Welt zu kommen aus der erstarrten Nacht. Diwagâtme wurde begraben, aber ihn, den Sohn, setzte man auf den Thron im Palast. Abigail der Erste saß nackt auf dem Thron in seiner letzten Haut, die war zart und neu und unberührt. Und er fürchtete sich in der offenen Welt – seine Hände suchten immer Wände und der Tag tat seinem Auge weh. Aber seine Bürger trugen ihn auf ihren Schultern durch die Stadt, durch die Lande – ihren Wundermelech! Schön war Abigail, jedes seiner Glieder ausgeruht; nicht eine Farbe an ihm nur hingeworfen! Die Töchter Thebens gehörten alle ihm, die hatten durch die lange Erwartung, in der die Stadt lebte, fragende Augen und geöffnete, lächelnde Lippen, und trugen eine Blume im Haar mit offenem Kelch für den Schmetterling. Abigail aber kroch in jeder Jungfrau Leib und er sehnte sich nur noch nach dem Mond, wenn er rund und weich am Himmel pochte. Da, einmal in der Frühe brannte sein Palast; nun starb Abigail der Erste, der Sohn Diwagâtmes, die das Geheimnis mit ins Grab nahm, daß ihr Sohn ein Dichter war. Er stand und schritt und lief zum erstenmal auf seinen Füßen, die sonst, ein verwöhnter König, auf den Schultern seiner Bürger ruhten. Der Palast stand in wilden Flammen, als Abigail es bemerkte, sich an der Säule des Gebäudes herabließ, ohnmächtig zusammenbrach und von einer Karawane, die im Morgendunkel noch träumte, überritten wurde. So endete Abigail, der Spätgeborene von Theben.

Abigail der Zweite

Abigail des Spätgeborenen ältester Vetter Simonis saß auf dem Thron zu Theben nur einen Tag und langweilte sich und verzichtete auf die Krone zu Gunsten seines Bruders Arion-Ichtiosaur. Der nannte sich Abigail der Zweite – wie er vorgab, – zum Angedenken seines vetterlichen, spätgeborenen Vorgängers. Dieser Zweite ähnelte kaum entfernt nur noch dem Ersten. Denn der neue Melech war sechzig Jahre alt, als er den Thron der Stadt bestieg, seine ursprüngliche Wesenheit hatte geglättete, wohlweise ganz in sich ruhende, feste Form angenommen. Er bestieg am zehnten des Monats Jisroël den Thron und hielt sein träumerisch Volk wach und in Spannung. Er lud die ältesten Bürger der oberen Stadt zu sich in den Palast ein, erging sich an sie in einer stummen Ansprache in Kopfnicken und Gebärden, legte einige Male die erlauchte Stirn in Falten, nahm den zartesten der reichen Kaufleute, küßte ihn mit einer Wucht, die den so vor allen seinen Mitbürgern ausgezeichneten Mann aufschreien ließ und ihn wie die verwunderten Zuschauer ebenso verblüffte wie ergötzte. Darauf die kleine Gesellschaft entlassen wurde, stumm und mit dem huldvollsten Lächeln ihres Melechs. Sie zerstreuten sich hinter dem Tore des Palastgartens über die gepflegten Wege, durch die morschen Straßen und lächelten verlegen. Auf Befragen der neugierigen Menge vermochten sie nur die Schultern zu zucken und erklärten sich heimlich untereinander das Verhalten ihres neuen Melechs als ein Symbol der Gnade; neigten die alten Köpfe mit den Turbanen und taten nach ihres wunderlichen Königs Geheiß. Der stellte Männer an, die meisten waren überernährt und kugelrund gespeist, die auf den Marktplätzen von der Enthaltsamkeit predigten, die dem verwöhnten Volke im Namen ihres besorgten Melechs einigemale im Monat den Genuß der Früchte, des Brotes, der Fische und jegliches Vieh verbaten, so, daß keine Speise übrig blieb und die Leute den Tag über hungern mußten. Aber der Melech gestattete jedem Bürger der Stadt Thebens, seinem eigenen Mahle zuzusehen, sich an den Melonen seines Tisches zu freuen. Und er säete

Haß, Gier und Mißgunst unter die zärtlichen Menschen, daß sie sich der Dattel mißgönnten. Einmal fragte ihn dann sein Lieblingssklave: Herr, warum befiehlst du solches? Da sagte der Melech: Haß und Gier und Mißgunst halten ein Volk wach. Abigail der Zweite ließ sich auf die Backe den Wendekreis des Affen tätowieren; er beschäftigte sich mit Astronomie und Mathematik und die Gemächer seiner Arbeit waren mit Karten dieser Wissenschaften behangen. Abigail der Zweite besaß seine Lachweiber und seine Tränenweiber; außer dieser Schar begleitete ihn sein Grüßer, ein edler Jüngling mit freundlichem Wuchs, an dem sich der Melech des Grüßens Anstrengung jedem Vorbeischreitenden immer wieder höflich enthob. Ihm zur Seite aber kam sein Erklärer, der ihm die Würzen der Humoresken deuten mußte, die seiner Hochlaunigkeit vorgetragen wurden. Mit einer Anekdote durfte sich jeder Bürger der Stadt auf der Straße oder im Palaste ungehindert dem Melech nähern; der wanderte oft zur Abendstunde gemächlich durch die erfrischenden Lüfte. Oder er stand auf dem Dache seines Palastes und stritt mit Gott. Oder er unterrichtete seine Diener und Dienerinnen in der Schöpfungsgeschichte. Da er kinderlos war, nahm er sich der beiden toten Söhne Adam und Evas an; glaubte nimmermehr an die Bruderbluttat Kains. Vom Sohne des obersten Priesters ließ er sich das Brüderpaar an die Wand seines Festsaals malen. Jussuf, der Sohn des Tempels, der in engste Berührung mit dem Palaste trat, wohnte einmal einem Gespräche bei, das der Melech mit seinem roten Hausgeschöpf Bisam-Ö führte. Dieser riet dem sehr bewegten König, sich zu vermählen. Das Murren, das sich nach und nach in seinem Volke, namentlich unter der Jugend bemerkbar mache, bezog sein Ratgeber auf das Nichtvorhandensein eines Thronerben. Abigail hatte sich mit seiner ganzen erhabenen Person seinen geliebten Bürgern gewidmet und es schmerzten ihn diese leisen Aufrührungen. Er hatte versucht, die säumenden Leute seiner Stadt aufzurütteln, er hatte versucht, jeden einzelnen von ihnen auf eigenen Fuß zu stellen, darum begann er schon bei Beginn seiner Regentschaft alle die Vereine zu lösen, die sich schon zu Abigail des Ersten Zeiten gebildet hatten. Nur die Zebaothknaben, die jüngsten Bürger Thebens, hielten trotz des Melechs Verbot ihre heimlichen Zusammenkünfte, deren Oberhaupt der begabte Sohn des obersten Priesters war. Jussuf warf sich schon unter seinen jugendlichen Anhängern zu ihrem Prinzen auf. Einem der Zebaothknaben, dessen Vater des Melechs Gunst erworben hatte, geschah es, daß er vom König in den Palast gerufen und mit allerlei Geschmeiden, Nasenknöpfen, goldenen Gurtschellen und Ketten beschert wurde, aber sich der Sitte fügen mußte, einige Male im Mond den Melech aufzusuchen und in tiefster Dankbarkeit den heiligen Zeh seines Fußes zu küssen. Diese Handlung, die die unerfahrenen Knaben für eine demütigende empfanden, entfachte ihren Zorn zu einer Feuersäule, die ihrer Schar voranschritt. Jussuf, des Oberpriesters Sohn, liebte die junge Königin Marjam, seines verhaßten Melechs ausersehene Braut, und sein Herz eifersüchtete giftig nach seinem gekrönten, alten Nebenbuhler. Hinter der Liebeshecke ihrer Stadt trafen sie sich einmal als junge Kinder und liebten sich. Das Land Marjam, hatte dann der Oberpriester gesagt zu seinem Sohn, dufte nach Brot – –. Wie die Hochzeit des Melechs zu verhindern sei, besprachen die Knaben untereinander, bis sie von einem Plan überrascht und durchläutert wurden und begeistert. Ihr Prinz Jussuf, der schon lange Entzücken bei den Tränenweibern und Lachweibern erregt hatte, gewann zur Ausführung der Tat die armen Faulenzerinnen. Die Lachweiber begannen ihre roten Herzen schmermütig an die Wolken zu hängen und der Tränenweiber Lachen machte den Tag toll. Aber der Melech traf schon Vorbereitungen für den Einzug seiner jungen Braut. Zwei Paviane ließ er zähmen, die saßen zwischen seiner Dienerschaft am Eingang seines Palastes. Auf ihre Häßlichkeit war die Sonne bunt gestolpert und ihre Hinterorangen bewegten sich mit ihren jähen Sprüngen. Dann kam die Königin. In allerlei höflichen Zeremonien übte sich Abigails Grüßer und der Melech selbst zwischen seinen Lachweibern und Tränenweibern, die lederne Stirn lieblich von der Schminke gerötet, den Kinnbart jung gefärbt. »Seht Abigail, unseren Melech!« Auf Tanzschritten seinem Glück entgegen. Und hinter den lachenden und weinenden Weibern hielten sich eine Anzahl Zebaothknaben verborgen und kitzelten den Tränenfrauen in die Hüften, so daß die ein Lachen bei der Zeremonie des Empfanges ansetzten, welches dem Melech höchste Verlegenheit bereitete. Marjam, die junge Königin war kühl und selbstsüchtig und ehrgeizig. Dem königlichen Gastgeber zu gefallen, hatte sie ihren Geist mit Anekdoten, herzhaftesten, aus allen Ländern bereichert. Die Flötenspieler bliesen Tanzmelodien und die Dudelsäcke dehnten sich wie lustige Lachbäuche. Und wenn Marjam in Begleitung der Musik dem lauschenden Melech ihre Anekdoten erzählte, begannen die Lachweiber zu heulen, daß auf ihren Tränen die Speisen des Tisches fortschwammen. Am tiefsten aber berührte es die Königin, als sie von der Tiefe ihres Herzens sprach und dazu die Tränenweiber an zu pusten anfingen und vor Lachlust platzten und den König verwirrten, da er in Frauenempfindungen sehr wenig Erfahrungen gesammelt hatte, und er schließlich, den Gefühlen seiner Sklavinnen vertrauend, selbst eine Lachflut losließ und nach ihm die Königin sich zu einem Lächeln zwang, das wie ein Granat blutig auf dem tobenden Ozean schimmerte. Nach der Tafel führte der Melech seine hohe Braut durch die Menge der Gäste, aber sie verließ mit gnädigem Nicken ihres ernsten, hochmütigen Kopfes gekränkt den verblüfften Hof, die Stadt Abigails des Wunderlichen, der, wie sich seine Bürger erzählten, gestorben sei, weil seine Erklärer ihm nicht den Kernpunkt seiner Tafel seltsamer Anekdote deuten konnten. In Wirklichkeit hatte ihn aber in derselben Nacht Jussuf, der Sohn des Oberpriesters, durch einen Dolchstoß ins Zwerchfell getötet. Jussuf, der Prinz von Theben, ließ sich zum König Abigail den Dritten ausrufen von seinem kleinen Heer, das zählte 1000 Zebaothknaben; mit ihnen sammelte er die aufatmenden Bürger der Stadt.

Abigail der Dritte

Der ehemalige Zebaothknabe Jussuf, der Sohn des verstorbenen Oberpriesters und seiner schönen Mutter Singa, war jetzt in Theben Melech. Er bekleidete außer der Königswürde auch das Oberamt des Tempels. Sein siebzehnjähriges Gesicht und seine Glieder blühten und sein Herz war ein Oleanderstrauch. Seine Mutter Singa, die als Jungfrau eine zärtliche Schwärmerei mit ihren Freundinnen gemeinsam für den spätgeborenen Melech teilte, schürte den Haß ihres Sohnes gegen den zweiten Abigail zur Tat auf. Er, der die Stadt wach hielt, ermüdete und enttäuschte, lag endlich im Gewölbe und schlief. Aber Theben atmete hoch im Festkleid auf der Hochzeit, die der Melech mit der Stadt feierte. Die Nachbarorte sandten ihm und seinem Hof, freundschaftliche Beziehungen anzuknüpfen, Prachtgeschenke; der Fürst Marc ben Ruben von Cana bot dem Siebzehnjährigen den Bruderbund an. Für seine Ställe schenkte er ihm unvergleichliche Pferde, für seine Haine heilige Kühe und Kälbchen und langhaarige Ziegen. Unter den vielen Gästen, die aus allen Erdteilen dem König ihre Aufwartung machten, befand sich ein alter freundlicher Siouxindianer, der in Verehrung für den ersten Judenmelech Saul entbrannt war. Mit dem kupferroten Manne plauderte Abigail der Dritte gerne von den Menschen der Bundeslade, auch entdeckte er in dem fremden Freund bedeutendes Geschick für die Herstellung der Farben, die er aus den verschiedenen Rinden der Bäume, aus bunten Kräutern zu ziehen wußte. Und es entstanden Bildnisse von Abigail des Dritten Hand, die seine Vorhöfe zu Sehenswürdigkeiten aller Zeiten erhoben. Vor seinem Palaste aber schuf er das steinerne Bildnis seiner Mutter Singa. Abigail sammelte um sich Harfenspieler, die die Tafelstunden versüßten; und Tänzer und Tänzerinnen schlängelten sich über die Mosaikblumen der Böden – es kam nicht selten vor, daß sie sich die Adern anstechen ließen und den Trank ihrer roten Beeren ihrem Liebesherrn in Schalen reichten. Und

Abigail der Melech baute prunkvolle Paläste und Gotteshäuser und diente seinem jungen Gotte Zebaoth. Einmal sagte er seinen Knaben: »Ich möchte ›Ihn‹ einmal sehen oder auch nur seinen Finger, an dem der Mond leuchtet.« Und er salbte sechs der wilden Juden zu Häuptlingen und gab ihnen Königsnamen. Einem unter ihnen, den er besonders lieb hatte, hing er dem neuen Namen eine Zärtlichkeit an sondergleichen. Salomein trug einen Stern in der Schläfe und in einem Teppich zur Rechten seines Melechs wurde er verewigt. Dieser geliebte Gespiele liebte den König sein Leben lang. Und Abigail und seine Häuptlinge drangen in die Häuser der alten Bürger ein, die noch festhielten an den wunderlichen Gesetzen des zweiten Machthabers; zwangen die Väter zur Herausgabe ihrer gefangenen Söhne. Und 25 000 Jünglinge zogen unter ihrem Melech in eine heilige Schlacht, um die Landschaft Eden. In der Dämmerung schlichen sich betrügerische Weibchen in ihre müden Zelte und boten den Kriegern Liebesharz feil aus den Ästen des verbotenen Baumes. In der Zeit, als Abigail der Dritte mit seinem begeisterten Heer die Fluten des Pison durchschritt und östlich vom Flusse siegreich wurde, brachen Unruhen in den vornehmen Vierteln seiner Stadt aus, aber Singa, die Mutter des Melechs, verstand den Zorn der ihrer Söhne beraubten Eltern zu beschwichtigen. Viele gefangene Heiden zogen dem glücklichen Siegeszug voran; ihre Göttin ließ Abigail verhüllt auf den Schultern seiner Kriegssklaven in den Tempel tragen. Er vergaß, daß er Gott mit dem Kultus beleidigte. Aber die Zebaothknaben bauten eine goldene Mauer aus ihren leuchtenden Leibern um ihren Melech und schützten seinen Odem, und lauschten den

Worten seiner sprechenden Träume, und sie bereicherten ihre Sprache, daß jeder Fremde, der die Zebaothknaben sprechen hörte, sich der Schönheit ihrer Rede kaum entziehen konnte. Manchmal sahen die Freunde ihren Abigail einsam oder von seinem Liebling Salomein begleitet oder von der Zahl seiner Häuptlinge den Berg der Stadt besteigen. Wenn der Komet unter den Sternen war, saß er, ein goldener Vogel, unentwegt auf dem Gipfel. Einmal aber weinte er so wild, daß seine Tränen fruchtbar auf Thebens Felder fielen. Hinter den bunten Brotblumen fanden ihn oft die Suchenden mit Salomein in frommen Liebesschwüren. Oder er saß in seinem Liebesgemach und warf seinen Bürgern Kußhände zu. Im Überschwang seiner Liebe bestieg er die Pyramide auf dem Platz der Stadt, riß sich die Seide von seiner Brust und blutete wie ein junger Löwe für sein Volk. Und es war kein Haus in Theben, das nicht das Bild, wider Verbot des Gesetzes, seines Melechs schmückte, im Sternenmantel, im Kriegshut. Ein reicher Jude besaß ihn eingetäfelt zwischen Lapis in der Wand. Zum erstenmal sah Abigail der Liebende blondes Haupthaar und blaue Augen bei den abendländischen Feinden in der Nähe seiner Stadt. Von seinem Dache aus bewunderte er die hellen Locken der Schlafenden und versäumte, seinen überfallenen Freundesstämmen zu Hilfe zu kommen. Als er aus seinem blonden Rausch erwachte, verurteilte er sich und unterschrieb sein eigenes Todesurteil. Aber die Zebaothknaben wandten sich an den Balkan und der Sultan, der von der Gerechtigkeit des königlichen Kriegers eingenommen war, entkräftete den heldenhaften Todesspruch, indem er den Melech an seinen Hof einlud und ihm seine Tochter Leila zum

Weibe gab. Aber als der blonde Feind nun vor Thebens Tor lag, die alte Stadt einzunehmen, des Königs Herz von neuem zu entflammen, geschah es, als die Zebaothknaben die Tiefen und Breiten des Flusses maßen, Abigail im kostbaren Kriegsschmuck, um die Lenden den Muschelgurt, auf sie zutrat – die Freunde in Überraschung aufschrien: »O seht, wie der Krieg unseres Melechs Angesicht schmückt!« – er sich dann übte vor ihnen in der Schönheit des Speeres, als zöge er zum Feste. Hinter einer Garbe sah, während seine Krieger mit den Feinden ihr Blut tauschten, Salomein – wie sich die beiden herrlichen Herrscher der feindlichen Heere liebend umarmten. Aber durch Theben eilte die Kunde, der Melech habe ohne Blut zu vergießen den Feind in die Flucht getrieben, und er genoß eine Ehrfurcht von seinem Volk fortan, die sich bis auf seine nächsten Gespielen erstreckte, und selbst Salomein berührte aus Zartheit seine Fingerspitzen ehrerbietig mit seinen Lippen und seine Augen wichen scheu dem sehnsüchtigen Lächeln seines königlichen Freundes aus. So wurde Abigail der Liebende ein einsamer Fürst und er gedachte schmerzhaft der Nächte, in denen er sich in die Häute süßer Leiber hüllte. Von einer Wanderung heimkehrend, sah er seine verscheuchten Freunde am Fuß eines Zitronenwaldes mit den Prinzessinnen Thebens spielen, auch Leila, sein Weib, war unter ihnen, lief ihm entgegen und reichte ihm betroffen die Rosen ihres Spiels. Daß man ihn so verkannte, erfüllte den liebenden König mit tödlichem Durst. Er überfiel den Kuckuck der Zebaothknaben und fraß ihm das Herz aus der Brust. Aber die treuen verwirrten Jünglinge würfelten untereinander, wer von ihnen die grausige Tat ihres Königs auf sich nehmen solle. Die verhängnisvolle Zahl traf seinen Liebling. Als Abigail vom Tode seines Salomein wußte, ergriff ihn eine wilde Ohnmacht. Nachts stand er vor dem Tore und drohte seiner unschuldigen Stadt. Oder er wälzte sich in seinem eigenen Blute und wurde der gefürchtetste Feind des Krieges. Auf einer Tigerjagd verwundet, starb er früh am Morgen, ohne die Besinnung wieder erlangt zu haben. Die Zebaothknaben forderten von der Mutter ihres Melechs den Freund; aus seinem Gebein erschufen sie einen Tempel.

SINGA, DIE MUTTER DES TOTEN MELECHS DES DRITTEN

Singa, die Mutter des toten Melechs, saß in ihrem Gemach wie eine Mumie verhüllt, und das Volk trauerte mit ihr drei Jahre lang. Bis sie die trüben Schleier von ihrem Angesicht riß, dem heißen Psalm der Liebe zu lauschen, der die Erde aller Straßen aufwühlte, das Rauschen des Flusses dämpfte, sich in die Herzen der Menschen schlich und ihre Heimlichkeiten offenbarte. Dann kamen die erregten Zebaothknaben zu der Melechmutter in den Palast, ihre Gesichter trugen die Züge ihres Sohnes und in ganz Theben war keine Prinzessin, deren Mund sich nicht in die feinen Lippen des Melechs verwandelt hatte. Und Singa selbst entdeckte mit Verwunderung, daß ihre Hände dem Spielzeug ähnelten, mit dem der noch kleine Abigail auf ihrem Schoß zu spielen pflegte. Und die Sklavinnen lächelten um Abigails Mutter, wie ihr holder Liebling so eigen. Gesteinigt wurde derjenige, welcher fallen ließ einen störenden Laut von seinen Lippen, denn die Melechmutter sandte ihre schwarzen Diener, die des Hörens kundig waren, die Quelle des Zauberpsalms zu suchen, sie brachten keinen Bescheid; und eine Händlerin, die den Mägden in den unteren Palasträumen Tücher und Glasperlen verkaufte und zur Mutter Singa verlangte, wurde nicht vorgelassen. Aber sie versteckte sich hinter einem Muskatbusch und rief in der Dunkelheit: »Melechmutter, Melechmutter, ich habe einen Sohn, der ist Viehknecht und er hat ein Ohr, das geht ihm bis zur Lende!« An jeder Wand jedes Hauses legte er es an, bis es abgenutzt und nicht größer war, wie das der Dienerschaft im Palast. Und er wußte, von wo der sehnsüchtige Gesang kam. Da ließ die Mutter des liebenden Abigail des Dritten alle die Edeltöchter der Stadt zu sich in den Palast kommen, wählte die anmutigste, sie mit dem königlichen Tempel zu vermählen. Die Braut aber erhängte sich vor der schauerlichen Hochzeit. Auch die übrigen Töchter der Stadt weigerten sich, in den Tempel zu gehen, und Singa bot ihr Geschmeide jeder Tänzerin und jedem Freudenmädchen hin für den Liebesgang, bedrängte die Hütten der armseligsten Hirtinnen und küßte die Mägde. Auf dem Acker die Ähren und die Stöcke der Weinberge begannen zu brennen und die Herzen der Menschen in Theben waren zu Asche verfallen und die Flügelgestalten an den Brunnen der Gärten flogen auf. Und Singa, die Mutter des Melechs, ließ ihre Wangen jung malen, ihre Lippen schminken wie zur Liebesnacht, und sie trug goldene Ringe an den Zehen und Düfte im Haar und all Volk stand um den Tempel, bis sie ihn zerzaust verließ; ihre Glieder waren zerfressen, die Fetzen ihrer jungen Kleider hingen ihr um den Leib und ihre zerdrückten Augen tränten. Seitdem schlichen alle Bürger der Stadt über die Pfade wie auf dem Weg zum Friedhof und ihre Wohnungen wurden leise wie Gotteshäuser. So endet die Geschichte des dritten Abigail, dessen Liebe so viele Opfer forderte.

EINE BEGEBENHEIT AUS DEM LEBEN ABIGAIL DES LIEBENDEN

Eine Geschichte der Maria von Nazareth

Als Abigail der Dritte noch ein Zebaothknabe war und viel, viel Sehnsucht hatte, ritt er auf seinem weißen Kamel in Begleitung seines Spielgefährten Salomein durch die Orte von Palästina und kam nach Nazareth. Dort saßen die Kinder der Reichen und Armen zusammen, alle auf den rissigen Steinstufen der Spieltreppe der Stadt und sangen ein wundersüßes Liedchen auf altnazarenisch-hebräisch. Und Jussuf setzte das kleinste der Kinder auf sein groß Tier und Salomein mußte das Verschen auf einen Schiefer schreiben von den lallenden Lippen des Kindes. So klang es:

Abba ta Marjam	Träume, säume, Marienmädchen –
Abba min Salihï.	Überall löscht der Rosenwind
	Die schwarzen Sterne aus.

Gad mâra aleijâ	
Assâma anadir –	Wiege im Arme dein Seelchen.
Binassre wa wa.	

Lala, Marjam	Alle Kinder kommen auf Lämmern
Schû gabinahû,	Zottehotte geritten
Melêchim hadû-ja.	Gottlingchen sehen –
Lahû Marjam	Und die *vielen* Schimmerblumen
alkahane fi sijab.	An den Hecken –
	Und den großen Himmel da
	Im kurzen Blaukleide!

DER KREUZFAHRER

Die Kreuzfahrer bringen Geläut in die Stadt Jerusalem und die Sünde überwuchert die stolzen Muselblumen der Wege. Ich zerblättere die Sünde, wo ich sie finde, die heimlichen Knospen des Christen, der mich einlud zu seinen Töchtern in den Garten. Die haben blaue Augen und gelbe Haare und sie sagen, der Schnee ist auch gelb. Und es wird schneien in ihrem Garten, denn Bäume mit kühlem Laub stehen darin: wie nennen doch die Schwestern die Blumen auf den Beeten? Es läutet wieder, immer, wenn neue Kreuzfahrer durch das Tor in die Stadt ziehen. Schön sind die und groß, wie Türme aufgerichtet. Auf ihren Helmhauben steht das Kreuz. Ich trage, seitdem ich in Jerusalem im Garten des reichen Kaufmanns bin, das heilige Kriegskleid meiner Heimat, im Gürtel den Dolch, der ist gebogen und unentwendbar, wie die Mondsichel. Die Schwestern meinen, so sei es Sitte bei uns in der Stadt. Sie schwärmen für mich und bedauern, daß ich kein Prinz bin; streuen Vergißmeinnicht den Kreuzfahrern über den Pfad, die sehen die kleinen himmlischen Tropfen nicht; manchmal jedoch streifen ihre Blicke die Engelsgesichter mit tapferer Andacht. In Betten schlafen die beiden Blauäugigen in der Nacht und sie lachen über mich, als ich sie fragte, zu was die wären. Über ihren Betten schwebt ein Vergißmeinnichthimmel – – – unser Jenseits ist verschleiert. Wenn ich eine der Töchter des Christen wäre, ich schenkte dem Kreuzfahrer, der am Morgen durch das Tor in die Stadt zog, ein Bett aus atmendem Holz, wie ihre Haut so weiß, denn er fror in der milden Frühsonne. Ich drohe mir mit meiner blitzenden Sichel, seitdem er über den Zaun in den Garten blickte, und mähe das süße Gegold meines Herzens. Seinen Namen weiß ich zu nennen, die Schwestern lasen ihn im Kirchenbuch über seiner Schulter hinweg – getürmt und steil ist seine Schrift – ich folge den Ungläubigen in die Kirche. Seitdem dämpfen Wölbungen der Moscheen meine aufgerichteten Träume. Es sind nun zehntausend Christen in Jerusalem, wollen die Sünde ausrotten – – es kann nicht soviel wachsen. Und Kreuze sticken des Kaufmanns Töchter auf zarten Liebesbändern, die keimen auf, wie die glatten Wege der Heimlichkeit. Aber die Kreuzfahrer küssen der Engelhände Kreuzarbeit mit siegreichem Lächeln. Ihn sehe ich nie unter den Beschenkten; sucht er doch meinen Mund im Frühstern. Das heilige Kriegskleid meiner Heimat trägt nun mein Vetter Ichneumon von Üsküb, aber seine Arme zittern vor Liebe und können sich nicht gegen den Feind halten. Sein ganzes Heer rauscht, wie ein Herz, wie mein Herz, und sie alle sind geliefert den Christenhunden. Ich liege unter dem Himmel der beiden Schwestern, ich habe die asiatische Distel; Stacheln sitzen in meinen Gliedern, und die unbarmherzigste bohrt sich in mein Herz. Engel, zwei – – sehen blau über mein Angesicht und kämpfen mit der Taube Mohammeds, die will meinen Schleier zerpflükken. Ich mag aber die Engelguten nicht leiden, weil sie Christinnen sind. Und steige doch in der Nacht heimlich über den Zaun des Gartens in das Kirchenschiff. Dort auf dem Balkon sitzt der Ritter und spielt die Orgel, im langen, feierlichen Hemd, Choräle, Totenbalsam dringt aus den sterbenden Tönen. »Ritter, die Könige von Sinai ließen Klageweiber für ihre Toten heulen und zu den Freudenfesten ihrer Harfen färbten sich die Lippen der Greise rot und ungeborene Knaben pochten an leibgoldene Tore. Als ich vor dem Kirchenaltar anhub nach deinem Choral zu tanzen, sank mein Leib ein: grämige Mondscheibe, der eben noch der spielendste Stern war inmitten der Sterne«. Da fiel Schnee auf die Wangen des Ritters und ich sah, daß der Schnee weiß war, nicht der Schwestern Haarfarbe gleich. Stehn immer am Zaun mit ihren gefärbten Schneehaaren und bescheren die Kreuzfahrer mit süßer Frömmigkeit. Und sie möchten ihnen ein Bett bereiten aus atmendem Holz, wie ihre Haut geglättet. Du aber, Ritter, sollst auf einem tanzenden Stern schlafen in der Nacht! Und ich klettere mühsam über den Zaun des Gartens, aus meinem Zeh wächst ein kleiner Distelstrauch. Und der Krieg wütet in Bagdad. Die Wüste ist unserer Krieger Schild. Aber mein Vetter verliert jede Schlacht. Eine Abtrünnige ist das heilige Gewand der Stadt, sein Kriegskleid dem Feinde zugetan. Ich werde halbgenesen in meine Heimat getragen, Bagdad des heiligen Kleides wegen Rede zu stehen. Mein Vater hält meine beiden Hände umschmeichelt, ihre Finger sind wie müde Strahlen. Aber Kriegslust blendet meine Augen. Ichneumon von Usküb steht schon vor unserem Palast. Ich ziehe den letzten Distelsplitter aus meinem Zeh – – abbarebbi, lachajare, lachajare! Begeisterte Kriegsmusik trägt mich auf ihren Schultern durch die Straßen. Ich schlage die Christenhunde noch in derselben Nacht. Mein Vater hütet meinen Mut und meine Tapferkeit, wie zwei Enkelkinder. Nie zog eine Prinzessin von Bagdad in die Schlacht. Nur der Vetter läßt seine schnüffelnde Lippe hängen: er habe sich im Zitronenwald aufgehangen und konnte nur morgens den Baum nicht wiederfinden. Wenn der Mond rund ist, wollen wir nach Jerusalem. Aber die hohen Krieger im Kriegsgebäude sind nicht einverstanden mit den Aufzeichnungen meiner Feldpläne. Ihre Sinne verwirren sich auf der Tafel; doch der Großwesir belehrt sie: Allah's Geist sei über mich gekommen. – Manchmal fühle ich, meine Blicke sind blau und fliehen meines Vaters Angesicht. In meinem Auge steht der junge Kaiser Conradin in der Helmhaube und dem Kreuz. Aber mein Vater prüft täglich meine Ausrüstung und die Fußgelenke meines Dromedars: alt ist er geworden. Ismael Hamed, der Sohn des Großwesirs, wird ihm in der Zeit, wo wir die Eindringlinge der Hauptstadt vertreiben werden, Gesellschaft leisten. Der versteht seine Sonderlichkeiten zu verzärteln. Und mein Vater wünscht, daß ich vor der großen Schlacht mit Ismael Hamed Hochzeit feiere. Ich erkläre aber meinem ehrwürdigen Pascha, die Mumien im Gewölbe seines jungen Freundes entsprächen nicht der Zahl, die einer Prinzessin von Bagdad zukämen. Meine Dienerin hatte einen Traum, ich saß hochzeitlich gekleidet in der Prachtsänfte Ismael-Hamed-Mordercheis, Ismael Hamed sein Sohn lag im Gewölbe.

Der Großwesir wüßte schon meine ringende Seele um die Schulter zu tragen, aber meine Küsse schließen sich vor Spätsommerlichem. Er beschenkt mich mit den eigenartigsten Geschenken: Einen Ring, in seinem Stein spiegelt sich der Sinai, und Ohrgeschmeide, in ihrem Gehang läutet eine winzige Uhr alle zwei Stunden zum Gebet. Und zwei Albinoneger, die mich in den Krieg begleiten sollen, daß mich die Schwermut nicht befalle. Immer, wenn mich die vier weißäugigen Augäpfel mit den roten Punkten anglotzen, lache ich, daß meines Dromedars Buckel wackelt. Abbarebbi, abbarebbi, lachajare! Mein Träger setzt mit mir über die weitesten Schluchten, trabt dem Heere voraus über frühbeschienene, üppige Pfade, über Lippen rotentlang. Schon sehen wir die Tore der Stadt. Meine Krieger fallen zur Erde und murmeln Sprüche des Korans. O, wie ich den schlichten Turm des Kreuzes hasse! Die frommen Muselmänner aus Mekka und Medina, die Leute aus Jemen, aus Tyris, Beduinen, die Bewohner von Ninive und den anderen Eufratländern, die Egypter, die Philister, die Edomiter, Amoniter, Hethiter, die Stämme der Juden: Chaldäer, Saduccäer, Judäer, die Urenkel Davids, die Söhne der Leviten und ihre Väter, die hohen Jehovapriester, Talmudgelehrte aus Damaskus stehen auf mit mir wider das Christentum. Ich blicke über mein stolzes Heer, abbarebbi, lachajare — — — — — auch Ismael-Hamed-Morderchei folgt meinem Zuge — — — Lachajare!

Die beiden Töchter des reichen Kaufmanns werfen sich vor die Füße meines Dromedars, beschwören mich um Christi willen. Ihre Vergißmeinnichthimmel bluten, wie die Wunden der Ritter. Hinter den Hügeln der Stadt kam es zum Kampf. Wir drangen in die lästigen Kirchen der Ungläubigen ein. Ich und meine Krieger zerschmetterten die Altare und Heiligtümer; oben auf des Turmes Kreuz spießte Ichneumon von Üsküb den Knappen des jungen Kaisers auf. Ließ dem Vetter zur Strafe für seine Grausamkeit den Turban nehmen. Ich träume des Nachts verborgen hinter der Wimper des Ritters; ich hörte ihn Choräle spielen in der Zeit seines Gottes Häuser starben, stand unermüdlich mit dem Rücken an der kleinen Pforte des Balkons gelehnt, hinter der er im langen feierlichen Hemde saß. Ich küßte ihm die Knie, ich die Prinzessin von Bagdad – – – blutige Zeichen hinterließen meine Küsse. Ich muß so sanft weinen, ich, Allah's Kriegerin; auf toten Worten legte ich meine Hand zum Schwur. Ismael-Hamed-Morderchei tritt in mein prunkendes Zelt, er ist europäisch gekleidet wie die Herren des fremden Amtes unserer Stadt; streicht er über die erwägende Stirn, tritt eine höfliche Kühlung zwischen ihm und dem Sprecher ein. Sein Bart ist keine Wolke, wie der meines Vaters; durch den Scheitel seines Kinnhaars leuchten Steine aus Edeltrunk. Mit wohlgepflegter Gebärde nimmt er aus meiner Hand das Schreiben des jungen Kaisers Conradin entgegen, der um Frieden bittet. Seine beiden Abgesandten halten sich staunend umschlungen. Sie glauben, ich bin aus Tausend und einer Nacht. Den Großwesir ergötzt es, ihre Vorstellungen zu bestärken. Auf das Gefunkel meiner Stirne weist er, auf meine Hände, die Bilder des Mondes sind, nichtsdestoweniger den Speer zu werfen verstehen. Mich überrascht sein Spott, mit dem er das königliche Schreiben durchfliegt, ich kann es nicht glauben, daß die hellockigen Boten von meinem Vetter bestochen sind, aber der Großwesir liefert sie nach abendländischer

Sitte wieder dem feindlichen Heere aus. Vielleicht sind sie am Abend schon tot. Ichneumon von Üsküb meldet sich krank. Des Feindes Schwert zerspaltete an seinem eigensinnigen Gesäß; aber ich höre durch das Schreien des vergossenen Blutes seine Lockrufe und ich vermisse meine glotzäugigen Scheusäler; die lieben ihn, er läßt sie zur Belustigung wie zwei Hunde über seinen Arm springen. Er weiß, ohne sie kann ich das Herz des Kaisers nicht durchbohren. Der naht in der vordersten Reihe des Feindes. Das heilige Kriegskleid umhüllt mich, wie eine erstickende Sonne, meine Arme beginnen zu vertrocknen, und mein Atem qualmt in die Augen meiner Krieger... Wie nie Dagewesenes öffnet sich mein Angesicht über späte Tanzleiber und Tempel. Meine beiden Neger trillern ihren gellenden Kriegsschrei, immer wenn mein Speer die Brust eines Ritters durchbohrt. Der Großwesir treibt die Spaßmacher vor meinem Dromedar her, sie schlagen mit ihren Zähnen harte, betäubende Musik, und tanzen dazu: Abbarebbi, abbarebbi, abbarebbi, abbarebbi, lachajare! Hu hu u u u u u u u u u

Als Conradin der junge Ritter und Kaiser begraben war, kam seine Mutter zur Pilgerfahrt nach Jerusalem, und wie sie meinen Negern begegnete, lachte sie über die Unnatur. Ich küßte ihr Gewand – – abbarebbi, lachajare, lachajare....... abbarebbi!!

GESICHTE

MEINE KINDERZEIT

Nach der Schule trafen wir uns auf der Wiese und legten dort mühsam Balken quer übereinander. Zwei meiner Spielgefährten setzten sich auf das eine Ende der Schaukel. Willy Himmel und ich aber bestiegen das lange Steckenpferd hoch in der Luft. Die beiden gegenüber flogen dann plötzlich jauchzend in die Höhe, immer wieder, wenn wir zwei, der Willy und ich, Rücken an Rücken gelehnt, den Balken mit unseren kleinen Körpergewichten herabdrückten. Sanken dann wie durch unsere eigenen Hüllen in das Gras des Sommers übergrünt hinein; immer wie ein warmer Faden zog's durch unsere Leiber. Wenn wir genug von diesem Spiel hatten, streckten wir alle die Zungen heraus, wer die längste habe, Walter Kaufmann beteiligte sich sehr überlegen an solchem »Unsinn«! Er war gelehrt, las die »Mappe« und wollte Professor werden. Und Pülle Kaufmann hatte immer eine belegte Zunge, aß seine Suppe nie, denn er lutschte viel Süßholz. Aber oft streckte er seine Zunge schwarz aus dem Mund; das kam vom Lakritz. Willy Himmel aber hatte ein rosiges Zünglein wie ein Engelchen, auch blickte ich neugierig oft in seine goldenen Augen, die waren garnicht angestrichen wie die meinen und die der anderen Jungens.

In der Früh fielen vom Birnbaum eines fremden Gartens mächtige Birnen herunter in unsere kleine Gasse, in Schülers Gasse. Manchmal schlich ich leise auf bloßen Füßen über die Treppe durch den Hausflur an zwei Amoren vorbei und sammelte die dicken Birnen in mein Nachtkittelchen. Einmal traf ich den Pülle, dem ich im

Vertrauen von unserer Schlaraffenlandgasse erzählt hatte. Der Pülle Kaufmann trug heute keine Watte in den Ohren wie sonst; er war nämlich auch heimlich von zu Hause ausgerückt, und ich bemerkte sofort seine leeren Ohren und machte ihm einen Vorschlag und betonte dann ganz ernstlich auf die weitabstehenden Löffel weisend:

»Heute mußt du aber gehört haben, Pülle!«
»Wa?« antwortete Pülle genau wie mit den Wattebüscheln in den Höhlen. »Wa?«
»Pülle«, rief ich ungeduldig, »wenn du mir sagst, was ich dir eben anvertraute, schenk ich dir meine Knopfsammlung.« Ich war nämlich müde, immer alles zu wiederholen.

»Wa?« Aber dann sich überstürzend fragte er: »Die ganzen Knöpfe?«
Ich nickte zögernd, mein Angebot reute mich schon.
»Du, ich schenk dir unsere große, rosa Muschel aus unserem Gartenzimmer, Pülle, wenn du mir sagst, was ich dir eben sagte.«

Als Bestätigung fiel jedesmal eine reife Birne vom Baum, wir jauchzten dann erschreckt auf. Da bekannte denn endlich der Pülle, er habe genau gehört, daß ich gesagt habe, wir wollen uns zwei ein Häuschen bauen in der kleinen Gasse, darin wir uns verstecken könnten vor den Hunden und vor dem Gewitter.

Mein Vater guckte plötzlich aus dem Fenster, er konnte auch nicht schlafen, wenn die großen Birnen fielen.
»Wollt ihr wohl heraufkommen, ihr ungezogenen Kinder, ihr bekommt ja die Masern!« Überhaupt, er konnte furchtbar wettern, unsere niedlichen Körper drohten fast einzustürzen; im Grunde aber wollte er selbst ein

paar Birnen verzehren, und wir brachten ihm die allerfettsten; dafür durften wir mit seinen bunten Manschettenknöpfen und allerhand Krimskrams in einer Holzschale spielen. Auch drehte er uns seine Kreisel und Blechenten auf, und wir mußten seine großen Stiefel anziehen. Der Pülle sah dann aus wie der Zwerg mit den Meilenstiefeln.

Am Sonnabend aber brachte mein Vater in seinen Tausendtaschen Knallbonbons mit nach Haus. Am Morgen schon mußte ich meinen sechsjährigen Kameraden holen und wir marschierten mit Herrn Schüler durch seine Marienstadt, die lag hoch auf einem Hügel. Aber bevor wir abgezogen, ließen wir die Bonbons knallen; für jedes der Kinder lag in Seidenpapier behutsam eine Kopfbedeckung eingewickelt. Alle die armen Kinder an den Häuserecken beneideten uns; waren wir eigentlich doch nichts anderes als vier Hündchen in bunten Helmen, die Herrn Schüler die Waren tragen mußten für die armen Leute der Marienstadt.

Nachmittags spielten wir dann meist bei Kaufmanns im Garten Soldaten. Aber mit dem Walter hatten wir fast jedes Mal unsere liebe Not. Er mußte zum Mitspielen gezwungen werden; namentlich zum Kriegsspiel, und gerade bei diesem Spiel ergötzten wir uns am meisten. Pülle und Willy besaßen wirkliche Ulanenmützen, aber der Willy lieh dem Walter seine, den Freund zu interessieren, ihn anzuwerben. Wir fertigten uns aus Papier welche an, aber ich mußte Feind sein, weil ich ein Mädchen war, zur Strafe. Sonst bemerkte ich nie von seiten meiner Spielgefährten irgend eine Geringschätzung mir gegenüber und ich fügte mich drein, freiwillig ein französischer General zu werden, denn die Feinde behaupteten, sie könnten dann besser richtig schimpfen, da ich unter meinen Röckchen eine weite, rote Flanellhose trage »Franzos mit der roten Hos«. Nun war ich gereizt genug, den Angriff zu wagen.

Doch vorher rief uns Pülles Mutter, die Seraphine, zum Kaffee in die Stube zu kommen. Sie saß kerzengerade auf ihrem Sessel und strickte, und Kaufmann, Pülles Vater, saß ihr gegenüber und schlief im Sitzen. Wir staunten ihn alle an, bis ihn Seraphine girrend auf die hohe Wanduhr zeigend ermahnte: »Kaufmann, wache auf.« Aber heute konnte Pülles Mutter nicht mit uns gemeinsam schmausen, sie müsse Pülle ein Ohrenspritzchen besorgen gehn. Wir beneideten ihn alle drei darum, aber die alte Köchin nickte mitleidig mit ihrem Warzengesicht, strich dann mein gesticktes Kleidchen zurecht und steckte mir ein Stückchen Zucker in die Tasche, weil ich ein Mädchen sei. Die Jungens aber konnten ihren Neid nicht mehr unterdrücken und da die Mutter Seraphine schon ihr Haus verlassen hatte, ließen sie ihre Wut an mir aus. Der Walter vergaß seine Gelehrsamkeit so weit, daß er in meinen süßen Kaffee spuckte; Willys gelbe Augen zogen sich zusammen wie bei unserer Katze, und der Pülle trat die alte Köchin mit seinem Fuß gegen den Schwammbauch. Immer fielen große Regentropfen aus meinen Augen auf den Boden, und die greise Köchin schnäuzte mein Näschen, daß es aussah wie ein Radieschen. Aus meinem Taschentuch fiel der grüne Zuckerfrosch, den ich wie ein Heiligtum bei mir trug; den opferte ich den kleinen Barbaren, die waren dann bereit wieder Frieden zu schließen. Willy Himmel, der den Kopf des Frosches schon verzehrt hatte, und das Blättchen, worauf das Zuckertier gesessen hatte, erwischte, schlich dankbar an mich heran und küßte mich auf den Mund.

Wir spielten Domino mit Korintheneinsatz. Jedem Kind schüttete die gutmütige Alte ein Häufchen Korinthen auf den Tisch. Der Walter hatte sich ganz dreist fast alle stibitzt. Das Murren richtete sich diesmal gegen ihn. Aber er imponierte uns doch im großen ganzen; leiden mochten wir ihn alle nicht; aber er trug eine Hornbrille. Er erklärte uns, die Affen der Urwälder, die hätten, – er habe es gerade in der Gartenlaube gelesen, – auch einen Nabel wie die Menschen, aber – er hielt inne – an dem Nabel der Affen wüchsen die kleinen Affen wie Blättchen, dann wie Blüten, dann wie Früchte, bis sie einen Schwanz hätten zum Abpflücken. Wir kreischten vor Vertraulichkeit, saßen plötzlich im Kreis, unsere Gesichter legten sich zusammen zu einem Bukett aus Rotbacken. Die einschlafende Köchin knurrte aus dem Schlaf: »Kenger, Öhr mößt Önk nich so unanständig erzählen.« Wir rückten aber nur noch näher zusammen, und der Pülle fragte kichernd, ob Mädchen auch wohl einen Nabel hätten? Er habe einmal ein Märchen gelesen, er log, darin wäre vorgekommen, eine Königstochter habe einen Nabel gehabt wie ein Brunnen so hohl und tief in den Leib herab, und da hätten die Leute der Stadt ihre Wäsche drin gewaschen.

Die drei Ulanen machten viel Feinde zu Gefangenen; ich wurde in die Küche gesperrt und mußte so tun, als ob ich ein ganzes Regiment gefangener Franzosen wäre, die sich aus dem Turm zu befreien versuchten und die Deutschen verhöhnten. Der Walter war am hitzigsten, der Sieg hatte ihn überwältigt, er war Feldmarschall geworden, damit er die Lust nicht verliere; er war furchtbar zu schauen; mein Herz sprang wie die Feinde, die von der Anhöhe des Gartens auf ihren Rossen ins Tal sprengten. Feldmarschall Walter stand schon vor meinem Turmverließ; ich stemmte mit übermenschlicher Anstrengung verzehntausendfacht meinen kleinen Körper an das dröhnende Holz. Mein Röckchen wehte aufgehißt als Fahne im Wind am Fenster. Ich vergaß meinen militärischen Generalsrang, und schrie: »Mama, Mama!!« Ganz still wurde es von draußen, man hörte auch nicht mehr das leise Kichern; die Feinde hatten sich scheint's zurückgezogen. Aber das war eine List des Marschalls Walter gewesen; sein Adjutant Himmel, der mußte verharren; vor der Turmtür leise Wache stehen. Zögernd öffnete ich auf einmal mit einem Ruck meinen Küchenturm; ich sah die goldenen Augen Willys schmelzen vor Schmerz – an einem Fetzen baumelte sein Zeigefinger an der Hand und färbte dann die Steine des Hausflur dunkelrot. Den ohnmächtigen Verwundeten trugen die Kameraden auf Seraphinens Kanapee; in der Zeit nahm ich die Flucht.

Seit dieser Niederlage verfolgten mich die kleinen deutschen Spielsoldaten mit ihrem Haß, standen oft an der Ecke der Austraße, noch dazu mit einem Heer verbündeter Jungens, rissen mir den Schulranzen vom Rücken, warfen mich zur Erde und traten und pufften mich: »Franzos mit der roten Hos! Franzos mit der roten Hos!« Einmal kam Pülles Mutter gerade vorbei, im Sonnenschein und mit ihrem grünen Sonnenschirm; wie die Suppenkasparmutter sah sie aus, als sie den Mund ermahnend ganz rund öffnete: »Pülle –!« Ich wagte garnicht mehr allein auszugehen, auch hatte ich den Ziegenpeter bekommen, und das deutsche Heer geriet in

große Scheu vor mir: ich sei verhext von einer bösen
Zauberin; aus den Nebengassen nur hörte ich noch
manchmal ganz leise das böse Liedchen: »Franzos mit
der roten Hos!«

STERNDEUTEREI

St. Peter Hille in Ehrfurcht

Soll Ihr Leid noch länger mit seinen Sternen in der Hand
Ihres Arztes liegen, und wie lange überlassen Sie ihm
noch Ihren Verstand? Fragen Sie einmal so im Vorübergehen den Doktor, ob er von Ihrem Sternensystem
eine Ahnung hat. Oder wenden Sie sich an einen Irren-
arzt, der am gründlichsten Bescheid wissen müßte von
der Astronomie des Menschen; sitzt er doch an seinem
Pol, wie ein falscher Gott am Scheidewege, wo sich der
Stern vom Chaos trennt. Es gibt gar keinen Irrsinn im
Sinne der Eisenbärte, aber wer wird mich nicht verspotten, wenn ich behaupte, es gibt eine Veränderung im
Chaos des Menschen. Darum sind Ihre Leiden aus keinem anderen Grunde entstanden, als aus allzu wuchtigen
Sternenvorgängen. Senkte sich unerwartet Ihre Sonne
in eins Ihrer Meere? Jedwede Behandlung Ihres Arztes
ohne genaue astronomische Kenntnis Ihres Planeten ist
ein Vergehen. Unbeschreiblich friedlich stimmt es, einen
Mond in sich zu fühlen, und wer ihn in sich trägt, steht
im verwandtschaftlichen Verhältnis mit dem Großgehen-
den da oben. Nach einem Schwächezustand, den ich
überwand, meine Tore standen noch unbefestigt, fühlte
ich den Durchgang des Vollmonds dicht an dem meinen

vorbei, wie ein leichtes Beben. Nicht dieser Vorgang war ein krankhafter, aber durch die Kraft des Vorgangs erlitt ich Sternenschaden. Ich war noch lange nach diesem Ereignis eingehüllt in schwermütigen Wolkengedanken. Glauben Sie, die Erde leide etwa nicht noch durch die kürzlich erlittene, erduldete Kometkraft? Denken Sie an Maria, durch die Gott schritt. Das wird noch einmal geschehen, noch ewigkeitsmal, immer nach Gottesdrehung, er wendet sich durch Maria. Sie leidet das höchste Fest durch das Gottwillkommen, sieben Schwerter krankt ihr Herz. Wir sind das feinste Werk aus Sonne, Mond und Sternen und aus Gott. Wir sind seine Inspiration, seine Skizze zur großen Welt. Ich spreche nicht in Symbolen, obschon Symbole die Häute großer Wahrheiten sind. Sie setzen das allzu klare Licht mit gewisser Überlegenheit gern ins Dunkle. Ich möchte aber die Nacht von Ihnen nehmen, wachen Sie auf durch meine Raketensterne! Aber wenn ich Menschen medizinisch behandelte, würde ich sie »regnen« lassen, Luft in weiten Kreisen »atmen« lassen. Mancher Menschplanet erstickt an Dürre. Ich würde die verwandtschaftlichen Sterne ausfindig machen, die mit meinem Planetpatienten in irgendeinem Zusammenhang stehen könnten; namentlich, wenn es sich um eine epidemische Ursache handelte. Den kleinen Mars des Menschen kann man nur mit dem gröberen, großen Mars der Welt impfen. Ich kenne Leute, die unter dem Zusammenstoß ihrer Fixsterne leiden. Es sind schlechte Pächter ihres Leibes. Jeder Schlaganfall ist ein Zerbersten zweier vom Wege geirrter Sterne. Die Folge dieser Folge erst ist der Tod. Ich bitte Sie nicht, an sich herauf und herunter zu suchen; Sie sehen Ihre Sterne nicht, das, was Sie betasten können, ist Chaos. Und weil ich vom Unantastbaren des Menschen spreche, glauben Sie nicht an meine Medizin und halten mich für eine Kurpfuscherin. Aber wer an meine Dichtungen glaubt, die man auch nicht in die Hand nehmen kann und doch vorhanden sind, wird auch nicht zweifeln an den Sternen der Menschen, wovon ich Ihnen erzähle. Sind Sie nicht reicher, als Sie glauben? Ich spreche von Ihrem Unsichtbarsten, von Ihrem Höchsten, das Sie nicht greifen können, wie die Sterne über Ihnen. Sind Sie nicht reicher, als Sie fassen können! Oder haben Sie schon einmal ein Stück Mond gegessen? Sie würden immer nur sein Chaos greifen, wie der Arzt Ihr Fleisch, daraus er keinen Stern formt. Der Doktor hat mich längst überführt, indem er mit dem Messer diese Leiche sezierte: »Der Tote ist an Schwindsucht gestorben, am Zerbersten der Lunge.« Ihr Doktor hat doch keine blasse Ahnung von meiner Medizin. Allerdings ist dieser Tote an Tuberkulose gestorben, an der Folge seiner und des Arztes Unkenntnis seines Sternensystems. Und was ich von einer Epidemie halte? Die ist die Folge der Sintflut im Massenmenschsternensystem, ein Bacchanal tausender Sterne, daran alle Bruchteile, alle ungeordneten, unberufenen Fleischchaosse zersplittern. Ich glaube darum an Wunder, an ungestaltete Medizin. Wer aber kann sie mischen! Jesus von Nazareth tat Wunder, er ergriff die keimenden Sterne und trennte sie von den faulen und erweckte die Erblaßten an ihrer noch verglühenden Sternschnuppe. Der Nazarener wandelte durch das Sternensystem des Menschen und erlebte die Welt so tief und ging in Gott ein, und Gott in ihn, darum man ihn verwechselt noch auf den heutigen Tag mit Gott. Moses der Prophetarzt erkannte

den Gott seines Volkes, heilte es und machte es stark.
Eine Sage meiner Bücher sagt von einem Derwisch, der
sein Herz in die Hand nehmen konnte und doch lebte
durch die Kraft seiner Sterne. Wir sind das glühendste
Werk von Mond und Sternen, nach unserm Modell hat
Gott die große Welt erschaffen, in der wir: Ureigentum
in unserer erweiterten Kopie leben.. Ureigentum noch
unverblaßt zu begegnen, erlebe ich überraschend oft.
Diese testamentarischen Sehenswürdigkeiten, Übertragungen, die an Wert nicht einzuschätzen sind! Ich meine
nicht die gemütlichen Hausväter aus der alten, guten
Zeit oder den Waldmenschen, oder den aus der nackten
Körperkultur oder den Zwiebelasketen. Merkwürdig,
daß man gerade in den Irrenanstalten Gesichte erblickt
aus allererster Sternzeit; Bilder, alte Meister, Menschen,
die erstarrt sind in der Vision. Und kein Arzt weiß sie
aus dem Augenblick der Erscheinung zu führen, wie aus
engem Rahmen. Ich besuche diese scheintoten Galerien;
mich lieben die unverstandenen, verfangenen Gesichte.
Etwa weil ich ihnen den richtigen Platz zu geben vermag? O, ihre Angstgefühle! Die andern testamentarischen Gestalten unterscheiden sich von den irrenden
Denkmalbildern ihres *ungestörten* Sternenlaufs wegen.
Solchen Sterngeschöpfen geschehen Wunder. Wie St.
Peter Hille, er hatte noch mit Moses und Jesus von Nazareth gesprochen und mit Buddha, und erzählte von
ihnen, wie der Urenkel etwa von seinem Großvater
Goethe. Das war der unumstößliche Beweis von der ersten Leuchtkraft Gottes in St. Peter Hille. Ich gehöre
nicht zu den Spiritisten; Spiritismus ist Epigonentum,
Nachahmung, gewalttätige Wunder. Um wirkliche Visionen zu erleben, muß man noch in der ersten Leucht-

kraft Gottes sein. So ein gotterhaltener Mensch ist fromm und selbst Inspirationen fähig. Aus Isaaks weitem Munde seh' ich viel im Traum Sterne aufsteigen, die er benennt nach Gottes Einverständnis.

Die hungrige Zeit fraß meine Leuchtkraft goldweise. Aber ich kann erzählen von der Astronomie des Menschen, wenn ich auch in meinen ersten zehn Jahren noch zwischen weichem Dunkel, zwischen ungeordneter Nacht, im Chaos lag. Ich war wie ungeboren neben meiner Mutter, noch ganz Chaos.

Das Kind ist nicht fromm, es ist dumpf. Dieser Irrtum! Fromm kann nur der wissende Mensch sein, aber nicht jeder macht die sechs Schöpfungstage in seiner Hülle durch und wird Stern, und wenige nur den Sonntag. Wie viele Heilige gibt es und doch ist jeder Andächtige oder Lauschende, jeder Staunende oder Liebende ein Heiliger. Wenn Jesus von Nazareth die Kinder rief, so fühlte er Verantwortung mit ihnen, mit dem Chaos, das sich entfalten werde. Er wußte, wie weit der Weg zum Sterne war. Die Kinder sind wie die Lämmer so dumpf. Darum beleidigt mich das irrige Wort: Jesus das »Lamm« Gottes. Solche Unschuld ist eine Chaosunschuld, und der Nazarener war der Sonntag der Schöpfung. Der Jude hat sich mit ihm der vollendetsten Welt entledigt. Sagte der Sonntägliche doch zu einem der Mörder am Kreuztag: »Wahrlich, ich sage dir, heute wirst du mit mir im Paradiese sein.« Der Jude, der den Himmlischen verstößt, beweist, daß er ein Bürger ist, genau wie der Mensch des Abendlandes, der den verlornen Gott der Juden aufnahm, ihn sich erzog und erwog nach seinem lammblutenden Wort. Im Menschen bereitet sich immer Fleischdumpfheit, Chaos, Fleischsehnsucht; Gott aber ist ungestaltet, ungerahmt und breitet über alles sich. Wir reden immer zu dem Chaos des Menschen, wollen wir ihn gewinnen, denn der Stern ist böse, darum sind wir alle einmal krampfhaft enttäuscht in Gott. Wir finden in ihm kein Chaos, keinen faßbaren Schlupfwinkel. Er sandte darum seinen Sohn, das heißt, er kam in Menschgestalt zur Erde. Solcher Umgestaltung Demut vom Stern zum Chaos ist nur ein Gott fähig. Nie war solche Dunkelheit je auf Erden und am Himmel und im Menschen, wie in der Zeit des Gottbesuchs. Dem Priester und Pharisäer flößte seine Betastbarkeit Mißtrauen ein, der Armselige umklammerte den vertriebenen »Götzen« aus Fleisch und Blut wie einst am Fuß des Mosesberges das goldene Kalb.

Sie wollen noch wissen, wie lange sich der Menschplanet erhält. Die meisten Menschen werden nicht älter und nicht jünger als sechzig Jahre. Jesus von Nazareth ist gottalt wie die Ewigkeit. Moses war zehntausend Jahre, als die Tochter Pharaos ihn im Korbe fand. Und von dem Propheten St. Peter Hille möchte ich sagen: Niemand wußte um seinen Geburtstag. Meine Mutter war dreimal sechzehn Jahre alt, mein Vater erlebte sechsmal seine tollsten Knabenstreiche. Wie schätzen Sie mich ein? Ich bin David und tue Simsontaten, ich bin Jakob und deute die Träume der Kühe und Ähren. (Oder zweifeln Sie daran, daß mich meine Brüder verkauft haben, das Bürgermillion!) So verwirrt sich die Zeit der Vergangenheit im Menschen. Heute bin ich eine Dichterin, und ich bitte Sie, mir zu verzeihen, daß meine Dichtung keine Gehirnkarte geworden ist mit Farben, lila, grün, rot gefärbt. Meine Bekenntnisse nehmen sie als ein Luxusgeschenk hin, denn ich bin verschwenderisch, das liegt in meinem Sternsystem. Es kommt mir selbst nicht darauf an, einige Monde meines Planeten fallen zu lassen. Auch mit meinem Chaos, ohne das Chaos kommt kein Mensch davon, hat es eine besondere Bewandtnis. Darüber möchte ich schweigen, aber eines kann ich Ihnen sagen, wir Künstler sind einmal bis tief ins tiefste Mark und Bein Aristokraten. Wir sind die Lieblinge Gottes, die Kinder der Marien aller Lande. Wir spielen mit seinen erhabensten Schöpfungen und kramen in seinem bunten Morgen und goldenen Abend. Aber der Spießbürger ist ein Schwerphilister, bleibt Gottes Stiefsohn, unser vernünftiger Bruder, der Störenfried. Er kann nicht heimisch werden mit uns, er und seine Schwester nicht. Verwechselt die lärmende Bürgerin oder die zur Hure gewordene Magd nicht mit dem spielenden Sternenmädchen, die den Tanz aus nackter Scham tanzt! – – Wohin mir doch heute alle meine Sterne geleuchtet haben! Immer muß ich wiederholen, der Arzt sollte sich auf die Astronomie des Menschen verstehen. Welcher von Ihren Hausärzten wäre imstande, eine Sonnenfinsternis in Ihnen herbeizuführen, geschweige den Stillstand Ihres Planeten?

Ich sehe Ihre Kanäle, Ihre Berge auf Ihren Sternen und Ihren Mond aufgehen hinter Ihrer Stirn. Jeder Schmerz und jedes Freudegefühl, Vernichtung oder Erhebung ist ein neues Bild Ihres Sternensystems. Sie sterben eigentlich an zerborstenen Sternen oder Erkaltung Ihrer Sonne oder an Finsternis. Wenn nur Ihr Leben den Höhepunkt erreicht hat vor dem Zerfall Ihres Chaos: den Himmel. Aber wenn er Ihnen nicht auf den Kopf paßte? Vom Blitzstrahl getroffen, das Chaos gespaltet, einzugehen in die Allmacht ist Seligkeit. So lausche ich auf mich.

Aber der Bürger belauert sich, der Kranke in Arzthand betrauert sich, weil er keine Achtung vor dem Schmerz hat. Ich bin müde – wie ich mir entkomme, ein Schatten aus Mond und Sternen, riesengroß fiel ich um Mittag und sinke nun ein in meinen eigenen Planeten. Ich habe einen kritischen Tag hinter mir, manche Menschen wichen mir furchtsam mit den Augen aus. Einem kleinen Mädchen bohrte ich im Anblicken ein Loch in die Brust. Solche Kraft macht traurig. Ich sehne mich nach Glück, nach ihm, nach Hascha-Nid, dem goldhäutigen Sohn des Häuptlings. Der spielt mit sich, treibt und lockt die Sterne über seine Grenzen, ein göttliches Spiel, Wirbel und Wüstenwind. Ich liebe ihn, weil er so reich und rein an Sternen ist, und ich staune vor solch verschwenderischen Launen... Aber das geht Sie nichts an. Gern hätte ich Ihnen noch vom Himmel erzählt. Später, wenn ich ihn erreiche und Gott –

> Gott, wo bist du?
> Ich möchte nah an deinem Herzen lauschen,
> Mit deiner fernsten Nähe mich vertauschen,
> Wenn goldverklärt in deinem Reich
> Aus tausendseligem Licht
> Alle die frühen und die späten Brunnen rauschen.

HANDSCHRIFT

> Für den Künstler der Handschrift
> ist der Inhalt seines Schreibens
> nur ein Vorwand, wie für den
> Maler das Motiv seines Bildes.

Ich habe beobachtet, daß Kinder und Große, so recht in Gedanken versunken, mit der Feder, mit dem Bleistift an zu kritzeln fingen, dann ganz unbewußt bemüht waren, schöne oder verschnörkelte Buchstaben und Worte zu schreiben; sich dann später selbst über die Bedeutung des Geschriebenen wunderten. Auf einmal steht auf dem weißen Rand der Zeitung ein Name im Arabeskenschmuck oder blumenverziert. Dort ist ein Zeitwort auf den Kopf gestellt, ich meine ein xbeliebiges Wort in Spiegelschrift geschrieben. Ich habe dasselbe fesselnde Gefühl beim Ansehen einer interessanten Handschrift wie bei einer guten Federzeichnung oder einem Gemälde. Und doch möchte ich darum die Handschrift nicht mit der Malzeichenkunst in einen Farbentopf oder in ein Tintenfaß werfen. Aber der, welcher sich verzweifelt nach einem Talent sehnt, möge es zunächst in seiner Handschrift suchen. Oft hat schon der Lehrer sie im Keim erstickt. Den meisten bleibt die Schrift nichts wie Inhalt – die Nachricht erfreut ihn, ärgert ihn, namentlich wenn sie noch dazu undeutlich geschrieben ist. Warum höre ich nie jemand sagen: Erklären Sie mir diese oder jene *Handschrift*. Ich meine nicht des sprachlichen Verständnisses wegen, auch nicht aus graphologischem Grunde; rein *künstlerisch!* Wie ja so oft die Frage aufgeworfen wird vor einem Bildnis. Es hat noch nie jemand von einer Handschrift den bornierten Ausruf getan: »Die ist mir zu hoch!« Und doch gibt es gerade Meister dieser Schulmeisterkunst. Diejenigen sind's, die sich im Klassenzimmer Strafe holten ihrer *Klaue* wegen. Es geht ihnen wie dem Genie, welches die Kunstschule ausspie. Handschrift ist erblich wie jedes Talent. – Für mich kommt kaum der Inhalt eines Briefes in Betracht; ich kann mich für den Schreiber nur seiner Buchstaben wegen interessieren. Und es geschah schon, daß ich ganz entzückt einen unverschämten Brief beantwortete und umgekehrt. Die Schrift ist ein Bild für sich und hat nichts mit dem Inhalt zu tun. *Jeder* lernt schreiben, eine Menge Menschen haben es in ihrer Handschrift zur Kunst gebracht. Und darum auch gibt es in keiner Kunst so viele Epigonen wie in der Kunst der Buchstaben. Für diese Nachahmer ist jeder Buchstabe ein Gestell, dem sie einen Mantel umhängen, den ein anderer gewebt hat, sie verstehn eben ihre Blöße zu bemänteln. Die alltäglichen Epigonen sind reichgewordene Frauen, die sich bemühen, ihre so oft charakteristische Ladenmädchenschrift zentimeterhoch heraufzuschrauben direkt zu hochmütigen Gänsehälsen. Der Mann möchte Bedeutung in seine Schrift legen und ahmt der Hand des ihm Geistigüberlegenen nach. Ungemein sympathisch berührt mich die sogenannte Tatze, die Schrift der Knaben, wenn sie den Aufsatz ins Diarium schreiben. – Hier diese Zeilen hat ein Mädchen vorsichtig und sanft geschrieben. Manchmal lachen auch Briefe oder sind erbittert, die Schrift riecht fast nach Galle. Meines Freundes Brief blinzelt, eine Faunlandschaft. Dein Onkel schreibt eine kleine, rundliche, gleichmäßige Handschrift wie Taler. Geizhals ist er, aber ein Handschriften*künstler* wie mein Freund der Faun. – Interessant sind die spitz auslaufenden Buchstaben auf dieser Seite, jedes Wort ein Wolfsgebiß. Und *doch* kein Tiergemälde. Interessant wirkt auf mich die Korrespondenz, die ich erbrach zugunsten der Kunst, zwischen K. u. W. Alte und neue Meisterstücke. Ich sprach schon einmal in einem Essay über die Kunst in Karl Kraus' Buchstaben. Meine Handschrift hat als Hintergrund den Stern des Orients. Oft sagten mir Theologen, ich schreibe deutsch wie hebräisch oder arabisch. Ich denke an der späten Ägypter Fetischkultur; ihnen ging aus dem Buchstaben schon die Blüte auf, der Zwischenduft, der Handschrift mit Zeichenmalkunst verbindet. Mir fallen noch die Schriften der Chinesen und Japaner ein. – »Die Mitternacht zog näher schon, in stummer Ruh' lag Babylon« – die plötzliche Geister*schrift* an der Wand entsetzte die berauschten Gäste, nicht der Inhalt; das furchtbare Schriftbild war es. Sie erblickten den Inhalt des Fluches. Darum ist auch das Verständnis zur Kunst ein Seltenes und Erhabenes – es liegt uns im Gesicht und geht uns vom Gesicht aus. – Die Kaufmannshandschrift – ich möchte noch vorher fragen, hat schon einer der Leser einmal ein Lebenszeichen vom Dichter Peter Baum bekommen? Nämlich gerade bringt mir der Postbote so ein Sommerbildchen, Buchstaben: Mückenschwarm, der zerstreut in der Sonne tanzt. Seine Karte blendet. – Ich bin bei der Kaufmannshandschrift – phantasielos, nüchtern, sie liegt bewegungslos auf dem Papier. Kühle Tatsache. Der kaufmännische Reisende dreht seinen Buchstaben eitel den Schnurrbart. Stutzig machen mich Briefe, die von einem Geschäftsmann geschrieben sind, und von der Buchführung doppelt abweichen. In dem Schreiber steckt sicherlich das Handschrifttalent. Es gibt auch Launen der Schrift.

Kinder, die erst morgen dem Christkind schreiben wollen, da sie heute nicht schön schreiben können. Meiner Mutter Briefe waren schwermütige Zypressenwälder, meines Vaters Schrift reizte zum Lachen, humoristische Zeichnungen aus dem Struwelpeter. Kohlrabenpechschwarze Mohren oder der böse Nikolas steckt die Jungens ins Tintenfaß; gelungene, amüsante Überschwemmungen von Tinte. – Es gibt auch Schriftinspirationen, viele Menschen berauschen sich an ihrer Schrift, und der Inhalt, den sie aufschreiben, ist nur Vortäuschung. Ich schreibe oft, um mich durch meine Schrift zu erinnern, meine Mutter schrieb, um zu träumen, mein Vater, um sich zu ergötzen. Meine Schwestern schrieben zweierlei: die älteste: Reisebilder, die andere: Kinderbilder. Der einzige Plastiker der Handschrift, den ich kannte, war St. Peter Hille, Petrus – er schrieb Michelangelos. Nicht anders ist das mystische Bildnis, als die ausgeschriebene Handschrift zu verstehen, doch die kann wie das Gemälde dilettantisch sein, wenn sie ohne Tiefe und Geist und nur aus Ausübung entstanden ist. – Manche sogenannte schöne Schrift allzu deutlich, Ölbilder nach Sichel. Lieber ist mir schon die Pfote von Aujuste. Ihr Brief und die Antwort vom Schatz geben sich einen Schmatz. Derbe Genrebilder. Vielerlei gibt's davon. Ähnlich wie die Köchin schreibt das Dienstmädchen, die Kellnerin, das kleine Mädchen, die kecke Hure. Aber loser geheftet, unordentlicher ihr Brief, ein leicht schaukelndes Gerippe. Weit eher ist die Demimonde eine Epigonin. Sie stiehlt lächelnd und liebkosend die Buchstaben der Originale oder versteht wie die Sprache auch die Schrift ihres in Fesseln gelegten Herrn zu kopieren und zu belecken. – Habe ich schon gesagt, daß es auch

Stilleben in der Handschrift gibt, zehn Seiten lange Briefe, die schlafen, aber deren Inhalt voll Leben sprudeln; *Handschrift*künstler, die schulakademisch erzogen und erwogen sind. – Manche Buchstaben gucken neugierig. – Gewissenhafte Handschriften: Wie die Buchstaben getrennt auseinanderstehen. Der Doktor war vermutlich sehr niedergeschlagen, als er diesen Brief schrieb, seine Handschrift war dünn aufgelegt. – Hochbeglückt, glänzen die Vokale – Lachende Handschrift, Sonne! Ich habe ein kleines Laboratorium von Schreibkaninchen, die ich anrege, mir Briefe zu schreiben. Sie können sich also schon auf meine Erfahrung verlassen, lieber Zuhörer. Trotzdem das Manuskript dieses Aufsatzes mit schwarzer Tinte geschrieben ist, wirkt es blau, tiefblau, liebesblau. Den wissenschaftlichen, langweiligen Inhalt müssen Sie schon in Kauf nehmen – seine Handschrift ist ein Liebesbildnis. Ich dachte nämlich, indem ich über »Handschrift« schrieb, an drei schöne Königssöhne. In Wirklichkeit schrieb ich drei Briefe; den ersten an Zeuxis, den griechischen Maler, der nun in Berlin wohnt. Er sei mein Ideal, aber ich ginge nicht an ihm zugrunde. Ich schrieb dem süßen Prinzen von Afghanistan, daß er mein Typ sei und daß wir ineinander verwachsen wären. Ich schrieb Wilhelm von Kevlaar, daß er mein Symbol war, daß ich am Sterben läge, denn ich hätte an die große Treue geglaubt, an seine Treue zu mir, und er habe sie gebrochen.
Das Manuskript liegt dem interessierten Leser zur Verfügung im Verlag Cassirer.

JOHANN HANSEN
UND INGEBORG COLDSTRUPP

Zur Kindertragödie in Kopenhagen

Ingeborg, seine kleine Königin ist tot – Johann Hansen lebt noch; an seinem Bettchen sitzt eine barmherzige Schwester und betet, daß der arme verirrte Knabe bald genesen möge. Der Stationsarzt hat ihm das Tor des Todes verriegelt, sein Herz, das Ingeborgs Namen trägt, kann nicht zu ihr ins Himmelreich. Nun wird das Kinderspiel erst eine Kindertragödie. Die beiden wollten ja nur zum Tod, weil der einen Himmel besitzt, in dem sie sich vor allen Engeln ohne Furcht vor Strafe herzen könnten. Nicht diese Heimlichkeiten der Freude, ihre Gesichter schienen durch die Spalte der Türen, durch das Eisen der Tore. Immer bauten sie auf ihren Händen gläserne Schlösser, darin sie sich tausendbunt spiegelten bis ans Ende der Welt, wo der Himmel anfängt. Dort wohnt der Tod. Johann Hansen hob Ingeborg mit seinen Knabenarmen die Treppe zum Einlaß des Todes empor. Der öffnete und ließ die kleine Königin ein, Johann stolperte rücklings ins Leben zurück. Diese beiden feinen Kinder ergreifen meine Seele. Das Leben ließ sie aus der Haft, der Tod schmückte ihnen rosig sein Tor. Ich möchte, der Engel aus Andersens Märchen käme und trüge den verwundeten Knaben zu Ingeborg ins Himmelreich. Wie bösmütig sind die Menschen, die immer helfen wollen, ins Leben zu befördern. Es ist Nacht, überall blüht ein Stern. An der Decke im Krankensaal stehen viele Sterne, rotgoldene, süßgelbe, wie Honig, und auch mattfunkelnde Immortellen. Alle pflückt der kleine, heldenmütige Bräutigam für seine Braut, wenn er im Himmel mit ihr Hochzeit feiert. Auf einmal schlägt er die Augen auf: »Ingeborg, ich halte mein Wort!« Hast du es gehört, großer Engel aus Andersens Märchen? Oder soll er aufwachen aus seinem Traum des Himmels – und die Erde ist wieder da, das Himmelreich verschwunden wie fortgezaubert, und Ingeborg liegt im Grabe. Ein Keller wird dann die Welt sein, kahl, viel kahler wie seines Hauses Keller. Alt ist er, wenn er aufwacht, jung, wenn seine Augen sich schließen. Was bietet das Leben? Nicht das Kind braucht den Eltern dankbar sein; wie können die Eltern aber das Nichtgeborensein dem Kinde ersetzen!!? *Solch* zwei Kindern vor allen Dingen, zwei Engel, die nicht auf die wankelmütige Erde gehören. Flügel wuchsen ihnen; die Pistole, die sich der Knabe vom Erlös seiner Geige kaufte, war Vortäuschung. Denn es geschah hier ein Todeswunder. Nicht mehr wäre ich überrascht gewesen, wenn dieselben Kinder, anstatt für ewig zu schlummern, auferstanden wären aus einem Grabe. Wie will der Christus, der den Knaben auferweckt, ihm ein Himmelreich ersetzen? Es werden keine Landeserholungsheime die »festgestellte« Neurose (Edelneurose) fortkurieren. Aber ich denke an Selma Lagerlöf, die herrliche Menschin, an Karin Michaelis, das liebe große Kind, sie könnten dem Knaben den himmelblauen Verlust ersetzen. Sie tragen die Bilder des Himmels in ihren Dichterinnenherzen – halten sie zwischen ihren Händen. Ich bin keineswegs sentimental, ich bin traurig. Man vergleiche nur nicht die unaufgeblühte Liebe dieser Engel mit den Tändeleien koketter Schulmädchen und greisenhafter Zwerge auf den Spazierwegen am Sonntagmittage. Diese beiden Kinder ergreifen meine Seele, ihre Lippen sind Himmelschlüsselchen.

KÜNSTLER

Herr von Kuckuck sitzt immer auf dem Fenstersims und schnappt mit seinem zugespitzten Mund alle meine todtraurigen Worte auf, die sonst im Zimmer liegen blieben, und ich würde schließlich in der Überschwemmung von Todtrauer ertrinken. Auch sieht er so spaßig bei der Fütterung aus, ich muß manchmal hell auflachen. Mein Mann kann von Kuckuck nicht ausstehen. »Er ist eine Beleidigung neben dir.« Aber ich muß immer einen Hofnarr haben, das ist so ein uraltes, erbübertragenes Gelüste. Er folgt mir überall hin – auf dem Salzfaß sitzt er in der Küche, wenn ich am Herd stehe und mit dem Quirl dem Feuer behilflich bin – ich meine wegen des Weichwerdens der Erbsen – ich trage goldene Pantoffel, aber in meinen seidenen Strümpfen sind schon Löcher. Herr von Kuckuck wird merkwürdig düster, immer wenn er auf dem Salzfaß sitzt und meinem Kochen zusieht. Er erzählt von Prinzessinnen, die in Goldpantoffeln und Seidenstrümpfen scheuern müssen und sich die Hände blutig reiben und aber der Himmel ihnen alle Sterne schulde. Ich glaube, ich bin im Anfang aus einem goldenen Stern, aus einem funkelnden Riesenpalast auf die schäbige Erde gefallen – meine leuchtenden Blutstropfen können vor Durst nicht ausblühen, sie verkümmern immer vor dem Tage der Pracht, und mein Mann erzählte mir dasselbe, und darum haben wir uns geheiratet. »Wenn sich mein Budget besser gestaltet,« sagt Herr von Kuckuck, »so braucht Prinzessin keine Erbsen mehr zu kochen.« Er verspricht es feierlich, zwei große Tropfen fallen aus seinen Augen, die sind lila, und die Feierlichkeit kleidet ihn so: eine Burleske, die plötzlich auf geraden, rabenschwarzen Beinen steht. Ich rieche zu gern Ananas – ich glaube, wenn ich mir täglich eine Ananas kaufen könnte, ich würde die hervorragendste Dichterin sein. Alles hängt von Kuckucks Budget ab. Mein Mann der wünscht sich gar nichts mehr, er denkt morgens schon heimlich an seine Zigarette, die er im Bett rauchen wird. Die Lampe zuckt, es ist alles so dünn im Zimmer. »Herein!« Eine Erbse klopft an meinen Magen. Kleine Beinchen bekommen die Erbsen und wakkeln mit ihren dicken Wasserköpfen – eine plumpst den Berg herunter. »Bist du aufgewacht?« Mein Mann fragt und hebt den Zigarrenbecher vom Boden auf – dann streichelt seine Ananashand mein Gesicht – die Finger tragen alle Notenköpfe – sie singen – und immer, wenn das hohe C kommt, sägt mein Arm über seine Brust und seinen Leib – ich nehme die Gedärme hervor – eine Schlangenbändigerin bin ich – dudelsack Ladudel ludelli liii!!!! Ich schiebe die Schlangen vorsichtig wieder in seinen Körper, die kleinste hat sich fest um meinen Finger gesogen, aber sie ist die hauptsächlichste Schlange, sonst kann er keine indischen Vogelnester mehr essen. Ich gleite die Kissen herab, mein Kopf liegt in einem weißen Bach, alle Fische tragen Ketten von Erbsen um den Hals und schwimmen hinter mir über die flaue Matratze. Mein Mann wartet schon im Sessel. Im Rahmen über dem Schrank hängt von Kuckuck und über ihm sein Onkel Pankratius, einer der gestrengen drei

Herren, und zählt – Budget lauter goldene Schnäbel. Es wird alles so grau – ich habe solche Angst, ich verkrieche mich in die Achselhöhle meines Mannes. Auf dem Sofa sitzt ein Jüngling, er hat große, braune, spöttische Augen, die lächeln schüchtern. »Wer bist du!« ruft mein Mann. »Ich bin der Schatten Ihrer Frau und habe Theologie studiert.«

IN DER MORGENFRÜHE

Ich gehe an Mandelbäumen vorbei, aber die blühen in den Gärten fremder Häuser, und die Fenster sind noch geschlossen hinter Spitzengeweben. Ich bin unendlich müde, gewohnheitsmäßig bewegen sich meine Füße vorwärts, Maschinen sind es, und sie müßten eigentlich unverhüllt in blauen Sandalen gehen, denn sie sind von goldzagem Wandel, wie die Sonne, die aufstieg. Ich kenne die Menschen nicht, die mir begegnen, ich weiche ihrem Dünkel aus, und ich brauche nur meinen grauen Mantel abzulegen, um König zu sein. Ich bin unendlich müde, ich glaube, ich bin im tiefsten Leben erkrankt, aber die Vorübergehenden merken es nicht, sie heben auf, was lärmend auf den Straßen liegt, aber sie hören nicht das schmerzliche Murmeln, das tödliche Verrauschen einer Seele. Da liegt ein Nachtfalter vor mir – er stirbt – wie dürftig seine Flügel sind, ein Lumpenhändler war es, ein Vagabund, der sich nachts auf den Straßen herumtrieb und am Feuerrausch der Lampen endete. Er stirbt – ich trete ihn tot. Ich denke an ihn – wenn es für ihn doch einen Himmel, einen blauen Strand gäbe –

er würde dort ein schöner Schmetterling sein. Ich bin unendlich müde – wenn ich nun auch eines Morgens so daliege, wie der graubraune Strolch – welcher Fuß würde mich zertreten. Es kommen Männer an mir vorbei in weißen Sportschuhen und Frauen schreiten hastig über den Damm. Ich mag diese Frauen nicht im Ornat, derbgewordene Philisterinnen sind sie – was wissen sie von der Knabenzeit. Aber das kleine Mädchen mit der Bubenbluse, es wird mich übermütig zertreten im Scherzwort, im Frühlingslachen. Ich bin unendlich müde und es beginnt der rücksichtslose Tag. Der Mann aus Glas mit der Vollstreckungsmappe unterm Arm wartet vor der Haustür auf mich, heute klebt er die Siegel. Ich muß ihn zart am Henkel fassen – so ganz vorsichtig, liebevoll, daß er nur keinen Sprung bekommt. Draußen an dem fremden Hause blühen die Mandelbäume: der Falter ist tot, ich vergaß, ihn vom Weg in einen der Gärten zu werfen.

ELBERFELD IM DREIHUNDERTJÄHRIGEN JUBILÄUMSSCHMUCK

Lott es doot, Lott es doot, Liesken leegt om Sterwen, dat et god, dat et god, gäwt et wat tu erwen!« Ich bin verliebt in meine buntgeschmückte Jubiläumsstadt; das rosenblühende Willkomm gilt mir, denn ich bin ihr Kind, die flatternden Fahnen auf den Dächern, aus den Fenstern winken mir zu, lange Rotschwarzweiß-Arme, die mich umfangen wollen. Ich soll überall hereinkommen. Ich bin in Elberfeld an der Wupper in der Stadt der Schieferdächer. Hohe Ziegelschornsteine steigen, rote Schlangen, herrisch zur Höhe, ihr Hauch vergiftet die Luft. Den Atem mußten wir einhalten, kamen wir an den chemischen Fabriken vorbei, allerlei scharfe Arzneien und Farbstoffe färben die Wasser, eine Sauce für den Teufel. Aber nach Newiges zu, wo die Maschinen ruhen, wie frische Drillingsbäche fließt die Wupper zwischen Wiesen und Waldalleen. Aber ich bin verliebt in meine zahnbröckelnde Stadt, wo brüchige Treppen so hoch aufsteigen, unvermutet in einen süßen Garten, oder geheimnisvoll in ein dunkleres Viertel der Stadt. Ich mag die neuen Bauten nicht – wer aber war die Urpatrizierin des Rokokohauses aus der friderizianischen Zeit? Es lebt noch einbalsamiert zwischen jüngst zur Welt gekommenen Fabrikanten- und Doktorhäusern. Denn jeder etwas wohlhabende Bürger der Stadt besitzt ein Wohnhaus, worüber er Herr ist. Portiersleute gibt es in Elberfeld nicht, frechgewordene Sklaven, die nach Belieben ein- und herauslassen. Selbst viele Arbeiter leben im Eigentum ihrer Mütter. Gequacksalbert hat die Alte an der grünen Pumpe, noch heute heilt sie Krampfadern und Beingeschwüre. Und das berühmte Geheimmittel gegen die Cholera hat der sterbende Großvater Willig dem Vater ins Ohr gelallt, und der hat es wieder dem Sohn anvertraut, und nun weiß es der Enkel, der wahrscheinlich seiner gesprächigen Mutter wegen taubstumm zur Welt kam. Und überhaupt so seltsame Dinge gingen in der Stadt vor; – immer träumte ich davon auf dem Schulweg über die Au. Manchmal lief ich durch graue, lose Schleier, Nebel war überall; hinter mir kamen schauerliche Männer mit einem Auge oder loser Nacktheit; auch an Ziethens Häuschen mußte ich vorbei, der seine Frau erschlagen haben sollte, »ewwer en doller Gesell wors gewäsen.« Oft ließ ich vor Angst die Bücher fallen oder der Ranzen hing mir nur noch halb auf der Schulter. Nun grünt nicht mehr die von Zäunen umgrenzte Au; Tore verschließen Häuser; kein Schulkind kann mehr auf dem Wege zur Schule träumen, jedes Fenster zur Rechten und zur Linken weckt es auf. Lebt der greise Direktor Schornstein noch, der nicht wie die roten Schornsteine rauchte, aber vor Zorn so oft fauchte? Ich bin verliebt in meine Stadt und bin stolz auf seine Schwebebahn, ein Eisengewinde, ein stahlharter Drachen, wendet und legt er sich mit vielen Bahnhofköpfen und sprühenden Augen über den schwarzgefärbten Fluß. Immer fliegt mit Tausendgetöse das Bahnschiff durch die Lüfte über das Wasser auf schweren Ringfüßen durch Elberfeld, weiter über Barmen zurück nach Sonnborn-Rittershausen am Zoologischen Garten vorbei. Mein Vater mußte an den Sonntagen mit mir dorthin gehen, der bemerkte nicht den Sekundaner mit der bunten Mütze. Auf dem Hügel im Tannenwäldchen am Bärenkäfig versprachen wir uns zu heiraten. – Ich muß an alles denken und stehe plötzlich wie hingehext vor meinem Elternhaus; unser langer Turm hat mich gestern schon ankommen sehen; ich fall' ihm um den Hals wahrhaftig. Leute am Fenster des Hauses bemerken, daß ich weine – sie laden mich ein auf meine Bitte, einzutreten. Schwermütig erkenne ich die vielen Zimmer und Flure wieder. Auf einmal bin ich ja das kleine Mädchen, das immer rote Kleider trägt. Fremd fühlte ich mich in den hellen Kleidern unter den andern Kindern, aber ich liebte die Stadt, weil ich sie vom Schoß meiner Mutter aus sah. Von jeder Höhe der vielen Hügel schwebt noch ihr stolzer Blick, ein Adler; und meines Vaters lustige Streiche stürmen eben um die Ecke der Stadt. »Wat wollt öhr van meck, eck sie jo sing Doochter.« Das rettet mich vor der schon erhobenen Faust eines besoffenen Herumtreibers. Das verwilderte Jahrmarktgesindel rings um mich schwenkt meine Kindheit immer wieder von neuem wie in einer vielseitigen Luftschaukel auf und nieder. Das Geklingel der Karussellmusik, begleitet von Flüchen rauher Mäuler und Kreischen frivoler Weibsbilder, ist zärtlich meinem Ohr. Denn ich bin verliebt in die Stadt der Messen und Karussells. Mein Begleiter versucht mich zu überreden, mit ihm den Riesenjahrmarktplatz zu verlassen. Aber ich muß noch einige Male Karussell fahren. »Lott es doot, Lott es doot«, ich fahr für mein Leben gern; gerade die altmodischen Holztiere sind am fröhlichsten und drehlichsten. Mein Leopard springt auf Raub. Zwischen Aujust und Aujuste die Bewußte, hinter Caal und Caaroline, Alma, Luischen, Amanda. Gar nicht stolz bin ich – sie beginnen mich zu lieben. Ich bin verliebt in meine Stadt, manchmal schrei' ich ganz laut auf, das überzeugt das rohe, arme Gesindel. Den Härrn Schüler haben viele gekannt, er hat sie umsonst wohnen lassen in seinen Häusern. – Wir gehen durch das Tor ins Elberfeld vor »dreihundert« Jahren. Mina singt gerade im Tingeltangel ihre Liebeslieder. In rosanen Atlaspantoffeln stecken ihre Klumpfüße, ein knappes Röckchen bedeckt ihren Allerweltsleib. Diese Undame charakterisiert das Chantant einer ganzen Zeit. Ich entgehe ihrem Spotte nicht, aber ich weiß ihr Achtung einzuflößen. Ist ihr Hals etwa nicht wie Milch? Und zu guter Letzt erkundige ich mich angelegentlich, wo man genau solche

Pantoffeln bekommt in der Stadt, wie die ihren sind. »Die sinn ut Engeland bei Paris.« – Nun hinein ins Kölner Hännesken! Gewaltsam zerre ich den Dichter zwischen die Clowns ins Innere des Brettertheaters. »Sie werden noch gestochen werden, wie Ihr Vater einmal.« Durch seine Uhr ging die Spitze des Metzgermessers. Am andern Morgen führten die jammernden Eltern den heulenden Sohn vor das fieberknarrende Bett meines Vaters. Er wußte, daß sie kommen würden, und drei Gläser und eine Flasche Rotwein standen zum Empfang auf dem Nachttisch. Aber er ächzte vor Schmerz, namentlich, als die fette Metzgersmutter begann, dat et där wackere Härr Schüler verzeehen mödd... Ich bin verliebt in meine Stadt, aber schon muß ich Abschied nehmen wie von einem alten, düsteren Bilderbuch mit lauter Sagen. Niemand hat mich wiedererkannt, auch in Weidenhof der Wirt nicht, der immer einen ganz kleinen Kellner für mich herbeischaffen mußte am Festtag, wenn wir dort Forellen aßen. Und die Einkehr in meine Heimat habe ich einem Dichter in Elberfeld zu verdanken, der kam dorthin lange nach mir. Paul Zechs feine künstlerische Gedichte duften morsch und grün nach der Seele des Wuppertals.

ARME KINDER REICHER LEUTE

Und wo die ganze Erde im grünen Lachen steht und ein großer Spielplatz ist, fallen mir die vielen lieblichen Kindergesichtchen um so schmerzlicher auf, die da weinen im Sonnenschein. Ihre Löckchen flattern zwar lustig

aus den feinen Spitzenhäubchen hervor, und viele von den Kleinen stecken in seidenen Tanzkleidchen. Aber sie dürfen sich an der Hand ihrer Begleiterinnen nicht recht freuen, und ihre runden Herzchen möchten hüpfen. Baby hat ein Knöpfchen von seinem Schuh abgerissen, es hat sich so gelangweilt – aber Detta muß ihn am Abend wieder annähen, dafür gibt's eine Saftige. Auf dieselbe Bank setzt sich ein sogenanntes Fräulein, allerdings, sie trägt einen Federhut und hat die Allüren ihrer Dame abgesehen... Sie rückt, den Abstand zwischen ihrer Person und ihren dienenden Kolleginnen zu wahren, vorsichtig an das äußerste Ende der Bank. Wie schon angedeutet, ist sie nicht aus der Gattung der gemeinen Kuhblume (s. Caltha), sie straft gebildeter. Mit einem Roman von Emile Zola schlägt sie ihre kleine Schutzbefohlene auf den Mund, auf die weißen Zuckerzähnchen. Und nur selten rügen Vorübergehende die brutale Eigenmächtigkeit dieser Donnas.
Lottchen wird über die Straße geschleift, es ist so heiß, seine zweijährigen Beinchen können nicht mehr ausschreiten. »Ick soll dir woll tragen, olle Pute.« Keine der Mütter erbarmt sich seiner, und nur einige Mädchen mit der Schulmappe am Arm oder dem Ranzen auf dem Rücken bleiben entrüstet stehen und versuchen, die Kleine von der Hand ihrer Peinigerin zu befreien, die aber schlägt kreischend um sich – ein Volksauflauf entsteht und nimmt sich der armen dienenden Person an – ich und meine kleinen Verbündeten sind das Gespötte der Straße.
Am Nachmittag begegnen mir die tapferen Schulmädchen wieder, sie führen ihre kleinsten Geschwister spazieren und tummeln sich mit ihnen über die Wiesen;

wie zärtlich sie mit den langen Zöpfen ihrem Brüderchen die Patschklatschhändchen und das bestaubte Gesichtchen säubert! Und welche Wonne, durch den kühlen Wiesenbach zu waten! Viele von ihnen brauchen nicht erst ihre Füße entblößen – heirassassa wie das Wasser aufspritzt. »Daß nur nicht die neuen Kleider naß werden!« erinnert die Älteste mit den langen Zöpfen. Sie steht noch im Pflichtgefühl zur Puppe. Vierzehn Jahre wird sie nächsten Monat; »ich komme«, erzählt sie mir, »in den Dienst nach der Einsegnung.« Sie hat keine Erfahrungen gemacht, und was sie vom Hörensagen getrübt weiß, ist noch zu verwischen. Ich habe immer solch eine Puppenmutter bei meinem Bengel, für seine sechs Jahre weiß er genug Streiche, ich lache ob seiner Ausgelassenheit, die auch von seiner Kameradin ungestraft bleibt. Sie balgen sich und springen miteinander über die Wege, mutwillige Ziegenböcke. Aber auch besonnen kann seine junge Begleiterin sein. Auf jeden Fall befolgt sie noch schulgewohnt meine Worte und streikt nicht heimlich, wie manche ausgewachsene Personen, die schon aus Oppositionslust das Gegenteil ausführen.

Ja, diese Allzufreien. Arm machen sie manchmal die Kinder der reichen Leute mit ihren gehässigen Launen und niederen Liebeleien. Allerdings gibt es auch noch musterhafte Pädagoginnen unter den Kindermädchen oder »Fräuleins« – ich meine nicht solche, die unter jeden Schritt des Kindes ein Rechenexempel oder ein Abc legen, nein, ich meine jene, die zu spielen verstehen, und die müßten doppelt besoldet werden – welche ungeheuren Summen werden für den Magen ausgegeben, warum nicht für die Seele seines Kindes? Nichts fordert

Technik in solch feinem Maße, wie die Kunst des Kindes, »das Spiel« – die bunten Gedanken zu drehen im Krausköpfchen, wie in einem Kaleidoskop. Ja, es gibt vortreffliche »Bonnen«, besorgte und doch heitere Freundinnen der Kinder. Aber wäre es nicht ratsam, weibliche Detektivs anzustellen, verheiratete Frauen, die die Überschreitungen der – minder Trefflichen draußen auf den Wegen beurteilen könnten? Mütter und Väter, sucht einmal euer Kind draußen in der sorglosen Natur, statt nur im Spielzimmer auf, dort werdet ihr die Hüterinnen eurer Kleinen ungeschminkt kennen lernen.

AM KURFÜRSTENDAMM

Was mich im vorigen Winter traurig machte...

Blumen werden bald blühen an beiden Seiten des Reitwegs am Kurfürstendamm. Wenn die lieblichen Reiterinnen an all dem Duft vorbeigaloppieren, dann ist es zu spät, ihnen zu sagen, daß die buntlachende Allee gesprengt wurde mit Schweiß und Blut Peitschender und Gepeitschter. Die Pferde vornehmer Landauer tanzen, ihre schwarzen Augen zünden vor Leuchten. Ich beginne sie mit ihren geplagten, wiehernden Brüdern zu beneiden. Die können nicht weiter durch den Hügel an Hügel aufgeworfenen Erdboden; ihre Hufe mußten sich selbst den Schmerzensweg bereiten. Da gibt es kein Pardon! Auch kein Mitleid der Spaziergänger, niemand will was mit den Fuhrleuten zu schaffen haben; in den neumodischen, wogenden Busen der Damen pocht kein Herz. Sie verhindern sogar ihre Männer, sich in Straßenangelegenheiten zu mischen. Manchmal stellen sich Kinder auf zur rechten und linken Seite des Dammes. Für sie ist es eine Unterhaltung, ein wirklicher Kientopp. Heute besah sich ein Schutzmann den unerhörten Vorgang. Aus einem Bäckerladen schickte eine Käuferin für die Pferde alte Semmeln. Ich sah über dem Gesicht des uniformierten Mannes eine kräftige Freude marschieren. Und ich bat ihn, ob er nicht eingreifen wollte. Er erklärte mir, die Fuhrleute sind nicht so schlimm wie ihre Brotgeber. Weigert sich einer der Angestellten, wegen der nicht genügenden Anzahl der Pferde an seinem Karren loszufahren, verliert er seine zwanzig Mark per Woche. »Da lauern schon immer genug Brotlose vor der Türe.« Für die zwanzig Mark. – Sie leben, sie peitschen, sie fluchen dafür. Ihre Roheit besteht das Examen. »Dämlich Vieh, windelweich hau ick dir, faulet Luder!« Die Wut rinnt den Unmenschen über die Backen, den entblößten Hals hinab. Die Rücken der Tiere bluten vor Hieben. Wie sollen sie es anders machen? Verteidigt sie der Schutzmann. Denn es dauern ihn die Treiber ebenso wie die Pferde. Die Treiber, die nur zwanzig Mark verdienen pro Woche und sich so plagen müssen mit dem Vieh. »Es ist doch mal Vieh, es ist doch zum Ziehen da!« Ein paar Bürger stimmen ein in den bequemen Sang. Röhren sollen gelegt werden zum Ablauf des Wassers. Die Blumen, die bald auf beiden Seiten der Aleen wachsen, müssen bewässert werden. Gibt es denn keine Maschinen, die die Erde schließlich aufwälzen können? meint ein sechsjähriger kleiner altkluger Ingenieur. Er hält auch eine Maschine im kleinen aus einem Spielwarengeschäft in der Hand. Die Männer toben. Wilde Australneger sind Engel dagegen mit ihrem

Schlachtgeschrei. Ich aber fühle ebenfalls die schwere Schuld, die die Besitzer dieser Fuhrunternehmen treffen. Vorwurfsvoll schielen seine Knechte über die gefräßigen Pferde auf uns: Sie hätten selbst Hunger. Endlich aber entschließen sie sich, nach all den vergeblichen Peitschenhieben, die Pferde umzuspannen. Zu sechsen geht es doch besser über die holprige Strecke. »Ich hab das gleich gedacht,« gesteht der Schutzmann. »Aber sagen Sie mal was zu den Leuten!« Wenn die lieblichen Reiterinnen im Sommer auf ihren verwöhnten Schimmeln durch die Allee des Kurfürstendamms reiten, wird der Geranium zu ihren Seiten rot wie die vergossenen Blutstropfen der armen Pferde blühen. Sie hatten alle traurige Augen und ließen die Köpfe hängen.

DER ALPENKÖNIG
UND DER MENSCHENFEIND

Wer den Kulissenmantel des Alpenkönigs trug, vernahm ich beim ersten Ton der Rauschestimme. Albert Heine, der Herodes, ist zu viel für diese Papiermaché-Rolle. Ich habe vergessen, mir einen Theaterzettel zu kaufen, außerdem sitze ich vor einer Säule, und vor dieser pflanzt sich wild ein Herr auf mit einem Wasserkopf. Aber auch die übergroße Vegetation, die mir den Blick zur Bühne hemmt, vermag keineswegs meine Stimmung zu trüben, ich kam, um von dem romantisch-komischen Märchen Honig aus goldgeblümter Heiterkeit zu naschen. An meine Nachbarin mit dem künstlichen Busen wende ich mich mit behutsamer Frage, ich erfahre: Hinter den ältlichen Stirnfalten des Menschenfeindes verbirgt sich der Direktor selbst – Carl Meinhard. Es ist fast nicht zu glauben, gestern hörte ich ihn noch lachen im Café des Westens wie ein Achtzehnjähriger, und vorigen Winter trug er eine Knabenpelzmütze, die stand ihm (es gehört zwar nicht hierher) hervorragend. Nun steigt er aus dem Altbrunnen, ein greiser, grotesker Wolf (Bastard) – man erkennt ihn nicht wieder; und doch ist es Carl Meinhard, der Fagottspieler unter den Darstellern, er spielt heute abend die grimmige Polka seiner Rolle mit Meisterfertigkeit. – In der Reihenfolge den Inhalt des romantisch-komischen Märchens zu erzählen, möchte ich dem Leser vorenthalten; selbst hören und sehen! Selbst ins Berliner Theater gehen. Ich hole nur die Hauptgestalten, die mir so sehr gefallen haben, hinter dem Vorhang hervor und stelle sie auf meine Hand, eine Miniaturbühne, ich, die Regisseurin aus Privatvergnügen. Rappelkopf, der reiche Gutsbesitzer (Carl Meinhard), sein Bedienter Habakuk (Oskar Sabo) und du, Josefine Dora, wo steckst du? Mögen die Leute denken, was sie wollen. Du singst ja selbst: »Aber er denkt...« Habakuk, der Bediente des Herrn Rappelkopf, erinnert mich leise daran, daß er zwei Jahre in Paris gewesen ist, nichtsdestoweniger verleugnet sein Radieschengesicht »Läutemichels« berühmte Gemüsegärten. Er, ein dienernder Ungeschickter, ein tragischer August im allerkünstlerischsten Unsinn. Zwei Jahre war er in Paris gewesen. Das hebt ihn in den Augen des Personals vom Souterrain bis in den Salon der Herrschaft. Dieser soll das bedeutungsvolle Motto eine zarte Mahnung sein, für ihn selbst wird es zum Schild seines untergebenen Joches. Er war zwei Jahre in

Paris gewesen, das macht Habakuk keck und überlegen und bringt wie eine Zauberformel einigen Glanz über seinen Dieneralltag. Jäh wird ihm der Spruch vor der dürftigen Kammer seines Herzens gestrichen, er darf nicht mehr seinen Lippen hochmütig entschlüpfen, sein menschenfeindlicher Herr, zweiter Teil, hat es ihm verboten. Der Alpenkönig nämlich hat sich, um den Menschenfeind von seinem Wahn zu befreien, in dessen Gestalt und Wutausbrüche verwandelt. Und heimlich vertraut sich der stumme Bediente dem gemütlichen Onkel an, arglos dem wirklichen menschenfeindlichen Rappelkopf, der in seinem eigenen Hause im verträglichen Wesen des Onkels porträttreu zu Gast weilen muß. In keinem üblichen Brief, keiner knisternden Zeitung, in keiner unerwarteten Depesche steht es geschrieben, aber auf dem riesengroßen Taschentuch Habakuks, ehrfurchtsvoll seiner Hosentasche entzogen. Wir lesen es alle: er war zwei Jahre in Paris gewesen – und der mitleidige Onkel gestattet es ihm, herauszuschreien – endlos – endlich. Es kommt der erlösende Augenblick: Ich war zwei Jahre in Paris gewesen! Das macht ihm niemand nach, ich kann den Humor nicht schildern, es ist nicht nachzulachen. Tröste dich, Habakuk, beraubte Dienerseele, ich war auch gewesen, ich war sechs Jahre in »Konstantinopel« gewesen – ich möchte es jedem an den glorreichen Kopf werfen, jedem in seine dicke Stirn schneiden – wer's glaubt, wird selig.

Um Himmels willen, Liesl (Josefine Dora) hörst du denn nicht, dein Herr ruft nach dir. Rappelkopf hat sämtliche Möbel zerschmettert. Das Liesl wagt sich mit Todesverachtung, wackelnd mit dem allerwertesten Vollmond, in des Menschenfeinds Gemach – »aber er denkt« – Sie

muß immer wieder das Lied singen mit dem Refrain: Bassab, »aber er denkt« – und immer bassiger und spaßiger: »aber er denkt...«
Der Beifall will nicht enden. Ich stürme noch einmal in Mantel und Hut auf meinen Platz zurück.

DIE BEIDEN WEISSEN BÄNKE VOM KURFÜRSTENDAMM

Morgens standen sie plötzlich auf dem Kurfürstendamm wie vom Himmel gefallen in Mondsichelfasson. Die eine weiße Bank winkte den Leuten, die aus der Friedrich-Wilhelm-Gedächtniskirche kamen, freundlich zu, die andere weiße Bank lud eine blonde Schöne ein in aschgrünem Samt. Ich bin seitdem öfters an den weißen Bänken vorbeigegangen; gestern setzte ich mich zum erstenmal auf die eine, den Damm weiter, auf die andere. Guckte ich geradeaus, bot sich mir ein Kreuz- und Querbild. Man sieht es vielen Vorbeieilenden an am Operngucker in ihrer Hand, wohin sie wollen – zur Hochbahn – in einer halben Stunde fangen die Theater an. Andere kommen aus der Stadt, biegen um die Joachimsthaler Straße und kehren ein in das heimatliche Café des Westens. Kommen da zwei kleine, arme Mädchen; in ihrer Mitte ihren lebendigen, rotbäckigen Hampelmann, der sprechen kann. »Zwei Jahre ist er,« erzählen sie mir und streiten sich, wer ihn aufwarten, das heißt, wer mir von ihnen seine Kunststücke zeigen wird. »Wir sind keine Schwestern,« antworten die beiden gernegroßen Mütter, sie lassen schon behäbig das Kinn hängen, fürsorglich sind sie um ihren kleinen Kasperle. »Wir sind jede für uns allein.« Sie meinten damit, sie sind nicht einmal verwandt. Lieschen ist in Pflege, ihr Pflegevater ist Nachtwächter – manchmal legt er sich vor Müdigkeit, wenn er morgens nach Haus kommt, mit dem Bund Schlüsseln und der Laterne ins Bette. Das andere Lieschen, sie heißen beide ganz gleich, erzählt: Sein Vater helfe einem Zauberer. »Ein schwarzer Neger ist sein Papa!« Es ruft mich jemand von der Haltestelle der Elektrischen, ein Dichter im Florentiner, er will in die Kolonie fahren. »Reisen Sie alleine, Torquato Tasso, ich will mich noch auf die weiße Schwesternbank setzen.« Ich sehe mich nach ihr um, sie glänzt viel bräutlicher wie diese, von der ich mich erhebe; und ich zögere, mich auf die myrtenweiße niederzusetzen. Aber die beiden Verliebten da bemerken es nicht. Aus der Kirche treten schon die ersten Sonntaglinge, die Sonne spielt Orgel um das Haus mit ihren schlanken Strahlen. Ich verstecke mein Gesicht in dem großen Glockenturm – sehe, höre und denke nichts, und doch findet man sich auf den weißen Bänken wieder, wenn man sich verloren hat.

LASKER-SCHÜLER CONTRA B.
UND GENOSSEN

Seitdem einige Tageszeitungen um mein lyrisches Gedicht: »Leise sagen«, soviel Lärm geschlagen und mich für geisteskrank erklärt haben, hat sich eine Partei um mich erhoben, die es sich zum Lebenszweck angedeihen läßt, diese gefährliche Behauptung mit allen gerichtlichen Gegenbeweisen aus der Welt zu schaffen. Das Resultat ist: Ich werde beobachtet, nicht allein von einem Psychiater, auch von mir selbst – (ich wollte, ich könnte mir was dafür anrechnen –). Ich kann den ganzen Tag nicht auf einen Namen kommen, auf den Namen meines Urgroßvaters, der Scheik in Bagdad war. Dieser Zustand ist unsäglich unerträglich, als ob man gähnen muß und kann nicht, als ob man in eine Posaune blasen muß und findet die Öffnung nicht. Ich war heute schon überall, wo irgend etwas von Asien zu spüren ist. Auch im orientalischen Seminar war ich beim Rektor, der dachte freundlich über den Namen meines ehrwürdigen Urherrn nach, und alle seine Schüler taten das, und Schülerschüler, Muselmänner, Chinesen, Japaner, Studenten aus Vampur, Koreaner, Sudanesen; es dachten Siamesen, Inder, Serben, Türken, Montenegriner, Talmudisten, Zionisten, auch die beiden Söhne einer Kaffernfamilie dachten, und denken wahrscheinlich jetzt noch nach. Ich habe kein Gedächtnis mehr, seitdem bei mir Gehirnerweichung in Frage genommen ist. Rechts vom Gehirn steht mein Heer – links der Feind. Ich fühle seitdem auch nicht mehr richtig, ich taste; die Sternwarte meines Herzens ist getrübt – und mein Horizont liegt hinter dem Rubikon – und der Verlag Sturm – verweht meinen Geist. Wie soll ich mich beschäftigen? Ist mein Psychiater nicht bei mir, fahr' ich zu ihm heraus und bringe ihm einen Kloß meines Gehirns. Ich muß immer meckern, wenn ich bei ihm bin; er hat einen roten Ziegenbart. Ich konnte mich schon als Kind nicht beschäftigen, meist habe ich mit Knöpfen gespielt, aber ich habe alle verloren oder wo angenäht, und wenn der Psychia-

ter nicht eindringlicher mich beobachtet, werde ich es den Redaktionen der Zeitungen mitteilen, die mich bei der Gehirnerweichung ertappten; sie haben ihn doch für mich engagiert, und er muß seine Pflicht tun.
Ich laufe jetzt so gern über Wiesen; Knaben gewähre ich mit Vorliebe mein Gehirn, solange es noch einigermaßen hartköpfig ist, zur Zielscheibe ihrer Gewehre. Das Sprechen wird mir schwer; wenn ich singen könnte! Dann könnte ich viel besser alles sagen. Aber ich habe zu jung gesungen, die frühe Blüte meines Kehlkopfes war noch nicht befestigt. Sprechen lernte ich schon beim Milchtrinken, aber das Singen hätte ich unterdrücken müssen, Talente sollte man mindestens fünfzehn Jahre im Steckkissen herumtragen. Dabei wird man immer kleiner und schläfriger. Ich bat heute den Psychiater, er solle mich ein bißchen in seinem Kinderwagen herumfahren. Er hat nämlich einen im Nebenzimmer stehen, darin seine Frau ihre Hoffnungen spazierenfährt, schon zwei Jahre, damit er sie nicht verstößt. Von seinem zukünftigen Sohne lasse er sich die Fesseln der Ehe gefallen, aber nicht von seiner Frau, die geht immer in Blau, weil sie den Himmel auf Erden vermißt. Er aber hat mir ein Rasselchen geschenkt, ich hätte viel lieber die Gummipuppe gehabt, für in den Mund zu nehmen. Ich habe einen Brief von mir selbst von früher gefunden, an meine britische Busenfreundin, den lese ich dem Psychiater vor. Seitdem ich diesen Brief geschrieben habe, ist mein Herz graumeliert, und Dr. Ziegenbart sagt: »Lesen Sie!« – »Dear Mabel! Manchmal hab ich so Sehnsucht, ich säß wieder nachmittags an einem großen, runden Tisch neben meiner Mama und so zwischen meinen Schwestern und Brüdern, und oben sitzt mein Papa, und

wir trinken zusammen um vier Uhr Kaffee aus der silbernen Kaffeemaschine durch Filtrierpapier – und so ganz zusammengerückt sitzen wir, wie eine Insel, aus einem Stück. Nichts Fremdes mehr, aber wir fließen ineinander, trotzdem wir Geschwister alle anders waren, und fürchten uns nicht vor dem Tode, weil einer den andern ersetzt. Das ist lange her, ich weiß auch nicht, warum ich daran so oft denke, zumal ich doch Robinson wurde, durchbrannte in die Welt, weil ich dem Robinson auf dem Deckel seiner Geschichte so ähnlich sah. Und ich liebte das Abenteuer, das hat nichts mit der Stube zu tun, und wenn es auch eine herrliche ist. Aber dreimal im Leben hatte ich eine große Sehnsucht, wieder in einer Stube neben Mama und Papa und Geschwistern zu sitzen. Als ich mich zum ersten Male vermählte. Aber ich fiel ins Haus und verletzte mir die Knie, die bluten seitdem. Und das zweitemal, das war noch trauriger; da folgte ich meinem Verlobten in seine Heimatstube. Ich saß neben seiner Schwester; mein Verlobter saß neben seiner Mama, und oben am Tischanfang trank sein Papa den Nachmittagskaffee, und auf einmal sah ich, daß die fremde Mama meinem Verlobten ein großes Stück Kuchen auf den Teller legte, ein Stück Torte mit einer Frucht darauf; und ich bekam ein schmales Stück Torte ohne eine rote Kirsche; da war ich plötzlich ganz klein wie zu Haus und weinte. Und zum dritten Male überkam mich die Sehnsucht, mit meinen Verehrern in ihr Haus zu gehen. Das erinnerte mich am wirklichsten an zu Haus. So viel Geschwister, die sprachen wie meine Schwestern und Brüder und waren schön, aber dann kam ein großer Hund und schnüffelte um den Tisch herum, bis er mich fand; denn einem von den drei Brüdern hatte ich das Herz gefressen. Ich sehne mich nun nicht mehr nach einer Stube, wo eine Mama und ein Papa und Geschwister um den Tisch sitzen und eine Insel sind. Mein Angebeteter verspottet mich und meint, ich ziere mich wie ein Backfisch. Ich habe kein Verlangen mehr nach der heiligen Nachmittagsstube, und ich bin wirklich der Robinson auf dem Deckel seiner Abenteuer. Aber ich möchte noch die ganze Nacht so traurig erzählen. Many greetings, Dein Robinson.« – Wer mich alles in die drei ersten Stuben geführt habe, meint der Psychiater, sei für ihn nicht schwer zu enträtseln, aber den Angebeteten möchte er kennen lernen, der eine Ausnahme bilde, da ich seiner Eltern Stube nicht heimsuchte. Ich verstehe; des Doktors psychologische Weise ist mir sympathisch. Der Psychiater nickt mit dem Kopf; er ist Schriftsteller nebenbei, und hat Momente der Psyche aufzuweisen, die bei Doktoren ohne Drum und Dran nicht vorhanden sind. Sein Ton ist mitleidig, wäre er eine Frau, spräche er wehleidig. Ich habe das Glück, daß er keine Frau ist. Zwischen ihm und seiner Frau fällt ein schwarzer Vorhang, aber über seinem Schreibtisch hängt unverschleiert, aber zahm verblümt, ein deutscher Gelehrter mit einem Bart aus Eichenlaub; sein früherer Universitätsprofessor; den muß er zum Aufreizen seiner Nerven haben. Auch steht in seinem Sprechzimmer eine Lampe, deren Birne streikt, weil sie kein Apfel ist. Der Waschtisch seiner medizinischen Hände läuft nicht, er steht auf Plattfüßen. Mein Zimmer funktioniert viel besser, es liegt am See, an der Waschschüssel. Und dabei spreche ich immer vom Tigris, nicht wahr? Verhöhnt mich nur, liebwerte, wahrhafte Leser; oh, diese Welt mit ihren Flüssen, Nebenflüssen und Überflüssen! Es hat jemand dem Psychiater gesagt, ich sei abnorm eifersüchtig. Das könnte allenfalls ein Symptom von Gehirnerweichung sein. Aber was soll ich mit meinem Mann sprechen, wenn er in der Nacht nach Haus kommt, als Eifersucht. Der Leser soll mir die Frage ganz aufrichtig beantworten, bitte. Ich lehne an seinem Rücken wie vor einem blinden Fenster. Übrigens ist meine Eifersucht nicht subjektiv, sie ist eine Landeigenschaft, ein Kostüm, eine Nationaltracht der Seele. Meinem Psychiater leuchtet die landläufige Logik wirklich ein; ich bin ein für allemal von ihm als gesund entlassen, und brauche mich nicht mehr seinen Beobachtungen zu unterziehen. Der Feind ist verurteilt vom hohen Gerichtshof zu zehn Mark Schadenersatz; hätte er nicht schon Berufung eingelegt, so hätte ich es ihm geraten, denn er soll in schlechten Verhältnissen sein – ich bin zu weich...! Was soll ich nun tun, als über den Namen meines Urgroßvaters nachdenken? Im Augenblick, wo ich glaube, ich habe ihn, kugelt er noch schwerer als Blei in meinen Rachen zurück. Wie ein einbalsamierter Leib. Dabei höre ich den Namen meines Urgroßvaters auf meiner Zunge, eine Melodie, einen Psalm. Ich muß mich zerstreuen, ich werde die Redaktionen, die so lange nun mit mir in Konnex standen, um Verzeihung bitten; ich kann doch nicht dafür, daß ich keine Gehirnerweichung habe! Der Psychiater *glaubt* doch nicht daran! Das Leben ist was furchtbar Schmerzliches; alle meinen, daß es nur was Enttäuschendes ist. Ich meine beides und gaukle mit Geschicken. Und wie das Leben vom Milieu abhängt, wenigstens meins. Läge zum Beispiel das Fenster meines Zimmers statt nach gegenüber, seitwärts mit dem Blick nach dem Westhimmel, wo abends der Mars aufmarschiert, hätte ich Freude am Leben gehabt und wüßte, warum ich lebe – aber so! Wenn ich nun meinen Angebeteten nicht mehr interessiere – ohne Gehirnerweichung –? Er ist ein Sonntagskind, ich bin ein Feiertagskind, das nicht gehalten wird; er findet keine Ruhe in mir. Wir lieben uns, wie die verschiedenen Liebenden auf Erden und im Himmel. Wie selige Engel mit der Pose des Flügels, wie die ersten Menschen, die noch glühend waren, wie zwei große Blumen hinter der Hecke, die nichts wiedersagt, wie zwei Rubinen im Reichsring eines Kaisers und manchmal früh am Morgen wie zwei Schakale. Ich mache mir gar kein Gewissen daraus; alle Romane der Ehe sind Unwahrheiten! In Wirklichkeit gibt es kein Gewissen. Aber, daß ich den Namen meines Blutpächters, meines Urgroßvaters, vergessen habe, darüber mache ich mir heftige Gewissensbisse.

CORANNA

Eine Indianergeschichte gestaltet von Slevogt

Mein Junge trägt einen Indianerschmuck in den Haaren, grüne, gelbe, blaue, lila und rote Federn, und um seine Lenden einen Gurt aus Vogelbeeren und harten Muscheln. Aber er weiß nichts von den Menschen in Wild-West. Ich kaufe ihm aus Furcht, er könne eines Tages nach drüben durchbrennen, keine Indianergeschichten. Der kupferrote Gott ist der Fanatismus der Knaben. Seine Legenden sind gefährlich, sie kommen über einen, ihre Bilder machen Mut, stählern. Grüngelbblaulilarot!

Meine Brüder machten sich in nächtlicher Frühe mit ihren Freunden auf und davon – der Skalpgott rief sie aus dem Elternhaus. Sie hatten sich schon Wochen vorher für ihr Sonntagsgeld Pfeifchen, Tabak, Zigarren und dergleichen mehr für den Tausch Drüben besorgt. Manche von ihnen stahlen ihren Schwestern Ohrringe, Broschen, Ketten für die Häuptlingsfrauen und Indianermädchen. Aber die Reise ging nur bis Bremen, die strafenden Väter ließen die Durchbrenner grausam wieder in die Heimat transportieren. Mein Vater jedoch war im Grunde seines Herzens stolz darauf; er ließ meinen Brüdern im Garten ein Indianerzelt aufschlagen, kaufte Speere und andere Mordwaffen und Gürtel, deren Skalpflachshaare fast bis zur Erde reichten... Es ist schon lange, lange her, ich habe seit Indianerjahren kein Indianerbuch mehr aufgeschlagen. Nun liegt ein großes in den Farben der Kupferhaut auf meinem Schoß. Slevogt hat gezaubert, als er die Gestalten des Werkes erschuf nächtlich auf weißer Prärie; seine schwarze Feder zeichnete kupferrotes Leben. Ich muß die wilden Wildwestmenschen festhalten, sie laufen, galoppieren meinen Blick entlang, über meine Hände hinweg in die Freiheit. Tänze, Kämpfe, Ritte führen sie auf, ich vernehme Pferdegetrampel, höre Kriegsrufe, werde eingehüllt vom aufwirbelnden Nebel flüchtender, feindlicher Stämme. Mich ergreift die Sehnsucht meiner Brüder.

DIE SCHWERE STUNDE

> Ich wollte, ein Schmerzen rege sich
> Und stürze mich grausam nieder
> Und riß mich jäh an mich!
> Und es lege eine Schöpferlust
> Mich wieder in meine Heimat
> Unter der Mutterbrust.

Ein sorglos abgetanes Urteil las ich dieser Tage über die ungeheure Schöpfung: »Die schwere Stunde« von Charlotte Berend. Die Wirkung des Bildes auf den Kritiker hat mich zwar nicht überrascht; viele seiner kritisierenden Vorfahren verwechselten schon die Erzkraft eines Kunstwerks mit der entblößten Brutalität. Es gehört schon ein Jahrtausendblick dazu, gerade den Wert dieses gottalten Bildes der Charlotte Berend zu erkennen – sein Allvatername heißt das Gesetz. Ich hoffe nicht, daß die Künstlerin aus Bescheidenheit den königlichen Namen fälschte. Sie hat ihre Schöpfung aus dem Mark aller Farben erschaffen. Es nahte ihre selige, schwere Stunde selbst. Das Wunder der Inspiration schlug sie zur Riesin.

Ich sehe zunächst kühl und sachlich eine Mutter, die ein Kind zur Welt bringt. Die weise Frau am Fußende des Bettes wartet hilfebereit. »Herr, gestehen Sie es, und auch Sie, Frau Ehegattin. Sie vermißten den besorgten Hausvater zwischen dem Spalt der Türe vorsichtig lauschend. Das wäre wenigstens noch gefühlvoll gewesen«... Gerade das Nichtfamiliäre verleiht dem Bild das Unpersönliche, baut das Werk mit kosmischen Knochen auf. – Was soll das kleine Mädchen am Bett der Mutter? »Es ist ja erst zwölf Jahre alt.« Es ist vielleicht noch jünger, und es tat mir wirklich furchtbar leid, wenn, beim Betrachten der kleinen Gegenwart des unschuldigen Wesens, gefühlvollen Damen eine schmerzhafte Entrüstung anging, aber ich sage: Die Kleine gehört zu der ungeheuren Landschaft des Leibes; auf dem Rand des Lebenskelches sitzt sie, das schwebende Auge zurückgelehnt, voll Grauen und Wunder gelähmt. Ein Seraph – aber gleich, wird sie ihre Lippen öffnen und die ernste Melodie der Dichtung über den sich bäumenden, felsgeöffneten Leib der Mutter singen. – Und die Vorsehung, wie man die Wartende am Fußende des Lagers nennen könnte, wendet die letzte Nüchternheit des Vorganges mit einem Tuch, wie mit einer Wolke ab. – Eine Heilige hätte nicht keuscher gedichtet, das Problem des Odems gestaltet. Ich habe nie in Wirklichkeit ein kindtragendes Weib mit solcher Ehrfurcht betrachtet, wie diese Riesenmutter, von einer Riesin gemalt, auf ihrem Riesenbilde. Sie hauchte nicht nur über den lebengeöffneten Vorgang die Scham, sie nahm dem Prangen auch jede Fessel der Sklaverei, die mich anwidert beim Anblick einer begnadeten Frau. Charlotte Berend hat ein Historienbild des Naturgesetzes gemalt; es müßte neben Michelangelos Moses im Tempel der Galerien hängen.

WENN MEIN HERZ GESUND WÄR –

Kinematographisches

Wenn mein Herz gesund wär, spräng ich zuerst aus dem Fenster; dann ginge ich in den Kientopp und käm nie wieder heraus. Es ist mir genau so, als ob ich das große Los gewonnen hab' und noch nicht ausbezahlt bin, oder auf einer Pferdelotterie einen Gaul gewonnen hab' und keinen Stall »umsonst« auftreiben kann. Das Leben ist doch eigentlich ein Wendeltreppendrama, immer so rund herauf und wieder hinunter, immer um sich selbst wie bei den Sternen. Ich bin in freudiger Verzweiflung, in verzweifelter Freudigkeit; am liebsten machte ich einen Todessprung oder einen Jux. Meine Freundin Laurentia zecht wie ein Fuchs, sie studiert die Sprache der alten Herren, ich meine Griechisch und Lateinisch, und macht gute Fortschritte. Aber was geht mich das alles an; ich will nichts wissen, nichts. Wenn es nur nicht klopfen würde!

Das Gehirn wird rein aufgewühlt, es klopft nicht allein unten jeden Freitag und Sonnabend, jedes Stäubchen wird aufgewirbelt, es klopft auch an den anderen Wochentagen, denn ich wohne zwischen Haus und Haus und muß die Brutalität aller Höfe ertragen. Ich sitze immer bei geschlossenen Fenstern und werde gar nichts von dem Sommer haben; ausgehen kann ich nicht, ich schreibe Geistergeschichten; ich habe Schulden. Dabei zieht's, wenn ich die Türen rechts und links und hinter mir auflasse. Ich trage seit dieser Wohnung ein Katzenfell; wenn ich abends wo eingeladen bin, überkommt mich eine furchtbare Angst, ich könnte anfangen zu miauen. Ich hab' gar keine Lust zum Leben mehr, wenn noch die Menschen gerne meine Lyrik lesen wollten; wer sie gern liest, der soll mir doch mal einen netten Brief schreiben. Ich muß nämlich wegen meiner Krankheit in Kleesalz baden, damit man nicht über mich ausrutscht. Ich habe dann immer so eine Langeweile in der Badewanne, und lese gerne schmeichelhafte Briefe an mich. Was einen schlechte Kritiken ärgern! Man hat doch sofort jemand gern, der einem schöne Worte schreibt. Es *gibt* sympathische Geschöpfe auf der Welt. Ich kann nur Weißgesichter nicht leiden, ich habe einen Argwohn gegen Licht. Darum nehme ich mir auch nur schwarze Mägde und Diener. Ich habe zwei Neger und zwei Indianerinnen; Tecofis Vaterhäuptling kommt manchmal nach Berlin und tritt dort mit seiner Truppe im Chât noir auf. Tecofi fragt mich, wenn sein Vater nach Berlin kommt, ob er bei mir in der Badewanne schlafen könne. Ich hab' nichts dagegen. Mein Somalineger ist königlicher Abstammung, sein Vater besitzt bei Teneriffa Hammelherden. Manchmal schickt er mir ein paar abgezogene Hammel, die kommen als Hautgoutragout hier an. Oßmann, mein jüngerer Neger, sieht aus wie ein sinnender Gorilla im Pflanzenkübel. Böse Spezies, herrlich zu schauen, aber man muß ihn in Ruhe lassen; seit kurzem pfeif' ich auch nicht mehr, wenn er jemandem den Kopf abbeißen soll, er ist zu schade, zu wertvoll, um zu gehorchen, selbst mir. Meine beiden Indianerinnen sind emsige Mädchen, sie sind angestellt von mir, die Fäden meiner Logik zu suchen, die Logik meiner Unterhaltung zu finden. Manchmal suchen sie die ganze Nacht, ich fürchte, sie werden sich einmal in einem Augenblick an meinem Leitfaden aufhängen. Das muß man in Kauf nehmen, dunkle Leute sind schlechte Spürhunde, sie können nichts finden in der Nacht ihrer Haut. Halloh, was tät' ich, wenn mein Herz gesund wär? Ich glaube nicht, daß mein Herz aus Fleisch und Blut ist, rissig sind seine Wände; es hat weniger Augenblickswert als Ewigkeitswert, darum bin ich vollständig unbrauchbar für den Vorbeipassierenden, ich bin nur interessant für den Forscher. Immer klingelt es in den effektvollsten Stellen. »Hier 45,24 wer dort?« »Pharao & Fils, Theaterdirektion, sind Sie Else Lasker-Schüler?« »Leider.« »Frohlocken Sie nicht, verzweifeln Sie nicht, meine Dame, ich frage Sie an, ganz ergebenst, würden Sie ein Engagement am Wintergarten annehmen, monatlich mit einer Gage von 10000 Mark? Das macht im Jahr rund 100000 Mark.« »Sie spaßen wohl, Herr, es ist doch nicht üblich, am Varieté länger als einen Monat die Artisten zu beschäftigen.« »Aber uns liegt daran, meine Gnädigste, Sie an unser Varieté zu fesseln.« »Es handelt sich wohl um meine arabische Szene, Herr Dr. Pharao?« »Ganz recht! Da Sie hoch zu Kamel über Theben sitzen.« »Herr, ich kenne Sie, so einen ungeschminkten Baß gibt es nicht am Varieté.« Schluß! Mein Brief: Herzallerliebster in Adrianopel! Er fragte mich nämlich an, ob er ihn noch liebe, bittet mich, ihn nicht zu belügen. Ich werde ihm doch keinen Stoff zur Lyrik geben, (er ist Dichter), »ich *liebe* ihn also! Basta!« Könnte ich doch auch ein bißchen nach der Türkei, zumal meine Vorfahren alle in Sänften getragen wurden. Das Gehen wird mir darum schwer. Wo bei Euch die Sohlen schon erkaltet sind, sind sie bei mir noch Glut. Wenn mein Herz gesund wär, was tät' ich dann? Einen Augenblick, bitte! Ich würde mich pudelnackt ausziehen und mich in ein Süßwasser werfen, wo die sanften Fische leben, aber Schuppen kann ich nicht leiden. Oder ich ging nach dem Südpol und wärmte mich mal ganz tüchtig ein. Was soll ich *noch* machen? Ich blieb *gerade* am Wendekreis stehen, *zum Trotz.* Den Sternbildern würde ich Schnurrbärte malen. Ist es nicht himmelschade, daß mein Herz nicht gesund ist? Vom Mond kommen die Herzkrankheiten, namentlich die Neurosen. Alle Krankheiten kommen von oben. Hier unten ist es ganz nett. Darum stürzen auch so viele Aviatiker vom Himmel herab; das Fahrzeug platzt ja gar nicht, die Fallsucht kriegen sie alle, je höher sie die Bazillen der Gestirne einsaugen. Wie die Aviatiker aussehen? Wie die Vögel, ihre Nasen sind Schnäbel und die Köpfe strecken sie in die Höhe. Ein neues Menschengeschlecht. Ich hab' kein Geld, aber darum kann ich mich doch nicht von der Welt abschließen, zumal ich ganz allein umsonst in den Himmel gehen kann. Außerdem bot man mir die Regierung in Theben an; ich regiere sogar schon pro forma. Die Leute in Berlin sagen, ich habe eine fixe Idee. Das heißt, im Grunde eine Beschäftigung. Ich bin der Prinz von Theben. Nur Kaiser Nikita kann mir nachfühlen, was Regieren heißt. Ich habe wie er ein bunt' Volk. Nachts liege ich auf dem Dach, und bei Tage sitze ich unter meiner Palme und regiere. Ich bin für alles verantwortlich; mein Volk schielt noch vor Ungewißheit, es meint, ich mache Ulk, aber auch der Ulk ist mir bitterer Ernst. Ich bevorzuge nichts – nur einige Menschen. Bin ungerecht, weil ich Geschmack habe, künstlerischen Sinn habe; meine Rede ans Volk bedient sich nicht des Punktes, weil ich mich nicht binden will. Ich bin am tolerantesten gegen mich, ich bin gnädig gegen mich, ich bin einig mit mir, aus Diplomatie, weil sich mein Volk an mich halten muß. Ich denke nur viel, sehr arg, unmittelbar, ich lasse alle meine Gedanken ganz nahe an mich herankommen, damit sie das Fürchten verlernen. Wenn ich nur nicht schon in der Frühe von so vielen muselmännischen Barbieren gestört würde, die mich tätowieren wollen, von abendländischen Malern, die mich porträtieren wollen. Nachts werde ich immer im Schlummer auf meinem Dach gestört von meinen Paschas, die vor Begeisterung meines Regierungsantritts nicht ruhen können. Sie haben immer in der Audienz, die ich ihnen erteilte, eine Frage unaufgeworfen vergessen, die sie treibt. Seitdem ich als regierender Prinz in Theben gewählt bin, bewegen sich viele Ehrgeizige in derselben Tracht und Gebärde in den Straßen der Stadt, die mir zu gleichen trachten. Meine Epigonen! Denn regieren ist auch eine Kunst, eine Eigenschaft, wie die Malerei, die Dichtkunst und die Musik. Die Epigonie aber ist eine Tätigkeit, darum bringt die Epigonie was ein, wie die Arbeit. Ich arbeite nie, ich hasse den Schreibtisch – zwar hab' ich selbst einen – aber er ist nie ganz gewesen. Heute nacht, da meine Neger schlafen, erbrachen die Paschas gewaltsam die Pforte, die zu meinem Dache führt, wegen der Freimarken. Ich wurde in der Nacht noch im Profil (Seite steht mir besser wie en face), im Turban und Regierungsmantel photographiert in allen Farben; auf allen Postämtern meiner Stadt verbreitet man Mich Allerhöchst.

DER EISENBAHNRÄUBER

Vielleicht gehe ich noch einmal in den Schwank, sein Humor hat doppelte Lebenskraft, man kann sich zweimal totlachen. Es fällt mir gar nicht ein, den Inhalt des kleinen Lustspiels zu verraten, nur möchte ich seinen famosen Darstellern für den schönen Abend und vor allen Dingen dem Autor Fritz Gräbert für den lustigen Streich danken. Arthur Winckler spielte den ehemaligen Bäckermeister August Pickenbach mit Rosinen und Korinthen und allen außergewöhnlichen Zutaten. Emmy Dittmar, allerdings eine Schulreiterin, in die man sich verlieben kann. Frau Meyer (Rosa Schäffel), man soll sich noch so eine gute Wirtin suchen! Es war ein lachendes Zusammenspiel, ein Tanz, leichtfüßig, ein Walzer: An der blauen Donau, wenn auch der erste Aufzug in Ostende an der Nordsee spielt und der Herr Rentier Bäckermeister Pickenbach auf berlinisch mir und mich der neuen Bekanntschaft beim Sekt sein Mehlherz ausschüttet. Man kommt nicht aus dem Lachen heraus, der traurigen Jungfrau Sentimentalität ist der Eintritt verboten, der Autor hat die banale Tochter zu Hause gelassen, er ironisiert selbst den Kuß. Er mag nicht eines Kusses wegen einen Augenblick Lachen einbüßen. »Skool!« ruft mein Nachbar. Er ist Schwede. Ein Liebespaar, zwei Turteltauben, stehn doch sonst immerwo im dritten Akt, gefüllt oder ungefüllt, am Nischenfenster und girren im frischesten Lustspiel geheuchelte Sehnsucht. Meine Angst war also hier vergebens. Und mich belustigt ungestört der ungeschlachte, wollige Liebhaber Maler Hans Wegemann (Carl Wessel), es blieb ihm jedes Wort im Hals stecken, bis er zum beißenden Hammel ausreifte unter der Leitung seiner Backfischbraut Marie, der Tochter Pickenbachs (Grete Kroll). Die vielen Hände, die einen Wirbel klatschten, waren nicht zu übersehen.

IM NEOPATHETISCHEN KABARETT

Tausend und Einer. Ich habe mich nicht verzählt, las auch, während ich die Köpfe zählte, Armin Wassermann Verse seiner Herzensdichter. Weich und herb, reich und superbe ist seine Sprache; dazu sein schwärmerisches, knabenhaftes Savoyardengesicht! – Ich suche nach einem Stuhl, der im Verborgenen blüht – endlich finde ich so ein Veilchen abseits am Tapetenrand; ich setze mich. Meine Tänzerin Zobeide, die sehr neugierig auf das Kabarett der Neopathetik ist, ruht schon lange müde zwischen weißen, lilagelben, roten und himmelblauen Mädchen; ein Dichter mit Honiglippen und zwei Augen, naschhafte Bienen, als einziger Tasso neben ihr und ihren bräutlichen Schwestern. Es betritt jemand den Ölberg des Saals und predigt über Kunst. Der Vortrag ist geistvoll, wenn man sich auch durch Mimik und Brille in die Schule zurückversetzt glaubt. Noch immer höre ich keine Gedichte von mir – warum lud man mich ein, zumal ich keineswegs objektiv bin? Auf einmal flattert ein Rabe auf, ein schwarzschillernder Kopf blickt finster über die Brüstung des Lesepults. Jakob van Hoddis. Er spricht seine kurzen Verse trotzig und strotzend, die sind so blank geprägt, man könnte sie ihm stehlen. Vierreiher – Inschriften; rund herum müßten sie auf Talern geschrieben stehn in einem Sozialdichterstaat. Ich muß immer ans Geld denken; wie man so runterkommt – wenn Zobeide, meine Tänzerin, ein Portemonnaie bei sich hätte, würde ich doch zu der Menschenhitze kein Glas Limonade trinken. Ich höre, wie ein Vortragender mit triumphierendem Gesicht Stefan Georges Dichtungen als Ruhepunkt bezeichnet. Das muß

ich widerlegen. Stefan Georges Gedichte wandeln allerdings, ohne müde zu werden; nicht bunte Karawanen über Sandwege; aus ihnen weht die Kühle endloser Prozessionen zwischen frommen Schlössern und himmelblauen Domen. Die Orthographie der Georgeverse erinnert in ihrer Gleichtönigkeit leicht an englische Sonntagsruhe. War's das, lieber Vortragender? Gern hätte ich die Rede von Kurt Hiller, dem Präsidenten des neopathetischen Kabaretts, gehört.
Zobeide, meine Tänzerin, will noch nicht mit nach Hause kommen.

KABARETT NACHTLICHT – WIEN

Die Straßen enden in Rundungen, tanzumschlingende Arme. Wir wandeln in einem endlosen Saal durch Wien. Es ist Nacht – die Mondkrone mit den vielen tausend Sternenkerzen brennt lustig über der Stadt der Walzer. Aber nur wenige Menschen begegnen uns, vom Vergnügen kehren die letzten heim, und ihre Gedanken drehen sich noch mit den blauen Donauklängen leichtfüßig über das spiegelblanke Leben. Aber die Wiener sind höflich gegen ihre Fremdlinge (wir suchen nämlich das Kabarett Nachtlicht), noch im Tanztaumel besinnen sie sich nach dem entferntesten Winkel, begleiten sogar den Suchenden bis an Ort und Stelle. Da steht's ja: »Kabarett Nachtlicht« – Erich Mühsam trägt gerade seine »Amanda« vor. Er sieht noch lebenslässiger aus wie in Berlin. Zwar sitzt sein Rock heute ohne Tadel, und seine Mähne, löwengelb, ist gepflegter wie an der Spree. Aber er bangt sich nach Ruhe, und auch die Jungfern seiner Verse mit dem nächtlichen unrechtlichen Geschick sind müde, sich hier weiter zu produzieren. »Ein Kunststück, seien Sie mal Schlußnummer – komme erst um 5 Uhr morgens in die Klappe.« Nichtsdestoweniger will er uns noch ins Kasino begleiten. Dort tanzt eine schwarze Blondine, »Spaniens Madonna«, sagt Peter Altenberg im Vorübergehen. Er ist im Begriff, gestützt auf seinen Knüppelstock, das Kabarett zu verlassen – ihm folgt die kleine Künstlergesellschaft.

Am andern Abend sind wir zeitiger da. Es treten uns einige von den Mitwirkenden entgegen: Jener mit dem Monokle im Auge kommt mir bekannt vor. »Gewiß, Frau Lasker-Schüler, wir haben uns schon oft im Café Kurfürstendamm in Berlin gesehen.« Er ist Roda Roda, der humoristische Schriftsteller. In eine der kleinen Logen setzen wir uns, seine scharmanten Humoresken zu hören. Das Publikum applaudiert, bevor er beginnt; es weiß, nun gibt's was zu lachen. Im Kakaduton schäkert er mit ihnen wie mit einer Schar hörlustiger Kinder. Junge und alte Geschäftsleute, kleine Mädchen, Damen der Gesellschaft, Offiziere, selbst die Erzherzöge kommen, das Nachtlicht morgens auszublasen. In einer Rumpelkammer spinnwebgrau sitzen wir, unwillkürlich sucht man nach allerlei altmodischem Gerümpel. Bestaubte Figuren und Porträts, näher betrachtet von neuen Künstlern ausgeführt, hängen an den Wänden, und auf der Konsole über dem blonden Kopf eines Leutnants steht die Statuette von Madame Delvard, der Scharfrichterin. Sie ist die einzige, die den elf Scharfrichtern in München zur Hand ging. »Ich werde extra einige Chansons für Sie singen,« spricht sie zu mir – ich liebe ihre graziöse Stimme, dunkler vergrößern sich ihre graublauen Augen zwischen zitternden Lidern. Ihre Nervosität duftet. Sie ist eine erwachte Klimtblume aus dem magischen Farbentraum des Meisters. Blasse Lichtchen werfen einen Schleier auf ihre beringten Hände, die schlaff herabhängen an ihrem überschlanken Samtstengelleib, wie weiße tauschimmernde Blätter. Und Wedekinds rotäugige Straßenlieder singt sie mit der Schüchternheit eines Kindes. So leicht kommt sie nicht von der Bühne herunter: ein Lied und immer noch eins – »Der Bauer wollt' fahren ins Heu!« Unwiderruflich das letzte – aber sie singt es mit frischer Kraft, sie singt es bedeutend, stößt es von sich, wie aufschießende Saat. Da steht keine ätherische Prinzessin mehr im Lichtschaum; Acker liegt unter ihrer Zunge, Peter Altenberg nickte zustimmend und setzt sich neben mich in die kleine Loge. Monsieur Henry, Madame Delvards Gatte, begleitet ihre Lieder am Klavier, aber auch er ist ein Vortragsmeister. Ich werde nie seine Ballade vom »Heiligen Nicolas« vergessen, seine rauschige Schwermutsstimme. Monsieur Henry ist der gewandteste unter den blutigen Elfen in München gewesen, und ein Kavalier ersten Ranges. Wir wollen uns wieder vom Zuschauerraum an den Künstlertisch zurückziehen; doch Peter Altenberg hält mich auf meinem Platz zurück. »Das Meißnerfigürchen müssen Sie noch sehen und die drei Handwerksburschen.« Sie stehen schon auf der Bühne in altfränkischen, goldknöpfigen Röcken, die Mützen geschmückt mit Eichenlaub. Ihr Wanderlied beglückt mich ebenso immer wieder wie meinen Nachbar. Er ist nächtlich Gast des Kabaretts; die Umgebung dieser Künstlerkinder tut ihm wohl, der Aufenthalt auf der kleinen Künstlerinsel unter dem guten grünlich flackernden Miniaturstern. Ein kostbares Spitzengewebe ist seine Seele, jedes holprige Wort bleibt in ihren Seidenmassen hängen. Aber wen der gute Blick seines Schelmenauges trifft, der möchte ihn wohl ergreifen können und in ein Enveloppe als Andenken legen. Und sollte er sich nicht ärgern über die Breitheit der Menschen – »nichtsdestoweniger zerstreut es mich, nachmittags am Graben im Café zu sitzen und die bunte Bewegung anzusehen«. Ich möchte manchmal zu ihm sagen, so ganz unmotiviert: »Lieber Peter Altenberg.« – – – Es ist gleich Morgen – wir wollen alle noch einmal Carmen tanzen sehen – – und dann lebt wohl, ihr lieben Künstler, so ball kemma ma nöt wieda zsamm.

APOLLOTHEATER

Der Kohinoor meines Nachbars tanzt hin und her, macht Sprünge auf seinem Zeichenblock wie die Clowns dort auf dem Rade. Jetzt nascht er von der Chansonette im honiggelben Frack. Einige von den Umrissen leben auf dem weißen Untergrund, neckisch, eckig hingeworfen, namentlich der eine von der Clowniade ist very fine getroffen. Ein Klatschwirbel holt the english artist auf die Bühne zurück. Was ist mit ihm geschehen! Seine Stirn nach allen Richtungen hin zur Unförmigkeit aufgedunsen. Zweifellos hat er die englische Krankheit mit herüber gebracht. Es gibt keinen Spaß, den der nicht da gedacht hat, und ich muß ehrlich auch in diesem Essay gestehen, es kommt nun noch dazu, daß ich die Brüder aus London besonders mag, »ich hab' noch nie so gelacht wie heute!« Der Kohinoor meines Nachbars lauscht zugespitzt; die zwei ehrwürdigen Bordellmatronenwirtinnen vor mir erinnern sich gegenseitig ihres Amtes. Geliebter und Geliebtin blicken sich zu in der Loge wie die schillernden Demi-Monde auf dem Vorhang, der sich weltenseufzend spaltet und das Gemach der Sultana enthüllt. Nackte Frauen steigen (obere, kleine Bühne) aus ihrem Brunnenbade wie im wirklichen Harem eines Sultans. Am Fuß der Treppe, die zum eigentlichen Gemach der Herrin führt, wacht der Wächter armverschränkt. Endlich nahen die erfrischten Schönen, aber ihre Haare duften nicht nach Pharaonenblüten, auch sind ihre Glieder keineswegs ungelöste Geheimnisse. Und statt Sultana betritt Frau Betty das Gemach, die Freundin des amüsanten Frauendoktors, ihres wohlsituierten Mannes treue Tennispartnerin. Sie liest auch Romane – – schwüle mit Betthimmelpointen und Daunenliederbordüren, und ich fürchte, daß die Halbmonde der Dekoration vor Begierde rein zu Glotzmonden werden. Die Freundinnen beginnen endlich, indes Sultana ihren Leib dem Divan und dem Kissen gibt, mit ihren Tauchtänzen (kein Druckfehler), Schleier-Eiertänzen, man vernimmt Arm- und Beingegackel. Der Wächter tritt vor, er ist nicht »Asra«, er schreit nicht ia, furchtbar kracht sein Wort, sein Antlitz bleich, sein Turban – – Blut. Die Tänzerinnen vertanzen in den Keller. Jäh springt Sultana von ihrem Lager auf und stößt auf Jargon von sich: »Was willst du von mir, Hund!« »Der Sultan, dein Gebieter hat es so befohlen.« Betty, du mußt sterben... Und deine Tändelei hört auf im Mondscheinvorhang. Leise nähert sich der Wächter ihrem Ohre, aber Sultana wählt lieber den Tod, als daß sie sich, Sultana bleibe stark, dem intriganten Schuften schenken mag. Diese temperamentvolle Charakterfeste, warum gastiert sie nicht bei Gebrüder Herrnfeld? Die zwei greisen Leopardinnen vor mir schnurren, der Kohinoor meines Freundes fällt bleischwer zu Boden. Männer ergreifen auf die Gebärde des Wächters erbarmungslos die Geprüfte. Arme schicke Betty, tipptopp, peitschensiebenhiebenspaltig! Ob wir paar Geschworene im Zuschauerraum auch von deiner Unschuld überzeugt sind – – es nützt nichts. Markerschütternd verenden deine Hilferufe. Aber in weißen Tennisschuhen und weißem Flanellhemd steht die Taube von Gatte am Fußende des Ruhebetts. Statt der zunehmenden goldenen Viertel- und Halbkugeln – – Tapetengeknospe. Wärter: »Sultana«... und wieder ihr Name leise verbettelnd: Ein Tropfen des Turbans klebt auf der aufgeschlagenen Seite des Romans.

Wie eine Erlösung nun das Konzert auf dem Banjo der lovely, sweet Miß, ihr Spiel verbreitet hellen, herben Zauber. Und nach ihr der musikalische Clown mit der Entennase, er verabreicht kurzweg ein Konzert auf den Messingknöpfen eines Schirmständers, ich habe mich in der Zeit verliebt in ihn, – – – mein Herz sprach immer schon für einen August, über den man sich totlacht. Und Euch sparte ich mir bis zuletzt auf, edle, blonde Senora Fornarina, ich möchte Euch etwas besonders Schönes sagen, goldene Traube Spaniens.

TIGERIN, AFFE UND KUCKUCK

Tierfabel

Zirkus Busch ist in seinem Extrazug von Berlin abgereist. Ich bin zu seinem Abschied auf die Bahn gekommen, früh am Morgen; der Komet stand noch über der Sternwarte, aber die Zirkussterne, Schulreiterinnen, Jongleure, Auguste, der Riese mit dem Zwerg, der große Bär, die Elefantin, das Dromedar, der glitzernde Galawagen, alle waren sie im Lauf und bald im vollsten Zuge. Noch lange hörte ich das Brüllen der Tigerinnen, nie haßte ein Mann so wütend das Weib wie der Bändiger dieser gestreiften Katzenleiber. Der Puls des Zirkus blieb stehn, trat der unerschrockene Sultan in das Gittergemach seiner brüllenden Sklavinnen. Er mißbraucht sie nicht zu Kunststücken, läßt er auch die Kunstreiterin seiner Tigerinnen durch einen Papierreifen springen. Wollust bereitet ihm, seine wutschäumenden Tigerweiber mit Stangen und Schüssen bis zur Wutekstase zu reizen und sie zu bezwingen. Schschschschschsch – sch – die beiden eleganten Brüder Fillies und ihre graziöse Schwester werfen noch einen kurzen Blick auf den Perron, der Clown mit der genialen Ungeschicklichkeit verlangt auf idiotisch vom Zeitungsträger den »Ulk« – Sch.... Berlin hat sein größtes Kind eine Weile verloren, den Zirkus; wo geht man nun hin, um zuzugukken? Wie ein Mensch soll der Affe sich im Wintergarten benehmen. Herr Darwin, der Enkel des großen Zoologen, wird mich ins Varieté begleiten. Es ergreift ihn, so einen gebildeten Vorfahren seiner Baumzeit zu sehen. Ich bin ebenfalls von dem fletschenden Erzurgroßvater entzückt. Ein Gourmet ist der greise Herr, keineswegs lebt er von Luft und Erkenntnis. Der verwandte Künstler da oben verzehrte ein Menu von Dressel und regalierte sich an Heidsieck-Monopol. Mit Verbindlichkeit raucht er die Zigarette, die ihm ein Bewunderer verehrte. »Es ist Zeit« noch prüft er die Zeiger auf seiner Uhr. – Ich möchte mich auch in ein solches Prachtbett legen – ich bin müde – die Nacht vorher brachte ich, mich verirrend, in der Kolonie Grunewald zu; im Rieselregen auf einer runden Sommerbühne, worauf die Gärtner Kiesel legen. Nasse Nacht, kein Komet mehr. Ich war trostlos. Plötzlich rief der Kuckuck – ich bezog es zuerst persönlich, aber so unhöflich sind nur die Kuckucksuhren. Dieser da zwischen jungem Grün, zwischen April und Mai, ist ein vortragender Künstler, ein wundervoller Komiker. Also gibt es wirklich Kuckucke? Ich dachte immer, es sei eine Fabel.

IM ZIRKUS

Die junge Reitkünstlerin Miß Ella kehrt in die Manege zurück und schlägt die ausgelassensten Purzelbäume. Und dann kommen Paolo, Luigi und Alberto, die drei Gigerl, und treiben aneinander Gymnastik mit der markigen Beweglichkeit großer Leonahrder Hunde. Vier braune, ungarische Pferdeprinzen, deren Haut unter dem Schein der vielen Kristallsterne wie Gold glänzt, tanzen mit wilder Anmut und königlicher Grandezza. »Als ob sie Musik in den schlanken Waden haben!« sagt mein Begleiter zu mir. Und nun das Intermezzo der beiden Clowns. »Er ist mein Bruder,« kreischt Aujust, der blöde Aujust, der amüsante Idiot. Wie ein Gänserich watschelt er in seinen sackweiten Hosen quer durch die Manege. Fräulein Marinka, die sanfte, graziöse Erzieherin auf einem ihrer zwei artigen Pferde sitzend – ringelrangelreihe singen die Geigen – und ihre beiden Zöglinge springen vor Vergnügen. Und wieder ertönt die Musik hoch oben vom Zirkus, das sind heiße Carmentöne, walzerartig in rundem Klingen geblasen. »Hier ist die Verunstaltung erträglich,« sagt mein Begleiter zu mir, »es paßt zum Milieu.« Und immer bunter werden die Klänge... in schimmernde, mattfarbene Stoffe gehüllt kommen reizende Spanierinnen geritten und feurige, spanische Kavaliere. Heißer und tollkühner wird der tanzende Ritt; die bacchantischen Donnas sausen wie Feuerstürme über den Sand, auf dem Rücken ihrer Zauberrosse liegend – indessen die Senores mit liebenswürdiger Höflichkeit, aufrecht zu Pferde, dem Winke ihrer Damen harren.

Aujust! Aujust! Wo bist de, Aujust? Da steht er ja, versteckt hinter der niedrigen Brüstung der Manege, und heult in Trompetentönen, daß alle Herzen Purzelbäume schlagen, und immer höher wächst er, immer höher. »Det hat keenen juten Anbejinn und een langet Uffwehen,« quietscht Aujusten sein Bruder mit den wulstigen Mehlbacken und der Haardüte auf dem spitzen Kopf, indessen Aujust die Manege in Melancholie, langsam wie ein wandelnder Turm, durchschreitet. »Det Luder ist maschuche jeworden, weil der kleine Cohn sinn Vater is!«

Schon harren die drei blonden englischen Reiterinnen in blauer Seide; lovely Girls, drei holde Mädchenenzianen. Hei, wie sie springen, bergauf und herunter von dem

Rücken ihres wiehernden Vogels. Nun trägt er sie alle drei über den Sand in tausende Märchen, weithin, in blaue Gärten... Ich entwand meinem Begleiter die weiße Rose, die über seinem Herzen blühte. »Miß, here! catch it!«
10 Minuten Pause!
»Wie gefällt es dir!« »Es ist wie ein blühendes Abenteuer. Es ist, als ob ich brausenden, dunklen Wein trinke, und ich vergesse alles, was grau ist und hinkt. Ich sitze in einem bunten, jauchzenden Schoß, und um ihn herum wachsen ragende Gefahren, die aber lustige Kleider tragen.« Wir gehen durch die weiten Korridorhallen. Galawagen auf Goldrädern, Riesendrachen aus Papiermaché, zusammengeklappte Bretterhäuser, Fässer, allerlei Gerümpel, Kostüme mit Silberfransen, Steinen und Perlen liegen in übermütiger Unordnung zwischen dem Mobiliar. Wir treten in die Ställe ein: da stehen die herrlichen Schimmel mit der silberschimmernden Haut und den Seidenschweifen, wie helle Rosen des Frühfrühlings. Und dort die finsteren Rappen mit den großen Feueraugen. Eine kleine Treppe führt uns abwärts in die Stallungen der Elefanten – diese grauen, schweren Gebäude aus Fleisch und Knochen mit den winzigen Guckaugenfensterchen. Als wir wieder auf unseren Plätzen saßen, war die Manege mit eisernen Gittern umzäunt. Zwei mächtige Löwen schreiten in den Käfig und hinter ihnen die anderen Könige der Kraft. »Nero! Herkules! Agamemnon! Odysseus! Hektor! Kambyses! Hierher! Dorthin! Willst du! Vite, vite! Ah, mon cher.« – und dann wieder im gebrochenen Deutsch: »Aben Sie die Güte, mein Freund.« Mademoiselle Claire, du grausamste Braut! Mit erhobenem Arm, mit dro-

hender Liebenswürdigkeit beugt sie den Willen ihrer grimmigen Sklaven. Ihr weißer Hals lockt wie Süßigkeit, ihr blendender Hals, das Ideal ihrer brüllenden Verehrer. »Ah, messieurs! Hektor, Agamemnon, Kambyses, dînez, s'il vous plaît.« Und sie tafelt ihnen blutende Leckerbissen. Das gierige Brüllen und Knurren dröhnt durch die weiten Räume des Zirkus in aufwachsender Wildheit. Hastig eilt der Diener herein und wieder heraus aus dem Käfig, Gerätschaften bringt er, Kugeln, Stangen, Fässer holend, Stühle und Tische – aus Gauklern besteht die gefährliche Truppe. »Genug, Madame Claire!« Nero muß sich noch auf dem Seil produzieren. Gewandt, wie ein Seiltänzer dreht er sich, in der Mitte des Seiles angelangt, um sich selbst. »Brav gemacht!« Seine Brüder sind schon alle gefangen in der kleinen Nacht ihrer Wagenherberge, und er allein liegt noch ausgestreckt, wie im Sande der Wüste, und schlummert. »Nero, wache auf! Nero, ich muß bitten« – aber Nero rührt sich nicht, er öffnet zwar seine gelben Augen – und ihn auf den Schultern nach Hause tragend, wie ein müdes Baby, durchschreitet die furchtbare Heilige, die heilige Kriegerin, eine Siegerin das Eisentor.

Als der Direktor seine zwei Perserhengste vorführte, sah ich zwischen den Tönen der tanzenden Musik noch die grimmige Pranke Agamemnons, die nach seiner Schönen ausholte, und das schwärmerische Anschmiegen Neros.

Im Eingang der Manege stehen zwei Riesenelefanten, zwei Schulräte an Ruhe und Würde. Etliche helle und dunkle Pferdchen springen, fleißige Schulbuben, hinter einigen größeren Apfelschimmeln, die ernst und gravitätisch in der Mitte des Zirkus haltmachen. Aber in fauler Gemütsruhe spazieren die kleinen Elefanten herbei, und dann ungeduldig die mutwilligen Zebras mit den glänzenden Streifen auf der Haut. Und nun laufen sie allesamt in verschiedenem Tempo, als ob sie artig das Abc sagen.

Tatrata tönen die Trompeten und die Hörner, Reiter und Reiterinnen in ziegelroten Tuchanzügen galoppieren auf ihren schlanken Rennern über Zäune und Hekken, dem Edelwild nach, den Hirschen und leichtfüßigen Gazellen – und da läuft ja auch der Aujust in rasender Angst durch den weiten Manegeraum und hinter ihm ein Wild mit einer vielästigen Geweihkrone. Die Puste jeht Aujusten aus. Er stöhnt, er schreit und gestikuliert mit allen Vieren. »Herr Stallmeister, retten Sie mir!!!« Und zum Schluß: Mr. Bob, the little gentleman, mit seiner kleinen sechsjährigen Dame auf dem Pferde...

Noch in Hut und Mantel stehen die Zuschauer vor ihren Plätzen. – Es kann doch eigentlich noch gar nicht aus sein – tuuht, tuuht! Über die Manege des Zirkus senkt sich schwer von der Decke des Zirkus eine Riesenfeuerglocke. Aujust ist durchgebrannt!! Rotumhüllte Clowns, wie in Glut gebadet, wandeln knurrend über den Sand, immer auf und ab; die Anführer tragen Aujustens Herz aus kariertem Zucker auf einem roten Kattunkissen. Aber da steht er ja oben auf dem Olymp: »Aujust, sollst mal runter kommen!« schallen tausend Stimmen durcheinander – aber Aujust steht drohend aufgerichtet, seine Nase ist spitz wie eine Nadel, seine Augen sind wutrot aus den Höhlen getreten. Düstere Zettel fliegen auf das Publikum. Er streikt, er beansprucht im Namen der Clowngesellschaft mit beschränkter Haft erhöhten Lohn – er droht mit juten Witzen. Und mit einem langen Purzelbaum setzt er über unzählige Köpfe lachender Hörer hinweg durch eine der Ausgangstüren. – Die vielen Lichter werden trübe, wie müde Augen – ich und mein Begleiter sind die letzten der Aufbrechenden – der große Zirkus ist ganz allein.

ZIRKUSPFERDE

Der Tempel der Pferde ist der Zirkus, ich meine, jedes Pferd will spielen, und das heißt auf die Sprache des Wieherns, beten; alle Tiere wollen spielen, aber welche Tieraugen brennen vor Begeisterung so tief wie die des Rappen; die Schimmel sind fromme Pilger oder Heilige. Päpstinnen, wie Santa Anna, Leo ritt auf ihren unbefleckten, weißen Rücken zwischen frommen Hecken seiner päpstlichen Gärten. Ich gehe jeden Monat in den großen Zirkustempel Busch, zu jedem Feiertag der Pferde, zu ihrem Galadienst. Am liebsten sind mir ihre Feier ohne vielerlei Äußerlichkeiten, wenn sie ungesattelt ohne Reiter oder Reiterinnen sich tanzend im Kreise bewegen, ihr eigenes Blut feiern nach Herzenslust. Gefallen lasse ich mir die drei Geschwister Fillis im Zirkus Busch, des berühmten, französischen Reiters Reitlinge. Die stören den Rhythmus des Pferdespiels nicht; ihre Gestalten sind selbst schlankgeweiht dem Ritt. Mademoiselle Fillis, die Schwester der beiden jungen Chevaliers, ist verwachsen, wie ihre Brüder, mit dem Rücken ihres wiehernden Priesters. – Mein Vater und meine Mutter ritten durch die Akazienchausseen meiner Heimat; meiner Mutter Edelstute wallfahrtet oft durch meine Erinnerung und trägt mir dichterische Gedanken zu, und meines Vaters Hengst setzt über mein Blut und läßt es aufschäumen. Ich liebe euch, ihr Pferde mit den langen Seidenschweifen, Atlas ist eure Haut und feuerfarbener Samt eure Augen. Solche Schönheit ist die Frömmigkeit der Pferde, gezüchtet, spielfähig und buntgebenedeit. Ich wüßte keine andere Stätte, die den Namen Tempel der Pferde verdiente, wie den Zirkus. Etwa der Rennstall? Prostituiertes Pferdepriestertum. »Beten« heißt »Spielen« der Pferde, und gibt es einen lustigeren, weihevolleren Sandtempel als den Zirkus? – Hochmütig ihrer Zucht bewußt, schütteln die Herrenpferde ihre Mähnen, kehren verächtlich dem Liebesäugeln einer dreisten Lastpferdin oder einer brünstigen Dickschenkelin ihres Pferdevolkes den Rücken. Sie gehen keine Mesalliance ein. Glücklich macht mich der Anblick eines Reiters, paßt er sich dem Denken seines Trägers an. Wie denkt sein Pferd, sein wohlgepflegtes Pferd? Trabweise, sprungweise, galoppierend, immer in Gedanken, treu seiner Bewegung. Und das überträgt sich dem Kavalier und seiner Dame, Halbpriester, der da oben, Halbpriesterin, die auf des Pferdes Rücken. Voll Spiellust sind die Füllen; jeden Morgen wartete ungeduldig so ein Nimmermüdes auf mich und meine Schulkameradin. Über den Zaun auf seine Wiese sprangen wir schulvergessend – wer von uns drei wohl am liebsten Zeck spiele! Darum empfinde ich schmerzlich jede Mißhandlung der Karrenpferde. Bang wie Regen fließen die dunklen Lider über ihre trüben Augen. Wie denkt so ein Pferd? Kummer bedrückt sein Herz und beugt seinen verhärmten Kopf. Manchmal tröstet der Braune den Schwarzen oder der Apfelschimmel die müde Apfelschimmelin. –

Wie futterfreudig hingegen an ihren fetten Trog denken die markigen Erntepferde; an den Seiten des Kopfes tragen sie den blanken Messingschmuck. Zwei, vier Kinderhände, vom reichen Schulzen die Buben, halten sich an den Strähnen der Mähne des schnaubenden vierbeinigen Bauern fest, und einige Plumssäcke liegen auf dem Hinterviertel seines stampfenden, drallen Pferdeweibs. Ich liebe euch alle, ihr Pferde, auch die Zwergpferdchen aus Gullivers Zwerglande im Zirkus Busch.

ZIRKUS BUSCH

»Wann fängt es an?« Daß wir nur ganz pünktlich dort sind! Ich will lieber den ersten Aufzug einer Theaterpremiere versäumen als die Reiterin im Quastensattel. Es hieße eine Erinnerung schießen lassen. Erstaunte, großaufgetane Augen bekommt man im Zirkus, und die Lippen werden rot und runden sich. Und alle Menschen, die zugucken, sind Kinder.
Das ist es: Zugucken soll man.
Nach dem Steppenritt – die liebenswürdige Schulreiterin im blauen Tuchkleid; ihr folgen weißbegossene Pudel, zwei Clowns. Beim Müller waren sie und wollen nun zum Bäcker in den Ofen. Hinter ihnen hilflos der wirkliche August in spitzen, amerikanischen Lackschuhen, gentlemanlike gekleidet. Auf einmal öffnet sich der Vorhang der oberen kleinen Bühne. An stählernen Rekken strecken sich schmiegsame Menschenleiber, wie Katzen hin und her auf Samthänden und leisen Füßen. Aber unten in der Manege stampfen schon die schwarzen Zi-

geunerpferde. Ich liebe die Pferde. Es sind gestaltgewordene Sagen, Legenden, Märchen aus Tausendundeiner Nacht. Wann setzen die wiehernden Paschas über den Bankzaun, im Kreis den Sand aufwirbelnd zur Wolke! Ihre Nacken schmückt der Halbmond mit dem Stern. Oben vom Gipfel des Zirkus braust ein Marsch. Ich hörte ihn schon am Bosporus; Abdul Hamids Sohn hat ihn vertont. – Die Kristallkronen senken sich majestätisch, der bunte Riesenraum wird zu einem Krönungssaal. Die Ringer warten schon vor der Halle. Schlanke Königssöhne aus dem Norden, ihre Schultern sind dunkelvergoldet von der Mitternachtssonne. Dichtungen werden Wahrheiten. Johannes Josefsson, ein isländischer Achill, er führt den Heroentanz der Kraft auf. Ich muß an den schönen Halbgott denken, noch zwischen den Indianern, Farmern und Cowboys. Eine interessante Häuptlingsfamilie. Man bekommt Lust, mitzupantomimen. Ich halte die übliche verzuckerte Nußstange noch unberührt in der Hand. – – Morgen Mittwoch acht Uhr, große Galavorstellung.

UNSER SPIELGEFÄHRTE
THEODORIO DÄUBLER

Ein Wort an unseren hochverehrten Theodor Wolff

Herr Chefredakteur! Wir Freunde des riesengroßen Triestiners fühlen uns schwer angegriffen durch die fahrlässige Kritik des Doktor Kritikers L. im Feuilleton Ihrer Zeitung. Am Montag abend saß Theodorio Däubler im Salon Cassirer vor einem Lesetisch, der unter seinem

Ellenbogen zu zersplittern drohte, aber noch gewaltiger bebte unter seiner Welt. Der Dichter sprach das Wort, das allerdings auszusprechen in seiner Sternmilliardenart länger dauerte, wie die dahingemeinten Worte des Kritikers, die, zusammengefügt, Verständnislosigkeit ergaben. Ich bedauere nur, hochverehrter Theodor Wolff, daß Sie sich nicht als Kritiker unter den Zuhörern befanden, in der festen Überzeugung, daß Sie den lesenden Cyklopen nicht nur durch den äußersten Anstand, aber auch durch große Anerkennung geehrt hätten, indes sich Herr Dr. L. sehr zeitig von seinem Platz erhob – aber uns nicht aus der Fassung brachte. Denn wir verwandeln uns zu edlen leuchtenden Steinen, wenn unser Cyklop spricht in seiner Meeressprache, heranbrausende, felshohe dunkle Wellen aus Burgunder. Wir verlassen ihn nicht »wenn der Hahn dreimal kräht«, wie Herr Dr. L. prophezeite, ein voreiliger, farbenblinder Hellseher fürwahr, der uns Spielgefährten des Theodorios abtrünnige Krämerseelen andichtet. Wir wissen, wer zwischen uns ist, und lassen ihn nicht ungestraft auch nur mit Kieselsteinchen bewerfen, die er in seiner großen reinen Arglosigkeit erst gewahrt, wenn sie ihm die Pore seines Herzens verstopfen. So traf ich gestern unseren treuen Freund, geschmäht vor der Menschheit, eine einsame Barlachfigur, ein drohender Holzmann aus Dickicht und schwerem Gewölk gebaut, dem ein Vorbeischlendernder in die Rinde ein Schmähwort einkratzte. Frevel!!

BRIEF AN KORRODI

Hochzuverehrender Herr Doktor!

Vielleicht tun Sie mir den großen Gefallen, den Herrn Bundesrat so im Vorbeigehn zu fragen, ob ich wieder in die Schweiz kommen darf? Die Möven vom Zürchersee schreiben mir so sehnsüchtige Briefe und ich sehne mich nach den weißen Vögeln, schreiender Schnee, wilde Bräute der Nordsee, weichgefiederte Abenteuerinnen. »Wär ich doch eine Möve! Ich brauchte nicht auf mein Visum warten.« Als ich diesen Seufzer in Berlin vor dem Fräulein Schweizergesandtschaft ausstieß, meinte sie argwöhnisch, »wer weiß, ob nicht doch einem dieser weißen Vögel ein schwarzes Herz unter den Daunen lauert?« Doch der verantwortlichen Dame leuchtete es ein, daß die Vögelinen, die alljährlich als Gäste Ihre Stadt besuchen, das Edelweiß des Meeres sind und am Tintenklecks ihres Busens *sterben* würden. Dennoch zeigte die gemilderte Beamtin betroffen in meinem alten Paß auf das Wort – »Schriftstellerin!?«. Sie hat schon den richtigen Instinkt, denn Schriftstellerinnen sind immer tätig und tätige Menschen sind gefährlich, oft sogar unzurechnungsfähig; aber ich sei nur erdentrückt, erklärte ich ihr, sozusagen eine Dichterin, das Blumige aller Aufsätze und Artikel, hinge wohl mit den Blättern im Zusammenhang, aber nicht am Kopf. Seitdem wartet das belehrte Fräulein mit mir Tag und Nacht auf mein Visum. Mir ist, als ob ich schon wochenlang im Wartezimmer eines Nervenarztes warte. Sanitätsrat Magnus Hirschfeld hat mir Fichtennadelbäder verschrieben; ich warte also scheinbar im Gehölz. Und ich bitte Sie nochmals, Herr Doktor, ein Wort an höchster Stelle für mich einzulegen, meine Wiederkehr in die Schweiz zu beschleunigen oder gar zu erwirken. – »Daß ich tot zur Welt kam,« erzählte ich Ihnen ja schon vertraulich. Von unerlaubten Umtrieben kann also doch keine Rede sein. Ich spukte höchstens mal um Mitternacht in den kleinen Gassen und Winkeln Ihrer Stadt umher, meist unter Aufsicht meiner beiden Zürcher Freunde; über die hohlen, rissigen Wege, unter dem priesterlichen Wintermond wandelten wir an niederen, bunten Häuschen vorbei wie durch Steinhecken. Max Gubler, der große Zürcher Maler, die Schafgarbe unter den Hirten, malte seine schlafende Stadt in allen ihren Schneemänteln. Ich in der Mitte, steigen wir die hohen Treppen wieder talab. Gubler bestätigte immer sanft meinen Überschwang, aber Melchior Knecht alias Walter Meier, der Dichter, sprach den Sopran zu meiner Begeisterung. Sie merken, Herr Doktor, ich bin mit meinen Gedanken schon in Zürich; auf seinem weiten Bahnhof stehe ich und vernehme mit Entzücken, wie höflich sich aller Länder Sprachen begegnen, und ich glaube, man erzielt nur tolerante, taktvolle Menschen durch unbehindertes Sichmischenlassen. Und so hat von allem abgesehen: Brotkarten, grasso od olio, Bolschewismus, die Einreise der Fremden in Ihr Land *ein* Gutes wenigstens gehabt. (Ich denke an mich...) Ich liebe die Schweiz, über Zürichs interessante Bahnhofstraße, die zu den Cafés, Terrasse und Odéon führt, durch die frischfreien Städte aus Kristall, schreiten oft Männer breitschultrig, Gesicht und Bart aus Holz, sofort aus Hodlers Gemälden kommend. Der Meistermaler selbst hatte ein großes Holzherz in der Brust, an dem ein Edelspecht klopfte. Ich liebe Ihr Land, seine lieblichen Täler, die Bäche lächeln wie Grübchen. Die Höhen sind Götter und tragen grünliche Gletscherbärte. Und die vielen Wiesen und Seen und Wälder; ihre blühenden Spielsachen bedeckt, wenn es kalt wird, der Schneestern. Und immer legt der Himmel dem Berg einen zartfarbenen Schleier um den Rücken, bis die Goldmutter ihn aufknüpft. Von meinem großen Bogenfenster im herrlichen Elitehotel bemerkte ich oft, wie mich die Gipfel der erhobenen Erden grüßten; einer der Bergkolosse, Sie glaubten mir ja nie etwas, Herr Doktor, kam tatsächlich ungehindert des Kirchturms und der Häuser bis dicht vor meinen Balkon und grollte. Ein Berg *muß* grollen! Mein Gemach war überhaupt ein dreieckiger Waldfleck; ich lag morgens zwischen dem matten Grün der Gobelintapeten, bis mich eine gestickte Nachtigall erweckte. Der junge Josefl, meines liebenswürdigen Hoteliers einziger Sohn, erwartet mich mit Schmerzen in jedem ankommenden Zug aus der Richtung Berlin. Ich bin nämlich die einzige Sterbliche, die mit ihm zu überlegen vermag, ob er Moissi oder Edison werden soll. –

Aus der unabsehbaren Trübe möchten viele Menschen in die Schweiz kommen, und daß die Tanzsucht ausbrach und in Berlin und Umgebung epidemisch zunimmt, gerade im lahmgelegtesten Land, ist weiter nichts anderes als die natürliche Sehnsucht, eigener Bangigkeit zu entkommen – Flucht (ohne Visum). Denn selbst der Mond über der Hauptstadt von Deutschland ist nicht mehr der alleinige wohlbeleibte, alte Herr; zusammengeschrumpft, gallenerkrankt murrt er grießtrübe über ein Land, dessen Herz blutgenagelt an der Verzweiflung hängt. Von der maschinellen Bewegung des Krieges waren die Menschen eingeschläfert. *Zu Maschinen-*

gewehren gehören Bleisoldaten. Die wilden Stämme der Wüste überfallen sich über Nacht, Herr Doktor, um sich in der Frühe schluchzend zu versöhnen. Solche Kämpfe sind mir verständlich, sie sind organisch und menschlich und sozusagen wild aufgewachsen. Aber da ich nie lernen konnte, bin ich vielleicht nicht maßgebend, Herr Doktor. Ich meine je mehr Todesmaschinen gebaut werden, desto weniger seelische Kräfte können sich entfalten. Früher reiste man noch *ab* und *zu* in der Phantasie nach Vampur; wer tut das noch mit der Palme in der Hand? Jetzt steigen die Reisenden in den Flugapparat, da ihre Herzen entflügelt sind, und erzählen keineswegs, wohin sie geflogen sind, aber wieviele Kilometer weit. In der Schweiz haben die Menschen das Steigen zu Fuß noch nicht verlernt. Sie sind auch verwandt mit jedem Stein und jeder Alpenblume ihrer Heimat. Und die Erbauer der Zahnradbahnen sind viele einer Gebärde mit ihren Bergrücken vom Tal zur Höhe. Die Dolderbahn in Zürich usw. Bei einem Ausflug in den Tessin fuhr ich im Locarnos Funicolare; Paolo Pedrazzini hat sie gebaut, ein schwindeliger Flug, eine jedesmal wieder sicher verhinderte Luftkatastrophe, ein monumentaler abgeschossener Pfeil über wildwachsendem Felsgrund, schaurig und süß an Goldbüschen, Quellgeriesel und hohen blühenden Camelienköniginnen vorbei erreicht die genialste Bahn ihr Heiligtum, den Gipfel des Klosters Madonna del Sasso, deren Mönche, Großgemsen, feierlich zur Maria emporkletterten oder über des Erbauers heroischem Rücken die Himmelspforte erreichen. – »Das Schweizerland ist doch ein besonderes Erdreich«, sagte Wedekind zu mir, wir warteten beide auf der Landungsbrücke des Züricher Sees auf unser Schiffchen. Er wollte nach

Rüschlikon zu Dr. Guggenbühl, ich nach Eilchberg in Dr. Hubers großes Sanatorium, – wieder – Kuchen essen lernen zwischen Schlaraffenlandlaub. Selbstlos ist es und üblich, seinen Gästen in Deutschland vom eigenen trockenen Brot zu reichen, also seinen Leib zu brechen. Ja ein hungerndes Land übt heilige Gastfreundschaft und Abendmahl, schon der Jesuse zum Angedenken und Treue, die meist noch nicht einmal für ihr Ideal am Kreuz hangen oder gar in Massengräbern von Ratten angenagt verwesen. Ihre kleinen Geschwister jammern eng aneinandergeschmiegt nach ihren großen Brüdern, sie wollen sie wiederhaben aus Rußland oder aus dem Westen. Meines Halbbruders des blauen Reiters Franz Marcs geheiligter Leib wurde vor einiger Zeit überführt von Frankreich nach Ried in Oberbayern. – Im grauen Morgenstern und Nachtklingen, Schüsse und wildem Elend trat der Gruppenirrsinn auf, Herr Doktor; es bildeten sich immer Gruppen auf den Straßen und Plätzen aus Spannung vor dem »Wie wird es werden?« Aber auch aus Furcht vor der Öde, aus Anschmiegungsdrang entstanden diese merkwürdigen Straßengesellschaften, in blinden Wirren gemeinschaftlich auszuruhen. Irgend jemand murmelte etwas zu den Zuhörern; meist ist der Redner freilich nur ein Häscher in seiner Grube, manchmal aber hörte ich auch einen Donnergott zürnen, ihn ebenfalls wie die Lauschenden stumpf anhimmelnd. Aber die Tage der Revolution, hochzuverehrender Doktor, vergesse ich nie im Leben; es waren Römerzeiten! Ein feierlicher Schwur, eine einzige Fackel war Berlin, die aufwärts lohte. Rührende Worte sprachen die einfachen Landwehrmänner an das Volk aus geschmückten Karren, die zu Siegeswagen wurden in der Hand des schlichten Rosselenkers. Ich glaube, daß sich alle Soldaten der Länder leise berühren, gehässig sind sich nur von denen, welche nie draußen im Kriege bluteten oder sich nie gegenüber in den Gräben lagen, Unzucht mit dem Krieg trieben oder sich mit ihm etablierten oder Luxusausgaben von ihm drucken ließen. Die wissen nichts von der schweigenden Treue der *Feindschaft*, die schließlich zusammenblutet und überraschend entwirrt. Nie hörte ich einen Soldaten, aus welchem Lande er auch stammte, anders wie *hochachtend* von seinem Feinde reden.

Ich habe Ihnen nun alles geschrieben, Herr Doktor, was noch auf meinem Herzen zu entziffern möglich ist. Manchmal dichte ich auch wieder von Theben; ich bin alleine noch von allen Prinzen übrig geblieben; muß doch guter Wein sein, die Blume konnte man mir nicht brechen. Mein Neger Ossman freut sich, daß man uns nicht stürzen konnte. Er fragte mich, ob sein Schwager, der Zuluhäuptling von den Karolineninseln, der interniert im Eispalast vier Jahre gefroren hätte, wenigstens auf meinem Balkon mit seiner Familie einstweilen wohnen könnte? Abends raubt er die Edamer- und Schweizerkäseatrappen (seligen Angedenkens) aus den Filialen Grohs. Ich pfeife durch die Querstraßen; an die Schüsse haben wir uns alle schon gewöhnt, und ich weiß wirklich nicht, »warum ich so traurig bin«. (Übrigens unter uns, Herr Doktor, die Loreley soll mächtig mit den Engländern flirten.) Nachts quält mich Alpdrücken, alle Bonbons aus Zürich legen sich gereiht in schweren Ketten um meinen Hals. Und der gefüllte Blätterteig aus Sylt im Vegetarierheim gehört schon in das Sagenbereich. Wir sterben alle an zu *wenig* Zucker, der

ersetzte wenigstens noch die Liebe. Aber die Liebenden sind aus den Wolken gefallen, nur ich feire ab und zu noch Himmelfahrt in Versen. Theodor Wolff würde so gern wieder die Gedichte von mir ins Feuilleton bringen, aber er fürchtet, die literarischen Karl von Moore der Bolschewisten könnten mein Manuskript im Fach seines Schreibtisches bei einer etwaigen zweiten Einnahme – es handelte sich nicht um Jerusalem, nur um die Jerusalemerstraße – vorfinden und auf dem Dach seines Hauses einen lyrischen Abend veranstalten. Über *den* würde man nicht Herr werden. Sie, hochzuverehrender Herr Doktor, möchten ihm doch Beiträge senden, Theodor Wolff hielt Sie für einen der feinsinnigsten Essayisten der Literatur.
Es lebe das Schwitzerland und meine verbindlichsten Grüße an den Herrn Bundesrat.
In aller Verehrung   Ihr Prinz von Theben.

ESSAYS

Er ist der grüne Heinrich, und alle glauben es, wenn ich das sage. »O ja, er ist der grüne Heinrich.« Seine Augen sind grün, sein Haar ein geschorener grüner Wiesenfleck; seine Eidechsennase – immer schlängelt sie sich. Und sein grüner Primanermund schwellt noch an vor Erwartung. Und seine Seele ist grün und tief, ein heller Schilfteich, man kann daraus Schachtelhalme, Leuchtkäfer, Jesusblumen und gesprenkelte Blätter fürs Herbarium sammeln. In seinem Dachzimmer, ich nehme an, er wohnt mit seinem Lenlein schräg unterm Hutrand des Hauses, leben sicher viel Kreaturen in Gläsern, Kröten, Fische, Quabben – und in Spiritus die Paradiesschlange zu sehen! Und noch lauter Großknabendinge. Lenlein, die Grünheinrichfrau ist eigentlich ein Heiligenmädchen, betet den grünen Heinrich an. Der ist ganz klein, trägt einen Hügel auf dem Rücken, so daß man ihn erst, wenn man mit ihm reden will, besteigen muß und es viel schwieriger fällt, zu ihm zu gelangen wie zu Menschen, die alltäglich in die Höhe, manche nach unten, aufgeschossen sind. Grünheinrichs Mutter hat gerne Märchen gelesen, und ihr Sohn kam in ihrer Traumwelt zur Welt; ihre Augen mögen wie bei Kindern groß geglänzt haben, als auf einmal der grüne Heinrich in ihren Händen lag mit einem Stern in der Schläfe, wie ihn nur Dichtern von Gott selbst verliehen wird. Der grüne Heinrich ist ein Dichter, und seine Gedichte sind große pietätvolle Wanduhren, schlagen herrlich, wenn er sie vorträgt.

»Es dauert höchstens zwanzig Minuten, Peter!« Er nickte lächelnd – aber er vergaß auch sofort wieder, daß er den Kopf nicht hin- und zurückbiegen durfte, von der Zeitung auf und nieder, und so kam's, daß ich entweder das rechte oder das linke Auge nicht an seinem Platz oder die Nase zu lang im Verhältnis zur Stirn zeichnete. Und manchmal nahm er noch seinen Bleistift und beschrieb andächtig den weißen Rand des Zeitungsblattes.

»Du kannst gleich weiterzeichnen, schrecklicher Tyrann du!« sagte er und las mühsam entziffernd sein eigenes Schreiben. Es waren einige steinige Einfälle, die er seinem Myrdin und seiner Viviane ferner vermachen wollte. Und er zog die große vergilbte Papierrolle aus seiner Manteltasche und las von den beiden Menschen, die älter waren als Adam und Eva, von seinem Menschenpaar Myrdin und Viviane. Die sprachen eine Sprache, mit der am ersten Schöpfungstage sich Himmel und Erde erzählten – – sie waren mit der Erde zugleich erschaffen – gewachsen mit der Erde – aus der Erde; ja, das fand auch Peter... »Da magst du recht haben!«
Und er saß, den Kopf herabgesenkt auf den großen Lehnstuhl nahe dem Ofen in seinem olivenfarbigen Mantel, als ob er die Wärme mit sich nach Hause nehmen wollte.

Eines Abends klingelte es um halber Mitternacht – das sah Peter ähnlich. Seine Augen lachten mutwillig wie Knabenaugen, die einen Streich hinter sich hatten. »Der

Verleger hat mir Vorschuß gegeben – Tino, toller Kerl, komm mit! Wir sitzen alle in der Weinrebe.«
Und Peter sah aus wie ein Bacchus, seine Seele war aufgeblüht wie einer der Weinberge in Alt-Athen. Und wir saßen um ihn im Kreise und sangen: fahrende Schüler, wie die Jünger des Weins aus der bacchantischen Szene seines Werkes »Des Platonikers Sohn«. Wir waren der Most, der Lenz des Weines, das Leben, das wildsüße Auf- und Niederbrausen.

»O Wein, du lieber, dummer Wein,
Was willst du da im Kerker sein?
Hervor du rieselnde Sonne,
Und laß die alberne Tonne.

Weißt du denn nicht, du dummer Wein,
Bin Bruder Lustig, frisch vom Rhein,
Ein Kenner erlesener Tropfen,
So laß mich nicht harren und klopfen!«

Am Morgen in meinem Halbschlaf sah ich Peter; durch seinen langen Bart guckten blaue und gelbe Weinaugen mutwilliger kleiner Dionysinnen mit roten Pausbäckchen und kecker Faunbuben mit frechen Schwänzchen. Und die neckten ihn und zupften ihn an seinen langen Kraushaaren, jauchzten und sprangen um den großen Bacchus, und ein ganz kleines, ängstliches Bacchüschen kroch in seine weite, weite Ohrmuschel. Und wir alle saßen zu seinen Füßen, und er erzählte von seiner Frühjugend, von seinen vielen Liebchen – ja, ja, Bacchus mußte verliebt sein.

Einmal an einem Wintermorgen kam Hugo, der Landsknecht, wie ihn Peter seines rauhen Organs und seiner kecken Launen wegen nannte. »Kommen Sie mit, Prinzessin! Peter ist krank, wir wollen ihn besuchen.« »Und wissen Sie auch, Hugo, daß heute sein Geburtstag ist?« Davon wußte er nichts, der Ungläubige. Und wir zogen gen Norden, und als wir durch das Tor seines Hauses traten, lagen vor uns Treppen, zu besteigen wie künstliche Gebirge aus Brettern. »Na, det is man scheene, dat Se sich bis her verstiegen han – – denken Se so wat, er is mir jestern dot in de Arme jeblieben!...« Und Peters gemütliche Wirtin drückte mich an ihren Busen, aus dem der dicke Atem jammerte. Und sie geleitete uns durch die Küche bis an Peters Kammertür, drückte diese behutsam auf und blickte zunächst vorsichtig durch die Spalte. »Nu kommen Se sachte rin!« – – Und da lag der Peter wirklich in seinem Nest halb aufgerichtet: ein kranker grimmiger Geier. Der Kragen seines Mantels hing wie ein dunkler Fittich über dem Bettgestell, und einer der Füße, mit dem Stiefel angetan, scharrte ungeduldig an der senfgelben tapezierten Wand. Als er uns sah, war es, als ob er uns nach und nach erst erkannte, und er fuhr durch seinen Bart wie ein reißender Herbststurm. »Setzt euch, wenn ihr Platz findet, ihr Einbrecher, ihr Störenfriede, setzt euch!« Aber nicht allein der Boden, sondern auch das tausendjährige Sofa war begraben unter großen, gelben Papierflocken. Wir setzten uns auf das kleine Fensterbrett und stellten unsere Füße sündhaft auf die gefüllten Säcke, die, wie wir später hörten, die Manuskripte der Dramen Peters enthielten. »Du, Peter, ich will dir den Doktor holen,« sagte der Landsknecht besorgt. Oh, und das klang so lächerlich, und die dicke Wirtin hatte et och jewollt, »er will aber nich.« »Der Doktor soll mir wohl Sonne oder Mairegen für meinen Katarrh verschreiben?« Und Peter lächelte wieder wie Frühlingsanfang, und auf einmal begann er laut zu reden: »Heute abend muß ich noch ins Theater.« Da fiel seine alte dicke Wirtin vor Schreck auf das tausendjährige Sofa. »Sie wollen im Thiater jehn, Sie?« »Na gewiß«, antwortete Peter und machte die Bewegung, aus dem Nest zu fliegen. In der Küche seufzte die Gute und meinte: »Na, so nötig hat er det Schreiben doch ooch nich, wo er bei uns is!« Und sie brachte ihm zur Fürsorge die dampfende Hafergrütze und zwei Schmalzstullen ins Zimmer. Und dann sich vor uns entschuldigend, sagte sie: »Er ist so reene wie eene Jungfer, ick seh schon, wie se ihm später in de Kirche uffbahren als Heiligen.«

Es war ein kalter Nachmittag; der Mond blähte sich auf zwischen seinen Sternen wie ein goldener Bauch, ein wohlbeleibter Dukatenmillionär. Peter und ich wanderten wohl schon stundenlang durch die Straßen Berlins, durch die Bleiluftgegenden mit den kahlen, grauen Häusern, in denen der Hunger mit seinen tausenden Kindern wohnt. Und über dieser Gegend spazierte behaglich durch das weite Land der Wolken der fette Mond, der satt an Gold getrunkene Mond. »Aber, Tino, ich wußte ja gar nicht, daß du ein kleiner Bebel bist.« »Ja, ich denke an die armen, blassen Kinder, die nie in die Sonne sehen, und an dich, Peter, an dich, dem die Welt ihr jubelndstes, tiefstes Spiel schenkte und das Leben eine Stiefmutter ist.« »O du Fromme,« sagte Peter leise zu mir. Nach einer Weile blieb er unter einer Laterne stehen, nahm ein kleines schwarzes Heftchen aus der großen Manteltasche und schrieb.

Das tat er oft, und ich ging gemächlich des Weges weiter. Wir kamen über einen großen Platz. Vielleicht gaben die schloßartigen Bauten mit den gegossenen Toren, die eisernen Hüter der königlichen Gärten, Peter den Anlaß, mir zu erzählen, daß sein Vater der Fürst S. aus Westfalen sei und seine Mutter eine Leibeigene. Ich war gar nicht verwundert darüber, als ich seine schlanken Hände betrachtete.

»Meine Mutter«, erzählte er weiter, »war eine stille, blasse Frau. Ich kann mich kaum an den Ton ihrer Stimme erinnern; aber als ich meine ›Brautseele‹ dichtete, hörte ich ihr Blut aus meinem Herzen singen, sanft und dann sehnsuchtswild, wie eine einsame Spätherbstblume.« Wir schwiegen beide lange Zeit, über Erinnerungen wandelnd, bis es Abend läutete und die Glocken uns erweckten.

Wir fragten einen Mann, der an uns vorübereilte: »Wie kommen wir aus dem Tiergarten wieder auf die Straße?« Und wir bogen und wendeten uns, bis wir glücklich den Weg wiederfanden. »Sieh, Tino, hier tief im Dickicht habe ich Wochen zugebracht und Dunkelheiten getrunken! Oh, das waren einzige Gottnächte!«

Aber ich sah schmerzlich auf seine eingefallenen Wangen.

Ich ging, meiner Ahnung vertrauend, voraus. Peter studierte indessen noch die Hausnummern gegenüber dem großen Gebäude, in das ich eintrat. Und wirklich, hier wohnte Gerhart Hauptmann. Er kam mir schon im Treppenflur entgegen, ja, er war es. »Herr Hauptmann, ich bringe Ihnen den Peter Hille lebendig hier; er hätte

sicherlich wieder die verabredete Stunde versäumt.«
»Sah ihn schon von meinem Fenster aus,« rief Gerhart
Hauptmann, »und komme, den Peter selbst heraufzuholen«. Und der Herrliche sagte zu Hauptmann, mir
schelmisch zunickend: »Dies ist mein Kamerad, Tino
nenne ich sie. Es ist der Name ihres Blutes, die grünrote
Ausstrahlung ihrer Seele.« Wir setzten uns, nachdem
Hauptmann zärtlich den Mantel von Peter Hilles Schulter genommen hatte. Auf den Tischen lagen überall
Journale, die meines Propheten Dichtungen enthielten,
auch »Des Platonikers Sohn« fehlte nicht, das wundergroße Schauspiel. Hauptmann schwang es triumphierend
in die Höhe. Und ich hörte lauter Melodien; der Dichter
Worte wurden Lieder. Und Hauptmanns stolzes Gesicht neigte sich seinem hohen Gaste zu, die Quelle seines Herzens zu erreichen, denn wie aus Leben gehauen
saß Peter Hille in dem weiten, klaren Raum, sein Bart
wallte ungeheuer.

KARL KRAUS

Im Zimmer meiner Mutter hängt an der Wand ein Brief
unter Glas im goldenen Rahmen. Oft stand ich als Kind
vor den feinen pietätvollen Buchstaben wie vor Hieroglyphen und dachte mir ein Gesicht dazu, eine Hand,
die diesen wertvollen Brief wohl geschrieben haben
könnte. Darum auch war ich Karl Kraus schon wo begegnet – – in meinen Heimatjahren, beim Betrachten
der kostbaren Zeilen unter Glas im goldenen Rahmen.
Den Brief hatte ein Bischof geschrieben an meiner Mut-

ter Mutter, ein Dichter. Blau und mild waren seine Augen, und sanftbewegt seine schmalen Lippen und sein Stirnschatz wohlbewahrt, wie bei Karl Kraus; der trägt frauenhaft das Haar über die Stirn gekämmt. Und immer empfangen seine Augen wie des Priesterdichters Augen gastlich den Träumenden. Immer schenken Karl Kraus' Augen Audienz. Ich sitze so gerne neben ihm, ich denke dann an die Zeit, da ich den Schreiber des Briefes hinter Glas aus seinem goldenen Rahmen beschwor. Heute spricht er mit mir. Ich bewundere die goldgelbe Blume über seinem Herzen, die er mir mit feierlicher Höflichkeit überreicht. Ich glaube, sie war bestimmt für eine blonde Lady; als sie an unseren Tisch trat, begannen seine Lippen zu spielen. Karl Kraus kennt die Frauen, er beschaut durch sie zum Denkvertreib die Welt. Bunte Gläser, ob sie fein getönt oder vom einfachsten Farbenblut sind, behutsam behütend, feiert er die Frau. Verkündet er auch ihre Schäden dem Leser seiner Aphorismen – wie der wahre Don Juan, der nicht ohne Frauen leben kann, sie darum haßt – im Grunde aber nur die Eine sucht. Ich begegne Karl Kraus am liebsten unter »kriegsberatenen Männern«. Seine dichterische Strategie sind Strophen feinster Abschätzung. Ein gütiger Pater mit Pranken, ein großer Kater, gestiefelte Papstfüße, die den Kuß erwarten. Manchmal nimmt sein Gesicht die Katzenform eines Dalai-Lama an, dann weht plötzlich eine Kühle über den Raum – Allerleifurcht. Die große chinesische Mauer trennt ihn von den Anwesenden. Seine chinesische Mauer, ein historisches Wortgemälde, o, plastischer noch, denn alle seine Werke treten hervor, Reliefs in der Haut des Vorgangs. Er bohrt Höhlen in den Samt des Vorhangs, der die Schäden verschleiert schwer. Es ist geschmacklos, einen Papst zu hassen, weil sein Raunen Flüsternde stört, weil sein Wetterleuchten Kerzenflackernden heimleuchtet. Karl Kraus ist ein Papst. Von seiner Gerechtigkeit bekommt der Salon Frost, die Gesellschaft Unlustseuche. Ich liebe Karl Kraus, ich liebe diese Päpste, die aus dem Zusammenhang getreten sind, auf ihrem Stuhl sitzen, ihre abgestreifte Schar, flucht und sucht sie. – Männer und Jünglinge schleichen um seinen Beichtstuhl und beraten heimlich, wie sie den grandiosen Zynismusschädel zu Zucker reiben können. O, diese Not, heute rot – – morgen tot! Unentwendbar inmitten seiner Werkestadt ragt Karl Kraus ein lebendiges, überschauendes Denkmal. Er bläst die Lufttürme um und hemmt die Schnellläufer, den Königinnen mit gewinnendem Lächeln den Vortritt lassend. Er kennt die schwarzen und weißen Figuren von früher her von neuem hin. Mit ruhiger Papsthand klappt er das Schachbrett zusammen, mit dem die Welt zugenagelt ist.

DOKTOR BENN

Er steigt hinunter ins Gewölbe seines Krankenhauses und schneidet die Toten auf. Ein Nimmersatt, sich zu bereichern an Geheimnis. Er sagt: »Tot ist tot«. Dennoch fromm im Nichtglauben liebt er die Häuser der Gebete, träumende Altäre, Augen, die von fern kommen. Er ist ein evangelischer Heide, ein Christ mit dem Götzenhaupt, mit der Habichtnase und dem Leopardenherzen. Sein Herz ist fellgefleckt und gestreckt. Er liebt

Fell und er liebt Met und die großen Böcke, die am Waldfeuer gebraten wurden. Ich sagte einmal zu ihm, Sie sind allerleiherb, lauter Fels, rauhe Ebene, auch Waldfrieden, und Bucheckern und Strauch und Rotrotdorn und Kastanien im Schatten und Goldlaub, braune Blätter und Rohr. Oder Sie sind Erde mit Wurzeln und Jagd und Höhenrauch und Löwenzahn und Brennesseln und Donner. Er steht unentwegt, wankt nie, trägt das Dach einer Welt auf dem Rücken. Wenn ich mich vertanzt habe, weiß ich nicht, wo ich hin soll, dann wollte ich, ich wäre ein grauer Samtmaulwurf und würfe seine Achselhöhle auf und vergrübe mich in ihr. Eine Mücke bin ich und spiele immerzu vor seinem Angesicht. Aber eine Biene möcht ich sein, dann schwirrte ich um seinen Nabel. Lang bevor ich ihn kannte, war ich seine Leserin; sein Gedichtbuch – Morgue – lag auf meiner Decke: Grauenvolle Kunstwunder, Todesträumerei, die Kontur annahm. Leiden reißen ihre Rachen auf und verstummen, Kirchhöfe wandeln in die Krankensäle und pflanzen sich vor die Betten der Schmerzensreichen an. Die kindtragenden Frauen hört man schreien aus den Kreißsälen bis ans Ende der Welt. Jeder seiner Verse ein Leopardbiß, ein Wildtiersprung. Der Knochen ist sein Griffel, mit dem er das Wort auferweckt.

FRITZ HUF

In Frankfurt am Main saßen wir uns gegenüber beim Maler Starke. Nach dem Abendschmaus boxten wir uns. Er trug, seiner holländischen Freundin zuliebe, Sack-

hosen wie die Fischer im Hafen von Rotterdam, ich meinen Arbeiterkittel. In der Frühe saß ich ihm zu meinem Tonbild, aus mir den thebetanischen Prinzen zu holen, steinhart, unentwegt, souverän, fromm, Sternsichel auf der Stirn. Wir sprachen nie, feierten diese Sitzungen. Doch einmal sagte einer von uns beiden: »Kunst ist der Zustand nach dem Tode.« Der andere von uns antwortete da: »Oder vor dem Leben.«
Dann kamen von Ober-Ursel ein paar große Kunstkenner, seine neuesten Werke zu betrachten und ihn, den Bildhauer selbst. Die Hände in den weiten Taschen. Braun glänzten seine Augen wie Herzkirschen. Und seine kindliche Freude über jedes Lob! »Herr Professor, essen Sie Mohrrüben, Mohrrüben; ganz Indien hat keinen Wurm mehr seitdem.« Jedem Abschiednehmenden reichte er mit auf den Weg ein Buch von seinem weisen Indier und Fakir Mazdaznan.
Nun wohnt Fritz Huf in Berlin schon zwei Jahre. In seinem Atelier stehen, nicht mehr aus Ton oder Terrakotta, schlanke Rosenweiber oder heilige Dreimädchengestalt und dazwischen mein prinzliches Gebild. Hufs wundervolles Spiel wurde bewußte, starke Arbeit; er selbst ein Kind, wurde Geschöpf. Fritz Huf ist ein Geschöpf, das nicht wandelbar ist, aber das sich verwandeln kann. Seine Kunst ist ein Gorilla, der ist nicht heiter, aber bösgreifend wie das Leben. Mitleidslos reißt er an dem Stein, daß der Fleisch werde, und verzaubert den Menschen zu Stein. Auf einem breiten Block steht Wegeners Kopf: kecke Wucht, böser Fastnacht. Die blonde Frau mit den Tigeraugen und den süßherben Brombeerlippen ist die dichtende Fürstin Mechthild Lichnowsky. »Und hier«, erklärt mir Fritz Huf geheimnisvoll, »der

ist ein großer Arzt.« Und da – der Kopf des Doktor Blei hinter dem Vorhang wirkt: Reptil aus grausam grauem Glas.

Gestern schrieb ich Fritz Huf: Gorilla von Rütli (er ist nämlich Schweizer), kommen Sie hierher ans Meer, hauen Sie mir ein steinernes Etui für dies unendliche, rauschende Perlengeschmeide.

Immer Ihr Prinz

FRITZ WOLFF

Ich schrieb einmal aus der Ferne an den Zeichner: Sie und ihre Frau behalten immer eine Silberquaste meiner blauen Seele in der Hand zurück und darum bin ich nie ganz und gar abwesend aus Berlin, wenn ich längst die Stadt verlassen habe. – Sonntags kommt manchmal auch der dänische Märchenerzähler zu Wolffs – nur seinen Namen kann ich nicht behalten. Aber über unserm Beisammensein hängt eine nickendtickende Uhrgroßmutter; zu jeder Stunde schenkt sie uns ihren tieftönenden einlullenden Segen. Ich bin dann plötzlich ganz klein, wir vier werden Kinder – lauschen... und unsere Gedanken springen sorglos über die Geleise des Alltags. Wir spielen den Ulk aus Fritz Wolffs farbigen Bilderbogen, die hinter den Ladenfenstern auf die Straße lachen. Und wenn nicht »das Mädchen«, wie der Fritz Wolff seine Frau nennt, uns hinterrücks mit einem riesenrosinenknusperigen Kriegskuchen überfiel, den wir bewältigen müssen, so würden wir selbst nicht an diese »süße« Wirklichkeit erinnert werden. Die himmelhelle und die grassaftig angestrichene Stube tragen Schmachtlöckchen, und im dritten Stübchen, darin viel und weißgeblümter Battist rauscht, hängt sein Selbstbildnis im Rosenrahmen zwischen Fritz Wolffs lächelnder Ahnin und ihrem wohllöblichen Vetter aus Alt-Berlin im Bratenrock und steifem Vatermörder. Aber auf einem Wandtischchen stehen aus buntem Schaumzucker ein paar heilige Tiere: das Lamm trägt ein Glöckchen um den leckeren Hals und ist besonders fromm und altmodisch immer neu für meinen verehrten Fritz Wolff und sein gutes Mädchen gebacken. Auch meine Freude für allerlei Tand teilen meine beiden liebsten Menschen in Berlin, und wir bringen uns auserlesene Spielereien mit von Reisen aus großäugigen Welten. Dieses Glück haben wir uns auch im Kriege zu bewahren gewußt, wenn auch unser Zeichner Fritz Wolff fern auf hartem Boden im Osten Soldatenbilder zeichnete und die Köpfe vieler Generäle und Obersten der Schlachten. Die Spitze seines Stifts taucht er in sein feines, künstlerisches Blut, so daß seine Zeichnungen wie auf Seide gezeichnet wirken. Irgendwo aber in seinem übervollen Herzen setzt ein Schelm auf einem schwanzausgerissenen Steckenpferdchen über alle steife Zeremonie hinweg wie die Maxmoritzschlingel, deren Streiche er so schön zu illustrieren versteht.

Bevor wir Abschied nehmen für diese Woche, muß der – Andersen der – Texière noch die Geschichte der Eidechse und der Prinzessin vortragen. Und dann »hinaus mit uns zwei in die Nacht!«

RUDOLF SCHMIED

In seinem Knabenbuch »Carlos und Nicolà« namentlich der Nicolà sieht ihm auf ein Haar ähnlich. Also ganz genaue der Nicolà ist der Rudolf Schmied selbst. Ich höre ihn im alten Café des Westens und in München im Stephanie ebenso argentinisch sprechen wie in seinem Buch die beiden Knaben, die man herzen möchte, so lieb hat man die. Rudolf Schmied ist aus Argentinien, er spricht, wenn es auch Deutsch ist, immer spanisch, ganz wild spanisch. Und dazu raucht er eine Zigarette nach der anderen; seine Augen, seine Nase, sein feiner Mund spielen im Gesicht. Ein Zuruf – und Rudolf Schmied jagt auf seinen Gedanken, lauter Indianerpferde, losgelassen, über die Herzen der Freunde hinweg; frisch und frei ist er, seine Seele trägt einen bunten Federschmuck. Als Knabe nannte er sich, erzählte er mir, den roten Jaguar. Damals lebte er noch in seiner Heimat in Argentinien und war der kleine Nicolà, der er geblieben ist. Sein Buch ist ein Kunstwerk, das sich »ewig« erhalten wird, immer werden all die Süßigkeiten frisch bleiben. Er hat das Buch mit altem Wein geschrieben. Rudolf Schmied ist aus edlem Geschlecht, er ist ein aristokratischer Boheme, er hat Kultur und herrliche Laune, lauter erfrischende Sturzbäche überstürzen sich in seinem Roman »Carlos und Nicolà«. Die beiden kleinen Helden seines Buches sind selbst zwei helläugige Mississippis. Mein Junge, der ein Freund der Indianer ist, hat Rudolf Schmied gezeichnet, wie er so dasitzt und von sich wundervoll erzählt.

DOKTOR MAGNUS HIRSCHFELD

(Ein offener Brief an die Züricher Studenten)

Frischverehrte Herren Studenten!
Am Donnerstag, 11. Juli, werden Sie im Schwurgerichtssaal Herrn Sanitätsrat Dr. Magnus Hirschfeld in Zürich sprechen hören; Sie können sich auf den Abend freuen. Ich will Ihnen etwas von unserem Doktor in Berlin erzählen. Er ist nicht allein unser Arzt, er ist auch unser Gastgeber; seine Sprechstunden enden in beaux jours, die Kranken vergessen ihre Nerven und dem gesunden Patienten bedeutet der Nachmittag in den freudigen Wartezimmern angenehme Nervenanregung. – Mitten im Tiergarten zwischen starken Kastanienbäumen und hingehauchten Akazien wohnt Sanitätsrat Doktor Magnus Hirschfeld. Er mag nicht, daß wir ihn so titulieren. »Kinder, ich höre lieber einfach »Doktor«. Trotzdem er mir gestand, daß ihn die Ernennung zum Sanitätsrat zu seinem fünfzigjährigen Geburtstag, in Anbelang seiner Ausnahmestellung unter den Ärzten viel bekämpft und bestritten, doch erfreut habe. Er zeigte mir strahlend wie ein Kind alle Geschenke. Wir nennen ihn unsern Doktor. Am Vorabend seines Wiegenfestes brachten ich und meine Spielgefährten unserm Doktor ein auserlesenes Ständchen. Der Wiegenfestliche betrat gerührt seinen Balkon, ließ sich besingen von unsern Liedern zur Harmonika und Trommel. Schluß-Choral: »Ich schnitt es gern in alle Brotrinden ein«... Unsere Ausgelassenheit amüsiert ihn, denn Doktor Hirschfeld versteht Ulk, da er ernst ist, kein ernsthafter Professor etwa im Eichenlaubbart. Nun muß ich, liebe Herren Studenten, Ihnen zu meiner Schande gestehen, daß ich von

den vielen berühmten Büchern, die der Doktor geschrieben hat (ich lese prinzipiell nur *meine*), keines kenne, aber dennoch sie aus seinen unvergleichlichen interessanten Vorträgen beurteilen kann, spannende medizinische, historische Romane, die nie zu Schmökern vergilben, als Maßgebenheiten bestehen bleiben. Doktor Hirschfeld ist der Bejaher jeder aufrichtigen Liebe, ein Abgewandter jeglichen Hasses. Ein milder Gerichtsarzt, der alles zu verstehen sucht. – Voll Mitleid opfert er seine Kraft, seine Zeit, sein gutes Herz dem scheidenden Soldaten. An den Bahnhöfen sieht man unsern Doktor oft, ganze Tabaksplantagen anpflanzend, aus etlichen Kisten Zigarren und Zigaretten an abschiednehmende Feldgraue verteilen. Er ist der Mensch, der wahrhaft in der Bereitwilligkeit keinen Klassenunterschied kennt. Wer ihn ruft, zu dem eilt er. Ich überfiel ihn selbst, mit Erfolg, mir zu einem verwundeten Freund in Pommern zu folgen, aus seiner großen Praxis. – Liebe Herren Studenten, mich freut es, unserm Doktor Hirschfeld Lob und Preis zu singen. Wenn er nicht in Berlin weilt, fehlt sozusagen unser Beichtvater. Wir sehnen uns alle nach seinem Trostwort, nach den gemütlichen, gemütvollen grünen Zimmern, sie sind heilbringend wie er selbst.

LOOS

Von der Seite betrachtet, erinnert sein Kopf an den Totenschädel eines Gorillas; wendet mir Loos langsam das Gesicht zu, prüfen mich scharf des Gorillas runde, hellbraune Augen. Die sind gefährlich, greifen aus einem andern Denken, aus einem fremden, geschwinden Grund. Die Blicke der Gäste strafen mich für meinen Ausspruch, Loos selbst aber scheint nichts gehört zu haben. Ist er schwerhörig? Auf mich wirkt sein Unvernehmen geisterhaft, wundersam wund; für den unverstandenen Sprecher – unverständlich. Senkt Loos den Kopf, neigen sich seinem Ohre die Lippen zu; o, wie sanft er die Lider hängen läßt – man hat ihn dann lieb, die Lotosseele unter den Gorillen. Schielende, deren Züge etwas Rührendes erhalten, und Hinkende, die im verlorenen Gleichgang süße Interessantheit hinschaukeln – zehnfach tönt Loos das Wort wieder, ruft man es in ihn hinein. Dann wird er ein reißender Geist, den man im Echo heraufbeschwor; ein affenböser Künstler, reißt er dem die Perücke vom Kopf, setzt ihm den Skalp wieder an, daß er mit seiner Person vernarbe. Ein handgreiflicher Philosoph ist er, dem die Verschnörkelung der Architektur ein eitler Greuel, ein verwirrtes Knäuel ist, den er rücksichtslos löst. Loos will Ordnung schaffen in den Welten hier unten, in der Welt, die sich der von sich abstrebende Mensch erschaffen läßt vom Architektenmenschen und nicht hineinpaßt. Wie viele sitzen und schwitzen in fremden vier Häuten, denn die Wände unseres Gemaches sollen unser passendstes Kleid sein, sie sollen die Schrift unseres Atems tragen. Die Seuche der Einrichtung hat sich schon in die Schlösser der Fürsten begeben, auf Altären liegen »stilvolle« Decken, und durch die Tempel der Künstler flutet das elektrische Licht der Birnen aus neuerfundenen Kelchen. Wollte man mir sogar auf den Rücken meines Zigeunerkarrens, meines grünen Holzvogels, die sogenannte aufsteigende Kurve (ich weiß gar nicht, was das ist) und langweilige kühle

Linien ziehen, die große Klassikerlinie Weimarer Spätgeburt van de Veldisch architektiert. Man sehnt sich rein nach dem Buckel. Die Wände meiner Rast sind auch die Wände meiner Last, sind mit mir verwachsen, aufgewachsen. Meine Behausung gleicht mir auf ein Haar. Darum springe ich gerne aus meiner Haut mal, am liebsten in das mir vermählte Zimmer. Ist sein Bewohner auch meist nicht in seiner Hauptperson anwesend, sein Heim aber spricht für ihn. Kühlritterblau empfängt mich das Tapetengesicht; ich setze mich vor den Schreibtisch, vor Rhodopes farbige Statuette, meines auserwählten Zimmers heimliche Liebe. Über den Flügeldeckel kehren Lieder heim und legen sich auf die Tasten – schlummern und träumen laut; hingezaubert sitzt ja ihr Schöpfer auf dem runden Stuhl und spielt. Ich denke an meine Prinzessinnenzeit... Wer salbt meine toten Paläste, sie trugen alle die Kronen meiner Väter. – Ich hasse die Tische, Stühle, Sessel und so weiter, die sich verkuppeln ließen, mit ihrem Plebejerbesitzer; das sind Mesalliansen, Sessel, deren Lehne sich beugte immer tiefer ihrem Sitz zu. Ich denke an einen wie ein Melancholischer. – Ich helfe dir räumen, Loos, aber wehe dir, wenn ich nach Wien komme, und du sitzt nicht auf einem australischen Urwaldast zurückgezogen hinter Gedanken tausendgitterig.

OSKAR KOKOSCHKA

Wir schreiten sofort durch den großen in den kleinen Zeichensaal, einen Zwinger von Bärinnen, tappischtänzelnde Weibskörper aus einem altgermanischen Festzuge; Met fließt unter ihren Fellhäuten. Mein Begleiter flüchtet in den großen Saal zurück, er ist ein Troubadour; die Herzogin von Montesquiou Rohan ist lauschender nach seinem Liede als das Bärenweib auf plumpen Knollensohlen. Denn Treibhauswunder sind Kokoschkas Prinzessinnen, man kann ihre feinen Staub- und Raubfäden zählen. Blutsaugende Pflanzlichkeiten alle seine atmenden Schöpfungen; ihre erschütternde Ähnlichkeitswahrheit verschleiert ein Duft, aus Höflichkeit gewonnen. Warum denke ich plötzlich an Klimt? Er ist Botaniker, Kokoschka Pflanzer. Wo Klimt pflückt, gräbt Kokoschka die Wurzel aus – wo Klimt den Menschen entfaltet, gedeiht eine Farm Geschöpfe aus Kokoschkas Farben. Ich schaudere vor den rissig gewordenen spitzen Fangzähnen dort im bläulichen Fleisch des Greisenmundes; aber auf dem Bilde der lachende Italiener zerrt gierig am Genuß des prangenden Lebens. Kokoschka wie Klimt oder Klimt wie Kokoschka sehen und säen das Tier im Menschen und ernten es nach ihrer Farbe. Liebesmüde läßt die Dame den schmeichelnden Leib aus grausamen Träumen zur Erde gleiten, immer wird sie sanft auf ihren rosenweißen Krallen fallen. Das Gerippe der männlichen Hand gegenüber dem Frauenbilde ist ein zeitloses Blatt, seine gewaltige Blume ist des Dalai-Lamas Haupt. Auch den bekannten Wiener Architekten erkenne ich am Lauschen seiner bösen Gorillenpupillen und seiner stummen Affengeschwindigkeit wieder, ein Tanz ohne Musik. Mein Begleiter weist mit einer Troubadourgeste auf meinen blonden Hamlet; in ironischer Kriegshaltung kämpft Herwarth Walden gegen den kargen argen Geist. Auf allen Bildern Kokoschkas steht ein Strahl. Aus der Schwermutfarbe des Bethlehemhimmels reichen zwei Marienhände das Kind. Viele Wolken und Sonnen und Welten nahen, Blau tritt aus Blau. Der Schnee brennt auf seiner Schneelandschaft. Sie ist ehrwürdig wie eine Jubiläumsvergangenheit: Dürer, Grünewald.

Oskar Kokoschka ist eine junge Priestergestalt, himmelnd seine blauerfüllten Augen und zögernd und hochmütig. Er berührt die Menschen wie Dinge und stellt sie, barmherzige Figürchen, lächelnd auf seine Hand. Immer sehe ich ihn wie durch eine Lupe, ich glaube, er ist ein Riese. Breite Schultern ruhen auf seinem schlanken Stamm, seine doppelt gewölbte Stirn denkt zweifach. Ein schweigender Hindu, erwählt und geweiht – seine Zunge ungelöst.

PETER BAUM

Er versäumt den Tag, und die Dunkelheit erreicht er, wenn es zu spät ist. Aber er träumt noch schnell unter dem verschwindenden Mond. Einmal kam Peter Baum barhäuptig im Januar ins Theater gegangen, draußen waren 15 Grad Zerfahrenheit. Einmal steckte er seine brennende Zigarre in die Hosentasche, später meinte Peter Baum — daß es nicht die Kartoffeln auf dem Feld gegenüber wären, aber daß seine Lende versenge. Und doch hat St. Peter Hille einmal gesagt: Peter Baum sei der sensibelste Mensch, den er je kennen gelernt habe. Peter Baum ist ganz blau. Das heißt übersetzt: Er ist ein Dichter. Sternenpsalme hat er gedichtet für die Harfe Davids, für das Herz Salomos, des Dichterkönigs von Juda. Und doch ist Peter Baum der leibliche Sohn und

Erbe des Evangeliums. Seine Väter waren die Herren von Elberfeld im Wupper-Muckertale. Sie beteten zu Luther und wachten auf in Sonntagsfrühe beim ersten Schrei des Kirchenhahns. Manchmal erscheinen sie ihrem Urenkel im Schlafe, weniger der jüdischen Psalme, aber seines abtrünnigen Romans »Spuk« wegen. Es ist ein Roman im Kaleidoskop; die Bilder kommen buntartig und schwinden blendend wie teuflische Spiegel. Ein flakkerndes Fleckenspiel hinter geschlossenen Augen. O, und seine wundervollen Novellen »Im alten Schloß« brachte er mir eines Abends; seine große Tannengestalt erschien mir noch eine Krone höher, so aufwärts wie der Graf seines Buches, ein wetternder Weihnachtsbaum, der seinen Schmuck abgeschüttelt hat. Die Wochenschrift »Sturm« wird Peter Baums neuestes Werk bringen, das spielt zur Rokokozeit und ist in geblümter Seidensprache geschrieben. Wie tief seine Dichtungen doch ihn erleben und er sich an ihnen verwandelt!

UNSER RECHTSANWALT HUGO CARO

Er kam immer im letzten Augenblick, auch zum Termin, wie jemand, der noch in den sich fortbewegenden Zug springt. Wie oft gingen wir zur Verhandlung ins Kriminalgericht, den Rechtsanwalt Caro verteidigen zu hören. Unseren lieben, frohen Rechtsanwalt, der uns immer wieder durch seinen Frohsinn aufrichtete, abends im Café des Westens. Er gönnte sich dort Rast zwischen Künstlern, bis er von irgend einem Hilfesuchenden gefaßt, um Rat gefragt wurde. Für jeden hatte unser

Rechtsanwalt ein liebenswürdiges Verständnis. Er betrachtete das Café des Westens als den Garten unter den Straßen Berlins, darin man ausruhe, ohne den Zusammenhang mit der Übrigkeit zu verlieren, mit all den Menschen, deren Geschicke er führe. Er war der, welcher, ohne zu erschaffen, die Kunst hoch und liebend achtete; vielleicht erlangte er doch selbst das Glücksgefühl des Schaffenden in der Ausführung seines verantwortlichen Amtes: dem frischen Aufbau seiner Verteidigungsreden, oft in Berliner Dialekt gehalten, sicher anzunehmen. *Er war der Fritz Reuter unter den Juristen.*

In seinem Hause fiel von dem Eintretenden die Fremdnis der großen Hauptstadtangst. Wie oft plauderten der Rechtsanwalt, seine wunderschöne Frau und ich bis spät in die Mondnacht vertraulich dreieinander ... Der Krieg brach aus, Rechtsanwalt Caro meldete sich freiwillig; er liebte Berlin, es war seine Wiege, seine Primanerliebe, sein Berlin trug seine rote Studentenmütze. Er war eben der fahrende Schüler geblieben, sang seine Maienlieder, wenn er nach anstrengender Arbeit zwischen uns ausruhte: »Und laßt uns wieder von der Liebe reden, wie einst im Mai.« Unser Rechtsanwalt war immer guter Laune, auch als er eines Abends in Uniform schwer ermattet vom Marsche unter uns Freunde trat; wir erkannten ihn nicht, seine straffen Haare waren abrasiert, vor seinen Augen trug er eine mächtige Hornbrille. Die jungen Soldaten seiner Kompagnie nannten ihn: Vater Justizrat. Weil er so gütig zu ihnen sprach, sie ermutigte. In seiner kleinen Bureauwohnung in der Nürnberger Straße pflegte der Rechtsanwalt, bevor er in Herrgottsfrühe nach Döberitz zum Dienst eilte, sich seinen Tee zu brauen; Müdigkeit übermannte ihn, ein kleiner, listiger

Zugwind löschte die Flamme unter dem brodelnden Wasser, und unser lebensfroher Rechtsanwalt erstickte.

S. LUBLINSKI

Lublinski ist von Geburt Ostpreuße. Er hat mir oft von seiner Heimat erzählt: dort sind noch die Wälder so finster und verwachsen wie kleine Urwälder. Zwischen knolligen Wurzeln und Stämmen ist sein Nest; knollig ist auch er an Leib und Seele, ein Knollengewächs, aus dem jäh eine leuchtende Blüte aufsteigt. Zusammengekauert in seinem Korbstuhl sitzt er, wie in einem großen Pflanzenkübel, und grübelt, ob er den Entschluß, den er zunächst erst in einiger Perspektive wohlwollend betrachtet, wirklich fassen soll oder nicht ... Wir beide haben manchen Abend bei schweigender Dunkelheit zusammen auf der Veranda des Kaffeehauses gesessen. Die Gäste sehen nach der Richtung unseres Tisches und lachen über das Holpern seiner Stimme; jedoch die Kellner, vom allerdicksten bis zum blaßwangigen Groom, haben sich schon an die eigentümliche, stoßende Hornsprache S. Lublinskis gewöhnt; sie harren aufmerksam seinem Wink und entreißen raubtierartig den lesenden Gästen Journale und Zeitschriften, die er verlangt. S. Lublinski schiebt seine Brille vorsichtig höher auf den Nasenrücken — der kleine Literat und der phlegmatische Baccalaureus-Referendarius nähern sich unserm Tisch. Mit außergewöhnlicher, liebenswürdiger Handgebärde fordert er die beiden jugendlichen Opfer auf, sich an unsrer Seite niederzulassen. Ich weiß: S. Lublinski ist in

Kampfstimmung, er hat tagsüber Aufsätze schreiben müssen, und ihn ärgert die Erde mit den vielen Tintenfässern; und ohne jede Veranlassung, oder auf eine geringfügige Bemerkung hin, überfällt er den Nachbar — sein Herz jedoch schlägt Kobolz dazu. Mich interessiert die Strategie seines Angriffs — der arme Gegner, der an den Zorn seiner rollenden Augen glaubt und ihn gutmütig besänftigen will. Ihn reizt der bequeme Widerstand. Worte werden Kugeln, Bomben explodieren, der Kampf wird ernst. S. Lublinski schlägt mit der Faust dröhnend auf den Tisch; seine Augen bluten ... Gold hat sein Vater in der Jugend aus Kanadas Gefilden gegraben ... und die Lust nach Abenteuern hat sich in S. Lublinski vergeistigt. Aber der Freund kennt ihn auch im Zelt; er hat seine träumende Stirn gesehen mit dem poetischen Schneehauch. So gerne jauchzen möchte S. Lublinski! — Selten sehnte sich ein zweiter tiefer nach dem bübischen Lenztag, hinter dem Horizont auf der blauen Wiese nach dem fröhlichen Ringelrangelspiel, wie er. Aber der große Ungeschickte fürchtet, zu stolpern; und es ist ihm nichts beschämender, als lächerlich zu wirken — er würde eher mit einem Gänsekiel Verse schreiben. Unschönheit ist S. Lublinskis Kinderkrankheit ... Wie auf gerosteten Geleisen bewegt er sich vorwärts; seine Arme schleudern beim geringsten Außertaktkommen. So ist auch der Rhythmus seiner Seele, seiner Novellen und Dramen. Ich würde jede andre Fassung für unecht betrachten ... Aber da steht kein Tor, daran er nicht rüttelt. »Ich habe Prinzessin mein neues Buch: ›Gescheitert‹ mitgebracht« ... S. Lublinski beobachtet mich mißtrauisch unter seiner Brille — er weiß, mich interessieren eigentlich nur meine eigenen Dichtungen; aber ich bitte ihn auf seine stumme Voraussetzung, mir selbst eine Novelle seines Buches vorzulesen. Er liest die Geschichte des gehänselten Knaben — er öffnet seine Seele. Schwerer als jedes Kind, dessen Eigenart sich abhebt vom Durchschnitt, hat er gelitten — aber aus der dumpfen, beklemmenden Nacht seiner Leiden recken sich eiserne, kleine Fäuste, grauenhaft verzerrte Fratzen, aus denen klagende Kinderaugen blicken. Endlich von seinen peinigenden Altersgenossen befreit, den folgenden Schultag vergessend, führt er Kriegsspiele auf, allein, hinter den Hecken seines Gartens. In Reih und Glied tausend gehorchende Soldaten —: »Vorwärts marsch!« Und er an ihrer Spitze, als Befehlshaber, als Feldherr! Aus kleinen Steinen besteht in Wirklichkeit das tapfere Heer...

Wieder angelehnt im Sofapolster, das Buch zugeklappt auf dem Tisch, beginnt S. Lublinski, in zynischster Weise seine Nachteulenähnlichkeit zu verspotten. Selten sehnte sich ein Zweiter schmerzlicher und unerfüllter nach Liebe wie der da... Hannibal (eines seiner wuchtigen Dramen), der schwermütige, schwerwütige Krieger, der erwachsene Feldherr seiner Spiele hinter den Hecken seines Gartens. Peter Hille sagte einmal: »Den Hannibal hat er aus gerostetem Eisen geschmiedet.« Aber nicht minder hart ist der zweite Akt seines Königinnendramas: »Elisabeth und Essex«. Ich habe oft S. Lublinski durch die durchsichtigen, großblumigen Gardinen seiner Fenster dichten sehen und hören. Die Kissen fliegen von den Sesseln, die Beine der Stühle und Tische knaxen, und ein Ertappter sitzt er nun wieder vor seinem Schreibtisch, die reine Stirn in die Hand gestützt. Leise fällt vom Himmel ein feiner Regen — gesponnenes Weinen —, mir ist, als ob auch seine Seele weine . . . S. Lublinski aber gibt sich nicht lange weichen Stimmungen hin — er rafft sich auf: »Frau Thormann, ich will noch fortjehen, ich habe ein wenig Kopfdruck.« »Aber Herr Lublinski, bei dem Regen?« . . . » Da ist mir nicht bange; aber ich fürchte, der letzte Akt des Zaren ist mir was in die Breite jejangen« . . . Frau Thormann, seine hübsche, muntere Wirtin, hat mir mal ganz vertraulich gesagt: »Mucken haben sie ja alle; aber er sieht immer wieder sein Unrecht ein, das muß man ihm lassen.« Und sie würde mich wahrscheinlich für eine Verleumderin halten, wenn ich ihr erzählen würde, daß ihr großer Pflegling gestern auf dem Rücken der Sphinx, am Eingang des Cafés, gesessen hat und den Vorübergehenden, im jubelnden und schwärzesten Pathos, den Schiller deklamierte: »Der See kann sich, der Landvogt nicht erbarmen!« Aber in der Frühe brachte mir die Post einen Brief von ihm: die gotischen, getürmten Buchstaben seiner Schrift drohten über meine erschreckten Augen zu fallen: »Prinzessin, ich habe von meinem Freund, nachdem wir uns von Ihnen gestern abend verabschiedet hatten, erfahren, daß Sie noch immer mit dem Schwätzer nachmittags im Café sitzen — ich fordere Sie zum wiederholten Male auf, den Verkehr abzubrechen, andernfalls ich meine Freundschaft zurückziehen werde. Außerdem weiß ich, daß mein Freund unter Ihrer neuen Akquisition leidet. S. Lublinski.« Noch am selben Tag begegnen wir uns. S. Lublinski will an mir in zierlichem Bogen vorbei schlürfen — wir lachen — ich bemühe mich, ihm die Schweigsamkeit des Kaukasiers zu beweisen: »Ich rieche zu gerne Steppe, Herr Lublinski; aber Sie wissen doch, nichtsdestoweniger liebe ich Ihren Freund, den prinzlichen

Tondichter; — und bringen Sie ihm meine tiefblonde Verehrung.« — S. Lublinski: »Scheusal!!« —
Alle Passanten haben es gehört — bis nach Hause haben mich die Straßenjungen begleitet. S. Lublinski muß sterben! ... Ich trage meinen siebenläufigen, ungeladenen Revolver unter dem Mantel versteckt, und der Mond am Himmel ist wie eine brennende Kanonenkugel. Die Mamsell hinter dem Bufett ruft, als sie mich erblickt, Moloch, den Oberkellner, den unersättlichen Götzen (seine Augen sind blanke Taler). »Wo ist S., der Lublinski?!« »Herr Doktor sind soeben fortgegangen, haben aber für Sie einen Brief hinterlassen.« Und seine Aussage noch bestätigend, weist er auf den Tisch hin, an dem Herr Doktor zu sitzen pflegt: etliche Zündhölzer schwimmen, zerbrochen im Wasserbad auf dem Silbertablett... »Sehr geehrte Frau, ich gebe zu, daß ich mich in der Erregung heute morgen im Ausdruck hinreißen ließ, und ich sehe es gern ein und bitte Sie um Entschuldigung; jedoch die Tatsache selbst bleibt trotzdem unverändert bestehen. S. Lublinski.«
Zwei Jahre sind's nun her, als ich vor dem Riesenfenster des Kaffeehauses saß und S. Lublinski in großen, feierlichen Buchstaben antwortete:
»Sire, ich erkläre hiermit unsere freundschaftlichen sowie diplomatischen Beziehungen für aufgehoben«...

PAUL LEPPIN

Ein großer kantiger Vampirflügel mit Apostelaugen schwebt Paul Leppins Roman »Daniel Jesus« vor mir auf. Hier wandelt nicht das Werk auf Füßen, und ich suche nicht nach seiner Erde. Paul Leppins Roman ist eine Flügelgestalt, Himmel und Hölle schöpfen aus ihrem rauschenden Brunnen. Hat Paul Leppin »Daniel Jesus« oder hat Daniel Jesus »Paul Leppin« erschaffen? Die Vieraugen des großen kantigen Romans sind vom gleichen, tiefen Wachen. Aber Paul Leppin ist gewachsen, ungekrümmt, eine Linde, und sein Haar duftet nach dem sanften Blond ihrer Blüten, und Daniel Jesus hat einen Buckel, und unersättlich ist sein fahler Durst. Auf deine müde Hand, Daniel Jesus, tropft traumleise ein Goldtröpfchen; Martha Bianca tritt barfuß aus dem Herzen durch die Paulpforte. Voll Sonnenbangen ist Paul Leppin wie der Gipfel goldbedrängt, und er formt schwermütig aus goldenen Träumen, die bis in die Wolken ragen, bleierne Buckel. Mit gläubiger Gebärde aber schaufelt die Frau des Schusters das Martyrium von Daniels Jesus Rücken... »Prinzessin«, sagt Paul Leppin zu mir, »wir wollen auf einen wilden Ball gehen«; wir finden nur klingelbehangene Tanzböden. Paul Leppin sehnt sich nach der Orgie seines Romans; die drehte sich hinter Sternenvorzeiten seiner Dichtung, spöttisch hißte sie Satan auf Babelhöhe, Satan Daniel Jesus, Paul Leppins Geschöpf, von dem er sich losträumte. Inmitten der Tanzenden sitzt Daniel Jesus Paul zwischen nackten Eingeweiden, die sich verwickeln, verknoten nach seinem Szepter. Rasende Weiber taumeln sich im weichen, pochenden Raume und wachsen zu Lawinen über lüsterne Rücken. Und auf dem brandigen Haupt der Schusterfrau steht eine Mauer auf, eine leuchtende Krone, wie die des heiligen Landes — in ihrem Riesenleib tanzen alle die blutzerrissenen Leiber und ihre Teufel, wie in einer weißen Hölle; denn Daniel Jesus hat sie erhoben zu seiner

Rechten. Es heißt im Buche: »Andächtig küßt sie seinen Buckel, wie ein Kruzifix.« Paul Leppin, ich grüße dich.

MAX BROD

Das Volk wird nie nach ihm schreien; er sättigt nicht, er ist überhaupt nicht zum Essen, man kann höchstens eine seiner Hände streicheln oder seinen Mund küssen — er hat einen schüchternen Kindermund. Der erzählt immer von sich, immer so hübsche Geschichten, die sich am Ende des Pfades reimen, und viele, viele Wege geht er mit den Mädchen in seinen Gedichten. In Grimms Märchen ist er gemalt, wie er als Kind aussah, in Hänsel und Gretel. Ich hatte Max Brod eine Nelke mitgebracht, die trug er in der Hand, als er in den Saal kam, und ich bildete mir ein, er lese mir ganz alleine vor inmitten der königlichen Gemälde; ringsum an den Wänden: Van Gogh. Ich weiß den Namen seines Schauspiels nicht, aus dem er erzählte. Aber immer war es die Liebe, die über seine Lippen kam — mein Herz ging blau auf unter den vielen lauschenden Herzen. Max Brod ist ein Liebesdichter. Auch der andere Aufzug seines Schauspiels war ein Liebesgedicht, ein vielstimmiges, ein streitendes. Ich glaube, man kann nur Liebesgedichte in »Prag« schreiben, wo so viele Bögen und Wälle sind; und lauter graue Figuren treten aus den alten Häusern hervor — die Steingespenster führen die Herzen bange zusammen. Ich habe manchmal Sehnsucht nach Prag, schon um mit Max Brod und meinem Paul Leppin durch die Gewölbe ihrer Heimat zu wandeln, wo die alten Häuser wie Mumien stehen, zur Rechten und Linken.

ALFRED KERR

Silvester 1908 bin ich Alfred Kerr begegnet unter künstlichen Balkansternen, zwischen schleierverhüllten Angesichten schöner Haremsfrauen und fezbedeckter Häupter weißgekleideter Muselmänner. »Wissen Sie, wer der Beduinenfürst war?« (Wir grüßten uns nach des Bosporus Zeremoniell und Sitte.) »Reißen Sie mich nicht immer aus meinen morgenländischen Illusionen,« antwortete ich meiner Begleiterin. Später hörte ich, der Araber mit dem Seidenmantel sei Alfred Kerr gewesen. Am besten gefallen mir seine Gedichte, sie sind humorsüß und fallen ihm in die Hand. Aber seine allerschönste Dichtung war ein spanisches Essay; jedes Wort trug eine Abendrotrose im Haar, jedes Wort war eine Senora, erhob sich und tanzte.

Über den Kurfürstendamm sehe ich ihn manchmal nach der Kolonie heimwärts gehen. Dort wohnt Alfred Kerr in einer Villa, die beneidet wird, sonst pflegt man die meisten Kolonisten ihrer Villa wegen zu beneiden. Heimlich birgt dieses nachtumheckte Schlößchen seinen Dichter. Spät muß der Kritisierende die Kritik niederschreiben, die sind blaunervig wie er selbst und duften nach melancholischer Ironie. Wir haben uns beiden nur immer das Schönste gesagt, wir kennen uns nur im Gruß. Mich dünkt, er träumt von »Heinrich« wie ein einziger Sohn, der sich einen Bruder wünscht. Er träumt immer von seinem Bruder Heinrich Heine. Bald gleicht er ihm auf einen Nerv. Alfred Kerr müßte durch die Straßen von Paris wandern wie der tote Bruder, mich stört des Lebenden chevaleresker Mantel, sein abgestäubter Hut. Warum

denke ich so? — Morgen lese ich im Tag seine gedichtete
Kritik über Hauptmanns Premiere.

BEI GUY DE MAUPASSANT

Eine Phantasie

Dir allein will ich mein interessantestes Geheimnis anvertrauen, aber du mußt dies als meine Beichte betrachten und bewahren wie ein Amtsgeheimnis.
Paris!
Ich stand an den Türpfeiler eines Magazins gelehnt und weinte, als wollte ich mich in Tränen auflösen. Am Himmel standen schwarze Gewitterwolken, und der Boulevard war nicht allzu überfüllt von Spaziergängern; aber auch unter den wenigen Menschen, die mich erstaunt betrachteten, litt ich unsäglich. O, petite, o, was fehlt Ihnen, Mademoiselle? Sehen Sie doch, Madame, wie blaß die Kleine aussieht, und die großen Augen.
Ich war damals ungefähr sechzehn Jahre alt, und noch in beständigem Kontakt mit meinem Gotte. Ich bildete mir nämlich ein, daß, als plötzlich ein furchtbarer Donnerschlag erdröhnte, der liebe Herrgott aus besonderer Freundschaft zu mir es gewittern ließe, über den Menschen, inmitten derer ich litt. Die auffällige Kritik über meine Person, die sich in diesem lauten Bedauern aussprach, entfachte auch schließlich meinen Zorn. So glaubte ich, daß die zwei Passanten, die plötzlich vor mir haltmachten, kein anderes Motiv leitete, als die Lust zur Neckerei. Namentlich erbitterte es mich, da der helläugige der beiden seinem Begleiter zurief: »Mon cher,

sehen Sie doch einmal den kleinen Teufel!« Der große Herr runzelte die Stirn, dabei murmelte er ein paar leichte Worte; ich verstand sie wohl, aber ich möchte sie im Interesse meiner Person lieber verschweigen; wieder fielen große Regentropfen aus meinen Augen, dann meinte der dunkle Herr in milderem Ton: »Es handelt sich hier wieder um eine Bettelnovellette«, und reichte mir ein Geldstück hin. Ich war sehr betroffen und konnte mich nicht enthalten zu rufen: »O, Monsieur, ich bin keine Komödiantin und keine Bettlerin.« Er schämte sich und versuchte durch allerhand Reden sich zu entschuldigen. »Pardonnez, Mademoiselle, pardonnez, aber da Sie, wie ich aus Ihrer Aussprache entnehme, keine Französin sind, werden Sie sich schwerlich eine Vorstellung von der Schauspielkunst unserer Nichtdamen machen können. Und möchte ich Sie bitten, sich mir anzuvertrauen.« »Ich bin so allein, Herr«, sagte ich; ich glaube, sonst erwiderte ich nichts mehr, denn ich war ermattet bis zum Tode. Während wir noch beisammen standen, trat ein dritter zu den beiden und klopfte dem dunklen auf die Schulter: »Na, mon ami, schon wieder im Dienste der Frauen?« Der Helläugige, den ich trotz meiner tragischen Stimmung heimlich seiner Schönheit halber bewunderte, schob seinen Arm in den des hinzukommenden Herrn — ich glaube auf ein paar leise gesprochene Worte des Dunklen hin — und zog ihn, leise auf ihn einredend, mit sich fort. Dann wandte sich der Bleibende mir zu, und es war eine eigentümliche Mischung von Erkühnen und Güte in seinem dunklen Auge, das mich in Furcht jagte und zu gleicher Zeit mir Mut machte. »Hier ist kein Platz für Auseinandersetzungen, mein kleines Fräulein, und ich bitte Sie, mir zu folgen.« Der energische Ton meines Beschützers wirkte suggerierend auf mich, und ich folgte ihm. Er schwieg, bis wir die gegenüberliegende Seite des Boulevards erreicht hatten; dann faßte er meine Hand und sagte, jedes einzelne Wort betonend: »Mademoiselle, wenn Sie in mir einen Freund gewinnen wollen, so fürchten Sie sich nicht und vertrauen Sie mir Ihr Schicksal an.« Ich war sehr glücklich über seine lieben Worte und atmete auf und wünschte mir nichts sehnlicher im Augenblick, als seine Hand zu drücken. Wir nahmen Platz im Garten eines Restaurants; der Fremde bestellte zunächst Bouillon und dann ein Hühnchen, welches er mir wie einem Baby vorschnitt. Dabei flüsterte er mir zu: »Grade so ein kleines Hühnchen wie Sie, Mademoiselle.« Dann mußte ich ihm meine Lebensgeschichte erzählen, wie ich aus meiner Heimat durchgebrannt bin. »Und warum gerade nach Paris, kleiner Robinson?« Zögernd und fast tonlos entgegnete ich: »Ich wollte in ein Meisteratelier.« Dann fragte der Fremde: »Haben Sie schon an eines angeklopft?« »Nein«, sagte ich verlegen, »ich habe mich mit meinem Gelde verrechnet und wollte mir erst etwas verdienen, um wenigstens für einen Monat die Kosten zu erschwingen.« »Und was dann?« fragte er nachdrücklich. »Ja, dann, hoffe ich, Stipendien zu bekommen.« Hierbei holte ich einen Zettel aus der Tasche, worauf die Adresse jenes Kleidermagazins stand, in dem ich engagiert war. Mein Beschützer begann zu lachen und meinte: »Eine Direktrice können Sie doch sicher mit Ihrem schlanken Figürchen nicht abgeben.« »Aber eine Kostümzeichnerin.« »Ah, Sie wollen mit Stilleben Ihre Karriere beginnen.« Wir lachten beide. — Nach einer Weile fragte ich ihn, ich glaube sehr scheu:

»Herr, wer sind Sie?«
»Ich bin ebenfalls ein Kunstjünger.«
»Maler?« fragte ich.
»Nein, aber Schriftsteller.«
Ich atmete auf in der sicheren Empfindung, mich in verläßlichen Händen zu befinden.
»Nun werde ich Ihnen einen Vorschlag machen, kleiner Robinson, zumal ich Sie nicht Ihrem Schicksal überlassen werde, bis Sie Ihre geschäftliche Angelegenheit geordnet haben. Ich bringe Sie zu einer Freundin, die mir lieb und teuer ist, zu einer Madame L. T., die wird Sie mit Vergnügen aufnehmen.«
Wir erhoben uns.
»Allons, Mademoiselle!«
Beim Verlassen versuchte ich, meinem Begleiter seine Auslagen zurückzuerstatten, obgleich dies meine letzte Barschaft war. Ich durfte die Bitte gar nicht zu Ende sprechen, als er schon den Kopf schüttelte: »Aber Mademoiselle, Sie sind mein Gast.« — In der Rue de R. hielt das Kabriolett vor einem villenartigen Hause. Ein zierliches Mädchen in Rosa öffnete die Tür und sagte, ohne meinen Begleiter zu Worte kommen zu lassen, fast vorwurfsvoll: »O, Monsieur, Madame hat bis vor einer halben Stunde auf Sie gewartet, nun ist sie allein in den Bazar gefahren.« Betreten murmelte mein Begleiter: »Mon Dieu, wie konnte ich das vergessen!« Ich fühlte mich als die Schuldige, dieses mochte der Fremde empfinden, da er beruhigend sagte: »Ich nehme die Schuld auf mich.« Ich hörte ihn leise vor sich hinsagen: »Eine liebe Person ist Madame L. T.« Dann wandte er sich wieder zu mir: »Nun, ich werde Sie gegen Abend hinbringen, und Sie werden sie schätzen lernen, wie ich.« — »Gefällt

Ihnen mein Heim?« fragte Guy de Maupassant, der mir unterwegs endlich seinen Namen genannt hatte, von dessen Bedeutung ich damals noch keine Ahnung hatte. »Jetzt wollen wir uns ruhig überlegen, was wir zu tun gedenken. Kommen Sie doch aus Ihrem Winkel hervor und fürchten Sie sich nicht vor mir! Haben Sie auch schon daran gedacht, falls Sie noch Eltern haben, daß die in Besorgnis sein werden, und daß ich eigentlich verpflichtet bin, ihnen Nachricht zukommen zu lassen?« Er mochte wohl meinen Schreck bemerken, denn er fügte schnell hinzu: »Nun, wir sind ja Kollegen, außerdem bin ich kein Moralprediger, und Ihr Unternehmen rüge ich keineswegs, im Gegenteil, es imponiert mir, aber na, diesen Punkt wollen wir gemeinsam mit Madame L. T. überlegen. Für den Augenblick bin ich dafür, daß der kleine Robinson von den Strapazen seines Abenteuers sich etwas ausruht. Ich werde unterdessen ein wenig ausgehen und frühzeitig wieder erscheinen.« Er war fort, und ich allein, mutterseelenallein im fremden Hause. Zunächst betrachtete ich die Gegenstände des Zimmers. Auf dem Schreibtisch standen einige Photographien, unter denen ich auch den helläugigen Herrn von heute morgen fand. Zu meiner großen Freude, denn er gefiel mir schon wegen seiner blonden Locken sehr gut. Dann aber spürte ich die so lange zurückgehaltene Müdigkeit, legte mich auf eines der Kanapees und deckte mich mit den Decken zu, die Maupassant für mich bereitgelegt hatte. Aus traumlosem Schlaf, wahrscheinlich durch das Geräusch einer aufgehenden Tür aufgewacht, mußte ich meine Gedanken erst mühsam sammeln. »Herr Gott, wo war ich denn eigentlich?« Ich eilte ans Fenster, und mir schoß plötzlich angesichts der fremdartigen Uniformen auf der Straße unten der Gedanke durchs Hirn: »Wie kam's doch noch, daß ich in Paris bin.« Mich überkam plötzlich die Angst eines Gefangenen, der keinen Ausweg weiß. »Herr Gott, wenn nun der fremde, dunkle Mann ein Verbrecher wäre?« Mir wurden plötzlich alle Sensationsgeschichten meines Lebens grauenvoll lebendig. Um mich zu orientieren, um gleichsam die Waffen meines Feindes kennen zu lernen, ging ich an den Schreibtisch. »Was, Goethe!« Nun fühlte ich mich in Sicherheit. Und was mich am meisten interessierte, da lag ja auch Petöfi. Der Dichter, der mir gefiel in seiner ungarischen Studentenuniform. »Ach, Monsieur!« rief ich erstaunt und erschreckt. Maupassant stand nämlich vor mir, ich mußte sein Klopfen überhört haben. »Nun, mein kleiner Robinson, Sie sehen ja so frisch aus, wie ein Dijonknöspchen; jetzt wollen wir weitere Dispositionen treffen. Übrigens öffnen Sie einmal die beiden Schachteln, mit deren Inhalt bald zwei kleine Buben spielen werden.« In der einen Schachtel lagen schonungsvoll Bleisoldaten geschichtet, mit dunklen Waffenröcken und roten Hosen. In der Mitte der Schachtel aber lag, umgeben von seinen Getreuen, Napoleon der Dritte, hoch zu Roß. Aus der andern Schachtel glotzten mich porzellanene Froschaugen an, Enten mit gelben Schnäbeln, Reptilien aller Arten — ein ganzes Aquarium. Ich richtete die Soldaten paradenmäßig. Maupassant hatte währenddes eine Waschschüssel herbeigeholt, und wir ließen nun die Ungeheuer auf den Fluten, die wir zu künstlichen Stürmen erregten, nach Herzenslust austoben.

Wir, Maupassant und ich, waren auf einmal intim wie zwei Gespielen. Das fand auch Maupassant. »Wir wür-

den uns, glaube ich, sehr gut vertragen«, sagte er plötzlich und klopfte mir auf die Backe. Dann aber begann er ernstlich über meine Situation zu reden. »Ich habe eben Erkundigungen eingezogen über das Magazin. Der Chef steht keineswegs in gutem Leumund. Ich rate Ihnen davon ab, dort einzutreten, aber vielleicht haben Sie noch andere Fertigkeiten, die sich verwerten ließen?«
»Ach ja, Herr Maupassant, ich tanze sehr gut.«
»So, dann wäre ja der Zirkus oder das Ballett gar nicht übel!« meinte er nicht ohne Ironie. »Und welcher Tanz wäre denn Ihre Spezialität?«
»Danse de ventre.«
»So?« Maupassant lächelte erstaunt. »Da müssen Sie mir gleich eine Probe Ihrer Fertigkeit ablegen.«
»Eh bien!« rufe ich in heller Begeisterung: »Sie werden der Pascha sein, vor dem ich mich mit meinem Kostüm produziere.« »So hätten wir auch das Lokalkolorit«, ergänzte er. Ich war indessen schon so eingebürgert in der gastlichen Wohnung, daß ich die Türe öffnete und Maupassant bat, solange meine Toilette währte, zu verschwinden. Eine golddurchwirkte Decke, die auf einem der Tischchen lag, nahm ich und wand sie um meine Lenden bis zu den Füßen herab. Ich löste meine Haare und entnahm einer Vase einige Nelken, die ich mir kreuzförmig um den Kopf flocht. Ich muß ausgesehen haben wie eine Wilde.
»Entrez, Monsieur le Pascha, s'il vous plaît.«
Maupassant trat ein, auf dem ausdrucksvollen Kopfe einen Fez und um den Hals eine reiche Münzenkette, mit majestätischem Ernst nahm er auf einem zum Thron umdrapierten Sessel würdig und feierlich Platz, und die Vorstellung begann.

»Charmant, drôle, superbe!« rief er ein über das andere Mal, und seine Würde vergessend, begann er taktmäßig den Kopf hin- und herzuwiegen bei jedem, Kastagnettenschlag markierenden, Schnippen meiner Finger. Die Nelken aus den Haaren nehmend, kniete ich zum Schluß vor ihm nieder. »Mein Fürst und Gebieter, hat deine Prinzessin Gnade vor deinen Augen gefunden?«
»Was begehrst du?« rief der Pasche mit Pathos.
»Deine Freundschaft, Herr.« — Wir fuhren am Abend noch, da Maupassant sich dagegen sträubte, mich in das obskure und für mich gänzlich ungeeignete Hotel »Maison Bohème« zu bringen, in dem ich bei meiner Ankunft, da es mir wie ein Wahrzeichen erschien, abgestiegen war, zu Madame L. T. — Unterwegs bat er mich, ihn zu küssen, da er doch mein Gespiele sei. Ich war im Begriff, meinen Kopf in die Höhe zu recken und ihn zu küssen, da ich seinen Wunsch ganz natürlich fand — doch nein — plötzlich senkte ich meinen Kopf wieder in die alte Lage zurück, denn in diesem Augenblick fiel mir ein, was Maupassant mir gesagt: »Ich verachte die Frauen, weil ich sie nötig habe.«
»Nun, plötzlich anders gewillt?« rief er erstaunt und gekränkt.
»Ah so« meinte er lächelnd. — — —
Madame L. T. empfing mich liebenswürdig und küßte mich nach französischer Sitte auf beide Wangen. »Hier bring' ich Ihnen einen kleinen Robinson«, erklärte Maupassant. »Und vor allen Dingen une belle fille«, sagte Madame L. T. weiter. »Das finde ich keineswegs«, warf Maupassant ein, »apart — ja — ein Mädchen mit Knabenaugen.«
Mit gedämpfter Stimme unterhielten sich die beiden,

wahrscheinlich über meine Zukunft, hinter der Portiere, und dann empfahl sich mein Beschützer, nicht ohne mich nochmals ausdrücklich zu beruhigen: »Mein liebes Fräulein, seien Sie unbesorgt, Sie befinden sich in den besten Händen!« Madame führte mich in ein kleines Boudoir, wo wir den Tee einnahmen. Sie hörte nicht auf mit Liebkosungen; und noch mehr wie meine Leidensgeschichte interessierte sie mein Renkontre mit Maupassant. Meine Wangen glühten im Gespräch, und ich machte ihr das Geständnis, daß Maupassant mir sehr gut gefiele, daß er mich habe küssen wollen, was ich aber stolz abgelehnt. Als ich schwieg, begann die Dame, die während meiner begeisterten Aussprache erblaßt war, mir klar zu machen, in der delikatesten Weise, daß man die Liebe eines Mannes wie Maupassant sich am besten bewahre durch Zurückhaltung. Und dann verstand sie in rührender Weise, mich aufmerksam zu machen, wie besorgt meine Angehörigen nun wohl um mich sein würden. Sie brachte mich zu Bette wie ein Kind, und ich konnte nicht unterlassen, meine Arme um sie zu schlingen wie instinktiv, um ihr Abbitte zu leisten dafür, daß ich ihr Schmerzen bereitet hatte. Ich weinte bitterlich diese Nacht, nicht ohne das wohltuende Gefühl einer gewissen Hochachtung vor mir selbst — denn ich faßte den Entschluß, eine heroische Tat zu vollbringen, Paris zu verlassen — Maupassant nie wiederzusehen.

Morgens früh klopfte ich an die Tür der Dame und teilte ihr meinen Entschluß mit, daß, falls sie mir das Geld zur Rückreise borgen wolle, ich Paris verlassen würde. Ich glaube, im Grunde plagte mich das Heimweh, das durch das Wort Madame L. T.'s noch geschürt wurde.

»O, meine liebe Madame L. T., nicht wahr, Sie grüßen Monsieur Maupassant von mir?«

PAUL LINDAU

Manchmal sitzt Paul Lindau abends im Café des Westens und freut sich über die bunten Jünglinge und zwitschernden Mädchen. Er ist nicht hochtrabend, er tut mit. Seines Herzens leuchtende Farbe ist nicht eingetrocknet. Meine Eltern hatten Paul Lindau furchtbar lieb. Er war Redakteur in der Elberfelder Stadt. Ich habe Paul Lindau eines Tages gesagt: »Herr Doktor, ich bin Else Schüler.« Da meinte er, er habe meine Eltern nicht vergessen. Und wenn wir uns nun begegnen, denken wir an ein Haus am Wupperstrand, darin die Feste ein und aus tanzten. Paul Lindau hat Temperament, er kann keine Maske anlegen, sie würde nicht lange dauern vor seinem Herzen. Er ist ewig jung. Aber auf allen Tischen und Vorsprüngen seiner Gemächer liegen antike Sammlungen, rissige Geschenke aus allen Erdteilen. Ich muß Paul Lindau aus meinem Leben erzählen; er versteht zuzuhören; diamantisch strahlt seine Liebenswürdigkeit. Mutter und Großmütter, Vater und Urväter hängen eingerahmt in goldenen Rahmen über seinem Schreibtisch; er selbst als Knabe blauäugig und rosengelockt. Nicht viel älter war ich, als ich seinen wundervollen Barmer-Roman las, von seinem alten Pfarroheim und den beiden süßen Kusinen. No leckern Äppeln rukt sinne Liebesgeschechte on dat ganze Hus von sing heelegen Onkel bis bowen op die Rompelkammer, wo die Äppels em Wenter legen. Ich erinnere ihn an die Sitte. Paul Lindau weiß alles noch ganz genau. Diabolisch sind die schwarzen Täler der Schornsteine – denkt seine ernste Stirne, aber die Sonne spielt dazu ganz bunt auf seinen schlanken Händen.

BEI JULIUS LIEBAN

Ich bitte Herrn Lieban, mir einen Nachtigallenspaß aus seinem Leben zu erzählen. Wir sitzen in seinem kleinen Gemach auf gemondeten und gestreiften Diwans, Herr Lieban, sein Töchterchen Eva und ich. Herr Lieban erzählt von Wanderzügen nach dem Süden. Wunderbar ahmt er die Begeisterung des temperamentvollen Publikums nach; eine ganze Reihe verschiedener Mienen huschen auf seinem Gesicht vorüber. Noch heute spricht man in Florenz davon, wie er eines Tages angeflogen kam und gesungen und es hinausgejubelt hat das feurige Lied an die Teure seiner Heimat: »Dein ist mein Herz und soll es ewig bleiben!!« Und wieder zarter einsetzend: »Dein ist mein Herz und soll es ewig bleiben...« Und bei seiner Abreise haben sie auf dem Bahnsteig, auf dem Trittbrett und im Waggon gestanden. Jedes trug ein leuchtendes Herz am Busen geheftet. »Arivederla, Signor Giulio, arivederla!« Ein halbes Kind war er damals noch, aber Herr Lieban ist noch heute neunzehnjährig mit seinen kurzen, schwarzen Ringelrangelrosenlocken und den dunklen Schalkaugen. – Mutwillig, sturmwillig über die weichen Teppiche – hin und her flattern die Portieren. »Hab' im eigenen Hause keine Ruhe – hören Sie, da klingelt's wieder.« In diesem Salon unterschreibt Maestro ein Engagement, in jenem erwarten ihn bittende Lippen. Einige Damen in Pelz und Federhüten sehe ich durch den Perlenvorhang auf niedlichen Rokokostühlen sitzen. Herr Lieban soll in einer Wohltätigkeitsvorstellung singen, Herr Lieban kann nicht abschlagen, das wissen alle schon. Mit zugehaltenen Ohren eilt er plötzlich wieder an uns vorbei; aus dem Studierzimmer dringen schmerzliche Töne einer harrenden Schülerin. »Sie stimmt ihre Kehliatur«, flüstert mir schelmisch Eva ins Ohr. Und Herr Lieban weiß gar nicht, was er zuerst erledigen soll. Klein-Eva und ich sind ganz alleine – Klein-Eva hat ebenfalls einen Kobold im Auge sitzen und Goldflatterhaare hat sie; sie will nicht zur Bühne gehen – der Vater hat ihr zu viel Schlimmes von dort erzählt. Und als Herr Lieban sich uns wieder widmen kann, bitte ich ihn, auf sein Töchterchen zeigend, mir auch etwas Schlimmes von dort zu erzählen. Er nickt einige Male ernsthaft mit dem Kopf, er nickt seinem Liebling zu; der scheint zu wissen, was seinen Vater so verwundet hat. »Ja, ich kann's nicht verschmerzen«, sagte Herr Lieban, »genau fünfundzwanzig Jahre sind's her, ich spielte den Mime in der Premiere des »Siegfried« im Berliner Viktoriatheater. Wagner stand hinter der Bühne, und es geschah, daß man mich nach dem zweiten Akte verlangte und den Schöpfer vergaß. Wagner stürmte fort und ließ sich am Abend nicht mehr sehen. Aber das, was ich nicht verschmerzen kann, ist: als wir am andern Tag den Erfolg des Meisterwerks feierten und wir Mitwirkenden uns am Eingang des Theatersaals aufgestellt hatten, Wagner unsere Ehrfurcht in Form einer Gabe zu Füßen zu legen, daß er da jedem von uns lebhaft die Hand drückte, an mir vorüberschritt, meinen Gruß nicht beachtete und mir zurief: ›Sie haben mir ja den gestrigen Abend umgeschmissen.‹ Sehen Sie, das habe ich nie verschmerzen können, gerade weil er ein Gottkünstler ist.« Eva sagt: »Vater hat's gedruckt im Buch stehen« — sie springt aus der Türe und holt das vergilbte Buch vom Schreibtisch. Herr Lieban muß lächeln. Aber seufzend mit der Puppe im Arm begleitet mich Eva die Treppe hinunter. Durch die Villenallee nach Hause zu lese ich im Vorübergehen an der Litfaßsäule Julius Liebans Namen. Er singt heute abend den David, den finsterulkigen Schusterjungen. Den David kann kein anderer singen. Seine Stimme sind Saiten einer Leier, die einmal an einem Freudentage ein Gott erschaffen hat. Seine Lieblingslieder rauschen durch Seidengärten, und mit Silberglocken behangen klingen seine Schelmengesänge und tragen bunte Tracht. »Es ist zum Küssen...« einer sagt's dem andern unter den großen Lichtsternen entzückt ins Ohr.

TILLA DURIEUX

Ich würde für sie auch im Privatleben das Eboligewand wählen, den zackigen, weißen Kragen, der ihr Angesicht, ein Bukett von Lichtwende und Herzschatten, wie mit einer Atlasmanschette umgibt. Frau Durieux spielt im Theater Reinhardts die Eboli; die schlummernde Saitenspielerin ist auferstanden aus ihrem Sarkophage. Es tut wohl, sie in »prinzeßlicher« Wirklichkeit wiederzusehen, in ihrem eifersüchtigen Herzen zu erleben den Kampf mit der Kabale. Den schnöden Verrat an die Königin verabreicht sie dem lauernden Pater noch mit traumhaften Fingerspitzen. Keineswegs hysterisch gehässig — historisch wie ihr Kleid wirkt das intrigante Frauenspiel in der Kapelle steinerner Nacht, an der blutgenagelt Gottes Sohn hängt. Frau Durieux' verzweifelte Gebärde, nachdem ihre Königin sie verstößt, erinnert an das Gemälde der büßenden Magdalene. — Als ich sie vor einiger Zeit in ihrem Gemach erwartete, suchte ich unwillkürlich nach der Laute. Da kam mir entgegen Rhodope, ihre Hände hingen herab wie Myrthen. Diese himmelweiße Syrierin ist der Glorienschein ihrer Eingebung, das keusche Geschmeide ihrer Begabung. Beweglich ist die Verwandlungskunst der Frau Durieux, denn wer vermutet, nach der bräutlichen, geduldigen Königin und der verwöhnten Lautenspielerin, »Sie« in der bitteren Haut der eigensinnigen Spielverderberin, der ältlichen Schwester der Brüder im »Friedensfest«. Krummrückig zum Fußaufstampfen, hartnäckig widersetzend, den Angehörigen eine giftige Augenweide. — In »Gott der Rache« von Schalom Asch spielte Frau Durieux die junge Kupplerin des Bordells. Ich sehe sie noch keck in der Mitte des Sofas sich hinflegeln mit der Frechheit einer freigewordenen Sklavin, mit dem Machtbewußtsein, vernichten zu können je nach Berechnung. Das scheußliche Verbrechen ihres früheren Bordellchefs zappelt auf ihrem Knie, sie läßt es kichernd über ihrem Strumpfband hängen, sie braucht nur den lockeren Vorhang aufzuheben. Tilla Durieux spielte skandalös hervorrragend. Hier nenne ich die Schauspielerin, die Charakteristik ihres Zivils vergessend, kurzweg »Tilla« Durieux; aber wer sie in ihrem Privatgemach je sah, umgeben vom Staat schützender Tore und mächtiger Bequemlichkeiten, sie selbst zum

Empfang der Gäste sich liebenswürdig ermannend, wird mit mir empfinden, daß sie keineswegs eine Bohemin ist, zu treu dem Einen außerdem, auch daß ihr die seelische Leichtigkeit der Umgebenheit fehlt, und ich nenne sie »Frau« Durieux nicht etwa, wie man die Spießerin zu nennen pflegt, aber weil sie die Hofdame der Schauspielerinnen ist; jeder Tag muß ihr »d'or-jour« sein. — Auf dem Sezessionsfest im Februar teilte sich die Menge in zwei Flittergitter, als sie den Saal betrat. Sie trug ein dunkles Spitzenkleid und eine hängende Nelke im Haarknoten. Ich fragte den Rektor in »Frühlingserwachen« an unserm Tisch, wer die schwarze Leopardin mit dem Blutstropfen am Nacken sei. Prangende Schlichtheit, geschmeidige Charme, in ihrem Herzen blühen feine Nerven schmerzvoll auf. Aber als es Mitternacht war, tanzte sie, auf einer Perle des Sekts rollend, mit leuchtenden Augen im bunten Spiele der Masken. Dieses Jahr gibt es wieder ein Fest; ich hoffe, daß Frau Durieux auf Erden weilt, sie hält sich nämlich ab und zu mit Vorliebe oben in den Wolken verborgen, in ihrem Luftballon, und was wird sich Prinz Karneval ärgern, wenn sie ihm nur eine lange Nase machen wird. — Die Maschen des Netzes, das den Ballon umhüllt, lockerten sich schon einmal. »Ein Punkt in der Ewigkeit« kommt man sich im Raume vor, erzählt Frau Durieux. Sie ist ohne Furcht und Zaudern. Zwischen Leere und Leere, Vogel sein, nur Atem, so folge ich in Gedanken den Schilderungen der Luftschifferin in die Lüfte. Da nimmt ihr Terrierhund einen Anlauf aus salonansalongereihter Ferne, springt mir auf die Schulter, ich falle vor Schreck aus allen Himmeln.

FRIEDRICH VON SCHENNIS

Der Baron ist eine Schöpfung aus Genie; er ist bereitet aus Himmel und Satan, aus Fegefeuernuancen und Gottblau. Mein Bruder nannte ihn den Marquis; ich dachte immer, könnte ich den Marquis sehen. Eines Tages sah ich den Marquis in gepuderter Perücke, in blauem Samtrock, die Rokokohände zwischen feinen Spitzen, lustwandeln über die Wege von Sanssouci auf seinem Bild in der Nationalgalerie. So überall im Rahmen atmet er mit seinen Farben vermischt; zwischen Ocker und Bleu liegt er auf seiner Palette. Und aus den Rosen des Parkes steigt sein Duft und die Stirn des Schlosses bescheint seine Andacht. Friedrich von Schennis ist ein Andächtiger. Noch zwischen losen Frauenlippen und seinem wilden Zynismus lauscht er nach Gott. Sein Zynismus schluchzt. Der Baron ist schön, sein Angesicht ist feierlich, immer liegt ein Schleier auf seiner feinen Haut. Die fältet sich schmerzlich dann, wenn sein Auge die Wirklichkeit erblickt, die Wirklichkeit ohne Zeremonie. Ich wundere mich nicht, daß er den Philister haßt, den Sonntags- und Alltagsphilister; noch eindringlicher aber empfinde ich seine Verachtung gegen den freigewordenen Bürgersohn, den Studenten der Kunst. »Die Kunst kann man nicht erlernen, nicht wahr, Herr Baron, Herr Marquis, König aller Könige?« Ich sitze neben ihm und bin der Prinz von Theben. Und zu seiner Linken versteht ein Arzt des Rausches die unbekümmerten Launen des Barons zu beschwichtigen. Aber der Baron liebt das Gaukelspiel des Herzens. Wir müssen mit ihm Champagner trinken, er will Begleiter zur Vergessenheit haben. Aber ich weiß, der Baron kann nicht vergessen, er kann wohl trunken, doch nicht betrunken werden. Ich vergieße den schäumenden Luxus; der herrliche Mundschenk zersplittert, mich zu ehren, meinen gläsernen Kelch. Das hätte Friedrich der Große auch in seiner Flötenlaune getan; der Baron stammt aus der Zeit der Flötenkonzerte. Er hat kein Alter, er ist wandelbar wie die Zeit, die einmal Lenz und einmal Herbst zum Zeitvertreib ist. Trägt der Marquis nicht seine Perücke wie auf der Schloßlandschaft in der Galerie, so ist sein Haar aschblond, sein Auge ist aus Merveillieuxseide, und seine Hand bewegt sich immer wie zum Holen einer Schönen zum Menuett. Seine Freude und seine Schwermut sind Jünglinge, und darum haßt er den Tod und möchte ihn vergessen im Wein. Sein Esprit erinnert an Voltaire, lauter Blitze, die treffen und Brände werden. Wenn der Mond gegangen ist über den Garten, dann werden wir auch nach Hause gehen, ich will noch über Friedrich von Schennis einen Essay dichten. Seine Bilder sind adlig und blaublütig. Liszt, der Musikpapst, Wagner und der Großherzog von Weimar sind seine stolzesten Werke, und die vielen Liebeslandschaften hängen in Nischen minniglicher Schlösser.

WILLIAM WAUER

Als das Café Kutschera noch seinen adligen Namen »Sezession« trug, hielt in dem oberen Raum des Cafés William Wauer einen Vortrag über Theaterkunst. Ein junger Schauspieleleve nahm mich mit herauf; viele Eleven und Elevinnen schritten vor mir in den Saal der grauen

Sammetsofas und Sessel; ich war die einzige unter den Zuhörern, die Wauer noch nie gesehen und doch ihn sich genau so vorgestellt hatte mit der eigenartig schmerzlichen Sicherheit in den Augen und in den Gebärden. Ein großer Geiger, der nicht die göttliche Geige findet. Ein großer Dirigent — ist nicht sein Vortrag ein Zusammenspiel vielerhand Instrumente gewesen. Lebendige Violinen, seine Schauspieler; er mag nicht die erste Violine zwischen ihnen, die den Ton angibt, kein Genie, das sich abtönt, hervortönt von den anderen Tönen. Das Zusammenspiel seiner Leute, eine Genieleistung soll sie sich heben aus der Fertigkeit seiner Hand. Als das künstlerische Theater aus Moskau in Berlin gastierte, gedachte ich der Worte William Wauers. Der Zar bis zum Onkel Wanja und die Frauen all, glichen seinen Idealgeschöpfen. Wandelnde Töne, schreitende Melodien, unbezahlbare Instrumente mit tausendtiefem Ton. Aus Spielläden und Kotillongeschäften liefert man William Wauer, Spaßgeigen, Trompeten, Kriköhs: Dillettanten und Tantinnen. Sie essen ihre Rolle, um sie ganz im Leib zu haben. Sie muß ihnen auf den Leib passen. Aber der Schauspieler soll den Duft seiner Rolle einatmen. Über solch trunkene Seele zu streichen mit seinem Bogen. — Seine Regie steht auf Füßen, das Milieu gleicht dem Bewohner des Schauspiels. Erster Aufzug: Veranda, von Säulen umstanden. Zweiter Aufzug: Wohnzimmer der gräflichen Familie. Man kann sich gar kein anderes Innere vorstellen nach dem Wuchs der Villa. William Wauers Regie ist anatomisch. Sein Blut möchte fließen durch die Adern seiner Schauspieler wie ein Strom durch das Spiel. Das soll keimen und aufgehen aus seiner Gestalt in vielen Gestalten. Kein Asiate ist er, dem die Tragödie nur eine einzige Kriegsgebärde wird. Er meint, zu den Wilden gehöre ich, und mit der eigenartig schmerzlichen Sicherheit im Auge betrachtet er mich wie ein fremdes Instrument aus Bambus.

WAUER-WALDEN VIA MÜNCHEN USW.

O, wie wohl ist mir im Herzen zwischen den vielen scherzenden Herzen; alle sind bunt und brennen, aber mein Herz ist blau und glüht. Am Morgen hänge ich es an einen sorglosen Blumenbaum und lasse es zwitschern. Wie ich so dahinlebe, ich bin einer der fahrenden Schüler aus St. Peter Hilles Platonikers Sohn. Im Tanzschritt ziehen wir durch das Grün der Stadt hintereinander mitten im Mondpolka. Die Straßen und Plätze duften noch nach Marienbalsam der Dome. Wir schweben, kennen die Sünde nicht, an der Welt vorbei, mit München der Südstadt Deutschlands im Arme. Ich muß München immer küssen, schon, weil ich Berlin hinter mir habe; wie von einer langweiligen Kokotte geschieden fühle ich mich. Meine Freunde spielen Harmonika, wir ziehen an Schaufenstern pietätvoller Läden vorbei; Meisterbilder, frommer Schmuck, wilde Waffen aus den Gräbern der Bibelfürsten und überall die blauen König-Ludwig-Augen! Eine alte Riesenkommode ist München, aus einem bayerischen Alpenknochen gehauen. Man kann so andächtig kramen in München und ausruhen auf gepolsterten Erinnerungen. Hier freut man sich seiner selbst, man findet sich in seinem glücklichsten Augenblick oben auf dem Berge der Stadt. Im Vorbeischreiten an den Gärten Obersendlings flüchtet vor mir das prahlerische Häuserregiment Berlins. Es steigt die Erde, ich sitze auf ihrem Rücken in einem der Schlösser. Ich bleibe hier für ewig! Man sagt das so leicht. Ein Paradies ist München, aus dem man nicht vertrieben wird, aber Berlin ist ein Kassenschrank aus Asphalt; der ihn zum Labsal benutzt, hängt sein Herz engherzig als Schloß davor. Ich soll mich so ganz erholen in der bayerischen Hauptstadt. Gibt's auch Cafés hier? Da winkt schon eins von ferne. Sei mir gegrüßt, oder wie der Bayer sagt »Gott grüß dich, Café Bauer!« Von einem Altan herab ladet es den Vorbeiwandelnden einzutreten, manchmal sogar holt der luftschöpfende Ober den Gast in sein Kaffeehaus nach südlicher Sitte. Ich stelle eine gewisse Ähnlichkeit zwischen dem Café Bauer mit unserem Café des Westens fest, unserer nächtlichen Heimat, (grinst nur verfluchte Somaliphilister und Sudanproleten) unserer Oase, unserem Zigeunerwagen, unserem Zelt, darin wir ausruhen nach dem alltäglichen schmerzvollen Kampf. Die Frau Wirtin ist sanft, sie pflegt unsere Launen, die uns der Bürger schlug. Vom Oberober bis zum Unterunter passen die sich dem Rhythmus der Gäste an. Herr Rattke hat wieder ein neues Buch geschrieben in Trochäen über Servieren, verrät mir Richard, der Zeitungsverweser, der Journaltruchseß. Er liest mit Pathos mein Gedicht im Sturm vor über München; ich beginne zu seufzen. Was fangen nun die spielenden Straßen dort ohne mich an und die vielen gaukelnden Herzen? Daß die gesund bleiben, dafür sorgen die Ärzte, namentlich der unvergleichliche Doktor Arthur Ludwig. Alle seine Patienten kommen, weil er der unvergleichlichste Mensch noch dazu ist, nie zur angeschlagenen Zeit in die Sprechstunde, wegen der süßen Speisen und Marmeladen, die zum Mittag aufgetragen werden von seiner emsigen, lieben Haushälterin. Und die bettlosen Patienten und Freunde nahen gewöhnlich mit dem Dietrich und der Zahnbürste im Gewande, sie kommen vom Rande ihres Lebens und der Doktor, ein heiliger Wirt, wie auf dem Bilde in seinem Sprechzimmer, zu sehen ist: »Fräulein Haushälterin, besorge für den Fremdling nun eine Lagerstatt.« Er ist direkt ein Engel. »Ein starkfühlender, intelligenter Engel«, betont ein Kollege von ihm, Doktor Max Nassauer, der dichtende Arzt in München.

Wir gehen alle in den Simplizissimus, in Kati Kobus' berühmte Künstlerkneipe. Heute kommen die Kegler! Ich meine die Leute vom Kegelabend. Ludwig Scharf trägt mit starkem Ton seine Verse vor, jedes Wort ist an das andere geschmiedet. Sein Gesicht ist eine diabolische Arabeske. Dazwischen tönt die fahrende Stimme des Gitarrespielers und die liebenswürdigen, drolligen Bemerkungen Max Halbes; er gefällt mir sehr. Und all die kleinen summenden Mädchen mit den braunen und blonden Liedern. Und die Hauptsache bleibt die Kati Kobus, die Simplizissimusherrscherin mit dem Kronmal auf der Stirn. Sie ist die Herzogin des Rausches, sie ist eine Regierende. Wer so zu unterscheiden vermag wie sie! Eine Juwelierin, wer so das Angesicht auf sein Geistkarat zu werten vermag. Das Scheiden aus ihrem Nachtgarten, wo das Lachen blüht zwischen Bilderhecken, tut mir besonders weh. »Frau Helene,« sage ich mich ermannend eines Morgens zu meiner Wirtin, »es muß geschieden sein!!!« Berlin! Vom Waggon aus steige ich sofort die Stufen des Kleinen Theaters hinan zur Generalprobe der Vier Toten der Fiametta.

Direktor Wauer fundiert noch seinen letzten Fußstapfen, er legt so das Schreiten und die Gebärden der Spielenden fest. Fest und sicher bewegt sich nun das ungeheure Pantomimendrama und ballt sich wieder zur Einheit. So wohlgeformt und nicht ein Abweichen, nicht ein überflüssiges Zureichen allerleigrauen führen des Schneiders (William Wauer) Klauen die Schneidernadel unentwegt. Grandios ist die Bewegung seines Mundes, die nicht ein stummes Reden, aber ein drohendes Auftun seines Gesichtes bedeutet. In großen teuflischen Zeichen nicht minder, wie ihr Direktor, spielt Rosa Valetti, die Schneidersfrau, und rotangefüllt, ein Blutbezechter, ein wankender Bär, tappt der Lastträger (Guido Herzfeld) auf den Ruf der verzweifelten Fiametta über die Stufen der Treppe, in das Trauerspiel. Das Harlekintrio. Ein Gemälde, das im Anschaun mit dem Körper des Bewunderers verwächst. Und die ungeheure Last Trauerspiel, rollt sich auf einer Musik *aufwärts* hochmütig über die Leiche verdutzter höhnender Kritik. Herwarth Walden, ein Hodler der Musik, der alles Süßliche zerreißt im Siegeskrampf und Kampf. Morgen ist die Premiere der Vier Toten der Fiametta.

EMMY DESTINN

Ich schrieb ihr am Schluß meines Briefes: »Semiramis, hinter den düsteren Gängen deines Palastes vermute ich hängende Gärten.« Worauf sie ans Ende ihrer Zeilen setzte: »Meine liebe Dichterin, meine Gärten sind diesen Abend wilde, verschwiegene Schluchten, kommen Sie und hören Sie mich die Carmen singen.« —

Manchmal versteckte ich den Kopf in das Sammetgehang der Loge, den dunklen Strom ihrer Stimme einsam über mich rauschen, tanzen zu hören über üppige Pfade heißer Lippen liebentlang. —

Der Soldat Don José sitzt abseits der Ausgelassenen und schmiedet seine zerrissene Säbelkette, versunken in Mutter, Heimat und Liebchen, dem frischen blonden Blümchen der treuherzigen Provence. Aber da steht sie hoch auf der Brücke, lauernd, hungrig — o, du gewaltige Carmen-Katze! Den Oberkörper weit nach vorwärts gestreckt, schleicht sie bestienmajestätisch über die Treppe, die zu ihrem Opfer führt. Es durchgreift den Soldaten eine peinigende Unruhe, er vertieft sich gewaltsam in seine Arbeit, aber seine Finger zittern vor ängstlicher Wollust. »Ei, du süßer Kettenschmied!« Und ein Strauß greller Rosen fällt zu seinen Füßen nieder. Die lockende Schwere ihres Liedes ergreift ihn, es berauscht ihn der singende Duft ihres Blutes. —

Und dann Carmens grausames Begegnen mit Don Josés Liebchen, Carmens zum Sieg gerüstetes Entgegenziehn der fremden Rasse, aus der sie ihr Opfer geraubt hat, das sie lieben und peinigen muß und zerstören wird. »Sieh, ich nehme dich, ich verschlinge dich!« Und ihr Gesang und Spiel bekommen Tatzen, die den Geliebten umkrallen, den Kampf seines Soldatenherzens zerreißen und ihn ihr zu eigen machen. Bravissimo, Carmen — Emmy Destinn!

Und nun das Schwärzerwerden ihrer Stimme vor dem verstoßenen, verhöhnten Geliebten, die trübe Todesangst, die sie betastet. Und leise klingt die Hochzeitsmusik, beben die Zaubertöne, die den Soldaten gelockt haben in die Netze ihrer furchtbaren Seele. Carmen!

Todwund heben sich die Lider ihrer bebenden Pupillen — ihr Sprung mißglückt. Feierlich singt das Cello und flehentlich die Geigen. Draußen wartet Escamillo. Carmen zerreißt ihre Haut aus Hochzeitsseide und veratmet, noch ehe Don José ihr treuloses Katzenherz durchsticht. Blaß werden die Klänge in der Ferne.

> Die Lieb, die von Zigeunern stammt,
> Fragt nicht nach Recht, Gesetz und Macht.
> Liebst du mich nicht, bin ich entflammt,
> Und lieb ich dich, nimm dich in acht!

Als ich am Tage nach der Vorstellung Emmy Destinn besuchte, saß sie auf ihrer Bank von Gold aufrecht, den Kopf düster gesenkt, wie die Blüte einer Pharaonenblume. Sie trug ein Kleid aus bunten Farben der Gewänder assyrischer Königinnen. In ihren Ohren hingen Gehänge von durchsichtigen, gelben Steinen. »Habe ich Ihnen gestern gefallen?« fragte sie mich. Und ehe ich antworten konnte, pochte es leise an die Tür — mit einer Tasse süßen Duftes trat eine ältere Frau ins Gemach und flüsterte ihrer Königin mit besorgtem Augenrollen und Kopfschütteln einiges ins Ohr. Als sie draußen war, sagte Semiramis zu mir: »Sie war meine Amme und ist noch immer um ihr herangewachsenes Baby in Besorgnis.«

Wir setzten uns an ein kleines Rosenholztischchen. Vor dem Fenster dämmert es schon, in ihrem Gesicht scheinen plötzlich ganz hell die beiden großen, braunen Monde. »Komm, wir wollen um die Rosenholztische Fangen spielen!«

An der Wand, mir gegenüber, hängen die verschiedenartigsten Instrumente, wohl an zehn Geigen. »Und der Flügel dort, ist der Flügel Webers gewesen«, erzählte sie lebhaft. »Und sehen Sie sich auch einmal diese Bildergalerie dort an; ich habe eine mächtige Verehrung für Napoleon den Ersten.« In jedem Lebensalter hängen Bildnisse des ehernen Kaisers von Frankreich da, Briefe in zärtlichen Rahmen, Waffen, die er geschwungen hat, umzäunt mit Lorbeeren. —
Katzen, Hunde, Hasen, Hähne, Puten von leuchtendem weißen Porzellan, venetianische Vasen, vielarmige Leuchter stehen auf stolzen Säulen und Elfenbeintischchen. Da seh' ich mich zu meinem Leidwesen drei, vier, fünf, immer noch mehrere Male in großen Spiegelwänden. Die schöne Königin hat, ohne daß ich es bemerkte, die Türen ihres weiten Paradieses geöffnet: blühende Seltenheiten und Seide.
»Besuchen Sie mich bald wieder«, sagte sie; ein Lächeln in den tausendjährigen Augen.

FRANZISKA SCHULTZ

In Berlin gibt es eine Fraue, die die Schmerzen Marias leidet, sieben Schwerter im Herzen; und die doch gnadenreich herablächelt auf die Armen und Kranken. Jeder Mensch, der sich ihr nähert, ist ihr Jesuskind. Einen Tempel müsse man um diese Mutter bauen, einen Garten pflanzen, der ihr blühender Mantel sei. Ich kann mich nicht der Fraue nahen, ohne ihr meine Andacht zu bringen. Verirrte Magdalenen treten durch ihres Hauses

Pforte ein und rasten; ruhen aus und besinnen sich unter der Liebe ihres Mutterdachs. Franziska Schultz ist die Mutter des Mutterschutzes. Man könnte fast das gefallene Mädchen ihrer Patronin wegen beneiden. Mit fürsorglicher Liebe lullt die höchste Fraue der Gnade die verstoßene Mutter und ihr pochendes Spielzeug mit ihren beiden Armen zärtlich ein. Kein Vorwurf trifft die Tragende, ihres Kindes wegen, das noch auf seinem rechtmäßigen, heiligen Muttererbe blüht. Alle Mütter aber lieben die Eine.

Eine Dame, die den Glanz irdischer Glänze ausdrehte und durch die dunkle Straße schreitet, wo das Elend wuchert. Nun wohnen keine verwöhnten Gäste mehr in ihrem Hause, aber solche, die ein Herz voll Liebe beanspruchen. Tragende und Beladene treten durch ihres Herzens geöffnete Pforte ein. Maria!

KETE PARSENOW

Die Venus von Siam ist die Kete Parsenow. Feingebogene Dolche sind ihre Augen, wie die der Göttinnen in goldenen Tempeln.

Peter Altenberg gab vor einigen Jahren eine Zeitschrift heraus, auf jeder Seite stand »sie« in blonden Farben. Die Kete Parsenow spielte damals in Wien am Theater; nun wird sie hier spielen, und doch sollte solche Schönheit verborgen bleiben, im heiligen Haus zwischen geopferten, schweigenden Blumen. Im Sommer begeisterte sie hier als Ophelia die Zuhörer. Blutschwarz sank Hamlets Kopf in den Schnee ihres Schoßes. Immer wird sie die Jungfrau der Schauspielerinnen bleiben; sie ist unbetastete Skulptur. Einmal legte sich vor ihr nieder eine weiße Steppenhündin und wurde ihr ähnlich. Als sie vom Strauch eine Rose pflückte, blühte die höher in ihrer Hand. Sie ist selbst ein Wunder. In der Frau vom Meere erschrak sie vor dem Überschwang ihres Herzens. Und Ibsen, was hätte er gesagt, wenn er der Kete Parsenow begegnet wäre, seiner Generalstochter Hedda Gabler. Kete Parsenow ist sich ebenbürtig, sie ist ebenso schön wie großherzig. Elfenbein ist ihre Haut; immer singt ihr Gesicht. Einmal wurden die Sicheln der Venus zu Monden, als sie böse war. Ich sah die Venus von Siam lächeln, ich sah die Venus von Siam sterben.

RUTH

Sie müßte eine Patronesse haben — etwa die Kaiserin von Island oder eine reiche Eskimotochter; vielleicht wird es eine Inger auf Oestrot sein. Ruth ist eine Tragödin. Schon seit zwei Jahren spielt sie mit Vorliebe Partien aus Ibsens Werken. Ihre Dreijahrärmchen heben sich zürnend zum Himmel: »Götter!« Ich habe Ruth nie lachen sehn und auch weinen nicht, wie andere Kinder. Ruth lacht mit Vorsicht, plötzlich hält ihr Gesichtchen wie eine kleine Sonne zu leuchten inne — und weinen tut Ruth, um wieder zu lachen. Und am Abend dauert es eine Weile, bis sie einschläft, gerne läßt sie einen schmalen Guckspalt offen für den Morgen, ob auf der Heizung ein Schokoladenkakes liegt, von einem verkleideten Onkel als Nikolas oder einer Zuckerhäuschentante gespendet. Ruth gastierte zum erstenmal im Vorgarten des Cafés des Westens, sie war damals zwei Jahre alt und trug ein weißes Kleid über glänzendem Stoff von der Farbe ihres Mündchens, das auf einmal zum Mund wurde, wie gehext, strenge Furchen zog; ich erschrak. Und noch dazu der finstere Ibsenblick, der mich furchtbar einschüchterte. Immer tiefer sank Ruths Lockenköpfchen auf die Strohröhre herab, die vor ihm im Glase steckte: »So trinkt ›Er‹ Limonade.« »Er« hängt im mächtigen Rahmen im Zimmer ihrer Muttertragödin (Beß Brenk) und immer steht Ruth vor seinem Angesicht und besieht es sich, ob es auch noch so macht wie »sie«. In Klein-Ruth schlägt das große Ibsenherz, und als Ibsen sein Puppenheim schuf, pochte sicher ein kleines Anhängsel an seinem schweren Schlag, ein Goldherzchen, in dessen Mitte ein himmelblaues Perlchen rauschte. Ruth springt vom Stuhl, tanzt in ihren niedlichen Goldkäferstiefelchen, die Röcke nach unten geglättet — nun hat sie ein langes Kleid an. Sie tanzt einen herablassenden, zurückhaltenden Tanz; da, als ob ein Sausevogel durch ihren Kopf fliegt — fort will ihre kleine Seele — ihre Beinchen sind ganz nackt; über Stühle und Tische hinweg — Ruth, Ruth! Ich glaube, sie sitzt oben auf dem Ast des jungen Baumes vor dem Caféhaus. Was soll man dazu sagen — Genie? Fort mit dieser alten Denkmalhülle, sie tut dem Kind weh, aber in ein Wunder wollen wir die wundervolle, kleine Ruth kleiden; in einem goldenen Bettchen soll Ruth schlafen und von einem goldenen Tellerchen und mit einem goldenen Löffelchen essen und auf dem Becher, aus dem Ruth fürder trinken soll, steht in Goldbuchstaben geschrieben: Ruth. Sie schüttelt den Kopf wie eine Herrscherin, ich glaube, sie ist beleidigt, nicht um der vielen goldenen Sachen wegen, der Ober hat ihr Zucker schenken wollen; sie gleitet schwerfällig vom Stuhl, streckt den Leib wie eine Kugel vor, ihr Engelsgesichtchen bekommt Runzeln — »dicke Frau is satt«.

UNSER CAFÉ

Ein offener Brief an Paul Block

Sire, Sie möchten etwas aus unserem Café wissen, aber unser Café ist schon seit ungefähr Pfingsten nicht mehr unser Café. Gestern las ich in einer Chicagoer Zeitung, die mir meine Schwester aus Amerika sandte, schwarz auf weiß, warum unser Café nicht mehr unser Café ist, bitte hören Sie, Sire. »Früher war das Stelldichein all dieser ›Radikalen‹ das Café Größenwahn. Aber eines Tages verbot der Besitzer der Dichterin Else Lasker-Schüler, die zu diesem Kreise gehört, das Lokal, weil sie nicht genug verzehre. Man denke! Ist denn eine Dichterin, die viel verzehrt, überhaupt noch eine Dichterin? Sie empfand das mit Recht als eine unerhörte Beleidigung, als schimpfliches Mißtrauen gegenüber ihrer dichterhaften Echtheit. Ebenso dachten die anderen. Daher verließen sie empört das Lokal.«

Ob das alles nun wortgetreu wiedergegeben ist, — jedenfalls begab sich die Schreckenstat an einem Sonntag, meine Seele wurde Werktag, bäumte sich auf und sehnte sich nach Revolution. Kein Vers, keine Stimmung, kein Pathos, nicht der schäumendste Überschwang hatte unsere Gemeinschaftlichkeit so fädenverstrickt zusammengerollt, wie diese unerhörte Begebenheit; Herr Café-des-

Westens hatte mir, uns allen, das Betreten seines Cafés ein für allemal untersagt. Ungeheuer! Allerdings, wenn ich auch nichts verzehrt hätte. Aber dem war nicht so, ich war gerade im Begriff, meine zweite Bestellung zu entrichten, Schokolade mit Sieb (da ich die Haut nicht mag), als Herr Café-des-Westens aus einer Ecke auf mich Lesende losstürmte und rief: »Es geht nicht, daß Sie hier sitzen bleiben, ohne etwas zu verzehren!!!« Neben mir saß mein Reichskanzler Bisam O. Er ist feig, aber seine rosa Haare standen Hügel, wurden brandrot und sprühten Feuer. Dann kamen hintereinander meine verehrten Freunde, die Häuptlinge und die Schlacht begann.

Soll ich Ihnen nun noch über die früheren Ereignisse dieses Cafés erzählen oder genügt es, wenn ich Ihnen sage, Sire, daß wir dort die schönsten Abende, namentlich zu Zeiten Lublinskis, erlebten; den haben wir alle kolossal verehrt, und er lachte selbst herzhaft, wenn ihn der »Blümner« nachahmte. Unser Zorn liegt nun über dem Café des Westens wie über einem verlorenen Paradies, in dem wir nicht sündigten, aber das an uns sündigte. Als wir auf der Straße standen, gedachten wir mit Wehmut des Gründers unseres verlorenen Cafés. Herr Rocco hatte es sich als besondere Freude angerechnet, daß wir Künstler in seinen Räumen verkehrten; wir Künstler haben sozusagen das Café des Westens mit auf die Welt gebracht, wir Künstler haben ihm das erste Feierkleid geschenkt, wir Künstler haben es zur Königin aller Cafés erhoben! Einer von uns hielt diese Rede in die Nacht hinaus, ich glaube, ich war's, und den Chor gaben meine tiefergriffenen Kameraden und Kameradinnen. Allerdings war Rocco kein Bär, noch nicht einmal ein Tanzbär, keinesfalls ein Brummbär. — — —

Nur einmal in der Woche treffen wir uns nun Konditorei Josty am Zoo, wir wollen keine Kaffern mehr sein. Auf einer Erhöhung sitzen wir an zwei Tischen, und Sonnabend halten wir Geheimsitzung. (Unter Diskretion, bitte.) Wir wollen Herrn Café-des-Westens zwingen, sich zu entleiben, ich schlage vor, mit dem Cafélöffel. Bitte, hochverehrter Sire, kommen Sie doch unverhofft einmal, aber machen Sie sich keine Illusionen. Wir sind ganz leise und flüstern, scheint's, nur so von Mund zu Mund, lauter Spielereien. Wäre doch einmal nur einer größenwahnsinnig. Hysterisch sind nur Dilettanten. Manchmal aber reißt einer unseres Stammes schnaubend die Türe der Konditorei Josty um Mitternacht auf, den Tubutsch im Gewande. Doch unsere größte Überraschung bleibt, wenn unser Sänger kommt, der Dresdener Hofopernsänger Franz Lindner. Aus der Liedertafel holte ihn mein Heimatfreund Paul Zech. Noch sitzt überfließender Tenor in seiner Kehle, er muß uns den Rest weich über den Tisch herüber singen. Dann kommt eine innige Freude des Beisammenseins über uns, denn wir Künstler sind Kinder.

MARIE BÖHM

Ecke Französische und Charlotten-Straße lachen aus einem der Glaskästen schöne, weiße Zähne, zwischen frischen Lippen in Mädchengesichtern. Manche von den jungen Schauspielerinnen offenbaren ihre ureigene Begabung, denn ihre Perlmutterhecken sind gar nicht erschaffen, am Abend hinter zuckenden Lippen versteckt zu schimmern. Über dem Atelier von Marie Böhm scheint auch der Himmel zu heiter; die wundervolle Photographin kann nicht genug Vorhänge über die Sonne ziehen, die macht immerfort ein freundliches Gesicht. Marie Böhm ist die Eigentümerin des kunstphotographischen Ateliers Becker und Maaß. Man kann sich ohne Gefahr vor Entstellung vor ihren Apparat begeben. Marie Böhm weiß im richtigen Augenblick den Blick vom Auge zu nehmen. »Der nichtssagendste, ausdrucksloseste Mensch hat einen Augenblick, den muß man eben festhalten.« Ihre lieben, blauen Augen strahlen, als sie das antwortet. Ich verstecke mich unter einem Tisch hinter langen Laubgewächsen, um einige Aufnahmen zu beobachten. Daß das nicht angehe, meint Fräulein Böhm — schon naht das Brautpaar, ich rufe ihr aus meiner Lage zerstreut zu, sie soll sagen — im Fall — ich bin Arzt und interessiere mich für neuartige Operationen. Diese Ideenverwirrung stammt von meinem Vater her, er verwechselte immer das Zahnziehen mit dem Photographierenlassen. Beides hat so was mit dem Herausholen zu tun — und — »der eine Augenblick«. Marie Böhm aber hat keine Zange in der Hand. Bräutigamundbrautumschlungen sitzen die beiden auf der Bank und drehen ihr den Rücken zu; ihre Gesichter blicken sich auf einmal nach etwas um. Ob sie mich quaken hören aus meiner Froschperspektive? — »Danke!« Zweite Aufnahme. — Für die Photographin müßte es auch eine Welt geben aus gediegenem Silberoxyd im Krinolin. Das Album ist aus der Mode gekommen, darin sich das photographierte Onkeltantengeschlecht zum Aufblättern befand; es stirbt nicht aus. In Schalen liegen all die Pietäten, Frauen, die sich auch schon Löckchen drehten. Nun sind unsere Kleidersäcke zugebunden. Auf den spätverwandten Bildern stehen die Röcke weit in Runden. Ihre Augen aufgetan in Todesangst — den Augenblick zu greifen, heute hascht ihn die Photographie wie einen Schmetterling vom zwanglosen Sichgehenlassen. Und gerade meine liebe Marie Böhm ist eine so große Photographin — sie photographiert auch ohne Apparat gerade mitten in der Sonne mit geschlossenen Augen, wie der Maler malt ohne Pinsel im Spazierengehen, im Augenblick, im Nachsinnen. Wenn ich ihr gegenüber sitze, wartet sie auf die Falte zwischen meinen Brauen.

EIN AMEN

Einmal, als ich sie besuchte, malte jemand ihre Hand — eine schmale Dolde am Ast, eine Seele, die blühte. Ellen Neustädter spielt nicht zur Schau; ihr Spiel ist eine tiefe Dichtung. Die Bühne fängt die Geschehnisse ihres Herzens auf und reicht sie dem Besucher, ein vielköpfiges Ganzes. Sie gibt dem Gemach oder der Landschaft die Farbe, und ihr Odem ist überall. Die Damen vom künstlerischen Theater in Moskau könnten ihre Schwestern sein; die haben allerdings ihre Partner, ihre Zugehörigkeit. Ellen Neustädter hat nur einen gleichwertigen Bruder in Berlin: Oskar Sauer. Warum trennt man das rechtmäßige Spielerpaar? Klein Eyolfs Eltern sind sie. Schwere, hehre Paradiesstimmung, düstere Ernte. Eine Engeline: Ellen Neustädter; der Erzengel unter den Schauspielern ist Oskar Sauer. Was ihre Lippen bringen, ist Kunst aus Segen gewölbt. Sein Spiel segnet, ihr Spiel belohnt; ist ihr Wesen aus Glas, sein Wort aus Stahl. Immer erzwingt die Gabe der beiden Wunderkünstler ehrfürchtige Anbetung. Es schneite draußen weiße Sterne. Oskar Sauer war seinen Leiden erlegen in »Nora«. Ich stand noch lange nach Schluß der Vorstellung am Theatertor — ich bildete mir ein, er sei wirklich gestorben. Auch heute wagte ich mich nicht stürmisch zu begeistern. Ellen Neustädters Seele ist eine zagende Dolde. Durch die lange Theaterabendstraße ging ich auf Zehen heimwärts, denn mein Herz träumte noch. Genial ist das Unantastbare, Erzengel ist alles Genie, es erlöst vom Täglichen, bringt Verlorenheit und Seligkeit zugleich.

EGON ADLER

Meine Spelunke verwandelt sich zum türkischen Café, wenn er und ich zusammen Zigaretten rauchen und wir von den Wänden für unsere Häupter die beiden Fez herunterholen, die auf die Griffe meiner Dolche gestülpt sind.
Einer der Söhne des gefangenen Abdul Hamid, der begabteste jedenfalls, ist der Maler und zur Mokkastunde der Gast meiner Palastspelunke. Wir sprechen (in der Zeit der Abendhimmel alle seine goldenen Bilder aufs Dach stellt) von roten, blauen, grünen und lila Dingen. Ich rate Egon Adler: »Sie müssen immer nur Ihr Selbstbildnis malen«.
Er ist so ganz Eigen, ganz Sich, und sein Herz in einem Rahmen. Aber in seinem Herzen liegt sein jungverstor-

bener Bruder begraben, und innige Gestalt schafft des Malers Hand, wenn der Engel seiner Erinnerung aufersteht.

Zwischen den Farben liegt er dann plötzlich – Stern zwischen Zinnober und Marin auf der Palette für die großen Pinsel. Alle Bilder Egon Adlers sind Spiele, sind süß, haben großgeöffnete Augen, sind ganz in Gottes Vaterhand und rufen.

Sein Mariengemälde holte ich mir aus einer dunklen Ecke des Ausstellungssaales ans Licht: »Träume, säume Marienmädchen, überall bläst der Rosenwind die schwarzen Sterne aus; wiege im Arme dein Seelchen – alle Kinder kommen auf Lämmern hottehotte geritten, Gottlingchen sehen und die schönen Schimmerblumen und den großen Himmel da im kurzen Blaukleide.«

Aber auch die drei Könige sind gekommen; einer sitzt auf des anderen Schulter, der höchste trägt ein Krönchen, ist des Malers Bruder und will Mariens heiliges Spielzeug haben.

Auf Egon Adlers unvergleichlichem Schöpfungsbilde steht sein Brüderchen verzaubert als Mantelkranich mitten auf der Wiese und macht den frechen, kleinen Vögeln bange. Als Reiter reitet er auf dem langausschreitenden Reiterpferd durch den Wald über die Wege aus bunten Fahnenstreifen.

Immer muß Egon Adler die Geschichte des unvergeßlichen Bruders in Farben erzählen, der ist der Memed seines Mohammedherzens.

Hinter den Paradiesbäumen, in den Schornstein seiner Stadtbilder, überall hat sich der kleine Bruder versteckt; er ist es, der den Glorienschein um die Heiligenlocken der Jüngergestalten seines älteren, malenden Bruders anzündet.

Das sich wiegende Blatt der Palme, auf dem Treibhausgemälde ist der Kleine, seine Seele leuchtet im Stein des Ringes am Finger des japanischen Schauspielers.

Elfjährige Kinderaugen gucken unter der Stirn des Selbstbildnisses von Egon Adler und erhöhen es zum Selbstantlitz. Und in den Wolken tummelt er sich als Mond.

Ewig ist Egon Adlers Malerei, ein Engel lebt in seinem Herzen und hängt seinen Schöpfungen Flügel an.

RUDOLF BLÜMNER

Den Mephisto spielt er jeden Abend, eine Privatvorstellung im Freundeskreis. Ohne witzelnde Fußspitzenpose — der Doktor hat Humor, der im Kranichschritt mit dem Schwermutflügel einherschreitet. Wenn er nicht kommt, sind wir alle belämmert; die gretchenblondesten Mädchenköpfe freuen sich, wenn der Mephisto endlich doch kommt. Er versteht Greisengesichtern lächelnde Jünglingsaugen einzusetzen, wenn er bei Laune ist und sein Herz mit übersprudelndem Schalkwillen vorträgt. Wehe aber, wenn er durch die Türe kommt, und sein Hut sitzt schief in die Stirne gedrückt — es regnete —, er konnte heute kein Luftbad nehmen, ein paar Sätze von der Galle, mehr hören wir nicht. Aber seine Galle ist kariert. Nie war ein Hut so mit seinem Kopf verwandt, wie Doktor Blümners Hut. Der ist ein Mime, durchblutet mit den Eigenarten seines Trägers. Unter Hunderten würde ich den Hut des Doktors herausfinden, namentlich aber dann, wenn der Rand seines Panamas lacht; er sitzt rund hinten im Genick. Etwas muß der Doktor heut' ausführen, ich warte am liebsten mitten im Zimmer, wenn er Klavier spielt, ich kann dann so mit seinen Späßen laufen — er spielt eine eigenvertonte Polonäse, er führt sie an. Seine Finger springen wie ungezogene Jungen über die Tasten, schlagen Kobolz, zanken sich; plötzlich steht er gravitätisch auf: »Der Schlaf erwartet mich!« Aber in Wirklichkeit steht der Vollmond vor seinem Fenster, hinter dem Ohr einen Federkiel. Der Doktor muß noch einen Essay schreiben. Seinen Lehrer im Frühlingserwachen — wer kann ihn je vergessen und die Grazie des Ricco in Minna von Barnhelm. Er ist der Aristokrat des großen Schelmenspiels. Aber auch sehr oft beliebt es dem Doktor, sein ernstes Wesen dem Publikum zu schenken; es steht ihm am besten; kehrt es ein — kommt es hervor aus seinem tiefsten Herzensschatten. In diesem Monat hält der Doktor wieder einen Vortrag, es sind die schönsten Abende, goldene Atrappen mit überraschendem Inhalt. Als er die Geschichte der Schneider von Keller vorlas, glaubte ich, die drei zum Schluß verschwinden zu sehn aus dem Saal. Er machte nämlich auch ein Gesicht, als ob sie ihm weggelaufen wären. In seinem feinen Profil ist seine schöne Nase tragisch geschnitten nach Gemmenart. Das Leben fällt gelassen vor ihm.

HANS HEINRICH VON TWARDOWSKY

Seinem treuen Freund Moritz Seeler

Hans Heinrich, der liebenswürdige Parodiendichter und Schauspieler, trug vor einigen Tagen zum wiederholten Male dem entzückten Publikum seine Verse vor; nun schenkt er sie in einem Buch aufbewahrt allen denen, die Freude an seinen Gedichten hatten. Bunte lachende Schelme, geschmückt mit Rittersporn und Rosmarin, taumeln über seine Lippen liebentlang, keinem der Heimgesuchten und Versuchten verletzend auf die Nerven fallend, aber sicher ihr Ziel erreichend. Ein schwärmender Prinz Carneval ist Hans Heinrich, ein gerüsteter Pierrot, begleitet von seinem Knappen, der ihm das Rosenblatt trägt.

Auf der Düne, die weit ins Meer führt, begegnete ich dem entschlossenen siebzehnjährigen, abtrünnigen Hans Heinrich, er widersetzte sich standhaft seiner Familie und antwortete auf ihre Forderungen in Knittelversen, die er den einzelnen Mitgliedern in Knallbonbons übersandte. Nur seiner Mutter Zustimmung zum Schauspielerberuf gewann der hingebende Jüngling durch Küsse.

Wir gründeten am Strand des Ozeans eine Filiale des Deutschen Theaters; das heißt, wir trafen uns gemeinschaftlich mit noch einigen verlorenen Söhnen und Töchtern zur Tausendundeinernachtstunde und spielten Shakespeares »Richard«, den »Carl Moor« und eigene Räuber. Aber auch Ibsens Gestalten wußte Hans Heinrich wundervoll zu beleben. In seiner Glanzrolle der »Hedda Gabler« bewunderte ich ihn allabendlich, er erinnerte mich an den japanischen Schauspieler des asiatischen, künstlerischsten Schauspielvolks, das, indem es die weibliche Hauptrolle vom »Schauspieler« darstellen läßt, mit doppelt kraftvollem Akkord das Feminine betont und zu gleicher Zeit entwirklicht. Den schlanken, weiblichen, jungen General, die Tochter Gablers spielt Hans Heinrich charmant, gebieterisch und voll Charme. Er kann die älteste Exzellenz, seinen Vater im Grabhimmel, doch nicht verleugnen.

Das Meer rauschte unaufhörlichen Beifall, wenn auch ohne Ovationen, es brachte keine Muscheln von der Reise mit, Seeteufelchen und Spuk, Wasserspielzeug, wie die Nordsee, wo ich dem Hans Heinrich schon einmal begegnete, in der Sonne gelähmt im Wagen sitzend. Alle Leute verwöhnten den schönen Jungen mit den traurigen feinen Augen, die blaue Spur lassen. Namentlich die Frauen, die er aber auch wie ein Süßweinkenner bis in den kleinsten Tropfen richtig beurteilt. Ich denke gern an unsere Streiche in Warnemünde, wenn wir die schlafenden Badegäste durch Scheinbrände in Panik versetzten. Am liebsten bestiegen wir die Kanzel der Dorfkirche, unsere Gedichte einem andächtigen Mütterchen vorzutragen, das mit frommem Besen und seligem Staubtuch den Altar und die Bänke säuberte. Sie glaubte an unsere frommen Verse wie an den heiligen Christophorus, der das Kind, »die Welt«, erklärte uns die liebe, armselige Frau, auf dem Rücken trage. Und sie lobte unsere Predigten, die so weich aus unserem Munde kämen.

MEIN HERZ

Ein Liebesroman mit Bildern und wirklich lebenden Menschen

Mein Herz —
    Niemandem.

Liebe Jungens!

Daß Kurtchen Dich mitgenommen hat nach Schweden, Herwarth, ist direkt eine Freundestat. Kurtchen wird erster Staatsanwalt werden und Euch kann nichts passieren. Aber mir kann was passieren, ich hab niemand, dem ich meine Abenteuer erzählen kann außer Peter Baum, der aber aus der alten Wohnung in die neue Wohnung zieht. Im Wirrwarr hat er statt seines Schreibtischsessels seine Matja in den Möbelwagen getragen und sie den Umzugleuten besonders ans Herz gelegt, daß die Quasten nicht abreißen. Am Abend erzählte ich ihm erst meine neue Liebesgeschichte. Ich habe nämlich noch nie so geliebt wie diesmal. Wenn es Euch interessiert: Vorgestern war ich mit Gertrude Barrison in den Lunapark gegangen, leise in die ägyptische Ausstellung, als ob wir so etwas Süßes vorausahnten. Gertrude erweckte dort in einem Caféhaus die Aufmerksamkeit eines Vollbartarabers; mit ihm zu kokettieren, auf meinen Wunsch, schlug sie mir entsetzt ab, ein für allemal. Ich hätte nämlich gerne den Lauf seiner sich kräuselnden Lippen beobachtet, die nun durch die Reserviertheit meiner Begleiterin gedämmt wurden. Ich nahm es ihr sehr übel. Aber bei den Bauchtänzerinnen ereignete sich eines der Wunder meines arabischen Buches; ich tanzte mit *Minn*, dem Sohn des Sultans von Marokko. Wir tanzten, tanzten wie zwei Tanzschlangen, oben auf der Islambühne, wir krochen ganz aus uns heraus, nach den Locktönen der Bambusflöte des Bändigers, nach der Trommel, pharaonenalt, mit den ewigen Schellen. Und Gertrude tanzte auch, aber wie eine Muse, nicht muselhaft wie wir, sie tanzte mit graziösen, schalkhaften Armen die Craquette, ihre Finger wehten wie Fransen. Aber er und ich verirrten uns nach Tanger, stießen kriegerische Schreie aus, bis mich sein Mund küßte so sanft, so inbrünstig, und ich hätte mich geniert, mich zu sträuben. Seitdem liebe ich alle Menschen, die eine Nuance seiner Hautfarbe an sich tragen, an sein Goldbrokat erinnern. Ich liebe den Slawen, weil er ähnliche braune Haare hat wie Minn; ich liebe den Bischof, weil der Blutstein in seiner Krawatte von der Röte des Farbstoffs ist, mit der sich mein königlicher Muselmann die Nägel färbt. Ich kann gar nicht ohne zu brennen an seine Augen denken, schmale lässige Flüsse, schimmernde Iris, die sich in den Nil betten. Was soll ich anfangen? Die Verwaltung des Lunaparks hat mir verboten, wahrscheinlich hat sie Verdacht bekommen, den Park zu betreten. Ich brachte nämlich gestern morgen meinem herrlichen Freund einen großen Diamant — Deinen, Herwarth; bist Du böse? — und eine Düte Kokosnußbonbons mit. Wenn ich überhaupt jetzt Geld hätte? Und ich habe an den Lunapark einen energischen Brief geschrieben, daß ich diese mir angetane Beleidigung der Voß mitteilen würde, daß ich Else Lasker-Schüler heiße und Gelegenheitsgedichte dem Khediven lieferte beim Empfang europäischer Kronprinzen. Was nützt mirs, daß sie mich wieder einlassen — immer geht ein Detektiv hinter mir, aber Minn und ich treffen uns bei den Zulus, die leben schwarz und wild am Kehrricht der ägyptischen Ausstellung, wo kein Weißer hinkommt. Die ganze Geschichte hat mir der Impresario eingebrockt, der behandelt die Museleute wie Sklaven, und ich werde ihn ermorden mit meinem Dolch, den ich mir erschwang im Lande Minns. Er ist der Jüngste, den der Händler nach Europa brachte, er ist der ben, ben, ben, ben, ben des jugendlichsten Vaters im ägyptischen Lunagarten. Er ist kein Sklave, Minn ist ein Königssohn, Minn ist ein Krieger, Minn ist mein biblischer Spielgefährte. Er trägt ein hochmütiges Atlaskleid und er träumt nur von mir, weil er mich geküßt hat. Kurtchen, Freund Herwarths, wärst Du doch hier, kein Mensch will mit mir nach Ägypten gehn; gestern war eine Hochzeit dort angezeigt an allen Litfaßsäulen. Sollt er sich verheiratet haben?

Denkt mal, ich habe in den Mond gesehn auf der Weidendammerbrücke für zwanzig Pfennige. Ich habe aber nur sehr schattenhaft die Menschen durch das Fernrohr erkannt. Ein Mann hatte die Haare so wie Du geschnitten, Herwarth, oder vielmehr nicht abgeschnitten. Ob die Mondproleten auch immer rufen: Laß Dir das Haar schneiden? Und einen Herrn mit einer Aktenmappe habe ich ein Brot mit Roastbeef essen sehn, der glich Dir, Kurtchen. Und wahrhaftig, ein Café gibts auch auf dem Mond; es war Nacht, ich hörte aus seinem Innern eine Stimme wie Dr. Caros Stimme singen: »So laßt uns wieder von der Liebe reden, wie einst im Mai«.

Ich habe mich endgültig in den Slawen verliebt – warum – ich frage nur immer die Sterne. Ich liebe ihn ganz anders wie den Muselmann, sein Kuß sitzt noch, ein Goldopasschmetterling, auf meiner Wange. Den Slawen aber möchte ich nur immer anschaun, wie ein Gemälde auf Altmeistergrund. Eine Feuerfarbe hat sein Gesicht, ich verbrenne im Anschaun und muß immer wieder hin. Du brauchst gar keine Angst zu haben, Herwarth, er hat mir auf meinen Liebesbrief gar nicht geantwortet. Ich schrieb ihm: »Süßer Slawe, würdest Du in Paris im Louvre gehangen haben, hätte ich Dich statt der Mona Lisa gestohlen. Ich möchte Dich immer anschauen, ich würde gar nicht müde werden; ich würde mir einen Turm bauen lassen, ohne Türe. Ich möchte am liebsten zu Dir kommen, wenn Du schläfst, damit Deine Wimper nicht zuckt im Rahmen. Ich denke gar nicht mehr, als an Dich und nur an Dich und nie anders, als ob Du in einem Rahmen ständest. So schön wie Du gestern warst, Du warst so schön, man müßte Dich zweimal stehlen, einmal der Welt und einmal Dir selbst; Du weißt am schlechtesten mit Dir umzugehen, Du hängst Dich immer ins falsche Licht.« Ich versichere Dir nochmals, lieber Herwarth, Du brauchst Dir darum keine Sorgen machen, er reichte mir gestern abend nicht einmal die Hand. Es verriet mir jemand im Vertrauen, er will sich mit *Dir* nicht entzwein, er ist Literat. Was sagst Du zu solch einer Feigheit? Du hättest mir in seiner Lage wiedergeschrieben, nicht? Ihr braucht also noch lange nicht kommen; vorgestern nacht träumte ich sogar, ein Eisbär sei Euch beiden Nordpolfahrern begegnet und hätte Euch gefragt, ob Ihr Euch bei ihm photographieren lassen wolltet. Was ich ein ausgesuchtes Unglück in der Liebe habe! Ihr auch? Habt Ihr schon Ibsen gesehn und die Hedda Gabler? Und habt Ihr Euch schon eine andere Landschaft betrachtet, wie ein Café? Es gibt wohl da oben nur Schneefelder und weiße Berge und was weiß noch? Die Lappen halten wohl nicht, schickt mir aber ein paar Krönländer.

Ihr könnt lachen, ich hab aber die ganze Nacht nicht geschlafen, einmal war es kalt, einmal heiß, dann stürmte es Herbst, und dazwischen glühte Eure Mitternachtssonne. Als ob der September mir alles nachäffe! Ich weiß nämlich gar nicht genau, wen ich liebe: den Slawen oder den Bischof? Oder sollte ich mich noch immer nicht von

Minn trennen können? Der Bischof ist seit gestern von mir zum Erzbischof ernannt worden. Aber der Slawe wird wohlweislich bald seinen Abschied einreichen, seine diplomatischen Experimente mit mir sind demokratisch. Ich bat ihn, meinen Liebesbrief mir wiederzugeben, zum Donnerwetter. Ich habe doch zum Donnerwetter Ehre im Leib. Er hat ihn mir noch nicht zurückgesandt — ob er mir ein paar Worte dazu schreiben wird! Aber was hilft das nur, der Erzbischof spricht, wie ich träume, ganz genau so, auch versteht er unausgesprochen meine Wünsche zu erfüllen. Er wandelt mit mir durch schwermütige Wälder über Rosenpfade, oder wir suchen mitten in der Gespensterstunde rissige Straßen auf, die auf die Spree blicken, finster wie das Auge des Arbeiters. Und jeden Tag bekomme ich vom Bischof einen Brief, es sind die schönsten Briefe, die ich je gelesen habe, ich lese sie laut mit der Stimme des Slawen. Und wie geht es Euch? Ihr seid wohl schon am Wendekreis des Schneehuhns angelangt? Erkälte Dich nur ja nicht, Herwarth. Vor allen Dingen bekomme keinen Schnupfen, ich werde wahnsinnig vom Rauschen der Nase. Kommt Ihr bald nach Hause? Der Erzbischof und der Slawe sind heute vor elf Uhr schon aufgestanden und verließen das Café. Ich wäre gern so sans façon mit ihnen fortgegangen, aber Ihr kennt die Leute noch nicht im Café. Wenn sich nun der Erzbischof und der Slawe alles sagen!!? Der dicke Cajus-Majus blieb bei mir am Tisch sitzen, Cajus-Majus, Cäsar von Rom; wenn er nur nicht immer von Literatur redete! Solange es von meinen Versen handelt, geht es ja noch, aber fängt er von Aristophanes an zu quatschen, soll ihn Dantes Hölle holen! Er vertraute mir an, er liebe Lucrezia Borgia. Als ich ihn fragte, wer das Frauenzimmer sei, bekam er einen Lachkrampf. Ohne Dich, Herwarth, geht es hier doch nicht. Du hilfst mir immer in der Geschichte, auch geniere ich mich, jemand zu bitten, mir die Kommas zu machen. Auf einmal kam gestern Dein Freund, der Doktor, wieder ins Café mit der Marie Borchardt und ihrer Freundin, der Margret König. Die ist auch Schauspielerin, wußtest Du das? Du, sie ist reizend! Ich schickte ihr im ausgerauchten Zigarettenschächtelchen des Slawen einen Chokoladencaces und eine Zigarette. Sie ist eine süße Silhouette. Immer steht sie, ein goldenes Nymphchen, zwischen meinen bunten, plätschernden Gedanken. Darum ging ich auch heute abend in den Vortrag der Marie Borchardt, nicht um meine Gedichte zu hören, nur der Margret wegen. Aber ich war sehr überrascht von der Vorlesung der Marie, die ist eine italienische Sprecherin; in ihrer Stimme tönen venezianische Glasblumen, und echte Spitzen aus den Palästen knistern unter ihren Worten. Ausgesehn hat sie in ihrem Terrakottakleid und ihrem Turban mit der Goldfranse wie eine kleine Dogenprinzessin. Wenn ich einen Dogen wüßte, ich ließ sie entführen in einer Gondel. Es kann doch nicht alle Tage dasselbe außer mir passieren. Du sagst zwar immer, ich soll mich nicht um andere Menschen bekümmern, aber mich ärgern ebenso sehr die unkünstlerischen, wie die künstlerischen Vorgänge mich im Leben erfreuen. Ich glaube, es ist schon zwölf Uhr; ich bin tatsächlich zu bange, heute den Flur meiner Wohnung alleine zu betreten. Ich bin nervös. Ich werde Dir mein Wort nicht halten können und vor Morgen schon in meinem Bett liegen. Ich werde bei dem Billetfräulein am Halenseer Bahnhof schlafen auf ihrem blutlosen, alten Kanape. Sie erzählt mir den Rest der Dunkelheit von ihren Liebhabern. Gute Nacht, Herwarth, liebes Kurtchen!

Ich bin nun zwei Abende nicht im Café gewesen, ich fühle mich etwas unwohl am Herzen. Dr. Döblin vom Urban kam mit seiner lieblichen Braut, um eine Diagnose zu stellen. Er meint, ich leide an der Schilddrüse, aber in Wirklichkeit hatte ich Sehnsucht nach dem Café. Er bestand aber darauf, mir die Schilddrüse zu entfernen, die aufs Herz indirekt drücke; ein klein wenig Cretin könnte ich davon werden, aber wo ich so aufgeweckt wäre, käm ich nur wieder ins Gleichgewicht. Ich hab nämlich gebeichtet, daß ich mir außerdem das Leben meiner beiden Freunde wegen hätte nehmen wollen am Gashahn, der aber abgestellt worden sei; der ganze Gasometer ist geholt worden. Ich konnte die Gasrechnung nicht bezahlen. Auch in der Milch kann ich mich nicht ersäufen, Bolle bringt keine mehr. Wie soll ich nun, ohne zu erröten, wieder ins Café kommen? Ein Mensch wie ich müßte sein Wort halten. Ich werde den beiden, dem Bischof und dem Slawen, vorschwindeln, Du wirst Dich zu sehr erschrecken.

Liebe Jungens

Ratet nur, die beiden waren garnicht mehr da, als ich um zwölf Uhr lebendig ins Café kam, aber Dein Freund der Doktor saß und sang für sich, manchmal so laut, er vergaß schier den Ort. Seine Stimme ist mythenhaft, olympisch, auch Krater raucht darin, und dröhnen kann sie wie Zeuswort. Daß wir beide uns böse sind, ist direkt unkünstlerisch.

Wißt Ihr, wer heute in aller Früh angeklingelt hat — Fridolin Guhlke. Er habe sich verliebt, er habe seine erste Liebe getroffen; damals sei sie dreizehn gewesen vor drei Jahren. Und er zeche nicht mehr, seine Flamme trüge einen Heiligenschein um den Kopf. Auch ins Café käme er nicht mehr, ich sollt ihm dieselbe Askese versprechen. Heimlich halten wir alle das Café für den Teufel, aber ohne den Teufel ist doch nun mal nichts. Ich bin neugierig, wie lange der Guhlke es ohne Teufel aushält. Manchmal gehts ja dort auch etwas zu heiß her, wenn einen so eine aufgetakelte Plebejerin anranzt; man soll ihr aus dem Weg gehn, ihr Vollmond könnt nicht vorbei mit dem Spitzenüberwurf. Ich wollt ihr eine Backpfeife geben, als sie schon oben aus dem Billardraum ihren Mann holte, der in Begleitung von galizischen Saduzäern und Chaldäern sich mir näherte. Aber ich verhielt mich stumm; hasse es, mich mit lauten schreienden Weibern einzulassen. Nach einiger Zeit kamen dann zwei Polizisten, mich zu vernehmen. Aber Richard versteckte mich zwischen den Zeitungen; das bleibt jetzt mein Fach. Dann kam unser Direktor Wauer, er hätte gern die Szene gesehn. Ich entschädigte ihn. Er kannte wirklich noch nicht die Schauspieler im ägyptischen Lunapark. Gerade trabte das Dromedar am großen Fenster des Cafés vorbei; es kam vom Tierarzt, es leidet an seinen Mägen. Ich sehne mich nach Minn, er war es nicht, der Hochzeit hatte. Was mir noch einfällt, Kurtchen, Herwarth hat seine Taschentücher vergessen, leihe ihm von Deinen. Du kriegst sie *gewaschen* zurück. Es ist vier Uhr; es ist noch ganz hell. Direktor Wauer fährt in einem Wagen unserer kleinen Karawane voraus.
Lieber Herwarth und liebes Kurtchen! Bleibt noch so

lange wie es Euch gefällt; ich freue mich ja so, daß Ihr Euch schon erholt habt, auch über Eure schönen, interessanten Ansichtspostkarten. Wie vornehm ist Ibsens Grabmal gehalten, eine Säule in der Sprache der Hieroglyphen, eine nordische Pyramide. Gestern zeigte mir der Erzbischof auch mein Denkmal. Der indische Turm des Lunaparks müßte einmal auf meinem Leibe stehn. Es überkam mich ein Grauen, aber zu gleicher Zeit senkte ich erhaben den Kopf vor der mir angetanen Ehre. Der Bischof ist der Gärtner des Worts, er spricht mit einer gleichmäßigen Ruhe, die mir wohltut. Er behauptet zwar, er spräche nur mit mir so gleichmäßig und vorsichtig, und ich weiß nicht, ob er mich für eine zarte Pflanzenart oder für einen Tiger hält. Als wir am Abend dem Slawen begegneten, ging er an uns vorbei; er spielt altmodisch den Erhabenen, er ist eben ältlich im jugendlichen Alter. Wenn man ältlich ist, kann man keine Jahreszeit des Herzens erleben, selbst den Winter nicht, ebenso wie der Kindische nichts vom Frühling weiß. O, und alles bedeutet der Wandel im Menschen; der Bischof und ich, wir spielen augenblicklich Lenz. Peter Baum gibt mir auch vollständig recht, er sei nur zu faul zum Wandel. Er läßt Euch grüßen; sein Roman aus der Rokokozeit sei fast fertig, vor einem halben Jahr war er beinah fertig. Lebt wohl, liebe Kameraden!

Cajus-Majus, der Cäsar, setzte sich geheimnisvoll an meinen Tisch, als sich Peter Baum für einen Augenblick entfernte, Cajus möchte mich etwas fragen. »Ich möchte Sie etwas fragen, Else Lasker-Schüler, passen Sie mal auf! Es handelt sich um meine literarische, wie um meine materielle Zukunft. Würde es mir Herr Walden übel nehmen, falls ich bei Capuletti in Florenz in den Verlag einträte? Kraus ist ja erhaben über dergleichen, aber Walden hat zur Zeit Herrn D. schon einmal bei einer solchen Gelegenheit die Alternative gestellt.« Ich habe ihm geantwortet, Herwarth, daß er meine Stellung zu Dir überschätze. Ich wäre noch nicht mal als Laufbursche unten im Bureau angestellt, ich bewürbe mich aber um den Sekretariatsposten und würde seine Angelegenheit zur Sprache bringen. Bin ich nun so dumm? Offen gestanden, ich mag Cajus-Majus schrecklich gern leiden, er ist ein drolliger, erwachsener Pausbackenengel, ein frommgewordener Bacchant im Bacchantenzug; sein Humor hat sich frisch erhalten, aber statt der Trauben trägt er einen weißen Kragen um den Hals. Was sich doch die Menschen verändern, was die Literatur aus einem Menschen macht! Aber allen Ernstes, Herwarth, wirst Du es ihm übel nehmen? Eins will ich Dir sagen, druckst Du nichts mehr von ihm, schreib ich nicht eine Bohne mehr. Die einzigen Sachen, die mir Vergnügen machen, sind Cajus-Majus Sachen. Als Peter Baum wieder an unseren Tisch trat, kamen durch die Caféhaustüre die Signorina Marie und die Margret. Ich sagte, die Margret sieht heute aus wie ein Glühwürmchen, und Peter Baum schnappte danach. Aber Cajus-Majus schwamm weiter durch die literarische Seligkeit wie ein Walfisch. Aus seinem Kopf floß über Kreuz ein Springbrunnen. Wir gingen zeitig nach Haus, Herwarth, auf Ehrenwort! Wieder ist ein Brief vom Dalai Lama aus Wien gekommen, ich habe ihn zu den anderen Briefen und Karten und Drucksachen in Deine fife o glock Hose gesteckt.

Lieber Cook und lieber Peary!

Ich muß Euch ein Geheimnis anvertrauen: Gestern in der Nacht, der Himmel war eine Mischung von taubenblau und stern, gingen der Bischof und ich in eine kleine Kneipe in die Mommsenstraße. Aber ich hatte kein Geld mehr bei mir, als gerade noch für ein Glas Wasser, das Trinkgeld kostet. Der Bischof verträgt aber wahnsinnig viel Alkohol; er wollte durchaus Burgunder trinken, weißen Burgunder. Er beteuerte mir, daß durch sein Herz weißer Burgunder ströme, er wollte mich durch die Blume des Weins von seiner reinen Liebe verständigen. Aber ich sagte ihm, ich hätte kein Geld. Und er war sehr niedergeschlagen, daß ich von ihm nichts annehmen wollte. Meint Ihr, ich hätte mit ihm den Burgunder trinken sollen? Oder Goldwasser? Ich will Euch offen sagen, wir haben Goldwasser getrunken; ich habe mich zum ersten Mal von einem Menschen freihalten lassen; es lag eine Zärtlichkeit in seinem Geben, manchmal reichte er das kleingeschliffene Glas bis an meine Lippen, wie mans bei einem Kind tut. Ich liebe seitdem den Bischof und ich habe ihm erlaubt, meine Haare zu küssen; er sagt, sie duften nach Lavendel.

Liebe Jungens!

Ich habe hier nun keinen Menschen, dem ich das alles erzählen kann, kommt bald wieder! Der Peter Baum ist ein Schaf, er grast immer auf der Wiese bei seiner Mutter und immer kann er nicht loskommen von Hans oder von einem anderen Cousin des Wuppertals. Oder seine Schwester läßt ihn nicht fort, oder Maja, sein Weib, ist zurückgekehrt von der Reise. Ohne Peter Baum kann ich

nicht leben. Er rügt mich nie, er findet, alles paßt zu mir, was ich tu. Aber vor Dir hab ich Angst, lieber Herwarth; eine Backpfeife wäre mir lieber als Dein strenges Gesicht. Den Geschmack habe ich noch von der Schule her. Und ich werde lieber in Deiner Abwesenheit diese Briefe an Dich und Kurtchen an Deine Druckerei schicken. Du sagst ja doch, es geht nicht, aber es geht alles, wenn man will. Peter Baum findet auch nichts dabei. Den ganzen Tag hab ich gestern auf ihn gewartet; ich schrieb dreimal denselben Brief an ihn, einen sandte ich an seine erste Wohnung, den zweiten an seine zweite Wohnung und den letzten an seine Mutterwohnung nach Friedenau. Auf Wupperthaler Platt: »Lewer Pitter Boom, dat letzte Mol, dat eck Deck schriewen tu: kömm oder kömm nich, ollet Mensch. Eck han Deck so völl tu verzählen, eck weeß nich, wän eck vön de dree Arbeeter liewe: den Fredereck oder den Willem oder den Ost-Prösen. Du söllst meck helven tu sinnen, dommet Rendveeh. För wat böß De denn geborn? On leih meck een Kastemännecken, eck han verdeck keene Kartoffel mähr em Hus, on necks tu freten. Eck gew et Deck weher, so wie ming Gelägenheetstrauerspeel, »Die Wupper«, obgeföhrd wörd. Der Derektör Reenhardt han et meck versproocken optuföhren; wenn meck ens nur der olle Großvatter em erschten Akt vörher nich sterben dut; hä leid on die Luft. Det weeßt De jo. On de Grätz vom Dütschen Triater söll emm speelen. Du gönnst et meck wohl nich, fiser Peias? Kömmste nu oder nich? Kömm ens wacker! Ding Amanda!«
Denkt mal, er ist abgereist mit seiner Schwester Julie nach Hiddensee. Am Hohenzollerndamm wohnt seine Frau, die Matja, mit ihrer Freundin Jenni. In der alten Ringbahnstraße hat Peter Baum seinen Roman liegen

lassen. Die Tapezierer haben die Hälfte Blätter schon mit Kleister beschmiert, um sie unter die neue Tapete zu kleben. Aber was geht das uns an! Hast Du Dir den Brief von der Post in Christiania abgeholt, lieber Herwarth? Was sagst Du dazu, daß Deine Pantomime in ganz Luxemburg angenommen worden ist? Ich singe immer seitdem: Ich bin der Graf von Luxemburg und hab mein Geld verjuxt, verjuxt.

Liebe Kinder!

Ich habe Euch schnell was furchtbar Schmerzliches zu sagen: der Marokkaner ist entführt worden von einer Undame.

Herwarth!

Gestern war ein Monstrum im Café mit orangeblonden, angesteckten Locken, und wartete scheints bis Mitternacht auf Dich, Herwarth. Leugne nur nicht, Du kennst sie; sie sprach genau so im Tonfall wie Du, überhaupt ganz in Deiner Ausdrucksweise. Nachher ging sie in die Telephonzelle; ich und Zeugen hörten sie unsere Nummer rufen, aber Deine Sekretärin mußte wohl schon gegangen sein, denn das Monstrum stampfte so wütend mit dem Fuß, daß die gläserne Tür des kleinen Kabinetts klirrte. Und so stampfen nur Verhältnisse! Es wäre doch eine Gemeinheit von Dir, wenn Du mir untreu wärst. Jemand hat hier im Café gesehn, wie sie Dir unter dem Tisch eine ihrer künstlichen orangefarbenen Locken schenkte. Aber was wollte ich noch sagen: heute morgen war Minn bei mir in der Wohnung; auf seiner stolzen Schulter trug er einen großen Reisekorb, mich darin sofort einzupacken nach Tanger. Ich will es mir noch überlegen mit dem Bischof; natürlich, wenn der mich wirklich liebt, kann ich ja nicht weg. Aber noch eins: niemand schwärmt so für Deine Pantomime wie der Erzbischof und der Slawe. Also bleibe noch ruhig am Nordpol, Du und Kurtchen.

Lieber Herwarth!
Zum Wohlsein, Kurtchen!

Gestern sind meine Rosa und ich fast überfallen worden!! Sie flickte mir gerade meinen Rock. Ihr Fritze war es, der doch so ungefährlich aussieht. Sie hat ihm in der letzten Zeit dieselben Briefe geschrieben, die ich ihr an Dich und Kurtchen vorlas. Was wir so alles durchmachen! Auch geht es mir materiell schlecht. Im Café habe ich große Schulden, beim Ober vom Mittag: ein Paradeishuhn mit Reis und Apfelkompott; beim Ober von Mitternacht: ein Schnitzel mit Bratkartoffeln und Preißelbeeren und ein Vanilleeis, ein ganzes zu fünfzig Pfennig. Martha Hellmuth, die Zauberin Hellmüthe in meinem St. Peter-Hille-Buch, lieh mir einen Groschen fürs Nachhausekommen, sonst hätte ich Dir wieder mein Wort nicht halten können. Und nachher kam Rechtsanwalt Caro; er ist direkt ein gentleman, er gab mir für Dich zehn Mark; er sei Dir das schuldig. Als ich dann Lachs mit Buttersauce gegessen hatte, fiel mir ein, es war eine elegante Ausrede von ihm. Was man doch an Keingeld zu Grunde geht! Zwar Kleingeld vertrag ich noch weniger, ich bin von Hause nicht en miniature gewöhnt. Macht Euch keine Sorgen um mich, solang ich noch im Fall einer Mobilmachung was zu versetzen hab — Euer Krösus.

Liebe Jungens!

Höxter ahnt was von meiner Schwärmerei zu Minn, er hat mir zwei Ansichtspostkarten der ägyptischen Lunaausstellung mitgebracht. Auf dem Kamel der Palmenlandschaft sitzt mein Sultan. Wo ihn die Diebin wohl hingeschleppt hat? Hast Du übrigens von der Zeichnung, die Höxter von mir gemacht hat, ein Cliché anfertigen lassen, Herwarth? Sie kommt doch in den Sturm? Ich bin darauf wirklich der kriegerische Prinz von Theben, dafür ist die Sphinx im Vordergrund ein richtiges Weib. (Ich schreib sonst kein Wort mehr für den Sturm.) Höxter und ich sitzen heut ganz allein im Vorgarten des Cafés; wir knobeln in der Sonne aus, daß wir beide von Beduinen stammen, er sitzt immer wie ich auf einem edlen Araberpferd, darum können wir nie ganz verkommen. Wir sind vom Stamm der Melechs und ziehen in Gedanken immer gegen andere Rassen. Ich bin Höxter dankbar, er erzählte mir ein Wunder, seine Schwester heiße Schlôme.

Wißt ihr, wer gestern bei mir war? Die Exkönigin Eugenie! Ich öffnete mit Zagen die Korridortüre wegen des Gerichtsvollziehers. Ihre Majestät versprach mir, an meine Cousine zu schreiben, die ist Zwillingsmillionärin.

Lieber Herwarth, edles Kurtchen!

Ich habe mir seit einigen Tagen vorgenommen, Karl Kraus, der Dalai-Lama in Wien, soll außerdem Minister werden. Ich sehe ihn überhaupt nicht mehr anders, als auf einem mächtigen Stuhl sitzen. Wie langweilig und langsam alle Menschen sind, er wäre schon längst Minister. Ob ich wohl Hofdichterin werden würde mit einer Apanage. Aber daran denke ich erst in zweiter Linie. Ich hätte die Angelegenheit Dalai-Lamas längst zur Sprache gebracht, aber die Leute, wie gesagt, lächeln immer langwierig, wenn ich was sage, auch verstehen sie nicht meinen gaukelnden Worten ein Seil zu spannen. Nur der Minister freut sich meiner Sprünge, er ist ernst genug.

Der kleine Jakobsohn hat zweiundzwanzig Nummern der Fackel bestellt; ich habe Dir sofort gesagt, Herwarth, er ist gar nicht so schlimm, es wird ihn auch noch der Sturm umreißen. Seid vergnügt, beide, macht Euch keine Sorge wegen meines Mitbruchs, ich hab Diamanten und Perlen — und ein Heer Verse — auf Dich gedichtet.

Ich kann Euch heute nur eine Postkarte schreiben; der Bischof telephoniert eben, ob wir gleich etwas in Sibirien spazieren gehen wollen. Wir nennen nämlich die Gegend am Lützowerplatz in Charlottenburg Sibirien. Wir haben überhaupt viel gleiche Empfindungen beim Anschaun der Welt. Auch sehen wir dieselben Tiere im Menschgesicht. Die Katzen liebt er, ich nicht. Ich werde ihn heute fragen, ob er die Katzen mehr liebe wie mich. Solche Fragen berühren ihn glücklich. Ich frage ihn vieles Verhängnisvolle auf Französisch, als wäre er mein Gouverneur. Es ist so aufatmend, wenn einem auf einmal alle die verantwortlichen Gedanken und eingenisteten Gefühle von der Schulter gleiten und man eine Marionette ist, am feinen Seidenfaden geleitet. Aber manchmal bin ich sein goldener Ball, den er liebevoll in Kinderhände wirft. Oder ich schlummere vom Rausch seiner Worte, er hat etwas Rebenartiges. Ich lehne, seitdem ich ihn kenne, oft an schwarzangestrichenen Wänden der Häuser und werde süß. Wenn er nicht mit mir spielen

würde! Ich müßte verdorren in der Nüchternheit von
Berlin. Unter Asphalt ist sogar hier die Erde begraben;
einen großen Baldachin wie des Wintergartens dumpfer
Sternenhimmel wollen sie jetzt über die Hauptstadt
bauen; wo soll man dann hin, blau sehn. Der Westen
unserer Stadt ist mir am verhaßtesten, die Arbeiter-
gegenden haben wenigstens etwas Kriegerisches. Kürzlich standen wir auf der Brücke, die zur Siemens-Fabrik
führt, in der Nacht. Wir hätten uns fast geküßt, aber ich
entschwand seinen Lippen, ohne es zu wollen, wir sind
auch beide zu weiß, wenn wir erröteten im Küssen, wäre
wie Blut, vielleicht wie Mord. Ich muß Euch das alles
sagen, liebet mich dafür.

Liebe Jungens!

Als ich heute ins Café kam, saßen der Slawe und der
Bischof wo versteckt. Der Slawe findet es scheints poli-
tischer in Deiner Abwesenheit, Herwarth, sich nicht mit
mir zu befassen, er spielt den Ehrenmann. Auf die Idee,
daß er sich aus mir nichts macht, bin ich noch nicht gekommen, aber ich habe ihn satt; er ist auch gar nicht so
schön, wie ich ihn zuerst sah, er hat ein enges Mienen-
spiel. Und er freut sich immer, wenn jemand Verlust der
Phantasie erleidet, da er keine besitzt. Ich habe Minn
verloren, alle marokkanischen Träume und den täto-
wierten Halbmond an seinem vibrierenden Nasenflügel.
Der Bischof sah mich von Ferne weinen, er küßte schon
dreiundzwanzig Mal mitleidig seiner kleinen, heiligen
Katze den Kopf.
Heute stellte ich dem Bischof eine Sängerin vor, weil sie
der Talismanphotographie ähnlich sieht, die er in sei-

nem Portefeuille trägt. Nun soll er in Wirklichkeit seinen Typus Angesicht von Angesicht sehn. Ich glaube zwar, er ärgert mich nur mit ihm, aber ich will mich lustig rächen. Felicitas summt immer meine Melodien auf Berliner Jargon, die ich aus dem Morgenland weiß, sie ist mein verwässerter Nil abwechselnd mit einer Schüssel Tigriswasser, darin sie ihre Strümpfe wäscht. Aber sie trägt seidene Strümpfe; mit Wohlgefallen bemerkte das der Erzbischof, auch stellte er Vergleiche an zwischen mir und ihr. Das nehme ich ihm übel, ich glaube, ich mag ihn nicht mehr leiden. Meine ganze Psyche ist eine Weile eingekracht. Eine feine ganz goldene Stadt ist meine Seele, lauter Wandelgänge von Palast zu Palast. Und ihre Landschaften übersteigen die Schönheiten aller Länder. Ich soll wieder erkrankt sein, aber wo? Es ist kein Mosaik mehr da, und mich behandelt man auf Backsteine. Ich gab dem Bischof lächelnd die Hand zum Abschied: »Leben Sie wohl, Herr Erzbischof, Sie behaupteten, die Kultur der Ägypter über alles zu lieben, und vergaßen, daß man eine pharaonische Prinzessin nicht (wenn auch in Gedanken) neben einem deutschen Porzellangänschen stellen darf.« So sagte ich ihm.

Herwarth!

Heute gabs wieder Aufschnitt bei mir; dabei esse ich so gern Ente und Mirabellen. Ich hatte geradezu Sehnsucht nach Kempinski, trotz der gierigen Philister an den Nebentischen. Warum sind wir beide dort so unverheiratet? Bin weder in dem Lokal Deine Verehrerin, noch Deine Kameradin, noch Deine Angetraute. Du bist dort mein Liebhaber, erster Liebhaber, und ich fühlte wohl

in den beiden Malen, wo wir dort aßen, daß auch in Dir
verborgen wie in allen Männern das Talent zum Bonvivant
steckt; aber ich auch nicht alleine die Dichterin und
die Tino von Bagdad bin, nicht nur der Prinz von Theben,
zu guterletzt nicht nur als Jussuf der Ägypter existiert
habe, sondern ich auch ein ganz kleines Mädchen
sein kann, das zum ersten Mal von einem Herrn zu
Kempinski zum Abendbrot mitgenommen wird und Geschmack
an Kaviar und Ente mit Mirabellen findet, sich
aber noch schüttelt entsetzt vor der Schnecke in der geöffneten
Muschel. Weißt Du noch unsere Angst, daß jemand
uns von Bekannten sehen würde, — unser Verhältnis.
Ich trank aus Deinem Glas Rotwein, und Du
machtest mir Komplimente meiner schmalen Fußgelenke
wegen. Du versprachst mir seidene Strümpfe zu kaufen
und eine weiße Feder für meinen großen Strohhut. Du
hast so emsig süß zu mir gesprochen, namentlich wie ich
mich genierte, noch etwas von der Auswahl der Konfitüren
zu wählen. Und ich vergaß wirklich, daß ich Deine
Frau war, und machte mich über Deinen Drachen lustig,
über ihre finstere Stirn. Aber ich werde nie Dein stutziges
Gesicht vergessen; da wußte ich, daß Du schon öfters
mit kleinen Mädchen bei Kempinski soupiert hattest, die
Deine Frau ihrer fanatischen Galiläerstirn wegen verspotteten.
Das hatte Dich immer wieder von den Leckermäulern
abgebracht, denn Du wurdest barsch und unmutig
zu mir, weil ich Deine »Frau« beleidigt hatte. Und
wie ich erfahren habe, bist Du erst neulich in einer kleinen
Gesellschaft dort gewesen, Dein Freund, der Doktor,
brachte seine lachende Kleine mit. Warum hast Du nicht
Kurtchen veranlaßt, den Doktor auch zu der Reise nach
Norwegen einzuladen? Er sieht abgearbeitet und ver-

ärgert aus. Es gibt keinen Menschen, der aufmerksamere Liebe nötiger hat, als der Doktor, als »unser« Doktor, sind er und ich auch schuß für ewig. Ich habe jahrelang Jünglingen, die ihm ähnlich sahen, Blumen gesandt.

Liebe Nordpolforscher!

Direktor Wauer hat heute morgen ein Telegramm aus Elberfeld bekommen. Die Stadt Elberfeld hat ihn verständigt, daß der Wupperthaler Gesangverein ihm ein Ständchen bringen wird, weil er ming Stöksken aufführen tät. Was mich meine Einwohner doch gut leiden mögen! Und eine Deputation Färwer, Knoppmaker on Suttaschdreher on zweihundert Weberslüte werden unserm Direktor ein Album mit bergischen Photographien überreichen. Ich schwärme wahnsinnig für Direktor Wauer.

Liebe Beide!

Wieso weiß Richard Weiß in Wien von der Aufführung meines Schauspiels? Er schickte mir heute Rosen. Ich möchte ihn einmal sehen. In seiner Schrift stehen alle seine Gedichte gemalt, manche sind gebeugte Bäume, aber auch herrliche Kuppelbauten erheben sich an Ufern. Ja, seine Schrift hat Ufer und Flüsse, heilige Wellen, die nach Gebeten duften. Seine Schrift duftet. Es hat mir jemand verraten, daß er schlank ist, daß er braune Haare habe und schmerzlich der Blick seiner Augen sei, und daß er den Scheitel an der Seite, wie ich, trüge. Ich denke an ihn immer sehr bewegt: ich wollte, ich wäre ein Spaßmacher und er eine Schlange, ich würde ihm das Tanzen beibringen.

Lieber Herwarth und lieber Kurt!

Ach, ich habe diese Nacht so sonderbar geträumt! Ich lag auf einer Bahre mitten auf einem Platz. Ich lag gehüllt in einem weiten, stillen Tuch, wie in einem Meer — und war tot. Manchmal tratst Du zu mir, Herwarth, und hobst das Meer von meinem Angesicht und wiesest auf meine Stirn. Und es verhöhnten sie so viele Menschen, wie ich Tage gelebt hatte. Ich begann mich schon wegen Deiner Arglosigkeit zu ärgern, denn ich habe immer den neugierigen, dreisten Tag gehaßt. Aber als die Nacht kam, bat ich Dich, drei Prinzessinnen meiner Liebe zu beschenken. Du versprachst mir feierlich, der Venus von Siam das Armband zu senden, das ich beim Aufschreiben meiner Gedichte trug. Du wiederholtest mir mit reiner Stimme, meinen Ring mit dem eingefaßten Abendrot, Jephta, der Frau des gentlen Rechtsanwalts, der immer vom Mai singt, zu reichen. Du schworst mir treu, daß Du Nora von Indien, dem weißen Panther, meinem treuen Absalon, meinem frommen Spielgefährten, mein Rubinherz selbst um den Nacken legen würdest. Ich weinte so wild, ich hörte das Meer um mich aufstehn. Und ich fürchtete, Dein Finger würde erfaßt werden, der über den Platz wuchs, auf dem ich gebettet lag, der klare Wegweiser, der auf meine Stirn wies. Es wurde immer auf etwas gewartet — Zeuxis Kokoschka schlenderte hinter dem Dalai-Lama; und Loos, der Gorillaarchitekt, trug auf seinen Händen mein Gewölbe, wie es sich für mich geziemt, aus weißem Libanonholz, schlicht, aber zu reich für den eitlen Geschmack der Leute. Und es brach ein Kampf um das Haus meines Leibes aus; Stuckvolants und Einsätze setzten sie an meines Tempels Fassade.

Aber ich konnte nicht mehr streiten, ich hatte mich schon aller Täglichkeit abgewandt und spielte mit der runden Zeit. Des Dalai-Lamas Augen, blaue, milde Myrrhen balsamierten mich ein, Zeuxis malte mich endlich im Tode. Und Du, Herwarth, küßtest meine Stirn, eine Orgelsymphonie stieg zu mir empor; ich bin nie mit anderen Menschen zu messen gewesen; ich konnte nur immer so sein, wie man zu mir heraufblickte, denn meine Stirne war der Nachthimmel. Du wußtest es.

Liebe Renntiere!

Ich freu mich so auf Euer Geweih! Aber ich dachte mir gleich, daß Ihr so leicht nicht von der Schlittengegend fortkämet. Und habe also früh Schluß mit meinen Briefen an Euch gemacht. Übrigens empfing ich schon viele bedauernde Anfragen deswegen; also bleibt noch, friert ein bißchen. Ganz recht, ich werde anfangen, meine Briefe an Euch zu sammeln, und sie später unter dem Titel »Herzensbriefe, alleinseligmachender Liebesbriefsteller, gesetzlich geschützt« herausgeben. Vorwort: Alle bis dahin vorhandenen Liebesbriefsteller hinterlassen Übelkeit und Magendruck. Und den Deckel muß mir ein Porzellanfabrikant zeichnen, ein Pärchen zwischen bunten Blumenmustern. Oesterheld und Cohn sagen, das ist meine erste vernünftige Idee, nur ihr Lektor Knoblauch war empört darüber. Der Verlag hat sich aber noch nicht erholt von dem Reinfall in meine Wupper. Und was meint Ihr — Müller Mahle Mühle hat mir mein Manuskript Essays aus München wiedergesandt, »sie seien ja sehr hübsch, aber das Publikum interessiere sich nicht für die Namen«. Ich meine doch, Julius Lieban, Emmy

Destinn, Tilla Durieux, William Wauer, Paul Lindau, Friedrich von Schennis, Peter Baum, St. Peter Hille, Karl Kraus, Adolf Loos, Oskar Kokoschka, Dr. Adolf Kerr, Maupassant etcetera sind nicht unbekannte Leute. Außerdem erschienen alle meine Essays in den ersten Zeitschriften und Zeitungen, das müßte Herrn Müller doch maßgebend gewesen sein. Mahle Mühle Müller. Euer Pechvogel.

Herwarth und Kurt!

Ich muß Euch heute nacht noch etwas ganz Seltenes erzählen, Stefan George ist mir in der Dunkelheit eben begegnet. Er trug einen schwarzen Samtrock, ließ die Schulter hängen, wie müde von der Last des Flügels. Ich schrie ganz laut. Ich bin einem Erzengel begegnet, wie er gemalt ist auf den Bildern Dürers.

Lieber Herwarth und Kurt!

Ich habe das Café satt, aber damit will ich nicht behaupten, daß ich ihm Lebewohl für ewig sage, oder fahre dahin Zigeunerkarren. Im Gegenteil, ich werde noch oft dort verweilen. Gestern ging es Tür auf, Tür zu, wie in einem Bazar; nicht alles dort ist echte Ware: Imitierte Dichter, falsches Wortgeschmeide, Similigedanken, unmotivierter Zigarettendampf. Der Rechtsanwalt kommt schon lange nicht mehr hin. Warum es einen so ins Café zieht! Eine Leiche wird jeden Abend dort in die oberen Räume geführt; sie kann nicht ruhen. Warum man überhaupt in Berlin wohnen bleibt? In dieser kalten, unerquicklichen Stadt. Eine unumstößliche Uhr ist

Berlin, sie wacht mit der Zeit, wir wissen, wieviel Uhr Kunst es immer ist. Und ich möchte die Zeit so gern verschlafen.

Kinder, ich langweile mich furchtbar, die ganzen Geliebten sind mir untreu geworden. Ich komme mir vor wie eine Ausgestoßene, trete ich in den Vorhof unseres Cafés. Den Slawen kann ich ja nicht mehr ausstehen. Und der Bischof ist mir zu wertvoll zum Spiel; wenn er das Spiel ertragen könnte! Wer verträgt aber den Kopf- und Herzsprung! Minn ist herabgekommen durch die Undamen; ich weiß garnicht mehr, ob er hier in Berlin ist. Ich bin inwendig wie ein Keller, wie Sibirien ohne Duft. Ich bin so allein; wäre ich wenigstens einsam, dann könnte ich davon dichten. Ich bin die letzte Nuance von Verlassenheit, es kommt nichts mehr danach. Wenn mir doch jemand was Süßes sagte! Wäre ich doch eine Biene und könnte mir Honig machen! Was nützen mir Deine lieben Briefe und Postkarten! Ich kenn Dich und Du kennst mich, wir können uns nicht mehr überraschen, und ich kann nur leben von Wundern. Denk Dir ein Wunder aus, bitte!

Gestern abend war ich im Wintergarten mit dem Maler Gangolf. Ich gehe so gern mit ihm gerade in die Variétés. Er spöttelt nicht, er kann großgucken wie ein Kind. Manchmal überkommt uns auch Romantik — dann schielt er leise nach der Nelke oder Rose oder Georgine, mit der meine Hand spielt. Ich schiebe sie dann ganz grundlos auf seinen Schoß. Am besten gefielen uns die beiden musikalischen Clowns, der eine in der weißgetünchten Maske Kubeiks, dem Spiel nach war er selbst darunter versteckt. Der zweite, verkleidet als Rubinstein, spielte, wie der gespielt haben muß. Ja, ja, man muß Clown werden, um sich mit dem Publikum zu verständigen, und — damit man dran kommt. Ich habe Dir schon lange gesagt, Herwarth, ich trete auf als Aujuste und spreche so mit dem Gänseschnabel meinen Fakir und meinen Ached-Bey und meine Gedichte. Gangolf war bewegt darüber — er zeigte mir am Abend noch zur Zerstreuung sein Puppentheater. Er hat eine Stadt voll von Miniaturmenschen geschaffen. Auch seine Gemälde sind wirklich geformt vom bunten Blut der Farben. Leid tat mir, daß er sein hervorragendes Selbstbildnis zerstört hat, den Mann hinter dem Fenster, der über die Türme der Stadt blickt. Sie hat ihn verloren und er die Stadt. Wir wollen jetzt öfters zusammen wieder in die Variétés gehen. Du hast doch nichts dagegen, Herwarth? Ich grüße Dich!

Liebe Skiläufer!

Oder lauft Ihr nicht Ski? Wie ich noch so oberflächlich fragen kann, und bin in der größten Besorgnis, wo ich mein Manuskript unterbringe. Ich muß doch eine Familie ernähren, ich meine meinen Paul in allen Schmeichelnamen. Er will nun endlich eine Lokomotive mit vier oder vierzig Volt elektrischer Kraft haben oder einen Dampfkessel, der täglich hundert Kubikmeter verträgt, fünfzig Pferdekraft stark ist. Ich bitte ihn gar nicht mehr um Einschränkung seiner Wünsche; er wird wütend über meine Unwissenheit in technischen Dingen. Ich glaube, er ist Edison, und er wartet nur noch *einen* Monat höchstens, dann soll ich mir einen Laden aufmachen und alles einen Pfennig billiger verkaufen. Vielleicht hat er recht, auch verwirft er meine Bücher und mein Schauspiel habe ich von Schiller abgeschrieben. Ihr müßt nur seine Modelle für sein neues Luftschiff sehen, er erklärt mir unermüdlich von Propellern. Morgen muß ich alles auswendig wissen. Ich hab mir was geboren!! Wo bring ich nun schnell mein Manuskript unter? Erkundigt Euch doch mal in Norwegen nach einem blutmutjungen Verleger. Heut nachmittag geht Paul mit Hüne Caro aus, sie haben beide zusammen eine Braut.

Liebe Jungens!

Ich habe Frau Franziska Schultz besucht. Ihr Schutzhaus für den Neugeborenen ist so osterlich. Lauter kleine rosarote Zuckerostereier gucken nebeneinander versteckt aus weißen Kissen. So reizend ist das anzusehen, und ein Negerküken liegt auch dazwischen — geradezu Schwarzweißkunst. Ich wollt, ich wär auch noch mal klein. Manchmal wünscht ich mir wirklich, jemand führte mich spazieren und ich wär erst vier Jahre alt. Die Zeit drückt, die meisten sterben an der Zeit. Darum sollte man sich viel in seine Kindheit zurückversetzen.

Ich möchte Euch heut abend nur sagen: Berlin ist eine kleine Stadt, täglich schrumpft sie mehr und mehr ein. Groß ist eine Stadt nur, wenn man von ihr aus groß blicken kann. Berlin hat nur ein Guckloch, einen Flaschenhals, und der ist auch meist verkorkt, selbst die Phantasie erstickt. Gute Nacht!

Liebe Brüder!

Ich bin außer mir, der Pitter Boom, den ich berühmt im Sturm gemacht habe, — schreibt mir folgende wörtliche

Ansichtskarte: »Liebe Tino, wenn ich auch finde, daß zu Ihnen alles paßt, so paßt mir doch nicht alles. Sehr muß ich bitten, endlich meine Familie aus dem Spiel zu lassen. Ich las im Sturm den plattdeutschen Brief. Herzliche Grüße aus Hiddensee. Peter Baum.«
Habt Ihr Worte — vielleicht irgendwelche Nordpollaute? Ich brauche sie, meinen Zorn abzukühlen. Aber ich weiß etwas, was Ihr nicht wißt. Aber ich habe einen Eid geleistet, es nicht wiederzusagen, trotzdem es mich eigens betrifft. Warum verteidigt man sich selbst eigentlich, man sollte doch gegen sich nicht argwöhnen. Ich bin ganz unglücklich, daß ich es keinem Menschen sagen darf. Wenn mich doch ein Geschöpf dazu zwingen würde! Oder wenigstens Peter Baum käme, und ich es in die Natur schreien könnte. Seid Ihr nicht neugierig?

Liebe Kameraden!

Mein Eid wurde eine Zwangsidee, oder vielmehr ich konnt ihn nicht bezwingen. Der verdammte Cajus-Majus kam mir heut am Spittelmarkt entgegen, wo der Krögel ist, und sagte, ich sähe aus, als ob ich an Depressionen leide. Seine Mutter aber fand (Dr. Hiller hat doch eine ganz jugendliche, reizende Mutter), ich sehe ganz munter aus. »Das bin ich ja gerade, selig bin ich, und kann keinem Menschen sagen warum. Meine Kusine Therese aus der Tiergartenstraße hat mir vorige Woche zweihundert Mark geschickt. Ich sollt mir aber keinen Mohrenmantel kaufen!« Mutter und Sohn haben mir versprochen, es niemandem wiederzusagen. Ich setzte mich dann erleichtert, noch dazu mit dem Rest der zweihundert Mark, an die Spree hin. Alle diese praktischen, unnotwendigen Sachen, die ich für meine Millionen bezahlt habe — den Mohrenmantel besäße ich wenigstens noch! Müßten mir nicht die Leute alle Tribut zahlen? Der Krögel ist ein gerechter Ort, der Krögel ist der schönste Aufenthalt in Berlin; so denk ich mir die Fjorde von Norwegen, wie der Blick auf die plötzlich unerwartete, daliegende Spree mit einem Schuß am Ende des schmalen, alten, zerschlissenen Gassenarms. Nur Fahnen wehen wohl an den Ufern der Fjorde — hier stehen über Nacht die kleinen blau und weiß gestreiften Eiswagen, die gefrorenen Himbeer- und Maikrautsaft für die armen Kinder enthalten. Wenn Ihr eine Rose seht, sagt, ich laß sie grüßen.

Warum ich Euch nichts mehr vom Bischof erzähle? Ich spräche nur immer von mir, sagt er. Ich glaub, er hat es über. Dabei entdeckte er nur in mir ein kleines Dorf, nicht einmal eine meiner Städte hat er erobert. Hunderttausend Meilen war er immer von Bagdad entfernt. Aber wer weiß von meinem Herzen? Alle nur immer auf der Landkarte. Ich liege zwischen Meer und Wüste, ein Mammuth. Mein Bau ist furchtbar und vornehm. Erschreckt bitte nicht. Aber ich muß mir wirklich abgewöhnen, immer von mir zu sprechen, wie Kokoschka in Wien, der spricht darum gar nicht. Denk mal Herwarth, das Plakat der Neuen Sezession war im Café. Das ist ja Pechsteins Frau. Eine Indianerin ist sie wirklich, des roten Aasgeiers wunderschöne Tochter; sie ist malerisch wildböse, sie trug ein lila Gewand mit gelben Fransen. Und noch viele Maler waren heute im Café: Berneis, Ali Hubert, der Himmelmaler, und Fritz Lederer. Der ist der Sohn von Rübezahl. Er und seine nagelneue Frau zeigten mir ihre junge Wohnung; ich mußte mit ihnen Tee trinken. Aus seinem Atelier kams immer so frostig durch die Ritzen der Türe. Er malt nur Schneebilder. Du kannst Schneebälle machen von dem Schnee, der auf dem Riesengebirge seiner böhmischen Heimat liegt. Ich trink jetzt abends immer Tee dort.

Depesche.

Walden-Neimann. Norwegen. Hôtel Seehund. Hiller, Kurtz, Hoddis sind wieder ausgesöhnt. Else.

Liebe Kinder!

Ich kam ins Café, ich traute meinen Augen kaum, saßen alle wieder ausgesöhnt beisammen. Auch Blaß war unter ihnen und Golo Ganges. Ich schlich schnell an der versammelten Literatur vorüber. Rudi Kurtz sprach gerade vom wilden Mythos meiner Wupper. Wie konnte ich je auf ihn schimpfen! Da hört sich doch alles bei auf! Soll noch einmal ein Mensch ein böses Wort auf ihn sagen. Addio!

Heute ist St. Peter Hilles Namenstag. Mich fragte ein Fremder, wie St. Peter Hille ausgesehn habe. Der Frager war ein Astronom und machte sich den wahren, strahlenden Begriff von ihm. Warum ich nicht an seinen Feiertagen zu seinem Grab pilgere — wenn ich Maria oder Magdalena wäre — aber zwischen uns war selbst nicht die Intimität der Träne. Ich warte ehrfürchtig, bis der Prophet mir erscheint. Ebenso, meinte der Astronom, wie ich dieser Himmelserscheinung harre, erwarten sie den Kometen. Aber daß St. Peter Hille einmal ein Engel begegnete auf dem Felde, das weißt Du wohl nicht, Her-

warth? Wie er mir das sagte, waren seine braunen Augen himmelblau und ein Blinder, der unserm Gespräch lauschte, vertraute mir später verzückt, er habe *sehen* können, während der Prophet die Geschichte des Engels erzählte. Ich möchte etwas darum geben, wenn er die Melodie, die Du seinen Gedichten weihtest, vernehmen würde; er konnte sich freuen; und meine Bibel, das Peter-Hille-Buch, hätte er immer in seiner großen Manteltasche getragen und nachgeschlagen, wenn er etwas über sich vergessen konnte. Manchmal vergaß er wahrhaftig, daß er ein Prophet war. Wir müssen St. Peter Hille einen Tempel bauen, wer hätte so ein mächtiges Herz, ihn darin ganz zu gedenken. Deine Tempelbauerin. Grüße Kurtchen.
Der Sezessionsmaler Hernstein glaubt wahrhaftig, er ist der Bischof. Ich habe selbst schuld, nannte ich ihn doch stets den feinen jüdischen Kardinal. Er findet außerdem, meine Korrespondenz schwäche ab, ich schreibe gar nichts mehr zum Lachen. Nun weiß ich aber wieder was zum Lachen. Der »wirkliche Bischof« fragte mich, ob er mir seine Freundin vorstellen dürfe? Als meine Erkundigungen nach ihren Vermögensverhältnissen ungünstig ausfielen, antwortete ich meinem Bischof, daß ich mir diesen Luxus nicht erlauben könnte. Ich bringe direkt ein Opfer, meine Freunde, denn seine blonde Lacherin dünkt mich eine Schelmin, aber ich kann doch nicht *alle* Menschen in meiner bösen finanziellen Lage umsonst kennen lernen. Ist das nicht zum Lachen?
Rudolf Kurtz schrieb mir heute morgen einen Brief im Zeitstil Kleists. Aber ich las deutlich eine Unzufriedenheit aus seinen Zeilen deswegen auf Umwegen meiner Depesche, die ich Euch sandte des Bündnisses Hiller

Hoddis Kurtz usw. usw. wegen. Und dabei war sie doch kurz gehalten, ganz in seiner enganliegenden Schreibweise. Sein letzter Aufsatz (ich glaube in der Gegenwart) war direkt inhaltlich ein geistvolles Buch von zwei Seiten. Aber destomehr hat die Versöhnungsdepesche Max Fröhlich gefallen, verehrte Pelzvermummte. Er malt, wie ich dichte. Ich liebe ihn dafür unaussprechlich, meine Liebe überträgt sich auch auf seine Frau, die ist Bildhauerin, das wißt Ihr doch? O, seine mannigfachen Buntheiten an den hellen Wänden! Wer denkt da an Linie; ebensowenig, wie man der Sonnenflecke Umrisse nachspürt. Alle die spielenden Farben wirft die strahlende Phantasie seiner Kunst. Die Kete Parsenow, die Venus von Siam, liegt auf seidenem Grund, eine Kostbarkeit im goldenen Etui des Rahmens!
Wißt Ihr, wer plötzlich in den Saal trat, als Gertrude Barrison tanzte? Minn! Aber er versteht die Tänze des Abendlandes wie ich nicht; nur bei Gertrude mache ich eine Ausnahme. Die letzte Schöne der Tänzerinnen Barrisons bewegt sich interessant und anmutig, und ihre Gewänder sind seidene Geheimnisse weißer Marquisperückenzeiten. Alle Schauenden waren entzückt.
Heute traf ich den Bischof auf der Spreebrücke. Ich war von seinem plötzlichen Erscheinen sehr beglückt; ich hatte den ganzen Tag wieder die unbegreifliche Angst, und mein Herz zuckte kaum mehr. Und ich sah schon Farben, die nicht vorhanden waren. Freute mich, daß der Bischof keine lehrreiche Methode anwandte, mich zu beunruhigen. Er besitzt einen sanften Willen, den er ähnlich wie Du, Herwarth, auf mich zu übertragen vermag. Zwar begreift er nicht, daß zwischen vorsintflutliches Mammuth eine flatternde Taube bangen kann. Wie

kommt wirklich meine Seele zu der rührenden Hilflosigkeit? Ich habe nämlich bemerkt, daß selbst der roheste Mensch bewegt wird von meiner Angst. Nun spiel ich oft die Angst, wenn ich mir zu schwer werde. Ich muß doch etwas von den Stunden meiner Pein haben. Und wir stiegen herauf in des Bischofs Einsiedlerklause. An den Wänden hängen düstere Gedanken, schwermütige Gebilde. Ich setzte mich in einen großen Stuhl und versuchte, noch nicht ganz beruhigt zu sein, und betrachtete meinen Retter zwischen halbgeschlossenen Augen. Der Bischof hat Züge aus warmgetöntem Stein, seine Augen sind hartblau und manchmal stählern sich seine Brauen. Er begann meine Hand zu streicheln, er weiß, ich liebe Zärtlichkeit, beantwortete sie auch mit verlegenen Rauheiten. »Wo sind Sie jetzt augenblicklich?« fragte mich der Bischof. Ich saß nämlich gerade am Ende einer rissigen Straße in Cairo – vier Jahre zähl ich – im zerrissenen Kittel, auf dem unfrisierten, geschorenen Kopf trage ich einen verschossenen Fez und meine Augen sind verklebt von tausendabertausend winzigen Insekten. Diese kleinen geplagten Kinder hab ich so oft gesehen am Graben der Straßen sitzen und betteln; »süßer Bischof, seitdem bin ich auch oft so ein verwahrlostes Eselstreibers-Kind.« Er schenkte mir einen Piaster, es war in Wirklichkeit ein goldener Pfennig, ein Glückspfennig, ich ließ ihn tanzen auf der Innenfläche seiner Hand; da wurde er eine kleine glühende Erdkugel, bis sie zur Erde fiel. Da haben wir uns geküßt, Herwarth; findest Du das schlimm? Ich war dabei schrecklich traurig, dachte an die vielen pochenden Heimate, die ich schon im Leben verlassen hatte, die alle die Farbe meiner Liebe trugen. Überall ruft mich ein Tropfen meines Blutes zurück.

Nun aber hier in der kleinen Einsiedelei, im höchsten Stockwerk, komm ich wieder zu mir, ich strahle zusammen unbeengt. Der Bischof meint zwar (er vergißt manchmal seine neue Würde), er sei strafbar, daß er mich küßt. Du könntest ihn anzeigen und es stände Gefängnis darauf, betonte er energisch, da er wahrscheinlich meine Offenheit fürchtete. Ich antwortete? Und wenn —! Und dachte dabei, Herwarth, diese abkühlende Antwort habe ich von Dir.

Ob ich mir das nur einbilde — Dein Doktor möchte mir eine Falle legen. Dabei kann ich doch nicht offenherziger sein, als in den Briefen an Dich und Kurt. Aber schon einige Male setzte sich ein Bekannter des Doktors in die nächste Nähe meines Tisches. Das wäre ja noch kein Beweis meiner Vermutung, aber der Bekannte sieht aus wie ein Hase und einer seiner Löffel ist schon abgenutzt vom Lauschen. Wie mystisch ist es doch, mit einem Menschen ehrfürchtig böse zu sein. Es liegt ein tote Stelle zwischen uns, darauf nichts mehr blühen kann, aber wir bringen der Grabstätte unserer Feindschaft Pietät dar — manchmal in Form von bunten Immortellen. Ob der Doktor auch schon mal etwas Ähnliches gedacht haben mag? Es bringt mir niemand von ihm Kunde. So muß es nach dem Tode sein, wir sind uns im Leben schon gegenseitige Geister geworden. Er erscheint mir oft in Rollen, manchmal als überlegener, höherer Geist, der verneint. Als Samiel erschreckte er mich neulich am Ufer der Spree, als ich heimlich auf den Bischof wartete. Schlank ist er, gemmenhaft sein Schatten, überraschte er mich als einer der ermordeten Könige Richards im Traum. Habe ich Ähnlichkeit im Wesen mit einem Bluthund? Nun ist der Winter meines Mißvergnügens — ich habe sogar die schlimmen Sommer auch alle durchgemacht. Euer Shakespeare.

Liebe Beide!

In einem Restaurant der Friedrichstraße saß unser Doktor, Herwarth. Ich wollte dort nur telephonieren, aber da ich ihn bemerkte, schlich ich auf die Gallerie und betrachtete ihn aus der Vogelperspektive. Er war allein, sonst nur abgedeckte Tische. Drum begann er wieder zu summen und es war seine Stimme, die bald an den Säulen des Saals brandete. Ich begreife nicht, was ihn noch von den Konzerten abhält. Er ist natürlich kein Heimatsänger, wie die dekorierten Vögel alle, zwitschernder, musizierender Blätter-Wälder. Des Doktors Stimme ist stellenweise noch ungeheftet, ich konnte manche von den schwarzen Perlen in die Hand nehmen. Wüllners Töne sind alle schon geordnet auf Golddrähten, die Meeresstimme des Doktors wäre auf Taue zu reihen. Diese Erkenntnis sollte sein Lehrer besitzen. Du mußt ihm die letzten Zweifel nehmen, Herwarth.

Lieber Herwarth!

Ich habe den Pitter Boom gemalt für den Sturm. Seitdem er sich den ganzen Hiddenseesommer nicht um mich bekümmert hat, sieht er gar nicht mehr aus wie ein Großfürst, sondern wie ich ihn in der Katerstimmung als Langohr gemalen hab. Ich zeigte ihm sein Bild, aber er weigerte sich, das Cliché zu bezahlen. Nun wende ich mich mit diesem Brief an seinen Vetter. Bitte, Herwarth, mach Du die Kommas; der ist gebildet, er schrieb ein mathematisches Buch über Geburten und Todesfälle.

»Geschätzter Herr. Sie sind doch der Johannes, dem Peter Baum sein Kuseng? Ich bin seine Freundin Amanda und geh in die Knopffabrik auf Arbeit, und bin nicht wie sie in die höhere Töchterschule gegangen in Elberfeld und das Hochdeutsch macht mich Kopfjucken. Sie sind einer von den Vornehmen und darum spenden Sie wacker zwei Thaler für das Cliché Ihres Cusengs Peter; sonst kann seine Visage nicht abgekleckst werden. Der Peter hat mir im Vertrauen in der Lämmerstunde auf Ihnen aufmerksam gemacht, Herr Johannes. Und ich grüße Ihnen freundlich und schaffen Sie sich einen Bullenbeißer weniger an und füttern Sie Ihre Wachteln mit Teufelsbeeren, und trinken Sie sich einen Schoppen auf mein Wohlsein. Ihre Amanda Wallbrecker, aus Elberfeld Grüne Pumpe an der Klotzbahn 86.«

Lieber Junge!

Den ganzen Tag erwarte ich den Geldbriefträger, daß er nicht mit den Talern in Dein Bureau rennt. Ich hab nämlich vor, in den Zirkus zu gehn, und ein guter Platz kostet drei Mark; und den Slawen will ich dazu einladen, damit er sieht, daß es nicht nur Rindvieh gibt auf der Welt, er ist nämlich verbohrt in sich. Ich bin mißlaunt, die Menschen, die ich für Menschen hielt, sind auch keine Menschen; die Liebe erdrosseln sie mit ihrem Ehrgeiz. Und die Liebe, Herwarth, Du weißt doch, was ich von der Liebe halte, wäre sie eine Fahne, ich würde sie erobern oder für sie fallen. Gute Nacht.

Herwarth!

Denk mal, die zwei Taler sind eingetroffen und noch ein Abonnement auf den Sturm dazu. Siehst Du, ich bin ein Großkaufmann. Stell mich an, Du wirst ja nie den Handel verstehn, und ich möchte nicht warten, bis der Sturm alles niedergefällt hat. Ich hab meinem Pitter Boom noch ein Wörtchen zu seinem Gemälde dazu geschrieben:

Pitter!

Dat De so een dommer Moolesel böß, nä, dat han eck nich gedacht. Wie kannst De meck nu so eene alberne Karte schriewen ut Hiddensee! Doför möß De bestraft wörn. Eck wörd nu all Dinne Extravaganzen on Hokospokos an Dinne ganze heelege Familie en usse Vorwärts brengen. Ook Dän artegen Bruder Hugo wörd eck entlarven. Dat glöw eck Oenk, dän Sommer on dän Herbst en die Badeörter herömflanieren, on die Portemaries dän Lüten ut de Mäntels kiebitzen, on eck sitt hier biem leeren Kochpott. Van wäm häst De dann dat Geld all? Völleecht van Ding Tante ut die Waffelbude oder van die Riesendame? Die Erbschaft Dinnes Urgroßvatters, däm Derektor on Professor vom Olympiaflohtriater, häst De doch opgefreten on Deck heemlich doför eene nue Hohse on eenen Schabbesdeckes gekauft? Genau wie en Pastor stehst De met der longen Piepe im Muhl vor die Thöre van Dinne Filla op die Groschenkarte on de Hugo kickt ut däm Fenster wie Ding Hilfsprädeger. On eene Eölsharfe steht ook op däm Dach; wer speelt die? Dinne tröhe Amanda.

Liebe Jungens!

Cajus-Majus hat mir gesagt, er habe Willi Himmel aus Regensburg zum »Gnu« eingeladen. Im Café Austria findet der Cabaret-Abend statt. Es wäre wirklich nett, wenn Willy Himmel käme. Er erinnert mich an den Primaner, den meine älteste Schwester gnädig, wie ihre Kleider mit den vielen Bändern, meiner zweiten Schwester vererbte, bevor sie ins Pensionat kam. Der hatte, wie der Regensburger Student große, kluge Augen und war kein Spielverderber und hieß auch genau wie er.
Ich bin mit dem Auto ins Cabaret gefahren, ich fühle mich ernstlich krank. Ähnlich wie Känguruh hört sich »Gnu« an. Aber interessant war es dort, tausend Menschen kamen und immer wieder tausend, die Einlaß begehrten, und da war kein Platz mehr zu finden. Ich erklomm die Bühne und setzte mich in einen erhabenen Sessel. Mit meinem Kolossalsaphir am Finger (höherer blauer Glasscherben), präsentierte ich Leo den Siebenundzwanzigsten. Das meinte auch Cajus-Majus. Alsbald begann die Lyrik.

Herwarth, Kurtchen!

Zeppelin kommt wieder über unserm Haus vorbei. Ich sitz eingeschlafen am Schreibtisch, wird plötzlich die Erde aufgerollt — modernes Gewitter, die Welt geht unter, ich hab keine Zeit mehr, die Koffer zu packen. Wahnsinnige Stimmung in der Luft; Meer rauscht über unsern Dächern und Häusern — wo ist Himmel geblieben, wo will der Walfisch da oben hin gemächlich durch die Wolkenfluten. Adieu, adieu, ich lauf rasch hinunter auf die Wiese. Else.

Heute nur ein paar Neuigkeiten!
Erstens: Dr. Alfred Döblin hat sich als Geburtstagshelfer und noch für »alles« niedergelassen. Auf seinem Schild in der Blücherstraße 18 am Halleschen Tor steht geschrieben, daß er Oberarzt am Urban war. So eine Reklame!
Zweitens: Leonhard Frank hat wieder einen himmelblauen Mädchenleib gemalt, nun glaube ich wirklich an seine Satanerie!
Drittens: Scherl will mich für die Verbreitung der Gartenlaube in Tripolis anstellen. Ich wohne bei Enver Bey.
Viertens: Der unvergleichliche Baron von Schennis war gestern nacht wieder im Café.
Fünftens: Alle Jungfrauen Berlins hat Poiret eingeladen zu seiner Ausstellung bei Gerson. Die sammelten sich, eine Mauer zur Rechten und Linken des Durchgangs. Zwischen blond und schwarzem Frauenhaar, ein Spalt der noch zu haben war, sah ich die Mannequin wundersam. Sie war nicht in der Stadt geboren, man wußte nicht woher sie kam.
Sechstens: Das Café und alles, was drum und dran liegt, Berlin und Umgegend, grüßt Euch Möwen!

Hört nur, Kokoschka wird steckbrieflich verfolgt in der Neuen Freien Presse; er wirkte doch immer schon rührend, fing er von der Villa an zu simulieren, die er seinen Eltern schenken würde. Er aß sich nur immer objektiv satt aus Idealzweck. Tut mir wirklich leid! Wenn er mich auch nicht leiden mag. So bin ich ja gar nicht!

Ein Modell, ein Holzhäuschen, soll er in der Nacht vom fünfzehnten auf den sechzehnten Oktober einfach gestohlen haben. Ich schneide Euch hier sein Bild aus, es ist dilettantisch gezeichnet und gerade seine charakteristischen Verbrecherzüge sind gemildert. Ob er sich auch in einer guten Pension versteckt hält, die für ihn sorgt? Rattke, der Ober vom Café, bei dem er hier in Berlin gewohnt hat, meint auch, wenn er nur gut wo verpflegt wird.

Lieber Herwarth!

Ich habe dem Dalai-Lama in Wien für die Fackel ein Manuskript geschickt. Hier die Abschrift.

Wertester Dalai-Lama, sehr geehrter Minister! Ich möchte Ihnen etwas vom Himmel erzählen, den ich meiner Mutter widme.

Vom Himmel

In sich muß man ihn suchen, er blüht am liebsten im Menschen. Und wer ihn gefunden hat, ganz zart noch ein blaues Verwundern, ein seliges Aufblicken, der sollte seine Blüte Himmel pflegen. Von ihr gehen Wunder aus; unzählige Wunder ergeben Jenseits. Könnte ich nur immer um mich sein, der himmlischen Beete möchte ich ziehen. Wie man versöhnt mit sich sein kann, und Eigenes sein Ewiges küßt. Hätte ich je einen Menschen so unumstößlich erlebt, wie ich mich! Zweitönig Pochen, vertrautes Willkomm. Rundeilen meine Gedanken um mich, um alles Leben — das ist die große Reise um aller

Herzen Schellengeläute und Geflüster, über Wälle, die Jubel aufwarf, über Gründe der Versunkenheit; und falle in Höhlen, die der Schreck grub — und immer seine Herzstapfen wiederfinden, seinen Blutton, bis man den ersten Flügelschlag in sich vernimmt, sein Engelwerden — und auf sich herabblickt — süsse Mystik. Und irrig ist, den Himmelbegnadeten einen Träumer zu nennen, weil er durch Ewigkeit wandelt und dem Mensch entkam, aber mit Gott lächelt: St. Peter Hille. — Was wissen die Armen, denen nie ein Blau aufging am Ziel ihres Herzens oder am Weg ihres Traums in der Nacht. Oder die Enthimmelten, die Frühblauberaubten. Es kann der Himmel in ihnen kein Licht mehr zum Blühen finden. Aber Blässe verbreitet der Zweifler, die Zucht des Himmels bedingt Kraft. Ich denke an den Nazarener, er sprach erfüllt vom Himmel und prangte schwelgend blau, dass sein Kommen schon ein Wunder war, er wandelte immerblau über die Plätze der Lande. Und Buddha, der indische Königsohn, trug die Blume Himmel in sich in blauerlei Mannigfaltigkeit Erfüllungen. Und Goethe und Nietzsche (Kunst ist Reden mit Gott) und alle Aufblickenden sind Himmelbegnadete und gerade Heine überzeugt mich, Himmel hing noch über ihn hinaus und darum riss er fahrlässig an den blauen Gottesranken, wie ein Kind wild die Locken seiner Mutter zerrt. Hauptmanns Angesicht und auch Ihres, Dalai-Lama, wirken blau. Den Himmel kann sich niemand künstlich verdienen, aber mancher pflückt die noch nicht befestigte, junghimmlische Blüte im Menschen ab. *Das sind die Teufel.* Ihr Leben ist ohne Ausblick, ihr Herz ohne Ferne. Der Nazarener am Kreuz wollte dem Teufel neben sich noch eine sanfte Wolke, einen Tropfen Tau seines Himmels schenken. Doch eher ist ein Taubstummer zu überzeugen, als ein Glaubdummer. Der ist ein Selbstverbrecher.

Man kann nicht in den Himmel kommen, hat man ihn nicht in sich, nur Ewiges drängt zur Ewigkeit. Es öffnet sich dem Himmelblühenden *nicht* wegen seiner guten Taten der Himmel, verdammen ihn auch nicht seine schlechten Handlungen zum Staube. Der Himmel belohnt und verdammt nicht. Aber Wertewiges bedingt den Himmel. Der spiegelt sich gerne im Menschen, unbegreiflich, wie Gott selbst. Reich und besonnen ist der himmlische Träger. Die Wunder der Propheten, die Werke der Künstler und alle Erleuchtungen, auch die unberechenbare Spiellust im Auge steigen aus der Ewigkeit, der bleibenden Bläue des Herzens. Manchmal überkommt mich eine schmerzliche Verantwortung, aber man kann nicht tief genug in sich schauen und zum Himmel aufblicken.

Die Gottheit im Himmel ist nicht zu greifen, sie wäre bald vergriffen — die Ewigkeit ist nicht einmal zu verkürzen. Die Gottheit Himmel im Menschen ist Genie.

Leben Sie wohl, sehr verehrter Minister, mein Himmel macht mich nicht glücklich im irdischen Sinne, ich kann ihn nicht teilen. Wunderbar aber spielen sich die tiefsten Erinnerungen meines Blutes in dem Glanze meines Blaus wieder. Fata-Morgana. Spätes Verwundern, seliges Aufblicken. — Tragen Sie den Saphir meiner blauen Abendstunden zum Andenken an Ihrer grübelnden Hand.

Herwarth, Kurtchen, Kameraden, Brüder!

Habt Ihr an alle Direktoren der Theater im Pan den Kriegsruf von Rudolf Kurtz gelesen? Er hat über meine eingetrocknete Wupper eine Flut gebracht — ich hatte mich auch schon zu Bett gelegt. Aber nun trage ich meinen krummen Samtsäbel an der Seite, den mein Neger Tecofi zur Theaterstatisterei trägt. Wa kadâba kabinâhu hinâma raga utu dalik, lia nahu jakrah anisâ a wahalakuhunna!!!

Der Pitter Boom hat mir sechs Honiggläser (Gühler und Biene) für sein Bild gesandt. Ich summe nun den ganzen Tag für mich hin. Aber Kokoschka läßt kein Wort von sich hören. Überhaupt, ich bin des Lebens müde. Ruth machte mir den Vorschlag, für mich an Kokoschka zu schreiben, er habe so reiche Gönner (?). Aber ich kenne ja ihren Stil und nahm ihr die Mühe ab.

Sehr geehrter Herr Kokoschka!

Eigentlich sollt ich Ihnen böse sein, denn Sie haben es nicht einmal der Mühe wert gehalten, nachdem Sie stets die größte Gastfreundschaft in unserem Hause genossen hatten, sich zu verabschieden. Aber man kann Ihnen nicht böse sein. Das sagte ich gestern noch zu Frau Lasker-Schüler, die sehr krank im Bett liegt. Schreiben Sie ihr doch eine Zeile, daß Ihnen Ihr Bild Freude gemacht hat — sie ist doch ein so geliebtes, armes Geschöpf und hat so für Sie geschwärmt. Es geht ihr sonst auch gar nicht gut. Von mir weist sie jeden Happen zurück, sie ist ja so eigensinnig. Aber könnten Sie nicht in zarter Weise etwas für sie bei Ihren Freunden erzielen? Ich bitte herzlich um Diskretion, geehrter Herr Kokoschka, Sie wissen doch, wie empfindlich sie ist. Und verbleibe mit freundlichen Grüßen Ihre Jephta Elfriede Caro.

Internationale Postkarte.

»Schweigt mir von Rom —«

Liebe Eiskühler!

Der Bischof und ich sind entzweit, er behauptet, ich habe ihn mißbraucht. Wie mißbraucht man jemand? Ich möchte so gerne wieder mit ihm gut werden und ihn am besten selbst fragen. Herwarth, schreib Du ihm ein Wort! (?) Herrn Architekt Gregor Münster, Hildebrandstraße 11. — Er wollte mich ja auch hauen, ich meine in Stein als Freske. Vielleicht komm ich wo an ein Haus. — Gestern setzte ich mich an seinen Tisch, er trank Kümmel und Syphon. Ich rief Otto, der brachte mir auch ein Glas, als ich es mit dem fremden Syphon füllte, mußte der Bischof sich das Lachen verbeißen. Aber er sprach nicht mit mir. Er erzieht mich reizend. Oder er hat Charakter; wie man so sagt, wenn man seine Eigenschaften eingeschachtelt mit sich trägt. Also er ist berechenbar; ich bin unbequemer und schwieriger. Ist das eigentlich nicht vornehmer? Oder er tut nur so mir gegenüber und verfolgt Deine Taktik, Herwarth, wenn Du den Beleidigten spielst. Du weißt, Brüche werden mir schwer. Was man so alles durchmacht!

Ich war heute als Petz verkleidet im Café. Ein Autolenker hatte mir sein Fell geliehen. In dem hinteren Raum saßen die Theaterheimkehrenden. Am Nebentische debattierten die Oberlehrer; bei Professor Cohn würde ich heute noch Latein lernen. In der kleinen Sofaecke aber schlummerte Höxter, er läßt lässig die Fransen über die Augen hängen. Sein antiker Rock zerbröckelt schon, aber grünseidene Strümpfe trägt er in Lackschuhen. Neben ihm saß Frau Spela leise, eine heimliche Schnecke, fein zusammengeballt. Mondscheinfarbene Parkstimmung. Aus dem Zentrum des Cafés lacht Fritz Lederer-Rübezahl mit seiner Frau, die hat einen kühlen, vornehmen Spürsinn und Augentulpen, die blau sind. Und denke, Otto Freundlich aus Paris ist hier wegen der Neuen Sezession, er betrat mit Gangolf zusammen das Café, der kommt immer aus Italien, ob er von Friedenau oder Florenz anlangt. Cajus-Majus brummte ich einige Male aus meiner Bärenhaut an. Auch Pechstein mit seinem Indianermädchen sah ich und M. Richter mit seiner Römerin. Und die vielen, die ein- und ausgingen, zuletzt kam unser lieber Direktor Wauer, der erkannte mich in meinem Gezott, ich schwitzte aber auch eine ganze Wupper.

Internationale Postkarte

Schweigt mir von Rom!

Lieber Herwarth und Kurtchen!

Daniel Jesus, der König von Böhmen, ist hier; ich meine Paul Leppin. Er hat einen neuen Roman gedichtet, er widmet ihn mir; er schrieb schon von Prag aus: »Liebe, liebe, liebe, liebe Tino.« O, welch eine liebe Überschrift, ein Lied. Ich möchte viele Leute nun so singen lehren.

Sehr edle Gesandte!

Ich, die Dichterin von Arabien, Prinzessin von Bagdad, Enkelin des Scheiks, ehemaliger Jussuf von Ägypten, Deuter der Ähren, Kornverweser und Liebling Pharaos, verleihe dem großen Essayisten Rudolf Kurtz den Elephantenorden mit dem Smaragd und die schwarze Krokodilzähnenkette erster Klasse.

Cohn reitet, Oesterheld hat sich eine Frau geheiratet, alles für meine Wupper. Dabei wies Cohn (Oesterheld hätte gern meine Essays genommen) mein neues Manuskript ab. Er könne sich dafür keinen Apfelschimmel zu dem Rappen kaufen. Ich stand vor seinem Gärtchen wie ein herausgeworfener Handlungsreisender mit der Rolle Muster unterm Arm. »Man soll so einen Kerl lebendig braten, oder das Genick soll er!« — Jedenfalls sandte ich ihm abends einen Abschiedsvers, daran er sich hoffentlich die Zunge zerriß:

> Reiter und Reichsritter,
> Bitter riß ich im Gewitter
> Im Ginster vor Ihrem Gitter
> Mein Manuskript in Splitter.
> Brigitte

Heute bekam ich mit der ersten Post einen Brief aus dem Mäuseturm bei Bingen. Dort scheint ein Bewunderer Peter Baums zu wohnen. Aber, daß der Mensch keinen Spaß versteht!! Fragt mich dieser Mäusetürmer an, ob Herr Peter Baum wirklich ein Herumtreiber ist, er könne sich das gar nicht zusammenreimen bei der Großzügigkeit und Großfürstlichkeit seiner Romane und Schloßnovellen. Ich hab ihm seiner verständnisvollen Kritik wegen geantwortet: »Mein Herr, es ist mir kein Zweifel, Sie befinden sich in der Mause. Haben Sie denn noch nicht bemerkt, daß meine norwegische Briefschaft ein Massenlustspiel ist — allerdings mit ernsten Ergüssen, die bringt so der Sturm mit sich. Peter Baum hat mich besonders gebeten, die Rolle des Herumtreibers in meinem Werk zu spielen, um ganz unerkannt zu bleiben: Ich selbst, mein Herr, knüpfte ihm ein rotgemustertes Taschentuch um den Hals und steckte ihm eine Schnapsbulle in die zerschlissene Manteltasche. Im wirklichen Leben ist er viel langweiliger, es schmerzt mich, Sie etwa zu enttäuschen, er sitzt nämlich den ganzen Tag oben in seinem Zimmer und *arbeitet*. Ich verachte das an ihm, auch seine Genügsamkeit, aber er ist ein lieber, lieber, lieber, lieber Mensch, auch seine Mama; nur der Johannes, sein Kuseng, spielt den Baron auf meiner Drehbühne und ist von Beruf: Hundefänger.«

Hurrah, lieber Herwarth, liebes Kurtchen!!! Hurrah!

Meine Zwillingskusinen-Theresen schenkten mir einen Pelzmantel. Mein heißester Wunsch. Im Sommer werd ich ihn versetzen, schon der Hugemotten wegen.
Jakob van Hoddis, der Rabe, ist mit einer Puppe durchgebrannt. Immer saß er schon im Sommer auf dem Sims vor dem Schaufenster bei Friedländer in der Potsdamerstraße 21 und schmachtete zwischen turmhohen Hüten und Rosenkapotten das süße Marquisechen an in den Pfauenpantöffelchen. Eine Seele, die für sechzig Mark zu kaufen war.

Herwarth!

Ich glaube, daß ich Dir keinen Brief mehr schreiben kann. Als ich heute draußen vor dem Café saß, überfiel mich ein wildfremdes Individuum im drohenden Mantel, ganz dicht kam es an mich heran, beinah rannte es die Stühle um an meinem Tisch vor Schwung. Ich hörte den Mann atmen wie Karl von Moor: ich sei eine bodenlose Schwindlerin, ich berichte über mich historisch falsch, ich treibe Blasphemie mit meinem Herzen — denn unter den vielen, vielen Liebesbriefen im Sturm verbärge ich nur den Ungeschriebenen. Ich war zu gerecht, den Mann von meinem Tisch zu weisen, ich ließ ihm sogar eine Zitronenlimonade kommen und legte ihm sogar von der Platte eine Schillerlocke auf den Teller. Er beruhigte sich, aber ich mich nicht, das kannst Du mir glauben, Du und Kurtchen, Ihr beiden kühlen Skageraktencharaktere. Ich hasse Dich plötzlich, lieber, guter Herwarth, und Dich, Kurtchen, auch und die vielen Leute im Café und die vielen lieb- und hassenswerten Menschen in der Welt! Steht Ihr nicht alle wie eine lebende Mauer zwischen ihm und mir. Und den wildfremden Räuber haßte ich auch, dem ich meinen »ungeschriebenen« Liebesbrief diktierte, bis er unter seiner bebenden Hand versengte.

Heute war der Bischof bei mir; wir flüstern bei jedem Zusammensein leiser. Ich bin so empfindlich am Herzen, ich höre mit meinem Herzen und das sanfte Sprechen tut uns wohl. Er saß an meinem Lager (Du Herwarth, ich habe mir direkt ein Zelt eingerichtet mitten im Zimmer) und spielte mit seinem Muschelbleistift; ich zeichnete mit dem Kohinoor den Mond auf, bis er schwebte — so: Zwischen der weißen Nacht des Papiers ganz alleine ohne Stern und Erde. Wie grausam man zeichnen kann, aber ich bat den Bischof, mit seinem rauschenden Bleistift ein Meer unter den Mond zu setzen. So geht es mir aber auch mit Nasen, die ich hinsetze oder Mündern oder halben Gesichtern, ich muß sie vervollständigen, damit ihnen nicht ein Sinn fehlt, und dabei versäumt man sich selbst so oft, und das Herz liebt so selten bis zu Ende. Herwarth, Du mußt auch flüstern lernen, man hört das Echo der Welt ganz deutlich. Wenn der Bischof und ich flüstern, werden die Wände leise und die Möbel erträglich, ihre Farben mild. Und die Spiegel der Schränke sind Bäche, und unsere Liebe ist ein Heimchen oder eine Grille, eine Pusteblume, daraus sich die Kinder Ketten machen.

Liebe Jungens!

Heut bekam ich eine Massenpostkarte aus dem Rheingold in Berlin:

Liebe, beste Frau L.-Sch.!
Sie werden von uns allen vermißt!!! Loos.
Liebe, unbekannte Frau!
Herr Loos hat über Ihnen solche Lobhudeleien gemacht, daß ich beinahe fürchte, Sie kennen zu lernen. Keine Dichterin in ganz Deutschland schrieb Verse wie die Frau L.-Sch., das ist das wenigste, was er sagt, und dann zitiert er den Tibet-Teppich von Morgen bis Abend. Aber hoffentlich sind Sie doch, wie er sagt. Und einmal werden wir uns doch begegnen. Viele Grüße Karin Michaelis. Arnold Schönberg. Webern. Beste Grüße Ludwig Kainer. Ada und Emil Nolde. Kurtchen. Bestens grüßt Albert

Ehrenstein. Herwarth Walden. Döblin — immer mal wieder. Erna Reiß. Gustav Wallascheck. Hede von Trapp. William Wauer. Lene Kainer.

Also seid Ihr beide doch wieder in Berlin; ich habe das ganz vergessen, laßt Euch ja meine Briefe aus Norwegen zurückschicken. Else.

Der Dalai Lama meint, einige meiner Modelle haben nicht den Anspruch auf meine Kunst. Anders kann ich mir nicht des Ministers Worte deuten. Aber es kommt ja nur darauf an, wie ich die Modelle zum Ausdruck bringe. Ich habe weiter nichts mit ihnen zu tun. Und meine Dichtung werde ich später verkaufen, meine Seele an einen Verleger verschachern, und dennoch hat der Dalai-Lama mir die Augen geöffnet; ich empfinde seitdem mein Dichterinnensein für ein Pfandleihtum, immer bewerte ich die Menschen, fast ohne Ausnahme, zu hoch. O, diese Verluste!

Lieber Herwarth!

Willst Du im Sturm veröffentlichen lassen, daß sich alle Vertreter unseres gemeinschaftlichen Cafés melden mögen, die den Wunsch hegen, nicht mehr in den Briefen an Euch erwähnt zu werden. Ich gewähre ihnen freien Abzug.

Lieber Herwarth und lieber Kurt!

Manchmal sieht Cajus-Majus aus durch das Telephon wie ein Posaunenengel, namentlich zur Ausposaunenstunde in der Dämmerung. Er sitzt mit zwei Flügeln an seinem Schreibtisch, dabei fliegt ihm so alles ins Fenster herein, wie aus dem literarischen Schlaraffenland. Immer gerad, wenn er eine ausgezeichnete Humoriade schreibt, komm ich dazwischen mit meinem verdammten Klingeln. Ich trage noch dazu ein Glöckchen um den Hals. Ich kann direkt manchmal ein Schaf sein. Was brauch ich ihn zu fragen, ob den Leuten meine Norwegischen Briefe gefallen? Er wird immer jemand wissen, der streikt. Gestern hat sich Dein Doktor stirnrunzelnd bei ihm beklagt über sein Vorkommen in meinen Briefen an Euch. Da war ich ja nun platt. Ferner will sich ein Urenkel Bachs das Leben nehmen (er hat es Cajus-Majus versprochen), falls ich ihn erwähnte in meiner Korrespondenz. Schade um ihn, er hat ein rosiges glorreiches Lächeln um den Mund. Er wird sich nun in die Wellen des heiligen Franziskus stürzen, weil eine Dichterin ihm ein Ständchen brachte verwegen mitten im Sturm.

Lieber Kurt!

Er drohte mir gestern selbst. Ist meine Antwort juristisch einwandfrei?
Mein Herr!
Sie wollen sich das Leben nehmen, falls ich Sie im Sturm erwähne, oder haben Sie vor, mich indirekt auf die Idee zu bringen? Zumal Sie annehmen konnten, daß ich nicht sentimental bin, ich jedem seine Neigungen lasse, vor allen Dingen mirs nicht auf so ein Menschenleben ankomme. Aber bis jetzt kämen Sie für mich noch nicht als Modell in Frage weder als Portrait noch als Karrikatur. Zwar ist es mir schon gelungen, aus einer prüden Null

ein Wort zu formen. Aber gedulden Sie sich, seien Sie
guten Mutes. Hochachtungsvoll.

Herwarth!

Loos ist kein einfacher Gorilla, er ist ein Königsgorilla.
Er fragte mich, ob er sich auch mal wieder selbst begegnen würde im Sturm? Weißt Du schon, er trägt vorübergehend einen Backenbart, der wirkt milde bei ihm, zur
Schonung seiner reinen Gesichtszüge. Die meisten, die
Bartbast tragen, wollen damit Männlichkeit markieren,
oder breite Mäuler oder lange Kinne überwältigen. Adolf
Loos erzählte mir Geschichten aus den afrikanischen Wäldern, seine Augen blickten voll ernster Anmut. O, er
ist gütig und das ist Gotteigenschaft, das höchste, was
man von einem Menschen sagen kann.

Liebe Kinder!

Ich habe Karin Michaelis geantwortet:
Karin.
Ich werfe zuerst ein Sternchen in das K Deines Vornamens und grüße Dich! Deine Bücher sind verschiedenfarbene Tauben, weiße, blaue, aber auch rote, dämonische Tauben und goldene und silberne Wirbelwindtauben sind darunter. Deine Bücher setze ich darum nicht
in den Bücherschrankkäfig. Tino von Bagdad.

Herwarth!

Du kannst folgendes im Sturm veröffentlichen:
Unter blinder Bedeckung Heinrich Manns reichte der

Abbé Max Oppenheimer den Kritikern Münchens das Blut Kokoschkas.

Abbé Maler Oppenheimer muß heute meine Zeilen empfangen haben:

Lieber Max Oppenheimer!

Ihre ostentative Kleidung hat mir immer Freude gemacht dem eingefleischten Publikum gegenüber. Es lag nicht nur Mut, auch Geschmack darin. Ich ging doppelt gerne mit Ihnen in München in Ihre Bilderausstellung, aber es hingen nicht Ihre Bilder an den Wänden, sondern lauter Oskar Kokoschkas. Und da mußten Sie gerade mich mitnehmen, die Ihr Original kennt. Hielten Sie mich für so kritiklos — oder gehören Sie zu den Menschen, die Worte, Gebärden des Zweiten anzunehmen pflegen, darin Sie verliebt sind? Sie sind, nehme ich an, in Kokoschka verliebt und Ihre Bilder sind abgepflückte Werke, darum fehlt ihnen die Wurzel. Dabei besitzen Sie doch einen eigenen Garten. Das Bild Heinrich Manns hat mir ausnehmend gefallen wie eine glänzende Kopie und ich sah in seinen Farben und Rhythmen den Maler Oskar Kokoschka, nicht *Sie*. Steckt etwa Max Oppenheimer in *Kokoschkas* Bildern? Man kopiert doch ehrlich in den alten Museen die alten Meister und setzt nicht seinen Namen darunter. Kokoschka ist ein alter Meister, später geboren, ein furchtbares Wunder. Und ich kenne keine Rücksicht in Ewigkeitsdingen, Sie sollten auch pietätvoller der Zeit gegenüber sein. Bin Ihnen sonst ehrenwörtlich wie immer gut gesinnt, Max Oppenheimer, lieber Abbé.

7. Dezember 1911   Else Lasker-Schüler.

Wer zweifelt an seiner Urwüchsigkeit? Er nimmt gern seine erste Gestalt an als bäurischer Engel.

Ich ging heute in Begleitung meines Dienstmädchens durch die Friedrichsruherpeterbaumstraße in Halensee an den Bahnschienen entlang. Mein Dienstmädchen ist mein Galleriesonntagspublikum zu halben Preisen. Ich kann mich nie so recht, neben ihr gehend, meiner Gedanken freuen oder daran zu Grunde gehn, sie bringt mich immer aus meinen Inspirationen. Sie tut nämlich nur so, in Wirklichkeit ist ihr alles langweilig, aber sie hat sich schon an den Rhythmus der Bahnlinien meiner Sprache gewöhnt, wenn auch mit Hindernissen; manchmal entgleist sie, doch immer kommt sie über mich hinweg zu ihrem Schatz. Manche Menschen möchte ich wohl betrachten, wie die Gottwerke alter Dome und Tempel. »Nur St. Peter Hille konnte man nicht anblicken, er war unsichtbar, er war eine Sonne, die anblickte.« Ich erzählte sicher ohne Pathetik, ich sprach wie zu einem Kind und dennoch schäme ich mich seitdem vor dem Geschöpf; so habe ich mich in der Schule schon geschämt meiner schönsten Geschenke wegen; die Welt ist angefüllt von Dienstmädchen und Knechten (von armen und reichen, von gebildeten und rohen); der Deutsche verwechselt immer Rohheit mit Urwuchs; und doch würde mich eine Kartoffelknolle eher verstehn wie so ein urwüchsiger Mensch. Ich hasse die Liebe unter den Alltäglichen, wenn der Prophet noch lebte, ich würde an ihn einen Hirtenbrief schreiben, daß er die Liebe verbiete. St. Peter Hille war Ästhet. Lieben dürfen sich Tristan und Isolde, Carmen und Escamillo, Ratcliff und Marie, Sappho und Aphrodite, der Mohr von Venedig und Desdemona, Wilhelm von Kevlaar, Du, Herwarth, und Gretchen,

Romeo und Julia, Faust und Margarete, Mephisto und die Venus von Siam, der weiße Panther und Joseph der Ägypter, Sascha der gefangene Prinz und Scheheresade — »er« nannte mich Scheheresade. Gute Nacht.

Liebe Kinder!

Heute besuchte mich der Bildhauer Georg Koch und brachte mir Chokoladenbonbons mit. Ich aß alle die süßen Dinger mit Marzipan und Zuckerfüllung hintereinander auf. Die waren in silbergrünes Papier eingewickelt mit Goldsternen. Ich spielte die ganze Nacht damit; erst trug ich einen Mantel aus dem seligen Märchenschein, dann standen meine Füße in silbergrünen Schuhen mit Sternen, eine Krone glänzte in meinen Haaren, ich saß plötzlich im Zirkus mit Lorchen Hundertmarck, die durfte mich begleiten — das kleine Kütscherkind — ihr Vater fährt die Wagen spazieren von meiner allerliebsten Tante Johanna. Lorchen und ich sind beide zehn Jahre alt und schwärmen heimlich für Joy Hodgini; wir stoßen uns großblickend an und nennen ihn Traumbild. Es hat kein Mensch gehört, alles guckt in die große runde Manége und viele, viele Hände klatschen. Lieschen Hundertmarck hat eine Kommode, darauf stehen: ein Muschelkästchen, in seinem Spiegel starrt der goldene Porzellanengel vom Sockel. Ein kleiner, blauer Glasleuchter mit einer gelben, gerippten Weihnachtskerze, und ein Wachsherz auf einer Karte liegt neben einem glitzernden Osterei, man sieht darin das Feenreich. Und daneben liegt ein Gebetbuch aus grünem Samt, aus ihm hing ein Buchzeichen aus silbergrünem Glanzstaniol mit goldenen Sternen.

Weißt Du schon, Herwarth, daß Paul Zech aus Elberfeld nach Berlin zieht? Ich riet ihm zu dem Stadtwechsel, er braucht Dir nicht erst immer seine Verse schicken. Aus seinem letzten Gedicht qualmen Schornsteine, Ruß liegt auf jedem Wort. Er ist der einzige Heimatdichter im großen Stil.

Lieber Herwarth!

Ich habe diese Nacht wieder verbummelt geträumt. Ich schlenderte über den Kurfürstendamm wie ein Strolch angezogen, in zerlumpten Hosen und grünlich abgetragenem Rock, ich dachte nur stumpfe Dinge, auch war ich angetrunken — aus Traurigkeit. — Der Wind heulte meine rote Nase an. Du kennst doch so einen Zustand — gemildert — bei mir, wenn Du verreist warst und wiederkamst, und mich hier oben am Henriettenplatz trafst, als ob ich obdachlos sei. Diesmal kam mir im Traum Kete Parsenow entgegen, die Venus von Siam. Sie sann nach irgend einem Wort, dann ergriff sie mich, mit ihren Händen aus Elfenbein, aber mit der Energie eines Gensdarms — »Tino!«

Herwarth, Kurtchen!

Ich vergesse immer seinen Namen — er ist aus dem sächsischen Tirol, er schrieb ein Buch über gemalte Irdenkochtöpfe, angehender Direktor der Museen hier. Mehr weiß ich nicht von ihm. Übrigens besitzt er eine eigene Möblierung von der Urgroßtante geerbt; und eine ländliche Base der Mona Lisa hat er an der geblümten Tapete hängen, das Gemälde erbte er auch von seiner Erztante Isabella.

Liebe Jungens!

Warum fragt Ihr mich nie an, was ich mit dem geheimnisvollen: »Schweigt mir von Rom« gemeint hab? Ich wollte mir nämlich einen Wahrsagesalon eröffnen, »Schweigt mir von Rom« — aber da Ihr beide stillschweigend darüber hinweggegangen seid, wie sollen da die Fremden hereinfallen. Ich gehe nun lieber hausieren.
Denk mal an, Herwarth, eben kommt unsere Rosa und kündigt mir; muß ich nun aus dem Haus oder sie? Sie hat heimlich über Leipzig den Sturm abonniert und bezieht den Spaziergang mit mir durch die Friedrichsruherpeterbaumstraße auf sich. Ihr Ehrgefühl ist angegriffen; sie fühlt sich verletzt, und ich muß mir nun meine Wohnung wieder selbst reinigen oder nicht reinigen, ich bin zu Staub geworden zwischen Staub. Ihr Fritz würde sie nun nicht heiraten, was meinst Du, wenn ich ihr verspreche, ihre Hochzeit bei uns zu feiern?

Liebe Beide!

Peter Baum sieht schlecht aus, er sehnt sich nach Elberfeld, selbst an seine Amme denkt er noch mit großer Anhänglichkeit. Er trägt sie an seiner Uhrkette in einem Herzenveloppe. Sie hat seine Vorfahren schon gesäuget und stammt aus Remscheid. Sie war es ja, die ihn eigentlich auf die Verse gebracht hat. Nicht?

Liebe Reisende!

Ich habe mir in Hieroglyphen-Schrift ein für allemal eine Antwort drucken lassen auf die vielen Briefe, die ich empfange, auf jeden Brief ohne Ausnahme von wem er kommen mag. »Krabbeln Sie mir den Buckel herauf!« Was werden Richard Weiß in Wien und Paul Leppin in Prag, beide, die ich so gern habe, zu der Unhöflichkeit sagen! So eine Unhöflichkeit kann direkt eine Zwangsidee werden, sie wird dann plastisch ein Feind, der Feinde bereitet. Wenn mir nun in diesen Tagen die Venus von Siam einen Brief schreibt und ich ihr die Antwort in Hieroglyphen übersende. Oder Ramsenith? Wißt Ihr, wer Ramsenith ist — in München wohnt er seit dem Testament und trägt eine Pyramide auf dem Kopf und ist schön, seine Augen reichen bis in den Himmel. Er ist der einzige Mensch, der historisch nachweisen kann: Ich bin Jussuf der Ägypter, denn ich lebte an seinem Hof.

Lieber Herwarth!

Mein Herz ist sehr krank oder fühlt es übergroß? Wenn es übergeht, glaubt man ja immer so kleinlich, man ist krank. Das hat man noch so von den Ärzten überliefert. Herwarth, gestern abend war mein Herz granatrot, ich konnte die Farbe im Munde vernehmen, kosten. Mein Herz war das Abendrot und ging unter. Draußen kann es in der trüben Winterstimmung nicht mehr geschehn; ich starb am Abendrot. Kannst Du das fassen, konnte je ein Mensch fassen, wenn ich von den Sternen sprach, wie von meinen Brüdern, den Mond geleitete durch die

Wolken, er ein lustiger, beruhigender Herr ist, Berncastle Doktor, alter Baldrian edele Auslese? O, ich scherze nicht, ich will Dich und Euch nicht amüsieren, aber mich immer retten mit Tyll Eulenspiegel Spielen. Ich wäre Clown geworden, Herwarth, wenn ich Dich nicht dadurch beleidigt hätte.

Internationale Postkarte

Lieber Herwarth, ich bin sehr traurig, ich höre den ganzen Tag weinen in der Stadt. — Wie ich mich umdrehte, war ich es. Ich weine, Herwarth, weil mir jemand böse ist.

Gute Kinder!

Ich bin tief ergriffen, meine Seele hat sich aufgelöst, es fließt an ihr herunter, Smaragd, und Rubin und Saphir, auch Mondstein wie bunte Quellen. Und ich sage immer zwei Worte, die Überschrift meines versengten, »ungeschriebenen« Liebesbriefs, der an Sascha adressiert war nach Sankt Petersburg Zitadelle:
Himmlischer Königssohn —
Ich habe nun kein Geheimnis mehr, mein Herz kann keins verwahren, es steht im Amt der Welt. Meere kommen und spülen seine Heimlichkeiten ans Land, es erwacht mit dem Morgengrauen und stirbt am Sonnenuntergang. Aber immer ist mein Herz von Seide, ich kann es zuschließen, wie ein Etui. Weißt Du ein Geheimnis oder frag Kurtchen, das meiner Diskretion wert wäre?

Lieber Herwarth, liebes Kurtchen!

Sollte ich wirklich die Briefe vorgestern verwechselt — den an Euch Peter Baum, den Brief an Peter Baum Euch etwa geschickt haben? Oder sollte sich die Post den Streich geleistet haben, der Postbeamte mit dem Ziegenbart guckt mich so faunisch immer an.

Pitter!

Wenn De dän Breef bekommen häst, han ech meck ermordet, Du bruchst ewwer nich nachkicken. Pitter, eck han meck dötmal werklech verknallt! Rot ens, en wäm! Du glöbst meck nich mähr, Pitter, ewwer et is werklech war, on eck kan nich mähr op Arbeet gon en die Fabrik. Pitter Boom, en die Fröh han meck der Prinzipal geköndegt, weil eck ömmer wie eene Taube op däm Taubenschlag en die Loft kicke, on die Knöppe op die verkehrte Siet öwerspannen tu. On freten kann eck ook nich mähr, on eck berg ömmer minne Liebeschmerzen em Herzen en ming kariertes Koppkissen; oder die Konterfeis on die Wände kick eck on, usse Beld, wo wir eingesegnet worn sind met die riecken Kender tusammen. Weeßt Du et noch? Wie häst De Deck verändert, Pitter, on eck erscht, ewwer wir sinn uß trö gebliewen en Früd on Leed, on Du weeßt ganz genau, dat eck wacker ömmer tu Deck gekömmen bön, on Deck allet gebeechtet han. »Arbeet macht dat Lewen sös« hat Deck der Pastor Krummacher en Ding Poesiealböm geschriewen, on meck hätt hä eene empfendleche Rede gehalten, weel eck ömmer gelacht han, en der Konfermantenstonde onter ming Polt. Ewwer det es allet vorbee, nur lach eck nech mähr,

eck modd ümmer hühlen, van wegen öhmm. Kennst De »Öhmm«? Du kennst öhmm! Rot ens »Öhmm«. On klatsch et nich Herwarth weher, Pitter, on sei gegrößt
van Dinne Fronden Amanda.

Unglücklicher Herwarth, der Pitter hat mir hier auch den Brief, den ich an Dich schrieb, zurückgesandt: Lieber guter Herwarth, bleib nur noch ruhig und wohlgemut im Eis. Du kommst desto frischer nach Haus. Du kennst mich doch, Du kannst ganz ruhig sein, ich bin überhaupt den ganzen Tag über zu Haus und mache Weihnachtsbaum und abends zünd ich schon die Kerzen an und singe Lieder, himmelhochjauchzend zu Tode betrübt. Ich bin wahnsinnig glücklich, Du siehst daraus, wie treu ich Dir bin. Grüße Kurtchen, unsern Engel. Else.

Herwarth!

Wo Dus nun mal weißt, ich bin heut zur Jephta-Elfriede gerannt — wie ein Primaner. Einer »Frau« wollte ich mein Herz ausschütten. Aber sie glaubt mir nicht mehr, erst wenn ich in vier Wochen zu ihr käme mit dem gleichen Gefühl für »ihn«. Merk Dir und Kurtchen bitte den Tag, es war gestern, den neunzehnten Dezember. Ich bin ja fest überzeugt, daß mein Herz mich nicht betrügt, ich kann im Grunde bauen auf mein Herz, aber, wenn mich das hier im Stich läßt, dann werde ich oberflächlich.
Ich habe an Tristan geschrieben: Süßer Tristan, nachts versammeln sich alle meine Vorfahren in meinem Zelt, Kalifen und Derwische und Paschas in hohen Turbanen. Und auch ein Häuptling, der mir das Tanzen beibrachte über die Leiber der Ungläubigen, droht mir nun mit

Allahs Zorn. Tristan, du bist ein Ungläubiger, aber ich liebe dich, Tristan, und mit dem Golde deiner Locken blende ich das Auge des Gesetzes im Koran. Und meine Paläste und meine Dromedarherden schenke ich dir, die werden vor dir niederknien, zottige Sklaven, wenn du sie besteigen willst. Und die Schnüre meiner wilden, blauen Perlen sollst du um deinen Nacken tragen und meinen Ring nimm mit der Sintflutperle. Und ich schenke dir mein Herz, das kannst du in die Hand nehmen und damit gaukeln. In ihm spiegelt sich der brennende Dornenstrauch des heiligen Berges und die Nacht und ihre unsäglichen Sterne. Ich liebe dich, Tristan.

Tino von Bagdad.

Lieber Herwarth und liebes Kurtchen!

Daß eine Karte ironisch lächeln kann, hat mir Eure bewiesen, auch eine gewisse zuschauende Väterlichkeit geht von den abgeklärten, temperamentlosen Buchstaben aus, lauter Greisenhaare. Ihr habt sie wohl zusammen angefertigt? Abgeklärtheit muß kolossal schwer sein, mir wenigstens. Dein Handschriftbild, Herwarth, ist doch sonst ein Symphoniekonzert oder eine Pantomime und Kurtchen präsentiert sein Selbstporträt, jeder Haarstrich seiner Zeilen ist er. Vor allen Dingen ist es eine Frechheit von Euch beiden, Euch so erhaben über mein Geständnis zu benehmen.   Else.

Lieber Herwarth!

Tristan selbst will mir auch nicht glauben, daß ich ihn liebe, aber er war sehr milde, als wir uns begegneten;

wir gingen Hand in Hand, und er erzählte mir die Geschichte von dem Wolf, ohne zu wissen, daß die Geschichte eine wahre Begebenheit ist, ich selbst war damals der Knabe, der atemlos durch die Stadt schrie: »Der Wolf ist da, der Wolf ist da!« Und zweimal heulte ich die Leute an, versetzte sie in Schrecken, und als der Wolf wirklich einmal aus einer Menagerie ausgebrochen war, wollte es mir niemand glauben. »Er« will mir nun auch nicht glauben, daß ich ihn liebe, und ich werde vom Kummer zerfressen werden und sicher die ganze Stadt.

Herwarth!

Bitte, laß diese Gedichte im Sturm drucken, sie sind an Tristan — vielleicht glaubt er dann — bei Gedichten kann man nicht lügen.

> Wenn wir uns ansehn
> Blühn unsere Augen.
>
> Und wie wir staunen
> Vor unseren Wundern — nicht?
> Und alles wird so süß.
>
> Von Sternen sind wir eingerahmt
> Und flüchten aus der Welt.
>
> Ich glaube wir sind Engel.
>
> *
>
> Auf deiner blauen Seele
> Setzen sich die Sterne zur Nacht

Man muß leise mit dir sein,
O, du mein Tempel,
Meine Gebete erschrecken dich;

Meine Perlen werden wach
Von meinem heiligen Tanz.

Es ist nicht Tag und nicht Stern,
Ich kenne die Welt nicht mehr,
Nur dich — alles ist Himmel.

*

Gar keine Sonne ist mehr,
Aber dein Angesicht scheint.

Und die Nacht ohne Wunder,
Du bist mein Schlummer.

Dein Auge zuckt wie Sternschnuppe —
Immer wünsche ich mir etwas.

Lauter Gold ist dein Lachen,
Mein Herz tanzt in den Himmel.

Wenn eine Wolke kommt —
Sterbe ich.

*

Ich kann nicht schlafen mehr,
Immer schüttelst du Gold über mich.

Und eine Glocke ist mein Ohr,
Wem vertraust du dich?

So hell wie du,
Blühen die Sträucher im Himmel.

Engel pflücken sich dein Lächeln
Und schenken es den Kindern.

Die spielen Sonne damit
Ja..

*

Herwarth!

Tristan hat mir gesagt, er habe eine Braut, ich will nun nie mehr über ihn sprechen —
Ich gehe jetzt so oft allein in die Stadt, fahre mit all den Maulwürfen Untergrundbahn. Ich hab schon eine Erdfarbe bekommen. Ich soll schlecht aussehen. Daß mir das gerade auf hypochondrisch jemand gesagt hat! Denn erst jetzt fällt es mir auf, daß einen alle Menschen fragen: »Wie gehts?« Ich such immer suggestiv nach der hypochondrischen, erdfarbenen Linie in meinem Gesicht — über Knie-Görlitzer Bahnhof. Aber die Menschen haben ja von Natur alle so verkalkte Gesichter, Eier; wenn es hoch kommt Ostereier; ich freu mich immer, wenn ich ein lachendes Plakat unten im Erdfoyer der Hochbahn entdecke. Das wilde Bengelchen von seinem Vater Ludwig Kainer gezeichnet, ich hab's sofort wieder erkannt; morgens lacht es auf der großen Hand seiner Dienerin kühn reitend mich aus der Zeitung an, wie aus einem Marstall. Ich möchte dem allerkleinsten Sezessionsmaler

ein grünes Zwergpferdchen bringen, es müßte wie ein Baum so grün und sprühend sein, das wäre das Lustigste, was ich mir vorstellen könnte. Schon lange steht nun Natur auf der Asphalttafel der Stadt; das steinerne, harte Herz Berlins rührt sich. Tannendüfte färben das Blut in den Adern und die Gesichter sehen frischer aus. Aber was geht es mich an, ich habe kein Interesse für das Wohlergehen dieser Welt mehr, schwärme nur noch für ihren ärmsten Tand; Schaumglaskugeln in allen sanften Farben, manche sind wie kleine Altäre geformt, in ihrer Nische leuchten verborgene Schimmerblumen der Maria. Ich glaube schon, ich spüre die gläsernen Blüten in der Brust. Diese Offenbarung! Und bin doch keine Christin; wo könnte ich an mir Christin werden? Das hieße sein Blut verstoßen. Diese Erkenntnis sollte des Jehovavolkes hochmütigster Reichtum sein.

Gulliver hat hier eine Stadt gebaut. Der ist ja Architekt; das erzählte mir schon Adolf Loos. Tausend Zwerge, so groß wie Streichhölzer, trampeln durch die Straßen über den Marktplatz von Midgesstown. Wir waren zu fünf Riesen dort und haben uns geradezu unserer Größe geschämt — und gingen behutsam gebeugt. Und doch hatten wir Unglück; einer von uns, der Schauspieler Murnau, hat einen Zwerg zertreten. Habt Ihr's gelesen? Und Peter Baum hat sich einen zehn Zentimeter hohen Feuerwehrmann in die Tasche gesteckt in Gedanken. Lauter Detektive und Kriminalpolizisten laufen dort herum. Cajus-Majus, der Doktor Hiller sah aus, wie ein gutmütiger Menschenfresser, mit seinem runden Bauch. Und Hans Ehrenbaum-Tegele hat doch die Zwerge eingeladen zur Bowle Sylvester; ich glaub, er will sie hineinschütten.

Herwarth und Kurtchen!

Ihr kennt doch Chamay Pinsky, er ist mit Beate nach Jerusalem gezogen, das Land säuern. Der Schelm! Er weiß ganz genau, zum gelobten Land gehören gelobte Leute. Und nicht jüdische Bourgeois, die von posener Berlin in das Land der Könige ziehen; ihre Frömmigkeit besteht aus bröckelnden Matzen, kräftigen Fleischbrühen. Vierzig Jahre lehrte Moses seinem Volk die Freiheit der Wüste und das Brüllen der Schakale, und das Gesetz vom göttlichen Angesicht lesen, bevor er sie durch das Tor Jerusalems führte.
Ich denke jetzt viel an Religion, aber zur Religion gehört eine Welt: Alleinsein. Nicht ein Idyll mit einem Haus, das still. Ich war dazu bestimmt, Tempeldienst auszuführen, ich hätte Gott Heilige gepflückt von den Ufern leiser Ströme. Und das Licht der Seele blau erhalten.
Auch lege ich *fromme Bilder* mit den Sternen, die über das Allerheiligste schweben, und immer wüßte ich vor Gott zu knien, daß es ihm kein Zorn entfacht. Ich sage zu Gott: du, sie duzen sich mit ihm.

Lieber Herwarth und liebes Kurtchen!

Meine religiöse Stimmung muß also einen Grund haben. Ihr meint wohl, mich plagt die Reue? Die Sünde ist mir erschienen, meint Ihr wohl, mit dem Fegefeuer in der Hand, oder die Schlange hat doch endlich Einfluß über mich gewonnen. Pfui Teufel, Ihr traut mir zu, daß ich eine religiöse Stimmung auf Pfählen baue, irgendwo in die Sintflut hinein. Ich habe Vertrauen zu meinen guten und bösen Handlungen. Ich kenne keine Sünde, mag

sein, daß ich sie oft von außen her mit Süßigkeiten mir greife, ich hab noch nie etwas davon gemerkt. Lebe das Leben ja tableaumäßig, ich bin immer im Bilde. Manchmal werde ich unvorteilhaft hingehängt, oder es verschiebt sich etwas in meinem Milieu, auch bin ich nicht mit der Einrahmung zufrieden. Einrahmungen sind Einengungen, Unkunst, Grenzen, die sich kein Gott, aber ein Gottdilletant zieht. Die runden Rahmen haben noch etwas Kreisendes, aber die viereckigen, neumodischen, sind so ganz menschlich aus dem Kosmos getreten. Ich sehe also aus dem Bilde das Leben an; was nehm ich ernster von beiden? Beides. Ich sterbe am Leben und atme im Bilde wieder auf.
Hurra!

Liebe Nordländer!

Ich fühle mich ergraut, wie der Tag plötzlich; bald ist es Nacht; soll ich wachen oder schlafen. Lohnt es sich zu leben oder zu versäumen. Alles sollte sich lohnen, auch das Nichtvorhandene. Ich weiß, irgendwo sehnt sich ein Hadrian oder ein Pharao nach mir. Ist das nun wahr oder ist das nicht wahr? Aber ich finde, so ein Gedanke lohnt sich. Allerdings, der Bürger verliert nie etwas, mich kostet vielleicht, so einen Gedanken zu haben, das Leben. Meint Ihr, mein Leben ist zu ersetzen? Lohnt es sich, mein Leben zu ersetzen? Ich will diesen Gedanken von Euch beantwortet haben. Aber ich sprach vom Hadrian, ich sprach vom ägyptischen König, der eine Pyramide als Krone trägt, wir ziehen zusammen in den Krieg auf Dromedaren. Ich sitze hinter ihm, an seinem Rücken gelehnt, und meine Pfeile fliegen an seinem Herzen vorbei in die Leiber der Feinde. Nachts schminkt er meine Lippen mit seinen Küssen.

Herwarth!

Karl Kraus, der Dalai Lama, weilt in Wien, aber unten in Deinem Arbeitszimmer hängt seine Hand in Marmor. Ich stand wieder vor dem schwarzen Brett, darauf sie gespannt abwärts greift, sie bewegte sich, als ob sie mir etwas erklären wollte. Diese Hand, eine sichere Ministerhand, eine gütige Diplomatenhand, eine züngelnde Hand, sie kann eine Stadt anstecken. Meine Augen tanzen um ihre Randung — Polka. Lieber noch ringe ich mit dieser Hand zum Zeitvertreib. Sollte dieser vornehmste Kampf unterlassen bleiben! Ich träume oft in der Nacht von den Kriegen unserer Hände und staune, daß Du die seine noch immer in der Frühe erhalten am Brett hängend vorfindest. Sie lächelt sogar seit kurzem. Des Ministers Hand, eine ernste, mongolische Dolde, eine Hand, jeder seine Pfade endet. Was er wohl von meiner ziellosen Hand aus Spiel und Blut denkt?

Lieber Herwarth!

Was ist das Leben doch für ein eitler Wettbewerb gegen das Aufschweben zur Ewigkeit. Ich bin erregt, ich hatte schon einige Male heute das Gefühl, ich muß sterben. Wenn ich auch im Bilde lebe, Bild bin, aber meine Eindunkelung Dir gegenüber macht mir schon lange Schmerzen. Wir können uns beide kaum mehr sehen, Herwarth; alle die Leute, die uns wieder zusammenbringen wollen, sind nichts weiter als Ölschmierer oder Terpentinwäscher, uns auffrischen wollen sie; über die echten Farben unechte, gezwungene schmieren. Fälschung! Verkitschte Auferstehung! Man sollte lieber die Menschen, über die die Nacht kam, einbalsamieren. Es klopft heute schon einigemale an meiner Tür, es geschieht etwas Schreckliches in der Welt, lauter Fälschung, dafür geben die Leute ihr Geld aus. Das sag ich Dir, ich wollte, ich besäße eine Brücke, es müßte mir jeder – Zoll bezahlen – Brückenzoll. Da ich doch tot bin, hab ich mir wenigstens vorgenommen, reich zu werden.

Herwarth!

Vorher schick ich dir noch ein Gedicht für den Sturm. Ich bin rasend verliebt in jemand, aber Näheres sag ich nicht mehr. So kann es immer an Dich gerichtet sein.

>Du bist alles was aus Gold ist
>In der großen Welt.
>
>Ich suche deine Sterne
>Und will nicht schlafen.
>
>Wir wollen uns hinter Hecken legen
>Uns niemehr aufrichten.
>
>Aus unseren Händen
>Süße Träumerei küssen.
>
>Mein Herz holt sich
>Von deinem Munde Rosen.

Meine Augen lieben dich an,
Du haschst nach ihren Faltern.

Was soll ich tun,
Wenn du nicht da bist.

Von meinen Lidern
Tropft schwarzer Schnee;

Wenn ich tot bin,
Spiele du mit meiner Seele.

Ludwig Ullmann habe ich das Gedicht: An Jemand — für sein Flugblatt geschickt:

Lieber Ludwig Ullmann!

Es war Nacht, als Ihr Brief kam, ich hatte mich gerade aufgehängt, konnte nur morgens den Baum nicht wiederfinden. Ob das ein Glück für Ihr Flugblatt ist, kann ich nicht beurteilen. Denn ich bin noch sehr angegriffen von der Aufhängerei und von allem Drum und Dran. Machen Sie gute Stimmung für mich, mir fehlt jede. Auch ist Berlin so langweilig, es ist weder interessant zu leben, noch zu sterben, was ich nun beides beurteilen kann. Ihre Karte war mir eine Labung, so frisch geschrieben; wie Quellwasser sind Ihre Buchstaben, nicht etwa verwässert. Sie müssen immer von Wäldern dichten, das wäre charakteristisch für Sie. Jedenfalls begleiten Sie mich in den Prater, wenn ich nach Wien komme. Ihre E. L. Sch.

Liebe Jungens!

Ich habe vor, regierender Prinz zu werden. Müßten mir nicht alle Menschen Tribut zahlen?
Ich habe gestern Dr. med. F. leider vergebens geschrieben:

Sire!

Sie haben ganz recht empfunden, ich bin der Prinz von Theben. Sie wollen mir eine Klinge zum Geschenk überbringen lassen. Ich bitte Sie, mir zweihundert Silberlinge, das sind auf Deutsch zweihundert Mark, beizulegen, damit ich Ihrem Diener den ihm zukommenden Lohn entrichten kann.
Konnte ich seinen Herrn höher schätzen? Ich traute diesem Doktor zu, daß er meinen Brief mit allem Respekt erfüllen würde, er ist Nierenarzt, er hat den Zug eines Bohemiens in sich, er behandelt mit Vorliebe Wandernieren.
Soeben kam eine Dame aus Prag, ich soll in ihrem Verein sprechen. Wo ich soviel umsonst schreibe, muß ich doppelt so viel für mein Sprechen beanspruchen. Willy Haas hat sie aus Prag zu mir ins Haus gesandt. Ich habe tausend Mark verlangt; für meine Liebesgedichte zweihundert Mark besonders. Die Dame war ergriffen, aber sie will mit ihrem Verein über meine Forderung sprechen. Auch war ich äußerst pathetisch, zog meinen Königsmantel einige Male über die Schultern in Falten, in wilde Falten. Ich spreche überhaupt nicht mehr ohne Bezahlung, nur Bindewörter; könnt ich doch eins finden, das mich binden würde.

Herwarth!

Ludwig Kainer will meine Kalifengeschichte illustrieren. Bei mir kann ich ihn nicht empfangen, überall liegen fußhoch norwegische Briefe an Euch. Aber mein erlauchter Illustrator geht nach München, ich reise dann auch dorthin, einige Tage; übrigens hat mir mein Freund Antoni, der Prinz von Polen, aus München geschrieben, mein Geist wäre gestern im Café Bauer in Galla allen erschienen. Ich war schon immer neugierig, meinen Geist kennen zu lernen, meinen Astralleib, er soll reich sein, ich werde ihn anpumpen.

Prinz von Theben, schrieb mir der Maler Schmidt-Rottluff: Ich will Sie malen mit ihrem schwarzen Diener Oßmann. Ich wollte, er malte mich im Hintergrund seiner Handschrift, mitten hinein. Lauter Schlangengrotten, Urwaldgewächse, Kokospalmen, menschengroße Affenkörper. Man kann nicht durch seine Handschrift in die Ferne blicken, man erstickt in dieser Handschrift. Er und Richard Dehmel trinken aus denselben dunklen Quellen. Ich werde ihm Geschichten aus meinem Leben erzählen. Ihr wißt doch, mein hinterurwäldlicher Ahne ist der einzige Mensch, der nicht von Affen stammt. Ich habe noch unseren Stammbaum in Blüte. Ihr wollt es nicht glauben, aber der Maler mit der ungeheuren Handschrift wird mir glauben, daß ich von der Ananas stamme. O, dieser berauschende, wilde Fruchtkopf mit dem Häuptlingsblattschmuck! Ich habe noch nie davon gegessen, nicht einmal genascht, aus Pietät, und dabei könnt ich meine pflanzliche Abkunft auffressen, wie ein Menschenfresser.

Herwarth!

Weißt du, daß Ludwig Cranach schon die Venus von Siam als Kete Parsenow gemalt hat. Also nicht ich alleine weiß, daß Kete Parsenow die Venus ist, die wirkliche Venus. Ich sah die Venus lächeln, ich spiegelte mich in den Tränen der Venus, ich sah die Venus tanzen, ich sah die Venus sterben. Ich, ich ich, ich kann mich kaum mehr berühren vor Süße.

Lieber Herwarth!

Paulchen will endgültig nicht mehr in den Kino gehen, er hätt die Nacht nicht schlafen können, ein Mensch sei irrsinnig im Stück gewesen und kein Junge will mehr hingehen. Die Unglücke sehe er ja sonst gern. Er war noch ganz erregt am Morgen und erzählte mir folgendes: Es war ein Mann, der hieß Marius, der hatte eine Braut bekommen beim Tanzen und da schrieb die Braut dem Marius, ein helles Fenster sollt ihm in der Nacht zeigen, wo sie wär. Im selben Haus war ein Hotel, das Haus war ein Hotel überhaupt, davor ein Irrenhaus für die Geisteskranken von Doktor Russel, wo die Leute mit Strahlen geheilt werden von Doktor Russel. Herr Marius hatte sich in der Dunkelheit verirrt und ging in das Irrenhaus in eine Zelle. Da kommt plötzlich mit dem Auto ein Geisteskranker her und er wird von einem Diener durch Strahlen zum Schlafen gebracht und schläft. Da wird er wieder wach und wollte aus dem Fenster, aber er sinkt vors Bett und auf einmal kommt Marius rein und sieht den irren Mann und sofort vor lauter Angst hinter die Wand, aber der Geisteskranke packt ihn an die Kehle und würgt ihn fast ganz tot, aber nicht ganz tot, auf einmal hört das ein Wärter, der nachts rumgeht, macht die Tür auf und man kann da plötzlich reinsehn in Doktor Russel sein Zimmer, der sitzt mit Marius seiner Braut auf dem Bett und poussiert.

Liebes Kurtchen!

Morgen komme ich in Dein Bureau, Potsdamerstraße 45, mit der Rechnung vom Cliché Deines Bildes — hoffentlich hast Du Dich getroffen gefühlt.

Nota:
Cliché sechs Mark. Zwei Mark zwanzig das Auto in die Clichéfabrik; drei Mark fünfzig *mit Trinkgeld* das Diner bei Kempinski und für fünfzig Pfennig Fachinger. Bei Kranzler trank ich Schokolade für fünfzig Pfennig und aß für fünfundsiebzig Pfennig Törtchen, die alt waren. Nahm dann wieder ein Auto in die großen Rosinen. (Meinhard spielte famos.) Dreißig Garderobe, sechzig Foyer (Lachsbrötchen). Nahm dann ein Auto, raste ins Café des Westens, Dich und Herwarth abholen; traf Euch nicht, fuhr schließlich im selben Auto heim, kam aber zu spät, mußte den Portier herausklingeln für fünfundzwanzig Pfennig. Bitte zähle die Summen zusammen, irre Dich nicht. Laß Dein Gemälde einrahmen in Watte, Dich einsalzen, wo der Pfeffer wächst.
Ich grüße Dich!   Else L.-Sch.

Lieber Herwarth, liebes Kurtchen!

Ich bin Adolf Lantz begegnet; er trägt, seitdem er Direktor ist, einen Zylinder, der blaakt.

Ich gehe jetzt seltener ins Café, ich kann es nun auswendig. Es ist ja nicht allzu schwer zu lernen; internationale Cafés sind schwerer zu behalten. Ich plaudere wieder so vor mich hin wie Verblühn. Ich habe alles abgegeben der Zeit, wie ein voreiliger Asket, nun nimmt der Wind noch meine letzten herbstgefärbten Worte mit sich. Bald bin ich ganz leer, ganz weiß, Schnee, der in Asien fiel. So hat nie die Erde gefroren, wie ich friere; woran kann ich noch sterben! Ich bin verweht und vergangen, aus meinem Gebein kann man keinen Tempel mehr bauen. Kaum erinnerte ich mich noch an mich, wenn mir nicht alle Winde ins Gesicht pfiffen. O, du Welt, du Irrgarten, ich mag nicht mehr deinen Duft, er nährt falsche Träume groß. Du entpuppte grauenvolle Weltsagerin, ich habe dir die Maske vom Gesicht gerissen. Was soll ich noch hier unten, daran kein Stern hängt.

Ich bin nun ganz auf meine Seele angewiesen, und habe mit Zagen meine Küste betreten. So viel Wildnis! Ich werde selbst von mir aufgefressen werden. Ich feiere blutige Götzenfeste, trage böse Tiermasken und tanze mit Menschenknochen, mit Euren Schenkeln. Ich muß Geduld haben. Ich habe Geduld mit mir.

Schmidt-Rotluff hat mich im Zelt sitzend gemalt. Ein Mandrill, der Schlachtengesänge dichtet. Schmidt-Rotluff hat mich als Mandrill gemalt, und ich stamme doch von der Ananas ab. Ihr habt den Affen überwunden; man kann sich doch von nichts in der Geburt vorbeimachen.

Bin entzückt von meiner bunten Persönlichkeit, von meiner Urschrecklichkeit, von meiner Gefährlichkeit, aber meine goldene Stirn, meine goldenen Lider, die mein blaues Dichten überwachen. Mein Mund ist rot wie die Dickichtbeere, in meiner Wange schmückt sich der Himmel zum blauen Tanz, aber meine Nase weht nach Osten, eine Kriegsfahne, und mein Kinn ist ein Speer, ein vergifteter Speer. So singe ich mein hohes Lied. O, Herwarth, Ihr könnt es mir ja nicht nachfühlen — was blieb Euch vom Affen übrig? Herwarth, Du brauchst es ja nicht wiedersagen, Herwarth, ich schwöre es Dir bei dem Propheten Darwin, ich bin meine einzige unsterbliche Liebe.

Lieber Herwarth!

Ich höre, Du hältst einen musikalischen Vortrag bei Cajus-Majus im Cabarett Gnu. Ich weiß noch nicht, ob ich kommen kann. Das Gnu hat so viel Junge geworfen, die sicher nicht blind für Deine Musik bleiben. Es hat jemand herumgebracht, seitdem Du eines Deiner Lieder einer anderen gewidmet hast, als mir, interessieren mich Deine Vertonungen nicht mehr. Jemand hat nicht ganz unrecht. Subjektiv nicht mehr! Ich glaubte immer, Du könntest nur meinen Glanz aushalten, daß keine blasse Sehnsucht in Dir stecke.

Lieber Herwarth!

Ich gehe doch in das Cabarett von Dr. Hiller, schon um der kleinen Martha Felchow Pralinées zu bringen. Sie sitzt vor der Eingangstür an der Grenze zwischen Prolet und Gnu und nimmt die Zölle immerzu.

Ich hörte, Ludwig Hardt habe wieder so großartig im Choralionssaal vorgetragen — er ist der einzige Liliencron-Interpret. Er gab mir mal alleine einen Liliencron-Abend, in einem der Erkerviertel des Cafés. Sein Vortrag trägt die weiche Seele Liliencrons, das Stahl seines Herzens. Ludwig Hardts Stimme marschiert mit Sporen durch des Dichters Kriegsgedichte. Ludwig Hardt ist ein lyrischer Soldat, er ist adelig, wie Liliencron. Sein Elternhaus lag, eine Löwin, an goldener Kette.

Heute kommt Ludwig Kainer und zeichnet mich für den Sturm als Prinz von Theben. Meine zwei Neger, Oßman und Tecofi, der Häuptlingssohn, werden ihn im Vorhof meines Palastes empfangen. Ich trage mein Feierkleid und meinen Muschelgürtel und den Islamstern des Sultans über meinem Herzen, und werde nach »ihm« aussehn.

Lieber Herwarth, liebes Kurtchen!

Ich habe vor, eine große Festlichkeit zu veranstalten; meine Gemächer sind nicht geräumig genug, und ich begab mich heute morgen ins neue Schloßviertel hier zu der Marquise Auguste Fürst-Foerster, der ich die Valenciennehand mit Ehrfurcht küßte. Sie war wie immer von ausgesuchter Delikatesse und stellte mir auf meine Bitte ihre Salons zur Verfügung. Daß sie hoffe, auch als Gast erscheinen zu dürfen, auf meiner hohen Festlichkeit, erfreut sie unendlich. Dann geleitete sie mich zwischen Rosentapeten ihrer Korridore; »Allerhöchste Marquise«. — Marquise (gnädig lächelnd zu mir): »Hoheit« . . .

Herwarth!

Ich habe noch eine Zeichnung von S. Lublinski gefunden, wie ich ihn heimlich zeichnete über lauter Köpfe im Café hinweg, da wir uns vorher gehauen hatten. Er war ein Charakter. Die einzige Eigenschaft, die einen ganzen Charakter ausmachen kann, ist Mut. Also war er *noch mehr* wie ein Charakter, er war ein rostiges Gefüge.

Herwarth!

Ich schreibe hier einen offenen Brief an Paul Cassirer

Sir!
Es war für mich keine Überraschung, in Ihrem vornehmen Salon die Werke Oskar Kokoschkas zu bewundern. Manche von den Betrachtern hielten sich sicher ihr Lachen ein, in Erinnerung an Sie, Sir, des unumstößlichen Glaubens wegen an Sie, Sir, Ihres kunstverständigsten Namens wegen, Sir, Ihrer Sicherheit in den Farben und Werten und Zeitwerten wegen, Sir; Sie haben sich am Tage, da Sie Oskar Kokoschka in Ihren Salons ausstellten, selbst hundert Jahre voraus in die Zukunft gesetzt, indem Sie als erster Kunsthändler in Berlin den Ewigkeitswert seiner Schöpfungen erkannten. Ich hörte mit nicht geringem Erstaunen, daß Sie eine zweite Ausstellung von Kokoschka in Ihren Sälen veranstalten wollen, Kopien seines Genies. Warum das schon bei seinen Lebzeiten? Warum echten Wein verwässern, wenn schwach befähigte Besucher Herzklopfen bekommen! Oder besoffen werden und taumeln oder ausfahrend werden. Ich fordere Sie allerhöflichst auf, Sir, diese Ausstellung

zu unterlassen. Oskar Kokoschka ist kein Zwilling, er hat noch nicht einmal einen Vetter, aber einen Meuchelfreund. Ich rechne darauf, Sir, und mit mir zeichnen noch ernste Bewunderer der Oskar-Kokoschka-Bilder, Sie unterlassen eine Ausstellung der Kopien, die Herr Jemand in Ihren Sälen zu beabsichtigen gedenkt. Und genehmigen Sie meine hochachtungsvollen, verbindlichsten Grüße, Sir. Else Lasker-Schüler.

Oppenheimer hat auch Anhänger — jawohl, bitte — an seiner Uhrkette hängen.

Max Oppenheimer, Abbé!
Sie wollten mich rücklings in die Beichte stecken ... Denn niemand weiß so genau wie ich, daß Sie farbige Wechsel ausschreiben mit der Unterschrift Oskar Kokoschkas. Warum? Da Sie doch selbst malen können. (Dieses schrieb ich ihm im Café, er glaubt, ich, le Prince de Thebe, bin das Werkzeug einer Partei.)

Lieber Herwarth!

Ich schrieb an Dr. Hiller:
Heute mittag aß ich die Erstgeburt, zwar nicht Linsen, aber dicke Erbsen. Es schwammen Bröckchen darin und die Überreste eines Schweinsohrs. Ich bin aufgebläht, aber Ihr Antlitz, Cajus, hat Monderweiterung bekommen. Wie dürfen Sie sich erlauben, uns, vor allen Dingen mich, in Ihrem Vortrag mit Idioten anzureden; zumal Sie genau wissen, ich bin Idiot. Aber erinnern brauchen Sie mich nicht daran, das ist unzart, das ist direkt

ordinär von Ihnen. Ich komme nicht mehr ins Gnu, ich hab gnug.

Herwarth!

Gestern ist mein Onkel, der süddeutsche Minister, mit mir ins russische Ballett gefahren. Hinter uns saßen strahlende Petersburgerinnen, zwischen ihnen Herr Barchan, der Hexenmeister. Einige Male hat er bei uns in der Wohnung frische Fische gezaubert und nachher verschlungen, lebendig; er hat Dich auch einmal verschwinden lassen wollen, Herwarth, weißt Du's noch? Ich meine, Dich verleugnet; aber sein Ärmel war nicht weit genug.
Ich schreibe nun schon drei Monate oder noch länger norwegische Briefe. Verreist Ihr beide nicht wieder bald? Vielleicht regt mich eine zweite Reise auch so an, wie Eure Nordpolfahrt. Ich habe zwar verlernt, mit Sonne zu schreiben; meine Vorfahrengeschichten verlangen Morgenland. Auch dem historischen Stil habe ich Schlittschuh angeschnallt, und ihn so mit fortgerissen, es kam mir nicht darauf an. Ich schrieb also den größten Teil meiner Briefe mit dem großen Zeh; die Historie aber kann man nur mit dem Herzen schreiben; das Herz ist Kaiser. Womit schreibe ich eigentlich meine Gedichte? Was glaubt Ihr wohl? Die schreibe ich mit meiner unsichtbarsten Gestaltung, mit der Hand der Seele, — mit dem Flügel. Ob er vorhanden ist, — Sicher! Aber gestutzt vom böswilligen Leben. (Mystik.)

Lieber Herwarth!

Außerdem habe ich den Gnudirektor Cajus-Majus = Dr. Hiller in seinem Gnutheater am Vortragstisch auf der Bühne sitzend gezeichnet. Er spricht vom gescheckten Mondgnukalb — versteh vor Lärm nur alles halb — in seinem Hirne — elektrisch spiegelt sich die Birne.

O, Herwarth, o, Kurtchen!

Wie sich die Welt verändert hat; früher war die Nacht schwarz, nun ist sie goldblond.

Liebes Kurtchen!

Weißt Du's schon, eine Deiner Klientinnen hat den Sturm aufgekauft, läßt sich mit Deinem Bild ihr Schlafzimmer tapezieren! Sie singt: »Ich hab dein Bild im Sturm gesehn!«

Jungens!

Nun hab ich's raus mit den Künsten: man muß zeichnen, wie man operiert. Ob man ein Stück Haut zuviel skalpiert oder einen Strich länger zieht, darauf kommt es ja gar nicht an! — Und die Massenliebe des Publikums zur Musik ist mir auch klar geworden. Die Zunge hat am meisten zu tun beim Hören, sie wächst sozusagen gehöraufwärts, sie probiert; namentlich schmeckt ihr die Nationalmusik: Deutschland, Deutschland über alles, Volkslieder, prickelnde Operettenlieder; Carmen, glänzendes Hochzeitsmahl; auch Wagners heiliger Gral

ist nicht zu verachten. Deine Musik, Herwarth, aus Tanz und Schwertern, aus Frühling und Schäfern, aus Mond und Nacht und Sternen frißt auch die Menge mal für Schildkrötensuppe und indische Vogelnester — *hoffe ich!*
Abends trinke ich jetzt immer Tee Chambard, ein Getränk aus Goldkamillen, blauen Glockenblüten und Rosenblättern. Ich habe Peter Altenberg das duftende Rezept geschrieben für eine Fortsetzung seines Buches Prodromus. Ich hörte, er spucke auf mein erlesenes Gedicht, auf meinen alten Tibetteppich, er kann nur dadurch antiker und wertvoller werden.
Peter Altenberger, der Dichter der Östreicher, hurrah!!!

Lieber Herwarth!

Wenn ich Frau Professor Helene Herrmann begegne, muß ich an tiefe Wolken denken; wenn ich an Julius Hart denke, weiß ich, wo ich einst Engeln begegnet bin! Helene Herrmann und Julius Hart sind (fort mit allem Hirn-Maché) durchrankt von Seele.

Lieber Herwarth, liebes Kurtchen!

Ich habe meine beiden Ringe verschenkt; es tut mir so leid, aber ich habe mir einen großen, braunen Käfer aus Glas in Messing fassen lassen; er sitzt auf meinem Mittelfinger wie auf einem kahlen Herbstast und sehnt sich nach Sommer und Sonne, nach Blüten und Silberblättern und wahrscheinlich nach einem Glühwürmchen.

Herwarth!

Wir sind nur auf dem Wege, das Leben ist nur Weg, hat keine Ankunft, denn es kommt nicht woher. Wohin soll man da? Immer in sich Zuflucht nehmen! Darum sind ja die Menschen so arm, ihre Herzen sind Asyle, sie fühlen sich sicher in ihren geselligen Heimstätten. Wohin soll man da? Mein Herz ist zerfallen; o, diese Einsamkeit zwischen gebrochenen Säulen! Kennst Du ein luxuliöses Herz – und wenn es aus Marmor ist?

Meine Lieben!

Ich bin sehr neugierig geworden; ich beginne mich zu fragen, ob ich intellektuell bin oder stumpf? Manchmal denk ich was, das geht über meine Grenzen; über Eure Horizonte habe ich wohl lange schon gedacht. Aber wo komme ich hin, wenn ich über meinen Mauern und Zäunen hänge, wo sich noch nicht Land vom Meere getrennt hat? Wer wird mir Schöpfer sein!! Werde ich meinen Schöpfer lieben oder ihn anbeten in Ehrfurcht?
Wenn ich ernstlich krank bin, dann hole ich keinen Arzt, Herwarth, aber einen Astronomen, jedenfalls einen Sterndeuter oder einen Fakir, meinetwegen einen Gaukler. Eher stellt »der« fest, wie weit mein Sternbild Corpus von dem Sternbild Psyche entfernt ist, als der anerkannteste Professor.

Herwarth!

Ich habe meine medizinische Arbeit gedichtet (nicht geschrieben), darum werde ich wohl den Doktorhut bekommen, aber ihn nur Carneval aufsetzen dürfen.

Lieber Herwarth!

Ich habe im Berliner Tageblatt einen Ruf nach dem Simplizissimusmaler Ludwig Kainer und seiner Frau, der Malerin, ergehen lassen. Beide sind plötzlich verschwunden. Ich hänge aber eingeschlossen einigemale in ihrer Wohnung. Wie es mir gehen mag, meinen verschieden aufgefaßten Ichs?

Kurtchen!

Steht Gefängnis auf Schweinehund? Oder Geldstrafe? Oder verjährt nach zwei Jahren ein Schimpfwort, wie zum Beispiel Schweinehund? Ich habe vor zwei Jahren mal jemand so genannt; ich möchte endlich von der Kette los.
Ich muß manchmal an die Schwärmerin denken vom Sylvester im Café des Westens. Sie kniete vor mir (eine mir höchst unsympathische Stellung), aber sie kniete im Blut, denn der Wein uminselte unseren Tisch. Ich trug mein Kriegsgewand und alle meine Dolche, und nie war ich so vornehm der Prinz von Theben, wie an der Grenze zwischen Alt- und Neujahr. Ich habe der Schwärmerin versprochen, nicht mehr Platt zu sprechen in meiner norwegischen Korrespondenz; liegt auch im Grunde nur Brüderschaft in der ollen Omgangssprake twischen Pitter Boom on mek.

Herwarth, Kurth!

Wie findet Ihr mich getroffen auf der neuen Freimarke meiner Stadt Theben? Ich werde mein Volk lieben bis in den Tod.

Lieber Herwarth!

Es hilft Dir nichts, ich sende Dir diesen Brief so lange, bis Du ihn im Sturm veröffentlichst. Ich glaube Dir schon, daß es Dir weh tut, diese Zeilen meines Herzens prägen zu lassen, aber da ich mich nicht zu beherrschen gelernt habe, verlange ich es von Dir. In meinem Interesse mußt Du Eisbären bändigen — Pudelhunde gehorchen eher; ich sagte Dir schon einmal, die meisten Temperamente bellen oder jammern oder kläffen nur.

Ich war nämlich in Jedermann oder heißt es Allerlei? Ich glaube, es heißt Allerlei für Jedermann oder Jedermann für Allerlei: Herein meine Herrschaften ins Riesenkasperle, ins Berliner Hännesken! Ein evangelisch Stück wird gespielt für die »getauften« Juden, namentlich, sehr anschauend und erbaulich. Alle getauften Juden waren in der evangelischen Vorstellung-Schaustellung gewesen und waren erbaut *namentlich* von dem blonden Germaniaengel in Blau und Doppelkinn. Rechts ein Fleckchen, links ein Fleckchen Mensch oder Engel an der Kasperlewand und wie das Gewissen zu heulen anfing: Jedermann hier, dort Jedermann. Wo kam das her — ich denke aus den Ställen, Herwarth. Nein, da wollen wir lieber auf die Kirmes gehen in Cöln am Rhein und ein Cölner Hänneskentheater aufsuchen, von dort sollte Direktor Reinhardt die Naivität herholen, nicht sich welche anfertigen lassen von dem Hofmannsthaler in Wiener Stil oder übertünchen lassen, ein britisch-evangelisches Mysterium, charakteristisches Gähnen mit noch entsetzlicheren, gelangweilten, unechten Reimereien eines »Verbesserers«. Denk mal an, wenn er sich auf Bildhauerei verlegt hätte, an der Skulptur geflickt hätte, und der Venus von Milo die beiden Arme angesetzt hätte! Was grub er doch alles Literarische aus: zuerst den Oedipus von Sophokles und nährte ihn mit Wiener Blut; die Elektra machte er zur dämonischen »Lehrerin«. Ihm gebrichts an Phantasie. Immer sagen dann die Leute, Herwarth, weil sie stutzig werden: Ja, haben Sie denn noch nicht *das* Gedicht von ihm gelesen: Kinder mit großen Augen? — Ich habe sogar Tor und Tod und den Tod des Tizians von ihm gelesen; glänzende Dichtungen allerdings, aber im Granit Goethes gehauen. Wenn Jedermann wüßte, was Jedermann wär usw. — eine Blasphemie, eine Verhöhnung einer alten Pietät, einer religiösen Verfassung. Das Leben und der Tod, die Sünde und die Strafe, Himmel und Hölle, alles wird zur Schaustellung herabgewürdigt, wie die Elephanten und Araberpferde mit Bändern und Kinkerlitzchen geschmückt, allerdings nicht einmal wie hier den Kindern zur Freude, dem reichen sensationslustigen Publikum zur Erbauung, pfui Teufel, daß der Sekt besser mundet.

Ein paar Tage vor Weihnachten forderte Direktor Reinhardt mein Schauspiel Die Wupper ein. Sie liegt noch nicht zwei Monate in seinem Haus; mein Schauspiel hat Leben, meine Geschöpfe möchten weiter leben. Nun wird mein Schauspiel eine Geisel sein in Reinhardts Händen, er wird meine Dichtung ins Feuer werfen oder sie mir mit ein paar Phrasen seiner Sekretäre wiedersenden lassen. Gleichviel, ich will keine Rührung noch Sentimentalität aufkommen lassen, Herwarth, ich muß meine Dichtung opfern der Wahrheit, dem »Ehrgeiz« zum Trotz. Der Prinz von Theben wirft die letzte Fessel von sich. Mit einer goldenen Schaufel will ich der Sage meiner Stadt einen Weg ebnen oder sie begraben, indem ich Direktor Reinhardt die Wahrheit sage. Die Aufführung des Jedermann ist eine unkünstlerische Tat, eine schmähliche — von ihm zumal, der im Publikum für unfehlbar gilt und in Wahrheit mit Bewußtsein nicht fehl greifen *kann*. Wie soll man sich diesen Zynismus erklären! Hat Reinhardt Geld nötig? Warum rauben es nicht seine Leute für ihn: *Sie sollen den Westen der Stadt plündern für ihren Kaiser!!* Kassenschränke sind nicht zu unterbilden, wohl aber eine Zuhörerschaft (es sind talentvolle Zuhörer darunter) wackelköpfig durch ein Irrspiel zu machen. Solche Geschenke darf sich Reinhardt nicht erlauben. Draußen tobten die Sozialdemokraten, es war am Tag der Wahl — in mir stürmte eine stärkere Revolution, es fiel am Abend meine letzte Hoffnung, die Aufführung meines Schauspiels unter dem Können Reinhardt, das ich in so vielen Aufführungen bewunderte. Ich fordere mit diesem Brief meine Arbeitersage, die Wupper, ein. Hat er sie schon gelesen? Sie muß ihm imponiert haben.

Liebe Beide!

Als ich heute morgen aufstand, kroch eine kleine Sonne auf meinen Fuß und spielte mit ihm wie eine bunte Eidechse Ringelrangel. Ich bin sehr glücklich heute, mein Zimmer ist süß, die kalte Luft, die durchs Fenster dringt, schmeckt süß und mein Schrank enthält lauter süße Feierkleider: ein goldenes, ein palmenfarbenes und ein Kleid aus Kristallseide, das klingt. Und meine Kriegsgewänder sind friedlich, die weite schwarzseidene Hose schmücken süße Perlenborden und aus den Muscheln meines Gürtels begegnen sich Schnecken und strecken ihre kleinen Korallenhörnchen entgegen: Allah machâh. — Es sind alles Muscheln, die ich am Strand des Nils auflas. Und in der Kriegstasche zwischen wilden Schalen harter Früchte finde ich verzuckerte Rosen, die süß zu essen sind. Ich bin verliebt. —

Kurtchen, Herwarth!

Er sagt, er hätte breite Hände. Ich finde seine Hände wundervoll und rührend, kleine Kinderhände, aber durch die Lupe gesehn, als ob sie durchaus groß sein wollten. Ich spiele den ganzen Tag mit seinen Händen; jedem Finger habe ich einen Ring aufgesetzt, jeder trägt einen anderen seltenen Stein. Der an seinem kleinen Finger erzählt die Geschichte meines Urgroßvaters, des Scheiks, des obersten Priesters aller Moscheen. Am Goldfinger sitzt ihm die Sage des Fakirs, des Bruders der Gemahlin des Emirs von Afghanistan, der war der Vetter meiner Mutter. Am Daumen droht ihm der blutigste Krieg, ein rissiger, tiefer Stein mit dem Bilde Konstantins des Kreuzritters, dem ich den Kopf abschlug in der Schlacht bei Jerusalem. »Er« ist selbst ein Kreuzritter, ich befinde mich in verliebter Verzweiflung.
Wollt Ihr mir beide telegraphisch mitteilen, ob es stillos ist, daß ich mich in einen Ritter verliebt habe?

Tino von Bagdad.

Statt mir telegraphisch zu antworten, fragt Ihr mich, wer »er« ist. Aber ich hab schon einmal betont, ich sag nichts Genaueres mehr. Er ist groß und schlank und wenn seine Augen sich glücklich auftun, blühen sie wie ein Kornblumenfeld. Ich habe ihm gesagt, jedes Mal wenn er seine Augen lächelnd öffnet, schenke ich ihm einen Palast, oder einen goldenen Palmenbaum, oder eine Hand voll schwarzer Perlen oder *ganz* Asien. Ich muß Euch noch was Merkwürdiges erzählen: er bat mich, er drängte zärtlich zu gehorchen, ich ging am selben Abend nicht mehr ins Café. Am anderen Abend war ich wieder dort; er war sehr traurig, als er da sagte, er hätte eine Schlacht verloren. Mich bekümmerts, er sollte alle Schlachten gewinnen, und wenn ich ihm helfen sollte, mir den Kopf abzuschlagen. Oder meint Ihr, ich ginge auch ohne Kopf ins Café? Nur mit dem Rumpf, dumpf, stumpf in den objektiven Sumpf! O, wie pathetisch, nicht? Aber, es gibt ja nichts Objektiveres wie das Café, nachdem man in seiner Literatur am Schreibtisch zu Haus die Hauptrolle gespielt hat. Entzückend, sich abzuschütteln, seine intensivste Last. Sagt, Ihr beide, kann mir das Café schaden oder nicht schaden? Herwarth, Du behauptest ja immer, ich bin ein Genie, das ist Deine Privatsache. Soll ich mich nun von – »ihm« – trennen und ins Café zurückkehren oder soll ich bei ihm bleiben? »Kehre zurück, alles vergeben!« Pfui! . . . Er hat das schönste Profil, das ich je gesehen habe, wem soll ich es anvertrauen – Dir, Herwarth: Er ist der Konradin, den ich tötete in Jerusalem, den ich haßte in Jerusalem und alle seine Kreuzchristen in Jerusalem. Wem soll ich es anvertrauen wie Dir, Herwarth; die andern sind ja alle Philister. Wir sind ganz lila, wenn wir uns lieben, wir sind Gladiolen, wenn wir uns küssen, er geleitet mich in die Himmel Asiens. Wir sind keine Menschen mehr. Du erzählst mir nie etwas, Herwarth, oder laß ich Dich nicht zu Worte kommen, oder hast Du noch immer nicht vergessen, daß *wir* verheiratet sind?

Ich habe nun nur ihn. Aber ich bin so begierig, wie es meiner Bleibe und meiner Sterbe geht, dem Café des Westens? Es ist genau so, als ob ich einen Ohrring verloren hab, ich beginne, mich nicht mehr zu fühlen. Ein Säufer muß in seine Kneipe, ein Spieler in seine Hölle, nur ich bin abnorm. Aber er meint es ja gut, er sagt, die Leute verstehen mich nicht. Aber das Café ist das einzige Geheimnis zwischen uns (selbst Dich kennt er, Herwarth); das Café liegt wie eine Küste zwischen uns. Gibt es nun einen Ort, auf dem so eine Bazarbuntheit ist, wie in unserem Café?

Lieber Herwarth, Kurth!

Wißt Ihr das Neueste? Cajus-Majus ist verschollen, er darf nicht mehr ins Café kommen, er soll sich das Leben genommen haben, teilweise wenigstens. Ich habe es selbst gehört im Café, ich war verkleidet als Poet, nur der Kokoschkasammler, Herr Staub, erkannte mich, er ist ein Eigener; es war gestern am ersten Februarlenztag, der Schnee lag bescheiden auf dem Hag . . . Ich bin Poetin!! Aber lauter Leute kamen ins Café mit lauter seltsamen Tiergesichtern, ich wollte, ich hätt manchmal so eins zum Bangemachen. Ich hätte gern mit dem Kokoschkasammler gesprochen; einmal lachte er auch, aber ich wollte, ich hätte — zum Teufel, wenn ich wüßte, was ich wollte.

Herwarth!

Ich muß viel denken, ich hab auch wieder viel Angst. Und mein Herz spür ich immer so komisch, ich kann

nachts nicht schlafen und träume mit offenen Augen Wirklichkeiten. Es gibt einen Menschen in Berlin, der hat dasselbe Herz, wie ich eins habe, dein Freund der Doktor. Sein Herz ist karriert: gelb und orangefarben mit grünen Punkten. Galgenhumor! Und manchmal ist es schwermütig, dann spiegelt sich der Kirchhof in seinem Puls. Das muß man erleben! Aber meins ist manchmal doppelt vergrößert, oder es ist purpurblau. Wenn er wenigstens Schwärmerei des Herzens kennen würde; aber die Unruhe fühlt er manchmal. Ich erlebe alle Arten des Herzens, nur den Bürger nicht. O, die Herzangst, wenn das Herz versinkt in einen Wassertrichter oder zwischen Erde und Himmel schwebt in den Zähnen des Mondes oder es einsinkt – o, der Augenblick, wenn meine Stadt Theben-Bagdad einsinkt. Sieh Dir die Bilder an, Herwarth, wie klar alle Dinge und Undinge des Herzens gezeichnet sind. Sollte man nicht an die Wirklichkeit glauben, ist die zu verwerfen? Ist dieser kleine Abschnitt der Herzstimmungen meiner medizinischen Dichtung wertlos?
Leb wohl, ich will noch an den Dalai-Lama schreiben.

Sehr verehrter Dalei-Lama
»Ich werde so lange an das rote Tor Ihrer Fackel rütteln, bis Sie mir öffnen. Ich habe ein neues Gedicht, ein neues Gedicht habe ich gedichtet. Ich habe es mir in den Kopf gesetzt, es muß in Ihre Fackel herein, es hilft mir kein Himmel, es muß in Ihrer Zeitschrift gedruckt werden. Ob Sie die jetzt alleine schreiben oder nicht, ich lasse mich darauf nicht ein, – es muß sein. Ihre Fackel ist mein roter Garten, Ihre Fackel trug ich als Rose über meinem Herzen, Ihre Fackel ist meine rosenrote Aus-

sicht, mein roter Broterwerb. Sie haben nicht das Recht, allein die Fackel zu schreiben, wie soll ich mich weiter rot ernähren?
Wir grüßen Sie, Sire, ich, der Prinz von Theben, und sein schwarzer Diener Oßman und Tecofi, der Häuptlingssohn.«

Ich habe bald nichts mehr zu sagen, Herwarth und Kurt. Übrigens seid Ihr ja so lange wieder in Berlin schon, und meine norwegischen Briefe neigen sich dem Ende zu. Ich habe bald überhaupt nichts mehr zu sagen, dünkt mich; wer wird ferner meine Gedichte sprechen. Nur der Prinz Antoni von Polen kann sie sprechen, seine Mondscheinstimme ist durchsichtig und alle Gesichte, die horchen, werden sich in meinen Gedichten spiegeln. Ich kann bald nicht mehr leben unter den Menschen, ich langweile mich so überaus, über alle hinaus und hin, ich seh kein Ende mehr und weiß nicht, wo es aufhört sich zu langweilen und traurig zu sein. Er, der Prinz, spricht meine Gedichte, daß sie über alle Wege scheinen, immer allen Gestalten, die da wandeln, ins Blaue oder ins Ungewisse voraus.

Unglaublich, Herwarth!

Glaub ich endlich zu Ende zu sein, läßt mich der deutsche Dichter Hans Ehrenbaum-Degele fordern zum Duell. Wegen der deutschen Sage und des hohen Lieds. Sein Sekundant wird der Schauspieler Wilhelm Murnau sein und ein Quaksalber kommt wegen der Wunden mit. Aber mir zur Aufmunterung wird mein Neger Tecofi-Folifi Temanu seinen Menschenknochentanz während des Kampfes tanzen.

Telegramm:

Herwarth Walden, Halensee, Katharinenstraße 5.
Meine rechte Hand vom Rapier lebenslänglich durchbohrt!

Lieber Herwarth!

Ich habe meiner Stadt Theben große Schmach angetan. Für einen Krieger ist es schon eine Schande krank zu sein, aber eine nie wieder gutzumachende Schmach bedeutet es für mich, im Zelt verwundet zu liegen, getroffen von einem abendländischen Sieger. Meine beiden Neger heulen wie Weiber, schleichen im Vollmond, listige Katzen, um sein Haus; ich bin schlimm gelaunt.
Der Prinz.

Gestern schloß ich mich im Privatgemach meines Palastes ein und betete. Ich habe die Gebete fast zu sprechen vergessen, die wie Harfen eingeschnitten sind. Ich habe in Gedanken meiner Mutter Füße geküßt; wie man fromm werden kann, ich war im Augenblick dieser goldenen Demut sündlos. Du meinst, es gibt keine Sünde, aber ich zweifle nun nicht mehr daran, da ich noch im Gebet steh und vom frommen Kuß weiß bin. Soll ich mein Herz öffnen?

Herwarth!

Wie man sich nie findet! Das hat immer indirekt einen kosmischen Grund. Ich wandle ruhelos von einem Stern zum andern; wenn ich nicht Lucifers Schwester wäre, so wär ich der ewige Engel. Du stehst augenblicklich, ganz genau nach der Sternwarte berechnet, im Wendekreis des kämpfenden Sturmhahns. Bravo!

Lieber Herwarth!

Ich saß heute nacht auf dem Dach und blickte mit dem Mond über Theben; schlief aber ein und träumte, mein stärkstes Kriegsschiff hätte Wasser gefaßt und sei untergegangen. Da dachte ich an Dich — wenn Dich einmal ein loses Weib erfassen könne! Denn das Wasser, ob es ein Bach oder ein Teich ist, ein Fluß oder ein Meer ist, es verbirgt die lockeren, lockenden Eingeweide des Weibes in sich. Kein Schiff ist ihrer sicher. — *Ich mag Dich nicht mehr leiden.*

Lieber Herwarth!

Ich habe Richard Dehmel gezeichnet, ich habe ihn blutrot gezeichnet als orientalisches Stadtbild; nicht im Bratenrock, in dem er zu verkehren pflegt mit der Außenwelt, aber im altmodischen Stadtturban. Richard Dehmels Gedichte fließen wie Blut, jedes ein Aderlaß und eine Transfusion zugleich. Er ist der Großkalif aller Dichtung.

Ihr beiden Freunde!

Was ist das? Wart Ihr schon dort, Ecke Kurfürstendamm und Wilmersdorferstraße, im Café Kurfürstendamm? Ich bin zum Donnerwetter dem Café des Westens untreu geworden; wie einen Herzallerliebsten hab ich das Caféhaus verlassen, dem ich ewige Treue versprach. Das Café

Kurfürstendamm ist eine Frau, eine orientalische Tänzerin. Sie zerstreut mich, sie tröstet mich, sie entzückt mich durch die vielen süßerlei Farben ihres Gewands. Eine Bewegung ist in dem Café, es dreht sich geheimnisvoll wie der schimmernde Leib der Fatme. Verschleierte Herzen sind die sternenumhangenen, kleinen Nischen der Galerien. O, was man da alles sagen und lauschen kann -- leise singen Violinen, selige Stimmungen. Das Café ist das lebendig gewordene Plakat Lucian Bernhards. Ich werde ihm einen Mondsichelorden, der ihn zum thebanischen Pascha ernennt, und meine huldvollste Bewunderung übermitteln lassen.

Herwarth, Kurtchen!

Ich schreibe heute selbst die »ungeschriebenen« Zeilen an Sascha nach der Zitadelle in Rußland. Lasse meinen flammenden Myrtenbrief nicht veröffentlichen.

Telegramm:

Eben regierender Prinz in Theben geworden. Es lebe die Hauptstadt und mein Volk!!

Ich werde in meiner Stadt erwartet, kostbare Teppiche hängen von den Dächern bis auf die Erdböden hernieder. Und rollen sich auf und wieder zusammen. Meine Neger liegen schon seit Sonnenaufgang vor mir auf den schwarzen Bäuchen und werden am Abend unter die Leute gehen, sie das Wort »Hoheit« lehren, bis das Wort tanzt in ihren Mündern. Ich bin Hoheit. Merkt Euch das, betont es jedem, der Euch in den Weg läuft. Aber mich schmerzt diese Ehrung, denn ich kann nicht in meine Stadt zurück, ich habe kein Geld. Und die Morgenländer lieben den Glanz; sie greifen Sterne aus den Wolken, und ihre Herzen sind aufgespeichert mit dem goldenen Weizen des Himmels. Hier gibt es keine Sterne, kleine Streukörnchen glitzern zur Erde. O, wie arm diese Abendlande, hier wächst kein Paradies, kein Engel, kein Wunder.

Wie hat mich diese Armut so beschämt, Eure Armut; ich habe nicht einmal eine Damasthaut mehr; meine elenden Füße sind zerrissen — ich sehe selbst mit Verachtung auf meine eigene Hoheit herab. Aber die Neger sind feinfühlig, sie haben ein Spiel erfunden, wir spielen zur Probe schon hier Volk und König. Sie stellen sich zu meinen beiden Seiten scharenweise auf, hunderttausendabermillionen Köpfe in Turbanen, die schreien und kreischen, Allah, maschâh! Und klatschen in die Hände — ich lächle und werfe gnädige Küsse unter das Volk. Ich bin ganz in Gold gekleidet wie der allerleuchtendste Mond, meine Haare funkeln, die Nägel meiner Finger sind Perlen; ich werde in den Palast getragen und gebe meinem teuren Volk die Verfassung.

Ich hoffe, Dich haben meine Briefe nicht gelangweilt, oder hat Kurtchen oft gegähnt? Lies noch einmal meinen Brief, Herwarth, der mit den Worten endet: Ich bin das Leben. Wie stolz! Nun bin ich wie ein durchsichtiges Meer ohne Boden, ich hab keinen Halt mehr. Du hättest nie wanken dürfen, Herwarth. Was helfen mir nun Deine bereitwilligen Hände und die vielen anderen Finger, die mich bang umgittern, durch die meine Seele grenzenlos fließt. Bald ist alles zu Tode überschwemmt, alles ist in mir verschwommen, alle meine Gedanken und Empfindungen. Ich habe mir nie ein System gemacht, wie es kluge Frauen tun, nie eine Weltanschauung mir irgendwo befestigt, wie es noch klügere Männer tun, nicht eine Arche habe ich mir gezimmert. Ich bin ungebunden, überall liegt ein Wort von mir, von überall kam ein Wort von mir, ich empfing und kehrte ein, so war ich ja immer der regierende Prinz von Theben. Wie alt bin ich, Herwarth? Tausend und vierzehn. Ein Spießbürger wird nie tausend und vierzehn, aber manchmal hundert und vierzehn, wenn er es »gut« meint. Herwarth, warst Du mir treu? Ich möchte aus Geschmacksgründen in Deinem Interesse, daß Du mir treu warst. Nach mir durftest Du Dich nicht richten, ich hab den Menschen nie anders empfunden wie einen Rahmen, in den ich mich stellte; manchmal, ehrlich gesagt, verlor ich mich in ihm, zwei waren aus Gold, Herwarth, an dem einen blieb mein Herz hangen. Herrlich ist es, verliebt zu sein, so rauschend, so überwältigend, so unzurechnungsfähig, immer taumelt das Herz; gestern noch stand ich vor dem Bilde des stolzen Medici, er ist lebendig geworden und wollte mich in der Nacht entführen. Wie bürgerlich ist gegen die Verliebtheit die Liebe, oder Jemand müßte mich geliebt haben. Hast Du mich geliebt, Herwarth? Wer hat mich geliebt?

Ich würde mich im selben Augenblick zu seinen Füßen niederwerfen wie vor einem Fels, wie vor einem kostbaren Altar, ich, der Prinz von Theben. Ich würde den Liebenden mit mir tragen in den Tod wie die ägyptischen Königsmenschen ihre Kostbarkeit, ihren goldenen Krug mit sich ins Gewölbe nahmen, und den letzten Rest aus ihm tranken, den sie verachteten. Ich flüchte in das

Dickicht, Herwarth, ich habe immer das Haus gehaßt, selbst den Palast; wer auch nur ein Gemach sein Eigentum nennt, besitzt eine Häuslichkeit. Ich hasse die Häuslichkeit, ich hasse drum auch die letzte Enge, den Sarg. Ich gehe in den tiefsten Wald, Herwarth; was ich tu, das ist wohlgetan, ich zweifle nie an mir. Kann man ein gläubigeres Wort aussprechen, ohne ein Lächeln hervorzurufen? Oder hüpft wo ein Heuschreck? Ich lege mich unter die großen Bäume und strecke mich mit ihren Wurzeln, die sich immer umhalten, wie knorpliche Schlangen. Ich höre nicht mehr das Schellengeläute in meinen Ohren; jeder Herzschlag war ein Tanz. Ich kann nicht mehr tanzen, Herwarth; ich weine — Schnee fällt auf meine weinenden Augen. Grüße Theben, meine Stadt, vergiß wie ich nicht den Propheten Sankt Peter Hille, er schrieb voraus: Mir brach die Welt in Splitter. Ich richte mich noch einmal auf, stoße meine wilden Dolche alle in die Erde, eine Kriegsehrung zu meinem Haupte. Hier und nicht weiter!

Ende

Olvenstedt bei Magdeburg

L. H.!

Als ich heute morgen Deine Reisetasche vom Schrank holte, Herwarth, lag darin ein unveröffentlichter Brief von mir eingeklemmt, den ich Dir und Kurtchen einst nach Norwegen sandte — und mein Selbstbildnis in Seidenpapier gewickelt; das ist direkt ein Diebstahl an den Kunsthistorikern. Denn ich habe keine Zeichnung von mir gemacht, auch kein Gemälde, ich habe ein Geschöpf hingesetzt. Ich will Dir schnell die verlorenen Zeilen senden und mein Selbstbildnis von ungeheurem Wert. Es kostet höchstens fünf bis sechs Mark zu klischieren. Gehe zwei Abende nicht ins Café, bringe meinem Bildnis das Opfer. Unter mein Bett stellte ich die Kiste mit meinen Liebesbriefen, damit Du was zu tun habest. Ich ruhe mich indessen aus hier auf dem Lande; zwischen Richard Fuchs und Otto Fuchs gehe ich spazieren durch ihre Treibhäuser und sehe zu, wie die Nelken wachsen. Aber kalt ist es ungeheuer und die Bäume rauschen zum Wahnsinnigwerden. Ich werde sie heute nacht alle abschneiden zum Donnerwetter!

Ich grüße Dich Deine E.

Liebe Gesandte!

Wenn Ihr wieder in Berlin seid, bin ich voraussichtlich in Theben zur Einweihung meines Reliefs in der Mauer. Aber ich bin nicht gespannt darauf, mich zu sehen, denn ich habe mich nie wiedererkannt, weder in Plastik, noch in der Malerei, selbst nicht im Abguß. Ich suche in meinem Portrait das wechselnde Spiel von Tag und Nacht, den Schlaf und das Wachen. Stößt nicht mein Mund auf meinem Selbstbilde den Schlachtruf aus?! Eine ägyptische Arabeske, ein Königshieroglyph meine Nase, wie Pfeile schnellen meine Haare und wuchtig trägt mein Hals seinen Kopf. So schenk ich mich den Leuten meiner Stadt. Oßman und Tekofi Temanu, meine schwarzen Diener, werden mein Selbstbildnis auf einer Fahne durch die Straßen Thebens tragen. So feiert mich mein Volk, so feiere ich mich.

Euer Prinz von Theben.

Ungläubige

Mein Volk will immer mein Gesicht sehn, meine Stimme hören.
Unter dem Frühstern, der nach mir benamet wurde, spreche ich zu meiner Stadt und öffne ihren Menschen meine Seele wie einen Palmenhain, den sie betreten dürfen.
Der Himmel ist mein Spiegel.
Mein Bildnis wird verteilt in Theben.

Jussuf-Prinz

DER MALIK

Eine Kaisergeschichte

Erster Brief

Mein lieber, lieber, lieber, lieber blauer Reiter Franz Marc.
Du willst wissen, wie ich alles zu Hause angetroffen habe? Durch die Fensterluke kann ich mir aus der Nacht ein schwarz Schäfchen greifen, das der Mond behütet; ich wär dann nicht mehr so allein, hätte etwas zum Spielen. Meine Spelunke ist eigentlich ein kleiner Korridor, eine Allee ohne Bäume. Ungefähr fünfzig Vögel besitz ich, zwar wohnen tun sie draußen, aber morgens sitzen sie alle vor meinem Fenster und warten auf mein täglich Brot. Sag mir mal einer was auf die Vögel, es sind die höchsten Menschen, sie leben zwischen Luft und Gott, wir leben zwischen Erde und Grab. Meine Spelunke ist ein langer, banger Sarg, ich habe jeden Abend ein Grauen, mich in den langen, bangen Sarg niederzulegen. Ich nehme schon seit Wochen Opium, dann werden Ratten Rosen und morgens fliegen die bunten Sonnenfleckchen wie Engelchen in meine Spelunke und tanzen über den Boden, über mein Sterbehemd herüber und färben es bunt; o ich bin lebensmüde. Feige und armselig sind die Kameraden, kein Fest, keine Schellen. Alle meine Girlanden hängen zerrissen von meinem Herzen herab. Ich bin allein auf der Welt lebendig, auf der Hochzeit des leichtlebigen Monats mit der Blume, und ich werde täglich allein begraben und ich weine und lache dazu — denn meine Traurigkeit ist weißer Burgunder, mein Frohsein roter Süßwein. Wenn man die Augen zumacht, weiß man nicht, ob man froh oder traurig ist, da irrt sich der beste Weinkenner. In der Nacht spiele ich mit mir Liebste und Liebster; eigentlich sind wir zwei Jungens. Das ist

das keuscheste Liebesspiel auf der Welt; kein Hinweis auf den Unterschied, Liebe ohne Ziel und Zweck, holde Unzucht. Die vergilbte Photographie über meinem Bett grinst dann, sie weiß, daß ich wirklich einmal einen Liebsten hatte, der mit mir Katz und Maus spielte. Einmal aber schenkte er mir eine kleine Krone aus Elfenbein und Tribut für meine Stadt Theben: fünf blanke Markstücke in einem Kästchen auf hellblauer Watte. Ich habe nun keine Stadt mehr, ich will auch nicht mehr Kaiser werden, es gibt keinen Menschen, über den ich regieren möchte, keinen Menschen, den ich zur Krönungsfeier einladen mag. Ich weine auch nicht mehr, damit das kichernde Hurenmonstrum über meinem Bett nicht mehr mitleidig sein kann. Ich wär der arme Heinrich — sie meint nicht den König Heinrich, aber ihren versoffenen Stiefbruder, der jedes Jahr die Krätze bekommt. Mir fehlt was anders; einer meiner Freunde lauert schon immer auf meine Leiche — meinen Nachlaß zu ordnen. Er grrratuliert sich schon den ganzen Tag und zur Übung geht er auf alle Geburtstage und gratuliert den Sonntagskindern. Morgen hab ich Geburtstag; die Tante Amalie im Krinolin im Rahmen über meinem Bett stopft mir meine Strümpfe und gibt mir einen heimlichen Rat — wie ich die Miete ihrer Nichte nicht bezahlen brauch. Die tut immer so aufgeblasen und kassiert dazu ein. Wenn sie naht, flattere ich von einer Ecke in die andere wie ein halberstarrter Nachtfalter — bis sie mich einfängt... Früher war ich in meinen Träumen bei meinem Oheim in Vampur und trug einen Palmenzweig in der Hand. Auch besaß ich viele, viele Feierkleider, die trägt jetzt meine Wirtin immer; wenn ich keine Miete hatte, nahm sie sich eins dafür; die hängen nun in ihrem

Schrank und sind alle grau geworden. Aber ich muß ihr dankbar sein, denn sie will mir einen Kuchen backen und einen Spruch für meine Spelunke schenken unter Glas, damit ich zufriedener werde. Und dabei bin ich viel zufriedener als früher, ich sehne mich wenigstens jetzt manchmal, wenn auch nur — nach einem — bösen — Menschen. Mein Liebster hat mich nie etwas gefragt, weil meine Lippen so gern tanzen wollten. Aber viel gehen mußte ich, weil ich so schwer vorwärts kam, und wäre doch so gern einmal *gefahren* mit dem Auto oder in einer Sänfte. Ich kannte aber vor ihm noch einen böseren Menschen, der ließ mich immer barfuß über Nägel gehen; seitdem hängen viele Narben unter den Sohlen, die tun weh. Ich kann noch so manche traurige Geschichte erzählen (die Tante im Rahmen summt aber immer dazu ihr Lieblingslied: »Amalie, was hat man dir gepufft«). Hör nur die Geschichte von dem kleinen Knaben, der am fremden Tisch saß und sich nicht laut freuen durfte über die süßen Speisen. Oder die Geschichte von einem anderen fremden Kind — das von der Stiefmutter spazieren geführt wurde, ihr eigenes Kind aber unter dem Herzen trug. Lieber, lieber, lieber, lieber, blauer Reiter — Amen.

Zweiter Brief

Lieber, blauer Reiter, ich soll keinen so traurigen Brief mehr schreiben — wie sollt' ich es auch nur können, da die Sonne so lieblich und aufmunternd scheint und ich gehe doch mit dem Wetter parallel; auch liegt in allen Buchhandlungen mein neuestes Buch aus. Mein Herz glitzert; denn ich lächle wie Schimmer über meine eigene Winteridylle, bin sogar stellenweise grün gestimmt mit rosaroten Pfingstrosen. Dazu nehme ich seit einigen Tagen Neura-Lezithin, Ersatz fürs Gehirn (echt nur mit dem Rhinozeroskopf im Ring), immer trage ich davon bei mir und wenn ich stocke in der Unterhaltung, antwortet der Rhinozerosgehirnsauerstoff geradezu erstaunlich vernünftig, fast unangenehm intelligent — kein Mensch glaubt mehr, daß ich eine Dichterin bin, und die Redaktionen geben mir Aufträge. Und Herr X. wird nicht mehr schreiben können, ich kreische hysterisch im Kaffee; zwar wisse er das vom Hörenhören. Ich gab ihm einen Rippenstoß, seitdem sind alle Teufel los, sie machen mir viel Freude, die Schäfchen auf der Heide. Wäre ich doch eine Drehorgel und mich drehe ein Krüppel, ihm wüchsen vor Tanzlust die Beine wieder an. Und Tummelskopf möchte ich schlagen, blauer Franz, weil wir »Du« sagen, und weiß nicht, was ich noch alles tun möcht', wenn morgens Deine wunderherrlichen Postkarten ankommen!! Großkatzen sind die souveränen Bestien. Der Panther ist eine wilde Enziane, der Löwe ein gefährlicher Rittersporn, die Tigerin eine wütende, gelbschimmernde Ahornin. Aber Deine glückseligen, blauen Pferde sind lauter wiehernde Erzengel und galoppieren alle ins Paradies hinein, und Deine heiligen, geheiligten Lamas und Hirschkühe und — und Kälber — sie ruhen in geweihten Hainen. Viele Deiner Priestertiere riechen nach Milch. Du ziehst sie selbst im Rahmen groß. Ehrwürdiger, blauer Großgeistlicher!

Dritter Brief

Mein sehr geliebter Halbbruder. Es ist kein Zweifel, Du warst Ruben und ich war Joseph, Dein Halbbruder zu Kanazeiten. Nun träumen wir nur noch Träume, die biblisch sind. Manchmal narrt mich so ein Traum, wie heute nacht. O, ich hatte einen boshaften Traum; allerdings mein sehnlichster Wunsch erfüllte sich — ich war plötzlich König, in Theben — trug einen goldenen Mantel, einen Stern in Falten um meine Schulter gelegt, auf dem Kopf die Krone des Malik. Ich war Malik. Als unsere Muselkinder wie kleine Kamelkälber meinem großen Prachtkamel nachtrabten, und dazu kreischten in allerlei verzwickten Quietschtönen (es war eigentlich zum Totlachen)! »Rex—Klecks, Rex—Klecks, Rex—Klecks! Klecks!!!« Wenn ich daran denke! Ich bin überhaupt heute etwas unglücklich — ich weiß niemand, wodrin ich mich verlieben könnte. Weißt Du jemand? Dein verraten und verkaufter Jussuf.

Vierter Brief

Mein blauer Reiter, ich möchte eine Brücke finden, darüber eine Seele zu meiner käme, so ganz unverhofft. Eine Seele so ganz allein ist doch was Schreckliches!!! O, ich könnte direkt meine Seele (meinetwegen) mit Syndetikon an eine zweite kleben. Syndetikon klebt auch Glas und Gold. Wenn doch jemand seine Lieblingsblume neben meinem Herzen pflanzen würde, oder einen Stern gießen würde in mein Herz oder — mich ein weltentrückter Blick träfe —. Sei nicht bös, blauer Reiter, daß ich wieder sentimental werde, ich brauch' mir ja jetzt nur Deine Karte ansehn mit dem Spielpferdchen; genau so eins wie dieses steht noch auf dem Krimskramsboden oben in meinem Palast in Theben: Aus drolliger Spielfarbe, aus Herzkarminrot.

Aber ich habe nun auch eine Karte gezeichnet. Dich und Deine Mareia. Denk mal, Du bist ja selbst ein Pferd, ein braunes, mit langen Nüstern und Tränenrinnen, ein edles Pferd mit stolzem, gelassenen Kopfnicken, und Deine Mareia ist eine goldgelbe Löwin. Dein lieber Jussuf.

Fünfter Brief

Blauer Reitersreiter. Die Redaktion: Sturm hat sich eine Filiale angeschafft von meinen Gedichten; Isidor Quanter oder Quantum liefert erstaunliche Nachahmungen. Wie kommt so was? Ich, die gar nichts von einer Lehrerin an mir habe, mache Schule. Mir graut davor! Außerdem hat die Jury der Ausstellung: Sturm, dieses Porträt abgewiesen, das seine vier Vorsitzenden in einem Trauakt darstellt. — O, blauer Reiter, wie die Liebe herabwürdigt, wie die Liebe herabgewürdigt wird, wie die Liebe sich besaufen kann!! Ich bin doch auf die Idee gekommen, daß nur bedeutendes Blut sich vermischen darf mit Wein, mit Rausch, mit der Liebe. Nun ist es Nacht — überall — o, wir, wir wollen, Du, Mareia und ich, *furchtbar* zärtlich miteinander sein ... Wir haben nicht verlernt, unsere Haut herabzureißen wie ein Feierkleid. Was ist denn noch anders los als wie die Liebe; blauer Reiter, können wir von anderem leben wie von der

Liebe, von Blut und Seele — ich will lieber ein Menschenfresser werden, als Nüchternheit wiederkauen.

Sechster Brief

Blauer Reiter, ich bin alleine fromm in der fremden Stadt. Kein Mensch kommt hier in den Himmel. Bitte gehe einmal über den Kurfürstendamm, bieg in die Tauentzienstraße ein, kannst' Du Dir vorstellen, daß ein Dirbegegnender in den Himmel kommt? Sag' mir, blauer Reiter, komm ich in den Himmel?
Du, ich möcht' Dir noch privatim was erzählen, aber sag es niemand wieder, auch Mareien nicht. Ich hab mich doch wirklich wieder verliebt. Wenn *ich* mich tausendmal verliebte, ist es immer ein neues Wunder; eine alte Natur der Sache, wenn sich ein anderer verliebt. Du, er hatte gestern Geburtstag. Ich schickte ihm eine Schachtel voll Geschenke. Er heißt Giselheer. Sein Gehirn ist ein Leuchtturm. Er ist aus den Nibelungen. Meine Stadt Theben ist nicht erbaut davon. Meine Stadt Theben ist ein ehrwürdiger hoher Priester. Meine Stadt Theben ist die Knospe Zebaoths. Meine Stadt Theben ist mein Ur-Urgroßvater. Meine Stadt Theben begleitet mich bei jedem Schritt. Meine Stadt Theben ist ein hochmütiger Scheitan. — Ich schickte dem ungläubigen Ritter lauter Spielsachen, als ob er mein Brüderchen sei — weil er ein rot Kinderherz hat, weil er so ein Barbar ist, weil er noch ein heimatliches Spielzimmer haben möchte: einen Gralsoldaten aus Holz, eine Schokoladentrompete, eine Spielfahne meiner Stadt Theben, einen Becher, einen silbernen Federhalter, zwei Seidentücher, ein Petschaft aus

Achat und viel, viel Siegellack. Ich schrieb dazu: »Lieber König Giselheer, ich wollte, du wärst aus Kristall, dann möchte ich Deine Eidechse sein, oder Dein Seestern, oder Deine Koralle oder Deine fleischfressende Blume.«

Siebenter Brief

Mein lieber, blauer Reiter.
Du freust Dich über meine »neue Liebe« — Du sagst das so leicht hin und ahnst nicht, daß Du eher mit mir weinen müßtest — denn — sie ist schon verloschen in seinem Herzen, wie ein bengalisches Feuer, ein brennendes Rad — es fuhr mal eben über mich. Ich erliege ohne Groll dieser schweren Brandwunde. Könnte ich mich doch in mich verlieben, ich liege mir doch so nah — man weiß dann, was man hat. Wie soll ich mich zerstreuen? Ich werde eine Zeitschrift gründen: Die wilden Juden; eine kunstpolitische Zeitschrift, und ich schreib' an Karl Kraus einen Brief, ungefähr so, hör': »Lieber, verehrter, österreichischer Kardinal, ich bin wieder in Berlin, wo ich hingehör', ich setze mich immer wieder dorthin. Unbegreiflich! Von hier aus reist man in Gedanken oft nach anderen Städten, hier will man wenigstens fort; wo anders aber findet man Pendants, ich meine ähnliche Menschen, wie man selbst ist, wenn auch verkitschte im prunkenden Rahmen. Ich bin lebensmüde und will abenteuerlich sterben. Ich habe alles satt, selbst das Laub an den Bäumen. Immer grün und immer grün. Wenn mir doch einmal zaubernde Menschen begegneten, ich meine solche, die große Wünsche hätten, aber sie sind alle ernsthaft, nur ich bin ernst. Ich bin so einsam — wer mich lange

ansieht, fällt in einen dunklen – Himmel. – Sie sind glücklich, Kardinal; alle Menschen mit blauen Augen sind glücklicher als die, welche unbegreiflich in sich sehen wie durch schwarz Seidenpapier. Ich wollt', jemand schenkte mir einen Stern, mit dem ich mich ab und zu sichtbar machen könnte. Ich bin ruhlos aus banger Langeweile geworden; was ich tue, wird zur Eigenschaft und gähnt. Sie verstehen mich und darum richte ich an Sie diesen Brief; vielleicht den letzten Brief, den ich überhaupt schreibe, mein endgültiges Abenteuer. Ich liebe keinen Menschen mehr auf der Welt, ich will auch von denen nichts wissen, die mir guttaten. Böstaten stacheln wenigstens an. Also wenn Sie mir meinen Wunsch nicht erfüllten, würde ich Ihnen im Grunde dankbarer sein; wohlwissend – Sie verschmähen die Dankbarkeit. Früher war ich Schauspielerin; nun sitz' ich in der Garderobe und verbrenne den Zuschauern die Mäntel und Strohhüte. Ich bin eben enttäuscht. Ich habe immer nach der Hand gesucht, und was lag in meiner Hand – wenn's gut ging – ein Handschuh. Mein Gesicht ist nun wie Stein, ich habe Mühe, es zu bewegen. Soll man stolz darauf sein; es braucht einem kein Denkmal mehr gesetzt werden. Wenn ich wenigstens an Festtagen geschmückt würde. Je mehr Angst ich habe, desto enormer wächst meine Furchtlosigkeit. Aber Angst habe ich immer; wo flattert ein Vogel in mir, kann nicht mehr aufsteigen. Wenn ich tot bin, wird eine Dame ihn am Hut tragen. Das tiefste und das schiefste Vermächtnis, das jemand hinterließ. Oder wollen Sie ihn haben im Glaskasten über Ihrem Schreibtisch? Vielleicht fängt er morgens zu singen an. Auf dies Lied wartete ich ein Leben lang. Also endlich mit der Sprache heraus, Heil Dir im Sieger-

kranz — Ich hatt' einen Kameraden — nun das österreichische Nationallied; den Marsch der Schellen und Dudelsäcke zu Theben — wollen Sie mein Journal, Die wilden Juden, so unter der Hand mitdrucken lassen; die Fackel merkt's gar nicht und ich habe eine Existenz. Ihr
Sie bewundernder Jussuf, Prinz.«

Meinst Du, er tät's, Franzlaff?

Achter Brief

Mein einziger Bruder.
Ich dachte mit Entzücken an Dich gestern und heute und schon den ganzen Tag. Die Zigeunerpferde, die Du meinem Kinde maltest, hat es mir zum Aufbewahren gegeben, und ich stellte die kostbare Karte neben das Bildnis des Königs von Montenegro; in seinem Stall sollen auch ein blaues, ein lila und ein brandrotes Pferd für zum so »Indiewelthinausreiten« sein. Unter seinen schwarzen Hämmeln ist ein grünes; Du Franz, mal' mir einen grünen Hammel. So was Ausgefallenes gibt es gar nicht mehr, außer ich.

Botschaft: Grüße Deinen neuen Gaul, nenne ihn Saul.

Neunter Brief

Lieber Ruben aus der Bibel. Du meinst, meine tollen Briefe klängen etwas nach Galgenhumor. Giselheer meinte auch immer, ich könnte nicht *so ganz* traurig sein?! Wie schön war es, als wir am Gibon lebten, da war ich noch konzentriert und einfältig — Du holtest mich oft aus der Grube: um mein Herz lag ein Blutkranz. Der ist noch nicht verblüht. Ich bin immer schwermütig, keine Landschaft kann mich trösten, aber über die Linien einer Hand möchte ich wandeln, jeder ihrer Wege müsse zum Himmel führen, hunderttausendmal würde ich entschlummern in einer solchen Hand. Kennst Du so eine ewige Hand? Deine... Dein frommer Bruder Jussuf.

Zehnter Brief

Lieber blauer Reiter. Ich denke jetzt nur noch an Euch und an mein Zimmer. Das weint, wenn ich abends ausgehen will, durch die Straßen willenlos irren muß. Ich übe mich in den Waffen, die überall bei mir an den Wänden hängen. Also ich versäum' nix, wenn ich zu Haus bleib' (solang es dauert?). Ich denk' manches, matchiche pfeif' ich, Matche wett' ich; bin mit einem Wort ansässig geworden in meines Zimmers Ägypten, und warte auf das Kornfeld meiner flachen Hand. Zieht doch zu mir! Jussuf.

Elfter Brief

Allieber. Ich bin hier in Berlin der einzige vorsintflutliche Jude noch; mein Skelett fand man neben einem versteinerten Ichtiosaurusohr und einem Skarabäus in einer Felsspalte vor, für die Nachwelt. Ich hab' Geld nötig, ich wart' den ganzen Tag auf die Nachwelt. Dein Mammut.

Zwölfter Brief

Mein guter Halbbruder, ich schenk' Dir Südgrönland zu Deinem Geburtstag. Denn, wenn ich so recht an Euch denke, ist Dein braunes Haar nur die Nacht zu Deines Weibes Blond. Herrlich bist Du zu schauen und Deine Mareia, trägt sie den pelzverbrämten Hut, seid Ihr beide von Kana ins Eis versetzt. Aber Kana war doch überwältigend, ich habe meine neue Stadt Theben ganz in ihrer Bauart errichtet. Ich habe immer vier Dinge im Leben geliebt, den Mond, den Kometen, Rosengärten und bunte Brunnen. Die dunklen Arbeiter sprachen, als sie das Fundament zu meiner Stadt legten, immerzu von diesen meinen vier Süßigkeiten.

Dreizehnter Brief

Lieber blauer Reiter. Du meinst noch immer meine Lustigkeit sei eine erzwungene? Nicht doch, ich laß mich nur ungehindert strömen, frisch regnen, wilder Niederfall, Hagel und Schnee, ich bin gar kein Mensch, ich bin Wetter. Aber mein Herz tut mir weh, es ist rotgestreift, blutende Tigerhaut. Wer wühlt noch in meinen Wunden? Viel Leid macht Tiger. Und arm bin ich geworden, da ich ihn verlor. Ich starb an ihm, sterben ist verarmen vor Gott, sich ganz ausgeben vor Gott. Besitz kann der Himmel nicht gebrauchen, nicht eine Pore; wie würde er einem so leicht werden! Aber die Hölle tut weh, die Sünde ist fleischig und setzt sich fest an die Seele. Ich habe ihn fromm geliebt. Immer trug ich seine Augen im Ring, böse, verschleierte Steine; meine Gebärden wurden hart. Als ich ihn sah, bin ich zum erstenmal aus meinem Relief hervorgetreten; ich war hochmütig, ich hab' mich nie vor der Welt enthüllt. Nun lieg' ich wie geboren von einer Magd zum Verkauf auf dem Markt. Dein Tiger, Dein Bruder und König in Theben.

Vierzehnter Brief

Sieh nur, lieber, blauer Franz, ich hab unseren famosen Rechtsanwalt Caro gezeichnet. Den Ehescheidungsparagraphen trägt er auf der Wange und heitert uns mit seinem Maigesange. Er sitzt zwischen uns im Café und singt von der Liebe. Mit wertvollen Menschen soll man nur von der Liebe reden, damit das Gespräch nicht zum Fleißknäuel wird. Ich spreche nur noch von der Liebe, die meisten Engel aber sind zum Zynismus übergetreten. So wahr ich der Prinz bin, lieber Halbbruder, es gibt niemand in der Stadt hier, der mit mir über die Liebe reden kann. Ich küsse Dich, Deine Hand.

Fünfzehnter Brief

Franz, Du! Gestern hatte ich eine große Freude, der Zyklop Dr. Gottfried Benn hat mir seine neuen Verse: Söhne, gewidmet, die sind mondrot, erdhart, wilder Dämmer, Gehämmer im Blut. Jussuf.

Sechzehnter Brief

Lieber Ruben. Ich merke, Du hast mich bei der Treue ertappt! Seit ich Giselheer verlor, kann ich nicht mehr weinen und nicht mehr lachen. Er hat ein Loch in mein Herz gebohrt. Das blutet nicht, das steht offen wie der Grund eines ausgelaufenen Auges. Ich schrieb ihm: »Gisel, König, ich weiß nicht, ob ich schlafe oder wache, ich glaub', ich weiß gar nichts mehr.« Wenn er mich so sähe, er würde mich lieben, er mag alles, was tot ist, was er wegschaffen kann. So ein Barbar! Ich war der jähe Hügel der Weinreben, pochende Beeren trug ich im Haar, wenn er sich die Eber briet gar, gaukelte ich über sein Leben. Du lieber, blauer Reiter, ich schrieb Dir darum eine ganze Woche nicht, ich war krank. Den Doktor Benn rief ich, der meinte, das Loch in meinem Herzen könnte man mit einem einzigen Faden zunähen. Ich vertraute ihm die Geschichte meiner Liebe an, zeigte ihm Giselheers Briefe und sagte ihm alles. Er behauptet, ich habe meine Welt in G. hineingelegt, und der habe keine Ahnung von mir. Wenn ich daran denke, wie G. einen Strich zog unter meinem Mantel wie unter die Lackschuhe einer Puppe – Wenn das je meine Stadt erführe, meine verehrten Häuptlinge und mein glaubseliges Volk erst, – nie würde ich Kaiser werden. Hätte ich nur meine Geschenke wieder, die ich »Ihm« sandte: meine Mondsichel, den Rosenkometen, meinen lila Brunnen und meine silberne Levkoie. »Er« schenkte mir eine Enttäuschung. Ich bin morgens bleich, um Mittag schluchze ich, aber am Abend lodere ich in allen düsteren Farben. Ich habe dem Doktor Benn ehrenwörtlich versprochen, nicht mehr an den armen König

zu denken, der noch nicht einmal ein Herz besitzt zum
Verschwenden.

Dein treuer Bruder.

Siebzehnter Brief

Franz, ich war gestern im Synagogentempel, aber ich
wandelte bald wieder heim. Man sollte nicht länger im
Gottespalast bleiben, wie das Gebet des Herzens dauert.
Ich liebe den Versöhnungstag, mich dünkt, ihn feierten
schon die ersten Könige der Juden. Das Blut braucht keinen Trank an diesem Tag, es rauscht zu Gott. Mein
Vater feierte und fastete das ausbleibende Mahl, er war
der wilden Juden Tyll Eulenspiegel und sein Gebet zu
der Hochzeit mit Gott riß sich von seinen Lippen los wie
ein Trinkspruch. Er hatte nie an den Wassern zu Babel
gesessen und geklagt, er war nie durch den Trauerregen
der Straßen des Ghettos gebeugt geschlichen. Alles war
hell in ihm und sprudel. Die Stadt gehörte ihm und jedes
Haus, und jeder Mensch und jedes Vermögen zum Ver-
schenken. Und er baute Türme, die bedrohten alle Dächer, wenn der Sturm kam. Die Uhr mochte er nicht, da
sie die Zeit kontrollierte. Sein Motiv war sein ganzes
Lebelang die Großschauergeschichte seines Großvaters,
der Oberpriester war. Der saß am Abend des Versöh-
nungstages an der Tafel und speiste, um ihn seine dreiundzwanzig Söhne und deren unzählige Söhne und
Töchter und Enkel und mein Vater, der der jüngste der
zwölf Brüder des dreiundzwanzigsten Sohnes meines
Urgroßvaters war. Als es leise an das Tor seines Hauses
klopfte, da erhob sich Babel, der älteste Sohn meines

Urgroßvaters, aber er brachte den späten Gast nicht, der Einlaß begehrte. Und erhoben sich hintereinander die dreiundzwanzig Söhne meines Urgroßvaters und die zwölf Söhne seines jüngsten Lieblingssohnes, mein Vater bewaffnet mit seiner Gabel und alle die anderen Enkel und Enkelinnen und alle die Knechte und Mägde und seine Hunde, und der graue Esel kam aus dem Stall, und meines Vaters rote Katze, die für ihn alles ausfressen mußte, und die zehn Ärmsten der Armen der Gemeinde, die am Abend des Festes an der Tafel ihres hohen Priesters speisten. Und mein Urgroßvater erhob sich selbst, aber sie fanden den Gast nicht, der die Feier des Festes störte. Und mein Urgroßvater ließ sich seine Füße waschen und eilte mit seinen Kindern und Kindeskindern und Kindeskindeskindern und seinem ganzen Hausstand und den auserlesenen Armen — auf den Friedhof; dort lag sein innigster Gefährte von den Christen ausgegraben, seinem letzten Hemde entblößt, die Augen aufgetan, wie er sie öffnete im Leben, wenn sein geweihter Freund ihn besuchte.

Dein tiefbewegter Jussuf.

Achtzehnter Brief

Du goldblauer Reiter. Ich soll Dir auch von meiner Mutter erzählen. Sie ging immer verschleiert; niemand war ihrer Schönheit und Hoheit wert. Aber Dir will ich von ihr erzählen, bis sich mein Herz über ihr Angedenken schließt. Mein Herz blüht auf, wenn ich an meine Mutter denke. Ich habe kein Geheimnis vor ihr, sie nahm mich mit sich von der Erde fort, sie blieb in meinem Herzen hier auf der Welt; ich bin Leben und Grab; darum wechselt meine Stimmung vom Traurigsten bis zum Jubel so unvermutet oft.

Dein einsamer Jussuf.

Neunzehnter Brief

Mein Halbbruder, Dein neues Bild, die alte Stadt Theben, steht in dem Vorraum Meines Palastes zum Anschaun für Mein ganzes Volk. Des Bildes Farben beleuchteten die abendliche Stadt, als Meine Somalis es durch die Straßen trugen. Morgen feiern wir Dein Fest, den Tag des blauen Reiters; prunkvolle Teppiche hängen schon von den Dächern herab, und die Plätze sind mit Rosenblättern bestreut.

Mein lieber, lieber, lieber, lieber, lieber, lieber, lieber, lieber, lieber, lieber Bruder, ich weiß heut' nichts anderes zu schreiben.

Dein treuer Jussuf.

Zwanzigster Brief

Franz. Ich sende Dir für Dein Museum wieder zwei abendländische Dichter, den Peter Baum, und den zweiten, den Albert Ehrenstein, der den Tubutsch schrieb. Ich grüße Dich.

Jussuf.

Einundzwanzigster Brief

Ruben, erfreute Dich Mein liebender Brief? Dir zu huldigen, soll der Juwel Meines Lebens sein, und Ich ziehe in den Krieg gegen eines der wilden Stämme, werde Selbst Mein Heer anführen, in der vordersten Reihe kämpfen; man erschlafft — ich will wieder Ehrfurcht vor Mir bekommen. Gedenke Meiner! Unser Blut steht gleich hoch im Stern. Marei gib meine Liebe.

Dein Krieger.

Zweiundzwanzigster Brief

Mein lieber blauer Reiter.
Gestern hielt der Kampf an bis in die Nacht. Drei gefangene Menschenfresser spielen nun mit meinen Soldaten Würfel und sehnen sich nach ihrem jungen Fleisch. Ich habe offen gestanden Mitleid mit ihnen und beschenke sie mit allerlei Waffenzeug, Perlengurten und glitzernden Steinen. Dem Herausforderndsten steckte ich einen Meiner funkelnden Ringe an den Finger. Diese Menschen sind anspruchsvoller wie wir; wir begnügen uns mit Hasenfleisch und Lämmerkeulen, die aber hungern namentlich nach Meinem Herzen, *Mein* Herz in ihrer Bouillon zu kochen. Du würdest die drei Gourmées sofort malen, grün, gelb und lila. Du würdest sie verklären, frommer Halbbruder, sie fräßen dann nur noch Engel. Ich scherze und tauche den Schreibstift in Blut. Ich kämpfte wie im Gemälde; Meine Lippen sind noch schwarz vor Blutdunst. Ich lag dann den Rest der Nacht wach mitten unter Meinen schnarchenden, tapferen Sol-

daten; nur Mein Somali Oßman starrte geradeaus in mein Gesicht, das dichtete Rosen nach all dem Kriegsgräuel. Dein Jussuf.

Dreiundzwanzigster Brief

Ruben, ich bin mitten in der Schlacht. Ruben, denke an mich; o liebe mich, daß ich nicht einsam bin.

Vierundzwanzigster Brief

Du, die Soldaten sind begeistert, wir nahmen Irsahab ein, die Goldstadt. Ich gab am selben Abend ein Fest, auf dem mußten sich meine Soldaten duzen mit den Einwohnern. Sie tanzen nun durch die Straßen und bringen mir Fackelzüge. Wer sich der Freimut meiner Befehle widersetzt, wird aufgespießt. Über uns geht ein neues Sternbild auf; es soll Ruben benamet werden. Dein beseligter Prinz.
Botschaft: Wenn der Mond rund ist, ziehen wir weiter nach Osten. Ich bin leicht an der Schläfe verwundet. Jussuf.

Fünfundzwanzigster Brief

O Ruben, ich liebe nur noch die Schlacht, die Kriegsdudelsäcke, Kokostrommeln, meine Krieger und mich im Schlachtschmuck. Ich kannte im Leben nur einen Neid — wenn Soldaten vorbeimarschierten, die Mir nicht gehörten. Dein Bruder.

Sechsundzwanzigster Brief

Denke Dir, in meinem Heer herrscht Schreck und Verrat; ein unzufriedener Soldat hat sich nachts in mein Zelt geschlichen und mir meuchlings diesen Brief entwendet, den ich auf meiner Brust seit meiner Kindheit trage: »Lieber kleiner Gisel. Wir sitzen beide auf dem Spielboden im alten Palast in Theben und spielen zusammen mit Gerümpel, Holzbeinen und Wedeln der zertrümmerten Schaukelpferde. Verstaubte Fez und zerrissene Turbane und lauter Libanonhölzer liegen kreuz und quer überall bis zum Ausgang. Wir rennen uns nach über die Wendeltreppe, die kracht schon, morsch sind ihre Stufen und wackeln wie alte Zähne der Eunuchen. Du bist das Liebste, das ich kenne, Du bist aus lauter Honig; wenn nur kein Bär kommt und Dich aufleckt. Ich bin auch noch ganz klein, ich spiele immer Verstecken mit meinen Händen oder Schimmern mit den Fingern in der Sonne. Du haust immer, aber meistens sind wir zwei Igel und kugeln über die rissigen Steine — oder zwei Regenwürmer, wenn wir Stimmen hören und kriechen in einen Winkel. Du hast Augen gelb wie die Sonne, wer bist Du eigentlich? Und Zucker hast Du immer im Mund; einmal wolltest Du mir einen Deiner Zähne schenken zu meinem Geburtstag, aber der Barbier lachte Dich aus. Weißt Du's noch? Ich hätte ihn an einer Kette um den Hals getragen. O, ich möchte auch so helle Haare haben wie Du, so nichtsnutzige, nichtgläubige Augenwimpern wie Du, o, ich möchte auch eine Grube im Kinn haben wie Du — und auch mal in Deine Heimat fahren, wo der Schnee wächst; o, du lieber Giselfendi — Dein Memedjussuf.«

Siebenundzwanzigster Brief

Ruben, Ich hab' Mich lächerlich gemacht unter Meinen Soldaten, wenn sie auch nicht wagen, nur eine Miene in Meiner Gegenwart zu verziehen; ich habe Mich verraten; glaube manchmal die Hunde knurren zu hören: *Ich* sei kein treuer Thebetaner und bevorzuge alle Nichtgläubige und liebe den Erdteil im Norden. Oßman, Mein treuer Neger, bedeckt mich nachts mit seinen Kleidern, er fürchtet einen Überfall. Ich soll Kaiser werden. Mein Volk will Ehrfurcht vor Mir haben; denn solchen Liebesspielereien sind selbst die Leute aus Theben nicht gewachsen. Dein armer Spielprinz.

Achtundzwanzigster Brief

Mein Halbbruder. Ich warf den Speer und fing des Feindes Waffe auf mit entblößter Brust. Wir bekriegten uns wie wahnsinnige Bestien. Ich führte meine Soldaten durch den Fluß Pison; die Wälder jenseits des Stroms sind blau und die Tiere im Dickicht sind zahm. Ich bringe Dir zwei lebendige Leoparden mit, die Dich und Dein Weib Mareia bewachen sollen. Wir durchschritten die Schluchten und Höhlen der Gebirge Gibon und nahmen die wilden Bergbewohner gefangen; die zeigten uns die Pfade durch die Landschaft Eden in die Ebene zurück. Wir bringen viel fremde Kräuter mit und harte Steine und Heldenherzen. Erschrick nicht, ich komme als Kaiser heim. Bis zum Lichtwerden schrieen meine Krieger und die gefangenen Feinde, mit denen meine Soldaten ihre Kleider teilten, durch die Straßen meiner neuen Hauptstadt Mareia: Es lebe unser großer Abigail der Erste!

Neunundzwanzigster Brief

Mein Ruben. Alle Liebe, alle Spielerei ist in Mir versunken. Oßman, Mein Neger, hat Meine schweren Tränen fallen sehen. Kaiser sein — heißt atmendes Denkmal sein; unter ihm liegt des Kaisers Persönlichkeit begraben. Ich bin zum Anschaun, Ich bin zum Geschmücktwerden mitten in anderer Leben; das Meine hab' ich dafür gegeben. (Aber solang es dauern wird?!)

Abigail Jussuf Basileus.

Dreißigster Brief

Ruben, mein Halbbruder.
Ich sitze fast den ganzen Tag auf dem Dach des Palastes. Mein Volk will immer seinen Kaiser sehn. Mein Volk blickt aus einem Aug zu Mir empor, ruft nach Mir aus einem Mund. Ich habe nicht das Recht, Mich in Meine Gemächer zurückzuziehn, da Mein Volk nach Mir hungert. Meine Verantwortung wuchs über Nacht vom Prinzsein zum Kaisertum grenzenlos. Dein Jussuf.

Einunddreißigster Brief

Mein fürstlicher Bruder. Du fürchtest, Ich erkranke von der vielen neuen Arbeit der Staatsgeschäfte und entziehe Mich der Rast. Wenn Ich erst krank bin, vermindert sich Mein Interesse an Mir, aber nun durch die neue Kaisersonne betrachte Ich die Erhaltung meiner jungerwärmten Kräfte als Mir anvertrautes Reichsgut. Ich will Dirs allein gestehn, Ich freue Mich darüber, wenn Mein Volk sich vor Meinem Palast aufpflanzt. Die Stadt schenkte Mir eine Leibwache von hundert Soldaten, die tragen blaue Perlengurte um die Lenden und verstehen wie die wilden Stämme den Bumerang zu werfen. Sie standen zu Meiner rechten und zu Meiner linken Seite bei der ersten Kaisertafel, Ich saß auf einem goldenen Tafelthron, den Mir ein reicher Muskatplantagenbesitzer bei Theben schenken durfte. Höre, Ruben, noch eine Albernheit – Ich dichtete während der Speisengänge ein Liebesgedicht. – Ruben, höre, noch eine Unbesonnenheit. Ich habe Mich mit Meiner ganzen Leibwache geduzt. Dein taumelnder Kaiser und Bruder.

Botschaft: Meine Krönungsfeier findet am dritten Muharam, drei Tage nach der Broternte statt. Dich und Dein Weib Mareia erwarte Ich. Abigail Jussuf.

Zweiunddreißigster Brief

Ruben, ich versammelte alle Kinder der Stadt um Mich in Meinem Palast. Mein Neger Oßman brachte Mir jedes einzelne herbei auf seinem blanken Rücken.
Ich trug einen langen Mantel voll Sterne und viel, viel Zacken um den Kopf und beschenkte die Kinder mit Spielzeug und Leckereien. Und jedes durfte sich zu seinem Namen noch einen wählen. Fast alle wollten sie Ruben heißen nach Dir, mein teurer Bruder, ich weine noch vor Ergriffenheit. Manche nur wünschten sich Abigail zu nennen, da ihnen der Name noch zu neu klang und sie nicht wußten, wie sie ihn sich nehmen sollten.

Aber wie der Spielprinz von Theben heißen nun viele kleine Knaben und legen sich den Jussuf wie einen Federgürtel um den Leib. Und Mareia rufen sich alle kleinen Mädchen nun in Meiner Stadt. Einer der Knaben wollte nach Meinem Neger Oßman benamet werden, seiner spitzgefeilten Zähne wegen.

Seltsam berührte es Mich, daß der Sohn des Soldaten, der Mir einst im Zelt heimlich den Kinderbrief entwand — Giselheer heißen wollte.

Dreiunddreißigster Brief

Ruben, Ich habe vor, Dichter der verschiedenen Länder zum Fest Meiner Krönung einzuladen. Meinen wundervollen Freund, den König von Böhmen und den Prinzen von Prag, den dichtenden Waldfürsten Richard und Meinen jüngsten Briefgefährten Wieland Herzfelde. Was sagst Du zu Meinem Vorhaben? ... Die Krönungsrede habe Ich schon zu Zeiten Meiner Prinzenwürde gedichtet, geschrieben, gefühlt, gedacht. Sei ohne Besorgnis, Ruben. Ich — Ich — Ich zeige sie Dir vorher. Dein Abigail.

Vierunddreißigster Brief

Lieber Ruben. Ich lud auch die großen Söhne und Töchter Thebens in Mein Haus. Sie hatten alle ein Lied auf den Lippen, als sie Mich verließen; draußen ertönte es durch die Nacht und seitdem ist Meine Stadt süß und jung. Ruben, Ich habe auch Meinen treuen Neger Oßman bedacht. Ich erfüllte damit den unerfüllbarsten Gedanken seines Lebens. Er soll einen Tag im Jahr Kaiser sein, Kaiser über Theben! Ich selbst werde des Dunkelhäutigen Untertan sein inmitten seines Eintagsvolks. Ich darf Mich dieser Demut und dieser Gnade erfreuen.

Abigail der Erste von Theben.

Fünfunddreißigster Brief

Mein herzlieber Bruder.
Ich konnte die ganze Nacht nicht schlafen. Ich wache, seitdem Ich Kaiser bin, oft mit dem Mond, manchmal zusammen mit den Häuptlingen für das Wohl meines Volkes. Du weißt, Ich habe immer die Nacht geliebt und sehnte Mich in der Sonne nach den Sternbildern. Gestern aber dachte Ich nur an Dich, mein herzlieber Ruben, und malte Dein Brudergesicht an die Decke zwischen Mosaik Meines Gemachs. Langhaariges, lichtes Fell um Deine Schulter — fern schweifen Deine braunen Augen und Deine Hand greift nach dem ersten Morgenstreif des Himmels, sich einen Hirtenstock zu schnitzen. Du Großhirte unter den Fürsten, Du Emir, Du Messias aller Tiere der bräutlichen Haine, der finsteren Urwälder. Du blauer Rosselenker, Du goldbrauner Schakal, der sich die Gazell holt vom Fels. Du lehrtest Mich das Wort vom keuschen Totschlag. Du bist Ruben, der noch unberührte Mensch der Bibel. Dein Bruder Jussuf.

Sechsunddreißigster Brief

Bruder. Die Modelle der Basileuskrone sind im Stadthaus aufgehängt, unter Glas, zum Anschaun für Meine Thebetaner. Basileus.

Siebenunddreißigster Brief

Höre Bruder, Mein Oßman verriet Mir, daß die Stadt Theben Mir zur Feier Meiner Krönung eine Privatsumme von dreißig Millionen Mammuttalern überweisen lassen wird. Ich werde Meinem Theben drei Tempel erbauen, den Tempel der Ehrfurcht, den Tempel des Gebets, den Tempel der Liebe. Ich werde die Venus von Siam bringen lassen in Meine Stadt; sieh, Ruben, und wenn Ich ganz Siam hinmorden müßte im Kampf. Was der Basileus begehrt, gehört ihm. Ich weiß, Du zweifelst nicht an Meinem reichen Worte, und nicht einmal der Ärmste der Ärmsten dürfte daran zweifeln. Und noch dieses mußt Du hören, Bruder, Mein Volk beschäftigt sich täglich stürmischer mit der Vermählung ihres Basileus und die verehrten Häuptlinge beraten sich im Gewölbe Meines Palastes mit der Werbung. Auf der Tafel treten in engere Wahl der junge Kaiser Lidj Jassu von Abessinien, der Prinz Sascha von Moskau, der neue türkische Kriegsminister Enver Bey. Ich habe gegen alle drei Fürsten nichts einzuwenden, hoffe aber, daß Mein teures Volk, dem ich die Wahl überlassen werde, sich für Enver Bey entscheidet. Abigail Jussuf.

Achtunddreißigster Brief

Lieber Bruder, Ich sende Dir die Bilder der zwei abendländischen Dichter, die Mir wert sind. Dem Dichter Richard Dehmel werde ich zu Meiner Krönung den Kalifenstern, dem Dichter Franz Werfel die goldene Rose überreichen lassen. Der österreichische Kardinal Karl weilt seit einigen Tagen in meiner Stadt Theben. Seine milden, blauen Augen sind zwei Sehenswürdigkeiten. Abigail.

Neununddreißigster Brief

Mein Bruder, Ich und die ganze Stadt sind in außerordentlicher Festlaune. Du wunderst Dich, daß Ich Mir einen Kandidaten für die Ehe wählen lasse. Ich muß doch einigermaßen zuvorkommend meinem Volke gegenüber sein. Zur Kaiserheirat gehört weiser Beirat. Ich betrachte die Ehe eines Kaisers als eine politische Angelegenheit, die Verantwortung wäre ja sonst ungeheuer. Meine Würde als unfehlbarer Priester, die Ich am Tage Meiner Krönung bekleiden werde, erfüllt Mich mit Sternen und Sonnen. Du, wie denkst Du Dir das, Ruben — unter uns zwei — Ich darf nun tun, was ich will!!! Du siehst, Ich bin ausgelassen in Meiner doppelten Unfehlbarkeit wie einer der streichlustigsten, kleinen Mêmedsiddis auf dem Weg zum Flußbad. Von Meinem Dach aus sehe ich eine Anzahl brauner Beine durch die Wasser waten. Heiß ist es — 40 Grad Thebenhitze im Schatten. Aber ich liebe die goldene Rose des Himmels ganz in Üppigkeit entfaltet. Wenn nur die Brunnen nicht faulten und die

Leute Mein Gebot hielten, sich vom Fels das Quellwasser zu schöpfen. Mein Volk ist lässig, lieber holt es sich die Augenkrankheit, als daß es sich aus der Stadt zu gehn bequemt. Es ist ja auch jetzt namentlich interessant um Mich und Ich kann nicht ernsthaft zürnen. Wenn nur mein Koch nicht rotentzündete Lider hätte, und mir der Genuß all der süßen Gerichte einigermaßen Widerwillen bereitete — indem ich mir vorstelle, seine blöden Wimpern blicken auf die Makronen oder streuen den Zimt oder den Anis auf die Speisen. Mein Neger Oßman ist weniger empfindlich. Dein Bruder.

Vierzigster Brief

Mein frommer, starker Halbbruder, Ich war Dir gram, Ich will lieber sagen, Ich kann Dir nicht gram sein im Grunde Meines Malikherzens. Du stelltest Dich auf Seiten Meines Volkes, schürtest seinen Ungehorsam gegen Mich auf, in der Zeit Ich vor dem Tor Meiner Stadt Theben mit dem Huf stampfte, ein wildes, wieherndes Pferd. Aber Mein treu Volk ist voll Reu, ist ein einziger Malik mit Mir, Du!! Mein Volk ist süß wie die Himbeer, Mein Volk in Theben ist bunt und gesegnet, eine Feuerblüt. Sieh, Bruder, mit Siam stehts in Unterhandlung ihrer Venus wegen, die Du Mich hindertest, vor Meiner Krönung zu erkämpfen. Augenblicklich treiben sich Meine Thebetaner mit Goldlaub und Jubel geschmückt durch die Straßen und über die Plätze der Stadt und üben Lieder zu Meiner Krönungsfeier. Ruben, Du aber wolltest Mich zwingen. Auf Meiner Stirn beginnt sich ein Hieroglyph einzugraben, der Mir fremd ist. Jussuf.

Einundvierzigster Brief

Geliebter Bruder! Mein hoher Freund Daniel Jesus Paul Leppin, der König von Böhmen, bezog gestern die Gemächer im ersten Vorraum Meines Palastes. Für sein schlankes Weib pressen Meine Negerinnen Öl aus Rosen. Ich bin dem böhmischen königlichen Dichter gut; uns verbindet die Freundesader. In Meiner zweiten Hauptstadt Mareia werden nur seine Bücher gelesen, *unvergleichliche* Begebenheiten, Thebens Menschen sind fast alle des Lesens unkundig, Mir selbst macht jedes Studium Kopfschmerzen. *Man feiere Meine Unwissenheit!!* Dein Jussuf Abigail der Wildstämmige.

Botschaft: Ich ernannte den König von Böhmen, Daniel Jesus Paul, zum Statthalter Meiner hochbeglückten Stadt Mareia.

Zweiundvierzigster Brief

Ruben, mit Meiner dritten Hauptstadt Irsahab kann ich keine Fühlung gewinnen. Diese vorsichtigen, leisen, gelehrten Hebräer erfüllen allerdings, wenn Ich, Ihr Melech, in Irsahab weile, die Mir zukommenden Zeremonien, aber der Wein ihrer Adern strömt Mir nicht entgegen, wie das kostbare Blut Meiner teuren Menschen aus Theben und Mareia-Jr. Argwohn und Verlegenheit, Erröten und Furcht empfangen Mich unter dem Bogen dieser goldreichen Stadt. Ich bin das Meer, gar die Sintflut, die ihre Geborgenheit verheert. Mein Wort ertönt diesen verscheuchten Menschen wie Jägerruf. (Ich bringe nie Hasen um; das traust Du Mir doch nicht zu?) Mit

Kummer vernehmen die bebenden Leutchen das Rauschen der vielen Muscheln und Perlen um Meinem Hals und gewahren spöttisch lächelnd die Nasenknöpfe in Meinen beiden Flügeln, und gutmütig lispeln sie über die Sterne und Monde Meiner Wangen. Mir sind die Leute unsympathisch ihrer unangenehmen Überlegenheit wegen. (Sie wissen außerdem nichts von Meinen Gedichten und Balladen.) Mein Oßman ist viel elementarer als Ich, sein Kaiser. Er riß sein dunkel Maul auf, die Irsahabhäse mit seinen spitzgefeilten Zähnen zu zerreißen. Der Prophet gilt nichts in seinem Vaterlande!

Jussuf.

Dreiundvierzigster Brief

Ich habe Daniel Jesus neben Mareia-Ir die Statthalterei in Irsahab angeboten. Er soll versuchen, die Irsahabaner Meinem Herzen näher zu führen. Auch gab Ich einigen Malern den Auftrag, Mir für Meine Palastvorräume einige Landschaften und Städteschaften Irsahabs zu malen. Ich mag, solang noch ein Mensch in der Stadt lebt, sie nur noch im Bild besitzen. Dein Bruder.

Vierundvierzigster Brief

Geliebter fürstlicher Bruder. Mein Dromedar Amm ist krank und Meine Kamelin Rebb hat ein ganz kleines Kamelchen zur Welt gebracht. Im Palastgarten dürfen die kleinsten Kinder darauf reiten. Und Ich hole es Mir zum Schrecken Meiner Dienerschaft in Mein Privatgemach und spiele mit ihm. Dein kleiner Spielkaiser Jussuf.

Fünfundvierzigster Brief

Ruben, denke Dir, es fehlen zwei Smaragden im Kaisermantel. Glaubst Du, das falle auf? Außerdem fleht Mich Mein Neger Oßman an, daß Ich nicht barfuß auf den Hügel, nach alter Islamssitte, zur Krönungsfeier steige. Die Muschel Meines kleinen Zehs ist durch ein spitzes Steinchen beschädigt. Das Unglück geschah, als Ich zum Baden in den Fluß trat. Jussuf.

Sechsundvierzigster Brief

Bruder, ich träume grausam von Dir in der Dunkelheit. Du bist der Alb Meiner Nächte. Vor dem Hügel stehst Du zwischen Meinem Volk: Ich halte die Krönungsrede. Meine lauschenden Menschen versinken um Mich; Du aber wächst, eine Welt so groß und hoch, und erstickst Mein Wort. O, Ich weiß, wie Dich dieser Tag beunruhigt, aber darum sende Mir doch unbekümmerte Zeichen. Ich male Dein stolzes, feines Rubenangesicht neben dem Meinen auf die Stadtfahne. Die weht von allen Dächern zum Willkommen. Mein Bruder Mein!

Siebenundvierzigster Brief

Lieber. Unter den geladenen Gästen werden Mir die Maler der Modelle Meiner Kronen die Ehre schenken. Die Spielkrone, die Du Mir zeichnetest, ist bunt getrieben mit allerlei Steinen besäet. Ludwig Kainers Festkrone trage Ich zu den Palastfeierlichkeiten. Heinrich Campendonk, der älteste der fünf Haymondskinder, zeichnete Mir die Krone zur Jagd. John Höxter den Hebräischen Reif, Egon Adler die hohe Priesterkrone, Richter die Indianerfeder, Fritz Lederer die Krone seiner Berge. Ich möchte das Riesengebirge, wenn auch einmal nur von ferne schauen! Und weißt Du, wer Mir den Kriegshut für die wilden Stämme entwarf? Der Lederstrumpf. Dein vielfach reichgekrönter Bruder Jussuf.

Achtundvierzigster Brief

Lieber Ruben, gestern beriet Ich Mich wieder mit dem österreich-venezianischen Kardinal Karl. Von seinem Gemach aus freute ich Mich über Mein begeistertes Volk und warf ihm Kußhände zu und jubelte mit ihm eine Weile. Der Kardinal sagte, Ich bin leutselig, er meinte, Ich bin zu allerleutselig. Meine Unerfahrenheit aber in Leutseligkeiten tat seinem gütigen Herzen wohl. Seine letzte Haut ist ein Ornat.

Neunundvierzigster Brief

Ruben, am Abend sah Ich endlich Enver Bey (Enver Pascha). Wir gefielen uns, wir lachten unaufhörlich wie bürgerliche Verliebte; dann speisten wir zusammen im Palast. Du, hör, wir speisten ganz allein, prüften unsere Arme nach der Tafel! seine sind eherner! Er war aber höflich genug, Mich nicht niedersinken zu lassen bei unserm Wetthandkampf. Er hat Augen aus Nacht. Mir erzählte Oßman, er habe zu seinem General gesagt von

Mir: Tucktacktei umbrahallâh! Zu Mir hat er auch so was Tucktacktürkisches zärtlich gesagt—»Malik, manchmal siehst Du aus wie ein Straßenjunge!« Sonst spricht er eigentlich nur vom Krieg; vielleicht wollte er Mir imponieren? In Friedenszeiten immer vom Krieg. Noch dazu wenn man sich mit ihm vermählen will. Ich hab' Mir da was eingebrockt! (Auch gefallen mir Schnurrbärte nicht.) O Dein gefesselter Jussuf Abigail I.

Fünfzigster Brief

Ruben, die Venus von Siam trifft morgen verschleiert in Theben ein. Ich fürchte aber, ihre Schönheit vermag kein Gewebe zu verhüllen. Bewaffnete Soldaten erwarten sie am Eingang der Stadt. Den Jünglingen schlagen die Herzen andächtig; Ich höre sie alle wie ein einziges gegen Mich pochen hoch im Traum.

Einundfünfzigster Brief

Ruben, ein schreckenerregender Zwischenfall, eine Kabale eines Eifersüchtigen Meiner Stadt. Ein bestochener Soldat ereilte Mich, als Ich auf Meinem Araberhengst der Sternenfrau entgegeneilte, stammelte Mir lieblich ins Ohr: Der Arier Giselheer halte sich versteckt in der Stadt. Ich zerriß vor unermeßlichem Glück den falschen Botenbringer in Fleisch und Knochen. So belohnte ihn tödlich die Freude und der Haß hätte ihn zerfetzen müssen. Also hat man Mir den Abendländer, der Mein Herz eroberte, noch nicht vergessen. Ich glaubte, Ich besäße keinen Feind in Meiner süßen Stadt. Dein armer Bruder.

Zweiundfünfzigster Brief

Mein Bruder. Die Feierlichkeiten sind vorbei, aber noch verbinden Girlanden die Häuser mit dem Palast. Meine Krönungsrede wird ausgegeben in den Straßen. Ich sah Dich am Fuße des Hügels stehen und weinen. Daniel Jesus Paul und Du küßtet Euch — Ich wußte, daß Ihr entbrennen würdet in Wohlgefallen. Bei der Tafel aber ärgertest Du Dich einigemale über Deinen gekrönten Bruder. Ich vernachlässigte Meine Thebetaner um der Künstler willen und gab den Frauen mutwillige Ratschläge. Sie sollten sich mit nichts anderem beschäftigen, als für ihren Malik zu schwärmen. Auch schien es Dir, Ich tanzte zu viel, und zu unbändig für einen Basileus. Aber Du kennst doch Meine Thebenmenschen noch nicht. Die freuen sich aller Ausgelassenheit, und da nun Meine beiden Kaiseraugen auf »ernst« gestimmt sind, verbüße Ich keineswegs von ihrer Hochachtung. Volk darf nicht zum Nachsinnen kommen, Ruben. Dein Tiervolk sind eben andere Menschen... Auch der Kardinal verließ die Stadt befriedigt, und kehrte nach Wien zurück. Grüße Mir Meinen neuerwählten Vizekaiser Daniel Jesus Paul, er möge Dich, Mein geliebter Bruder, und Dein lieb Weib noch lange in meiner Zweithauptstadt Mareia süß beherbergen. Dein Jussuf Abigail.

Botschaft: Ruben, morgen halte ich Gericht. Jussuf.

Dreiundfünfzigster Brief

Ruben, auf demselben Hügel, von dem Ich der Basileus die Krönungsrede hielt, richtete Ich die drei Verbrecher Meiner Stadt Theben. Ich fragte den Brudermörder, wie ihn sein erschlagener Bruder im Jenseits richten würde, worauf der arme Kerl so heftig mit seinem Arm ausholte, als ob er die Axt auch gegen sich erhöbe. Ich fragte ihn, wie mag dein Vater Naphtali, wär der der Basileus, dich richten und deine arme Mutter Bekki dich?? Ich sprach, Ich will dich richten nach deiner Mutter Herz. Da entstand unermeßliche Freude in Meinem Volk; das mochte den erschlagenen, griesgrämigen, spielverderbenden Bruder nicht. (Du, Ich auch nicht.) Den zweiten armen Kerl richtete Ich nach dem ersten so mild; aber den dritten, Ruben, der war ein Stadtverräter, den ließ Ich in einen Turm sperren; an den Wänden rings herum überall hängt Mein Bild. Damit er immer in die ernsten, gläubigen Augen seines Kaisers sieht. Jussuf Abigail I.

Vierundfünfzigster Brief

Einige Fragen legten Mir die Thebenältesten nach alter Islamsitte vor: Was Mich in der letzten Zeit beleidigt hätte, Ich sagte, die albanische Fürstenfrage, daß Ich nicht zu Meinen drei Städten noch die albanische Regierung anvertraut bekommen habe. Mit bunt Volk muß man gold und lila sein, nicht schwarz, weiß, ziegelrot, das sind zu harte Farben.

Sehr delikat berührte man Meine in Aussicht gestellte Vermählung mit Enver Pascha. Ich erörterte die Bedenken des verehrten Kardinals von Wien gegen die Heirat mit Bey, und wir einigten uns, indem wir Aussicht nahmen auf eine eventuelle Verbindung Meiner kaiserlichen Hoheit und der abessinischen Hoheit des Menelik unseres Vetters von Abessinien. Ich finde ihn, unter uns Zwein, traut, sanft kindlich, mausgrau und levkoienfarbig getönt und hinreißend verliebt in Mich. Dein Jussuf.

Fünfundfünfzigster Brief

Ruben. Ich habe Meinem Volk die Erlaubnis zur Gründung dreier Verbrüderungen gegeben. »Die Jehovaniter«, die Väter der Stadt. »Die roten und gelben Adame«, die Viehhüter Thebens und seiner Umgebung. »Die Zebaothknaben« nennt sich der Bund der Söhne. Aus diesen wählte Ich sieben Häuptlinge und setzte Mich über sie als ihr Oberhaupt. Wir acht wilde Juden bilden nun eine Altardecke, Ruben. Mit diesen Meinen wilden Juden ziehe ich über die Alpen nach Rußland. Sascha, der Prinz von Moskau, liegt dort in Ketten.

Die Krönungsrede

Mein süß Volk. Die großselige Mumie Meines Urgroßvaters, des Scheiks, liegt nun 100 Jahre im Gewölbe. Er konnte sein Herz in die Hand nehmen und es strömen lassen wie einen bunten Brunnen. Ich aber werfe es unter euch, Meine süßen, bunten Menschen, und ihr werdet es pochen hören und ihr sollt euch spiegeln in seinem

Glanz. Mein Herz wird euch ein Garten sein, ruht unter seiner Palme Schatten. Mein Herz ist ein Weinberg, ein Regenbogen eures Friedens nach dem Sturm. O, Mein Herz ist der Strand der Meere, Mein Herz ist der Ozean: Ich will den Gaukler tanzen fühlen über Mein rotes Rauschen und den Gestrandeten untergehn in Meiner Welle. Aber den Heimgekehrten wird Mein Herz einlassen durch sein Korallentor und dem Liebenden will es ein Mahl bereiten von seiner Beere. Mein Herz möchte sich aufrollen dem Frommen, ein Teppich der Gnade und Demut; dem Betsüchtigen soll Mein warmer Tempel eine Heimat sein. So lieb Ich euch, ihr Brüder und Schwestern Meiner Stadt Theben, und Ich bin euer Bruder und euer König und euer Knecht. Denn wer nicht gehorchen kann, kann nicht regieren, und wer nicht regieren kann, rühme sich der Demut nicht. Ich, der Malik, bin das Schloß zu der Kette, die ihr bilden sollt; daß ihr Mir den Malik ehrt! Und er das goldene Amen eurer Rede ist. Aber auch die Kriegszeiten soll »das Blutfließen einer Ader« bedeuten, den Schauer der Schlacht laßt uns einen Mantel um unsere Schultern legen. Wer seinen Freund verläßt, ist ein Fahnenflüchtiger, aber wehe dem, der sich dem Feinde des Sieges rühmt. Ich will Kaiser sein über Kaiser. Jeder von euch, und ist's der Ärmste, heißt Mein Kaiserlicher Bruder. Wir wollen uns küssen auf den Mund. Ich, der Malik, einen jeden, jeder von euch den zweiten. So pflegt Mir die Worte Meiner Liebe zart, daß sie zwischen dem Brot eurer Äcker blühen. Immer sah Ich auf zum Himmel, o, ihr müßt Mich liebhaben, und Ich bringe euch Mein Herz ganz sanft wie eine Großnarzisse. Abigail Jussuf I. Basileus.

Als der Malik hörte, daß sein verschollener Liebesfreund schon acht Jahre im Kerker von Metscherskoje im Lande des Pogroms schmachtete, strich er das Gold von seinem Augenlide. Er vergaß zu regieren in Theben, sann, den teuren Gefangenen zu befreien. Und er beschäftigte sich ausschließlich nur noch mit der Ausrüstung seines Heeres und nahm die von ihm zu Häuptlingen erwählten Jünglinge aus der Vereinigung der Zebaothknaben. Fußhoch lag der Schnee auf der Ebene nach dem Kerker bei Moskau. »Und in Schakalfellen gehüllt, werden wir den Bauern der weißen, unerbittlichen Gegenden Schreck einjagen.« So schrieb der Malik seinem fürstlichen Bruder, dem Ruben Marc von Cana. »Du müßtest Meinen Oßman sehen, der flößt Mir Selbst in seinem wilden Mantel Furcht ein. O, Mein Bruder Mein, Du und Ich und der Prinz Sascha von Moskau sind die einzigen Menschen in der Welt, die mit ihr Fangen spielen konnten. Nun ist sein Herz gebrochen vor Spielsehnsucht, nun lächelt es wie Greisenlachen und leidet Jugendnot.«
Der Fürst von Cana sandte seinem Bruder, dem Basileus, und seinem Heer, das aus der kleinen Zahl der Häuptlinge bestand, seine herzlichste, brüderliche Teilnahme. Ihn schmerzte, den kaiserlichen Bruder nicht vertreten zu können, in der Zeit seines kriegerischen Pilgerzuges. Auch der Kardinal Karl von Österreich sprach sich zwar gerührt über das Vertrauen des Maliks aus, aber empfahl seine gottalte Stadt der Obhut des jungen Herzogs Hans Adalbert von Leipzig. Und der Malik erklärte sich einverstanden mit dem abendländischen Vertreter aus wohlgerechten Gründen. Denn es war in ganz Theben kein Atmender, der nicht Malik war und der den Malik hätte vertreten können. — Die weltmännische, liebens-

würdige Art des Herzogs von Leipzig gewann bald das Herz des Kaisers und die Laune seiner bunten Stadt. Seinem Bruder Ruben, dem blauen Reiter, teilte Jussuf wörtlich mit: »Ich bin dem Kardinal Karl im höchsten Maße für den Anteil, den er an Meiner Stadt liebevoll nahm, verpflichtet. Ich und Mein Volk sind des Lobes voll über Hans Adalbert, den Vizekönig von Theben. Er wird in der Zeit, in der Ich und Meine Häuptlinge den Schneeweg überschreiten, Meine Stadt würdig regieren, süß belustigen und sie bescheren mit Meinem Angedenken. Meinen treuen Somaliknecht Oßman habe ich im Verdacht des ganz kindlichen Schachers. Er wollte dem Herzog heimlich seine Würde als Kaiser verkaufen, die Ich ihm einmal im Jahre abzutreten versprach. Siehst Du, so wichtig nimmt er es damit. Aber was man so täglich vor Augen hat! Und Du legtest Meiner Freigebigkeit so ernste Bedenken bei!«

Der Malik und der Herzog von Leipzig ritten alle Abende auf Kamelen durch die Straßen Thebens, und der Kaiser freute sich immer wieder über die zärtliche Art, mit der sein hoher Gast die Frauen seiner Stadt ehrerbietig begrüßte, die Männer in kunstvolle Gespräche zog und die Knaben mit Neckereien beglückte. Aber die Leute, die den Herzog von Leipzig begleiteten, lagen lange im Magen des Flusses. Sie rümpften ihre Nasen und höhnten über die Bilder, die sich die Menschen in Theben auf ihre Wangen zu malen pflegten. Am Abend wurden die abendländischen Fremdlinge im Wasser ersäuft. Der Malik und sein schöner Gast saßen auf dem Dach unter der Sichel und plauderten. Indem der Kaiser keinen Widerspruch erhob, nahmen die Leute Thebens an, daß ihre gerechte Handlung auch mit dem Einvernehmen ihres Vizekönigs geschehe. So rettete der Kaiser dem Herzog die Vizekrone.

Auch freute sich Jussuf Abigail sehr über die vornehme Klugheit seines feinen Stellvertreters. Nicht selten traf er ihn mitten auf dem Marktplatz, wo er von den großen Eigenschaften ihres großen Kaisers erzählte. »Ruben, Mein Volk liebt Mich, Ich bin sein Tor; nicht ein Spalt führt sonst zu ihm.« Tagsüber versicherte der edle Gast dem Malik, er freue sich, nun endlich Jussuf Abigail von Angesicht zu Angesicht zu sehen.

»Ruben, wenn der Mond rund ist, ziehen wir nach Rußland. Aber gestern feierten wir noch den Oßmanstag. Ich und der Herzog hatten unsere helle Freude an dem fressenden, braunen Basileus. Er saß auf Meinem Dach in Meinem Mantel mit der Spielkrone, die Du Mir schenktest, auf dem Oßmanhaupte, und fraß einen schwarzen Hammel mit der Wolle und dem Schwanz auf. Die Frauen Thebens sandten ihm alle zuckerfarbene Süßigkeiten, und in den glitzernden Läden der Basare ließ ich die überladensten Ringe auslegen, die sich Mein zum Kaiser erhobener schwarzer Diener erstand. Und die ganze Stadt und Meine Bürger werden diese Meine Laune Mir nie vergessen. Die Schwermütigen wurden vor Lachen gesund, den Krüppeln wuchsen die Glieder wieder; alle wollten sie den schmausenden Basileus sehen.« Dein ausgelassener Bruder

Jussuf Abigail von Theben.

Mein Ruben, lebe wohl! Der Rücken Meines Dromedars dient Mir als Pult, Dir noch einen frommen Abschiedsgruß zu senden. Oben am Himmel glüht gezückt der gebogene, goldene Monddolch. Wir werden den Prinzen von Moskau aus seiner Gefangenschaft befreien, so wahr Ich Jussuf Abigail der Malik bin.

Das waren die letzten Worte, die der Basileus von Theben seinem Halbbruder, dem blauen Reiter Marc von Cana, schrieb. Seitdem schimmerten seine Augen bunt wie der Fluß, an dem seine Stadt lag. Nachts verbrachte er in seinem Lieblingsgarten, reihte die roten Beeren der Astrantsträucher auf Schnüre oder bog wie ein Kind die Stengel der Pusteblumen wilder Wiesen zu Ringen und fertigte Ketten an. Lauter Spielerei. Oßman holte dann den lächelnden Kaiser noch vor Sonnenaufgang in den Palast zurück, weil er einmal einen Stadtalten zu einem Stadtalten flüstern hörte von des Maliks plötzlicher Verblödung. Aber des Kaisers strahlendes Gesicht bürgte für seine Unbrüchigkeit. Für ihn regierte schon der Herzog von Leipzig, sich an das hohe Amt zu gewöhnen, das ihm der Basileus in seiner Abwesenheit, in der Zeit seiner großen Wallfahrt, übertrug. Daß kindliches Spiel »schlummern« bedeute, äußerte der hohe Freund seinem feinen Gast. Und er müsse viel, viel schlummern vor seiner Reise, deren Sonne nicht untergehen dürfe. Nicht oft genug konnte Jussuf seinen treuen Neger befragen, ob er wohl (der Malik) dem feinen Gast gefalle? Über das Wasser des Brunnens seines Schlafgemachs neigte sich Jussuf Abigail oft heimlich auf Zehen, um manchmal enttäuscht zu brüten. Aber gläubig hingen seine Gedanken an dem Pilgerzuge, den er noch im selbigen Monat am Siebenten des El Aschura zu unternehmen gedachte. Oßman, der unersetzliche schwarze Knecht, verkürzte dem Kaiser die Zeit, indem er ihn belustigte, einen Kosaken nach dem andern, die sich ihnen auf der Wanderung feindlich in den Weg stellen würden, auffraß. Jedesmal eilte dann der Kaiser durch die Vorräume und Gemächer seines Hauses, den Hans Adalbert zu holen; so, daß er ihn oft in seinen Regierungsgeschäften störte. Der Herzog von Leipzig schrieb dann von der Spiellust seines thebetanischen, kaiserlichen Freundes ganz ergriffen dem Kardinal von Österreich: »Der Malik ist mir der liebste Freund, den ich je besessen habe, darum bitte ich Eure Eminenz, Ihren Einfluß geltend zu machen, den Malik an seiner todbringenden Expedition zu hindern.« Der österreichische Kardinal warnte dann einige Male vergebens den Malik in seiner Sorge um ihn. Aber Abigail Jussuf antwortete dem Kardinal, indem er ihm die wundervolle Geschichte David und Jonathans in alttestamentarischen Buchstaben aufzeichnete, die aussahen wie lauter Harfen. Ergriffen von der Treue des asiatischen Herrschers, sandte Karl große Geldspenden für die fromme Reise. Damit war der Punkt erfüllt, den der junge, diplomatische Herzog, der Vizekaiser von Theben, im Auge hielt; der hegte keinen Zweifel an Abigails Entschluß und er litt unsäglich unter der Tatsache, daß dem kaiserlichen Unternehmen ausreichende Barschaft fehle. Jussuf jedoch war heimlich enttäuscht, daß sich der Herzog mit der Reise nun über die kalte Schnee-Ebene zufrieden zeigte! Seinem teueren Halbbruder hätte er jeden Einspruch in diesem Kriegszuge als Unterschätzung seiner Kraft übel genommen, auch die Liebesvenus von Siam, die er einst den Siamesen raubte, vertraute dem goldnen Stern seiner Wallfahrt. Es versammelten sich die Häuptlinge Mordercheï, Calmus, Gad, Asser, Mêmed und Salomein vor dem Palast und schlugen auf ihren Kriegstrommeln eine Musik, die die schlummernde Stadt aufweckte. Auf ihre Dächer stiegen die Einwohner Thebens, sangen des Kaisers Namen, daß er anschwoll zu einem Konzert. Der Kaiser bestieg mit verhülltem Angesicht sein mächtig Tier, das Oßman führte bis vor die Tore der Stadt. Aber als die sich schlossen, wandelte Jussuf Abigail, der kaiserliche Häuptling, barfuß zwischen seinen Häuptlingen, bis sie an den Fluß Abba kamen. Dort wusch sich die fromme Karawane den Staub von den Zehen. Marc von Cana, des Maliks teurer Halbbruder, traf gerade in Theben ein, als Jussuf die Stadt verlassen hatte. In des Basileus Gemach saßen die beiden Fürsten Ruben Marc, der blaue Reiter, und der Herzog am liebsten und sprachen von dem kleinen Kaiser, der das große Theben morgens aus einer Schachtel nahm und es abends von seinem Oßman wieder hineinlegen ließ. Ruben war gemessener und milder; und gleichmäßiger pochte sein Emirherz als das seines Bruders Jussuf. Auch äußerlich war Ruben von hohem Wuchs und stiller, zärtlicher Majestät und gewaltiger, sonniger Schönheit. Seine Augen vom Braunholz der süßen Baumrinde. Und jedesmal wieder erfreute es den Großemir, wie der junge Herzog das Spielherz seines Bruders verehrte. Die Leute im Palast erzählten Ruben, der Herzog sei immer um Abigail gewesen, als ob er ihn umspüle wie eine Insel. Solche Erzählungen trösteten den canaanitischen Fürsten, denn er glaubte, sein Bruder habe einsam vor seiner Wallfahrt gelebt. Eine ihm unerklärliche Ahnung weissagte ihm, daß er und sein Jussuf sich nie mehr wiedersehen würden.

Das kleine Pilgerheer unter Jussuf Abigail hatte fast das Tal von Irsahab erreicht, als die wilden Juden und ihr Kaiser ein Wolkengebild auf sich zukommen sahen von dem Gipfel der Berge herab. Es waren einige tausend Jünglinge der Althebräerstadt, die Jussuf ihrer eingebissenen Väter wegen haßte. Deren Söhne aber säumten ihres Maliks Bild mit ihren goldenen Träumen und liebten den Kaiserschelm, der einmal im Jahr seinem Neger die Krone aufs wollige Haar setzte, Sich selbst zu einem Seiner Untertanen machte. Diese Freigebigkeit hatte das junge Herz von Irsahab erobert. Und in keinem Haus der Althebräerstadt wurde nicht einer der Brüder vom Vater gemieden. Es geschah, daß Väter ihren fanatischen Söhnen, und hatten sie zehn an der Zahl, den Einlaß ihres Hauses verschlossen. Davon hörte erst Abigail, als die Knaben sich von Ihm und den Häuptlingen getrennt hatten. Ihr Anführer schritt dem stürmenden Zuge voran und es berührte den Malik die Andacht seiner Redeweise wohltuend. Als der Kaiser ihn fragte, wie er heiße, nannte er sich Zwi ben Zwi, und der kaiserliche Häuptling betrachtete seinen Anstand mit Wohlgefallen. Und er ließ sich von den glücklichen Irsahabanern vom Rükken seines Kamels heben, das er wieder vom Flusse Abba aus bestiegen hatte, und beschenkte jeden der Knaben mit einem Schmetterling seiner bunten Augen und hinderte die Jubelnden nicht, Ihn ein Stück durch das Sandmeer zu begleiten.

Der edle Fürst Ruben Marc von Cana saß wieder in seinem Lande und der Herzog von Leipzig regierte in Jussufs Lieblingsstadt. Endlich empfing diese eine kurze Nachricht ihres Maliks:

Theben, meine süße Braut. Die Häuptlinge, mein Leib, meine Spielgefährten sind alle durch die Schmerzen der großen Kälte des Zarenreiches erkrankt. Nicht einen Gruß sendet die Goldmutter auf die frostigen Ebenen zum Willkomm zur Erde. Mir aber schlägt das Herz für den Freund und wärmt mein Blut. Einsam in Begleitung Meines treuen Oßmans, dem statt der spitzgefeilten Zähne Eiszapfen aus dem Maule hängen, ziehe ich weiter über Moskau nach Metscherskoje, den Prinzen Sascha aus seiner schweren, achtjährigen Haft zu überführen nach Tiba.

Der Malik wurde von der Zarewna in Audienz empfangen; in ihren ernsten Kaiserinnenhänden lagen Jussufs Liebesgedichte in weißem Brokat. Vom Glücksstern der Großfrau von Rußland geleitet, erreichte der Malik nach kurzen Gepflogenheiten mit der Justiz die Aushändigung seines unschuldigen, himmlischen Spielgefährten, aber der starb am Abend noch in seiner schmachvollen Zelle in den Armen des erschütterten Freundes. Abigail Jussuf sprach, solange er lebte, nie seines Liebesgefährten Namen aus, ohne sich zu besternen. — Bewacht von einer Anzahl Kosaken im obersten Gewölbe des russischen Towers zu Metscherskoje fand der Malik den Freund. Der gefangene, heilige Feldherr richtete sich sterbend von seinem Lager auf, als er Jussuf erblickte, und rügte ihn zärtlich besorgt seiner Unvernunft. Aber ein verblutendes Morgenrot überzog zum letzten Male das wundervolle Antlitz Saschas, und Jussuf Abigail, der weinende Malik, schämte sich über den kleinen Splitter Gefahr, der er sich ausgesetzt hatte, neben der bedrohten ehernen Geduld seines liebsten Gespielen, dessen Glieder zum Gerippe abgemagert waren; in seinen Lungen fraß der Bazill.

In der Nacht noch ließ ihn der Malik einbalsamieren. »Tüsa goya min enti Tiba« waren die letzten Worte des sterbenden thebetanischen Kambyses, der einst nach

Rußland zog, die Semitten zu befreien. Jussuf trug ihn Selbst mit dem schwarzen Knecht in einem Sarge auf den Schultern über die Ebene nach der alten Zarenstadt; von dort schlossen sich die aufgetauten wilden Juden dem frommen Totenzuge an. Als die Leute in Theben ihren Malik und seine Häuptlinge kommen sahen, hißten sie schmeichelnde Trauerfahnen auf ihren Dächern, warfen sich zu Boden und verhüllten ihre Gesichte; die Totenweiber klagten dreißig Tage und Nächte und Südraben flogen über die Stadt, die sangen die Melodien gottalter Psalme. Jussuf Abigail saß im Palast und weinte. Seine Häuptlinge vermochten ihn nicht zu trösten, auch schlug er launisch die Einladung des Ramsenith von Gibon aus, der eine Vorliebe für den spielerischen Jussuf empfand. Dieser schöne, eitle König fühlte sich persönlich von der kurzen Art der Absage getroffen und kündigte dem Malik die freundschaftlichen Beziehungen seines Landes, darin sich Abigail der künstlerischen Bestrebungen wegen gerne aufhielt. Diese kleine Ursache gab Anlaß zu einem späteren Kriege. Den Kaiser verlangte es nur nach Ruben, seinem teuren Halbbruder, der aber war in seiner Abwesenheit in die Schlacht gezogen, mit den Ariern gegen die Romanen und Slawen und Britten. Daß er Ihm, dem kaiserlichen Bruder, das antun konnte! Jussuf nahm in seinem kaiserlichen Egoismus das Rüsten seines Bruders fast persönlich gegen Ihn gerichtet auf; darüber vermochte der verlassene Malik sich nicht zu trösten. Den heiligen Leib seines himmlischen Freundes bestattete er im Königsgewölbe bei Theben, und das thebetanische Volk fürchtete um die Gesundheit seines Kaisers, der sich selten noch unter sie auf den Straßen oder auf den Plätzen mischte, sich nicht einmal mehr beschauen ließ in seinen Gärten. Um die Abendzeit wandelte Jussuf manchmal dicht verschleiert durch die Gänge der Vorräume seiner Gemächer. Er war tief mit sich im Gespräch, oft hörten die Neger ihn fluchen wie die Baumfäller im Walde, und die Wände des Palastes wankten dann wie beim Erdbeben. Rubens Weib, die Mareia, beschuldete er ungerechterweise, eiferte wider ihre weiße Abstammung, die seinen stolzen, friedliebenden Bruder veranlaßte, mit den abendländischen Völkern zu kämpfen; vergaß, daß sein starkwilliger Ruben einen ebenso selbständigen wie edlen Eigenwillen besaß. Am vierten Tage nach der Broternte erhielt Jussuf Abigail eine rührende Botschaft seines fürstlichen Bruders aus dem Kriege. Seine Anschuldigungen vergessend, entsandte der Malik Treiber nach Cana, die dem Weibe Rubens mit Geschenken beladene Kamele führen mußten und der Emirin die Kunde brachten, daß der Fürst sich auf dem Wege zur Heimat befände. Zu gleicher Zeit wurden aus dem arischen Heere Soldaten gewählt und ausgerüstet zur Reise nach dem ägyptischen Theben, den Malik Abigail Jussuf, der des Bumerangwerfens gefürchtetster Krieger war, gegen die Indier ins Feld zu werben.

Die Hirten, die Abigail zu seines Bruders Weibe gesandt hatte, ihr die Freudenbotschaft zu bringen, daß Ruben auf Cana zuschreite, erzählten bei ihrer Rückkehr den Leuten Thebens, daß sie abendländische Krieger gesehen hätten, an den Goldfeldern singend vorbeimarschieren auf Irsahab zu, und daß man ihre Helme sicher schon von der großen Kuppel des Palastes aus glitzern sehen müsse. Die älteren Leute gedachten des Kampfes, den sie unter der Anführung des noch damaligen Prinzen Jussuf gegen eine Arierschar erfahren mußten. Umschlungen auf einem Weizenfelde sah ein verwundeter Thebetaner die beiden Fürsten der feindlichen Heere im silbernen Brote stehn und sich inbrünstig küssen. Durch Theben aber tönte die Siegeskunde, der Prinz habe die Christenhunde in die Flucht geschlagen. In Wirklichkeit jedoch hatten sich die beiden verliebten Anführer: Giselheer und Jussuf, ihrer Heere geeinigt. — Dem Herzog von Leipzig war schon in den ersten Tagen seiner Vizeregentschaft dieses Kriegsgeheimnis zu Ohren gekommen; nicht die ungeheure Begebenheit erboste ihn, aber die Leichtfertigkeit, mit der dieser Nibelunge, dessen Herz in Thebens Sonne süß geworden war, seinen schwärmerischen kaiserlichen Freund verlassen konnte. Der herzogliche Hans Adalbert, der es sich zur Aufgabe anheischte, alle Erdteile miteinander zu verbrüdern, eine internationale Welt schon im Interesse der Kunst zu schaffen, bemühte sich in seiner klugen, liebevollen Weise, die beträchtige Anzahl der älteren Menschen von der Vereinigung der Jehovaniter für den Malik wieder zu gewinnen. Die waren vermutlich von den Vätern der Irsahabaner aufgestachelt worden; es schien dem diplomatischen Stellvertreter des Throns von Theben gelungen zu sein, einen Aufruhr von Jussuf Abigail fern zu halten. Der hatte seinen kleinen Bruder Bulus nun bei sich in seiner Stadt und lehrte ihn jeden einzelnen Menschen seines blauen Theben lieben, die er mal regieren sollte nach seines Malikherzens frommer Fackel. Und befreundete ihn mit dem ältesten Sohn Hyne Carolon, eines Großhauses am Fluß in Theben, das Er so gern aufsuchte.

Abigail Jussufs zweite Stadt, die Er nach Rubens Weibe Mareia benamet hatte, beabsichtigte Abigail, nach Seinem Sterben selbständig zu der Kaiserstadt Seines treuen, hochverehrten Dichterfreundes Daniel Jesus zu erheben, der gegenwärtig schon dort Seines kaiserlichen Gefährten Thron vertrat. Jussuf Abigails dritte Stadt aber, die Goldstadt Irsahab, sollte, nach der Väter Aussterben, Tibas Tempelvorstadt werden, Zebaoth geweiht, dem Gottjüngling, den Jussuf inbrünstig anbetete. — Die Knaben von Irsahab, die die arischen Ritter auf ihre Tore zukommen sahen, bewaffneten sich und zogen ihnen entgegen, im Glauben, die hellen Krieger kämen feindlich wider Jussuf Abigail. Aber Zwi ben Zwi, der Oberbefehlshaber der jungen Irsahabaner, der schon einmal die Knaben durch die Wüste zu ihrem Malik gebracht hatte, erkannte, daß es sich um einen freundschaftlichen Besuch handele, die abendländische Regierung ein persönliches Anliegen durch seine Ritter an den thebetanischen Kaiser zu stellen gedenke und Männer der Kunst zu diesem Zwecke, Abigails Neigungen zu schmeicheln, wohlweislich erwählt hatte. Und die tapferen Juden von Irsahab verbargen ihre Waffen und bewillkommneten die fremden Krieger, die ihre Zeremonien erwiderten. Zwi lud sie ein in das Haus seines Vaters mitten in der Stadt im Interesse Abigails. Zwis Eltern beide, Tamm und Miëne, waren fromme Leute; sein Vater hatte sein Herz mit dem Lesen der Tora bereichert, aber Miëne lehrte ihrem Sohne das feierliche Schreiten, daß er immer nur wandele, wohin auch, zum Altar. Es war das einzige Elternpaar in Irsahab, das den Bestrebungen ihres Sohnes kein Hindernis in den Weg stellte. Am Abend lagerten die müden Arier im kühlen Vorhof seines Elternhauses und tranken von dem Trunk, den Miëne aus Mais und Zimtstauden zu bereiten verstand. Zwi, der Gastgeber, mußte den abendländischen Soldaten von dem Malik erzählen, von seinen Taten, seinen Hoffnungen und seinen Lieblingsbeschäftigungen. Dieser feine Sohn Tamms und der Miëne hatte sein ganzes Leben hindurch nichts anderes getrieben, wie den Malik von Tiba studiert, und schon dem jugendlichen Prinzen Jussuf führte er, von Diesem ungeahnt, Sein blaues Tagebuch. Zwi kannte also Jussuf Abigail wie ein Astronom sein nächstes Sternbild. Später stellte sich auch der Urheber der rätselhaften Schreiben heraus, die immer dann an den Malik gelangten, wenn er der Warnung bedurfte. Diese zarten, aber willensstarken Äußerungen, die den jähen Basileus von einem unbedachten Schritt bewahren sollten, kamen also von dem Sohn des Tamm und der Miëne. — Welchen Zauber alte Heldensagen auf Abigail Jussuf ausübten, davon konnte Zwi der Irsahabaner einiges den lauschenden Soldaten erzählen. Ob sich der Malik aber wohl bewegen ließ, auf seiten der verbündeten Mächte gegen die anderen Länder zu ziehen, verweigerte Zwi, vielleicht aus Anstand, der thebetanischen Antwort nicht zuvorzukommen, seine Meinung. Auch die Ritter vermieden, an die strenge irsahabanische Anhängerschaft jede weitere Frage zu richten, wie sie auf Abigails günstigen Entschluß wirken könnten. Doch als die abendländische Botschaft sich wieder unterwegs befand, auf Theben zuschritt, einigten sich die künstlerischen Krieger untereinander, Abigail Jussuf einen Streich zu spielen, der Sein buntes Herz erobern würde. Wieland Herzfelde, dem jüngsten der dichtenden Kürassiere, der den Plan ausgeheckt, saßen zwei leuchtende blaue Schelme im Gesicht, denen man nie böse sein konnte; das wußte er. Dieser kecke Herzschelm pflegte den Kaiser von Theben kurzweg »der Jussuf« zu nennen. »Was meint ihr, wenn wir uns dem Jussuf als seine Lieblingsgestalten alter Sagen repräsentieren?« Daß es sich in Theben um einen gänzlich wilden Kaiser handele, der sogar seine Ungelehrsamkeit als besondere Bevorzugung feiern ließ, sie ab und zu als Vorbild der gelehrten Goldstadt Irsahab langbärtigen Vätern unter die schlaffen, ungeschmückten Nasen zur Beriechung hielt, hatten die Abendländer aus den begeisterten Erzählungen Zwis geschöpft. Und die Soldaten fürchteten in dem Wagnis ihrer launigen Krieglist keinerlei Gefahr. Ihren Kameraden Wieland, den auferstandenen Roland von Berlin, trugen sie abwechselnd auf ihren Schultern wie einen Sieger ungehindert durch die singenden sieben Säulen in die bekränzte Stadt Theben. Denn Zwi, der treue Anhänger aus Irsahab, hatte dem Malik verkünden lassen, daß die Ritter die Gastfreundschaft seines Elternhauses genossen hätten und in kriegsfreundlicher Absicht auf Theben zuschritten, Ihn, den großen Basileus, zum Kampf gegen die indischen Stämme zu gewinnen. Jussuf Abigail hatte sich schon in seiner frühesten Jugend geübt im Wurf des Bumerangs, und es bemächtigte sich in jedem Feindesheere eine Furcht, wenn man des Maliks sichelförmige Holzwaffe über die Köpfe sausen hörte, bis sie den Gehaßten traf. Oft flog der besiegte abgerissene Rumpf geschnellt vom stumpfgebogenen Holzmond durch die Lüfte vor Abigails Füße. Aber Er, der liebende, knabenhafte Kaiser, litt unter der Sicherheit seiner Urwaffe, oft schluchzte er noch lange seinem siegreichen Wurfe nach. Die Häuptlinge wußten schon, wenn Oßman, der ewige Knecht, sie, die wilden Juden, beim Sonnenaufgang in das Gemach ihres Maliks rief, Ihn zu trösten. — Eine Weile, bevor die Arier die süße Stadt erreicht hatten, hing Bulus, des Kaisers zwölfjähriger Bruder, sich schmeichelnd an Ismaël, des auserlesenen Negers greisen Oheim. Der ehrwürdige, alte Palastdiener hatte den kaiserlichen Großknaben wie einen Enkel lieb, und Bulus Herz schaukelte gern an der starken Rippe lauschiger Geborgenheit des Nachtsomalis, dessen Haupt fast die Breite der Palmenkrone überbot. Den jungen Mïr plagten wieder nationale Fragen des Palastes. Ganze Tage hatte er in einer Kammer im Erdgeschoß zugebracht, in alten, eingebauten Schränken nach abendländischen Kleidungsstücken gekramt. Er fand dann endlich einen Ulanenhelm, der sein halbes Gesichtchen verschwinden ließ, und einen verrosteten Säbel, den er sich an seinem Perlgut befestigte, und in ein Paar grauen Lederhandschuhen, die von dem Leipziger Herzog herrührten, ertranken nun seine Kinderhände. Inständig bat Bulus seinen alten Freund Ismaël, legte seinem Namen Koserei um den Hals. Ismaëlmemed versprach dem geliebten, kleinen Mïr, auf seines Bruders Sohn, den Oßman, zu wirken, wenn der am Morgen dem kaiserlichen Herren die Nasensmaragden einschraube und mit Perlen sein Haar schmücke, Abigail anzuraten, beim Empfang der abendländischen Krieger abendländische Tracht anzulegen. Bulus schämte sich aller weichen Zierde, und in den goldverbrämten Mänteln und Ohrgehang und Muschelgürteln seines regierenden Bruders und der Häuptlinge, und der Kleider aller Männer und Jünglinge des Morgenlandes empfand der kleine kaiserliche Auflehnende beschämende Schwäche. Der greise Ismaël teilte des Knaben Sympathie für die Sitten des Abendlandes, da er an seinen Weinen gerochen hatte in der Zeit, als

der heitere Vizemalik, der Maltzahner von Leipzig, in
Theben regierte. Der hatte sich in Fässern den Rebensaft
aus dem Mosellande kommen lassen und betreute den
friedvollen Ismaël mit dem Abzapfen des Weins. Die
verbotene, pochende Beere war beider Privatgeheimnis
und einzige Sünde gewesen wider die Gesetze des Morgens. Wenn nun alle schliefen im Palast, schlich sich der
unverbesserliche Somalizecher in das unterirdische Gewölbe des großen Vorraums und zechte manchmal bis
zum Morgen vom verbotenen Inhalt der noch lagernden
Fässer. — Vor dem Fenster des Malikgemachs zwischen
hohen, feinen Gräsern saß Bulus auf den gepolsterten
Schultern des treuen, alten Freundes, das Erwachen des
Basileus zu erwarten. Der lag gebogen wie die Mondsichel auf seiner Kissen schwerer Wolkenseide. Er war
nach durchwachter Nacht im lebhaften Gespräch mit seinen wilden Juden fest eingeschlummert. Seines Bruders
Ruben Rat vermißte Jussuf schwer in der Art der Ablehnung seiner Stellungnahme an dem Weltkrieg. Abigail Jussuf war fest entschlossen, unter keiner Bedingung sich an dieser Menschenschlacht zu beteiligen. Auch
fühlte der Kaiser irgendeine spielerische Verwandtschaft
mit dem König der schwarzen Berge, der den Frieden
hatte herbeiführen wollen aus väterlicher Liebe für sein
Volk und darum auch aus väterlichem Verständnis für
die fremden Völker. Diese Meinung teilte Mordercheï
Theodorio, des Maliks erster Großhäuptling, der Sohn
seines Turiner Vaters. Ein Weinberg auf Rollen bewegte
sich dieser wilde Jude ungeheuer süß vor dem Thron
Thebens und stark in der Blume. Abigail verehrte ihn
unbändig. Dieser Mordercheï Theodorio und Calmus
Jezowa, ein Mann mit gütigen Priesteraugen und milder

Freudigkeit, waren die letzten der Häuptlinge, die den Malik in der Frühe verließen. Gad, Asser, Mêmed und Salomein wandelten schon kurz nach Mitternacht auf Raten Jussuf Abigails heim. Asser trug eine Verwundung durch einen Dorn der Rose auf der Wange, die den Kaiser im Anblick der Anmut Assers störte. Den herrlichen Jüngling beschenkte der Malik mit Haarperlen und allergold Damast. Nur daß Assers Herz am Wesen der Frauen hing, verargte vielfach die Freude des Kaisers an seinem Häuptling. Denn Jussuf Abigail verbarg seine Abneigung gegen alles Weib, schon als Prinz von Theben. Und die geraubte Venus von Siam betrachtete er nur wie ein unvergleichliches Kunstwerk. »An dem starren Kultus, den der Malik um seine Mondfrau baut«, so nannten die Menschen in Theben die siamesische Venus, »wird sie zu Alabaster werden.« Mêmed hatte Verständnis für des Kaisers Abneigung gegen Eva; trotzdem gerade das Himbeerträumerische in Jussuf, die Farbe der Prinzessinnenseele, ihn entzückte, aber er wagte nicht, die Beeren der Sträucher Seiner Seele zu pflücken. Manchmal begleitete er Ihn alleine auf den Hügel der Stadt; dort betete Jussuf Abigail so gern zu Gott. Die großen Vögel setzten sich dann zu Ihm. Sie verstanden, die abgebrochenen, wilden Laute Seines Flehens. Er eine goldene Flügelgestalt unter ihnen. Am Abend aber begleiteten den Kaiser außer Mêmed noch seine beiden anderen jungen Gespielen, die Häuptlinge Gad und Salomein, auf eine Wiese, die hinter dem Garten des Palastes lag. Mêmed legte sich immer einen Kranz ins Haar, und Salomein, Jussufs treuster Häuptling, trug in seinen dunklen Augen dem Malik ewig sein blaues Herz schwärmerisch entgegen. Seiner Stirne Mitten schmückte ein

Stern. Die vier hohen Menschen spielten sorglos wieder Spiele ihrer Kindheit. Auf Brettern, kreuz und quer gelegt, schaukelten sie auf und nieder und übten sich im Bogen und Pfeil, die sie selbst aus Bambusrohren schnitzten.

Als der kleine Kaiserliche Bulus, Jussuf Abigail wieder mit Bitten bedrängte, Ihn an Seine hohe Gastfreundschaft erinnerte, die Ihn zwinge, die Farbe der fremden Soldaten bei ihrem Empfang anzulegen, befahl der erregte Malik Seinem Knecht, der auf den Augenblick gelauert hatte, da ihm das Grau des Abendlandes mißfiel, den jungen Mir gewaltsam zu entfernen. An diesem Morgen fiel die erste, ernsthafte Meinungsverschiedenheit zwischen den hohen Brüdern, die sich gegenseitig stürmisch zu verehren pflegten. Aber Bulus trug nunmehr eine kleine Verachtung in seinem klaren, braunen Knabenauge offen zur Schau, die den Kaiser reizte. In einem goldenen Mantel saß Der auf dem Thron zu Theben wie in Seiner letzten Haut, die Mondsichel und den Stern in Rotfarben auf der Wange gemalt. Die bunte Stadt Theben hatte sich im Hause Jussuf Abigails um Ihn versammelt; den Kaiser beschäftigten gegenwärtig nur Seine Häuptlinge und Ruben, Sein milder Bruder, und gedachte seiner so stark, daß Ihm das Zepter entschwand oben auf dem Prunkhügel des Riesengemachs. In derselben Stunde, an der sich plötzlich Jussufs Wesen weich verlor, traf der Fürst Marc von Cana in der Heimat ein. Der Großhäuptling Morderchëi Theodorio bemerkte die seelische Abwesenheit seines Kaiserlichen Freundes und gab dem säumenden Malik ein freundschaftliches Zeichen, indem er die zum Throne geneigte Stirne, sein Morderchëiherz und seine Lippen grüßend betastete. Da

traten die Ritter in den Maliksaal. Zwi ben Zwi, der
Sohn des Tamm und der Miëne, der seinen abendländischen Gästen vorausgeeilt war, erwartete unerkannt
zwischen den feierlichen Menschen Tibas, auf dem Riesenfuß einer überlebensgroßen Figur sitzend mit dem
Schiefer und dem Griffel, die arischen Soldaten. »Beim
Anblick des großen Bumerangwerfers«, schrieb der Geschichtsschreiber, »schneiten die blühenden Wangen der
Ritter.«

Dem erschütternden atmenden Denkmal aus Blutstein
näherte sich in der Rolle des Rolands von Berlin und als
Anführer der Botschaft: Wieland Herzfelde. Sein Bruder
Wetterscheid versuchte betroffen, den voreiligen Entschluß seines kecken Bruders zu vereiteln, indem er den
Zipfel seines Mantels ergriff und abriß. Diesen Vorgang
gewahrte Abigail und lächelte. Und sein Lächeln glich
immer einem holden Bach im finsteren Garten. Nicht wie
bei öffentlichen Empfängen sonst üblich, erwartete der
Malik das Zeichen des Schellenstocks; rührend klang
Sein Anliegen auf lallender arischer Sprache, die Lage
des ernsten Augenblicks verachtend: »Kann Mir einer
von euch sagen, ihr lieben Ritter, wo Giselheer Mein
Nibelunge weilt?« In der Mitte des Vorraums tanzte
ein Tänzer wie eine Schlange beweglich nach der eintönigen Musik der Holzinstrumente. »Aber ich«, schrieb
Zwi, »hörte verhärtete Stirnrunzeln einiger Thebetaner
knarren.« Und Jussuf Abigails spielerische Menschen erröteten im Angedenken der Schande, die ihnen einst ihr
damaliger Prinz Jussuf bereitet hatte, da Sein selig Herz
den feindlichen Arierfürsten umgaukelte während des
Krieges Ernst. Aber den grauuniformierten Fremdlingen
entging die gefährliche Lage, die des Kaisers Ansehn be-

drohte, die waren durch Seine Menschlichkeit aus ihrem Bann erlöst und beantworteten aus einem Munde die leidenschaftliche Frage Jussufs nach Seinem Herzgefährten, der immer als Nibelunge in Seinem Gedächtnis maiblühte. Schill, der pflichtgetreue Kürassier, der seiner Schüchternheit wegen von seinen Kameraden verspottet wurde, trat beherzten Schritts aus der Mitte der Soldaten dicht vor den Thron, wiederholte noch einmal, daß Giselheer der Nibelungenfürst in Flandern stehe und – setzte er bedeutungsvoll hinzu, sich verzweifelt gegen die Indierstämme behaupte. Aber Calmus Jezowa, der weise Wildjude um Abigail Jussuf, konnte sich ein Lächeln nicht ersparen; Asser und Gad und Mêmed Laurencis fürchteten um ihren Liebeskaiser, und schonend um Jussufs Schulter legte Salomein seinen Arm. Nur Morderchei der Riese vertraute der Klugheit und dem Hochgefühl seines stolzen Spielgefährten. Auf dem Fuß des Saales entfiel der Hand des Malikschreibers der Griffel. Abigail, der den Knaben längst bemerkt und wiedererkannt hatte von seiner Wallfahrt her zum heiligen Freunde, rief dem jungen Manne aus Irsahab zu: »Hebe deinen Griffel auf, Sohn des gottesfürchtigen Tamm und der guten Miëne, und schreibe nieder, daß der Kaiser Abigail Jussuf Seines Levkoienherzens Liebe, Seines Liebesherzens Levkoie opfere, denn er habe beschlossen, Seine teuren Brüder nicht zu führen in den abendländischen Krieg.« Viele der Thebetaner weinten, fielen vor ihrem Jussuf nieder, streichelten sein Gewand und die, welche sich näherten, Seine Hände und Seine Füße zu liebkosen, hob Er zu Sich empor und küßte den Schlichtesten auf den Mund, so daß der zu Seinem Ansehn wurde.

Nur des Kürassiers Schills Unzufriedenheit bemerkte der Malik mit vornehmer Zurückhaltung und billigte dessen Kaisertreue, die den Soldaten zu einer List verführte gegen — Ihn — Abigail. Und Er betonte, daß Er seinen Kaiserlichen Herrn mit ganzem Herzen bedaure, wie Ihm Zebaoth gebiete, dem blutenden Länderhandel fern zu verharren. Abigails weiche Stimme wuchs dunkel in den Urwald, »aber mir«, berichtete der Schreiber, »entging kein Wort des Throns«.

Einige von den Rittern baten den Kaiser, Sich über den Weltkrieg zu äußern. Aber der hellseherische Malik ahnte, wen der Tod von den stürmisch Fragenden bald brechen würde, und er vermochte Sich nicht gleich zu sammeln; betrachtete schmerzlich den goldlockigen Tristan, richtete zarte Worte an Caspar Hauser, erkundigte Sich bei Roller ernsthaft nach dem von Ihm so hochgeschätzten Carl von Moor, den er wahrhaft in Sein Herz geschlossen habe. Und ob Schiller mit Goethe noch befreundet sei? Der Roller konnte ein Auflachen nicht verkneifen, ebenso erging es von Hutten, der mit dem Geschichtsschreiber, welcher ahnungslos diesen Maskenstreich auf dem Gewissen hatte, verständnisvolle Blicke wechselte. Aber auch sehr viel herzliches Interesse zeigte Jussuf Abigail für Friedemann Bach und den Grünen Heinrich. Grimms Bäuerlein beguckten Sich der betrogene Malik und Sein Brüderchen wie zwei kleine, neugierige Buben.

»Ihr habt das von Gott Euch anvertraute Abendland nicht liebevoll genug gepflegt, wie wäre sonst aus seiner schattigen Eiche eine kühle Formel geworden.« Der Kopf des Erdbildes habe sich verschoben, meinte der Basileus, und verwirre die Gehirne der Menschen.

Der Malik erzählte von dem fürchterlichen Gesicht, das Er einige Tage vor dem Kriege gehabt habe. Ihm habe geträumt, Er wäre der Kaiser Wilhelm gewesen und drei Riesenschlangen seien seinem Lager entstiegen, die Gescheckte neigte sich, Ihn zu beißen, als Er jäh erwachte und gerettet war. Seinem Halbbruder, dem klugen Fürsten Marc Ruben von Cana, habe er damals Seinen Traum berichtet, worauf der große Häuptling den Krieg prophezeite. Als Bulus, des Maliks Bruder, den Namen Ruben vernahm, klatschte er in die Hände, so liebte der Knabe ihn. Jussuf ließ gerührt den kleinen Bulus von Oßman vor den Thron holen, stellte ihn, der von Beginn der Zeremonie an die Züge der Soldatengesichter befriedigt beobachtet hatte, den Rittern mit den Worten vor: »Seht diesen süßen Schelm, Sittis, er ist mein kleiner Bruder Bulus der Mirmêmed, mit diesem hättet Ihr sicher keine Enttäuschung erlebt.« Seine steingeschmückte Waffe zeigte er jedem der Krieger und dem Roland von Berlin, der sich mit dem jungen Fürsten sofort verständigte, zog er das Schwert aus der Seite und prüfte seine Schärfe und Wetterscheid bettelte er um Patronen an für seine Sammlung, doch der friedliebende Bruder Rolands legte Böses abwehrend seine Hand über des kleinen Emirs Haupt.

Aber auch der Lederstrumpf, der abseits, für sich alleine während der Festlichkeit, menschenfeindlich in bittern Gedanken an einer Säule des Maliksaals knurrend gestanden hatte, erhellte sich plötzlich im leuchtenden Anblick des Kaiserlichen Knaben. Manchmal schimmerte Seine Haut wie Goldperlmutter. Und Lederstrumpf äußerte sich später zu Mordercheï Theodorio, nie habe er im Leben einen schöneren Menschen gesehen wie den kleinen Mir. Theodos und Bûl aber mieden sich, wenn auch in höflichen Katzensprüngen; und Abigail, der diese Feindschaft nicht ernst nehmen wollte, belustigte Sich über die unbegründete Abneigung der beiden, aus der sich unerwartet der Schmetterling, die versöhnende, glückliche Begegnung, entpuppen würde. Im Begriff, die letzte Stufe seines Thrones herabzusteigen, stolperte der Malik, und noch ehe Oßman, Sein Knecht, Ihm Hilfe leisten konnte, fing Ihn einer der fremden Ritter in seinen Armen auf, »der Tristan«, und entbrannte vor Liebe zu Jussuf. Am selben Abend nach dem bewillkommenden Mahle, an dem des Basileus Herz berauschender süßte als der Most, den Er pressen ließ für seine abendländischen Gäste aus den schweren Trauben der Berge, glitt der Gralprinz wie ein Lichtstrahl an der blauumgürteten Leibwache des Maliks vorbei, überwältigte Oßman und drang in Jussufs Gemach. Der war gerade damit beschäftigt, dem Herzog von Leipzig die Eindrücke zu schildern, die Seine uniformierten Gäste auf Ihn hinterlassen hatten. Und in Seiner Vertiefung und Sehnsucht nach Seinem unersetzlichen Ratgeber, dem Vizemalik, gewahrte er den Liebesritter erst, als der Ihn, den Jussuf, schon mit seinen starken Soldatenhänden gepackt hatte.

Und der Malik, der von jedem noch rein erhaltenen, ursprünglichen Gefühl überwältigt wurde, suchte nicht allein den unerhörten Vorgang zu vertuschen, »er habe sogar versucht, aus Bewunderung vor diesem ehrlichen Augenblick die Liebe des heiligen Ritters zu schüren«. Der brach dem Jussuf vor Liebe eine Rippe in der Brust, wie einen der Äste des Elfenbeinbaumes. Noch in der Nacht aber rief man von den Dächern die Stadt wach, erzählte den Unfall, der den Malik betroffen habe beim Handwettkampf mit Mêmed Laurencis, mit dem Sich der Kaiser so gerne der Stärke übte. Doch Laurencis saß mit den anderen Häuptlingen friedlich um ihren Angstabigail, wie sie Ihn zärtlich zu nennen pflegten, und sie verhätschelten Ihn. Ein paar alte Weibchen hatten sich in Theben eingeschmuggelt, schwätzten den Leuten die Ohren schmutzig, boten den edlen Töchtern Thebens Liebesharz feil und drängten sich an die abendländischen Ritter. Doch das dreiköpfige, glatte Gezücht wurde ergriffen und gehängt. Aber Zwi ben Zwi, der Sohn des Tamm und der Miëne, schrieb vom Malik von Theben, »immer wieder von neuem sammele Jussuf die Liebe aus dem Kelch der Herzen; um die der abendländischen Ritter gaukele das Silberseine«. Noch tiefer, wie es Sich Abigail, der Kaiser, gestehen wollte, schmeichelte Ihm der Antrag der hohen Fraue von Hohenhof, der Reichsgräfin Gertrude zu Osthaus von Westfalen. Ihre Tochter Seinem geliebten Bruder zum Weibe zu geben, war Abigails Herzenswunsch. Immer wieder ließen Sich der Malik und der jugendliche Mir das Bild der lieblichen Prinzessin Helga von dem Liebesboten repräsentieren und hatten lange schon die holden Grübchen, goldene Bächlein ihrer Wange, entdeckt. Noch zwei Frauen des Abendlandes sandten dem Malik ihre Liebe und Verehrung: Frau Paula Engeline, die sanfte, dichtende Lebensgefährtin des von Jussuf so bewunderten Dichterfürsten Richard Dehmel, dessen Dichtungen Er einst mit dem Kalifenstern ausgezeichnet hatte. Paula Engeline beschützte das Flackerlicht von Horeb — so nannte sie den fernen, ungestümen Malikprinzen — mit ihrem Flügel. Ähnlich wie diese hohe Frau empfand Hellene, die Herrmannin, den goldverbrämten Kaiser, jeder Gedanke an Ihn trug Seine Lieblingsblume im Haar.

Die Ritter, welche sich wieder um Abigail versammelt hatten, baten Ihn, sie nicht unverrichteter Dinge ziehen zu lassen. Und sie erzürnten den Kaiser mit dieser aufs neue aufgeworfenen Frage. Ob sie den Entschluß eines ägyptischen Kaisers von einer willkürlichen Laune abhängig glaubten oder ob man Ihn nicht ernst nähme?!! Und Abigail, dessen Vorhaben es gewesen war, Sich würdevoll und gleichmäßig den arischen Kriegern gegenüber zu verhalten, bäumte Sich wie eine Welle, wurde wildes Wasser, rasender Ozean, und seine erschrockenen Gäste mußten sich gestehen, nie einen wilderen Gemütssturz je erlebt zu haben, und sie nannten Ihn heimlich unter sich den Tagâr, wie die thebetanischen Uferleute das reißende Wassertier nennen, den Wasserjaguar. Thron, Zeremonie und Krone schwammen auf der Hochflut Seines Blutes. Morderchëi war stolz über solche unbedachten Augenblicke, sehr stolz auf Seinen Kaiser; ein Dichter war Theodorio, seine politischen Erkenntnisse gingen wie seine Verse mondrot in seinem Herzen auf und beleuchteten horizontisch die Vorgänge. Calmus aber meinte, sein geliebter Prinz und Basileus habe Sich wieder undiplomatisch hinreißen lassen, aber das gezieme Jussuf. Calmus Jezowa vertrat im thebetanischen Zebaothtempel das Amt des hohen Priesters; Jussuf hing an seiner wohltuenden Milde wie im Mittag. Gad, mit dem der Kaiser oft über die gute Sitte plauderte, vertrat die Ansicht, daß ein Basileus Sich in jeder Lage des Lebens beherrschen müsse, aber Mêmed Laurencis trug triumphierend den verblüfften, bekrittelten Kaiserlichen Spielgefährten in seinen Armen von dannen über die

Pfade der Rosengärten; ihnen folgte Asser im neuen Prunkmantel, er hatte sich in die Schwester eines der Ritter verliebt, die ihren Bruder nach Theben begleitet hatte, den Jussuf ihrer Träume zu schauen.
Urägypter, Goldmorgenländer war Sein treuester Häuptling Salomein. Er galt für hochmütig und verschlossen. Über Theben erblickte er am Himmel der Stadt durch seine Farben seinen Jussuf, dessen Bild er trug im Stern seiner Stirnmitten. Als ihn einmal Thebetaner nach den arischen Soldaten fragten, sagte er ihnen zur Antwort, er habe nie einen arischen Soldaten gesehn. —
Der Malik hielt sich nach der kleinen Mißstimmung zwischen Ihm und den abendländischen Gästen eine Weile vor ihnen verborgen; aber Er beauftragte Oßman, den Rittern die Sehenswürdigkeiten der Stadt zu zeigen. Und der Somali führte die Krieger in den großen Malikturm. Die kleine Karawane kletterte unzählige Stufen der Treppen in die Himmelshöhe; als letzter Ismaël, der greise Oheim Oßmans, mit dem kleinen Mïr auf den Schultern; diesem folgte die vornehme Leibwache des Maliks. Über Weizenfelder und Zitronenwälder flogen die Augen der Angelangten. Des Somalis spitzgeschliffene Zähne lachten. Sitti Ismaël, wie der Kaiser den Oheim des Lieblingsnegers seines hohen Alters wegen ehrerbietig von jedermann genannt wünschte, hatte vom Maltzaner Herzog etwas Abendländisch gelernt, erzählte den Soldaten die Vorgeschichte aus jedem Hause der unvergleichlich blauen Stadt. Nicht wenig waren die Arier überrascht, als sie plötzlich auf dem weiten Spielplatz Jussuf Abigail erblickten im Kriegerschmuck; alle farben Perlen sangen um Seinen Leib, Ihn umgaben Thebetaner in Kampftracht. Der Malik schien keinen der Zuschauer oben auf

dem Turm Seiner Stadt zu bemerken, und Oßman riet schalkhaft den Soldaten, sich ja unauffällig zu verhalten. Der hohe Bumerangkrieger schleuderte Seine hölzerne Mondsichel leicht, fast virtuosenhaft durch die Luft und fing sie wieder auf im großen Kreis, jedesmal mit hellem Kriegsgeschrei, das von Seinen Getreuen begleitet wurde. Beim Mondaufgang begegneten dem wilden Kaiser Seine abendländischen Gäste im lebhaften Gespräch, erröteten noch vor Entzücken in der Erinnerung des erlebten Schauspiels. Der Roller meinte derb zu Hutten gewandt: »Bei Dem wär kein Indier übrig geblieben.« Abigail vernahm diese Schmeichelei und es hob Seine Eitelkeit. Schloß sich den uniformierten Gästen bei ihrem Spaziergang an, schüchtern lächelnd, die stritten sich um den Gang an seiner Seite. Die beiden Brüder Roland und Wetterscheid und deren Freund Maria von Aachen, »Karls Sohn«, hatten schon ganz vergessen, warum sie in Jussufs Stadt gesandt wurden, so überaus glücklich befanden sie sich hinter den sieben singenden Säulen, darum sie Schill rügte aus diensteifriger Gewohnheit. Der Roland von Berlin und Heinrich Maria stiegen beherzt über den Zaun in den Garten, hinter dem das Prunkgemach des Maliks lag. Der säumte in Gedanken der Morgenfrühe nach, hing wie eine schwermütige Dolde am Traum der heißen Welt. Roland, der aus seidigen Papieren Monde und Sternlein zu schneiden verstand, reichte zärtlich dem erwachten Kaiser diese kindlichen Gaben mit lieben Verschen beschrieben und Maria, Karls Sohn, schenkte dem Jussuf einige Heiligenbildchen, die er gemalt hatte im geschnitzten Rahmen; und der Kaiser ließ Sich von ihm diese Ihm fremde Malerei erklären, bewunderte seinen Mahagonikopf; fast blau wirkte auf Ihn die glänzende

Dunkelheit seiner Haare, ebenso blau wie Rolands glückliche Augen waren. Und er sprach diesen neuen Freunden von Seines Herzens Alleinsein, von Seiner heimlichen Liebe zu Gisel, dem Arierfürsten. Und Roland mit seinem guten Kindergemüt vergaß jede Schranke, patschte mit seinen Händen liebkosend über Jussufs Wange und so trösteten die beiden fremden Soldaten Ihn, den mächtigen, hilflosen Malik. Von ferne sahen Ihn die Häuptlinge scherzen mit den Abendländern, Morderche͏̈i und Lederstrumpf schlenderten herzlich befreundet an den Menschen Thebens vorbei, hielten sie an und Lederstrumpf erzählte ihnen von Wild West und seinen Rothäuten; seine Abenteuer schlichen um aller jungen Thebetaner Köpfe. Ihm, dem Kaiser, war Lederstrumpf im Begriff, die kleinen bunten Häuser Thebens in miniatur als Spielzeug aufzubauen und zu bemalen. Aber dennoch mißstimmte Abigail der Erfolg, den Lederstrumpf sich in Seiner Stadt erwarb; auch seine Verbrüderung mit einem Seiner Häuptlinge ärgerte den eifersüchtigen Kaiser und Seine Eitelkeit litt unter der Vernachlässigung Morderche͏̈is. Abigail beanspruchte Seine Freunde für Sich. Wenn Er nicht selbst eine Vorliebe für den bitterphantastischen Wildwestabenteurer empfunden, hätte er Theben geschlossen, wie Er mal kurz und kindlich zu Theodorio vorwurfsvoll Sich äußerte. Einmal begegnete Oßman dem Kaiser in der Nacht, als er im Begriff war, ins Gebäude der fremden Krieger zu dringen. Der Somali fühlte instinktiv, was Jussuf Abigail veranlaßte. Er hatte Sich in diese neuen Menschen verliebt und beabsichtigte, sie zu verführen, in Theben zu bleiben. »Ich warne Dich, Jussuf Abigail!« so sagt der Neger.

Das seltene Abenteuer, das Roland von Berlin und sein

Freund Maria mit dem Malik erlebt hatten, zu verschweigen, riet ihnen der zartfühlende Wetterscheid. Aber schon am selben Tage wußten es alle die Kameraden und drängten sich an Oßman heran, ihnen die Möglichkeit zu bieten, seinem Malik irgend bei einer unverhofften Gelegenheit zu begegnen. Das erfuhr der empfindsame Kaiser und ließ den Roland ins unterirdische Gewölbe zu den Mumien sperren, daß er von diesen das Schweigen lerne. Aber Heinrich Maria, sein Freund, durfte ihm stumme Gesellschaft leisten. Einige Male zur Tageszeit aber ließ der Kaiser den beiden gefangenen Scheintoten ihre Lieblingsspeisen in den Tartaros reichen, wünschte Ihnen guten Appetit.

Die Nachricht von dem plötzlichen Tode Pitters, des Herrn von Elberfeld, auf dem Schlachtfeld im Frankenlande durchfuhr den Malik ebenso jäh wie den abendländischen Soldaten. Der Malik und dieser große Dichter hatten Briefe und Wünsche gewechselt von ihrer ersten Knabenzeit an und waren gute Kameraden geblieben. Abigail eilte selbst ins Gewölbe der Mumien und teilte die Trauerbotschaft Seinen lieben Gefangenen mit und holte sie wieder ans Licht und sprach zu ihnen: am liebsten würde Er Pitters Leib im Morgenlande einbalsamieren und erhalten lassen wie die Mumien in Sarkophagen an beiden Seiten der Kaiserstätte.

Im Namen Seiner Herrlichkeit aber waren durch Zwi, den Jussuf Abigail zum thebetanischen Stadtschreiber erhoben hatte, schon Einladungen an die Nachbarhöfe der Malikstadt ergangen. Seinem inniggeliebten Freund Daniel Jesus sandte der Malik Seine Lieblingsdromedarin entgegen nach Mareia, der Stadt, die Er benamet hatte nach Seines Halbbruders Weib. Repps Sattel gehörte zu den Kostbarkeiten Tibas, ein Geschenk des Muskatplantagenbesitzers, der sich schon bei der Thronbesteigung des Prinzen Jussufs hervortat und Ihm den goldenen Thron spendete. Auch Ramsenit von Gibon wurde besonders geehrt. Im besten Einvernehmen begrüßten sich die beiden Edelägypter nach kleinen, überwundenen Streitigkeiten, die der schöne Pharao schlichtete, indem Er versöhnend Seinem thebetanischen Spielkaiser die Sommerelefantin, die grüne Diwagâtme, nach Tiba überführen ließ (Jussufs heimlichen Wunsch erfüllte), und mit ihr als Symbol Seiner großen Opfergabe scherzhaft auf einer Bahre Sein zerstampftes Zuckerherz übersandte.

Ruben, des Maliks Bruder, war Ihm schon wieder, wie sich Abigail Jussuf bitter äußerte, trotz inständigen Flehens, im Lande Cana zu bleiben, entkommen, von Führern in den ungläubigen Krieg der Christenhunde gezogen. Er hatte beschlossen, auf der großen Festlichkeit zu Ehren der Ritter Seinen teuren Bruder, den Emir, gefangen nehmen zu lassen, und wenn Er Sein Leben dafür hätte geben müssen. Wieder richtete sich sein Zorn gegen des großen Bruders Weib. Nicht, daß Er irgend zu Vorwürfen berechtigt gewesen wäre, aber Er zerriß in Seiner unbändigen Art Mareias unschuldige Bildnisse. Knurrend sprach er von der milchweißen Sarah, die sich so viel Macht über Abraham erwarb. Die hörte von Abigails Ingrimm und sandte Ihm durch Boten ein vorwurfsvolles Schreiben—»Abigail, daß Du Deinen Bruder nicht besser kennst!« Die schlichten Worte beschämten den Malik; so gerne hätte Er irgendeinem Menschen die große Schuld aufgeladen, da Er sich in den Nächten um das Leben Seines teuren blauen Reiters bangte. Aber da

Er — Sitti — war, kam Ihm die rücksichtslose Beschuldigung gegen eine Frau peinigend zur Besinnung. Wieder suchte der reuevolle Abigail Sein Vergehen gutzumachen; Sein Herz hatte Mareia lieb, und er schenkte Seines Bruders Weib Perlen, so rosazart wie das Fleisch junger Pfauen. Aber diese Liebesgabe griff tief in die Schale Seines Privatvermögens, das sich durch die Pracht Seiner Launen schon empfindlich verringert hatte. — Am Morgen der lächelnden Äcker erhob Abigail Jussuf Seinen Neger Oßman zum dritten Male zum Malik von Theben. Salbte ihm demütig die Ebenholzfüße und setzte die Spielkrone, die Ruben Ihm, Seinem Jussuf, gegossen hatte, dem schwarzen Knecht aufs edle Haupt. An diesem bedeutungsvollen Tage hatte der Basileus für Seine ritterlichen Gäste das Fest bestimmt, Seinem treuen Somali zu Ehren, aber auch im heimlichen Gedanken, Seine Sehnsucht als einfacher Thebetaner freier entfalten zu können. Oßman, der nun schon einige Male den Thron von Theben bestiegen hatte, trug in Wahrheit majestätische Gelassenheit, vergoldet in Blick und Gebärde. Er empfing nach Mitternacht schon eine kleine Gesandtschaft älterer Thebetaner und Irsahabaner, auch eine Frau aus Mareia in Mannstracht, die sich Milila nannte und ein Anliegen an Abigail Jussuf, dem Somalimalik, unterbreitete. Der versprach der Verkleideten, die er mißtrauisch beschnüffelte, ihre Wünsche zu übermitteln. Die heimlichen Männer aber aus Irsahab und die aufgereizten Väter Thebens versuchten, wie der Fürst von Cana prophezeit hatte, den zum Basileus erhobenen Knecht gegen seinen gnädigen Herrn zu empören. Einige dieser Verräter ließ Oßman bei lebendigem Leibe in den Küchenräumen braten; die dampfenden Gerichte durch die Straßen und über die Plätze Thebens tragen, daß die Hunde gierig heulten und die Katzen vor Grausamkeit schrien. Die Ritten waren gerührt über die Treue des großen Knechts und Sie feierten ihn wie den heiligen Mohrenkönig.

Da die abendländischen Soldaten aber ihren hohen Gastgeber unter den vielen frohen Menschen nicht gewahrten, bezogen sie Jussuf Abigails Abwesenheit beim Mahle auf Oßmans Krontag und des Kaisers Taktgefühl. Und sie erkannten Ihn nicht unter den Spaßmachern in Seiner grüngestrichenen Flachsperücke. Die siamesische, geraubte Venus saß statt Seiner auf dem Seidenkissen zwischen den Großhäuptlingen Morderscheï und Calmus Jezowa auf dem kaiserlichen Häuptlingsplatz, der stets für Jussuf bereit gelassen wurde. Der war es selbst, welcher die Heilige behutsam auf Zehen wie eine smaragdene Ampel aus ihrem Tempel getragen hatte, — »aus Gold und grünem Licht« — dachten die Ritter; Grimms Bäuerleins Sohn blieb der Bissen im Halse vor Überraschung stecken, als er die seltsame Gottfrau erblickte. Aber zwischen den Gauklern bewegte sich Abigail Jussuf in tollen Sprüngen nach den Eintönen Seiner Bambusflöte; dessen Zauber wohl die Ritter süß beträumte; doch tieferes Verständnis, meinte später Salomein hochmütig im Gespräch mit den abendländischen Soldaten, müsse ihnen abgehen für diese Musik, die wie die Sprache ein Gewächs des Landes sei. Nach dem Mahle bestürmten die abendländischen Offiziere die Häuptlinge, Jussuf Abigail zu holen. Um Oßman, der vom Trank des gelben Goya berauscht eingeschlafen war, hielt sich Sitti Ismaeloheim seinen ehrwürdigen Bauch vor Lachen, und Bulus weckte den müden Oßmanmalik mit der Spitze seines kleinen Monddolches auf, daß der arme, dunkle Kaiser begann, Stechfliegen im Traume auf seinen Schulterblättern zu erschlagen. Vor dem Palaste in den Wandelhallen bewegten sich die Frauen Thebens, manche ließen ihr Gesicht mit dem leisen Winde spielen, viele hatten Augen wie Mandeln oder wie Nachtschatten, oder sie schimmerten bunt und sanft wie der Fluß, an dem Thebens Wange lag. Um die Spaßmacher drängten sie sich, klatschten kindlich in ihre unschuldigen Hände, den unnahbaren Kaiser unter den Geringsten der Stadt nicht vermutend. Immer nur in Gala oder tief verschleiert hatte sich der Malik den Frauen Tibas gezeigt, und die glaubten an die Sage, daß Jussuf sie verachte noch seit Potiphars Weib. Schlangen ließen die Gaukler tanzen, aßen Glas und schluckten Steine wie die Strauße im Garten. Die Gäste zu ergötzen, schwang sich der Malik über die Geländer der Galerien der Pavillione, kletterte den Stamm einer Bambusstaude empor und schaukelte auf dem Gipfel reitend in weitem Bogen auf und nieder. Jedesmal, wenn das biegsame Rohr wie ein Pfeil wieder zur Höhe glitt, schrien die Ritter vor Entsetzen auf und die Häuptlinge befanden sich in banger Verzweiflung, aber da sie ihrem Spielgefährten nicht das Spiel verderben wollten, sein Inkognito nicht zu lüften wagten, schüttelten sie den schwarzen Kaiser Oßman gewaltsam aus seinem Schlaf, der brüllte jäh, ein Alp abwälzend, Jussuf Abigail am Himmelstor plötzlich erblickend, seinen Namen und fing den zur Erde schwingenden kaiserlichen Gaukler in seinem Prachtmantel auf.

Nun hatte Jussuf alles erreicht, was Er wollte, denn niemand war auf dem Feste, der Ihn nicht seines mutwilligen Streiches wegen liebte. Ramsenit von Gibon vor allem begeisterte sich wieder aufs neu für seinen tollkühnen Spielgefährten, und die Ritter trugen Jussuf auf ihren Schultern in seine Privatgemächer, wo für Ihn die Festkleiderdamaste bereit lagen; mit ihnen schmückten sie den kaiserlichen Gaukler und wechselten Ihm zur Ehre ihre graue Soldatentracht mit den berauschenden Gewändern des Morgen. Die Huldigungen der abendländischen Offiziere, die den bangen Erwartungen des kleinen Mirs für Seinen älteren, phantastischen Bruder weit übertrafen, erreichten in der Umgewandung ihrer letzten Haut den Höhepunkt. Wie es auch den jugendlichen Bulus im Blute ehrte, so fühlte er doch, daß dieses unbedingte Verlieren in Abigails Seele und Sitte das erlaubte Maß der Höflichkeit und Treue zu ihrem Vaterlande überschreite. Jedesmal, wenn Brokatfäden haften blieben in den Silberschuppen seiner Rüstung, die Er nur statt des Rolands von Berlin angelegt hatte, traf den verlorenen abendländischen Ritter eine schmerzende Blendung seiner durchsichtigen Augen. Er trat als einziger in grauer Uniformierung fast hart und entschlossen wie ein Widersacher des Maliks unter die Gäste. Aber Mordercheï Theodorio verstand es, den Ernst mit wohlwollender Ironie abzuschwächen. Und an den sorglosen Jussuf, der für den heutigen Tag den Malik an Seinen Oßman abgeschüttelt hatte, freute sich Methusalem, der Muskatplantagenbesitzer, der sich wie ein breiter Gummiball leutselig und betreuend zwischen den bunten Menschen bewegte. Ein Narr sei er an dem Jussuf geworden, er möchte Ihn immer wie ein Spielzeug in seine Taschen stecken. Und man vermutete in dem reichen Kaufmann den Geldspender Thebens; aber dem war nicht so, seine Gaben waren immer nur ein prahlerisches Ausheben seiner bazarhaften Seele. Das wußte der Malik, und nur auf Raten Calmus Jezowas, des weisen Häuptlings, der in Methusalem doch einmal den Retter der Krone erblickte, überwand der Malik Seine Abneigung. Er trat zum erstenmal in den Kreis einiger Prinzessinnen; Leila schwärmte am tiefsten für den Kaiser; sie habe Ihn mal von ihrem Dache aus weinen sehn im Sonnenschein unter den Rosen. Aber daß Sein Körper nicht beben konnte, Sein Herz nicht tönen vor all diesen Blumenwesen, schmerzte Ihn unaussprechlich. Laurencis beobachtete den Malik und holte Ihn aus seiner Verlegenheit. Aber Bulus, der kleine Mïr, Abigails geliebter Feind, tanzte mit den holden Mädchen der drei Abigailstädte, und der Malik wandte sich fast drohend an Sitti Ismael, der auf den jungen Mïr gewissenhaft aufzupassen habe, auf den künftigen Thronerben von Tiba, denn Er, Abigail, wünsche, daß Sein kleiner kaiserlicher Bruder nur mit den Töchtern der alten arabischen Häuser Waly und Montejâre und aus den edlen Judenstämmen Abarbanellâh, Davïde und Awalis tanze. Er selbst, wenn auch mit erkünstelter Höflichkeit, lächelte jeder der Frauen mit derselben ehrerbietigen Zeremonie entgegen. — Als es Abend wurde, bat Oßman, der schwarze Malik, den Goldhäutigen, ihm wieder die Krone vom Haupte zu nehmen, denn er würde zu viel angebettelt, statt daß er Geschenke empfange. Und bis es wieder hell wurde, mußte der aufs neu gekrönte Jussuf Abigail von Seiner Wallfahrt nach Seinem gefangenen Freunde im Innern Rußlands den Rittern erzählen. Das tat dem Kaiser wohl, denn Sein Herz ging immer unter schwermütig im Schoß der Goldmutter und färbte sich abendrot. Dann dachte er meist an den toten, heiligen Feldherrn Sascha von

Moskau. Und Salomein erhob sich, Jussufs treuester Häuptling, und las das Lied, das der Malik an den himmlischen Königssohn gedichtet hatte.

>Seit du begraben liegst auf dem Hügel
>Ist die Erde süß.
>
>Wo ich hingehe nun auf Zehen
>Wandele ich über reine Wege.
>
>O deines Blutes Rosen
>Durchtränken sanft den Tod.
>
>Ich habe keine Furcht mehr
>Vor dem Sterben.
>
>Auf deinem Grabe blühe ich schon
>Mit den Blumen der Schlingpflanzen.
>
>Deine Lippen haben mich immer gerufen,
>Nun weiß mein Name nicht mehr zurück.
>
>Jede Schaufel Erde, die dich barg,
>Verschüttete auch mich.
>
>Darum ist immer Nacht an mir
>Und Sterne schon in der Dämmerung.
>
>Und ich bin unbegreiflich unseren Freunden
>Und ganz fremd geworden.
>
>Aber du stehst am Tor der stillsten Stadt
>Und wartest auf mich, du Großengel.

Drei Tage nach dem Feste erwachten die Ritter und Jussufs bunte Menschen hinter silberbehangenen Balkonen und es lag ein glitzernder Hauch über der Stadt. Und einer nach dem anderen der abendländischen Offiziere fragte Oßman, was das zu bedeuten habe, und jedem antwortete der edle Knecht: »Der Malik dichtet —«. Spät begab sich der Schwärmende in seinen Garten; die Melonen blühten schon und er dachte über sein Leben nach, das auch einmal süß schlummerte und dann sich gestaltete zu einem goldenen Ball, mit dem seine teuren Menschen spielen durften. Ein Geschenk war Er, das immer wieder dem Besitzer gestohlen wurde. Noch nie hatte ihn ein Geschöpf in sichere Obhut bringen können. So erklärte sich Jussuf Abigail die Untreue seiner Liebe. Über die zarten Gräser blickend, bemerkte Er wieder den Fremdling in Mönchtracht, der einige Tage nach der Ankunft der Ritter in seine Stadt Theben gekommen war. Manchmal sah er ihn mit Wetterscheid zusammen plaudern, dem Bruder des kleinen, strahlenden Rolands von Berlin. »Wer ist der schöne Pilger, verschlossene Himmel hinter schweren Lidern sind seine Augen.« »Der Kaiser von Mexiko, Majestät«, erklärte Wetterscheid bedeutungsvoll. —

Milila, die Frau in Mannskleidern, schlich hinter den Kaiser auf ihren breiten Tatzen, der aber hatte schon von ihrer Anwesenheit in Theben gehört und teilte nicht seines Knechtes Mißtrauen. »Was wünschst du von mir, Milli Millus aus Mareia?« redete der Malik die Rotverblüffte an, »willst du etwa meiner Häuptlinge siebenter werden, sonst hast du keinen Wunsch«, meinte Er scherzend! Daß sie eben nur dieser Wunsch Tag und Nacht beseele, ereiferte sich die Verkleidete, fiel vor den Basi-

leus nieder, umschmeichelte sein Gewand und zeigte dem Kaiser die Bildnisse, die sie von Ihm in Marmorstein gehauen, und Jussuf Abigail in toller Geberlaune erhob die riesengroße Frau arglos zu seinem Häuptling.
Setzte ihn zwischen Mêmed Laurencis und Salomein, seinem liebsten Spielgefährten, damit er den Unvergleichlichen immer von seines Herzens Höhe aus auf gewohntem Gedankenpfade erreichen konnte als goldenes Amen.
Viele Freude bereitete es dem Malik, seinen abendländischen Gästen die Umgegenden Thebens zu zeigen, auch seine beiden anderen Städte besuchte Er mit den Rittern. Mareia-Ir, die sein Freund Daniel Jesus statthaltete, bewillkommnete die Ritter wie eine geschmückte Braut. Aber in Sahab-Ir waren wieder Unruhen ausgebrochen, die Väterrabbis suchten ihre Söhne nochmals von der Unzuläßlichkeit der Regierung ihres schwärmerisch verehrten Malik auf den Thron von Theben zu überführen. In Wahrheit fürchteten sie den starken Einfluß, den Abigail auf ihre Erstgeborenen ausübte. »Diese Hebräer möchten Mir so gern den Ring aus der Unterlippe reißen, um sie dann zu verriegeln. Ihr seht«, meinte Abigail zu seinen Begleitern, »daß selbst das Gebot erstarrt vor ihrer Engherzigkeit. Bin ich nicht der Leuchtkäfer, der spielende Sonnenfleck, der bunte Odem, der mutwillig über die Tafel des Gesetzes taumelt, es lebendig erhält.« Und Calmus erklärte den fragenden Fremdlingen etwas verlegen, das Tragen von Geschmeide im Angesicht, das Verletzen des zartesten Fleisches gehöre zu den Verboten Mosi. »Gott erhalte unsern Malik und Prinzen«, riefen die Häuptlinge und die Ritter, aber dann kam ein Heuschreckenschwarm, eine finstere Wolke, die Reisenden warfen sich auf ihre Leiber, in Tücher gehüllt.

— Antipathisch hatte sich Abigail der wilde Jude noch nie gegen einen der Stämme ausgesprochen wie hier gegen die alten achtbaren Väter seiner Goldstadt, die Ihm immer wieder durch ihn verleidet wurde.

Die kleine Karawane trabte einige Tage durch den Sand zurück auf Theben zu und die abendländischen Soldaten verstanden nun schon hoch von den Buckeln ihrer Tiere kleine arabische Wüstenlieder zu summen: Abbabâ ti taliât, abbabâ dufina abbabâ ta gâlam bey, naphta wa tahïre: Wolken hoch, wir fliegen mit euch, Wolken oben, wir fliegen frei heimwärts. — Abigail liebte die arabische Sprache, unbändig Vogellaute. — Zwi, der mit den Rittern von seinen Kamelen gestiegen war und sich an der Quelle einer kleinen Landschaft der Wüste erfrischte, erzählte ihnen, daß Abigail Jussuf oft mit seinem im Himmel weilenden Spielgefährten Sascha, dem Prinzen von Moskau, einsam dieses gelbe Meer durchzogen habe und oft seien die beiden Prinzen Hand in Hand durch die Straßen Thebens gegangen, in die Weinberge, und in diesen Zeiten hätte niemand außer ihnen lieben dürfen in der Stadt, daß durch die Abkühlung so vieler sehnenden Herzen das Wachsen der Blumen und Hecken und selbst das Brot auf dem Felde beeinträchtigt worden sei. — Es war am frühen Mittag und die Ritter wunderten sich, daß schon der Mond aufgegangen war, langsam und leise näher schwebte. Der Malik aber und seine Häuptlinge wußten, was das zu bedeuten habe, und erklärten den Fremdlingen, daß es der Mondmann sei, ein Fakir, der verstoßene verarmte Bruder der Emirin von Afghanistan, den Jussuf in seinem Theben schon öfters besonders königlich aufgenommen hatte. Geschmäht am Hofe des Emirs flüchtete der seltsame Dudelsackpfeifer zum Malik, auch ließ er sich mit Vorliebe so gern einige Tage in der bunten Erde Tibas begraben. Und die Kinder der Stadt nannten ihn den Vater der Würmer. Das war ihm immer wie eine Kur gewesen, wenn er erfrischt aus dem Grabe auferstand und alle Unbill vergessen hatte, die ihm in der Heimat widerfahren war. Sein Körper leuchtete blutrot, er war aus Mondstoff erschaffen, schien durch die Menschen und konnte hellsehen. — Seine Mutter habe zu viel in den Mond geschaut. — Er mußte jedem der Reisenden weissagen und da kam ans Licht, daß die Ritter sich mit dem Kaiser den Soldatenstreich erlaubt haben, sie nicht die waren aus den Sagen und Dichtungen, die Jussuf Abigail verehrte und die sie vorgaben zu sein. Aber der betrogene kaiserliche Gastgeber konnte nicht anders, als diese Anekdote für eine ihnen gelungene Schelmerei billigen, und bat die Ritter, ihre Maskerade nicht abzulegen. Daß Tristan sein junges Leben im Kriege lassen müsse, bestätigte den Basileus in seiner Ahnung, aber auch Caspar Hauser sollte daran glauben. Und immer wenn der Fakir eine neue Hand ergriff, ihre Hieroglyphen durchstrahlte, dudelte er herzzerreißend in seinen verschlissenen Dudelsack, dessen eigentümliche Melodie der Malik liebte. Ihm weissagte der dankbare Mondmann mit besonderer Sorgfalt und es schmerzte ihn, daß er seinem guten Beschützer heute nichts Glücklicheres sagen konnte: »Vor dem holden Zauberer in Pilgertracht deiner Karawane hüte deinen Nibelungen, Abigail, der trachtet, sein Bild zu spalten auf dem Spiegel deines blauen Herzens. Auch vertraue den Menschen deiner Stadt nicht verschwenderisch, sie werden von dir abfallen, aber dein Häuptling unersetzlicher wird sein Leben für dich lassen. Deine Augen sind eingefallen,

Abigail, mache dich auf, da dich um Ruben, deinen teuren Bruder bangt, der Stern in seiner Schläfe bleicht. Doch vergiß nicht, vorher auf dem Hügel Thebens die Paradiesbirke fällen zu lassen, eh' ihre Blumen faulen. Abigail, Abigail, meine Nacht, mein Dach, der Herr lasse leuchten dein Angesicht über dich...«

Am Tore des Palastes erwartete den Kaiser seine perlgegürtete Leibwache, auch die männliche Frau aus Mareia-Ir eilte dem nachsinnenden Jussuf schmeichelnd entgegen, bat, ihm behilflich sein zu dürfen beim Absteigen seines Kamels, aber das edle Tier stieß die bereitwillige Frau eifersüchtig mit seinen stolzen Wüstennüstern in die Seiten; unter ihren langen Damastbeinkleidern ahnte niemand runde Waden. Vor Abigail Jussufs Aberglauben zogen sich die Ritter pietätvoll in ihre Wohnungen zurück, aber der Kaiser, der Sich gerne von schweren Gedanken befreite, — Wasser sei Er, äußerte er Sich oft, das strömen müsse, über finster Gestrüpp, aber auch über Muscheln, Seestern und Korallenbäume — ließ sich in froher Laune einige Abende nach dem Karawanenausflug in seiner Sänfte in das Stadthaus zu den Rittern tragen. Als er die ihm Liebgewordenen im Vorraum im betrunkenen Zustande erblickte, weinte er wirklich blutige Tränen, noch zumal er seinen kleinen Bruder Bulus auf dem Rücken Ismaëls, der wie ein Nashorn schnaubte, entdeckte, und zwischen den Ausgelassenen drei seiner jungen Häuptlinge. Der Mann in Pilgertracht aber, die mexikanische Majestät, versuchte unbeirrt, einen der Häuptlinge zu gewinnen, sich gegen den Malik zu erheben. Wie er später dem Kaiser liebenswürdig versicherte, nur deren Treue zu prüfen. Abigail aber sagte zu den Trinkenden, daß Weinvergießen unedler sei wie Blutvergießen, das wohl das Herz beschwere, aber selbst nicht vom Übermaß wie vom Genuß des Weines nur eine schwere Zunge hinterlasse, die kauderwelsch rede. Dem Kaiser von Mexiko gelang es aber immer wieder, den Jussuf für sich zu erobern, der sich dann zu Wetterscheid äußerte, sein Freund trage siegreich eine Fahne in der Hand; wie Bonaparte schön und glorreich sei und in seinem Malikherzen nach dem Feind suche. Und der Kaiser erwachte oft mit einem Todesschrei, daß Oßman die Häuptlinge an das Lager seines Träumenden holte. Lange stöhnte Jussuf, »der Nibelunge sei am Rande seines Herzens schlummernd tödlich getroffen worden«. Der aber stand in der Nähe Mareia-Irs, die friedliche Stadt für den Weltkrieg zu erobern. Daniel Jesus, ihr Statthalter, war im Begriff, ihm gewaffnet entgegenzuziehen. Am letzten Tag des grünenden Monats Gillre zogen die abendländischen Ritter, Jussuf geleitete sie, abschiednehmend durch die Straßen der trauernden Stadt Tiba und kamen an den singenden Säulen vorbei. Jeden einzelnen seiner hohen Gäste küßte und umarmte der Malik, erwiderte durch die Heimkehrenden die Grüße des Prinzen von Prag, des Tubutsch und des von Ihm mit dem Blutkalifenstern ausgezeichneten Richard dem Dichterfürsten, kehrte dann niedergeschlagen in den Palast zurück. Von ferne hörte er noch wehmütige Soldatenlieder. Nur Lederstrumpf und sein Freund Wetterscheid waren versteckt in Tiba geblieben, wurden gefunden hinter einer gebärenden Kamelin, hinter jedem ihrer zwei Buckel verborgen saß einer der beiden Schelme. Das rührte Abigail Jussufs Herz mächtig und erhob die beiden Treuen zu Emire von Theben und den kleinen zweijährigen Sohn Wetterscheids, Tom Tom, verlobte er mit dem jüngsten

Zwillingsprinzessinnenpaar der Stadt. Des Maliks Laune war es gewesen, den Kaiser von Mexiko neben sich auf dem Throne Thebens zu erheben. Aber der war der sündhaften pochenden Rebe verfallen, und es geschah, als er sich einmal allein im Thronsaal mit Jussuf befand, er den gekrönten Stuhl bestieg, wie er dann drollig meinte, den Thron probierte, die goldenen Füße zu schwanken begannen. Der Malik erblich; eilte zu seinem frommen Priester Calmus Jezowa, reumütig, wie ein edler Rassehund und beichtete seinem freundlichen Herzen, das immer für den Kaiser offen lag. Als letzter im Zuge verließ der schöne Bonaparte die bunte Stadt, und die Häuptlinge litten große Besorgnis, wie der Abschied von den neuen Freunden ihrem geliebten kaiserlichen Spielgefährten bekommen würde. Klug und feinfühlig antwortete der Kaiser beherrscht: der Morgenländer sei mit festeren Fäden an seinem Herzen gewachsen, der Abschied jedes einzelnen Thebetaners würde ihn schmerzhafter zerrissen haben. Und schon in der Dämmerung tänzelte Abigail mit seinen zwei Spielgefährten Gad und Laurencis auf Irsahab zu im flatternden Tanzschritt und zarten herrlichen Gewändern, aber ausgerüstet mit langen Speeren, denn in seiner Goldstadt rügten wiederum die beißbärtigen Väter Jussuf Abigails unumschränkte Selbstherrlichkeit, aber sie erschraken heftig ihrer Dreißigtausend, als sie schon von ferne die Spitzen der Speere, die in Rinderblut getaucht waren, drohen sahen, und sie verkrochen sich hinter ihren lachenden Söhnen vor dem wilden Judenkleeblatt. In der Wüste, als die Knaben von Irsahab unter der Führung Zwi ben Zwi Ihm bewillkommend entgegenzogen, versprach Jussuf ihnen, sie aus ihrer geistigen Gefangenschaft zu befreien, und sie ließen sich gern in den Bisam einsperren, in den spitzen Turm von Irsahab. Von dort aus brachte er sie nach Theben in die freiatmende Welt. Jussuf genoß seine Freude über den ihm gelungenen Streich, als Laurencis erregt in sein Gemach trat, dem Kaiser verkündete, daß Mareia-Irs Söhne, von Giselheer gezwungen, in den Weltkrieg gezogen seien; der nordische Fürst vor Theben stände vor Tiba, dem dasselbe Geschick bedrohe. Aber Abigail zweifelte an des Jünglings Bericht, erhob sich, und beide Fürsten schritten über die Plätze Thebens, vom Hügel vor dem Tore Gewißheit zu gewinnen. Und der Malik begrüßte heimlich die Anwesenheit des Feindes, denn Er liebte Giselheer, den furchtbaren Nibelungen, der Ihn zwingen wollte, in die Schlacht gegen die Indier des Weltkampfes den Bumerang zu werfen. Der Statthalter von Mareia-Ir, Daniel Jesus, widerlegte die Aussage Laurencis, indem er dem Malik wortgemäß berichtete, der Nibelunge habe im Interesse seines Herrschers das Ultimatum gestellt, daß entweder Abigail sich freiwillig auf seiten der Verbündeten Mächte begäbe oder Er gezwungen würde, die Untertanen seiner drei Städte Tiba, Mareia-Ir und Irsahab ohne Ihn, ihr Oberhaupt, herauszugeben. —

Ramsenid von Gibon, der Nachbar Mareia-Irs, kläffte wie eine feige Hündin die Wege seines Palastgartens entlang, ohne aber dem Vizemalik Daniel zur Hilfe zu eilen. Um Mitternacht schlich der schwarze Knecht des Maliks mit einem Brief in hebräischer Harfenschrift über die golddurchäderten Steinstufen des kaiserlichen Hauses und erreichte auf Händen und Füßen das Zelt des Fürsten. Jussuf saß vor seiner Bogenaussicht und zählte die ergrauenden Dolden der Paradiesesbirke. Sie zu fällen, war er nicht im Stande gewesen, in ihrer Krone lag die Seele aufbewahrt seiner *über alles* geliebten schönen Mutter, hätte er einen weißeren, weiteren Schoß gewußt für ihre Seligkeit, über den herrlichsten der Bäume wäre längst das Todesurteil verhängt worden. Abigail Jussuf war abergläubig und die Prophezeiungen des Mondmannes aus Afghanistan trübten seine klare Laune.

Mit Entsetzen vernahm er, daß sein kleiner Bruder Bulus sich mit den Rittern in der Wüste vereint habe in Begleitung seines jungen Freundes, des lieblichen Emirs Hyne Carolon, den Abigail besonders wegen seiner reinen Gesinnung liebte und mit Ehren auszeichnete. Doch die bunten Leben seiner Stadt waren vom Feind bedroht und er konnte persönlichem Kummer nicht nachhängen. Sein Haß gegen die wunderlose kalte Welt begann zu lohen, deren *Hauptsünde die Nüchternheit* war, der tote Fisch ihrer Herzen. Wie ein Kind jammerte Abigail nach dem Fakir, daß er ihm noch einmal weissage vor der Schlacht, die er zu schlagen beabsichtige mit dem Nibelungen. Nie war der Malik ungestählteren Glaubens in den Krieg gezogen wie diesmal und er schützte sein Herz und seine Schläfen mit Wundersternen. Oßman trug des Kaisers Schild mit der kaiserlichen Sichel. Zum erstenmal, daß er seinen mutigen Abigail zittern sah vor des Feindes Waffe. Manchmal rief er angstvoll seinem Oßman im Kampfe zu, ob er irgend an einer edlen Stelle des Körpers getroffen sei, er fühle Blut über seine Haut fließen. Nach dreitägiger Schlacht begab sich Jussuf, wie er es in allen vorangegangenen Schlachten zu tun pflegte, aus dem Kampfe, sich in den heraufsteigenden schwärmerischen Wolken seines Herzens zu verlieren. Er suchte einsame Pfade auf, die von Hecken umrahmt waren. Auf diesen Augenblick harrten die Feinde. Giselheer, der Nibelunge, der seine Zelte genau nach der morgenländischen Buntheit aufschlagen ließ, von der schlechten Ortskenntnis des Maliks unterrichtet war, lauerte auf die kaiserliche, fremde, kostbare Beute. Am Ring seiner Unterlippe zog der Nibelunge den unerhörten Fang in sein Zelt.

Aber in Theben feierte man den Malik mit Triumphguirlanden und Süßigkeiten, selbst die altbärtigen Irsahabaner schlossen sich zum erstenmal der Begeisterung der bunten Menschen an, schätzten des Maliks Weisheit, die des Barbaren Herz zum Rückzug bewogen haben müsse. Nur die wilden Juden lächelten um den liebenden Kaiser und er feierte im Rausche seines Herzens zu dem Einen Einzigen, eine seelische Hochzeit mit seinen sechs Häuptlingen Morderchei̇̈, Calmus, Asser, Gad, Mêmed Laurencis und Salomein. Solches Liebesgeschehen, so unantastbar es sich begab, rüttelte doch an dem Glauben der Leute Thebens, die jüngeren murrten aus heimlicher Eifersucht. So gerne hätte Abigail wieder die irsahabanischen Sündenböcke beschuldet an der Verdrossenheit seiner Thebetaner, deren Herzen Abigail so schwer entzündet hatte. Und noch ermüdet von dem Kampfe und dem holden Liebesvorabend im Zelte des Nibelungen, dem nachfolgenden hochzeitlichen Freundesfeste, wurde Abigail aufs neue aus seiner Rast erweckt durch die tobende Menge auf den Straßen und Plätzen Thebens. Männer und Frauen und Söhne und Töchter sammelten sich vor seinem Palast, zernagten das Rosenholz der Säulen mit ihren Zähnen und warfen Fackeln in die Vorräume. Die Häuptlinge, die in goldgestickten Prachtmänteln im anschließenden Gemach des Maliks zu ruhen pflegten in der Gestalt einer Pyramide oder seines Lieblingssternbilds, fielen aus ihren himmlischen Träumen. Calmus erhob sich als erster, das beleidigte Volk zu beruhigen, und nur Salomein blieb um Jussuf, der sein Kleid mit dem schlichten Rock des Ziegenknechts wechselte, mit struppigem Haar aus dem Seitenraum des bedrohten Kaiserhauses entkam, sich den wildgewordenen Menschen Thebens anschloß und sie wider den Malik aufhetzte.

... und seine wütenden Untertanen hoben den Ziegenknecht auf ihren Armen über die fluchende Menge, daß seine zündende Rede auch an allen Enden anbrenne. Niemand erkannte Jussuf-Abigail, den Malik, im schlichten Kleide des Hirten, dem man nie so eine Wucht der Zunge zugetraut hätte. Aber Salomein saß im Mantel des Kaisers auf dem Thron, den Tod für seinen Spielgefährten erwartend, dessen übermütiger Plan es war, die Stadt von Aufrührern in seinen weiten Palast zu locken, Sich Selbst, den Kaiser, zur Verantwortung zu ziehen und die kleine Revolution in eine Festlichkeit endigen zu lassen. Er wußte aber nicht, daß es schon lange im Herzen Tibas glimmte, wenn man auch in der Stadt von dem Ereignis flüsterte, daß Abigail auf Zurede seines klugen Häuptlings und milden Priesters Calmus Jezowas den Wunsch des Muskatplantagenbesitzers Methusalem erfüllte und ihm vorgetanzt habe (allerdings mit verhülltem Angesicht), im Interesse seines Volkes. Abigail hatte die wichtigsten Angelegenheiten der Stadt vernachlässigt. Seines Halbbruders Einspruch, der aber schon lange fern von Kana weilte, benötigte er. Die Stadtgelder waren für luxuriöse Dinge verschwendet worden; die Kinder wuchsen meist unwissend in seiner Hauptstadt The-

ben auf; die sonntäglichen Leute satt aller Süßigkeiten und Guirlande. Während des Aufruhrs kehrte Bulus, des Kaisers Bruder, und sein Freund, der Mïr Carolon, nach Tiba zurück und erschraken, vom lärmenden Wirrwarr der Stadt überrascht, der Feind sei unerwartet eingekehrt, schossen Pfeile ab in die Menge; Bulus traf den Ziegenhirten am Fuß, so daß man sorglich den verkleideten Kaiser auf eine Wiese bettete, die Wunden mit weichen Gräsern stopfte, und da die Leute im Bluttaumel die heimgekehrten Attentäter nicht erkannten, die sich in den Palast flüchteten, verfolgte die aufgebrachte Schar die beiden arglosen Ankömmlinge, sie zur Rechenschaft zu ziehen. Im Thronraum, wo die empörten Menschen den Malik auf dem Thron vermuteten, erstachen sie Salomein, den Lieblingshäuptling des Maliks. Sein Blut rann über das Elfenbein des Gemachs und sang einen schwermütigen Psalm, der mit Grauen und Ehrfurcht die wildgewordenen Thebetaner erfüllte und aus den Gemächern vertrieb. Oßman holte den Ziegenhirten heimlich in den Palast auf seinem Arm zurück und beleckte seine Wunde, daß sie noch heilte in der Nacht. Und als der Malik von dem Tode seines Salomein erfuhr, stieg er aufs Dach seines Palastes, schrie mit den wilden Raben, die am Himmel in Scharen vorbeiflogen, so grenzenlos, daß jedes Haus in Theben in seiner starken Wurzel schwankte, wie beim Erdbeben, und tanzte den Trauertanz bis zum Morgen vor allem Volk, und keiner unter den stillgewordenen Menschen Thebens war, der nicht Erbarmen fühlte, reumütig mit ihrem gestraften Kaiser; waren sie doch alle nach seinem Angesicht geschnitten.
Auch wußte die Stadt schon von den heimkehrenden

kaiserlichen Knaben, daß auch Ruben tot sei, gefallen des Maliks teurer Halbbruder, der blaue Reiter von Kana. Aber die Häuptlinge beschlossen, vereint mit den Thebetanern, dem erschöpften Kaiser diese neue furchtbare Kunde vorzuenthalten. Der bemerkte am Gurt seines kleinen heimgekehrten Bruders sein silbernes Bildnis, das Ruben als Talisman, in den Krieg ziehend, sich um den Hals legte. Auch das Leid in den schönen Zügen seines kleinen so ernst gewordenen Bulus, das sein Antinousgesicht vertiefte, erweckte in ihm unerträglichen Verdacht. Allabendlich mußte ihm Oßman den Bulus holen mit seinem Freunde. Des kleinen, anmutigen Mirs Carolon liebreiche Stimme beruhigte den Malik. An einem Morgen zogen die sieben wilden Juden in langen Trauergewändern barfuß über den Sand der Wüste nach Jericho; dort stand der Tempel Jehovas, noch vom Erzvater gebaut aus Moosrinden, Muscheln und frommem Blatt. Als die Leute in Jericho erfuhren, daß die trauernden Pilger die Häuptlinge des Maliks von Tiba waren und Er Sich Selbst unter ihnen befand, brachten sie dem Sanftabwehrenden die Kleinodien ihrer Stadt und nur Milli Millus, die Frau in Mannestracht, bereicherte sich an den dargebrachten Gaben, und Abigail teilte zum ersten Male das Mißtrauen seines schwarzen Dieners, der schon längere Zeit zu kränkeln begann und seinen Kaiser auf der Wallfahrt des Gebets für seinen teuern Halbbruder nicht begleiten konnte. Auch mißfiel dem Malik, wie der ihnen zugewachsene Häuptling, dem er zum ersten Male die Ehre erwies, sich mit ihm und seinen Häuptlingen gemeinsam zu zeigen, sich um Mordercheï drängte, um seine Gunst warb, und zumal ihn dann einmal Abigail hinter einem Ölbaum auf seinen mächtigen Häuptling Theodorio einreden hörte, der schlaue Millus das schlechte Einvernehmen Theodos und Bulus in Betracht zog, und den erschrockenen Riesen verführen wollte, »den jungen Thronerben dem thebetanischen Volke zu entwerten«, um sich das bunte Erbe zu vergewissern. Aber ihre Rede wirkte so verfault auf Morderecheï wie die ranzig gewordenen Früchte des verwelkenden Ölbaums und mit Abscheu wandte er sich von dem ungetreuen Häuptling, was Jussuf tief und stolz berührte, und seine Verehrung und sein Vertrauen wuchsen für den edlen Fürsten vom Augenblick bis zur Sonne. Der eitle Wunsch Millis, nach Abigails Tode das Weib Morderecheïs, Thebens Kaiserin, zu werden, blieb ihr unerfüllter Ehrgeiz. — Mareia, Rubens Weib, erwartete Jussuf im Palaste in Tiba. Jeden Morgen sangen die Kinder der Jussufstadt kleine süße Lieder vor ihrem Balkone. In liebreicher Verschwisterung wandelten der Malik und seines Halbbruders Weib über die Wege des Palastgartens, die Knospen der Rosen brachen klingend auf, wenn Mareia und Jussuf Hand in Hand nebeneinander saßen und von ihrem blauem Reiter sprachen. Die Prophezeiungen des Mondmannes erfüllten sich unaufhaltbar. Der goldlockige Tristan und Caspar Hauser, zwei von den Rittern, die der Malik zögernd scheiden sah, waren nun auch die Opfer des Krieges geworden, schrieb der Herzog von Leipzig seinem morgenländischen Spielgefährten, doch am Schluß seines schwarzumrandeten Briefes kündigte er seine nahe Ankunft an. Sein liebenswürdiges Wesen brachte immer Freude in den Palast, und der war nicht wenig enttäuscht, als in einem zweiten Schreiben er bedauerte, seinen verantwortlichen Platz im Westen nicht verlassen zu können, selbst für seinen Lieblingsspielgefährten, den Prinzen von Theben, nicht. Niemand mehr in der Welt erfreute sich seines unumstößlicheren Vertrauens des Maliks, als der zu diesem Freund gefaßt hatte. Das wußte der Herzog und es beglückte und verpflichtete ihn, doch Laurencis Mêmed war es wieder, der die Treue des charmanten Fürsten in den Augen des Kaisers zu mindern versuchte. Aber Abigail entzog diesem Häuptling, der ihm nichts Besseres berichten konnte, sein Vertrauen. Wandte sich dem philosophierenden Gad zu und unterhielt sich nun mit ihm fast täglich über die Welt und den himmlischen König; er dachte sich Gott in vielerlei Gestalt, die immer wieder auf Erden wandle. »Mein Bruder, der blaue Reiter, war Gott, wer ist es nun?« fragte er einmal Gad. Aber mit Kümmernissen bemerkten die Häuptlinge, daß der Kaiser das Lächeln verlernt habe, die Rose auf seiner Wange nicht mehr blühe. Sie überlegten, wie sie ihren teuren Spielgefährten beglücken könnten, verabredeten Zusammenkünfte verschwiegen in den Fräumen des Palastes. Aber Oßman entdeckte die kleine freudige Geselligkeit, im Begriff, einen hochzeitlichen Brief an Giselheer, den Nibelungen, richtend.

Sitti,
        vieledler Fürst der Nibelungen.
Wir kaiserlichen Häuptlinge, die wilden Juden um Abigail Jussuf, dem Malik, und Prinzen von Tiba, erlauben Sich, Sich Ihnen, Sitti, in ehrerbietigster festlicher Laune und holder Feier mit einem delikaten Antrag zu nähern, dessen Annahme dem thebetanischen Hofe willkommen sein würde, Sorge tragend um das Herz ihres kaiserlichen Spielgefährten und mächtigen Kaisers Jussuf Abi-

gails der drei Städte Tiba, Mareia-Ir und Irsahab, und versichern Sie, Sitti, in gleicher vertrauenswürdiger Weise Ihre Erwiderung zu ehren, wie wir Unser an Sie gerichtetes goldenes Obliegen von Ihnen, Sitti, geachtet hoffen. Wir Häuptlinge um die Majestät des Maliks von Theben bieten Ihnen in aller Form die Mitherrschaft des thebetanischen Thrones an und hoffen, mit dieser eigenmächtigen Liebeshandlung den beschämenden Schmerz einer abschlägigen Antwort dem Kaiser zu ersparen. Indem wir Ihnen, Sitti, den thebetanischen Thron anbieten, entsagen wir dem langersehnten Wunsche, den Herzog von Leipzig als Mitregent zu gewinnen, aber wir hoffen, mit diesem Liebesschritte das Glück unseres teuren kaiserlichen Spielgefährten zu besiegeln. Wir übersenden Ihnen unsere freundschaftlichen Gefühle, Sitti.

   Mordercheï Theodorio, Calmus Jezowa, Gad,
   Asser, Mêmed Laurencis, Salomein †.

Der schwarze Knecht, der in seiner Hingebung von der Heimlichkeit der Zusammenkunft der wilden Juden, deren Ursache er nicht nachspürte, für seinen Malik betroffen war, hinterbrachte die Untreue seiner Spielgefährten dem schwer beleidigten Abigail. Schon als kleiner Knabe, erzählte mal seine Mutter, traf ihren kleinen Spieljussuf am tiefsten jedes Fernbleiben vom Spiel. Er, der bis zum Lebensende sich nicht zu beherrschen pflegte, seine Panther ungezähmt springen ließ, verabreichte mit Mühe nur noch bei öffentlichen Fragen zum Wohl seiner Menschen und seiner Stadt den Häuptlingen eine zureichende Höflichkeit. In seinem blauen Herzen bohrte eine finstere Höhle. Daß Oßman den Briefwechsel zwischen dem Malik und dem Nibelungenfürsten vermittelte, blieb ein Geheimnis zwischen Kaiser und Knecht. Aber täglich zerriß eine Glaubensfalte des Maliks, ihn befremdete das geflügelte Herz Giselheers mit seiner gezügelten Liebe, das sich vor willenloses, süßes Überströmen *standhaft* bewahrte. Und Mêmed Laurencis, der aus eitler Eifersucht jede Regung Jussufs bewachte, sich nicht enthalten konnte, wieder einmal den Kaiser zu wecken, daß Er doch zu schade für das *Spielzeug*, betonte er nachdrücklich, eines Ariers sei und Er nicht vollernst von dem Fürsten schließlich genommen würde...?

Aber sich dennoch bereit erklärte, auf seinem schnellen Araber dem nordischen Fürsten das Hochzeitsschreiben zu überbringen; und wie er dann versicherte, von Krämpfen in der Wüste überfallen worden zu sein und das anvertraute Gut ihm jäh vom aufsteigenden Sturmwind entrissen wurde. Da Laurencis in heftiges Weinen ausbrach, glaubten ihm die brüderlichen Emire. Aber der Malik, dem man von dem unbestellten Antrag und seinem Boten flüsterte, richtete seinen Zorn nun ganz besonders gegen den mit Auszeichnung verwöhnten Spielgefährten, dessen Herz seine Gaben nicht königlich zu tragen verstand. Nun war es zu spät, wie es der Traurige selbst am besten wußte durch den abschiednehmenden Brief seines heißgeliebten Gisels, den Ihm Oßman heimlich wieder übermittelte. Verblüffend und ernüchternd wirkte auf den romantischen Jussuf die grüßende Unterschrift Edithas vom Sachsenlande. »Wohl anzunehmen, die hohe Braut des Nibelungen.« Und dennoch trug er das wankelmütige Schreiben auf seinem Herzen oder legte es gefalten, ein zehnfach veredeltes weißes Rosenblatt, zwischen seine Lippen. Und er dachte daran, wie einmal Asser zu ihm sagte, die Liebe des Abendlandes sei eine Tätigkeit und nicht wie hier des Herzens goldene Eigenschaft. In der Zeit ließ Zwi ben Zwi die Bilder entfernen, die an den Wänden der Häuser angebracht waren und die Menschen Thebens aufregten. (Einen arischen Habicht, dessen Kralle das spielerische Herz eines Tagars grausam zerriß.) Wie seine bunten Menschen doch unkindlich geworden waren! Am liebsten hätte er Mêmed Laurencis einem hungrigen Krokodil zur Speise vorgeworfen und es schützte den Verachtenden nur sein Häuptlingsrang. Auch war Abigail nicht in der Lage, nach seiner eigenen Bestimmung sich eines Häuptlings zu entledigen, und so lebte der immer wieder aufs neue sich ereifernde Jüngling an seiner Seite. Mordercheï nahm sich des abgesetzten Spielgefährten beim Kaiser an, der aber lenkte das Gespräch auf Allgemeines; alles Wiederkäuende, meinte der Malik, sei ein Versäumen des Herzens, selbst die Schlacht, die länger wie die Tage der Woche dauere. Im Grunde feierte Jussuf Abigail immer nur Himmelfahrt; diese Steigerung des Lebens schaltete alles Versäumen aus. Auch an Gad erlebte der Kaiser kleine Enttäuschungen, da er sich Belehrungen erlaubte dem Kaiser gegenüber; und Asser hatte sich in eine Prinzessin verliebt, die dem Kaiser keine Augenfreude bereitete. Nur Calmus, sein hoher Priester, war sich getreu geblieben, und der Malik erfreute sich an ihm und an dessen Weib, die Jussuf Blumen sammelte von alttestamentarischen Gräbern. Was seinen kleinen Bruder Bulus anbetraf, die Thebetaner fürchteten sein herbes Wort ebenso, wie sie seine holde Schönheit belauschten und seine vornehme Haltung heimlich bewunderten. Wenn Abigail nicht nach seinem Tode Neidlinge fürchtete, hätte er gerne den beiden jungen Freunden, seinem

Bruder Bulus und Hyne Carolon, gemeinsam den Thron Thebens hinterlassen. Der weiche besondere Einfluß des lieben Knaben auf seinen jungen Nachfolger empfand der Kaiser jedesmal wieder in den Morgenstunden, wenn er mit den beiden Freunden zu plaudern pflegte. »Mein Herz mußte zu viele Lasten tragen; oft bin ich böse den Menschen, da sie mir nicht Zeit ließen zu spielen mit des Feldes Beeren und goldenen Zitronen und Palmenfrüchten und den bunten Blumen der Wiesen; vor allem mit des Strandes Muscheln, all den lebendigen Spielsachen in dem weiten Haus der Welt.« Die Verlobung mit der Prinzessin von Hohenhof, der Tochter der hohen Fraue von Westfalen, löste Bulus hinterrücks auf Raten Lederstrumpfs, der mit der Schönheit des kaiserlichen Thronerben Kultus trieb, und den alles Gesicht beleidigte neben seiner Goldwange.

Der Malik, der gegen äußere Dinge täglich apathischer wurde, saß meist einsam hinter verhüllten Balkonen, in der Zeit, wie er sagte, der blaue Reiter, sein Halbbruder, in fremder Erde schlafe. Seiner Schläfe Stern war nun geborsten. Manchmal begab sich Abigail mit seinem angstvoll nachschleichenden Oßman tief ins Gewölbe der Stadt, das Grabmal Saschas, des Prinzen von Moskau, zu schmücken. An einem Oßmanstag, da der schwarze Knecht die Krone in seinem ergrauten Haar trug, stieg Jussuf auf den Birkenhügel, der traurigste Mensch in Theben. In ihren Zweigen schlummerte die Seele der Königin mit den goldenen Flügeln, darum Er den holden Baum nicht fällen wollte. So nannten die Ägypter die angebetete Mutter Jussufs. In den Stamm des Baumes schnitt er ein blaues Herz und unter ihm seine geliebte Stadt Tiba. Und wanderte und schlief auf einer Wiese ein und träumte, es wäre eine abendländische Dichterin in einem kleinen Kämmerlein hoch in einem Turme und spiele mit dem Mond und seinen Sternen Zickzack. Erwachte und kam am Abend heim, ermüdet die Hand auf einen Hirtenstab gestützt. Wer dem Trauervollen begegnete, glaubte, er sei eine Flügelgestalt. Nach dieser Seelenwanderung fühlte sich Jussuf fremd seinen nächsten Menschen gegenüber. Er grollte seinen Häuptlingen, die sich hinter seinem Rücken, wie er allabendlich vermutete, zum Spiele trafen. Und Oßman, der seine Aussage schon tief bereute, vertraute sich Zwi ben Zwi, dem Tagebuchschreiber des Maliks, an, zumal Jussuf Ungeheueres im Herzen gegen seine wilden Juden plante. Die aber schützten sich vor dem Vorhaben ihres Jussuf, bahrten ihre Prachtmäntel ohne ihre Körper wie allabendlich beim Schlafengehen in Form des Lieblingssternbildes im Nebengemache des Kaisers auf, sie aber verbargen sich hinter den Säulen des Vorraums, den mißtrauischen Kaiser zu beobachten, dem sie die große Reue einer unüberlegten Tat zu ersparen wünschten. Sie kannten sein weiches Herz. Um Mitternacht vernahmen sie Jussufs nicht allzu leise und vorsichtige Schritte nahen und betrachteten gerührt im Zwielicht ihres Gemaches seine Knabengestalt. Milli Millus, die Frau in Häuptlingskleidern, empfand ein unwiderstehliches Mitleid mit dem hilflosen Kaiser, wurde aber von den gespannten Häuptlingen verhindert, sich dem schmerzbewegten geliebten Feind zu nähern. Neugierde und Pietät lähmte die fürstlichen Spielgefährten, ihren Streich zu enthüllen. Wenn sie auch große Lust verspürten, ihren Malik wie ein Kind zu umarmen, ihn eines Besseren zu belehren, ihre Liebe und Treue ihm zu versichern; waren doch seine Lippen

Nachtigallen, die schlugen das süße todbringende Lied. Da nun Abigail Jussuf das Schweigen seiner Häuptlinge für die Folge ihrer Schuld ansah und den festen Entschluß seines Planes nicht mehr entrücken konnte, stieß ahnungslos in den Brokat den Dolch, hohl in den toten Mantel Milli Millus; vernahm die bewegten Schreie seiner Freunde, aber Er war einer Stufe, die nicht vorhanden, entgleitet, dumpf fuhr es Ihm durch die Eingeweide, und entriß die Wurzel Seines Blutes. Und in übermächtiger Scham über diese Fallgrube beleidigt, erhängte sich der schon seit langer Zeit schwermütige Kaiser noch in selbiger unglückseligen Stunde .... Von der Binse knüpfte ihn Oßman klagend ab. Des armen Maliks Wangen bluteten und seine Füße waren rot gefärbt. Der schwarze Knecht, der gestern noch Kaiser von Theben war, trug seinen geliebten Abigail Jussuf auf dienenden Armen in den Palast und er verendete dann im Schoße seines Oheims Ismaël. Die Fahnen zerrissen an den goldenen Stangen zwischen den Zinnen des Palastdaches, und alle Tore sprangen auf im Kaiserhause und allen Wohnungen Thebens und die Trauerkunde eilte von Tiba nach Mareia, von Mareia-Ir nach Sahab-Ir, an die Höfe aller ägyptischen Könige. Die Venus von Siam bewegte sich zum ersten Male goldfüßig aus der heiligen Nische ihres Tempels und weinte in ihren langen Traumhaaren. Ihres Kaisers Tiefsinn schob sie des Nibelungen kühlem Zauber zu und ihr rätselhafter Eidechsenkopf sann nach Rache. Wetterscheid und Lederstrumpf, die als Emire in Theben ansässig geworden waren, fluchten den Häuptlingen, die um Jussuf so schlechte Wache hielten. Morderchei anklagte Calmus Jezowa, aber Calmus Jezowa verzieh Theodorio, Asser bezichtigte Gad und

Gad höhnte Laurencis, der hochmütig auf die Frau in Manneskleidern blickte. Die zog betroffen in ihre Heimat, Mareia-Ir, zurück. Aber alle Menschen der drei Malikstädte, verwaiste Geschwister, umkränzten den Palast, ihre Gesichter legten sich zur Seite im Abendwinde. Dreihundert Zebaothknaben folgten mit ihren Bambusflöten im Trauerzuge den Häuptlingen, die Jussuf einbalsamiert, umhüllt in Schleiern, durch die lieblichen Straßen Thebens über den Dromedarplatz am Zitronenwald vorbei auf ihren Schultern trugen. Zwischen den Zebaothgespielen beweinten Bulus, des Kaisers Bruder, und sein Freund Carolon ihren älteren Spielgefährten. Dann nahten die Jehovaniter in ehrwürdigen Priestergewändern, ihnen schlossen sich die Viehzüchter der drei Städte an, die roten und gelben Adames; und Kinder, die auf Trommeln schlugen, lauter Jussufs Lieblingswirbel, die der Herzog von Leipzig zärtlich belächelte, der aus dem Schrecken der Schlacht im Flugzeug, doch nicht mehr seinen Prinzen unter den Lebenden erreichte. Den letzten Wunsch *Abigail Jussufs, des Liebenden*, erfüllten die Häuptlinge noch am Tage seiner ewigen Ruhe; sie und die bunten Menschen der Jussufstadt erhoben des Maliks teuren jungen Bruder auf den goldenen Thron Thebens:

Bulus Andromeid Alcibiad der Schöne.

DER WUNDERRABBINER VON BARCELONA

GOTT HÖR...

Um meine Augen zieht die Nacht sich
Wie ein Ring zusammen.
Mein Puls verwandelte das Blut in Flammen
Und doch war alles grau und kalt um mich.

O Gott und bei lebendigem Tage
Träum ich vom Tod.
Im Wasser trink ich ihn und würge ihn im Brot.
Für meine Traurigkeit fehlt jedes Maß auf deiner
   Waage.

Gott hör, in deiner blauen Lieblingsfarbe
Sang ich das Lied von deines Himmels Dach.
Und wurde doch für deinen ewigen Hauch zu wach.
Mein Herz schämt sich vor dir fast seiner tauben
   Narbe.

Wo ende ich, o Gott, denn in die Sterne,
Auch in den Mond sah ich, in alle deiner Früchte Tal.
Der rote Wein wird schon in seiner Beere schal
Und überall die Bitternis in jedem Kerne.

DER WUNDERRABBINER VON BARCELONA

Die Bevölkerung von Barcelona befleißigte sich in den Wochen, die Eleasar in Alt-Asien in frommen Betrachtungen verlebte, die Juden zu verfolgen. Sie waren es wieder, die den Handel mit übermäßigen Preisen den spanischen Kaufleuten erschwerten, zu gleicher Zeit aber mit ihrem Erlöserehrgeiz sich breit machten in den unteren armen Schichten der Stadt. Apostelgestalten predigten Gleichheit und Brüderlichkeit und sie brachen ihr Herz in der Brust und reichten es den Armen, wie Jesus von Nazareth unter ihnen teilte seines blauen Herzens Brot. Doch wie sich auch die Juden gebärdeten, sie erregten Ärgernisse, die im Grunde von einem einzigen enttäuschten Spanier herrührten, der irgend eine ungünstige Auseinandersetzung mit einem Hebräer erlebt hatte, und in das Volk geschickt gespielt wurden. Eleasar, der Wunderrabbiner, kehrte auch in diesem Jahre zur gegebenen Zeit nach Barcelona zurück. Sein ehrerbietiger Kopf rätselhaft wie durch die Lupe vergrößert und verwirklicht, neigte sich umrahmt im Bogenfenster des Palastes freundlich jedem Vorüberschreitenden zu, ob Jude oder Christ. Von Eleasar flüsterte bange die ganze spanische Stadt. Gabriel sei er, der große Erzengel, nie gestorben; seines Bartes unzerrinnbarer Schnee umhülle die Bundeslade. Den Juden aber war Gabriel kenntlicher; oft sahen sie den Wunderrabbiner lächeln; einmal klatschte er jubelnd in seine feinen langen Hände und gar im Gebet vor dem Altar, er hatte Jehova gesehen ... und wurde — ein Kind. Von ihren Vätern vererbt, trugen die alten Juden den Tag in ihrer Herzen Kalender verzeichnet, an dem ihr höchster Rabbiner ihnen geboren ward. Am 7. des Monats Gâm wallfahreten Kinder und Kindeskinder oben auf den Hügel in den Judenpalast, ihrem Wunderpriester Zweige der Wälder zu bringen, die behangen waren mit Beeren, süßen und herben, denn Eleasar liebte die wildwachsende Koralle, atmete mit Vorliebe ihren Duft, um sich dann an dem reinen Fleisch der bescheidensten Früchte zu sättigen und zu erfrischen und er alle andere Speise verteilen lassen konnte den Bedrängten Barcelonas. In diesem Jahre aber beabsichtigten die Juden nicht länger, ihrem heiligen Juwel die Leiden, die ihrer in seiner Abwesenheit alljährlich erwarteten, vorzuenthalten, da er sein großes Angesicht der Stadt entwand. An demselben nebeltauen Abend in einem Keller versammelt, beschlossen die bedrängten Edeljuden, diese Welt zu verlassen. Überall verstreut, eingepflanzt, der Teige Zutat, sie zu süßen überdrüssig, um eines bitteren, geringfügigen Beigeschmacks, ein ganzes Volk, schon seit Jahrtausenden gedemütigt zu werden. So empfanden die geplagten Juden dumpf ihr Geschick. Höher stieg in allen die Sehnsucht nach dem verlorenen Lande, das ihnen etwa auch nur verpachtet gewesen war, und jeder von ihnen benetzte feierlich das Beet seiner Erinnerung; wo sie landen würden, konnte ihnen auch nicht ihr Wunderrabbiner verraten; hatten doch einige jüngere Juden Wurzel gefaßt in Spaniens Erde berückendem Rosenrausch, auch ihre Schwestern mit den Jerusalemsaugen schmerzlich erweckt den Christ. Aber der besorgten Gemeinde antwortete Eleasar: »Wer das gelobte Land nicht im Herzen trägt, der wird es nie erreichen.« Und dieser Gott erschlösse allen Menschen sich als ihre uredelste Eigenschaft. Und auf die Frage, wie es dann geschehen könne, da die vielen Geschöpfe so gottlos wären, meinte der höchste Priester innig bedauernd, es wüßten nur wenige ihres Gottes Gärtner zu sein, ihre wertvollsten Keime zu ehren und zu pflegen. Es kein größeres Verarmen gäbe auf Erden, verkümmern zu lassen die himmlische Blüte des Herzens.

Immer wenn Eleasar der Wunderrabbiner den ehrfürchtigen Namen Jehova rief, vernahmen ihn andächtig die Juden bis in den Weizenkorn ihres Pulses und es erwachten alle ihre guten Taten und sie bereuten ihre schlechten Handlungen. Die Spanier aber verschlossen ihr Ohr dem erlösenden Laut, der die Schläfen der Juden ritzte, sie zu tränken mit göttlicher Lymphe, und manchem Erschütterten zum Preis einen Blutstropfen entzog. — Es lebte eine Dichterin im Judenvolke Barcelonas, Tochter eines vornehmen Mannes, der mit dem Bau der Aussichtstürme der großen Städte Spaniens betraut war. Arion Elevantos im Wunsch nach einem Bauerben erzog Amram, seine Tochter, wie einen Sohn. Amram bestieg jeden frühen Morgen mit ihrem Vater die Neubauten, die höchsten Gerippe der Stadt, daß sie oft glaubte, bei Gott zu Gast gewesen zu sein. Auch hatten ihre Augen groß geschaut in die Höhle der Kuppel, die aus Libanonholz und purem Gold Arion wölbte über das Dach des herrlichen Hauses von den reichen Juden gespendet, ihren Wunderrabbiner zu schirmen vor Ungemach. Beim Herabsteigen der Leiter, die von der noch unbefestigten Krone führte, stürzte die voreilige kleine Amram vom heiligen Bau auf sandigen Hügel, worauf Pablo, des Bürgermeisters Söhnchen, spielte. Und der Knabe dachte, die bleiche Amram sei ein Engel, der vom Himmelreich aus einer Wolke ge-

purzelt sei, und staunte sie an. Seitdem lächelte Amram
im Traum, immer wenn Pablo an sie gedacht hatte.

»Pablo, nachts höre ich die Palmenblätter
Unter deinen Füßen rascheln.

Manchmal muß ich sehr weinen
Um dich vor Glück —

Dann wächst ein Lächeln
Auf deinem lässigen Lide.

Oder es geht dir eine seltene Freude auf:
Deines Herzens schwarze Aster.

Immer wenn du an Gärten vorbei
Das Ende deines Weges erblickst, Pablo,

— Es ist mein ewiger Liebesgedanke,
Der zu dir will.

Und oft wird Schimmer vom Himmel fallen,
Denn es sucht dich am Abend mein goldener Seufzer.

Bald kommt der schmachtende Monat
Über deine holde Stadt;

Unter dem Gartenbaum hängen
Wie bunte Trauben die Vögelscharen,

Und auch ich warte verzaubert
Von Traum behangen.

Du stolzer Eingeborener, Pablo,
Von deinem Angesicht atme ich fremde Liebeslaute;

In deiner Schläfe aber will ich meinen Glücksstern
pflanzen,
Mich berauben meiner leuchtenden Blüte.«

Dem heranwachsenden Senor erschienen unvermutet Zeichen in alter Harfenschrift, deren Deutung ihm die Beamten, seines Vaters Untergebenen höhnend als die Schrift eingebissener, verstockter Juden bezeichneten, die mit auflehnenden Schriften seinen Vater, den oberen Ratsherrn, belästigten. Gerne hätte der Bürgermeistersohn an den Palast des Wunderrabbiners gepocht, ihn seiner unerschütterlichen Gefühle Hochachtung für sein Volk zu versichern, aber er fürchtete das Gerede der Stadtleute und vor allem seines Vaters Zorn. Einmal jedoch folgte er in Verkleidung einer Judenkarawane, die sich auf den Hügel in den Judenpalast begab, und fühlte noch im Herzen die Wohltat des Segens. Die Synagoge gestatteten die Spanier nur mit Vorbehalt zwischen den Häusern ihrer Stadt und empfanden dieses fremde Glied, ein scheuer Bau auf ihren Wegen. Hinter einem Gasthaus versteckt, in dem spanische Studenten mit den oberen Räumen tanzten und lärmten, oder zwischen den Wänden Fechtübungen abhielten, lag das rätselhafte Bethaus der Juden. Manchmal trampelte die ausgelassene Schar vom heißen Wein entzündet an die Tür der Synagoge am Freitagabend. Die Frauen hinter den Gittern bebten leise, und Amram fühlte einen fremden Erdteil wachsen zwischen sich und dem Senor Pablo, dem Bürgermeistersohn. Die Gebote der Gebetbücher der Juden wurden von außen nach innen gelesen, ihre Judenaugen mußten darum vom Beginn ihrer Ausgeburt anders wie die der gesamten Völker gerichtet worden sein. Augen, die sich nicht am Ziel zu bleiben getrauten, Augen, die sich versteckten in des Buches Heftung, sich flüchteten immer zurück in den Spalt. »Augen, die stehlen« — meinte der Bürgermeister betonend zu seinem erbleichenden Sohn. Denn der gedachte der Heimlichkeit der Stunde, wie sie noch Kinder waren und Amram seine »Braut«, diese Engelin der Heerscharen gegürtet, im Auge das Licht, ihm erzählte, sie habe wie der Prophet den Ägypter, der den Juden in seinem Sklavenjoch mißhandelte, den Schneider mit ihrem kleinen Dolch ermordet und ihn verscharrt in den Sand. Schneider nannten die Kinder den dünnbeinigen, knochigen Zuckerwarenhändler, der hinter der Schule seinen kleinen Laden verwartete und berüchtigt war, sich an Judenkindern oft vergangen zu haben. Er bezichtigte die unschuldigen Geschöpfe des Diebstahls, indem er vorher wie ein Hexenmeister Naschwerk in ihre Taschen zu zaubern verstand. Drohend, den Eltern ihre Verbrechen zu übermitteln, ließen die jungen jammernden Opfer, die er in ein dumpfes Kellerloch ins Erdgeschoß zerrte, die schmutzigen Lüste mit sich geschehen.

Eines Tages stand ein großes Schiff auf dem Marktplatz. Menschenmühen, Pferde und Ochsenkraft vermochten das rätselhafte Fahrzeug nicht zu entfernen aus der Stadt, das den Handel beeinträchtigte und seinen Markt. Aber die erregten Spanier rieten ihrem Bürgermeister, den alten Gabriel zu befragen, den weisen Zauberer, und sie zeigten auf das glitzernde Judenhaus, seine Fenster bluteten lauter Sonne. Und die spanischen Patrizier, die Bürger, Arbeiter, auch viele Juden, an der Spitze Pablos geschätzter Vater, der Bürgermeister Barcelonas, standen vor dem Tor des goldenen Palastes; überwunden hatten sie in ihrer Geschäftigkeit ihre unerklärliche Scheu. Um Eleasar aber weilten schon vom Vorabend her die kleine artige Gesellschaft der Juden Ältesten, die den Beschluß gefaßt hatten, ihrem Wunderrabbiner ihre Befürchtungen schonend kund zu tun; ihn zu bitten, in diesem Jahre die Stadt nicht zu verlassen. Von der gesegneten Höhe aus, sah man Barcelona menschenleer, ausgespeist im Tale liegen. Nur des Bürgermeisters großer langbehaarter Hund, Abraham, eilte unruhig durch die Stadt, durch Barcelonas Straßen, immer wieder das Schiff beschnüffelnd, das die Sehnsucht zweier tiefer Menschen erhört hatte über Nacht. Am offenen Steuer in der Sonne spielten unbekümmert Senor Pablo und Amram, die Judendichterin, genau so wie sie auf dem heiligen Hügel vor Eleasars Palast nach dem kleinen Unfall sich freuten als Kinder so oft ihrer Einfälle. Verklärt von übergroßer Liebe blieben sie unsichtbar hinter dem Fittich des Segels. Und der Hund nur war Augenzeuge gewesen, wie der ungeheure Meeresbote, von der Liebe bewegt, leicht über den Marktplatz, durch die Straßen der Stadt, die sich andächtige Arme ausbreiteten, dann durch das Tor behutsam wie ein feierlicher Brautwagen verschwand. Eleasar weigerte sich, das Oberhaupt mit dem Massengefolge zu empfangen, denn was half es, zu Schlafenden zu reden! Auch die kleine Zahl der Juden, die sich nicht verhalten und getragen betrugen, wie es Erben eines alten Volksgeschlechtes gebühre, sorgten ihn, bestärkt von den Erzählungen der Juden Ältesten, die sich aus der Gartenpforte des höchsten Palastes unbemerkt entfernt hatten. In der Nacht begann, durch die Weigerung des Wunderrabbiners aufgereizt, die Christen fühlten sich nun berechtigt, der Pogrom. Gabriel, der falsche Erzengel, der böse Zauberer, schrien die Spanier, ihre Fäuste reckten sich auf zum Hügel, habe das große Schiff aus seinem Meere gelockt, und ihm zu diesem Spuk kein anderer beigestanden wie Arion Elevantos, der die Wölbungen, die Geheimnisse, die Schlichen des Judenpalastes, da er ihn gebaut habe, kenne und seines Insassen böse Kräfte, die den Atem der Barceloneser erstarren lassen konnten. In der Bibel schon verkroch der Teufel sich hinter seiner Sünden Kerbholz, und totschlagen, »Schlagt ihn tot, den alten Kuppler«!!! Die verwirrten Christen abergläubisch begnügten sich, die Fenster ihres guten, fröhlichen Bauherrn einzuschlagen; vergaßen, daß er den Armen Barcelonas, Tausenden und Abertausenden, unentgeltlich Obdach gab in seinen Bauten. Sie knebelten ihn; er aber lachte in seiner Bestürzung, wie er als Knabe aufzujauchzen pflegte, wenn ein Spielgefährte ihn packte im Räuber- und Gendarmspiel; bis das Weib des Bürgermeisters nahte und die schon betroffenen Leute aufpeitschte, den Vater der Judentochter, die ihren Sohn entführt habe, zu töten. Sie selbst riß dem unschuldigen Opfer das Herz aus der Brust, einen roten Grundstein zu legen, daran die herrenlosen Hunde ihr Geschäft verrichten sollten. Und die Juden, die an den Namen Jehovahs immer von neuem erwacht waren, lagen alle verstümmelt, zerbissen, Gesichte vom Körper getrennt, Kinderhände und Füßlein, zartestes Menschenlaub auf den Gassen umher, in die man die Armen wie Vieh getrieben hatte. Aber die Abendwinde, die süßen Lügnerinnen, die um des großen Wunderrabbiners Palast sangen, brachten träumerisch falsche Märchen. »An den Hecken sitzen arglos deine Söhne, Eleasar, und zählen die Tage und die Stunden, die sie von Palästina trennen, und mit Seide und Perlen sticken die feinen Töchter Davids Kissen für deine segnenden Hände, Eleasar. Bald naht das Osterfest, und die Bäcker backen fromme ungesäuerte Brote für deinen Tisch, großer Wunderrabbiner.« Der blätterte im Atlas der Schöpfung und las, wie in der Anfänglichkeit der Vater aus Erde und Wasser die Welt seinen »Hochzeitsmannakuchen«, ballte, mit allen goldenen Zutaten seines himmlischen Blutes und den Menschen, der großen Weltenform entnahm und aus ihm wieder mächtig holte die Völker und Völkervölker und Völkervölkervölker und lud sie ein alle zum gemeinsamen Mahle. An seiner Seite Herzen aber setzte er die Juden, da sie ihm unter allen Völkern, gering an Zahl, nach seinem großen Wink und darum ihm verantwortlicher und zärtlicher geraten waren. »Und der allgütige Vater«, lobpreiste singend Eleasar, »pflückte einen Stern von seinem Kleide, und hob das Kind unter den Völkern zu sich empor und setzte das Licht in seine braune Stirn. Mit dieser kleinen Entlichtung am göttlichen Leibe des Wächters der Welt entfaltete der Herr die erleuchteten Juden zum Volk der Propheten, ihm zu dienen in jedem Lande, in jedem Volke, auf allen Wegen. Amen. Den großen Geschwistervölkern aber ersetzte er den erhabenen Strahl, da er ihnen Heimat bereitete zwischen dem grünen Laub der Augusterde, auf der wiegenden erfrischenden Rast des Wassers und unter dem reinen Winterschnee der Lüfte, zu wahren liebevolle Ordnung ein jeglicher Mensch weise unter den Menschen der Völ-

ker über aller Völker Menschen.« Der große Einsiedler schloß das vergilbte Buch, dessen Gebote entschlafen waren in den meisten Herzen der Geschöpfe, auch im Blute Judas. Er hatte seine Menschen lieb und immer wieder beantwortete er ihre Frage nach der Heimat mit Ausflüchten. Bedrängt, die Städte zu verlassen, in denen sie von Urbeginn bestimmt waren, Gott zu säen, flüchteten sich die noch wach gebliebenen Judengedanken in des Hohen Priesters Schoß. Aber daß *Palästina* nur die *Sternwarte* ihrer Heimat sei, wagte der Wunderrabbiner den müden Auserwählten nicht ins Gedächtnis zu rufen.
Nun die Augen Eleasars, auf Barcelona gerichtet – vom Blitz des Schrecks – spalteten sich ... weinten. »Herr, fürwahr, der Kahn auf den Wellen des Meeres erweckte deines Namens Ehrfurcht.«

In übergroßer Sehnsucht zum dritten Male in seinem Leben rief der Prophet den ehrerbietigen Namen seines Herrn. Und es erwachten die Toten der Toten vom erlösenden Laut des Namen Jehovas. Es waren die Christen und durch sie alle Christenvölker der Christenheit. Doch er mißtraute den bereuenden Brüdervölkern und ihrer Auferweckung! Es verstimmte ihn die Allmacht seines großen Herrn.

אין תקר לדרפי אדני

Unerforschlich sind die Wege des Ewigen ... »Hinschlachten läßt du deinen Lieblingssohn immer wieder immer, daß deines heiligen Namens Posaune die Völker der Christen erwecke, und belohnst ihre scheußlichen Taten mit Erleuchtung.« Und Eleasar wartete im Vorhof seines Palastes auf Gott, den ersehnten Gast. Endlich bot der Unsichtbare dar dem Ungeduldigen seine Vaterhand. Mitten im Innern des feierlichen Gemaches aber sah des Priesters bebender knieender Knecht, da sein großer heiliger Maëstros in den erkühlten Schein der Luft griff, ihn packte wie der mutige Torero in der Arena das Horn des Stiers — und dann — auf den Steinarabesken der blutende Wunderrabbiner lag. Der kämpfte weiter die ganze Nacht in Rätseln mit Gott; dunkelte und wand sich von ihm. An die Säulen seines Hauses rüttelte der Priester, bis sie brachen wie Arme. Ihr Dach rollte in schweren Blöcken herab und zertrümmerte die Häuser der Straße. Ein ungeheurer Steinbruch aber, Er, der große Wunderrabbiner, ein Volk stürzte sich vom heiligen Hügel, den das goldene zerbröckelte Mosaik der Kuppel verklärte, auf die Christen Barcelonas, die den letzten gequälten Juden reuevoll zur Ruhe legten, und erlosch ihre Erleuchtung, zermalmte ihre Körper.

> Die Engel deckten wolkenweiß zum Himmelsmahle,
> Des hohen Heimgekehrten Herz nahm Gott aus seiner Schale,
> Zu prüfen das geweihte widerspenstige Erz,
> O Eleasars Herz rieb sich an Herz,
> Entbrannte seinen Stein!
> Jerusalem, in seinen Krug gieß deinen Wein
> Und laß ihn gären aufbewahrt im Tale.

ICH RÄUME AUF!

Meine Anklage gegen meine Verleger

Ich habe mich entschlossen, ohne Rücksicht auf meine noch ungedruckten Manuskripte, aufzuräumen. Einer von uns Dichtern muß seinen Ehrgeiz opfern, auf seine Sehnsucht verzichten, den Nachklang seiner Schöpfung zu erleben, ihr ins Antlitz zu blicken. Ich bin bereit, und unentwegt gehe ich gegen den verdammungswürdigsten Buchhandel vor. Ich werde die Händler aus ihren Tempeln jagen, die wir Dichter ihnen aufgerichtet haben. Ich streite für mich und für alle Dichter, vor allen Dingen für die Dichtung, die schließlich immer von neuem erlischt im geschwächten Körper. Ich räume auf, mich treibt die Gerechtigkeit, bin heilig zwangserfüllt und rufe Ihnen, hochzuverehrendes Publikum, ermahnend zu: Wir wollen aufräumen! Bis unser Ruf durch den Spalt der Wolken himmelschreiend in die Ewigkeit dringt. Räumen Sie auf mit mir, h. P., da es sich auch hier handelt um eine Weltordnung. »Das ist der Prinz Jusuf von Theben, die Else Lasker-Schüler, die Blume meines Verlags!« pflegte mich mein Hauptverleger: Paul Cassirer, stolzen Mutes seinen Gästen vorzustellen. »Die größte Dichterin der Jetztzeit.« Wenn ich dann seinen Lobgesang, allerdings geschmeichelt, rügte, erklärte mir mein Hauptverleger, ich sei nicht allein die größte Dichterin der Jetztzeit, sondern die Dichterin aller Zeiten. Verzeihen Sie, h. P., diesen wortgetreuen Bericht, er soll Ihnen ja nur zum Beweis dienen in meiner Anklage, warum mein Hauptverleger, Paul Cassirer, der Herausgeber meiner gesammelten Bücher und der nachfolgenden, also meiner zwölf Bücher, sich selbst verurteilt zur ewigen Schmach. Ich räume auf für mich, für die lebenden und toten Dichter. Gehungert haben wir ja alle und es konnte oft durch den Ertrag unserer Bücher vermieden werden. Statt dessen etablierten wir bücherlustige Herren, die eben aus Laune, wie Albert Flechtheim frech, aber ehrlich hinwarf, den Querschnittverlag eröffneten, um ihn dann mal wieder nicht gerade abzugeben, doch in eine Gesellschaft mit höchst gerissener Haft umzuwandeln, aus der er nun zwar schon längst ausgetreten sein will. (?) Er hört nämlich nicht gern klagen. ... Daß aber die größere Hälfte des Querschnitts ihm zufällt, über diese Frage brauchen wir Opfer uns keine grauen Haare wachsen lassen. Sein Vorbild entlastet irgendwie, in seiner Schuld gegen mich, den frisch gebackenen zweiten Inhaber und Verleger der Firma Querschnitt: Albert Dreyfuß. Ich kolorierte gerade mein Buch: Theben in der Galerie Flechtheim und wurde unfreiwillig Ohrenzeuge der mannigfaltigen Vertrauensbrüche, die nach kaum vollzogener Verlagsehe sich Alfred Flechtheim gegen seinen Kompagnon Albert Dreyfuß zuschulden kommen ließ. Täglich versuchte Flechtheim vor mir und den angestellten Damen dem armen Albert Dreyfuß einen Idiotenstempel auf dem allerwertesten Pegasus seiner Dichterstirn zu drücken, bürdete ihm nach Mutwillen Kosten auf. Ja, Alfred Flechtheim ist und bleibt ein Schalk und er hätte sich den Bauch vor Lachen gehalten über die Naivität seines Geschäftsteilhabers. Am Ostersonntag trat er in mein läutendes Dachzimmer, legte ein Schokoladenosterei in mein Strickkörbchen und erkundigte sich dann zart, wieviel elektrisches Licht ich wohl beim Kolorieren in der Galerie Flechtheim verbraucht haben könne? Die Summe erschien ihm doch höchst verdächtig. Ich verweigerte ihm die Aussage, den ehemaligen Poeten, in seinem einträchtlicheren Beruf, nicht kopfscheu zu machen, denn den Verlag Querschnitt avancieren zu lassen, Arm in Arm mit Flechtheim, befriedigte des ahnungslosen Poeten Alberts erwachendes Herz. Hingegen operierte Flechtheim weit verschwenderischer drauf los. Morgens erfrischt vom Sektbade überschäumt der Rest seines Geldes seine Duzfreunde, die lieben Maler, mit Rutenbegleitung, Tritten und ehrenrührigen Beschimpfungen. Es handelt sich allerdings um Summen, die die Künstler für ihre Bilder und Skulpturen zu fordern längst berechtigt sind. Senor Alfredos versteht außerdem mit einer Fertigkeit zu jonglieren, daß es einem schwindlig vor Augen werden kann. So schloß er sich im Nu zwei meiner Zeichnungen für die fünftausend Mark, die ich ihm schuldete, die dazumal jedes meiner Bilder zu rahmen kostete, einfach in sein Fach. Aber ich verlangte sie baldigst zurück, endlich in der Lage, ihm bar meine Schuld abzuzahlen. Meinen Fahnenträger erwarb er sich selbst mit billigster Grandezza. Überall erobert nun der spanische Rheinländer, Alfred Flechtheim, Salons. Er tut mit seiner spanischen Abkunft und pfändet sich selbst, indem er mit dem spanischen Pflaster sein Furunkel, sein wahres Milieu verklebt. »Wir beide sind gleichen Blutes, Prinz von Theben«, brüllte er mich bei jeder Begegnung schon von weitem an. Ich sagte ihm einmal: »Ich möchte es auf eine Blutuntersuchung ankommen lassen.« Das war im Romanischen Café, vor etwa drei Monaten. Ich ahnte schon, daß für mich kein Sonntag mehr kommen würde, und äußerte es auch einem meiner verehrten Freunde, der mit mir trauernd am Tische saß. Ich war wieder mit einem Verlag hereingefallen.

Trotz großer ehrenwörtlicher Versprechungen und juristischen Schutzes, den man mir, mich vor Flechtheim warnend, dringend empfahl. Diese berechtigte Vorsicht gab Herrn Flechtheim wahrscheinlich Mut zur öffentlichen Beschimpfung, die sich sonst zwischen vier Wänden und den anliegenden viermal acht Wänden seiner Galerie beschränkte. Jeden Tag, h. P., bewegte mich dieselbe Frage, wie es möglich ist zu begreifen, daß eine so gemeine Kreatur von den feinsten Menschenqualitäten zu leben berechtigt ist? Können Sie mir darauf antworten, h. P.? Und verstehen Sie, daß ich endlich aufräumen möchte? Ich räume auf! Und zwar nicht durch die Blume eines lyrischen Gedichts oder durch das Rauschen des Lindenbaumes einer sentimentalen Novelle, oder durch das Guckloch eines Schlüsselromans. Nein, ich klage die — Verbrecher — hätte ich beinahe gesagt, ich klage die Verleger an, die die Dichtungen auf den Märkten für ihre Taschen ausschreiben. Ich kenne kaum einen Dichter, der nicht mit grenzenloser Mißachtung sich über seinen Verleger äußert. Aus Idealismus hat wohl selten ein Verleger Bücher gedruckt, das wohl auch kaum zu verlangen ist. Es kommt uns Dichtern ja auch nur darauf an, mit gewissenhaften und großzügigen Verlegern zu tun zu haben. Aber ich möchte Ihnen, h. P., weiter erzählen, was sich am Sonntagabend im Romanischen Café abspielte. Bevor ich mich zu meinem Freunde an den Tisch setzte, begab ich mich in den kleineren Raum des Cafés, wo mir von einem stark von Künstlern besetzten Tisch der Maler Rudolf Levy zurief: »Frau Lasker-Schüler, ich habe mir heute ihr neuestes Buch Theben gekauft und mache Ihnen mein Kompliment.« Erst, nachdem wir uns begrüßt hatten, gewahrte ich an dem langen Tisch Herrn Flechtheim, der mich vor versammelter Gesellschaft mit undelikatesten Redensarten schmähte. Im Verlagsteil seiner Galerie war ich ja täglich Ohrenzeuge gewesen, wenn er sich grinsend nach dem Stuhlgang seiner Angestellten erkundigte. Er rühmt sich seiner Perfidien, sie seien rheinisch. Ich aber und hoffe auch Sie, h. P., Sie finden es schweinisch. Das sagte ich ihm. Seine Angestellten, unter ihnen seine Nichte, mußten sich wohl oder übel an des Chefs Exzesse gewöhnen. Ich bekam einmal, ohne wehleidig oder hysterisch zu sein, einen Schreikrampf, wahrscheinlich durch die Folgen aller Ratlosigkeit. Die Prokuristin aber faßte den Entschluß, den Chef Flechtheim nicht mehr ernst zu nehmen und für ihre Untergebenen im Verlag Kapitalien herauszuschlagen, der Hausknecht gehörte auch zu ihrem Regimente. Ebenfalls Nichtuntergebene erteilte das gerüstete Fräulein manchen Trick. Ihr wurde indes ein über den andern Tag gekündigt, oder von Flechtheim zu Rat gezogen, bis sie die wahre Intrige vom Meister abgeklügelt hatte. Und sie inszenierte einen Streik unter den Leuten des Bureaus, sich gut und vor allen Dingen sich unentbehrlich Kind zu machen, der mit dem Ultimatum endete: Arbeitsverweigerung oder ihre Abdankung! Ich warnte das tapfere Fräulein H., wenigstens den Husknelt, den ehemaligen Burschen, nicht gegen seinen Herrn aufzuhetzen, da er den doch im Grunde liebe. Später reiste sie, wie man mir erzählte, als Flechtheims Agentin, mit einigen Mustergemälden und einem Päckchen Querschnittware für Half und Half im Auftrag der Firma in das geheimnisvolle Land China. Ich floh mit meinen bunten Bleistiften, ich die gepeinigte Ohrenzeugin, aus dem entwürdigtsten Hause, das ich je im Leben betrat. Ich floh heim in meine kleine Kajüte, in mein Wolkenmeer und kolorierte dort mein Buch: Theben, fertig. Dieses Luxuswerk sollte mich ja aus allen mißliebigen Verhältnissen retten, so beteuerte mir Alfred Flechtheim. Ich arbeitete zweieinhalb Monate allein am Kolorieren der Bilder meines Buches, 520 à zehn sich wiederholenden Bildern, im Glauben an eine bessere Zukunft. Er hatte mir die Hälfte des Reingewinns von jedem Exemplar versprochen — netto. »Was ist netto —?« Bei dieser schwierigen Frage brodelte in der Prokuristin ein menschliches Rührsam und sie flüsterte mir darauf leise beim Verabschieden zu: »Sputen Sie sich, denn wenn ich erst fort bin, werden Sie betrogen.« Wem sollte ich von dieser Gesellschaft Glauben schenken. Manchmal besuchte mich meine Freundin mit den Worten: »Nach dem Ehrenopfer sehen.« Am ersten Tage meiner Tätigkeit, im Querschnitt der Galerie, ließ Flechtheim für mich Schokolade holen, die sich die zurückgesetzte Prokuristin beleidigt, aber doch in ihrem Schreibtisch einschloß. Vielleicht gedachte sie ihres Chefs Untaten den süßen Beigeschmack zu nehmen. Und wie mir auch die Maler in der nächsten Umgebung Flechtheims gewogen sein mögen — der Kaffee im Romanischen Hause wird ihnen immer wieder im Halse steckenbleiben und wie Blut tröpfeln in ihr Herz, da man ihresgleichen beleidigte. Flechtheims Ausschreitungen entheiligen den Künstler, die Kunst, der wir alle angehören von Anbeginn. Sich vergegenwärtigen sollten sich nur die von ihm so oft erniedrigten künstlerischen unter ihnen wertvollen Maler, daß er sie nötiger bedarf wie sie ihn, falls es ihnen weiter an tieferen Ehrgefühlen mangeln sollte. Diesem ehrgeizigen Kunsthändler und Verdiener, der ebensogut in den Gassen mit Pelzen handeln könnte, es ihm nur schneller warm werden würde, der über den Rhein nach Berlin an die Spree kam, Cassirer zu überbieten, mit Versprechungen und aufdringlichen Schmeicheleien sich zu guter Letzt an eine Dichterin wagte, sie um ihre letzte Hoffnung zu betrügen, ihr Schaffen sich aber um die Fratze legte. »Rottet ihn aus, sage ich Euch! Ich sage Euch, rottet ihn aus!« Wahrscheinlich aus Furcht vor meiner ihn in Kenntnis gesetzten Broschüre veröffentlichte er als literarischen Einfall im Querschnittheft meine Anrede in meinem letzten Schreiben an ihn, allerdings verschwieg er seinen Inhalt. »Geehrter Herr Rattenkönig!« so scheint diese Titulierung ihm Freude zu machen. Solche Kreaturen sind ja nur beim Schwanze zu packen, immer wieder bei dem Ahn, dem Urnagetier. Seine Antwort auf meinen entsetzten, aus meinem dürftigen Quartier gerichteten Brief lautete: »Mein verehrter Prinz! Ich küsse Euch Euren roten Pantoffel, aber ich habe mit dem Querschnittverlag nichts mehr zu tun, bin immer Eurer Hoheit ergebener Freund Alfred Flechtheim.« Zur Zeit standen meine Luxusbücher: »Theben«, A-Ausgabe, mit hundert Buchmark, B-Ausgabe mit fünfzig Buchmark im Buchhändlerheft verzeichnet. Augenblicklich, 7. Oktober 1923, erhöht auf hundertfünfzig und fünfundsiebzig Buchmark. Also wurden schon im August 1923 für mein Buch Theben Milliarden vom Verlag gefordert. Es sind nach den Berichten des Querschnittverlags ein Viertel Bücher verkauft und ich erhielt bis auf den heutigen Tag, 11. April 1924, für meine A- und B-Thebenbücher ungefähr 66 Millionen und 11 Billionen Mark, allerdings werden mir, wie üblich, meine Bücher angerechnet, die ich mir bestellte; es handelt sich bis jetzt etwa um vier Bücher, von denen ich drei meinen Freunden zum Geschenk machte. Bei der Herausgabe meines Luxuswerkes erhielt ich nach Verlagsordnung einige Freiexemplare, eine A-Ausgabe und drei B-Ausgaben, außerdem für das 2½-monatige Kolorieren der Bilder und mühsamen tausenden Namenszügen, dank der energischen Forderung des Anwalts, eine Million Mark, und zwar je eine halbe Million Mark halbmonatlich sofort ausgezahlt im Juni 1923. Eine realere Aufklärung wird imstande sein, h. P., der Rechtsanwalt Dr. Fritz Kalischer, mein Bevollmächtigter, Ihnen zu geben. Schon subskribiert standen, bevor mit dem Druck des Buches und Lithographieren meiner Bilder begonnen wurde, 31 Namen auf der Liste, die voraussichtlich ihre Bestellung »auch bei eventueller Preiserhöhung« nicht rückgängig machen würden. Und ich bitte höflich um die Namen derjenigen, die mein Buch Theben erwarben. Denn ich will aufräumen für mich und für alle Dichter aller Künste. Von einem der Inhaber meines Eigentums Theben bin ich vom ersten Tage des Vertriebs der Herausgabe genau unterrichtet gewesen. Denn er erzielte auf die erste Seite des Buches noch neben den Gedichten und Bildern glorreiche Widmung der Dichterin und Zeichnerin. Alfred Flechtheim. Ich zitterte an Leib und Seele, wie ich an Flechtheims Tisch zurückeilend im Romanischen Café ihm zurief: daß, wenn mein Bruder noch lebte, der grüne Husar, seiner Heimat Düsseldorf sich der Hochachtung der ganzen Schwadron erfreute, ihm für seine schamlosen Redensarten einige Ohrfeigen verabreichen würde. Und wieder wandte ich mich zu der verstummten Tafelrunde, meiner lieben mittellosen Freunde unter den Ostjuden gedenkend, der innigen Dichter, die der große rheinische Westjude täglich als Lumpengesindel ihrer armen Kleidung wegen zu titulieren pflegte. Wenn meine ostjüdischen Freunde sich auch keineswegs mit dem seidengefütterten Mantel Flechtheims messen können, »so ist ihr betender Talmudfinger reiner als Ihre unlautere Seele, Herr Flechtheim«. Auch das nahm er ruhigen Gemütes hin oder er tat nur so. Er ist dumm und gerissen, Dummheit ist aber mit Geld zu stärken. Dieser Mann, der mit seiner spanischen Herkunft renommiert, ist weder der muntere Typ des Rheinländers, noch besitzt er vom stolzen Glanz des Spaniers auch nur ein Minimum. Ich darf es aus eigener Erfahrung behaupten und unsere Blutuntersuchung ergab völlige Ungleichheiten. Aus Idealismus hat noch nie ein Verleger Bücher gedruckt, die es meines Wissens taten, sind wenige. Es würde auch nie ein Dichter ein solches Opfer verlangen. Es kommt uns ja nur, wie schon gesagt, darauf an, mit gewissenhaften Verlegern zu tun zu haben, mit großzügigen, die uns seelisch und körperlich schonen, noch dazu in dieser Zeit. Vor ihr kostete Reichsein alles. Heute kostet Armsein mehr. Ich verlange mein Recht und das Recht für den Dichter aller Künste. Keineswegs tut dem Dichter »bittere Not« gut; solche Rezepte sind Geschäftskniffe der Herren Verleger, ihr Gewissen, wenn sie so etwas Ähnliches besitzen sollten, leichthin entlastend, vom Publikum allzu voreilig nachgeleiert. Ist es so unumgänglich vonnöten, zum Krüppel geworden zu sein, Tiefstes zu gestalten? Glauben Sie etwa, die Melone gibt, im Keller ohne Licht und Trank gewachsen, süßeren Saft? Die Dichtung, im weitestgehenden Sinne arglos, sieht die Welt im Bach, eine Hirtin des Worts, der man nicht mit spitzfindigen Kontrakten kommen soll. Man hüte sich, im kleinsten Bindewort lauert der Bazill. Der Dichter verurteilt, gleichzeitig erwählt und berechtigt, Trauer und Freude intensiver getönter zu empfinden, als der tägliche Mensch, bleibt der Leidtragende auf Erden, zumal seine kargen Verhältnisse seine Wünsche vergiften. Und ich wiederhole, es ist nicht unumstößlich von Nutzen, zum Krüppel von den Herren Verlegern geschlagen zu werden, auf unser Schwanenlied lauschend zur endgültigen sicheren Aktie ihres Verlags. Dreimal schon bei meiner Ehre gründete ich für Vorkriegsmillionäre den Verlag, indem ich ihnen meine Dichtungen vertrauend überließ. Meine lieben Dichtungen, so nenne ich sie – sie blieben weiß und blind. Aber ich bin erwacht, ich bin erwacht, h. P., und es ist Zeit aufzuräumen! Haben Sie meine Dichtungen gelesen und die meiner verehrten Freunde, mit deren Gedichte meine Verse einträglich spielen? Rücken Sie näher zueinander, daß ich mein Herz auf Ihren Schoß legen kann, Sie mir ins Gesicht blicken und mein Mund warm zu Ihnen spricht, zu elterlichen Richtern, die sich empören über das Unrecht, daß man Eurer Dichterin Euren Dichtern zufügt, deren Gedichte Euch die Welt vervielfachen, Euch entrücken in eine Paradiesinnerlichkeit, in der man nur durch den Zauber der Dichtung schon im Leben heimzulanden vermag. – Den drei Vorkriegsmillionären, denen ich sozusagen den Verlag eröffnete mit meinem innerlichsten Besitz, ich brachte jedenfalls Zug hinein, heißen: Kurt Wolff in München, dazumal noch etabliert in Leipzig, Paul Cassirer und zu guter Letzt Alfred Flechtheim, beide zu Berlin. Letztere Herren besitzen eigentlich Bildergalerien und machen Geld im Kunsthandel. So ein Verlag nebenbei, dazu noch von guten Autoren angelegt, kommt den Schlaubergern wohl zustatten. Es ging so weit, daß mir Herr Cassirer Aufgaben mit nach Hause zu geben versuchte, ja in diktatorischem Ton, jedoch meine Klage konsequent überhörte. Ich war genötigt, mir irgendwie täglich Geld zu schaffen, gehetzt durch die Straßen zu rennen, schließlich über die bunten Gärten meines Herzens hinweg; manch schönes Wort zertrat ich. Ich hatte ja beim Erscheinen meiner gesammelten Bücher und der nachfolgenden zwei mein Geld erhalten und ich konnte noch froh sein, da ich ihm nichts mehr schuldete. Hingegen Alfred Flechtheim, der letzte der spanischen Rheinländer, empört über seines Kollegen Härte, versicherte mir, mit einem Rheinländer, wie ich als Rheinländerin aus Erfahrung wissen müßte, sei ein ganz anderes Arbeiten. Er kannte meine Familie im Rheinland und mein Schicksal brach ihm fast das Herz. ... Wie über so eine Brücke, gegenüber der Galerie Flechtheim, das Lützowufer mit der Königin-Augusta-Straße verbindet, holte sich der pfiffige Kaufmann meine Seele, die Fahne meiner Dichtung, und hißte sie auf sein Dach. Ich hoffe, daß diese Brücke heute abend noch einstürze unter ihrer Mitempörung, h. P. — Wir Dichter, die wir uns täglich mit den Unterdrückten jeder Klasse auflehnen, sind und bleiben gegen unser eigenes Los engherzig? Und habe doch jeder wahre Künstler — Gewissen. Sonderbar, wir benehmen uns sogar schäbig zu uns selbst, und diese von den Verlegern hochbegrüßte Askese imponiert mir nicht mehr! Mein Entschluß steht unerschütterlich fest: Aufräumen! Heißt er: Die Händler aus dem Tempel jagen! Denn die Kunst ist uns Dichtern aller Künste ein teures Heimathaus. Wir verlangen ja nur das, was zur Erhaltung unseres anvertrauten Schatzes, nennen wir es Begnadigung, notwendig ist. Zumal Reichwerden, wie Beispiel zeigt, allzuoft ein gänzliches Verarmen bedeutet. Geld ist der sicherste

Prüfstein des Menschen, und es doch im höheren Sinne nur auf den Gewinn der Seele ankommt, über die der Verleger skrupellos spaziert. Ginge auch seine verlustig, um unsere Seele ist es schade. — Die Arbeiter ziehen in langen Zügen durch die Straßen, über die Plätze, vom Oberhaupt geordnet, weltgeordnet bis vor die Tore der Schornsteine. Ja, nach uns ändert sich auch die Erde, der Mond und die Sterne und uns drängt es, uns nach Gottes Schöpfung zu reihen, immer wieder. Die wahrhaftige Frömmigkeit. Was tun wir aber schließlich? Wir lassen alles beim alten von damalsher, von heutehin und auch ich komme spät, aber nicht zu spät: Aufzuräumen! Lang ist es her, als ich auf dem Schoß meiner teuren Mutter saß, sie mit mir spielte. »Einwortsagen!« Einwortsagen, nannten wir geheimnisvoll ein Spiel, das meine Mutter, eine Weile wenigstens, von meinen Quälereien befreite. Ich langweilte mich nämlich immer so. . . . . Meine Mutter rief wichtig »Schokolade« und ich erwiderte ein sich darauf reimendes Wort. Meine Mutter: Tinte »Finte« (Flinte), »Paul«, »faul«! bis mein viel älterer Bruder, der mir seiner Herbheit wegen imponierte und ich ihn darum wohl auch »Mann« nannte, sich einmischte, auf das Wort »hoch«, das ungeschickt reimende Wort »Koch« wählte und ich zu ersticken drohte vom dumpfen Schall der Paarung, ja geradezu außer mir geriet, vom Knie meiner besorgten Mutter wild auf den Teppich purzelte. Ich zählte zwei Jahre. Im vierten lernte ich zum Zeitvertreib von der Gouvernante schreiben. Jedem Buchstaben malte ich ein Tuch um den Hals, da er fror, es war im Winter. Fünfjährig dichtete ich meine besten Gedichte; meine Mutter fand immer die bekritzelten Papierflocken, die mir aus meinem Kleidertäschchen beim Herausholen von Lieblingsknöpfen meiner Knopfsammlung entkamen. Die rettete mich vor meinem kleinen Selbstmord. Ich hatte mich bis dahin so gelangweilt und ich erinnere mich, als ich entschlossen auf den Turm unseres Hauses kletterte, von dem man über die Stadt Elberfeld hinweg noch hinter dem Sauerländischen Gebirge bei lichtem Wetter den Rhein fließen sehen konnte, und auf die Menschen herabschrie: »Ich langweile mich so!« und erst als die vielen vielerlei großen und kleinen blauen, grünen, lila, roten, gelben, weißen Knöpfe ankamen aus den Knopffabriken meiner Heimat, mit der mich meine teure Mutter überraschte, die meine teure Mutter für mich zum Spielen bestellt hatte, milderte sich beträchtlich mein Übel. Ich legte Knopf an Knopf, je vier oder fünf, ebenmäßige Reihen in Zwischenräumen auf den großen Tisch und führte dann mein klein Fingerchen über die Knopfreihen der abgeteilten Knopfstrophen. Wenn ich dann durch die Unregelmäßigkeit der Knopfgrößen mit der Fingerspitze stolperte oder gar mit dem ganzen Finger abglitt, schrie ich laut auf, genau wie ich mich heute körperlich verletzt fühle, durch einen Vokal oder Konsonanten, der Störungen im Maß oder Gehör undefiniert verursacht. Aber einer der herrlichsten Knöpfe durfte überall liegen, wo er wollte; er war aus Jett, besäet mit goldenen Sternlein, und ich staunte ihn an. Er war das Himmelreich meiner Knöpfe und hieß: Josef von Ägypten. So oft neckt man mich mit einem Ausdruck, der sich immer wiederhole in meinen Gedichten. Es ist wahrscheinlich der sternbesäete Knopf. — Vom Wunsch beseelt, mehr von meiner Kindheit, von meiner unvergleichlichen Mutter zu hören, gewähre ich mir heute nicht; nüchterne Dinge und Undinge drängen mich, Ihnen, h.P., zu unterbreiten, die ich mir ferner mit meiner Seele zu verhängen als Fahrlässigkeit anrechne. Ich räume auf, für mich, für meine dichtenden Freunde, für die lebenden und toten Dichter, zunächst im Interesse der Dichtung. Die Gedichte meines ersten Buches: Styx, das im Verlag Axel Juncker erschien, dichtete ich zwischen 15 und 17 Jahren. Ich hatte damals meine Ursprache wiedergefunden, noch aus der Zeit Sauls, des Königlichen Wildjuden herstammend. Ich verstehe sie heute noch zu sprechen, die Sprache, die ich wahrscheinlich im Traume einatmete. Sie dürfte Sie interessieren zu hören. Mein Gedicht Weltflucht dichtete ich u. a. in diesem mystischen Asiatisch.

Weltflucht:
Ich will in das Grenzenlose
Zu mir zurück,
Schon blüht die Herbstzeitlose – –
Vielleicht ist es zu spät – zurück
Oh ich sterbe zwischen euch
Die ihr mich erstickt mit euch.
Fäden möchte ich um mich ziehen
Wirrwarr endend,
Verwirrend,
Zu entfliehen
Meinwärts.

Elbanaff:
Min salihihi wali kinahu
Rahi hatiman
fi is bahi lahu fassun –
Min hagas assama anadir,
Wakan liachad abtal,

> Latina almu lijádina binassre.
> Wa min tab ihi
> Anahu jatelahu
> Wanu bilahum.
> Assama ja saruh
> fi es supi bila uni
> El fidda alba hire
> Wa wisuri — elbanaff!

O ja, das erste Buch Gedichte aus jungem Fleisch und Blut und Seele, ein arglos wunderschönes Geschöpf unter dem Stern verkündet. Man hebt es aus der Krippe des heiligen Stalls, darin auch der Dichter zu wohnen pflegt, nimmt es behutsam in den Arm und führt sein erstes Buch, in Weiß gebunden, spazieren. So tat ich das wenigstens, liebes h. P., und wenn ich auch gerade nicht mit dem Kleinod aus einem Stall trat, so war's aus einem Verließ meiner Verheißung. Hinter Holzgittern wohnte ich zur Zeit des ersten Buches in einem ehemaligen Flaschenraum, in einem der Käfige des Kellers, den der Portier mir geheimnisvoll, aber großzügig für fünfundsiebzig Pfennige monatlich auf seine Rechnung und Gefahr vermietet hatte. Und als ich gelegentlich in einem Kreise meinen Traum erzählte, der mich oftmals in der Nacht beschlich, sorgten die betroffenen Anwesenden für ein wirkliches Zimmer. Ich träumte, ich sei Gemüse — kam eine Ratte, eine große, schwarze Ratte, beknabberte mich. Meine ernsteste Narbe, h. P. Und ich behaupte, die ich von Kind auf zur Hellseherei neige, daß diese Gabe eine normale ist, die nur im Laufe der Jahrtausende eingegangen, wie die Sinne einst ganz erlöschen und von minderwertigen, geht es so weiter in der Welt, ersetzt werden. — Der Verleger Axel Juncker, in Kenntnis von meinem Manuskript, dessen Gedichte ich mit Erfolg im Verein der Kommenden vorzutragen Gelegenheit hatte; auch einige Zeitschriften interessierten sich für meine Produktionen und nun zu guter Letzt ein mutiger Verleger, der mich bat, mein Manuskript zur Durchsicht für den eventuellen Druck ihm anvertrauen zu wollen. Axel Juncker, ein Däne, sprach gutes verständliches Deutsch, als ich ihm meine Gedichte herzklopfend zur Prüfung übergab. Auf der ersten Seite stand in großen Buchstaben der Name meines Buches: Styx: — Schon nach einigen Tagen traf der übliche erste Brief des ersten Verlegers ein, der ungefähr so lautete: »Hochverehrte Dichterin. Es gereicht meinem Verlage zur großen Ehre, Ihre schönen Gedichte zur Durchsicht empfangen zu haben. Dieselben sind so interessant wie originell und aus diesem Grunde eben — Kaviar für's Volk. Was für ihren Wert zeugt, aber ein Risiko für den Verlag bedeutet. Ich will es dennoch versuchen. Sprechen Sie einmal bei Gelegenheit vor, wenn Sie an meine Buchhandlung vorbeikommen.

    Mit hochachtungsvollem Gruße

        Axel Juncker.«

Der ließ sich Zeit! — Mir im Flügelkleide machte das Sorge. Ich hatte selbstverständlich keine Zeit mehr. Eilte am folgenden Tage schon zu dem phlegmatischen Verleger hin, der mich aber prompt hinter dem Glas seiner Ladentüre erwartete. Und er hatte sich nicht getäuscht. Damals noch verkaufte er Bücher in der Potsdamer Straße, die er später in ein Knusperhaus, in den buntgefärbten Buchladen am Kurfürstendamm von Franzkowiak transportieren ließ. Dieser Hex Axel! Zwei Kontrakte wurden mir Glückskind zur Unterschrift unterbreitet, die ich gefälligst unterschrieb: Else Lasker-Schüler. Ein starker Name, der zum ersten Male für mich zeugte. Wir beide, heute, unzertrennbar vereint, ein Verhängnis! Andere Dichter steuerten zu den Druckkosten ihres ersten Buches bei und mir wurde es erlassen. Mein zweites Buch war mein Peter-Hille-Buch. Vor seinem Tode wünschte der Prophet: »Tino«, so nannte er mich, sollte es dichten. Diesen, für mich ehrenvollen Wunsch erfüllte ich mit lauterem Stolz und heller Freudigkeit. Wandelte mit dem heiligen Manuskript, mit meiner blauen Bibel zwischen meinen Händen — wohin auch — immer zum Altar. Diese Bibel mit der Erde zu verewigen, die den großen dichtenden Heiligen bewahrt, erschien mir als würdiges Amen unserer Wanderung. Aber die gemeinschaftlichen Spielgefährten erinnerten mich daran, daß alle Menschen von des dichtenden Propheten Erdenzeit berechtigt seien, zu erfahren und sein Leben, von mir geschildert, erwarteten. Der Verleger erwartete allerdings mich vor allem, den Kontrakt in der Hand, für den ich ihm ein Seelenheil überreichte, für 50 Mark, h. P., für 50 Mark — wie paradox. Trotz meines zerrissenen Kittels in der Frühjahrssonne, deren schmeichelnde Hand Axel Juncker bewog, statt mich mit fünfzig, mit hundert Mark abzufertigen. Ich habe also gewissermaßen notgedrungen für hundert Mark meinen ehrfurchtsvollen Freund, den unantastbaren Propheten und Dichter St. Peter Hille verkauft und hätte doch nicht ein Königreich für das jahrelange Mythenleben, an seiner himmelreichen Seite wandelnd, eingetauscht. Vier bis sechs Peter-Hille-Bücher lagen hinter Schaufenstern nebeneinander in etlichen Buchhandlungen Berlins ausgelegt. Auf jeden Betrachtenden und Vorübereilenden blickte von seinem Bucheinband das eine Auge des Peter-Hille-Wotankopfes, den einst der Maler Stassen von ihm vorahnend gemalt hatte. Denn wirklich war nach dem Ableben des gewaltigen Menschen das eine der im Leben schon verklärten Augen nach dem Willen des Höchsten ausgeflossen zurück in die Weltlichkeit. Ganz Westfalen, wo ich damals den horchenden Leuten von ihm aus meinem Peter-Hille-Buch erzählte, besaßen es. In einem der Ruinenschlösser der Fürsten Salm-Salm, im Heimatschloß des Dichters, zeigte mir der Bibliothekar dankbar mein schlichtes frohes Buch in Brokat gekleidet. Peter Hille war der Sohn des Fürsten Salm und seiner Mutter, einer Glockenblume, gewesen. — Mein drittes Buch: Die Nächte der Tino von Bagdad, fiel wiederum Juncker zum Opfer. Aber die sehr anregenden orientalischen Erzählungen würden die ersten zwei Bücher, die nicht allzu gut gingen, betonte A. J., mit sich ziehen. Honorieren könne er mir dieses Buch nicht, da sein Verlag noch rückständig stehe mit den ersten zweien. Er habe eben die Werke einer Dichterin und nicht die Bücher einer Journalistin gedruckt. Die Folgen seien uns gemeinschaftlich beschieden zu tragen. Ich ahnte ja damals nicht, daß ich keinen Einwandfreien mit der Herausgabe der ersten drei Bücher betraut hatte, und so wurde nun im Buche Tinos tüchtig eingeheizt, Dampf entwickelt, die vorangegangenen Bücher über den Büchermarkt zu ziehen. Ich fragte mich zum erstenmal, ob es nicht noch Verleger gäbe außer Juncker. Gelesen wenig im Leben, höchstens Tiergeschichten aus meiner Mutter Bibliothek, was mir genügte, blieb ich verschont vom Drum und Dran. Lächeln Sie ungläubig,

h. P.? Nichtlesen war immer mein Manko. Heute noch. Desto hingebender berauschten mich meiner Mutter Erzählungen, ihre Napoleonschwärmerei, der mit dem Schwerte den Völkern eine Weltgeschichte schrieb. Er war ihre große Liebe gewesen. Auch lauschte ich auf ihre Ehrfurcht zu Goethe und weinte, wenn sie mir von dem Hungertode Heinrich Heines erzählte. Sie war's, die den Keim vertrauend in mein stürmisches Kinderherz pflanzte, aufzuräumen! — Für meine drei Bücher, für den Styx, für das Peter-Hille-Buch, für die Nächte der Tino von Bagdad, erhielt ich im ganzen? Raten Sie, h.P.? 100 Mark, d. h. für zwei der drei Bücher habe ich nie einen Pfennig von Juncker empfangen. Er weigerte sich sogar, mir von meinen eigenen Büchern auch nur eins umsonst zu geben, selbst wenn es zur Besprechung von mir, der Dichterin, verlangt wurde. Plötzlich verstand er kein Deutsch mehr. Ich hatte ja die paar Freiexemplare erhalten und damit basta! Ich begann meine Bücher schließlich ab und zu, nicht imstande sie zu kaufen, vom Ladentisch zu rauben. Jedesmal hetzte der schnaubende Axel von der Achse seines Ladenkarrens den jungen Verkäufer auf die Räuberin, die im kühnen Satz auf eine Elektrische sprang und die Zunge lang dem verdutzten Lehrling nachstreckte. — In einer Augustnacht schrieb ich mein Schauspiel Die Wupper. In einer Nacht. Allerlei gute Geister, Mücken, Nachtfalter und auch Leuchtkäferchen setzten sich auf meine dichtende Hand und gemeinsam mit dem Finger des morgenrötlichen Lichtstrahls durchblätterte ich die vielen beschriebenen Seiten. Bange Jahre gegoren, floß die Wupper durch das Gewölbe meines Herzens aus dunkler Erinnerung gepreßt, eine alte schwere Schauspielauslese, eine böse Arbeitermär, die sich nie begeben hatte, aber deren Wirklichkeit phantastisch ergreift. Erich Österheld, der Leiter des Verlags Österheld, bat mich, meine Wupper verlegen und vertreiben zu dürfen. Ich ehrte seine Verblüffung, mich selbst nicht honorieren zu können, nicht dazu imstande zu sein. Nicht ihm gehöre der Verlag Österheld, sondern Herrn Cohn. Das stimmte. Der Inhaber des Verlags Österheld war der kleine Cohn, und ich habe ihn *gesehen*. Mit allergrößtem Interesse setzte sich mein verstorbener Freund, Erich Österheld, für die Aufführung meiner Wupper ein, aber ihr Bett wäre dennoch eingetrocknet, wenn nicht einer der Dramaturgen des Deutschen Theaters, Heinz Herald, die Aufführung meines Schauspiels durchgesetzt hätte. Ich kam zu den letzten Proben angereist vom Lago Maggiore auf dringende Depesche, die mich aus reicher Landschaft in das gesteinige Milieu meiner Arbeiterwelt abführte. Cohns Sparsamkeit erklärte sich in der Migräne seiner Milz, die koste ihn Unsummen. Wäre dieser Cohn in seines gutmütigen, verachtenden Onkels Althändlerladen in der Leibnizstraße in die Lehre gegangen, vielleicht hätte er dort zwischen Schränken und Gefäßen, Kanapee und Sessel, Ölbildern, vermoderten Kleidern, alten Schmökern von Geschichtsbüchern, Geschirren, wo in einer Urgroßmuttersilberhochzeitstasse ein Herz gefunden. Weil mich gerade als Jüdin die kleinste unfaire Handlung des jüdischen Verlegers schwerer (ja schmerzlich) berührt, als der etwaige Diebstahl eines Christen, der Bücher verlegt, eines Kunsthändlers, der Bücher verkauft, betone ich die Leute meines Glaubens. Ich sehne mich nicht danach, mit dieser Gesellschaft identifiziert zu werden. Propheten und die großen Könige trennen den tief erleuchteten Juden von dem lauen; den klugen, von dem schlauen. Aber wer Augen hat zu sehen und Ohren zu hören, weiß, daß sich in Verlagsgeschäften Jude und Christ teilen in gleichen Ziffern. So ist es, und ich werde aufräumen und mich nicht irreleiten lassen, vom Bedenken etwaiger antisemitischer Folgen ins Boxhorn treiben lassen, es verstopfen für alle Zeiten. Wer würde sich nach mir entschließen, wieder hineinzublasen: Brand! Lüften nicht schon nach erster Vorlesung eines Teiles meiner Broschüre einige von meinen Kollegen vor mir heimlich nur noch ihren Hut — aber sie lüften. Unaufgefordert habe ich mich ja zu ihrem Rechtsanwalt erhoben, führe unsere gemeinschaftliche Klage, die bis jetzt nur im äußersten Falle unter Ausschließung des Publikums zugunsten der Angeklagten vorsichtig vorgebracht wurde von uns allen. Unsere königliche Kunst machte Kreatur zu ihrem Tyrann. Meine Klage ist nicht jüdisch, noch christlich, meine Klage ist weder beschnitten noch getauft, meine Klage ist ein Chor vieler, vieler, vieler Dichterseufzer, sie mögen Ihnen, h.P., die ich im Begriff bin, h. P., Ihnen zu einem traurigen Volksliede zu binden, im Gedächtnis haften bleiben. Denken Sie an die unsagbaren lieben Volkslieder und ihre Dichter und Tondichter, die in Dachstuben verendeten. Wo wollen wir unser Haupt hinlegen, unsere Schöpfungen einpflanzen — es macht den Eindruck, als ob sich erst nach dem Weltuntergang sich irgendwo für uns ein richtiger geretteter Boden findet. Was gäbe mir selbst Jerusalem, feilböte man die Wunder meiner Schwärmerei wie Ware, schachernd auf den Märkten. Was haben wir Dichter mit Händlern zu tun, fabrizieren wir etwa Gedichte oder Bilder, Skulpturen und Melodien? — So pietätlos der Gedanke auch sein mag, — ob Gott nicht selbst jung und ungeduldig seine Schöpfung: Die Welt, dem Satan zu verlegen gab, der nun seinen Nutzen herauszieht? In höllischen Farben gebunden und eitel goldenen Lettern, liegt das Buch des Ewigen auf dem Tisch der Ewigkeit, über das er seine Allmacht verlor? Denn Zank und Hader enthalten sicher nicht die Zeilen Gottes, das Innere des Buches der Welt. In ihm halten sich umschlungen Stein und Gebein, Wasser und Grund, die kleine Muschel am Strand dröhnt noch das Nachtgebet seines Meeres. Sind unsere Verleger nicht Knechte des Satans, Teufel, die uns im Leben schon das Fegefeuer unter den Füßen anzünden? Gleicht die Not des Dichters nicht der katastrophalen Piece des Zirkus, die mich schon als Kind erschütterte. Wer hätte nicht mit dem silberweißen Schimmel gebebt, der sich allabendlich der unentrinnbaren Umarmung der Kobra aussetzen mußte. Ihr gleicht die feuchte erwachende Morgenstunde, die herannahende Not, der schleichenden Märchennot des Dichters, die sein reicher Verleger so oft in einem sorglosen Abend zu verwandeln vermag. Sind wir Künstler nicht erhabene Gottsucher, ehrfurchtsvoll nach unserm unerreichbaren Ebenbild. Warum müssen wir gerade die schweren Steine aufheben, unsern zum Himmel strebenden Weg zu ebnen? Denn überwinden wir Künstler nicht alle das Schlechte doch einmal in uns und kehren heim? Wer unter uns hätte nicht schon tief die Einsamkeit stark erlebt im gedrängten, sich amüsierenden Menschenknäuel lüsterner Feste. Gott, der Geborene, Satan, der Entstandene zwischen Mensch und Mensch. Das himmlische Gewitter, bevollmächtigt vom Herrn, verstummt erschöpft vor der lauen, fahlen Spitzfindigkeit des Satans. Beharrlich weigert der sich, die Welt dem Alldichter, den allmächtigen

Vers, zurückzugeben. In ihm schmachtet gefangen die Kraft der Liebe wie in unsern Gedichten, die dem Verleger zur Ernte dienen. Buchen Sie es fürder im Kalender der Dichtung: Auf tausend und einen Dichter fällt je ein ebenbürtiger Verleger. Es handelt sich also um eine tiefreligiöse Frage mit dem Dichter und seinem Verleger; wir ahnen das, da wir über alle Dinge schweben. Der Verleger aber ist phantasieloser, beharrt auf seinen Standpunkt, der unumschränkte Bescheidwisser und Engelmacher. Ich vernahm einmal ein Gespräch zweier Verleger, das mit der Bemerkung endete: »Sonderbare Heilige gäbe es zwischen uns.« Dieser sonderbare Heilige war ein großer Dichter, der den Entschluß faßte, ihn nur leider vorübergehend ausführen konnte, seine Bücher selbst zu verlegen: Gerhard Hauptmann. Es scheiterte an seiner minimalen Routine; wo sollte er die auch herhaben? Sein S. Fischer kennt die Stellen in den Sümpfen des Verlags weit besser als er. Und ich möchte nur noch bescheiden bemerken, daß es darauf ankommt, zu erwachen, um vorerst mal aufzuräumen. Es täte uns Künstlern, also allen Dichtern gut, recht tief Atem zu holen. Parole: Mit dem Kopf durch die Wand! Wir können mit dem Kopf durch die Wand. Organisieren wir uns doch wie die Arbeiter, machen wir unsere Kunst staatlich. Unser blauer Tempel gehört nicht einem Geldmenschen, er gehört der Menschheit. Werden wir des Staates: Athener! Allerlei Literaturen traten hinter der Bühne der Revolution als geistige Arbeiter auf, trugen ein rotes Bändchen als Blutabzeichen im Knopfloch. Sie blähten geistig ihren Mund auf, versalzten die siedende Brühe im eisernen schlichten Topf zum Ärgernis der müden, verarbeiteten körperlichen Arbeiter, die auch ohne geistiges Gewürz der schwirrenden Geister über der harten spartanischen Suppe zum Resultat gekommen wären. Die Künstler, die ihren Leib der Gerechtigkeit zur Verfügung stellten, sind zu zählen. Bewegt beuge ich meine Knie vor meinen dichtenden, schlichten Märtyrerfreunden Apostata. Zwei von ihnen, Gustav Landauer, der Jakobus, und Leviné, der erzengelhafte, fielen ihrer Erlösungsballade zum Opfer. Dem ersten riß man den gewaltigen roten Pocher aus der Brust, dem zweiten durchbohrte man im Gefängnishof der Schläfe gütigen Stern. Und noch zwei Dichter schmachten schon jahrelang. Warum eigentlich? Und warum befreit sie niemand — aus der Festung Bayerns? Erich Mühsam und der Toller. Diese vier Menschen der Liebe, die alle äußere Pracht verschmähten und den Nächsten liebten, wie sich selbst, ja über sich hinaus, unsere Könige. Wie sie auch kritisiert werden mögen, ihr ehrlicher blutiger Vers bleibt ewiglich zu respektieren. Er wurde ihr Todesspruch. Der Dichter vermag eher eine Welt als einen Staat aufzubauen. Wir Dichter aller Künste wollen uns zusammenschließen, daß wir stark werden. Wir wollen vor die Tore unserer Ausbeuter ziehen. Bin ich auch überzeugt und mir ganz klar, daß ein ganzes Heer von uns, und wenn jeder einzelne in tausend Zungen redete, nicht einen Verleger überwältigt. Ja nicht einmal unsere Klage Eindruck auf ihn macht. Aber wir sind doch in der Lage, ihn abzuschaffen, dem Teufel den Rücken zu drehen. Der Heilige, der den Satan überwältigt, befreit in sich jedesmal Gottes Schöpfungswerk, die Atemfreiheit, worauf es ankommt. Ich werde religiös, ich will mich nicht gehen lassen, aber hingeben meiner Sache, unserer Sache. Ich trage eine große Last, h. P., indem ich mir diese Klage von

Stadt zu Stadt aufbürde, ein Tausendherz flammt in meinen Armen, aus ihm schreien viele, viele, viele viele lebende Dichter und hauchen aus ihre letzte Not alle toten Dichter. — Die Frage, wie ich mir eine Änderung in den Verlägen und Kunstsälen vorstelle, möchte ich dem Staate zu regeln überlassen, ordnet er doch die Schönheit der Anlagen seiner Städte, warum nimmt er sich nicht schon längst der Kunst an, die ihre Einwohner schmückt. Ich stehe hier, Euch meine Brüder, die Dichter aller Künste, und Sie, h. P., zu erwecken, zu sammeln. Den Plan der Änderung überlasse ich einem organisatorischen kunstliebenden Menschen im Staate, der uns einen Boden zu legen versteht, über den wir ferner vorurteilsfrei und heiter schreiten können, zu können vermögen. Mir indes fiel nur diese Klage in den Schoß von Jahrenhoch, die zum Himmel schrien, und ich glaube an ihre Wahrhaftigkeit und wir wollen alle, h. P., an ihre Wahrhaftigkeit glauben. Ich will aufräumen auf dem blaugedeckten Altar der Dichtung; wenn die nicht wäre, gäbe es kein Entrücken, keine Auferstehung. — Sich unsichtbar zu erhalten, benötigt der Dichter sein Versteck, wir wären sonst — sicher sogar — eher vergriffen wie unser Buch, wie unser Bild, wie unser Lied. Instinktiv bewahrt der wahre Leser zwischen sich und dem Dichter seine sehnsüchtige Perspektive. Sonst wird's meist Kitsch für beide. Ich weigerte mich fast immer entschieden, Einladungen zu akzeptieren mit dem Programm: »Zum Butterbrot und einer Tasse Tee«. Oder »Wir machen keine weiteren Umstände«. Ich liebe sogar hochzeitliche Umstände, dem Dichter sollte man hochzeitlich decken, da man sich doch mit seinem Wort zu vermählen gedenkt. Sieg brachten meine hebräischen Balladen meinem Judenvolke in

Schlössern und Hütten, und die Faust fing ich auf, ein abtrünnig Wort, das meinen armen Judenbruder verletzen sollte. In den Gassen sind die Minderwertigen nicht zu suchen, ihre Kunst ist gottgebenedeiter wie der witzelnde Humor des jüdischen literarischen Kommis, der beileibe nicht Gottes Himmelsohr erreicht. Zum Widerwillen waren mir immer die Witze, ob sie aus Judenmunde oder über christlicher Zunge kichernd schlüpften. Wie einträglich wäre es, wenn Seele und Körper gleichwertig reich geschmückt durch dieses Leben wandeln würden, zumal der Künstler Geschmack besitzt. In Elberfeld im Wuppertal, in der meine teuren Eltern so viel Gutes taten, besuche ich alle Jahre die heimatlichen Gräber und wandle durch die Gänge unsers morschen Hauses. Mich besternend betrachtete ich als Kind so gerne das ehrfurchtsvolle künstlerische Priesterantlitz meines Urgroßvaters, der Oberrabbuni vom Rheinland und Westfalen in religiösem und politischem Heile seiner Gemeinde Oberhaupt, so weihevolle Jahre Frieden brachte. Die Legende erzählte: Er habe sein Herz aus der Brust nehmen können, was er nach kühnen staatlichen Konferenzen zu tun pflegte, um den Zeiger des roten Zifferblatts wieder nach Gottosten zu stellen. Mein Urgroßvater liebmütterlicherseits, spanischer Jude, Großkaufmann, Pablo von Elkan, Vater des Vaters meiner jungverwaisten teuren Mutter. Der übersiedelte unter dem in England angenommenen Namen Kissing nach Süddeutschland und pflanzte auf den Bergen: Wein. Nahm sich eine Dichterin, die wunderschöne Johanna Kopp, die Tochter einer angesehenen bayerischen Judenfamilie zur Frau. Wir Enkel noch tragen ihren blauen Ehering, schauen Sie mir ins Auge, um der dunklen Kuppel. Von meinem

Vater, dessen Tod man in den Zeitungen mit den Worten den Lesern kündete, der Till Eulenspiegel von Elberfeld ist früh am Morgen gestorben, ehrt es mich, Ihnen, h. P., zu berichten, daß er, der vierte Bruder der 23 Geschwister, sich des Lebens ausgelassenster Laune erfreute in seiner Geburtsstadt Hexengäseke zu Westfalen. Dieses kleine Städtchen, berühmt durch seine tiergeschnittenen Hekken, diente meinem Vater zu seinen unsterblichen Streichen. Den letzten, der für ihn hätte ernste Folgen nach sich ziehen können, absolvierte er mit I. in der geistlichen Kaplanstadt Paderborn, wo er das Gymnasium täglich schwänzte. Von der Menschen- und Schinkenknochenaffäre spricht man noch heute im Biedermeierzimmer der altmodischen Häuser beim Kaffee, die dazumal die Einwohner in Schreck und Spannung versetzte, des Spukes Aufklärung mit Besserungsanstalt oder hoher Geldstrafe zweier Sekundaner für meinen 16jährigen Vater: Schüler und seinem Freunde Paderstein endete, deren Väter weiland wohl oder übel die Sünden der Kinder heimzahlten. Mit Vorliebe beschäftigte sich mein Vater mit dem Bauen der Häuser, namentlich der Aussichtstürme der Stadt und ihrer Umgegend, die sich immer zu hoch verstiegen, jedenfalls der Nachbarschaft Sorge für Haus und Hof, der Herbststürme eingedenk, verursachten. »Wegen so ein paar verfluchte vermaledeite Ställe bin ich gezwungen, meinem Bau den Kopf abzuschlagen!« dröhnte meines Vaters choranschwellende Stimme frühmorgens durchs Haus. Man vernahm sie schon aus einem anderen Stadtviertel der Stadt, die schwamm geradezu auf seinem vollen Bariton. Wir Kinder im Versteck lauschten noch ungewiß, was sie bringen könnte. Ich mußte mit ihm als sein jüngstes Kind die Gerippe der Neubauten besteigen, bebten zwar beide wie Espenlaub, und einmal erinnerte ich mich, wie die Arbeiter auf meines Vaters Kommando zwischen Luft und knarrenden Brettern zwei Fahnenstöcke in Form einer Riesennull bogen und brachen und sie dann oben auf das noch unbefestigte Dach hißten mit einem schwarz-weiß-roten Fetzen daran. Das wehende Bilanzrätsel, die Null, beschäftigte schon beim Aufwachen die ganze Stadt, das mein Vater aber jedem Fragenden, sich schüttelnd vor Lachen, löste op Wupperdhaler plattdütsch: »Ech hann meck verstiegen, lewe Lüte, fragt nur ming Elsken, eck han verdeck keng Kastmännecken mähr öm Bütel.« Aber das hat niemand meinem Vater geglaubt. Er war gezwungen ein reicher Mann zu sein, bis zu seinem Tode und nach seinem Ableben bescherte er die Leute noch mit seinen ihn überlebenden Anekdoten. Damals war noch eine herzliche Zeit. Von den Armen nahm mein Vater keinen Mietzins, denn wer in seinem Hause wohnte, der wohnte auch in seinem Herzen. Und ich bin stolz darauf, da mein Vater sich ganz ausgab, kein Heimatloser heimatlos blieb, die eigene Tochter für seine Weitherzigkeit zeugt, nicht eine Stube besitzt, gar ein Fleckchen erbte. Schwatzsüchtigen wurde es nicht schwer, mich mit allerlei sensationseifrigen Gerüchten zu bekleben, der wollte das, jener dies von mir erfahren haben. Ich flüchtete immer durch die liebevollen Bäume des Waldes, über Wiesen, ich liebe jede Blume — heute eile ich ans Meer und überall blicke ich nach einem heimatlichen Boden aus, wer von uns hätte den gefunden und nicht erlitten des Heimwehs qualvollste Angst. Fand ich denn einmal die Heimat — in deinem Auge — durfte ich auch dort nicht rasten. In der Nacht meiner tiefsten Not erhob ich mich zum Prinzen von Theben. Welchen Ahnen nachfolgte ich, welche Mumie salbte meine entschlossene Tat? — Immer wieder tauche ich vom kühlen Strand meiner Broschüre in die lockende Welle meines Blutes, sie drängt über Sie zu kommen, Sie von meiner Anklage Ernst zu überzeugen. Ich stehe vor Ihnen, h. P., anzuklagen, keineswegs zu schwärmen, aber aufzuräumen, bin des Verlegers Kehraus und des Dichters warnendes Beispiel. — Hüte sich der arglose Lyriker, mit seinem Herrn Verleger buchverwandt zu werden, danach trachten die meisten der Herausgeber. — Wer nie sein Brot mit Tränen aß, der ißt es in dieser buchverheirateten Sippschaft gemeinschaftlich am Tisch. Allerdings erwarteten meiner Überraschungen unter dem Schnee der Serviette kühlen Mittagsmahle, bei dem man einfriert, das einem das Recht zur Auflehnung nimmt. Mit diesen Presenten verschloß mir lange Paul Cassirer den Mund, den Eingriff in mein eigenes Recht. Er arbeitete ja für eine Dichterin, für meinen Idealismus, der von Luft lebte, wie durfte er mir mit Gewinn kommen. Sein Verlag hatte eben Verständnis für seine Dichter, darauf wurde strengstens gesehen, h. P. Als meine gesammelten Bücher, funkelnagelneu, schön und zugegeben — ganz nach meinem Geschmack, noch einmal im Verlage Paul Cassirer im Begriff zu erscheinen waren, betonte mein Hauptverleger zwar seiner Reichskanzlerin, »zwischen Else Lasker-Schüler und Paul Cassirer existiert kein Kassenschrank«! Mit diesem Beschluß aber schloß er ihn zu. In den Winternächten, wie oft habe ich im Dunkel des Zimmers meine Bettvorlage wie ein Dieb vom Fußboden aufgehoben und schob sie noch über die fremde dünne Decke. Ich begann vor Hunger tiefer zu atmen, trank die Luft und kaute an ihrem Balsam. Ich erzähle Ihnen diese alte Begebenheit ohne Streuzucker, reiche sie Ihnen so im Vorbeierzählen, eine Tragödie immerhin, und dem sie just passiert, bricht sie von neuem das Herz entzwei. Ich will Ihnen nichts zu erfahren vorenthalten, h. P., und lege Ihnen, indem ich Ihnen hier meine Broschüre vortrage, meine Verleger der allerhöchsten Justiz, *die des Herzens,* übergebe, meine Beichte ab. Der große Dichterfürst, Richard Dehmel, ergrimmte immer wieder über die Verlagsangelegenheiten seiner Frau, der tiefen Dichterin Paula Dehmel, meiner Engeline. Schon auf Erden trug sie zwei Flügel und schwebte über alle Undinge. Auf dem Weg zu ihr erkannte sie mich schon: »Was kommt dort von der Höh'« — an meinem Pfeifen noch fern vom Tore.... »Das Flakkerlicht von Horeb kommt.« Aber heute flackere ich nicht mehr, ich brenne geliebte Spielgefährtin im Himmel, ich rauche — ein feuerspeiender Berg, ich speie glühenden Aschenregen, Unmenschen zu verschütten, aufzuräumen für mich, für Dich, für die Lebenden, für die toten Dichter, für die Dichtungen aller Ewigkeiten. Ich fühle es, h. P., die toten Freunde und Freundinnen stehen auf und wie sollten die Lebendigen zögern mit mir, einig zu sein in meiner Klage? Ihr Echo begleite fortan mein Wort! Aus dem Grabe des charmanten Detlef von Liliencron vernehme ich einen Trommelwirbel, der mich anfeuern soll wider die Verleger! Er pflegte ihnen mit angeborener Junkerhöflichkeit freimütige Briefe zu schreiben, die mit der Anrede begannen, freilich überzeugt von des Verlegers vorsichtigem Ehrgefühl.... Allwertester, geliebter Lump usw. Er las mir bei einer Bowle in seiner Mietsvilla so ein Schreiben klirrend selbsteigen vor und betonte, durch die Räume seines Hauses spähend, daß es nur so aussähe, als ob er — aber ihm nicht einmal einer der Stühle der Behausung gehöre, geschweige die Villa selbst. Und Frau Anna, seine vielgelesenen Bücher, nicht einmal das Notwendigste für die Kleidung ihrer Kinder einbringe. Zwei herzige Kirschbäumchen traten Hand in Hand ins Zimmer. — Rein juristisch geprüft stimmen auf dem geduldigen Papier die Zahlengewebe der geschickten Spinne im Mittelpunkt der Abrechnung. Bis jetzt fingen sie uns arme schimmernde Brummfliegen ein und sogen uns total aus. Bis jetzt brummten wir bloß, auch ich, die ich dem feingesponnenen Netz wohl die Flügel lassen mußte, aber mit dem Herzen entkam. Diese Anklage, h. P., führt mein Herz, möge es der erste Satz sein, den ein Herz spricht, und kein ausklügelndes Hirn. Unklar und ungerechter Dinge, wollte ich behaupten, daß jedes Buch, namentlich das lyrische, sofort in Auflagen gekauft wird. Ich denke nicht daran, eine solche phantastische Behauptung aufzustellen. Auf reifliche Feststellungen stützt sich meine Klage. Von Fred Hildenbrandt las ich kürzlich im Berliner Tageblatt einen feinen Essay über die unfaire Handlungsweise eines Kunsthändlers in Berlin, der, wie ich weiß, auch einmal in den Jünglingsjahren, gleich Paul Cassirer, idealistisch der Eltern Ratschluß entfloh. Auch Stephan Zweig regte sich neulich gegen den Verleger und Kunsthändler und gestern übersandte man mir Herbert Eulenbergs Artikel in der Weltbühne ebenfalls, der sich wie Sternheim gegen den Verleger wendet. Die Verlags- und Kunstkatastrophe liegt scheint's in der Luft; viele Dichter folgten seit kurzem ihrem Impuls, Licht in eine dunkle Angelegenheit zu bringen. Leider, daß meist des Juristen Zuziehung nur Himbeer auf die bittere Kontraktpille bedeutet. Der Tierschutzverein (Verzeihung) für Literatur im altmodisch geborenen Gänsestil erfreut sich zunächst der besten Gesundheit, und Kartoffelpuffer ohne den Generalanwalt Herrn Dr. Gronemann und seinen Assessoren im entferntesten beleidigen zu wollen. Als er sich noch mit der Schriftstellerei befaßte, brachte er mal in seinem Journal: Das Dromedar.... mein Bild. Bitte! Nun erfreut er sich einer immerfort gut gearteten dampfenden Pfeife, Zipfelmütze und gestrickten Pantoffeln; wenn wir im Schutzasyl noch Kaffee kochen könnten, benötigten wir nicht mehr den romanischen Wartesaal. Der Verleger, der sich für die Dichtung einsetzt, unterstellt sich in jedem Fall dem höheren Gesetze. Er verhilft ja Seelisches festzulegen, zu verbreiten. Dieses verantwortungsvolle Amt vergegenwärtige sich der Verleger gefälligst einmal sorgfältig. Er betreibt aber ein Geschäft, wir sind sein Metier, wir Dichter. Er gehe doch einmal in sich! Falls er keine Angst verspürt, möge es ihm unheimlich werden um seines Herzens Kirchhof. Wie viele Dichter brachte er seelisch, wer weiß, ganz unter die Erde. — Der junge Dichter betrachtet seinen ersten Verleger seines ersten Buches als seinen Priester; bis sein Verlagsehrwürden sich entpuppt, keineswegs dem Weltlichen entsagte mit dem Erscheinen des jungen Werkes. Amen. Eine unvergeßliche brave Erfahrung machte ich mit einem vorübergehenden Verleger: Heinrich E. Bachmeier, eine so bald entschwundene Existenz auf dem Gebiete des Verlags, mediale Erscheinung in der Warschauerbrückengegend zu Berlin. Als mein Retter in den Fluten der Spree erwarb er sich meines Liebsromanmanuskripts: Mein Herz. Es war an einem Abend, abgemagert kam der Mond, zu leben hat es sich für ihn und auch für mich nicht mehr gelohnt und wir beschlossen, da die Spree gut temperiert, uns beide zu ersäufen. Auf — und ausprobiert! Mein Selbstmord wäre außerdem meinen Verlegern zur stattlichen Reklame willkommen gewesen und ich fühle mich seit der Unterlassung irgendwie ihnen verpflichtet! . . .? Die letzte dichterische Besprechung meines jüngst erschienenen Großbuches »Theben« endete mit einer Mahnung des begabten Erbprinzen Heinrich von Reuß an meine Verleger. Auch Paolo Monelli versucht in seinem herrlichen Essay über mich in der Stampa auf italienisch meine Verleger aufzuwecken. Welche Hände blättern in meinem kostbaren Bilderbuch Theben? Beugst du dich über seine Gedichte, seine Zeichnungen? Oder stieren dreiste Augen meine Heiligenbilder an und plappern genießende Lippen meine Feiertagsgedichte her? Es ist Mode, auch kostbare Bücher im Salon auf Marmortischchen liegen zu haben. Das weiß der Verleger und denkt an seinen Vorteil. Mein Buch »Theben«, es ist meine Mutter, mein Vater, mein Kind, mein Bruder, meine Schwester, meine Spielgefährtin und mein Versöhnungstag, meines Herzens Synagoge Abendmahl. Erheben Sie sich im Geist mit mir, h. P. — Hinter dem Kinderstuhl seines blutjungen Papstes, dem damaligen Ernst Erik Schwabach, flüsterte der Dr. Franz Blei; der Weg nach Rom war ihm wahrscheinlich zu weit. So unter dem Einfluß des geistreichen Rampollas eröffnete Erik Ernst, der Riesenknabe (der gar nicht ohne dichtete), seinen Verlag in Form eines Spielladens. Gerade vielleicht darum bewarb er sich um meinen »Prinzen von Theben«, mein eben vollendetes Manuskript. Auch begann er neben seiner Markensammlung meine Verse zu sammeln, sie herauszugeben: Die gesammelten Gedichte. Was mich, offen gesagt, zu Erik Ernst einnahm. Die Liebe zu meinen Zeichnungen. Für die 200 Mark, die mir monatlich vom Verlag in einem hellrosanen Kontrakt zustanden, mietete ich mir eine Wohnung in Halensee, aus der ich aber bald wieder flüchten mußte. Der Krieg begann, Erik Ernst heiratete schnurstracks, und zwar Erna Lübke, die Tochter eines Zahnarztes. Stürzte sich, ein echter Makkabäer, nach der Hochzeit in die Schlacht. Erna hütete das Heim. Einst war sie ein bescheidenes Bürgermädchen gewesen, der das viele und wenn schon jüdische Geld in den Kopf zu steigen begann, die christliche Nebenliebe außer acht ließ, von christlicher Teilung nichts wissen wollte. Ihre grausamen Antworten auf unsere rührenden geöffneten Pumpbriefe an Erik Ernst pflegten uns zu verhöhnen. Dafür deklamierte der Gemahl im Schützengraben unsere Gedichte den Kameraden vor, ein sparsamer Trost! (Aber er meinte es gut.) Ein wohl angelegter bescheidener Mensch war Erik Ernst Schwabach, ihn verhärtete sicher weniger der längst überstandene Reichtum als Erna. Er pflanzte ein dickes Städtchen in die Neumark, säugte es selbst, aber er mag es auch gekauft haben mit seinem Rittergut zusammen, denn die Kirche ließ er den Einwohnern renovieren; den Tempel seiner Dichterin vermodern. Er erinnert sich überhaupt nicht mehr, meine Gedichte verlegt zu haben, sich meiner Person erst nach geraumer Zeit dunkel. Ich war nämlich mal bei ihm, mir Butter und Zucker von den Erzeugnissen seiner Kälber und Plantagen zu holen, aber er, der mit meiner Seele Honig einst zu prahlen pflegte, in Körben sammelte, der Imker, er hatte nicht mal ein Viertel Pfund Butter einer Margarinekuh für mein krankes Kind, nicht ein einziges Zuckerrohr seiner Felder. Ich Tor, ich meine so eins, das man hinter sich schließen kann. Dieser Riesenknabe edlen Blutes erkaltete zu einer starren Münze. Ich warf sie entschlossen, aus dem Garten tretend, eines Orgelmanns Affen in den bettelnden Hut. Er würde, er, Schwabach, heute nicht mehr einen Zehrpfennig über den Rand seines Egoismus werfen. – Dann kam der Mai, den ich so gerne habe, aber Ihnen meine Trostlosigkeit zu schildern, h. P., fehlt mir jede Rücksichtslosigkeit. Ich lag wo in einer Ecke der Straße zwischen Halensee und Grunewald unbegraben, heimatlos noch im Tode. Ein einfacher Spatz setzte sich auf meinen Fuß, er gab sich alle Mühe, mir etwas vorzusingen, ein Garten blühte schon und meiner Mutter Wolke besprengte meine fiebernde Stirn: »Auf die jungen Rosensträucher, fällt vom Himmel weicher Regen und die Welt wird immer reicher. Oh mein Gott, mein nur alleine, ich verdurste, und verweine in dem Segen. Engel singen aus den Höhen, heut ist Gottes Namenstag, der allweiß hier vom Geschehen. Und ich kann es nicht verstehen, da ich unter seinem Dach, oft so traurig erwach.« – Ich war vor dem Wirt geflüchtet, meine Möbel hatte ich in der Eile zum Ersatz der Miete zurückgelassen. Aber das waren alles nur Ableger im Vergleich meiner seelischen Plünderung. In meines Herzens Einfalt wuchs nichts mehr. Armes Land. Erstickt waren die Worte meiner Schwärmerei. Ich glaube, ich habe zu lächeln verlernt bis auf den heutigen Tag. Ihnen das geringste zu verschweigen, h. P., zumal ich aufzuräumen gedenke, hieße das Geschick des Dichters Ihnen unterschlagen. Ich will aufräumen, säubern unsern Tempel mit der reinen Quelle des Zornes.

Franz Werfel kam zufällig gegangen, er wußte Rat, indem er Kurt Wolff in München kannte, sogar aus dem

Effeff kannte und für seine Ehrenhaftigkeit und die seiner ganzen Familie Hochadel bürge. »Was wollen Sie? Der Mann ist Korpsstudent in Bonn gewesen und zweifellos sicher!« Wahrhaftig wir vernahmen plötzlich von weit über den Neckar, aus den Ruinen der Wölfe Ahnen: Die Landgrafen heulen. Jedenfalls traf schon nach zwei Stunden der Rückantwort Gelddepesche aus Leipzig ein: Else Lasker-Schüler sofort zur Besprechung herüberkommen. Kurt Wolff. Wieder wurden Karten — ich meine Kontrakte gewechselt, unterzeichnet. In seine Obhut nahm von jetzt an väterlich Kurt Wolff meine Bücher, die zu honorieren der ästhetische Wolff sich weigerte, selbstredend aus Geschmacksgründen! Der ästhetische Wolff. Jedoch er machte mir, h. P., für meine drei Bücher monatlich ein »Geschenk« von hundert Mark. »Gerne, gerne, kleine Else Lasker-Schüler.« Es handelte sich um meine gesammelten Gedichte, den Prinz von Theben und um ein neues Manuskript, einem Essaybuch. Zwischen sternenbesäten Orangefarben erblickten die Gedichte das Licht der Welt, die sich von ihrer Schöpferin gegenseitig Gott weiß was erzählten. Georg Heinrich Meyer von Säckingen, der Lektor, ein Trompeter auf dem Bock des Verlages Kurt Wolff, so dick er auch war und sein wird, wir haben ihn alle ins Herz geschlossen. »Dabei lebe ich ausschließlich nur von Cola, Cola, Kinder, mich für Euch tatkräftig zu erhalten.« Ein braver Mensch, er ist der einzige, der von der Colafrucht ißt und sündlos bleibt; ein Asket auf paradiesischen Verlagsgefilden. Der Wohnungsnot gemäß nachts mit einem Baderaum teilend, beengt und beschränkt mit seinem Weibchen vorlieb nimmt in der Villa Kurt Wolff. Unser armer Georg Heinrich Meyer, betusamer Adam aus Säckingen, fleißig stößt er stets für uns ins Verlagshorn. In dem vegetarischen Speisehaus Erbse am Lenbachplatz, tief ergriffen von seiner Selbstlosigkeit, jeder von uns 50 Mark Vorschuß in der beglückten Tasche, aßen wir ihm zur Ehre und Gesundheit: vegetarische Kotelette mit Kola-Blattsalat und sangen beim Überschäumen das Boa-Lied: »In der Retirade, schlafen nachts im Bade, in der Wanne Weiher, Georg Heinrich und Frau Meyer. Aus der Belletage, in die Equipage, Steigen zwei paar Beine, Im Laternenscheine, Wolff und seine kühle, Hildegard Emülie!« — Ein entzückendes Autogramm erhielt ich vor einigen Monaten aus München: »Mein herzlieber Prinz Jussuf! Ich freue mich täglich über Ihre charmanten Gedichte sowie auch über Ihre köstlichen Erzählungen und es bricht mir schier das Herz entzwei, das unser goldener Phönix, ja, der sind Sie, im Spatzennest seine Eier ausbrüten muß. Aber Jussufs Genie ist gefeit vor allen Äußerlichkeiten, seine Erzeugnisse gewinnen nur an Güte. Anbei ein Tausendmarkschein, verlieren Sie ihn nicht im Gedränge der Hauptstadt, mein Liebling, und tun Sie was für sich. Ach! Noch 25 000 gesammelte Gedichtbücher, die Hälfte, liegen noch vom bösen, bösen E. Schwabach in unserm Verlag. Allerdings 21 000 Mark, mein lieber Jussuf, sandten wir Ihnen seit zehn Jahren doch schon. Ein nettes Sümmchen, müssen Sie zugeben? Ihr treuer Freund und Berater Georg Heinrich Meyer. P. C. Mein Weibchen, die Moosrose — läßt unsern Prinzen grüßen.« — Wat sagen Sie nun? Kann ich so einem Menschen böse sein? Teppiche hingegen, kostbare Antiquitäten schmükken des Raubgrafen Kurt des Wolffs Behausung. Wir Dichter rühmen uns, beigesteuert zu haben. Kürzlich vermählte er seine kleine Schwägerin mit dem begabten

Komponisten, Sohn des Malers Professors Graf von Kalckreuth. Die Hochzeit, schwatzten sich halt die Münchener in die Ohren, habe der großzügige Schwager vom Erlös meiner gesammelten Gedichte gefeiert. Soweit ich nun den jungen Grafen Kalckreuth kenne und zu beurteilen vermag, wäre ihm, auch selbst nur von der Buchuntat ahnend, zwischen dem Genuß der leckeren, aber schwarzen Speisen, beim Toast der Myrthe der Tränentrank in der Kehle steckengeblieben. Warum, h. P., weigerte sich Kurt Wolff entschieden, auf dem ihm gebotenen hohen Cassirerpreis, auf meine flehentliche Bitte, mir zu den freigelassenen zwei Büchern meine gesammelten Gedichte zurückzuerstatten? Sie müssen ihm doch sehr gefallen haben. Gedankenstrich! Endlich aber erreichte mein neuer Verleger, Paul Cassirer, Wolffs Einverständnis zu einer zweiteiligen, zweiten Ausgabe meines Buches: Gesammelte Gedichte, die beim Erscheinen meiner gesammelten Werke nicht fehlen konnten. Ich taufte dieses Zwillingsbuch selbst: Das goldene: Die Kuppel, das silberne: Die hebräischen Balladen. — In einer fernen Stadt schwer erkrankt, bat ich Herrn sowie Frau Wolff um einen kleinen Vorschuß, den sie mir kühl abschlugen. Bei meinem ersten Ausgang konnte ich mich nicht enthalten, dem freigebigen Paare eine Huldigungsdepesche zu übersenden, über deren Inhalt die Postbehörde nähere Aufklärung erwünschte und nach meiner Aussage vom Postdirektor selbst energisch verschärft wurde. Die Grausamkeit, h. P., des ästhetisch hold lächelnden Münchener Wolffs überbietet die des sibirischen. Was sind diese Verleger eigentlich für Leute? Was treibt sie zu dem Buchhandel? Wahrhaftiges Interesse etwa an der Kunst? Man muß die Buchschieber mal unter sich beobachtet haben; die Börse ist ein Kasperletheater dagegen. Handelte es sich um irgendein geistiges Interesse, sich mit uns Dichtern zu befassen, so gäbe sich zwischen Verleger und Autor naturgemäß ein gesunderes Verhältnis und der Verleger, der famose Mathematiker, würde sich nicht noch die Wurzel aus den Dichtungen seiner Dichterlieferanten ziehen. Man vergleiche mal mit ihm den einfachsten Obsthändler, der seine Äpfel- und Birnenbäume in seiner Laubenkolonie wohl plündert, aber sie gewissenhaft begießt; schon um sie zu erhalten für seinen Erwerb. Oder sollte es sich bei vielen Verlegern um Doppelkriminalfälle handeln? Reiche Leute, die aus eigenmütiger Laune sich Verlage eröffnen, mit ihnen spielen, ihren dichtenden Puppen Arme und Beine ausreißen (wir liegen ja alle in der Rumpelkammer); aus der wir dem nichts ahnenden geldeinlegenden Kompagnon übergeben werden. Abgeklappertes Spielzeug im blendenden Scheine des gemachten Namens. Befinden sich unsere Bücher im Verlag eines Verlegers oder im Bordell eines Seelenverkäufers? Es ist die höchste Zeit aufzuräumen, h. P. Sie legten den größten lebenden Dichtermenschen St. Peter Hille in ein Kinderbett, betteten ihn knapp, eine teuflische Weltkatastrophe. Diesmal vollführt von christlichen Pharisäern. Ich erzähle Ihnen heute nichts Näheres von St. Peter Hille, von solchen Dichtern soll man wahrhaft nur träumen. — Verwechseln Sie, bitte, h. P., den Dichter nicht mit dem Poeten, dem Mann in dem Papiermonde, mit der trillernden Lerche im vergoldeten Busen. Der Dichter, sage ich Ihnen, ist der Bändiger aller Bändiger, er bändigt das Wort, zähmt es und verleiht ihm Flügel. Er ist der züchtende Aristokrat, Torero der Kunstarena, ihm gehört die Weisung: Es soll der Dichter mit dem König gehen. Natürlich kulturell zu verstehen. Darum fühlen wir Dichter aller Künste uns auch nur unter uns geborgen. Zur Kunst wird jede Darbietung, der ein dichterischer Zustand vorangeht. Ich behaupte sogar, dem Künstler, der den Ehrgeiz überwunden hat, liegt nur an dem Nirwana der Inspiration, dem Hinschlaf, dem Entströmtsein des Herzens: Platzmachen für Gott. Den Reeder, der das Gespensterschiff oder den Imperator, den gewaltigsten Meeresdampfer, baute, inspirierte der Geist. Die Baumeister, die den Turm zu Babel aufrichteten, meinen Vater, der seinen Türmen die Köpfe mit ihren Zinnenkronen der Sturmgefahr wegen »vermalmedeit«! abschlagen mußte, reihe ich auf die Schnur der Künstler. Ebenso den Schauspieler, der sich verzaubern kann, von Gestalt zu Gestalt, erlebt den dichterischen Zustand. Wer erblickte in Wahrheit je St. Peter Hille — so entrückt war er. Wer spendete Franz Marc, dem Messiasmaler der Tiere, all die Seligkeit, da er selbst das reißendste Tier verklärte. Ich denke an einen Chemiker, der mir beteuerte, seine Salze und Säuren und giftigen Präparate vertragen sich, falls er sich mit ihnen alleine im Laboratorium befinde vorzüglich. Und Albert Einstein, der grandiose Abenteurer, in ihm bummeln, schwelgen, entzücken sich, paaren sich und streiten sich, schleifen und ordnen sich alle Gestirne der Welt. Hörten Sie mal Max Alsberg verteidigen oder Justizrat Gerhardt oder Fritz Kalischer, die mit dem Ziegel des Worts dem Angeklagten das Tor der Freiheit bauen. Auch des Arztes Diagnose ist eine hellseherische, ist ein Kunstwerk, vermag er in des Patienten Körper zu kriechen. Ja selbst der Kaufmann, falls er nicht Gold verdient, sondern gräbt, nähert sich dem Elementaren. Die Inspiration ist raum- und zeitlos, vor allem unsichtbar. Je tiefer ein Volk, desto unsichtbarer sein Gott. Die Eingebung, die der Inspiration folgt, ja über sie hinausschwebt, gestaltet sich und wird greifbar; indem wir sie hinschreiben, malen, meißeln, tönen lassen, wird zur Glut der Wange, Augenleuchten. Wir Gottminiatüren erschaffen Weltminiatüren. »Zuerst war das Wort.« Dichter also, muß man wohl schon in jeder wahren Kunst sein. Ich habe noch nie einen Dichter, einen Künstler oder irgendeinen künstlerischen Menschen kennengelernt, der nicht selbst in seiner Abtrünnigkeit, religiöser, als ein gläubiger Bürger gewesen wäre. Des katholischen Großpriesters Dr. Sonnenschein wie des Rabbiners Dr. Becks Predigt wird zur Sinfonie, sie vermögen Gott entströmen zu lassen um ihrer Gemeinde Seele. Erstaunt, ja fast verblüfft betrachte ich die Bildhauereien der Neger, der Heidenpriester. Furchtbare Holzgesichter, Kokosfratzen, Köpfe mit zackigen Augenbrauen, weitgepreßten Nasen, Götzen. Ja, Sünde ist in ihrem Lande keine Sünde. Gastfreundschaft aber, die uns hier mangelt, ist ihnen das Höchste! Die heiligen Eigenschaften ihrer Stämme neben mannigfaltiger Rachegelüste, großherziger Schutz und des öfteren launige Menschenfresserei. Sind wir Dichter der Künste etwa nicht Priester? Unsere Kunst nicht unser Gottbeiuns? Was der Satan unserm Gott ist, aller Verleger Plural, ist uns Dichtern der Verleger. Ja, Dichtung heißt vornehmstes Leben, ihr Tod nur ein Kunstschlaf, unproduzierende Zeit, der immer wieder eine überraschende Auferstehung folgt. Der Künste edle Eigenschaft heißt: »Ewigkeit«. Wir sollten sie hegen. Wie man von moderner oder unmoderner Kunst sprechen kann, habe ich nie begriffen, Kunst ist ein Erzeugnis, ein Element, es gibt nur eine ewige Kunst. Weiht den Künstler doch schon der entrückte Blick des Lauschenden, wie des Dilettanten Größenwahn die Schmeichelei der Gesellschaft, die ihn so gerne ladet, wohlig tut. Jeder wahre Dichter unter den Künstlern erreicht die Zeit, Kunst und Dilettantismus zu unterscheiden, Lebendes und Lebloses, Beweglichkeit oder Stillstand, Gutes oder Schlechtes. Bildung ist keine Kultur; Verwilderung keine Wildnis. Des Dilettanten Erzeugnis ist unlebendig Ding, erfreut sich nicht am Wechselspiel der Atmung. Des Urwalds Aderästen verwachsene Selbstursprünglichkeit, natürliche Harmonie und Disharmonie. Verstehe man unter Dilettantismus nicht etwa gestorbenes Schaffen. Dem Tod geht Leben voran. Dilettantismus ist Angefertigtes und nicht Erschaffenes. Außer dem fälschenden Dilettanten gibt es noch weitere zwei Einbrecher in unsern Tempel: »Der Kitsch«. Wo wir den finden, bewillkommnen wir ihn, eine wiedergefundene Kindererinnerung. Wie bestaunte ich die entzückenden mysteriösen Sächelchen auf der Kommode unserer Köchin und erst im Zirkus oder in den Zaubervorstellungen das Flitternde und Schimmernde. Ein unkindlicherer Eindringling aber in unserem Hause ist der Kunstgewerbliche. Mit dem Namen unserer höchsten Werte tauft er sein Gewerbe. Schlägt seinen duftenden Bazar auf im Vorhof unseres heiligen Hauses. Kunst ist kein Gewerbe, wie auch der Mensch oder ein Tier oder gar ein Gott kein Gewerbe ist. Unecht ist der Trost der Obergewerblichen — mit dem er seine Gewerblichen segnet. Zugegeben, unter ihnen befinden sich geschickte Arbeiter. Kunst ist keine Beschäftigung, h. P., Spiel keine Spielerei. Liebelt das Kunstgewerbliche mit der Zierlichkeit des Goldpantöffelchens seiner Stoffpuppen, so ist es mir doch sympathischer, malt der Künstler mal frech und geschmacklos dem Weib des Amenophis einen Schnurrbart an. Sehr oft feiert das Kunstgewerbe mit der Kunst Hochzeit. Maschine mit Organismus. Zwischen fünf Finger etwa einen batikgemalten Zeigefinger. Wie empfinden Sie das, h. P.? Schaudern Sie nicht? So verhält es sich mit der Kunst und dem Kunstgewerbe. Mögen dem Gedicht, dem Bilde, der Skulptur oder der Vertonung, ja sogar mehrere Glieder fehlen, immer bleibt es dennoch Körper, da es vom Odem belebt, atmet und sich so unterscheidet vom Machwerk und nicht mit ihm vor dem Rad gespannt, noch unter die Räder kommen darf. Der Meister der Kunst erkennt die Lebensfähigkeit jedes Kunstwerks und bemißt nach der Ewigkeit seinen Wert. Aber gleichfalls ist er auch imstande, der Dinge Lebensunfähigkeit festzustellen. Empfängt der Dichter nicht mit offenem Herzen, ein beglücktes Schulkind, das ehrliche Lob? In diesem Sinne sitzen wir alle noch auf der Schulbank. Heinrich Heine machte es sogar zur Bedingung im Ehekonkrakt: Wenn Du meine Gedichte nicht lobst, so lasse ich mir von Dir scheiden. Tatsächlich, ein anständiger Mensch hat sein lebelang Primaner zu bleiben, h. P., begeistert zu sein, in der Nachmittagsstunde sich schwermütig der Dämmerung anzuschließen, sich nach Liebesabenteuern zu sehnen, nach Liebe und nicht nach ehrgeizigen Auszeichnungen. Aber wieder ist der Verleger der Störenfried; mit der Rute sollte man aufräumen; wir verlieren den entzückenden Übermut, die Erfrischung des Herzens trocknet ein, der Bach unserer Kindlichkeit trübt sich. Ja, warum zögerte ich so lange – aufzuräumen? Donnerwetter, die Sintflut über sie! – Hörten Sie, h. P., den letzten Fall: Der Fall Cassirer!

Gymnasiast war er auch einmal, der Paul Cassirer! In späteren Jahren pflegte er ihn zu spielen, er lernte seine Rolle auswendig, abwechselnd mit der seines Klassenlehrers. Die Prima sympathisch schwänzend, schrieb der Paul lieber einen begabten Roman. Ich zweifle nicht daran, daß er talentiert ist. »Schon aus Erfahrung prüfe ich«, erklärte mir Herr Cassirer, »jedes mir eingehändigte Manuskript«. Das Erlebnis mit S. Fischer haftet noch in seinem Gedächtnis, der dem Siebzehnjährigen den ungelesenen Roman mit den Worten zurückerstattet: »Er ist total talentlos.« S. Fischer, geb. Schneider, verw. Bäcker, kauend an einer Schrippe in seinem Verlag, mit den Kunden konferierend, zu beobachten, ist geradezu ein George-Grosz-Originalbild. Man glaubt sich in einer Portierloge zu befinden. H. P. Cassirer, der weltmännische Kunstmann, läßt seine Zigarette zwischen seinen Lippen balancieren, aber auch mir blies er leider Dunst in die Augen. Wurde ich nicht seines Gewissens weißer Vorhang, erholte er sich nicht im Gedicht meiner Palme? Meine hebräischen Balladen, die ich vor Jehovas Tempel kniend dichtete, er, Paul Cassirer, hatte sie erscheinen lassen, der Welt gegeben. Allerdings eine fromme Tat! Ablaß! Der heilige Pfennig fällt lange schon in seine Kassette. Loyal, er legt Wert darauf, die jungen Künstler, ob sie dichten oder malen, in seinem Konferenzzimmer einfach selbsteigens zu empfangen. Korrektere Verordnungen erteilte später des Verlages gewordener Aktionär, Walther Feilchenfeld, ehemaliger literarischer Kommis, seinen Türöffnern. Auf bücherblühender Flur harren die Dichter seines Rufes. Indes von Land zu Land, von Erdteil zu Erdteil, weltreist Paul Cassirer seit Jahren, ein Hai, der sich insbesondere von alten Meistern ernährt. Wie oft versicherte er mir, in allen Menschen mag er sich täuschen, »nur in Ihnen darf ich mich nicht täuschen«. Ich wünschte mir nichts sehnlicher, bei meiner Ehre, als daß er mich nicht weiter enttäuschen möge, seinen Wunsch respektieren zu können. Nicht ich habe ihn, er aber mich im Vertrauen betrogen, ich wiederhole, h. P., das krasse Wort »betrogen«, da diesem Manne ein unverblümtes Wort gebührt und kein Feilchensproß. Ich schrieb vor vielen Jahren einen Essay sogar in Versen über P. C., den er sich bescheiden (seine weltmännische Eigenschaft) in seinen Schreibtisch schloß als privaten Besitz. Ich nannte ihn den Kunstmann der Kunsthändler, da er keineswegs wie diese, mit wenigen Ausnahmen, ohne Begabung ist. Paul Cassirer ist sogar genial. Wäre sein Vater als armer Mann gestorben, und sein Sohn Paul statt Kunsthändler, Schriftsteller geblieben, er säße als Erster hier vor dem Podium in der ersten Reihe und applaudierte nach Herzenslust. Es kennt ihn wohl niemand besser als ich; es war wie von der Schule her, wenn wir uns so unterhielten, als ob wir auf einer Bank nebeneinander gesessen hätten und bei meinem Abfall von ihm schlug ich mir das Herz wund. Wie enttäuscht mußte mich dieser Mensch haben. Ich bin mir schuldig, den Dichtern, der Dichtung und auch Ihnen, h. P., gründlich aufzuräumen, keinen faulen Stamm aus Sentiment ungekennzeichnet zu lassen. Ein Ausnahmefall unter den Verlegern dieser Paul Cassirer, ein künstlerischer Mensch, der sich die Knospe im Blute selbst abtötete aus Liebe zum Geschäft. Sein Vater durfte ruhig über den aus der Bahn geratenen Sohn getrost die Augen schließen. Ein zum Künstler geborener Mensch, der an sein Edelstes Hand legte, um der Händler der Kunst zu sein, schließlich sich noch beim Hinblick meiner Erzeugnisse sich einen Verlag eröffnete. Ja, er entwickelte sich nicht allein zu einem üblichen Verleger, er wurde ein sentimentaler Verleger und Kunsthändler, ein sentimentaler Teufel und beherrscht die Dichter der beiden Künste. Ich fordere Sie auf, h. P., vor dieser Macht das Gewehr, wenn sie eins bei sich haben, zu präsentieren. Vermißt man auch bei dem Kunstmann die Verantwortung für den Zug, der durch ihn zu laufen sich gewöhnte. Er ist der Kaufmann von Paris, der von dem Dollarpreise redet und redet »verbiete mir das Nein und Ja, das Weinen und Lachen«. Er redet groß und weit wie durch die Lupe. Er redet einen Wolkenkratzer. Der Zuhörer springt todesmutig endlich durch eines der offenen Fenster, entkommend, ermattend auf die Straße. Aber man verehrt ihn noch im Sturz, ja man verehrt ihn noch, wenn man ihn vollständig erkannt hat, der Unwahrheiten überführte; man verehrt ihn: ein böser Spaziergänger im Hirn des anderen; er verstopft den Kernpunkt, man verstummt, aber man verehrt ihn, weint mit ihm für das Unrecht, das einem selbst geschieht. Wer hätte nicht Paul Cassirer weinen sehen — ich möchte lieber sagen, hysterisch in Tränen erlebt, wenn es sich um Geld handelte. Niemand darf es in seiner Umgebung finanziell zu etwas bringen; ich glaube, um meine Person bangte er am meisten. Trotzdem er meine Scheu in Geldangelegenheiten ehrt! »Sie machen mir doch nicht vor, Prinz, daß Sie um Geld kommen«! Er hielt übermäßig von mir, noch heute. Ich war sogar imstande, nach seiner festen Überzeugung, wirklich nur von Luft zu leben. Dafür gönnte er sich im Strudel des Verdienens kein Rasten mehr. Immerhin ein Fuchs unter den Lüchsen, ein Hai, der von Meer zu Meer schwimmt, sich von alten Meistern ernährt. Von tausend Mark an bekommt Cassirer Weinkrämpfe, die sich steigern mit der Zahl des Fordernden. Drei Briefe schrieb ich diesem Hauptverleger vor drei Jahren etwa in kurzen Zwischenräumen, die er mir alle drei grün unterstrichen, aber ungelesen, zurückerstattete. Zensur: Gemeinheit. Gemein erscheinen ihm Hunger, Gerechtigkeit, Einsicht. Ich riet ihm dann im letzten der drei Schreiben, einen gewissenhaften Arzt zu konsultieren, zumal ihm noch seines guten Fundaments wegen zu helfen sei. Er aber verträgt nur Mundtote in seiner Umgebung. Wenn er so dahin fährt in seinen zwei Autos, ein Imperator, taucht auf, taucht unter – hätte ich ihn gern immer als einen solchen verehrt. Er sank in meinen Augen, ein Verlust für mich, ein größerer für ihn. Aber nicht ich habe sein Vertrauen verscherzt, er aber das meine, ganz und gar. Denn meine Bücher schmücken seinen Verlag, sein Gewissen, sein Haus, seine Person, seinen Tisch. Ich läge trotz meiner zahlreichen Bücher lange an Bleichsucht gestorben unter der Erde, wenn nicht Glücksfälle mir immer wieder das Leben erkauften. Die zehn Bücher meiner gesammelten Ausgabe und die zwei nachfolgenden liegen im Verlage Cassirer, Viktoriastr. 2, und haben mich, scheint's, vergessen, schon Jahre. Im Anfang sprach das Wort: Paul Cassirer erteilt gerne Worte: »Frau Lasker-Schüler, wenn Ihre Umgebung erfährt, Ihre Bücher erscheinen fortan bei mir, werden Sie unausgesetzt angepumpt werden.« Ich möchte Ihnen nicht wieder mit Zahlen kommen, h. P., offen gestanden, ich habe keine Lust mehr, möchte Ihnen nur aufrichtig mitteilen, daß anfänglich Paul Cassirer burschikos gesagt, sich nicht lumpen ließ. Beim Erscheinen der gesammelten Bücher im Jahre 1919 sollte mir die Summe von 50 000 Mark abzüglich der vorangegangenen Honorare im Kassenschrank Cassirer aufbewahrt werden. 27 000 Mark verblieben mir. Ich wurde mein eigener Dieb. Außerdem lief mein Budget liebenswürdig weiter, bis die Briefe Peter Hilles an mich und der Wunderrabbiner von Barcelona 1921 im Cassirer-Verlag erschienen. Für die beiden Bücher à 3000 Auflage erhielt ich 9500 Mark. Das heißt: 2500 Mark, nachdem mir, trotz Flehen und Mordioschreien, die laufenden Honorare 6000 M abgezogen wurden. Außerdem sperrte man mir meiner eingetretenen Phantasielosigkeit wegen, ich lieferte nichts, das Portefeuille. Das Zifferngemälde habe ich meinem Bevollmächtigten Dr. Kalischer überlassen zu zeichnen, er beantwortet mit Freude jede Anfrage. Immer mehr wurde Krieg, immer näher rüstete die Revolution. »Lenin!« Auch auf ihrem Verlagsthron zitterten die Buchtyrannen. Paul Cassirer ließ mich im Galaton vor seinen Ledersessel rufen. Er sprach: »Liebe Frau Lasker-Schüler, verehrter Prinz von Theben, machen Sie sich keine Sorge, falls der Bolschewismus kommen sollte, Sie haben das, was wir, meine Frau und ich, haben.« Atemlos verließ ich den Raum, bog um die Ecke der Viktoriastraße in die brennende Bellevuestraße ein, schrie mit den Arbeitern, die in langer, feuerspeiender Prozession, der Gefahr nicht achtend, über die gepflasterte Erde stampften. Ich stampfte auch. Dieser Paul Cassirer, auch er hatte mich zu locken verstanden und zwar ihm mein Lebenswerk zu überlassen. Ich habe ihm meine Bücher nicht angeboten, er hat sie gefordert. So schön auch ihre Herausgabe ausfiel, so war es dennoch eine Herausforderung, deren Duell ich erlag; nicht allein, h. P., körperlich, nein seelisch und das macht die wahre Erledigung des Dichters aus. Ich räume auf, verehrte Dichter und h. P., räumt mit mir auf. Wir wollen aufräumen! Den letzten Tropfen meines Ehrgeizes opfere ich hier mit der Vorlesung dieser Broschüre. Wer wird noch von mir ein Buch drucken wollen, welcher Verleger dennoch sich bereit erklären. Mögen meine Dichtungen mit mir über die Meere schwimmen und versinken in den Grund der Welt. Wir aber, h. P., wollen nicht ruhen, weiter aufzuräumen. Hört ihr mich, meine lieben Dichterfreunde, solange noch ein Atemzug in unsern Lungen auf und niedergeht, wollen wir nicht ruhen, für die Dichtung aller Kunst zu kämpfen. Ich bin auferwacht, wacht auf mit mir; denn in Ihre Hände will ich mein Testament legen, diese Anklage, sie erzählt von einer Dichterin und Euren Dichtern, lebenden und toten. Räumt auf mit mir, die Gerechtigkeit trägt unsere Fahne. An den Todesschellen üben die Engel schon mein Sterbelied. Aber ich will den letzten Atemzug nicht tun, dessen Streckung ein Weg hinterläßt, den man auf Erden nicht zu reisen imstande ist, in die Ewigkeit, bevor ich euch, meine Spielgefährten, Ihnen, h. P., und des Landes Staat, mein letztes Wort übergeben habe, diese drei letzten Worte, die den Anfang unserer Marseillaise bilden sollen: Ich räume auf!

Else Lasker-Schüler.

ARTHUR ARONYMUS

Die Geschichte meines Vaters

Wenn hinter den Fenstern der Häuser Westfalens die Weihnachtsbäume angezündet wurden, erzählte der Vater meines Vaters, also mein Großvater, seinen dreiundzwanzig Kindern die himmelschreiende Tragödie aus seiner Jugendzeit, die sich am Heiligen Abend der Christenheit abspielte mit allen Schrecknissen beizender Gewürze. Die älteren Kinder meines Großvaters bestätigten düster im Singsang und Gebärden, ein Chor der Rache, die Übeltaten an ihrem auserwählten Volk. Nur mein kleiner Papa scharrte bisweilen ungeduldig mit den Nägeln seiner derben Jungensstiefel über den Fußboden oder an den Nußbaumbeinen des großen Tisches, daß seinen dreiundzwanzig Geschwistern, zu gleicher Zeit, das Herz vor Schreck aussetzte, sein dreiundzwanzigstes aber hüpfte vor Vergnügen dem auflauschenden Vater fast ins Gesicht. Der hatte Angst vor Mäusen, wenn er es auch nicht zugab. Den armen Kroatenjungens kaufte er die teuerste Mausefalle ab, sie hinten und vorne auf den Verschluß prüfend. Heute jedoch beherrschte er seine Antipathie gegen »diese aufdringlichen Nagetiere«. Am schwersten verdroß Arthur Aronymus, den kleinen Enfant terrible, die weit über den Inhalt sich ausdehnende Schauergeschichte des sich Zeit lassenden, erzählenden Vaters. Die beiden Freunde hörte er schon lange pfeifen vor dem Zaun des Gartens.

Wie heute brannten die Tannenbäume hinter den Scheiben der geistlichen Hauptstadt Westfalens, als sich das blutige Pogrom abspielte. Unschuldig vergossenes Judenblut klagte über die Grenzen des Heimatlandes, dunkel über den Rhein und pochte an die Judenherzen anderer Reiche; im unheimlichen Echo an die Erdteile der Welt. An den geschmückten Zweigen der hohen Tannenbäume im Rathaussaale, in der Aula der Schulen, hatte man kleine Judenkinder wie Konfekt aufgehängt. Zarte Händchen und blutbespritzte Füßchen lagen, verfallenes und totes Laub, auf den Gassen des Ghettos umher, wo man den damaligen Juden gestattete, sich niederzulassen. Entblößte Körper, sie eindringlicher mißhandeln zu können, bluteten zerrissen auf Splittern der Fenstergläser gespießt, unbeachtet unter kaltem Himmel. Die innere Stadt zu betreten ohne Erlaubnisschein, war dem größten Teil der jüdischen Gemeinde streng untersagt. Einigen Familien, unter anderen die meiner Großväter, gestattete die Behörde, sich frei zwischen den andersgläubigen Einwohnern zu bewegen. Mein kleiner Papa klatschte in die Hände, die blutige Historie begann ihn, schon im vorigen Jahr an dieser Stelle angelangt, zu interessieren. Er hatte ja den Großpapa Rabbuni, den Vater seiner lieben Mutter so lieb gehabt, auch er war sein Lieblingsenkel gewesen. Wie oft schlich der Hohepriester heimlich nach dem Mittagsbrot mit seinem drolligen Enkelkinde in den Zuckerladen gegenüber seines Hauses. Ja, er blinzelte ihm des öfteren während des schlichten Mahles verständnisvoll zu, der große, ehrfürchtige Jude, von der ganzen Stadt geehrt, von Jude und Christ; Freund des Bischofs Lavater von Westfalen. Jeden Abend, nachdem die beiden Fürsten ihr einfaches Abendbrot eingenommen hatten, trafen sie sich in einem kleinen Gastzimmer im Goldenen Halbmond. Der nahm nicht zu und nahm nicht ab, genau wie das freundschaftliche Bündnis, das die beiden Hohepriester unverändert vereinigte. Sie salbten die Stunden vor dem Schlafengehen mit gottgefälligem Öl, suchten himmlisches Gold in heiligen Gesprächen; zwei verbündete Gottgräber. Denn im Grunde glaubten sie beide an den alleinigen, unsichtbaren Herrn, den Ewigen, den König der Welt. Und wenn auch gehässige Nachbarn versuchten, meinen weißgewordenen Urgroßvater, meines kleinen Papas Großvater, ihm, nach dem längst in Gott ruhenden Bischof zu beweisen, der bischöfliche unantastbare Freund sei weiland in den höllischen Plan des Judengemetzels eingeweiht gewesen, ohne es verhindern zu können usw. — pflegte mein empörter kleiner Vater, außer sich geraten, durch das Verleuchten im Auge des Rabbunis, die bösen Leute mit seinen kleinen aber starken Fäusten zu bearbeiten. All die alten Kinderbilder vom Großpapa-Rabbuni waren »er« ja selbst, auch seine Mutter behauptete, sie seien zum Verwechseln ähnlich.

Die Natur hatte ihn nach des Großpapas Antlitz verschnitten und er war sehr stolz darauf. Sechs Jahre zählte mein kleiner Papa und trampelte ins siebente mitten hinein. Ihn nahm seine liebe Mutter am liebsten mit zu Besuch zum lieben Großvater; dem sein Bart berührte fast schon den kleinen Teppich aus Persien, den er sich in jungen Jahren auf einer religiösen Forschungsreise durch die morgenländischen Bibliotheken mitgebracht hatte. Des kostbaren Teppichs Fransen wurden täglich gepflegt. Wie lauter Finger vieler frommer Hände hob ein Abendwehen bisweilen sie manchmal empor. Um den ehrerbietigen Kopf trug der heilige Großvater einen Turban; am Alltag einen schwarzen, einen weißseidenen am Sabbat. Und es schmeichelte ihn doch etwas, wenn Pilger kamen aus exotischen Ländern und ihn verglichen mit dem Äußern des mächtigen Sultans vom Bosporus. Hingegen verhinderte er liebevoll, wenn sie sich niederbeugten, sein Gewand zu küssen. Die Väter meiner Urgroßeltern meines noch kleinen Vaters Eltern-Eltern wohnten Haus an Haus in der katholischen Hauptstadt Westfalens. Ihre Kinder wurden schon in ihren Kinderjahren feierlich verlobt, um nach der Zeremonie des Gelöbnisses weiter ihre Spiele zu pflegen. Sie kletterten mit den Nachbarskindern auf Äpfel- und Birnbäume. Wenn sie sich dann später verehelichten – die Großmutter erzählte, ihr wars wenigstens so gewesen, als ob sie ihren Bruder heirate. Eigentlich mochte sie den Edmund, den älteren Bruder ihres Verlobten, viel besser leiden. Ein wildgewordener Stier, sprang ihr am Morgen ihrer Hochzeit schnaubend über die Tierhecken Gäseckes. Moritz, der glückliche Bräutigam, hatte sich dort ein Grundstück gekauft, das er mit Hilfe tüchtiger Bauern beackerte. Meine Großmutter, meines Vaters Mama, sollte Gutsbesitzerin werden! Aber Edmund hatte blondgeringeltes Lockenhaar und schwärmerische gelbe Augen; die schwarzäugigen Töchter der Judenfamilie hatten sich alle in ihn schon verguckt. Der Moritz hingegen, mein Großvater, war ein ganzer Mann, fast zu hart im Ausdruck, ja seine kühlen Blicke trafen oft den Nächsten wie dunkle Dolche. Er duldete keinen Widerspruch und das war die einzige Untugend, die mein Urgroßvater, der milde Vater meiner Großmutter, gegen ihn einzuwenden hatte: Denn Gedanken und Worte weiten sich, im Horizont des freien Gaukelspiels, und verkümmern ohne übenden Widerspruch. Aber der verlobte junge Mann ging über die Weisheiten seines priesterlichen Schwiegervaters verständnislos hinweg. Wie die Mehrzahl seiner Söhne, Arthur Aronymus' Geschwister. Von des Rabbunis göttlichspielender Weisheit hatte keiner von ihnen geerbt; aber seines kleinen Arthurs ungezügeltes, urwüchsiges

Temperament verglich sein Goßvater mit der lachenden Beere an seinem Stamm. Hingegen betrachtete ihn der Vater mit den aus der Art geschlagenen schwarzen Schafen, die dem großen Schäferhund schon hin und wieder Nöte bereiteten.

Diesmal ließ der Vater es dabei bewenden, seines unverbesserlichen kleinen Aronymus' Lebhaftigkeit nur mit einer Rüge eines ernsten Blickes zu beantworten. Denn auch seine Geschwister strebten dem Ende der düsteren Ballade zu, allerdings mit geheuchelter Geduld »und Spucke«, dachte Arthur für sich, »fängt man eine Mucke«. Die sprühende Dora, seine ältere Schwester, hatte sich mit ihm schon lange verständigt in ihrer Zeichensprache, die nur sie beide zu enträtseln vermochten. Die häkelnde Regina aber saß aufgerichtet, pflichterfüllt, genau wie sie sich hingesetzt hatte, an dem großen Tisch und bestätigte jedesmal von neuem mit einem Kopfnicken, was der Vater erzählte. Elischen blätterte vom Beginn der Tragödie an in Goethes Hermann und Dorothea, begleitet vom Rhythmus der Dorfkirchenglocke. Auf den Schoß der ältesten Tochter, der schönen Fanny, setzte sich Lenchen, Arthurs Lieblingsschwesterlein. Müde legte es schon sein Köpfchen zur Seite und nur die Zwillinge, die beide »Meta« gerufen wurden, da man sie doch nicht auseinanderhalten konnte, hatten sich längst zu ihrer Mutter geflüchtet, rechts eine Meta, links eine Meta. Neben dem Großvater saß der liebe, leidende Alex im Krankenstuhl; und der kurzsichtige Max, Vaters Augapfel, placierte sich schon selbst stets neben dem Papa; um den Hals trug er ein Kinderlorgnon, aber verlor es immer wieder auf dem Spielplatz im Garten beim Zeichnen der Tiere im Sand. Menachem hieß der Älteste!

Nach ihm kam Simeon; »Geizkragen!« schimpften ihn seine Geschwister, selbst dem Vater schien er zu materiell. Doch auch das allabendliche Dozieren seines pathetischen Julius ging ihm contre coeur.
Die Geschwister belustigten sich, wenn er den Mund groß und weit, wie sich die Kinder das Maulwerk eines Großmoguls vorzustellen pflegten, aufsperrte. Eine gebratene Gans hätte ohne Mühe hineinfliegen können. Aber der Berthold glich seinem Onkel Edmund, er hatte wie der, goldenes Lockenhaar und große helle Augen und die christlichen Mitschüler verschonten ihn. Fannys Tanzstundenfreund trat plötzlich in die Stube. Wenn auch nicht einem Pogrom, so war er doch Opfer einer Privatjudenhetze vor ein paar Jahren geworden. Er blickte seitdem aus seinem schwarzen wirklichen und aus einem künstlichen, hellblauen Glasauge; die dunklen waren alle in der Apotheke ausverkauft gewesen. Seitdem wurde er im Halbenface in Lokalen beim Glase Bier so oft für einen Christen gehalten, obgleich seine Nase, trotz beträchtlicher Länge, keinen Schaden erlitten hatte. Fanny schob ihn an Dora ab, der mitleidigen Schwester. Alle ihre Nippessachen, mit denen ein Mann eigentlich nichts anzufangen weiß, hatte sie ihm fast schon geschenkt. Sie tanzte auf Padersteins Hausball beinahe zu viel mit ihm. Er wurde Mode. Elischen fand zwar, er sei viel zu wissenschaftlich für Dora und für die unkomplizierten, lachlustigen Mädchen in Gäsecke. Einmal lockte sie ihn durch intensives Räuspern ans Ende ihres Gartens in die Jasminlaube, wo sie ihn durch gelehrte Taktik in der Dämmerung für sich einfing. Hingegen Regine hatte wenig Glück bei Männern. Außerdem waren ihre Hände rot. Der hübsche Provisor verordnete ihr eine Kleie und

sie tauchte in die schleimige, bleichende Masse jeden Abend vorm Schlafengehen ihre wirtschaftlich begabten Finger. Eigentlich war »sie« die Frau im Haus! Überall machte sie sich was zu tun. Manchmal konnte sie ihre Schürze nicht finden; bebend und räsonnierend eilte sie in den Gutsgarten, daß die bunten und weißen Pfauen aufflatterten. Am Zwetschgenbaum hing diesesmal die Schürze wieder.

Wie ein Gespenst pflegte sie doch bisweilen über die Kieswege zu schleichen. Wehe, wenn sie dann den Bengel packte!! Die Regina sammelte den Honig in kleinen irdenen Töpfen und der Imker wußte wohl »jede der Bienen hat sie gezählt, gezeichnet wo am Leib«. Und er fürchtete sich weit mehr vor dem Stachel der Tüchtigkeit Reginens, der Tochter seines Brotherrn, als vor der süßsummenden Regina. Dem kleinen Lenchen, dem Lieblingsschwesterchen Arthurs, waren alle im Haus und im Garten und die Menschen im ganzen Dorf vom Herzen gut; niemand tat ihm was zu Leide. Es saß ja auch eigentlich noch mit den kleinsten Geschwistern im Nest. Nur der Bruder holte es öfters hervor und dann marschierten sie Hand in Hand an bunten Strohblumenbeeten der Gärten niedlicher, westfälischer Häuschen vorbei ins benachbarte Dorf; brachten Grüße von der lieben Mutter. »Na, was macht denn eure liebe Mutter?« fragte sie die Sanitätsrätin Grünebaum. »Kaffee, wenn Gäste kommen!« erwiderte mein kleiner Papa. Ganz Westfalen wußte binnen »vorgestern« von dieser schlagfertigen Antwort des kecken Jungen und selbst der Großvater konnte sich eines Schmunzelns nicht erwehren, wenn er auch den vorlauten Mund seines Sohnes Arthur Aronymus tadelte.

Vor dem jungen Pfarrer des Dorfes und all seinen Lehrern zusammen, fürchtete der sich nicht allzusehr wie vor seinem gestrengen Herrn Vater. Er konnte ja eigentlich nicht dafür, daß er so »dumm« war, untenan in der Klasse saß, trotzdem er im Turnen und Singen immer recht gut bekam. »Er muß doch nicht alles können«, nahm ihn seine liebreiche Mutter in Schutz, denn er war wieder sitzengeblieben. Und sie reiste mit ihrem »armen« Jungen schnurstracks ab in ihr Elternhaus nach Paderborn. Der Großvater-Rabbuni lag zwar schon ein Jahr im Gewölbe, aber eben darum bot sich ihr der triftige Grund, in ihre Heimat zu fahren, den Willen ihres frommen Vaters laut Testament: Ein Jahr nach seinem Tode, seine mächtigen in Schweinsleder gebundenen Werke der Stadtbibliothek einzuverleiben. Das leuchtete auch Arthurs respektierenden Vater schließlich ein. Die Mutter erinnerte sich nur noch schattenhaft an den Heiligen Abend und an das Pogrom, von dem ihres Gatten Erzählung handelte. Durch alle Zeitungen eilte die blutige Kunde in die Welt. Einzelne Christen gaben den Hebräern den gutgesinnten Rat, weniger industrielle Berufe zu ergreifen, ohne des Paragraphen zu gedenken, der den Juden den Zugang zu christlichen Lehranstalten verbot. Und Priester hungerten genug im jüdischen Volke. Aus Spanien hatte man sie fast alle schon mit ihren Gemeinden vertrieben oder sie gezwungen, zum christlichen Glauben überzutreten. Der Großvater-Rabbuni betete so oft im Tempel für die Maranen, Juden, die man in fremde Krüge gegossen hatte, des Henkels entledigt und deren man sich darum nicht mehr so leicht wieder bemächtigen konnte. Daß tausendjährige Sehnsucht doch einmal den Stein sprengen werde — und wenn auch nach Jahrhun-

derten, prophezeite Arthur Aronymus' ehrwürdiger Großvater-Rabbuni.
Weinende spanische Juden kamen so oft zu seinem Großpapa und suchten Trost bei ihm. In den engen Gassen des Ghettos bildeten sie Gruppen mit der ansässigen Judenbevölkerung, sich in wirtschaftlichen, vor allem in religiösen Fragen zu einigen. Stoff war ja in Überfluß vorhanden, leider mit Blut gefärbter Stoff; ihn zu prüfen, zu beschneiden, endlich die erlösende Form zu enträtseln, aller Bedrängten Wunsch. Manche unter ihnen trugen Flor um den Arm, besonders Ergriffene wankten in ärmliches Sackleinen gehüllt durch die Winkel des Judenviertels in den vertrauten Synagogentempel. Ihre Augen waren ausgebrannt, grau verweint, Asche. Ins Gedächtnis stiegen diese Erinnerungen Arthurs lieber Mutter und sie weinte bitterlich, ihren kleinen Schelm an der Hand führend, vom Bahnhof bis vor das Haus des verstorbenen Großvaters. Dort brannte noch das kleine Lichtchen in der roten Glasampel — ein ganzes Jahr schon für seine Seele. Und Arthurs Mutter, auf den getreuen Knecht ihres Vaters weisend, erklärte ihrem Kinde, der passe auf, daß Großvaters Seele nicht erlösche.
Am andern Morgen schien die Sonne ganz dick. Meine Großmutter mit meinem kleinen Papa machten sich auf den Weg zum Friedhof. Die Mama könnte doch mal aufhören zu weinen, dachte Aronymus und machte ohne jede eigentliche Veranlassung ein paar Sprünge, trotzdem er seiner Mutter versprochen hatte, im Heiligen Garten recht brav zu sein, leise zu sprechen und vor allem, ruhig an ihrer Seite zu schreiten. Auf einmal rief ein Kuckuck. Arthur Aronymus zählte ganz leise: Kuckuck!

Kuckuck! Kuckuck! Kuckuck! Kuckuck! Kuckuck! Kuckuck! »Siebenmal!!« Und dann betonte er auf westfälisch Plattdütsch im Ton der Bauern: »Genau so alt wie eck bin, wurd' der Groatvatter. Een schönet Alter, wat Modder?« Sie konnte nicht schelten, auch sah sie den teuren Rabbuni sich im Grabe freuen, seine heilige Seele vom blauen Himmel lächeln, über ihren kleinen Arthur Aronymus, seinem verhätschelten Enkelkinde. Endlich wurde es dem klar, warum ihm die Mutter kleine Steinchen in die Tasche gesteckt hatte und sich von derselben Sorte etwas größere, denn sie hob ihn in die Höhe und er mußte sie auf den oberen Rand des breiten Denksteins kunstgerecht wie ein Maurer bis in den Himmel nebeneinanderlegen. Das war sein erster ernster Bau. Zwei betende Hände bemerkte er zwischen den ✡ Quadern des frommen Steines eingraviert. Nach der Inschrift wollte Arthur Aronymus, aus Angst, seine liebreiche Mutter beginne wieder zu heulen, lieber nicht erst fragen. — Fast niemand an dem großen Eichentisch bemerkte die tiefe Bewegtheit schweben um die Schläfen meiner Großmama, außer der mitleidigen Dora mit ihren runden braunen Augen. Auf einmal fiel der Arthur Aronymus seiner Mutter um den Hals, gab ihr einen schallenden Kuß auf den Mund, ein donnerndes Amen; ein unerwarteter glücklicher Ausgang des Dramas, der selbst seinen Vater überraschte, und er ließ es damit bewenden, wie schon gesagt, eine seiner diktatorischen Brauen im Bogen zu weiten.

Der Junge hatte ja eigentlich selbst noch keine bösen Erfahrungen mit den Christen bis heute gemacht, im Gegenteil, er konnte den fleißigen Ernst Paderstein in seiner Klasse nicht ausstehen, der saß unentwegt der Erste;

die Flüsse in der Geographie flossen alle aus seinem aufgesprungenen Mund. Der war schon so wulstig wie der seines Vaters unter dem Bart. Den Kaspar Setzdich und den Willi Himmel hatte er viel lieber, trotzdem sie ihn einmal Jud! Jud! Jud! hepp! hepp! ausschimpften, weil sie bei ihm ein Korinthenbrötchen im Ranzen gefunden hatten und er ihnen nichts mitgeben wollte. Desto tüchtiger verhauen hat er sie! Und probierte seitdem öfters mit den gleichen Schimpfworten die Kräfte seiner Schulkameraden und der Gassenkinder herauszufordern. Die Leute Gäseckes munkelten, der Arthur Aronymus Schüler sei ein Christenkind, möglicherweise ein von der Amme verwechseltes Milchkind. Die Kaffeeschwestern beschnatterten die Neuigkeit im Kaffeekränzchen mitsammen, am Stammtisch die Väter die interessante Anekdote. Daß man das nicht schon längst dem gesunden, ausgelassenen Jungen hatte angesehen! Viele streichelten ihn darum mitleidig im Vorbeigehen und fanden es köstlich, wenn er ihnen die Zunge dafür rausstreckte. Der Kolonialwarenhändler schenkte ihm aus dem großen Glas dicke Malzbonbons, die er so gerne aß. Eines Tages redete ihn auf dem Schulweg der muntere Pfarrer an, für den seine Schwestern, alle durch die Bank, schwärmten. Er schien sich zu amüsieren über Aronymus' frische Antwort. Seine schlanke, gepflegte Hand legte er auf des Buben frischgezogenen Scheitel. Fräulein Paderstein kam gerade vorbei, die hagere Seniorin der Familie Paderstein, die unverehelichte älteste Schwester des Großmanufakturwarenbesitzers en gros: Alfred Paderstein, und hinterbrachte auf ihrer spitzzüngigen Weise Herrn Schüler die kuriose Auszeichnung seines Sohnes Arthur. Der alte Vater Schüler war ja eigentlich ihr versprochen gewesen, ihr vom Himmel ausersehener Ehegemahl. So boshaft die Kunde der verschrumpften Jungfer dem Gutsbesitzer auch überbracht wurde, schmeichelte und beschäftigte sie ihn den ganzen Tag. Und er begann sein von ihm bis dahin vernachlässigtes Söhnchen fürder in der Landwirtschaft zu unterrichten. Arthur war's ja ganz schnuppe, ob der große Baum, an dem die Eicheln wuchsen, aus denen er und Lenchen Waagen zum Verkaufen fabrizierten, Eiche oder Tanne heiße, oder der starke Baumstamm da gegenüber, an dem im Herbst die grünen Igel hingen, mit denen er und sein Schwesterchen Menagerie spielten, Kastanie oder Linde heiße, wenn er nur an beiden heraufklettern konnte. Und wenn sich eben nur eine kleine Schleuse öffnete, der Vater in der Lektion unterbrochen wurde, rannte sein Arthur Aronymus davon. Weit mehr interessierte es ihn ja, Städte zu bauen mit den Klötzen seines neuen großen Baukastens, namentlich Aussichtstürme, wie einer bei Ervitte stand. Lenchen sollte bei ihm oben in den Wolken wohnen!! »Wir werden dann regnen«, versprach er dem Schwesterlein. Und er übte sich mit den Klötzen seines neuen Baukastens, den Fanny ihm zur Belohnung gekauft hatte, für die Wache, die er vor ihrem Fenster gehalten hatte, während der Verehrer aus Münster ihr die Cour schnitt. Oft besuchten Freier die stattliche Fanny; schon auf dem kleinen Dorfbahnhof fielen sie, ihrer Lackschuhe wegen und großstädtischen, karierten Beinkleider und neumodischen Krawatte, dem Inspektor auf. Eine Kamille trug Herr Emil im Knopfloch. Aber der Schwester Gesicht sah ganz sauerrot aus wie die letzte saure Kirsche am Sauerkirschenbaum. Arthur war nämlich zugegen, wie sich beide verabschiedeten. Er stotterte ja und sein Unterkiefer klappte auf und zu. Dora kam hinzu und erbarmte sich seiner, denn sie brachte ihm ein Glas Tokayer. Es war zum Totlachen, wie er aus der Haustür schwankte in Elischens Arme. Und sie stellte auch bei diesem Manne fest, er sei zu wissenschaftlich für ihre äußerliche Schwester Fanny. Arthur und der Kaspar und der Willy hörten all den gelehrten Unsinn, den der Liebhaber auskramte, die belesene Schwester nicht zu enttäuschen. Am Abend beim Griesbrei nahm sich Arthur Aronymus vor, später seine Schwester Lenchen zu heiraten, damit sie nicht an einen gelehrten Mann gerate; und er schenkte ihr zu ihrem Geburtstag von seinen gesparten Pfennigen eine Porzellanpuppe und bedauerte, daß sie nackt zur Welt gekommen sei. Eine ganze Reihe davon stand im kleinen Schaufenster frierend zwischen Strohkörbchen mit Aniskügelchen beim Krämer zum Kauf ausgestellt. Am Heiligen Abend vor Weihnachten kam eine Frau in weiter, nagelneuer Schürze in das Haus meiner Großeltern. Die überbrachte einen Brief des Herrn Pfarrers, der eine Bitte enthielt. Mein kleiner, strahlender Papa sollte zur Bescherung ins Pfarrhaus kommen. Jedes Wort des freundlichen Schreibens wurde mit der Familie Paderstein geprüft und erwogen. Man kam zum Ergebnis, des jungen liebenswürdigen Pfarrers Einladung zu akzeptieren, ihn nicht mit einer Absage zu beleidigen, der katholischen Welt keinen Anlaß zu einem Ärgernis zu geben und etwa ein Pogrom heraufzubeschwören. Mit dem Lehm an seinen derben Stiefeln wäre der Arthur Aronymus einfach am Weihnachtsabend ins Pfarrhaus gerannt, sich ausmalend die Geschenke, die seiner erwarteten. Am Zipfel seines Kittels ergriff ihn noch rechtzeitig seine erschrockene Mama im Flur des großen Gutshauses, säuberte ihn selbst, zog ihm die braunen gestreiften Samthöschen an und steckte zur Vorsicht *zwei* große Taschentücher in seine Taschen — und einen blendend weißen Kragen legte sie um sein ungeduldiges Hälschen, vereinte die Enden mit einer rosa Rosette, die sich eine der Schwestern von einem Hausierer gekauft hatte. »Ich bin doch ein Junge, Mutter!!« Auch mußte er sich die Zähne schon zum »zweiten Male!« heute putzen und er gurgelte danach wütend mit dem mit Pfefferminzpasta durchgetränkten Wasser, daß das stille Lenchen vor Vergnügen einen Purzelbaum auf dem großen Teppich schlug. Nur ihr werde er mitgeben von den Zuckersachen, die er beschert bekomme. Er konnte ja überhaupt, fiel ihm ein, nicht begreifen, daß darum, weil sie Juden waren, nicht Weihnachten in ihrem Hause gefeiert wurde. Das ging so schnell wie in der Rutschbahn, als sich Arthur mit dem Sonntagsanzug auf dem Treppengeländer herabgleiten ließ.

Punkt fünf Uhr stand er vor dem gelben Pfarrhaus. Der Herr Pfarrer guckte aus dem Fenster und der Arthur brauchte gar nicht erst die Schelle ziehen. Als er an seiner Hand die glitzernde Stube betrat, knieten seine beiden kleinen Nichten in der Nische vor Herrn Jesus am Kreuze. Blumen standen neben ihm auf einem Eckbrett und davor brannte eine große Kerze. Die letzten Worte vom Vaterunser hatte Arthur Aronymus noch vernommen; ihm war unheimlich — aber er brauchte ja nicht weiter hingucken. Der fröhliche Geistliche bewunderte seine gute Kinderstube, wie geziemend der wilde Junge, in angemessener Entfernung, in der Pfarrstube den leuchtenden Tannenbaum betrachtete. — Sie tranken Schokolade aus ganz großen Tassen mit Zuckerzwiebäcken. Aus der größten Tasse trank der liebe Pfarrer Bernard. Auf der war was geschrieben. Neben ihm saß Narzissa. Sie trug ein blaues Band im Haar und hatte blaue Ohrringe in den Ohren. Und die Ursula rückte ganz nah an ihn, Aronymus, heran, um zu sehen, wer von ihnen beiden schneller ausgetrunken habe. Dann führte Bernard die Kinder an den mit Geschenken bedeckten Tisch. Darauf standen nebeneinander zwei Puppenstuben, ein Wohnzimmer und eine Küche und für »ihn« auf dem weißgescheuerten Fußboden ein Schaukelpferd!! Am liebsten wäre er dem Onkel Bernard, wie ihn seine kleinen Nichten nannten, direkt um den Hals gefallen. Aber die beiden Mädchen fingen an zu singen in Begleitung des Herrn Pfarrers: »Stille Nacht, heilige Nacht, alles schläft, einsam wacht...« Er schämte sich auch nur mitzusummen, aber als das Lied beendet war, hatte er seine Schüchternheit überwunden und es bedurfte keiner Aufforderung. Er sang: »O Tannenbaum, o Tannenbaum! O, o, o Tannenbaum! Wie schön sind deine Blätter. Du grünst nicht nur zur Winterszeit, nein, auch im Sommer, wenn es schneit...« Er sang das Lied viel besser als der Kaspar Setzdich und der Willy Himmel; wo die standen, quietschten sie den Leuten Weihnachtsstrophen in die Ohren. Und er durfte mit den kleinen Nichten vergoldete Äpfel und Nüsse und vom lekkeren Spekulatius des Christbaums pflücken. Auf einmal bog die kleine Ursula einen Zweig zu sich herab, im Glauben, der Onkel sehe es nicht, um die prachtvolle rote Glasschaumkugel zu stibitzen, als sie schon einen Klaps weghatte und der Herr Pfarrer sie rügte: »Du willst doch nicht etwa ein kleines Judenmädchen werden?...«

An diesem Teufel, der seinem keuschen Munde entschlüpfte, litt der Priester eigentlich sein ferneres Leben lang. Selbst seinem Heiland vermochte er keinerlei Rechenschaft zu geben, wer die giftige Muschel einer längst vererbten und verebbten Quelle an den Strand seiner Lippen gewissenlos zu schleudern sich erfrechte! Er hatte ja den Jungen, den kleinen Arthur Aronymus, vom Herzen lieb und er mußte sich eingestehen, er bevorzugte ihn selbst vor den ihm anvertrauten Schafen seiner Gemeinde, trotzdem er im Programm seiner theologischen Laufbahn bis vor kurzem noch jede Bevorzugung gewissenhaft vermied.

Wie tief er das jauchzende Herz des kleinen Knaben getroffen haben mußte, zeigte dessen ratloses, rundes Knabengesichtchen. Nach Hause zur Mutter wollte er partu! Schließlich schwang er sich entschlossen in den Sattel des hölzernen Rappen, spornte ihn an und ritt im Galopp, trotzig, ohne sich weiter umzudrehen, davon! Aus dem Weihnachtssilbergewölk des geschmückten Baumes holte der betroffene Priester den heiligen Wachsengel im Sternenkleid — »für Lenchen«, Arthurs Schwesterchen. Mit ihm trat Arthur in sein Elternhaus, wissend, warum Vater und Mutter nicht Weihnachten feiern und er und seine Geschwister von ihnen keine Präsente bekommen; und die Padersteins auch keinen Baum kauften auf dem Markt um die Kirche, wo noch Tannenzweige herumlagen und allerlei zertretener Baumschmuck. Die Gedanken hinter seiner Kinderstirn, die sonst unbekümmert herumtummelten, hatten auf einmal alle pechschwarze, feierliche Röcke an und konnten sich nur mühevoll weiterschleppen, ähnlich wie der arme Hausierer, der aus Galizien stammte, mit den Locken an den beiden

Seiten unter dem flachen Hut. Ja, er war ihm auf einmal gut. Wie kam das? Bis jetzt pflegte er ihn doch immer auszulachen mit Kaspar und Willy. Und er heuchelte und log zum erstenmal im Leben, da er lachend seiner Mama um den Hals fiel und im Herzen bitterlich weinte. Nachts träumte er von der Stadt Paderborn, wo sein Großvater-Rabbuni gelebt hat. Dem vertraute er sich im Traume an. Sie gingen beide durch die alten Straßen der alten Kaplanstadt, manchmal gebeugt, manchmal machten sie sich ganz dünn: schoben ähnlich wie seine beiden Hände zu tun pflegten beim Aufbauen der bemalten Klötze, durch die schmalen Häuserreihen der westfälischen Residenz. Fronten ohne innere Räume wuchsen überall aus der Erde, eine an die andere vorbei, und wenn der Großvater mit ihm durch eine der Haustüren wollte, fielen sie, plumps! in ein weites Loch. Außerdem die Giebelnasen, die ihnen Fratzen zuschnitten, und alle die spitzen Türmchen, die ihnen drohten auf die Köpfe zu fallen! Als er aufwachte, saßen seine Schwestern im Kreis um sein schlichtes Bettchen. Er mußte vom gestrigen Heiligen Abend beim »schönen« Pfarrer erzählen. Fanny wie Dora haben es nicht erwarten können, selbst Regine und das gelehrte Elischen auch nicht länger. Keine Streitigkeiten zwischen den Töchtern heraufzubeschwören, ließ ihre Mutter den Gärtner den großen Rosenstrauß in der artigen Papiermanschette, von der Familie Schüler, Herrn Pfarrer höflichst überbringen. — Kurz nach dem Feste verlobte sich Fanny, die älteste Tochter der Eltern, Arthur Aronymus' große Schwester. Und ihre Freundinnen bewunderten ihren geschmackvollen Verlobungsring mit dem roten Granat in der Mitte. Regine erhielt von ihren Eltern einen Nerzkragen zur Entschädigung;

Elischen einen Bücherschrank aus Rosenholz und Dora eine kleine perlenbestickte Pelerine. Das arme Dörken, es konnte nicht mehr ruhig auf seinem Stuhl sitzen, es hatte den Veitstanz. Der Doktor zwar tröstete die Eltern: das käme in »den« Jahren öfters vor, und verschrieb ihr Baldriantropfen, dreimal täglich 25 in einem halben Glas voll Wasser zu nehmen, und er verordnete dem Mädchen einen besänftigenden Tee aus Lindenblüten, Fenchel und Kamille. Sie war überhaupt so komisch geworden, die Dora, verglotzte die Augen und betete die halbe Nacht. Immer begann sie von neuem wieder zu flehen, im Glauben, sie habe irgend eines der Geschwister zu nennen vergessen. Auch litt sie an fixen Ideen, schnappte Arthur Aronymus einmal von den älteren Brüdern auf. Immer bückte sie sich ein-, zwei-, dreimal mit dem wackelnden Körper, bevor sie auf der Wiese im Garten ein Gänseblümchen oder eine Butterblume abpflückte. Elischen nahm Dora ins Gebet. Die beichtete ihr, daß, wenn sie sich nicht dreimal bücke, bevor sie eine Blume abbreche, würde »Alex« sterben. Elischen erklärte ihr genau wie ein Doktor der Medizin den wahnsinnigen Aberglauben ihrer wahnsinnigen Handlungen und trieb ihr zu guterletzt mit einer Ohrfeige den Teufel aus. In Paderborn war's an der Tagesordnung, Teufel auszutreiben. Hexen wurden verbrannt oder eingemauert. Und der Veitstanz war ein von Dämonen besessenes Geschöpf. Und mit Vorliebe plazierten sich die bösen Geister in jungfräuliche Judenleiber. Darum durfte sich Dora nicht mehr, selbst im eigenen Garten, sehen lassen; andauernd passierten ihn die Einwohner Gäsecks. Schon viel zu viele hatten sie beobachtet, wie sie hin und her tanzte. Ernstlich fragte man die Dienstboten aus bis zur Melkerin und Kuhhirten des Gutshauses, ob die Dora wirklich »Glas« esse und »Feuer« schlucke? Und sie fürchteten sich schließlich vor dem bösen Blick des armen gutherzigen Mädchens. Zu spät kam es den erschrockenen Eltern zu Ohren, daß ihr Kind denunziert worden sei, und zwar von gehässigen Neidern, gerade von den Leuten Gäsekkes, die sich das Fallobst vom Rasen im Gutsgarten im Herbste sammeln durften. Die Christen in Gäsecke freuten sich schon auf die weihnachtliche Sensation, »auf Dora auf dem Scheiterhaufen«. Ein Witzbold hatte behende ein Liedchen daraus ersonnen. Erst eine einzige Hexe hatten sie verbrennen sehen, nicht weit von ihrer Heimat. Und mancher der Dorfbewohner eilte ungeduldig in diesem Jahre schon lange der Weihnacht entgegen. Im Gutshause aber war man noch zu keinem annehmbaren Resultat gelangt, die Katastrophe, die ihrem Hause bevorstand, aufzuhalten; der Vater noch die Mutter, noch Padersteins, auch Verwandte, die man benachrichtigt hatte, versagten. Gemeinsam überlegten sie oft bis tief in den Nächten des verhangenen Wohngemachs, als zum erstenmal der junge Pfarrer sich ungerufen melden ließ, das weite Terrain meiner Großeltern betrat. Wie ein junger Konradin, selbstherrlich, blauäugig, schritt er gerüstet, doch mit »geistlichem« Stahl, die hohe Freitreppe des alten Gutshauses empor. Arthur hatte ihn über einer Steinzacke des Daches Arabeske aus, kommen sehen und lauschte durch das Schlüsselloch der noch abfärbenden, neu angestrichenen Doppeltür, die einen kleinen Nebenraum mit dem geselligen verband. Die olle Paderstein saß neben der Mutter auf dem Kanapee und räusperte sich ab und zu und ihr fetter Truthahn stolzierte vor dem Kamin auf und ab, blähte sich auf, als ob er auch mal gern ein Ei legen möchte. Der bunte Zipfel seines großen Schnupftuches hing wieder aus seiner Buchsentasche, im hohen Bogen über dem Podachs. Immer schielte er auf die großen Zigarren in der Kiste seines Herrn Vaters. Darin hatte Simeon ganz recht, daß die ihm »allzu« gut schmeckten. Endlich erkannte Arthur Aronymus zwischen den schluchzenden, gleichmäßigen Litaneien der sich beratenden Gesellschaft des lieben Pfarrers ermunternde Stimme. So feierlich kam die ihm heute vor, ähnlich so hell wie auf ihren gemeinschaftlichen Spaziergängen vor dem Dorfe. Ja, er läutete geradezu: »Bim, Bam, Bim, Bam, Bim Bam«, bevor er zu meinem Vater sagte: »Lassen Sie Ihren Sohn Arthur Aronymus im katholischen Glauben erziehen. Mit diesem demütigen Entgegenkommen in Jesu geheiligtem Namen brechen Sie ein für allemal«, betonte er, »jeder Gefahr, die Ihrer jungen Tochter Dora dräut, die Spitze ab.« Arthurs verängstigte, gequälte Mutter, beinahe schon einverstanden, fiel der Vater, sich feierlich erhebend, mitten ins Wort: »Herr Pfarrer«, begann er zu sprechen mit einer Hoheit in der Gebärde, wie sie höchstens noch dem fürstlichen Vater seiner Mutter, dem Rabbunivater, zu eigen war, »Herr Pfarrer, gestatten Sie mir, Ihnen in unser aller Namen für Ihren ebenso sinnigen wie gutgemeinten Vorschlag unseren Dank auszusprechen. Leider zwingen mich aber folgende Umstände, denselben mit respektvollstem Kompliment von der Hand weisen zu müssen. Ich wie mein Vater noch meines hochseligen Vaters hochseliger Vater und dessen Väter, Väter, Väter, noch die Väter Frau Henriettens, meiner Gattin, in Gott ruhenden Väter, pflegten auf direktem Weg zu Gott zu gelangen, und ich sollte Seinem

Sohne meinen noch unmündigen Sohn auf Umwegen zuführen lassen? Der Herr behüte uns vor allem Bösen. ‏... ה' ישמרנו לכל רע‏«

Dann beobachtete Arthur Aronymus ganz genau, wie sich der Vater zu seiner Mutter neigte, sie auf die weiße Stirne küßte. Das war gewiß das Werk der Nächstenliebe, von dem so oft der Bernard sprach. Denn so was Liebes, einer zum anderen, hatte er noch nie bisher erlebt. Und die Padersteins heulten ja beide! Aber der Bernard war auf einmal gar nicht mehr in der Wohnstube? Instinktiv eilte Arthur auf seinen Siebenmeilenstiefeln davon, überholte den ergriffenen Freund auf dem Heimweg zum Pfarrhaus und drückte ihm unversehens sein kleines Metallpfeifchen, dessen schriller Ton die Einwohner Gäseckes aufschreckte, seinen Talisman am hellgrünen Bande, eine kostbare Reliquie, in die herabhängende schlanke Hand. Genau wie im Rahmen der Mönch im Weihnachtszimmer des Pfarrhauses, sah sein Bernard aus! Ihm war sicher wie jenem der Schutzengel der Kinder erschienen... Von ihm erzählte die Mutter so oft. Die fühlte sich, und wußte es selbst nicht aus welchem Grunde, von der furchtbaren Last, die wie ein Mühlstein auf ihrem Herzen lag, endlich befreit. Auch dem Vater erging es wie ihr und das bemerkten die beiden Padersteins wohl, denn sie umarmten meine geprüften Großeltern und nach ihnen ihren Sohn, den langen Hugo, der immer wie ein Bindfaden plötzlich durchs Schlüsselloch kam. Aber wie der Vater sich verändert hatte – er sah ja genau wie Jakob aus auf dem Bilde im Religionsbuch. Dabei hatte der ja nur zwölf Söhne gehabt und der Herr Vater fast zwei Dutzend Kinder in die Welt gesetzt; unter ihnen sogar Töchter wie »die schöne Fanny«. So rühmte der dicke Apotheker oft die älteste Schwester. Er, Arthur, fand ja nur sein Lenchen schön, aber heute abend erschienen ihm seine sämtlichen Schwestern hinter seinen müden Augenlidern, rosa Rosetten zwischen den Schultern seiner Brüder. — Und sein Vater erwählte einige aus der Schar seiner 23 Kinder zu Kundschaftern. Zunächst den vernünftigen ältesten Sohn, Menachem, und dessen junge Frau und den feinen Berthold und Ludwig und den wohlgenährten Albert und zwei von den jüngeren Brüdern. Und von den Töchtern, Fanny-Deborah, Regine-Naemi und das Elischen und außerdem noch Padersteins schlauen Hugo. Und sie machten sich auf den Weg, schritten behutsam durch die dunklen Dorfgassen Gäseckes und beschlichen das kleine, friedliche Pfarrhaus. Die liebe Petroleumlampe brannte auf Bernards Tisch und ein befriedigtes, friedvolles Lächeln spielte um seine Lippen. Der lange Hugo, der, auf den Zehen stehend, die ruhige Stube überblicken konnte, beobachtete, wie der Pfarrer seinen mächtigen Schreibebogen sorgsam faltete, ihn in ein Kuvert steckte und versiegelte. »Es war eine gewichtige Urkunde!«... beteuerte Hugo Paderstein immer wieder den aufhorchenden Geschwistern — doch — im Nu sprangen sie alle auf einmal über die Rosenhecke, sich zu verstecken hinter der Rückseite des kleinen gelben Gebäudes. Elischen ließ ihr halbes Beinkleid in den Dornen zurück. Denn der entschlossene Herr Pfarrer hatte seinen schwarzen Kragen umgelegt und war im Begriff, seine Pfarre zu verlassen; der Postillon tutete schon das zweitemal durch sein verstimmtes Horn .... Wenn auch Tage, die nicht enden, und Nächte, die nicht schlafen konnten, dem denkwürdigen Abend im Elternhause Arthur Aronymus' folgten, so waren dennoch seine Eltern überzeugt von seinem guten Resultat. Und doch wohl schon das hundertste Mal, da die liebe Mutter, beobachtete ihr Arthur kopfschüttelnd, aber heimlich, sehr tief seufzte, ähnlich wie die schneeweiße Kuh, der man ihr Kälbchen genommen hatte. Doch die ältesten Brüder erwogen so mancherlei: Julius' dicke Augen kugelten manchmal über die Seiten im Werke des Altmeisters. Er hatte eine Idee: der Vater tue gut, dem Kloster der Heiligen Veronika auf der Anhöhe vor Paderborn ein Geldpresent zu frommen Zwekken zu stiften. Nicht ohne – dachte der Vater. Man las seine Zustimmung im erwägenden Ausdruck seiner Mienen.

Doch Simeon erhob sich unwirsch, protestierte entschieden dagegen und beeinflußte das Urteil der anderen großen Geschwister. – Fannys Hochzeit wurde verschoben. »Willst du etwa«, rügte der Vater sie, »Hochzeit feiern in einem Trauerhause, Mädchen?« Fanny wurmte sich und doch fühlte sie sich als schöne Märtyrerin. Regine strickte nachdenklich schon Wochen an ein und demselben Strumpf, ohne es zu bemerken, für sie hing der Schwester Scheiterhaufen noch sehr in der Schwebe. Vorigen Sonntag hatte sie sich Doras perlengestickte Pelerine seufzend um die Schulter gelegt, spät unter dem Vollmond Atem zu schöpfen. Elischen saß in der Zeit an Doras geblümtem Himmelbett. Die kranke Schwester fürchtete sich nämlich vor Gespenstern. Dann kam aus Lippstadt die große Kapazität — »ein Professor über 250 unheilbare Kranke«, erzählte Arthur Aronymus und sein geistlicher Freund schlug staunend die Hände zusammen und beteuerte wichtig: »Na, der wird sicher deine Schwester Dora kurieren!« Mit leuchtenden verheißendblicken-

den Kornblumen betrat der Pfarrer Bernard das weite
Heim seines kleinen Spielgefährten und traf die Familie
Schüler nebst Kindern und Freunden wieder in der Wohnstube versammelt. Den ältesten verheirateten Sohn riefen Pflichten daheim zurück und Simeons und Julius'
Semester hatten begonnen in der Universität der Reichs-
hauptstadt.

Fannys Bräutigam wollte auch nicht länger warten; in
der kleinen Synagoge wurden sie getraut und fuhren
dann den Rhein herunter bis Aachen. Dort beabsichtigten sie, das Schloß Kaiser Karls zu besichtigen. Die große
Fanny hatte Angst gekriegt plötzlich vor der Hochzeits-
reise und Max und Lenchen sollten mit, erzählte Aronymus, Süßholz kauend, dem Willy und dem Kaspar: »Eck
mach' meck jo nömmes aus däm langweeligen Rhein,
wenn's noch Regensburg am Regen wär, so een Städtken
hätt eck meck gern ens angegickt.« — Anwesend waren
also noch neunzehn leibliche Kinder und dazu ein Enkel:
der neunjährige Oskar, der älteste Sohn Menachems,
der Neffe des ein Jahr jüngeren Aronymus, außerdem
der Lange Hugo, Padersteins hoffnungsvolles Riesen-
früchtchen, und der neue Volontär des Gutes: Herr Filli-
grand. Er pflegte immer seinen Namen französisch durch
die Nase zu ziehen. Und es erhoben sich der Herr Vater
und die Frau Mutter mit den Kindern und Gästen zu
gleicher Zeit, als der Pfarrer freudig erregt im Rahmen
der Tür erschien. Arthur Aronymus' bebende Mama ließ
den großen Löffel, mit dem sie im Begriff war, eine Anzahl Gläser mit Limonade zu füllen, wie einen silbernen
Fisch in die gläserne Terrine plumpsen. Aber der Vater
nahm die gewichtige Rolle mit beherrschter, verhaltener
Freude aus den Händen des hohen Boten und Arthur

Aronymus staunte, wie »der Vatter« sich auch in freudigen Augenblicken zu zügeln verstand. Aber dann schimmerten große Wassertropfen in seinen kühlen Augen und überzogen sie mit Sonne! »Frau Mutter, lesen Sie, lesen Sie.« Er nannte die Mutter immer: »Sie« bei feierlichen Anlässen. »Lesen Sie!« Aber der Mutter zitternde Hände vermochten die beglückende Kunde nicht ruhig zu halten und die neunzehn noch anwesenden Kinder, unter ihnen die vierjährigen Zwillinge: Meta, konnten doch auf einmal lesen — — standen um Vaters und Mutters Schoß und entzifferten klipp und klar, was der Bischof aus Paderborn, »eigenhändig«, betonte Bernard, geruhte, der Christenheit zu verkünden. Jeder Satz begann mit einem ganz groß gemalten Buchstaben und endigte mit einem Punkt wie ein Kreis so rund.

Erst beim krächzenden Kikeriki erwachte mein kleiner Papa. Seine Geschwister, bis zur allerkleinsten Schwester, standen schon zum Aufbruch bereit an der Gartenpforte. Und er selbst hätte doch beinahe nicht mehr daran gedacht, daß sein Bernard der Gemeinde Gäseckes und den benachbarten Dörfern und Flecken den Hirtenbrief seines Bischofs — vielleicht — schon angefangen habe — vorzulesen. In die unmodernen Buchsenbeine seines Neffen Oskars stieg er irrtümlich in der Eile und wieder ging's über die Rutschbahn des Treppengeländers, verflucht und zugenäht!! Im Galopp per pedes zum katholischen Marktplatz. Gerade trat sein großer Freund aus der kleinen, alten Kirchentür, verharrte sinnend auf der obersten Stufe der grauen, morschen Steintreppe, in der Hand das kostbare Schreiben des hohen Hirten an seine Schafe. Er schwang die gewichtige Rolle mit besonderer Wucht über die Köpfe seiner Herde, die sich auf sein Geheiß versammelte, schon im Frühgeläute. Mein kleiner Papa angerast, bemerkte seine Eltern Hand in Hand bange lauschend hinter einer der Obstbuden, die schon aufgestellt wurden immer den Tag vorher für den Mittwochmarkt. Der Vater trug seinen grauen Bratenrock und die noch hellgrauere Samtweste und sein braungestreiftes Sabbattuch um den hohen Kragen gebunden; und den vornehmen grauen Zylinder hatte er sich aufgesetzt und die Mutter sich ihren Samtüberwurf angezogen mit den langen Fransen. Noch bevor Bernard die Predigt aufrollte, blitzte es auf einmal aus der dunklen, kalten Novemberwolke so unheimlich und unerwartet — selbst der Gendarm fürchtete sich; und der Herr Pfarrer deutete den erschrockenen abergläubigen Leuten das Naturereignis, wie der Bruder Julius später erklärte, »gradezu monumental!« Niemand der Versammelten zweifelte, daß der Himmel sich mit Seiner Gnaden dem Bischof verbündet habe und aus dem Munde des hohen Hirten spreche. Arthur und seine Freunde hatten zwar verstanden, daß der Bischof aus dem Munde des Himmels zu seinen Schafen geredet habe und sie ermahnte mit einem Donnerschlag: »Ich grüße Euch mit sorgendem Herzen im Namen Jesu Christo, meine irregeleiteten, vom Wege geratenen Schafen und ermahne Euch, Vernunft anzunehmen und nicht weiter zu beharren in Eurer Sünde Aberglauben. — Noch ist es Zeit,« las Bernard und blickte über die vielen Köpfe; »noch ist es Zeit zur Reue und Buße, meine armen Kinder, um deren Seelenheil Ich — schreibt der Bischof — unablässig schwerste Sorge und Verantwortung im Herzen trage. Wehe Euch, im Namen Jesu Christo Eure böse Lust zu stillen am Feuertode an Schwestern unseres lieben, seligmachenden katholischen Glaubens noch an Schwestern aus dem alten Hause Israels. Vergesset nicht in Eurem schwarzen Hasse, daß unser Heiland Jesus Christus selbst ein Jude war, dem Blute Davids entsprossen. Mit tausend Zungen werde ich dem Himmel jedes Frevlers Sünde verkünden und seine Seele brate bis zum jüngsten Tag!!

Darum kehret in Euch, Ihr schwarzgewordenen Schafe. Lasset ab! Lasset ab! Zum dritten Mal: Lasset ab von der Sünde um Jesu Christo willen, unserem Herren! ...
Et vos igitur nunc quidem tristitiam habetis, iterum autem videbo vos, et gaudebit cor vestrum: et gaudium vestrum nemo tollet a vobis. So habt Ihr jetzt zwar Trauer, aber ich werde Euch wiedersehen, Euer Herz wird sich freuen ... und Eure Freude nimmt niemand von Euch.«

Und schon blitzte es wieder, so hell von allen Seiten, bis der ganze katholische Kirchplatz in bengalischem Fegefeuer stand. Und die ermahnten bebenden Menschen sanken in ihre Kniee, auch Arthurs Mutter in ihrem weiten Reifrock. Nur der Vater stand aufrecht, aber er wischte sich die Schweißtropfen von der Stirn.

Auf den Wiesen blühten wieder die duftenden Märzveilchen; die Kinder pflückten die Lieblingsblumen ihres Vaters und stellten sie ihm in einem Glase auf seinen Schreibpult. Er pflegte seinen Söhnen und Töchtern, seitdem ihm der Allmächtige so gütig beigestanden hatte, des öfteren Kapitel aus der biblischen Geschichte vorzulesen. So schön und spannend wie der Großvater-Rabbuni zu erzählen verstand, dachte Arthur, kann der Vater es nicht. Dieses Jahr fiel auf den 28. März das Ostern der Juden; und in der Speisekammer, auch schon im Buffet lagen Pakete mit ungesäuertem Brot. Die liebe Mutter hatte ihrem Aronymus schon im voraus so einen schmackhaften runden Mehlkuchen mit Honig bestrichen, zum Knuspern heimlich am Morgen, mit auf den Schulweg gegeben. Seitdem stand er immer so etwas verlegen neben dem großen Speiseschrank und schielte abwechselnd auf die Mutter und auf die verschlossene Lade. Der Auszug der Kinder Israels aus Ägypten imponierte ihm gewaltig und er konnte den Abend vor dem Ostertag kaum erwarten. »Morgen ist Jüdisch-Ostern«, vertraute er seinen beiden kleinen Schulkameraden an. Die neckten ihn nicht mehr deswegen, da sie wußten, daß der geschiedene Pfarrer Bernard dieses Brot auch nicht verachtete.

Seine Gnaden der Bischof hatte den Neffen in Christo längst an den Dom von Paderborn gerufen. Und schon ein Jahr lebte der junge Geistliche fern von Hexengäseckes blumigen Pfaden hinter allen Tierhecken, weißen und roten. Doch ein Handwerksbursche, ein gebürtiger Gäseckeianer, behauptete felsenfest, den Pfarrer in Rom im Sankt Petri gesehen zu haben. Neben dem Papst habe er gesessen und — Bernard würde sein Nachfolger werden. Aber der reiste mit seinem Bischof ein wenig durch die Städte und Dörfer Westfalens, die Gemeinden zu besuchen, Ämter zu verteilen und Anerkennungen, aber auch die Reichen zu ermahnen und — »Zeit wird es«, betonte der Bischof, »den Aberglauben endlich mit der Wurzel auszurotten.« Arthur Aronymus' Mama saß am hohen Bogenfenster und nähte Hemdchen und Höschen für ihre Kleinsten; flickte die vielen Löcher in den Hosen der Jungens, und im Korb neben ihr lagen unzählige buntgeringelte Strümpfe. Sie bemerkte zwei große

Gestalten durch das Tor in den Garten schreiten; schon dämmerte der Vorabend des jubelnden Passahfestes. Die Kinder spielten noch mit den Jungens und Mädchen des Dorfes in ihrem großen Garten. Sie legten Reisig übereinander und fluchten und speiten aus wie die Fuhrleute Westfalens. Den Zaun entlang tanzte der kleine Arthur Aronymus mit Händen und Füßen wie die krank gewesene Schwester Dora. Er hatte sich in eines ihrer Kleider heimlich gesteckt und ihren Hut trug er mit dem Kleeblumenkranz und den langen Samtbändern. Der Bischof und sein junger Begleiter hielten sich hinter den grau gewordenen Herbsthaaren der Weide verborgen, beobachteten so das Spiel der Kinder. »Wie die Alten gesungen, so zwitschern die Jungen.« Der Oskar versicherte den Spielgefährten, sein Neffe, der Aronymus, verstehe am interessantesten die Hexe zu spielen. Er selbst trug eine Schnur um den Leib geschlungen und an der hing ein Kreuz aus Stengeln des Hagebuttenstrauchs gebogen; eine zerquetschte klebte noch am weichen Holz, ein Tropfen geronnenes Rosenblut. Und nachdem die Schar der Henker die »Dora« an die Brandstätte gezerrt hatten, tanzten sie um ihr Opfer einen Teufelsreigen: »Ine wine wink pank tink tank ose wose wacker dir eier weier weg!« Vorher aber hielt der finstere achtjährige Mönch der bösen Hexe sein großes Kreuz zum Kusse dar und geleitete nach der üblichen Weihe die Büßerin auf dem letzten Weg zum Scheiterhaufen. Ihn wirklich anzuzünden, traute sich keines der Kinder. Der heulenden Hexe aber, dem dampfenden Arthur Aronymus, wurde das Spiel – mit dem angeblichen Feuer – etwas zu heiß und er setzte mit einem kühnen Sprung über die Köpfe der schmähenden Spielgefährten und nun begann erst das richtige Vergnügen, los im Galopp über die Rasen, über die herbstlichen Beete mit einem Getöse der stampfenden, nägelbeschlagenen Kinderstiefeletten, daß die Katzen aus den Kellerlöchern gelaufen kamen. Ein Glück, daß der Herr Vater mit dem Herrn Apotheker im kleinen Bahnhofsraum saßen und Lotto spielten. »Vor dem Vater hat er große Angst,« flüsterte Bernard dem Bischof ins Ohr. »Aber Zeit wird es wahrlich, daß Euer Gnaden aufräumen werden.« Der war allerdings heute selbst Augenzeuge des grotesken Schauspiels in miniature gewesen.

Und nur das ungestüme Lachen der unschuldigen Kinder hinderte seine Gnaden, den Ernst des kindlichen Spieles zu erfassen. Solch einen Spaß wie heute hatte die Schar bisher noch nicht erlebt. Ihr junges Tausendlachen wirkte ansteckend und setzte das Zwerchfell des Bischofs in stürmische Bewegung. Sich am Arme Bernards festhaltend, trat der hohe geistliche Herr zwischen den Ästen des gottalten Baumes hervor. »Na, na, na, na, na, mein lieber gestrenger Sohn in Christo, Euer Bischof ist beileibe nie ein Lachverächter gewesen, darum verzeihet ihm, Eurem alten geistlichen Bruder, daß er mittut, zumal aus dem Herzen des Kindes des Lachens Quelle entspringt – und – wer weiß, wie bitter sie des öfteren – mündet.« Das war so recht sein Bischof, dachte Bernard und er hätte ihn am liebsten für seine weisen, jovialen Worte umarmt, aber »die Blagen«, wie man im Westfalenlande die Kinder zu nennen pflegt, mußte er seinem Bischof, dem größten Kinde, alle herbeiholen. Seine liebe Not hatte er, die temperamentvolle Hexe Dora einzufangen, seinen Wildfang von Freund, den kleinen Arthur Aronymus. Auf den Armen, lebendig aber, brachte er ihn Seiner Gnaden Lavater von Westfalen. Schon watschelten die Mägde des Gutshauses, von Frau Schüler gesandt, herbei, zu spähen, wer die beeden verspäteten fremden Statüen seien, die bei Neit on Näbel seck in den Gutsgarten verirrt tu haben schienen? Und die Kinder schleppten sie einfach auf ihren Schultern aufgeladen wie Fuhren ins Haus. »Gebaden müssen die Ferkels werden, om schmuck teiltunähmen am hütigen Pesahowend.« Aber als die Mutter vernahm, der Herr Pfarrer sei gekommen mit seinem Bischof aus Paderborn, eilte sie wacker selbst aus dem Hause über die Kieswege, denn sie war noch schlank und wohlgebaut und behende. — Auf dem gestickten Vaterstuhl saß heute abend Seine Gnaden Lavater und neben ihm der liebe Bernard. Dann kam der strahlende Arthur Aronymus, dann kam Dora, sie schien anmutiger wie vor ihrer Mädchenkrankheit. Dann kam Berthold, der schwärmerische Jüngling. Dann kam Elischen; dann kam Julius; neben ihm saß Regine und neben Regine nahm ihr frischgebackener Bräutigam, Herr Provisor aus Elberfeld im Wuppertale, Platz. Anfänglich meckerten seine Eltern gegen seine Wahl, denn Engelhard entstammte einer lutherischen Muckerfamilie; und da Regine, ihres Vaters Lieblingstochter, die überhaupt für die Pharmazie ein Faible besaß, sich nun auch noch zu den Händen die Augen rot weinte, entschloß sich Herr Schüler dem jungen christlichen Freier eine Apotheke zu kaufen. Seitdem stand Tinchen im bekränzten Rahmen auf der Kommode ihrer zukünftigen Schwiegereltern. An der rechten Seite des Bräutigams saß heute das kleine Lenchen. Manchmal streifte des Bischofs Auge das zarte, stille Mädchen besonders zärtlich. Es erinnerte ihn an sein Schwesterlein Helene, der jetzigen Äbtissin des Klosters bei Schwelm. Dann kamen die beiden Meta. Sie saßen nebeneinandergeschmiegt, als ob sie zusammengewachsen seien und aus einem Herzen pochten; hatten beide braunes Lockenhaar und führten immer zu gleicher Zeit den Löffel oder die Gabel in den Kirschenmund. Und dann kam ... Judith, Johanna, Eugenie, Luise, Maierlein, die Grete, Elfriede und neben ihr die Titi. Von der Mutter so gerufen; und neben Titi: Albert, Edmund, Alfons, Ludwig, Emmi, der Simeon, Hedwig, Paula und Eleonore, nach Bürgers Gedicht: Eleonore fuhr ums Morgenrot — benamet; und der leidende, liebe Alex saß wie immer neben seinem Vater im Krankenstuhl.

Dem gegenüber die Söhne seines spanischen Schulfreundes, der ermordet wurde vor einigen Jahren in Zaragossa in der Synagoge im Gebet. — Der Oskar ließ keinen Blick von Bernard seinem Bischof; dem kleinen Onkel Arthur Aronymus war das geradezu — unangenehm! Daß dieses verkleidete, fanatische Knäblein in der Kutte einmal vom herzlieben Freund, dem getauften Kardinal Paulus Kassel, getauft werden könne, der weiland empfing die heilige Taufe vom getauften heiligen Franziskanermönch Paulus Kassel, kam seiner Gnaden nicht im entferntesten in den Sinn. — Der vermißte Max trat plötzlich mit eingezogenem Podex in den weiten Eßraum. Geweint hatte er. Denn den mit Mühe gezeichneten Kalbskopf im Sand hatten die Kinder beim Spielen verrammelt. Der Vater steckte ihm einen Louisdor in die kleine Hosentasche. Sympathisch berührte es Seine Gnaden, daß die Ärmsten der jüdischen Gemeinde, sieben Israeliten, geladen waren, am Ostermahle teilzunehmen; und Vater Schüler und seine liebreiche Gattin in taktvollster Weise sich gerade um diese Gäste zu bemühen schienen. »Hier unser lieber, verehrter Gast und Osterbruder: Perlmutter. Er fehlte nie an diesem Abend an unserem Tische. Und jener, mein Freund,« der Vater zeigte auf den Hausierer, den Arthur mit Willi und Kaspar noch vor einem Jahr zu verspotten pflegten, »mein lieber Freund«, wiederholte der Vater, »Lämmle Zilinsky aus Lemberg.« Der blickte verstört an seinem Kaftan auf und nieder. »Und jene wissensbedürftigen beiden Brüder, Siegfried Ostermorgen und Alexander Ostermorgen, bitten um Eurer Gnaden Fürsprache beim Rektor in Paderborn.« Der greise Nachtwächter, der sich heute schon um Mittag erhoben hatte, suchte gewohnheitsgemäß nach seinem Horn, aber der Vater, der das bemerkte, legte seinen Arm um seine schmalen Schultern und meinte, zum Bischof sich neigend: »Dieser nimmermüde Schutzpatron von Gäsecke hat viel gewacht und sich darum tief versenken können in das Wort des Herrn.« — Dasselbe hätte Großvater-Rabbuni sagen können — und Arthur haßte im Augenblick unbegreiflich seinen gewandten Papa. — Und nun kam der geschwätzige Handwerksbursche an die Reihe. Als seinen Schulfreund stellte ihn der Vater dem hohen geistlichen Gast vor: »Nathanael Brennessel, unser unermüdlicher Wanderer«. Heiliger Strohsack, dachte Aronymus und streckte heimlich der erschrockenen, abwehrenden Dora, die seit kurzem gern »erwachsen« spielte, die Zungenspitze heraus, denn Brennessel hatte ja — den Bernard auf dem Papststuhl sitzen sehen.

Neben dem flotten Wanderer lächelte mit weit aufgetanen Augen: »Josefje«, des ältesten Perlmutter: Sohn. Der konnte Träume deuten wie Josef von Ägypten ... Endlich — brachte Christine die dampfende Ostersuppe mit den »leckeren Klöskens« auf den Tisch und die Eltern bemerkten mit Freuden, daß ihr fürstlicher Gast kein Kostverächter war. Und ihm auch das ungesäuerte Brot, im Tropfen Mosel getaucht, vorzüglich mundete. Er bat seinen verehrten Gastgeber, *genau* wie an jedem vorangegangenen Osterabend die Zeremonie einzuhalten, nicht etwa zu kürzen; er käme sich sonst wie ein Eindringling vor und er fühle sich doch wie zu Hause. Und in der Zeit, in der der Vater und der Bischof über die Worte der Thora diskutierten, die geschrieben wurde mit Blitz und Donner von Gottselbst in Harfenschrift, zeigte Arthur Aronymus, glückselig, seinen heimgekehrten Freund wieder bei sich zu haben, ihm den neuen Turm im Spielzimmer, den er aus tausend Klötzen und bunten Steinen erbaut hatte. Er wollte doch gerade wieder fluchen, aber Bernard merkte es noch frühzeitig und Aronymus schluckte den kleinen zischenden Teufel mit Haut und Haaren herunter. »Und gehalten wird das Gesetz«, erklärte gerade der Vater, als Bernard, mit meinem kleinen Papa an der Hand, wieder in die große Eßstube eintrat, »sorglich wie ein Kind im samtnen Tragkleid und Schellengeschmeide...« Seine Gnaden bejahten aufmerksam jedes Wort des klugen Herrn Vaters, meines Vaters Vaters, mit wohlwollender Geste und beide Herren kamen darüber ein, »mit einem bißchen Liebe geht's schon, daß Jude und Christ ihr Brot gemeinsam in Eintracht brechen« — »noch wenn es ungesäuert gereicht wird«, vollendete artig die Mutter meines nun auch schon in Gott ruhenden Vaters: Arthur Aronymus.

NACHBEMERKUNG ZUR TEXTGESTALT
BIBLIOGRAPHIE UND LESARTEN
INHALTSVERZEICHNIS

Dieser erste Teil des zweiten Bandes der Dichtungen und Schriften Else Lasker-Schülers in Einzelausgaben vereinigt zum ersten Male die zu Lebzeiten der Dichterin in Buchform veröffentlichten Prosatexte. Die Textgestaltung stützt sich in der Regel auf die jeweils letzte Ausgabe des betreffenden Buches. Sämtliche Erstausgaben wurden verglichen und zu Rate gezogen. Offenkundige Druckfehler wurden berichtigt, die veraltete Orthographie gewisser Wörter sowie die bisweilen sonderbare Schreibung von Eigennamen wurden meist modernem Gebrauche angepaßt; sprachliche, syntaktische und stilistische Eigenheiten blieben unberührt. Nur die häufig unzulängliche und wohl auch irreführende Interpunktion wurde um einer besseren Lesbarkeit willen der gewohnten Zeichensetzung behutsam angenähert. Die Dichterin hat ja ihr Unvermögen, die richtigen Kommata zu setzen, wiederholt selber beklagt: *Es verursacht mir schon Kopfschmerzen, selbst die Interpunktion und die Grammatik aller meiner schon vorangegangenen Bücher und ich halte mich für befähigter, explodierende Kommata, Kometen zwischen den Sternen auf dem großen blauen Himmelsbogen, als zwischen Worte und Zeilen meiner Dichtungen zu setzen.* (Hebräerland)

Die Widmungen der Bücher finden sich in der Bibliographie verzeichnet, die der einzelnen Prosatexte wurden in die Anmerkungen aufgenommen. Verweise auf Gedichte im ersten Bande der gesammelten Werke erfolgen unter Verwendung der dort gebrauchten Abkürzungen.

Für freundliche Hinweise und Auskünfte, für Rat und Hilfe sei an dieser Stelle vor allem Herrn Manfred Sturmann, dem Nachlaßverwalter Else Lasker-Schülers in Jerusalem, und Herrn Paul Raabe vom Schiller-Nationalmuseum in Marbach, für die Textvergleichung, die Durchsicht der Fahnen und Korrekturbögen Herrn Karl Pörnbacher in München gedankt. Seltene Erstausgaben und Handexemplare stellten liebenswürdigerweise zur Verfügung das Schiller-Nationalmuseum, die Stadtbibliothek Wuppertal, die Bayerische Staatsbibliothek München und das Nachlaßarchiv in Jerusalem.

Folgende Ausgaben von Else Lasker-Schüler sind zu verzeichnen:

ELSE LASKER-SCHÜLER
Das Peter Hille-Buch / Axel Juncker Verlag / in Stuttgart / Berlin
S. (5) *Umschlag nach einer Radierung von Franz Stassen / Gedruckt im Jahre Neunzehnhundertsechs bei J. S. Preuss in Berlin / Zehn Exemplare wurden auf Japanpapier abgezogen und handschriftlich von der Autorin gezeichnet. Der Preis beträgt für diese Ausgabe zwölf Mark*
S. (5)–84 Text
S. 85 *wenden!*
S. 86 *Von Else Lasker-Schüler erschien:*
Styx. Gedichte. Mk. 2.–.
Der siebente Tag. Gedichte. Mk. 3.50.
Der kartonierte Umschlag in Dunkelgrau zeigt den Kopf des Dichters Peter Hille

ELSE LASKER-SCHÜLER
Die Nächte / Tino von Bagdads / Axel Juncker Verlag / Berlin Stuttgart Leipzig
S. (2) Frontispiz: die Prinzessin Tino in orientalischer Gewandung mit reichem Schmuck, weiß auf schwarzem Grund
S. (3) Titel
S. (5) Widmung: *Meiner Mutter der Königin / mit den goldenen Flügeln / in Ehrfurcht*
S. 7–82 7 Gedichte und 19 Prosastücke
S. (84/5) Inhalt
S. (86) *Dieses Buch wurde im Jahre neunzehnhundertsieben in der Druckerei für Bibliophilen gedruckt: Das Titelbild zeichnete Max Fröhlich*
S. (87) *Von Else Lasker-Schüler erschien bisher:*
Styx. Gedichte. Zwei Mark; gebunden drei Mark.
Der siebente Tag. Gedichte. Zwei Mark fünfzig.
Das Peter Hille-Buch. Eine Mark fünfzig.

Kartoniert mit violettem Pappumschlag; Beschriftung und
Verlagssignet in Gold

DIE WUPPER
*Schauspiel in 5 Aufzügen / von Else Lasker-Schüler /
Oesterheld & Co. Berlin 1909 /*
S. (5) Widmung: *Der lieblichen Prinzessin / Helle v. L. /
schenke ich dieses Buch*
S. (6) *Das Aufführungsrecht für sämtliche Bühnen ist durch
die Verlagsfirma Oesterheld & Co., Berlin W. 15 zu beziehen*
S. 7 Personen
S. 9–102 Text
S. 103 *Zur Kenntnis: Das Original dieses Schauspiels ist
en Wopperdhalerplatt geschrieben worden.*
ferner als Fußnote: *Druckfehlerberichtigung:
Seite 31, Zeile 10 von oben lies statt: Sie liebt mir – Sie liebt
mich. »Im Ton der Arbeiter« muß wegfallen. (Siehe S. 996
oben.)*
S. 104 *Von Else Lasker-Schüler erschienen bisher:
Styx. Gedichte.
Der siebente Tag. Gedichte.
Das Peter Hille-Buch.
Die Nächte Tino von Bagdads.*
Einband in blauer Pappe, mit Titel wie oben (ohne Jahreszahl) und Verlagssignet

ELSE LASKER-SCHÜLER
*Mein Herz / Ein Liebesroman / mit Bildern und wirklich
lebenden Menschen / M.C.M.X.I.I / Verlag Heinrich F. S.
Bachmair / München und Berlin*
S. (2) *Alle Rechte sind vorbehalten.* MEIN HERZ *ist die vermehrte Buch-Ausgabe der in der Berliner Wochenschrift »Der
Sturm« erstmals veröffentlichten »Briefe nach Norwegen.«
Die Zeichnungen sind von Else Lasker-Schüler. Ebenso der
farbige Einband. Das Bild des Prinzen von Theben hat
Schmidt-Rottluff gezeichnet. Der Druck erfolgte in der eigenen*

Druckerei des Verlages. Erste Auflage. (Zweite Auflage) (Dritte Auflage)
dann eingeklebt die Reproduktion einer Photographie: die Dichterin als Prinz von Theben, in seidenem Gewand mit langen Hosen, Dolch im Gürtel, die Flöte blasend
S. (3) Titel
S. (5) Widmung: *Adolf Loos / in Verehrung*
S. (7) Zwischentitel: *Mein Herz*
S. 9–(167) Text mit 21 ganzseitigen Zeichnungen (S. 115 die Zeichnung von Schmidt-Rottluff mit der Unterschrift: *Der Prinz von Theben*); handschriftlicher Briefkopf und -schluß mit kleinen Zeichnungen auf S. 145
Die Leinenausgabe in Bordeauxrot mit goldener Schrift. – Die Ausgabe des festen Pappbandes zeigt eine Einbandzeichnung in Rot und Schwarz auf orangefarbenem Grund: die Dichterin als Prinz von Theben in weiten Hosen und Schnabelschuhen, hinter ihr der schwarze Diener Ossman; auf der Rückseite des Einbands als Vignette in Rot eine orientalische Stadt mit Tor, Palme und Stern

GESICHTE
Essays und andere Geschichten / von / Else Lasker-Schüler / 1913 / Kurt Wolff Verlag, Leipzig
S. (5/6) Inhalt
S. (7) Widmung: *Dieses Buch schenke ich / Kurt Wolff*
S. 9–173 insgesamt 53 Prosatexte
S. (174)–(176) Verlagsanzeigen (Max Brod, Franz Werfel)
Einband in Halbpergament; kartonierte Ausgabe mit schwarzer Schrift- und Zierleiste
Die Ausgabe wurde später von dem Cassirer Verlag übernommen; die ursprüngliche Verlagsbezeichnung wurde auf dem Einband und Innentitel überklebt: *Bei Paul Cassirer / Berlin*

ELSE LASKER-SCHÜLER
Der Prinz von Theben / Ein Geschichtenbuch / Mit 25 Abbil- / dungen nach Zeich- / nungen der Verfasserin und 3 far- /

bigen Bildern von Franz Marc. / 1914 / Verlag der weißen Bücher, Leipzig
S. (3) Widmung: *Meinem Vater Mohamed Pascha / und seinem Enkel Pull*
S. (5) *Inhalt*
S. (7)—98 die Geschichten (die ganzseitigen Zeichnungen und Bilder auf Glanzpapier sind eingeklebt und nicht mit paginiert)
Kartoniert in grauem Papier mit einer Zeichnung der Dichterin in Blau und Schwarz (Kopf des Prinzen von Theben und seines schwarzen Dieners); fester grauer Pappeinband, Titel in Zierschrift (blau und schwarz) mit Umrahmung

DAS PETER HILLE-BUCH
von Else Lasker-Schüler / Zweite (und *Dritte*) *Auflage / Mit einer Einbandzeichnung / der Verfasserin / Verlegt bei Paul Cassirer in Berlin / 1919*
S. (4) *Eine Vorzugsausgabe von hundert numerierten Exemplaren auf Büttenpapier und in Halbleder gebunden wurde von Else Lasker-Schüler handschriftlich signiert.*
S. 5—7 *Inhalt*
S. 9—109 Text wie Erstausgabe von 1906
S. (111) *Else Lasker-Schüler / Im gleichen Verlag erschienen ferner:*
Gesichte / Essays und andere Geschichten. 4 Mark
Mein Herz / Ein Liebesroman mit Bildern und wirklich lebenden Menschen. Dritte Auflage. Mit Abbildungen. 4 Mark. In Ganzleinen 5.50 Mark
Der Prinz von Theben / Ein Geschichtenbuch. Mit 25 Abbildungen nach Zeichnungen der Verfasserin und 3 farbigen Bildern von Franz Marc. 5 Mark
Die Wupper / Schauspiel in fünf Akten 7 Mark. Gebunden 9 Mark
In Kürze erscheinen:
Der Malik. Roman
Gesammelte Gedichte. Zwei Bände
Verlegt bei Paul Cassirer / Berlin

Umschlagzeichnungen in Blau und Schwarz (Brustbild Peter Hille im Profil) mit der Unterschrift *St. Peter Hille,* in blauer Umrandung. Die breitrandige Vorzugsausgabe enthält die Einbandzeichnung miteingebunden, als Frontispiz vor dem Schmutztitel; die Verlagsanzeige von S. (111) fehlt; auf S. (4) der Vermerk: *Von dieser Vorzugsausgabe wurden hundert numerierte Exemplare auf handgeschöpftem van Geldern-Bütten hergestellt, mit der Hand in Halbleder gebunden und von Else Lasker-Schüler handschriftlich signiert.*

DER MALIK
Eine Kaisergeschichte | mit Bildern und Zeichnungen | von der | Else Lasker-Schüler | Verlegt bei Paul Cassirer | Berlin 1919
S. (4) *Eine Vorzugsausgabe von 100 numerierten Exemplaren auf Bütten wurde in Halbleder gebunden und von Else Lasker-Schüler handschriftlich signiert. Beiden Ausgaben ist eine farbige Wiedergabe eines Aquarells Schloß Ried beigefügt, das Franz Marc für die Verfasserin gemalt hat.*
S. (5) Widmung: *Meinem unvergeßlichen Franz Marc | DEM BLAUEN REITER | in Ewigkeit*
S. (7)–102 Text (mit zahlreichen Zeichnungen im Text, darunter die 7 Kronen von Ludwig Kainer, Erik(?) Richter, Egon Adler, Heinrich Campendonk, John Höxter, Franz Marc, Fritz Lederer, ferner fünf farbige Tafeln: Schloß Ried von Franz Marc und 4 Buntstiftzeichnungen der Dichterin, darunter *Der Fakir,* der in Schwarz schon in der ersten Ausgabe des Buches *Der Prinz von Theben* abgebildet war)
Die Einbandzeichnung in Schwarz ist eine verkleinerte Wiedergabe der ganzseitigen Buntstiftzeichnung *Laurencis Jussuf u. Gad auf dem Pfade nach Irsahab im Tanzschritt;* Umrandung dunkelviolett

DIE NÄCHTE DER TINO VON BAGDAD
von Else Lasker-Schüler | Mit einer Einbandzeichnung | der Verfasserin | Verlegt bei Paul Cassirer in Berlin | 1919

S. (4) *Zweite Auflage*
S. (5) *Dieses Buch schenke ich meinem | geliebten Spielgefährten Sascha (Senna Hoy)*
S. 7–70 19 Prosastücke der Erstausgabe von 1907
S. 72 *Inhalt*
Einbandzeichnung (die Prinzesssin Tino im Tanz darstellend) in grüner Umrandung

DIE WUPPER
Schauspiel in 5 Aufzügen | von Else Lasker-Schüler | Verlegt bei Paul Cassirer in Berlin | 1919
S. (5) Widmung: *Der lieblichen Prinzessin Helle von Soutzo | schenke ich dieses Buch*
S. (6) *Das Aufführungsrecht ist durch den Verlag Paul Cassirer, Berlin W 10, Viktoriastr. 2, zu erwerben*
S. 7 *Personen*
S. 9–119 Text nach der Erstausgabe (der Druckfehler wurde nicht berichtigt)
S. 120 *Zur Kenntnis: Das Original dieses Schauspiels ist* en Wopperdhalerplatt *geschrieben worden.*
Auf dem Einband eine Zeichnung der Dichterin (weiblicher Kopf mit kurzem Haarschnitt) mit der Unterschrift: *Mein Selbstbildnis (Prinz von Theben)*; diese Zeichnung stammt aus der Erstausgabe des Briefromans *Mein Herz*; Umrandung in Orange

MEIN HERZ
von Else Lasker-Schüler | Ein Liebesroman mit Bildern | und wirklich lebenden Menschen | Verlegt bei Paul Cassirer, Berlin | 1920
S. (4) *Copyright 1920 bei Paul Cassirer in Berlin | Zweite Auflage*
S. (5) Widmung: *Mein Herz — | Niemandem.*
S. 7–134 unveränderter Text der Erstausgabe mit 13 teils ganzseitigen Zeichnungen; unter den fehlenden auch die Zeichnung von Schmidt-Rottluff, ferner *Mein Selbstbildnis*

(Prinz von Theben) und zwei Zeichnungen, die Stadt Theben darstellend
Einbandzeichnung in Schwarz: verkleinerte Wiedergabe der Einbandzeichnung der Erstausgabe, in leuchtend roter Umrandung

GESICHTE
von Else Lasker-Schüler / Mit einer Umschlagzeichnung der Verfasserin / Verlegt bei Paul Cassirer in Berlin / 1920
S. (6) *Zweite Auflage*
S. (8) *Inhaltsverzeichnis*
S. 9—108 insgesamt 25 Prosatexte (davon 2 neue, 1 aus *Die gesammelten Gedichte* 1917, die übrigen aus der Erstausgabe von 1913)
Umschlagzeichnung: vier Gesichter mit der Unterschrift *Gesichte* in Hellviolett; die Umrandung in der gleichen Farbe

ESSAYS
von Else Lasker-Schüler / Mit einer Einbandzeichnung der Verfasserin / Verlegt bei Paul Cassirer in Berlin / 1920
S. (4) *Zweite Auflage*
S. (5) Widmung: *Dem lieben Leo Kestenberg / schenke ich dieses Buch*
S. 7/8 *Inhaltsverzeichnis*
S. 9—103 insgesamt 33 Prosatexte (davon 4 neue, 4 aus *Die Gesammelten Gedichte* 1917, die übrigen aus der Erstausgabe der *Gesichte* von 1913)
Umschlagzeichnung: zwei Köpfe mit der Unterschrift: *Der grüne Heinrich und sein Lenlein*; Umrandung in Gelb

DER PRINZ VON THEBEN
Ein Geschichtenbuch von / Else Lasker-Schüler / Mit 13 Abbildungen nach / Zeichnungen der Verfasserin / Verlegt bei Paul Cassirer, Berlin / 1920
S. (4) *Zweite Auflage*

S. (5) Widmung: *Meinem Vater Mohammed Pascha / und seinem Onkel* (Druckfehler statt: *Enkel*) *Pull*
S. (7) *Inhaltsverzeichnis*
S. (9)–86 Text der Erstausgabe von 1914 (unter den fehlenden Abbildungen auch die farbigen Bilder von Franz Marc)
Einbandzeichnung in Blau und Schwarz: verkleinerte Wiedergabe der Umschlagzeichnung der Erstausgabe; mit blauer Umrandung

ELSE LASKER-SCHÜLER
Der Wunderrabbiner / von Barcelona / Verlegt bei Paul Cassirer/ Berlin 1921
S. (3) eine Zeichnung: weiblicher Kopf; mit der Unterschrift· *Amram*
S. (5) Titel
S. (7–10) das Gedicht *Gott hör...*
S. (11) *Der Wunderrabbiner von Barcelona*
S. 13–38 Text
S. (40) Verlagsanzeige: *Else Lasker-Schüler Gesammelte Werke in 10 Bänden...*
Hellblauer Pappeinband mit blauer Schrift

ELSE LASKER-SCHÜLER
Ich räume auf! / Meine Anklage gegen / meine Verleger / Im Lago-Verlag, Zürich / 1925 / Alleinvertrieb für Deutschland Reinhold Stahl, Buchantiquariat / Berlin W 50, Regensburger Str. 10 (dieser Verlagsvermerk später gestrichen und unterstempelt: *Bestellungen nur: Postlagernd / Lago-Verlag, Postamt 30, Berlin-Schöneberg*)
S. 3–(39) Text
S. (40) *Von Else Lasker-Schüler sind erschienen Im Verlag Paul Cassirer, Berlin:*
Die gesammelten Werke. 10 Bände.
1. Die hebräischen Balladen.
2. Die Kuppel. Gedichte.
3. Das Peter Hille-Buch.

4. *Mein Herz. Roman.*
5. *Der Malik. Ein Kaiserroman.*
6. *Der Prinz von Theben.*
7. *Die Nächte der Tino von Bagdad.*
8. *Gesichte. Erzählungen.*
9. *Essays.*
10. *Die Wupper. Schauspiel.*
Sämtliche Bücher mit Zeichnungen der Verfasserin.
Außerdem: Der Wunderrabiner von Barcelona.
Die Briefe Peter Hilles an Else Lasker-Schüler.
Im Verlag Kurt Wolff, München:
Die Gesammelten Gedichte in einem Bande.
Im Querschnitt-Verlag, Frankfurt a. M.:
Theben. 10 Gedichte in Faksimile und 10 handkolorierte Lithographien von Else Lasker-Schüler.
Liebhaberdruck, hergestellt in einmaliger Auflage von 250 numerierten und signierten Exemplaren. Ausschließlich zu beziehen durch Frau Else Lasker-Schüler, Berlin W 30, Motzstraße 78, Hotel Koschel.

Broschüre in orangefarbenem Papier, auf dem Einband eine Zeichnung von G. Schultze/Steglitz nach der Photographie in der Erstausgabe des Liebesromans *Mein Herz*; darunter **Ich räume auf!** (faksimiliert nach der Handschrift der Dichterin) und Druckvermerk: *Werkkunst Berlin SW 11*

DIE WUPPER
Schauspiel in 5 Aufzügen / von Else Lasker-Schüler / Das Buch ist zu beziehen im Selbstverlag von: / Else Lasker-Schüler, Berlin W 50, Postlagernd
S. (5) **Widmung wie** Erstausgabe von 1909
S. 7 *Personen*
S. 9–102 Text nach der Erstausgabe von 1909 (der Druckfehler auf S. 31 wurde berichtigt)
S. 103 *Von Else Lasker-Schüler erschienen bisher:*
Die gesammelten Bücher:
Die Kuppel. Gedichte.
Die hebräischen Balladen. Gedichte.

Der Malik. Roman.
Mein Herz. Roman.
Die Nächte Tinos von Bagdad.
Gesichte.
Essays.
Das Peter Hille-Buch.
Die Wupper.
Der Prinz von Theben.
Außerdem:
Der Wunderrabbiner von Barcelona.
Die Briefe St. Peter Hilles an Else Lasker-Schüler.
Broschüre: Ich räume auf...
Luxusbuch: Theben. 10 Zeichnungen und 10 Gedichte.
(Beides von der Dichterin.)
Sämtliche Bücher sind zu beziehen im Selbstverlag von Else Lasker-Schüler, Berlin W 50, Postlagernd.
Kartoniert in blauer Pappe (ohne Verlagsbezeichnung)
Es handelt sich um einen Nachdruck der Erstausgabe von 1909, der dieser auf den ersten Blick zum Verwechseln ähnlich sieht; das Buch wurde jedoch gänzlich neu gesetzt und auf schlechterem Papier gedruckt (Druckvermerk auf der Rückseite des Einbands der Erstausgabe: *Schliemann & Co., Zittau;* des Nachdrucks: *Druck: Chr. André, Berlin-Halensee*)

ELSE LASKER-SCHÜLER
Konzert / 1932 / Rowohlt / Berlin
S. (4) Das Bildnis der Frau Else Lasker-Schüler auf dem Einband ist nach einer Zeichnung ihres Sohnes Paul Lasker-Schüler reproduziert
S. (5) Widmung: *Meiner teuren Mama und meinem geliebten Sohn Paul in Liebe*
S. (7)–326 Text
S. (327/8) **Inhalt**
Blaßgelber Ganzleinenband: Einbandzeichnung und Schrift in braun und blau; ebenso auf dem hellgrünen Schutzumschlag

ELSE LASKER-SCHÜLER
Arthur Aronymus | Die Geschichte meines Vaters | 1932 | Rowohlt | Berlin
S. (4) *Umschlagzeichnung von Else Lasker-Schüler*
S. 5 Widmung: *Meiner teuren Mama Jeannetta und meinem geliebten Sohn Paul*
S. 7–(73) Text
S. (75–76) Verlagsanzeigen: *Früher erschien Else Lasker-Schüler Konzert... Annette Kolb Beschwerdebuch...*
Hellgrauer Leinenband mit blauer Schrift; die Zeichnung in Dunkelgrau zeigt eine sitzende Frau mit einem Knaben in altmodischer Kleidung

ARTHUR ARONYMUS UND SEINE VÄTER
(aus meines geliebten Vaters Kinderjahren) | von | Else Lasker-Schüler | Copyright 1932 by S. Fischer Verlag A.-G. Berlin (nur als Bühnenmanuskript gedruckt)
S. (1) Widmung: *Meiner teuren Mutter: Jeannetta und meinem teuren Sohn Paul in Liebe.*
S. (1)–3 Personen
S. 4–142 Text
Broschiert, in ziegelrotem Pappumschlag

ELSE LASKER-SCHÜLER
Das Hebräerland | Verlag Oprecht Zürich (1937)
S. (5) *Mit 8 (davon 7 ganzseitigen) Zeichnungen von Else Lasker-Schüler*
S. (7) Vorspruch:

ואתם תהיו לי ממלכת כהנים וגוי קדוש

Ihr aber sollt mir sein ein Reich von Priestern, ein heiliges Volk.
S. (8) Widmung: *Meinen lieben Eltern und meinem geliebten Sohn Paul*
S. 9–168 Text
sandfarbener Ganzleinenband, auf dem Schutzumschlag eine Wiederholung der Zeichnung (ohne die hebräische Unter-

schrift), die dem Buch als Frontispiz voransteht: der Prinz
von Theben mit Gefährten

ELSE LASKER-SCHÜLER
Dichtungen / und Dokumente / Gedichte · Prosa · Schauspiele · Briefe / Zeugnis und Erinnerung / Im Kösel-Verlag zu München (1951)
S. (4) *Ausgewählt und herausgegeben von Ernst Ginsberg / Dieser Band ist mit einem Facsimile und drei Photographien sowie mit drei Zeichnungen der Dichterin ausgestattet. Die Profilzeichnung auf dem Einband stammt von der Hand des frühverstorbenen Sohnes der Dichterin.*
S. (5) *Inhalt*
S. (7)–(611) Text
S. 613–(617) *Nachwort* (von Ernst Ginsberg)
S. 619–(623) *Anmerkungen*
S. (624) *Bibliographie*
S. 625–(631) *Inhaltsverzeichnis*
blauer Ganzleinenband; als Einbandzeichnung eine verkleinerte Wiedergabe der Einbandzeichnung des Bandes *Konzert*, darunter der faksimilierte Namenszug der Dichterin, beides in Gold; heller Schutzumschlag, Beschriftung in Schwarz und Rot

Das Peter Hille-Buch

Der Text des Erstdrucks von 1906 weist gegenüber der zweiten Ausgabe von 1919 nur geringfügige Varianten auf *(heiteren* statt *heitern, Farren* statt *Farnen, Guirlanden* statt *Girlanden,* etc.).

Die Nächte der Tino von Bagdad

Die Erstausgabe dieses Buches erschien 1907 unter dem Titel *Die Nächte Tino von Bagdads;* sie scheint nur in sehr kleiner Auflage gedruckt worden zu sein und ist deshalb ungewöhnlich selten. Sie unterscheidet sich von der späteren Ausgabe durch eine Anzahl textlicher Varianten und vor allem dadurch, daß neben den Prosastücken Gedichte stehen, die später ausgeschieden wurden. In Anbetracht der Seltenheit dieser Erstausgabe werden nachstehend sämtliche Varianten (mit Ausnahme der offenkundigen Druckfehler) verzeichnet. Bei den Gedichten handelt es sich zum Teil um frühe Fassungen und ein später nicht wieder gedrucktes Gedicht, die in der Gesamtausgabe der Gedichte nicht berücksichtigt werden konnten, da dem Herausgeber seinerzeit kein Exemplar der Erstausgabe der *Nächte* erreichbar war. Diese Gedichte werden hier vollzählig textgetreu wiedergegeben, so daß der Leser die Möglichkeit hat, sich die Urgestalt des Buches zu rekonstruieren.

61 In der Erstausgabe steht als erster Text das Gedicht *Mein Lied* (GG, Ged II, Werke I S. 284)

Mein Lied

> Schlafend fällt das nächtliche Laub
> O, du stiller dunkelster Wald....
>
> Kommt das Licht mit dem Himmel
> Wie soll ich wach werden?
> Überall wo ich gehe
> Rauscht ein dunkler Wald;
>
> Und bin doch dein spielender Herzschelm, Erde,
> Denn mein Herz murmelt das Lied
> Moosalter Bäche der Wälder.

ICH TANZE IN DER MOSCHEE
61 Untertitel: *Ein ägyptischer Tanz* (handschriftliche Eintragung in einem offensichtlich zum Vortrag bestimmten und benutzten Exemplar des Nachlasses)
    14 ...Derwisch, ein Stern ist mein Leib, *ein Stern ist mein Leib*...
    16 ...mein Blut *und meine Schultern beben Düfte und immer träumender*... (1. Ausg.)

DAS BLAUE GEMACH
62   10 *Die Weinschänken und Speiseträger* tragen... (1. Ausg.)

PLUMM PASCHA
64   5 ...der *ihm* auf beide Wangen küßte...
    10 ...mit perlengestickten *Borde*...
65   6 ...zu unserer Ankunft *buntbemalte und befranste* Teppiche... (1. Ausg.)

ACHED BEY
65   1 ...und ich bin Tino – *Prinzessin* – und weile...
67   23 ...eine *finstre Wolke*... (1. Ausg.)

MINN, DER SOHN DES SULTANS VON MAROKKO
69   20 Er zerrt an *die zottige Naht*...
70   16 ...sie bestechen *die Eunuchen seines Sohnes wegen*,...
    26 ...liegt Minn. *Aber* die Gärtner meinen »nur eine eifersüchtige Prinzessin *konnte*... (1. Ausg.)

DER FAKIR VON THEBEN
71 die arabischen Worte am Anfang und Ende des Prosastückes fehlen in der Erstausgabe
    4 ...mich in *ihrer* Mitte zu nehmen...
    11 ...Caelumstein. *Er* entstammte...
    14 ...*Lilaschwermutsüße*...
    22 ...zurück in *ihre* Wohnungen.
72   12 ...war *von* Blut... (1. Ausg.)

DER KHEDIVE

72 1   *Indessen* Tino...
73 4   Auf seinem schweren Elephanten *sitzt* er und *reitet*...
         und sie nicht vergessen *sollen* diese Stunde.
    28 *Und* die großen Feste...
    31 ...um seine Stirne *zog sich* ein leuchtendes...
74 4   ...in den Spitzenkelch *ihres* Schleiers. (1. Ausg.)

MEIN LIEBESBRIEF

75 16 Auf dem Gipfel des *Balkons* sehe ich dich *herannahn*,... (1. Ausg.)

DER MAGIER

77 anschließend die folgenden vier Gedichte:
    Ich frage nicht mehr (unter dem Titel *Dem König von Böhmen* GG. Ged II, Werke I S. 230), *Heimlich zur Nacht* (GG. Ged I. Werke I S. 246), *Wenn du kommst* — (kein späterer Abdruck) und *Ich träume so leise von dir* — — — (GG. Ged I, Werke I S. 240)

    Ich frage nicht mehr

    >Ich weiß wer auf den Sternen wohnt...

    Mein Herz sinkt tief in die Nacht.
    So sterben Liebende
    Immer an zärtlichen Himmeln vorbei.

    Und atmen wieder dem Morgen entgegen
    Auf frühleisen Schweben.
    Ich aber wandele mit den heimkehrenden Sternen.

    Und ich habe viele schlafende Knospen ausgelöscht,
    Will ihr Sterben nicht sehn,
    Wenn die Rosenhimmel tanzen.

    Aus dem Gold meiner Stirne leuchtet der Smaragd,
    Der den Sommer färbt.
    Ich bin eine Prinzessin.

    Mein Herz sinkt tief in die Nacht
    An Liebende vorbei.

Aber ich finde dich nicht mehr.......
Ich gleite meinen lallenden Händen nach
Die suchen überall nach dir.

Aber ich finde dich nicht mehr
Unter den Dattelbäumen
Unter den Zweigen der Träume.

Alle meine starren Kronen sind zerflossen
Vor deinem Lächeln
Und zwischen unseren Lippen jauchzten die Engel.

Ich will meine Augen nicht mehr öffnen
Wenn sie sich nicht
Mit deiner Süße füllen.

Heimlich zur Nacht

Ich habe dich gewählt
Unter allen Sternen.

Und bin wach – eine lauschende Blume
Im summenden Laub.

Unsere Lippen wollen Honig bereiten
Unsere schimmernden Nächte sind aufgeblüht.

An dem seligen Glanz deines Leibes
Zündet mein Herz seine Himmel an –

Alle meine Träume hängen an deinem Golde
Ich habe dich gewählt unter allen Sternen.

Wenn du kommst –

Wollen wir den Tag im Kelch der Nacht verstecken,
Denn wir sehnen uns nach Nacht.
Goldene Sterne sind unsere Leiber
Die wollen sich küssen – küssen.

Spürst du den Duft der schlummernden Rosen
Über die dunklen Rasen –
So soll unsere Nacht sein.
Küssen wollen sich unsere goldenen Leiber.

> *Immer sinke ich in Nacht zur Nacht.*
> *Alle Himmel blühen dicht von funkelnder Liebe.*
> *Küssen wollen sich unsere Leiber, küssen — küssen.*

Ich träume so leise von dir———

> Immer kommen am Morgen schmerzliche Farben,
> Die sind, wie deine Seele.
>
> O, ich muß an dich denken
> Und überall blühen so traurige Augen.
>
> Und ich habe dir doch von großen Sternen erzählt,
> Aber du hast zur Erde sehn.
>
> Nächte wachsen aus meinem Kopf,
> Ich weiß nicht wo ich hin soll.
>
> Ich träume so leise von dir —
> Weiß hängt die Seide schon über meinen Augen.
>
> Warum hast du nicht um mich
> Die Erde gelassen — sage?......
>
> *Ich glaube wir ......*
> *Ich glaube wir werden uns niemehr wiedersehn —*
> *Der Morgen versteckt sein Auge vor mir.*
>
> *Ich habe zu lange auf Knieen gelegen*
> *Vor deinem dämmernden Schweigen.*
>
> *O, unsere Lippen sehnen sich nach Spielen —*
> *Wir hätten uns blühend geküßt unter den großen*
>   *Sternen.*
>
> *Totenschleier umhüllen*
> *Die goldglänzenden Glieder des Himmels.*
> *Ich glaube wir werden uns niemehr wiedersehn.*

DER GROSSMOGUL VON PHILIPPOPEL

77	12	... und auf den *Knieen*...
78	8	... rufen *nackte* Knaben...
82	18	... *mein geschorener* Kopf bedeckt... (1. Ausg.)

TINO AN APOLLYDES

82   1   ...Monde *nicht unverschleiert die Erde gesehn*...
             (1. Ausg.)

83   anschließend das Gedicht *Du es ist Nacht* (unter dem Titel *Dem Daniel Jesus Paul* in GG, Ged II, Werke I S. 231)

Du es ist Nacht —

> Wir wollen unsere Sehnsucht teilen
> Und in die Goldgebilde blicken..
>
> *Auf der Straße sitzt immer eine Tote*
> Und bettelt um Almosen.
>
> Und summt meine Lieder
> Schon einen weißgewordenen Sommer lang.
>
> Über den Grabweg hinweg
> Wollen wir uns lieben,
>
> Tollkühne Knaben,
> Könige, die sich nur mit dem Szepter berühren.
>
> — Frage nicht — ich lausche
> Deiner Augen Rauschehonig.
>
> Die Nacht ist eine weiche Rose
> Wir wollen uns in ihren Kelch legen,
>
> Immer ferner versinken,
> Ich bin müde vom Tod.
>
> *Wenn ich nicht bald eine blaue Insel finde....*
> *Erzähle mir von ihren Wundern!!*

APOLLYDES UND TINO SIND ZAGENDE

84   9   — sie haben *goldblasse* Griffe,... (1. Ausg.)

TINO UND APOLLYDES

85   4   Keiner sprach so schön von *der* Liebe... (1. Ausg.)

IM GARTEN AMRI MBILLRE
85 5 Amri Mbillre *wandelt* dem Monde nach;... *schweben*...
Ich *warne*... *bindet* der König... und *schwelgt*... Ich
habe meine Krone... sie zu versöhnen, geweiht. Und
auf den Plätzen... (1. Ausg.)

DER SOHN DER LÎLAME
86 24 ... saß dort auf einem *steinernen* Stuhl ... auf den
Straßen Konstantinopels *haben zu Schulden*...
87 31 Aber Mêhmêd *wandelt* seitdem...
88 1 .. in den Garten *trete*...
    12 Aus verschiedenen Ländern *läßt* er... feststellen sollen,... Er *geht* Wetten ein, natürlich *gewinnt* er immer.
Er *ist* ja... jenseits des Ufers *hat* er selbst... Moscheekuppel *ist* ein Punkt... der Großwesir, *erbaut* sich...
Aber ich *werde* täglich... er *schwenkt* eine Zeitung...
Und er *läßt* mir kaum Zeit,... (1. Ausg.)
89 1 ... Diener seiner Haut *müssen* sich... zuerst erkannt
habe... nur manchmal *steigt*... und *verklärt*... kopfschüttelnd *begaffen*... Auf eine Eingabe *hat*...
90 1 ...Prinzen *hat das Publikum in seiner* Hauptstadt...
(1. Ausg.)

DER DICHTER VON IRSAHAB
90 Untertitel: *(Groteske)* (handschriftliche Eintragung in einem
Vortragsexemplar der Dichterin; aus dem Nachlaß)
91 28 ...der sich vergriff an *ihr* Eigentum...
92 1 ... bis einer den *andern* erschlug,...
    3 ... streute kranke Saat unter *ihnen* und...
    12 ... Urneffen *Sohnes Sohn.* (1. Ausg.)
    17 ...seiner Schultern; und er, Grammaton, saß *an seinem
feuersicheren unzerstörbaren Schreibtisch und sang:
Was tommt dort von der Höh
Was tommt dort von der Höh?
Was kommt dort von der ledern' Höh
Zieh zah ledern! Höh
Was kommt dort von der Höh?*

>   Es ist Methusalem
>   Es ist Methusalem
>   Der lederne Herr Herr Papa
>   Zieh zah Herr Papa
>   Papa Methusalem!!!
> (handschriftliche Eintragung in dem Vortragsexemplar
> aus dem Nachlaß)

DIE SECHS FEIERKLEIDER
92 5 Der aufgeblühte *Vollstern*... ich lege mich *schlummern
in*... (1. Ausg.)
anschließend das Gedicht *Das Lied meines Lebens* (GG.
Ged I, Werke I S. 287)

> Das Lied meines Lebens
>
>   Sieh in mein verwandertes Gesicht....
>   Tiefer beugen sich die Sterne
>   Sieh in mein verwandertes Gesicht.
>
>   Alle meine Blumenwege
>   Führen auf dunkle Gewässer,
>   Geschwister, die sich tödlich stritten.
>
>   Greise sind die Sterne geworden....
>   Sieh in mein verwandertes Gesicht.

Der Prinz von Theben

Die Erstausgabe dieses Buches erschien 1914. Mit Ausnahme einiger
Überschriften und Widmungen stimmt der Wortlaut der zweiten
Ausgabe von 1920 mit dem des Erstdrucks überein.

DER SCHEIK
95 Widmung: *Meiner teuren Mutter* (1./2. Ausg.)

TSCHANDRAGUPTA
99 Titel: *Der Amokläufer* (1. Ausg.)
Widmung: *Auguste Ichenhäuser in lauter Kameradschaft*
(1. Ausg.); *Meinem Sohn Paul* (2. Ausg.)

DER DERWISCH
103 Widmung: *Franz Marc und Mareia* (1./2. Ausg.)

DER FAKIR
109 Widmung: *Dem Prinzen von Moskau / Senna Hoy in Unvergeßlichkeit* (1./2. Ausg.)

DAS BUCH DER DREI ABIGAILS
Abigail der Erste
114 Widmung: *Kete Parsenow der Venus* (1./2. Ausg.)

Abigail der Zweite
116 Widmung: *Karl Kraus dem Cardinal* (1./2. Ausg.)

Abigail der Dritte
121 Widmung: *Professor Walter Otto dem großen Jüngling* (1./2. Ausg.)

SINGA, DIE MUTTER DES TOTEN MELECHS DES DRITTEN
126 Titel: *Singa, die Mutter des toten Melechs Abigail III.* (1. Ausg.)
126 Widmung: *Erik-Ernst Schwabach und seinem Gemahl* (1./2. Ausg.)

EINE BEGEBENHEIT AUS DEM LEBEN ABIGAIL
DES LIEBENDEN
128 Widmung: *Dem Venuskind / als Kete Parsenow fünf Jahre alt war* (1./2. Ausg.)

DER KREUZFAHRER
129 Widmung: *Hans Adalbert von Maltzahn zum Angedenken* (1./2. Ausg.)

Gesichte

Die Erstausgabe der beiden folgenden Bücher erschien 1913 in einem Bande unter dem Titel *Gesichte / Essays und andere Geschichten*. Sie enthielt 53 Texte, darunter 5 Gedichte: *Franz Werfel* (Ged II, Werke I S. 249), *Richard Dehmel* (GG, Ged II, Werke I S. 248), *Albert Heine* (GG, Ged II, Werke I S. 250), *Karl Vogt* (GG, Ged II, Werke I S. 251) und *Paul Zech* (GG, Ged II, Werke I S. 252). Von den Prosastücken wurden 22 in die zweite Ausgabe der *Gesichte* aufgenommen; hinzu kamen 3 weitere Texte: *Meine Kinderzeit* (aus *Gesammelte Gedichte*), *Unser Spielgefährte Theodorio Däubler* und *Brief an Korrodi*. — 25 Texte der Erstausgabe wurden unter dem Titel *Essays* wieder veröffentlicht. Aus den *Gesammelten Gedichten* wurden in diesen Band 4 Texte übernommen: *Doktor Benn* (Ged II, Werke I S. 398), *Fritz Huf, Fritz Wolff, Rudolf Schmied*; 4 neue Texte wurden eingefügt: *Max Herrmann, Doktor Magnus Hirschfeld, Unser Rechtsanwalt Hugo Caro, Hans Heinrich von Twardowsky*. — Der folgende Text der Erstausgabe (mit der Widmung: *Edith Geheeb-Cassirer*) wurde nicht wieder abgedruckt:

Die Odenwaldschule

In den Bergen zwischen Laub und Wiesen stehen fünf bemalte Waldschlößchen: jedes ist einem Dichter gewidmet, und drinnen lachen Knaben und Mädchen mit ihren Lehrern und Lehrerinnen. Und unter ihnen lebt der Rübezahl mit seinen gütigen nußbraunen Augen und dem langen Weihnachtsbart. Paul Geheeb, der Schöpfer der Odenwaldschule, ist ein Rübezahl, er zaubert Freude durch die Hallen und Säle seiner Gnomenhäuser, und überall ist es hell, wohin seine sonnigen Augen scheinen. Immer steigt sein Fuß, ob er auf die Gipfel will oder über die Ebene schreitet. Von Rübezahl sprechen die Bauern im Tal, wenn sie den Direktor oben meinen, den die Kinder alle so lieb haben. Jedem Mädchen schenkt er ein tröstendes Wort, und den verirrten Wanderer beherbergt er und seine Gnomen für die Nacht: die sitzen in bunten Spielreihen beim Vesper und trinken Milch aus großen Kannen.
Heute macht die blonde Adi den Vorschlag, alle Jungen müssen einen Stoffaffen und alle Mädchen einen Stoffbären mit zum Sonntagsmahl bringen: die zwei vorhandenen hat die Schelmin dem lieben Rübezahl in die Brusttaschen seines Rockes gesteckt, daß die beiden wulstigen Tierköpfe zur Belustigung aller Kinder hervorgucken zur Rechten und zur Linken.
Paul Geheeb versteht das junge Herz des Kindes wie einen

Kaleidoskop zu drehen, er weiß die bunten Bilder zu würdigen. Aber auch seine Lehrer sind Künstler: sie haben alle noch Knabenherzen wie ihre Zöglinge und führen mit ihnen manchen Indianerstreich aus. Die Knaben tragen alle Sweater, und die Kleider der Mädchen sind durch Bänder über der Achsel gehalten, echte Kindertracht: sie paßt zu roten Backen und leuchtenden Augen. Und alle haben gesunde Lungen, die atmen wie die starken Bäume das Leben ein und aus. In der Frühe müssen die Odenwaldkinder ins Luftbad, sich viel, viel Luft holen, und es gibt keinen Südwind und keinen Nordsturm, dem die Rübezahlbande nicht gewachsen wäre. Die verzärteltsten Kleinen trotzen dort der Welt mit den allerhand Erkältungen. Aber Vernunft liegt in jeder Anordnung Paul Geheebs: seine ihm anvertrauten Lieblinge bewegen sich in wohlgewärmten Räumen in der Winterzeit. Die Korridore, die Lesehallen, die Schlafgemächer sind mollig temperiert.

Jedes Kind besitzt sein Heim, oder es müßte dicke Freundschaft geschlossen haben und den Wunsch aussprechen, sein Eigentum mit irgendeinem Spielgefährten zu teilen. Mein Paul und der Bruno Tillehsen; was der Torquato Tasso dichtet, illustriert mein Junge. Auch das Burgfräulein Irmgard und der kleine Landwirt Bubi, die Kinder von Wilhelm von Scholz, sind Zöglinge der Odenwaldschule. Auch der Peter ist oben beim Rübezahl, vom Bildhauer Gaul der kleine Sohn: der ißt so gerne Nüsse: überall kracht es nur so zwischen den Zähnen. –

Nachmittags ist immer frei: die saftigen Äpfel werden von den Ästen geschüttelt, oder die kleinen Gnomen helfen den Bauern in den Scheunen, in der Zeit, da die emsigen Gnominnen Blumen pflücken oder Himbeeren und Brombeeren sammeln für den Tisch ihrer großen Freundinnen. Liebe, erwachsene Schulmädchen sind die Lehrerinnen: in den Frühstunden lauschen die Kinder mit offenem Munde ihren Lehrwundern. Jede Lehrerin und jeder Lehrer verstehen es, auf spannende Art die jungen Zuhörer zu fesseln. Die freuen sich auf jeden Morgen wie auf den Geburtstagstisch, immer bietet der Unterricht neue, überraschende Gaben.

Plätschernde Bäche, goldene Gärten begleiten den Ankömmling die Bergstraße hinauf von Heppenheim bis oben ins Gnomenstädtchen; holde Landschaft, befreite Erde – kommt man aus der Großstadt dorthin, wo Rübezahl seine Odenwaldschule erbaut hat!

MEINE KINDERZEIT
Der Text bietet die letzte Fassung aus der Sammlung *Konzert*, die sich von den beiden früheren Fassungen durch einige unerhebliche Varianten unterscheidet.
139 Widmung: *Hänschen Schickele in Liebe* (GG, Gesichte 2. Ausg., Konzert)

HANDSCHRIFT
153 Widmung: *Dr. Otto Jahnke mit dem seltenen Handschriftsbild* (Gesichte 1./2. Ausg.)

IN DER MORGENFRÜHE
162 Widmung: *Meinem Freund, dem Bildhauer Georg Koch* (Gesichte 1./2. Ausg.)

ELBERFELD IM DREIHUNDERTJÄHRIGEN
JUBILÄUMSSCHMUCK
163 Widmung: *Paul Zech, meinem Wupperfreund* (Gesichte 1./2. Ausg.)

ARME KINDER REICHER LEUTE
167 Widmung: *Der kleinen Hedwig Grieger* (Gesichte 1./2. Ausg.)

AM KURFÜRSTENDAMM
170 Widmung: *Georg Fuchs in Freundschaft* (Gesichte 1./2. Ausg.)

DIE BEIDEN WEISSEN BÄNKE VOM KURFÜRSTENDAMM
175 Widmung: *Meinem lieben Freunde Andreas Meyer* (Gesichte 1./2. Ausg.)

LASKER-SCHÜLER CONTRA B. UND GENOSSEN
176 Widmung: *Dem lieben Rechtsanwalt Hugo Caro in Verehrung* (Gesichte 1./2. Ausg.)

CORANNA
182 Widmung: *Dem hochverehrten, feinen Professor Walther Otto* (Gedichte 1./2. Ausg.)

WENN MEIN HERZ GESUND WÄR –
185 Widmung: *In Verehrung für Ludwig Kainer* (Gedichte 1./2. Ausg.)

KABARETT NACHTLICHT – WIEN
193 Widmung: *Der lieben Malerin Lene Kainer* (Gedichte 1./2. Ausg.)

IM ZIRKUS
200 Widmung: *Meinem lieben blauen Reiter Franz Marc und seiner blauen Reiterin* (Gedichte 1./2. Ausg.)

ZIRKUSPFERDE
205 Widmung: *Der lieblichen Fürstin Helle von Soutzo* (Gedichte 1./2. Ausg.)

Essays

PETER HILLE
220 Widmung: *Meiner teuren Mutter in Liebe und Ehrfurcht* (Gedichte 1. Ausg.)

EGON ADLER
282 Widmung: *Seinem Vater zur Widmung* (Gedichte 1. Ausg.)

Mein Herz

Mit Ausnahme der veränderten Widmung stimmt die zweite Auflage von 1920 im Wortlaut mit der ersten von 1912 überein. Geringfügige Änderungen betreffen stilistische Verbesserungen.

352/5 die 4 Gedichte sowie das Gedicht auf S. 359/60 sind an Hans Ehrenbaum-Degele gerichtet (siehe Werke I, S. 195–199)

Der Malik

Der Erstdruck, ohne den späteren Untertitel: *Eine Kaisergeschichte*, erfolgte in drei Zeitschriften: »Die Aktion«, Berlin 1913/14, »Der Brenner«, Innsbruck 1914 und »Die neue Jugend«, Berlin 1916/17; die erste (und einzige) Buchausgabe weist gegenüber diesem Erstdruck im Wortlaut einige Varianten und gelegentliche Erweiterungen auf.

Der Wunderrabbiner von Barcelona

Die Originalausgabe zeigt zu Beginn des Prosatextes und nach jedem Absatz ein ornamentales Notenbild: ein über vier Takte hingedehntes e, das wohl als ein langgezogener Singsang-Ruf aufzufassen ist.

GOTT HÖR
493 Dieses Gedicht fand auch in die Sammlung *Konzert* Aufnahme; Varianten siehe Werke I. S. 410

Ich räume auf!

Diese Gelegenheitsschrift, welche die Dichterin selber vertrieb und die sie wiederholt öffentlich vorgetragen hat, weist zahlreiche Druckfehler, Nachlässigkeiten und Verstümmelungen auf; diese wurden hier, soweit dies möglich schien, mit gebotener Behutsamkeit berichtigt.

520 das Gedicht *Weltflucht* zuerst in *Styx* (siehe Werke I, S. 14, 80)

INHALTSVERZEICHNIS

Die in Klammern gesetzten Titel des Buches *Die Nächte der Tino von Bagdad* bezeichnen die hier in den Anhang verwiesenen Gedichte der Erstausgabe von 1907. – Die mit einem Sternchen versehenen Titel der beiden Bücher *Gesichte* und *Essays* waren bereits in der Erstausgabe der *Gesichte* von 1913 enthalten.

Das Peter Hille-Buch

Petrus der Felsen	9
Petrus und ich auf der Wanderung I	9
Petrus und ich auf der Wanderung II	10
Petrus und ich auf der Wanderung III	11
Petrus und der Mond	12
Petrus-Poseidon	13
Petrus und ich beim Prunkmahl Onits von Wetterwehe	13
Petrus und der Nazarener	17
Petrus und der Schäfer	18
Petrus-Geburtstag	19
Am Nachmittag vor der Geburtstagsfeier ereignete sich folgendes	20
Petrus setzt Klein-Pull in die Sonne	21
Der Häuptling Bugdahan besucht uns in der Kalkfelsenschlucht	22
Petrus und ich im Tempel Jehovahs	23
Petrus in der Höhle	24
Petrus und der Arzt	25
Petrus-Noah	26
Petrus und die Weide	28
Petrus und der Mai	28
Petrus und meine Liebe	30
Bei der Zauberin Hellmüte	30
Die Zauberin Hellmüte sendet uns Geschenke	32
Petrus und mein Kind	34
Petrus unter den Arbeitern	35

Petrus erprobt meine Leidenschaft	36
Petrussehnen	37
Petrus erinnert mich	38
Petrus legt einen Bauernsohn in die Erde zurück	39
Petrus und der Smaragd	41
Wir feiern eichenmetgolden den Sonnenwendtag	42
Mein Traum	44
Petrus und die Jerusalemiter I	45
Petrus und ich auf den Bergen II	46
Petrus und ich auf den Bergen III	47
Petrus und ich auf den Bergen IV	47
Petrus und ich auf den Bergen V	48
Petrus und ich auf den Bergen VI	49
Petrus und ich auf den Bergen VII	50
Die Jünglinge finden mich an der Hecke	51
Goldwarth tröstet mich in der Schwermut	52
Ich suche ihn	53
Zwei große Engel tragen Petrus ins Tal	53
Am Mittag	54
Am Abend	54
Ich erschlage Tabak	55
Petrus Grab	55
Er heißt wie die Welt heißt	57

Die Nächte der Tino von Bagdad

[Mein Lied	1210]
Ich tanze in der Moschee	61
Das blaue Gemach	61
Plumm Pascha	63
Ached Bey	65
Der Tempel Jehovah	67
Minn, der Sohn des Sultans von Marokko	68
Der Fakir von Theben	71
Der Khedive	72
Mein Liebesbrief	75
Der Magier	76

[Ich frage nicht mehr	1212]
[Heimlich zur Nacht	1213]
[Wenn du kommst –	1213]
[Ich träume so leise von dir	1214]
Der Großmogul von Philippopel	77
Tino an Apollydes	82
[Du es ist Nacht	1215]
Apollydes und Tino sind Zagende und träumen unter der Mondscheibe	83
Apollydes und Tino kommen in eine morsche Stadt	84
Tino und Apollydes	85
Im Garten Amri Mbillre	85
Der Sohn der Lîlame	86
Der Dichter von Irsahab	90
Die sechs Feierkleider	92
[Das Lied meines Lebens	1217]

Der Prinz von Theben

Der Scheik	95
Tschandragupta	99
Der Derwisch	103
Ein Brief meiner Base Schalôme	107
Der Fakir	109
Das Buch der drei Abigails	114
Singa, die Mutter des toten Melechs des Dritten	126
Eine Begebenheit aus dem Leben Abigail des Liebenden	128
Der Kreuzfahrer	129

Gesichte

Meine Kinderzeit	139
Sterndeuterei*	145
Handschrift*	153
Johann Hansen und Ingeborg Coldstrupp*	158
Künstler*	160

In der Morgenfrühe*	162
Elberfeld im dreihundertjährigen Jubiläumsschmuck*	163
Arme Kinder reicher Leute*	167
Am Kurfürstendamm*	170
Der Alpenkönig und der Menschenfeind*	172
Die beiden weißen Bänke vom Kurfürstendamm*	175
Lasker-Schüler contra B. und Genossen*	176
Coranna*	182
Die schwere Stunde*	184
Wenn mein Herz gesund wär –*	185
Der Eisenbahnräuber*	190
Im neopathetischen Kabarett*	192
Kabarett Nachtlicht–Wien*	193
Apollotheater*	196
Tigerin, Affe und Kuckuck*	199
Im Zirkus*	200
Zirkuspferde*	205
Zirkus Busch*	207
Unser Spielgefährte Theodorio Däubler	208
Brief an Korrodi	210

Essays

Max Herrmann	219
Peter Hille*	220
Karl Kraus*	225
Doktor Benn	227
Fritz Huf	228
Fritz Wolff	230
Rudolf Schmied	232
Doktor Magnus Hirschfeld	233
Loos*	234
Oskar Kokoschka*	236
Peter Baum*	238
Unser Rechtsanwalt Hugo Caro	239
S. Lublinski*	241
Paul Leppin*	245

Alfred Kerr*	247
Max Brod*	248
Bei Guy de Maupassant*	249
Paul Lindau*	258
Bei Julius Lieban*	259
Tilla Durieux*	261
Friedrich von Schennis*	264
William Wauer*	265
Wauer-Walden via München usw.*	267
Emmy Destinn*	270
Franziska Schultz*	273
Kete Parsenow*	274
Ruth*	275
Unser Café*	277
Marie Böhm*	279
Ein Amen*	281
Egon Adler*	282
Rudolf Blümner*	284
Hans Heinrich von Twardowsky	286
[Die Odenwaldschule	1219]

Mein Herz
Ein Liebesroman mit Bildern und wirklich lebenden
Menschen 289

Der Malik
Eine Kaisergeschichte 393

Der Wunderrabbiner von Barcelona

Gott hör...	493
Der Wunderrabbiner von Barcelona	494

Ich räume auf!
Meine Anklage gegen meine Verleger 505

Arthur Aronymus
Die Geschichte meines Vaters 557

Bibliographie 596
Anmerkungen und Lesarten 608

Deutschsprachige Literatur
in den suhrkamp taschenbüchern:
Prosa
Eine Auswahl

Andreas-Friedrich, Ruth: Der Schattenmann. Tagebuchaufzeichnungen 1938-1945. Mit einem Nachwort von Jörg Drews. st 1267
- Schauplatz Berlin. Tagebuchaufzeichnungen 1945-1948. st 1294

Augustin, Ernst: Der amerikanische Traum. Roman. st 1840
- Eastend. Roman. st 1176
- Gutes Geld. Roman. st 2771
- Mahmud der Schlächter oder Der feine Weg. Roman. st 2496
- Raumlicht: Der Fall Evelyne B. Roman. st 2741
- Die sieben Sachen des Sikh. Ein Lesebuch. Herausgegeben von Lutz Hagestedt. st 2772

Bachmann, Ingeborg: Malina. Roman. st 641

Becker, Jurek: Aller Welt Freund. Roman. st 1151
- Amanda herzlos. Roman. st 2295
- Der Boxer. Roman. st 526
- Bronsteins Kinder. Roman. st 1517
- Irreführung der Behörden. Roman. st 271
- Jakob der Lügner. Roman. st 774
- Nach der ersten Zukunft. Erzählungen. st 941
- Schlaflose Tage. Roman. st 626

Beig, Maria: Hochzeitslose. Roman. Mit einem Nachwort von Martin Walser. st 1163
- Rabenkrächzen. Eine Chronik aus Oberschwaben. Roman. Mit einem Nachwort von Martin Walser. st 911
- Urgroßelternzeit. Erzählungen. st 1383

Berkéwicz, Ulla: Adam. st 1664
- Engel sind schwarz und weiß. Roman. st 2296
- Josef stirbt. Erzählung. st 1125
- Maria, Maria. Drei Erzählungen. st 1809
- Michel, sag ich. st 1530
- Mordad. Erzählung. st 2710

Bernhard, Thomas: Alte Meister. Komödie. st 1553
- Amras. Erzählung. st 1506
- Auslöschung. Ein Zerfall. st 1563
- Beton. Erzählung. st 1488
- Die Billigesser. st 1489
- Ereignisse. st 2309
- Erzählungen. st 1564
- Frost. st 47
- Gehen. st 5

Deutschsprachige Literatur
in den suhrkamp taschenbüchern:
Prosa
Eine Auswahl

Bernhard, Thomas: Holzfällen. Eine Erregung. st 1523
- In der Höhe – Rettungsversuch, Unsinn. st 2735
- Ja. st 1507
- Das Kalkwerk. Roman. st 128
- Korrektur. Roman. st 1533
- Der Stimmenimitator. st 1473
- Ungenach. Erzählung. st 2819
- Der Untergeher. st 1497
- Verstörung. st 1480
- Watten. Ein Nachlaß. st 2820
- Wittgensteins Neffe. Eine Freundschaft. st 1465

Beyer, Marcel: Flughunde. Roman. st 2626
- Das Menschenfleisch. Roman. st 2703

Bichsel, Peter: Eigentlich möchte Frau Blum den Milchmann kennenlernen. 21 Geschichten. st 2567
- Die Jahreszeiten. st 2780
- Kindergeschichten. st 2642
- Der Leser. Das Erzählen. Frankfurter Poetik-Vorlesungen. st 2643
- Des Schweizers Schweiz. Aufsätze. st 2769
- Zur Stadt Paris. Geschichten. st 2734

Blatter, Silvio: Avenue America. Roman. st 2388
- Das blaue Haus. Roman. st 2141
- Kein schöner Land. Roman. st 1250
- Das sanfte Gesetz. Roman. st 1794
- Die Schneefalle. Roman. st 1170
- Wassermann. Roman. st 1597

Braun, Volker: Hinze-Kunze-Roman. st 1538
- Unvollendete Geschichte. st 1660

Brecht, Bertolt: Dreigroschenroman. st 1846
- Flüchtlingsgespräche. st 1793
- Geschichten vom Herrn Keuner. st 16
- Der Kinnhaken. Gedichte, Geschichten und Essays zur Literatur und zum Boxsport. Herausgegeben und mit einem Nachwort versehen von Günter Berg. st 2395

Broch, Hermann: Der Tod des Vergil. Roman. st 296
- Geist und Zeitgeist. Essays zur Kultur der Moderne. Herausgegeben und mit einem Nachwort versehen von Paul Michael Lützeler. st 2702
- Novellen. Prosa, Fragmente. st 2368

Deutschsprachige Literatur
in den suhrkamp taschenbüchern:
Prosa
Eine Auswahl

Broch, Hermann: Die Schlafwandler. Eine Romantrilogie. st 2363
- Die Schuldlosen. Roman in elf Erzählungen. st 2367
- Die Unbekannte Größe. Roman. st 2364
- Die Verzauberung. Roman. st 2365
Camartin, Iso: Die Bibliothek von Pila. st 2723
Deutsche Erzähler. Band 1. Ausgewählt und eingeleitet von Hugo von Hofmannsthal. st 2378
Deutsche Erzähler. Band 2. Ausgewählt und eingeleitet von Marie Luise Kaschnitz. st 2379
Endres, Ria: Milena antwortet. Ein Brief. st 2569
- Werde, was du bist. Dreizehn literarische Frauenportraits. st 1942
Enzensberger, Hans Magnus: Ach Europa! st 1690
- Aussichten auf den Bürgerkrieg. st 2524
- Der Fliegende Robert. Gedichte, Szenen, Essays. st 1962
- Die Große Wanderung. Dreiunddreißig Markierungen. Mit einer Fußnote ›Über einige Besonderheiten bei der Menschenjagd‹ st 2334
- Der kurze Sommer der Anarchie. Buenaventura Durrutis Leben und Tod. Roman. st 395
Eppler, Erhard: Als die Wahrheit verordnet wurde. Briefe an meine Enkelin. st 2706
Federspiel, Jürg: Die Ballade von der Typhoid Mary. st 1983
- Geographie der Lust. Roman. st 1895
- Eine Halbtagsstelle in Pompeji. Erzählungen. st 2481
Fleißer, Marieluise: Abenteuer aus dem Englischen Garten. Geschichten. Mit einem Nachwort von Günther Rühle. st 2830
- Eine Zierde für den Verein. Roman vom Rauchen, Sporteln, Lieben und Verkaufen. st 294
Franke, Herbert W.: Einsteins Erben. Drei Romane. st 2587
Freisprüche. Revolutionäre vor Gericht. Herausgegeben von Hans Magnus Enzensberger. st 111
Frisch, Max: Blaubart. Eine Erzählung. st 2194
- Dienstbüchlein. st 205
- Homo faber. Ein Bericht. st 354
- Mein Name sei Gantenbein. Roman. st 286
- Der Mensch erscheint im Holozän. Eine Erzählung. st 734
- Montauk. Eine Erzählung. st 700
- Stiller. Roman. st 105
- Tagebuch 1946-1949. st 1148
- Tagebuch 1966-1971. st 256

Deutschsprachige Literatur in den suhrkamp taschenbüchern: Prosa
Eine Auswahl

Frisch, Max: Wilhelm Tell für die Schule. st 2

Fritsch, Gerhard: Fasching. Roman. Mit einem Nachwort von Robert Menasse. st 2478

– Katzenmusik. Mit einem Nachwort von Robert Menasse. st 2721

Fritsch, Werner: Cherubim. st 1672

Genzmer, Herbert: Das Amulett. Roman. st 2641

Goetz, Rainald: Irre. Roman. st 1224

– Kontrolliert. Roman. st 1836

Gstrein, Norbert: Der Kommerzialrat. Bericht. st 2718

– O_2. Novelle. st 2476

– Das Register. Roman. st 2298

Hänny, Reto: Flug. st 1649

Hammerschmitt, Marcus: Der Glasmensch. Und andere Science-fiction-Geschichten. PhB 324. st 2473

– Wind. Zwei Romane. st 2778

Handke, Peter: Die Abwesenheit. Ein Märchen. st 1713

– Die Angst des Tormanns beim Elfmeter. Erzählung. st 27

– Begrüßung des Aufsichtsrats. st 654

– Der Chinese des Schmerzes. st 1339

– Das Ende des Flanierens. st 679

– Falsche Bewegung. st 258

– Die Geschichte des Bleistifts. st 1149

– Das Gewicht der Welt. Ein Journal (November 1975 - März 1977). st 500

– Der Hausierer. Roman. st 1959

– Die Hornissen. Roman. st 416

– Kindergeschichte. st 1071

– Der kurze Brief zum langen Abschied. st 172

– Langsam im Schatten. Gesammelte Verzettelungen 1980 - 1992. st 2475

– Langsame Heimkehr. Erzählung. st 1069

– Die Lehre der Sainte-Victoire. st 1070

– Die linkshändige Frau. Erzählung. st 560

– Nachmittag eines Schriftstellers. Erzählung. st 1668

– Die Stunde der wahren Empfindung. st 452

– Versuch über den geglückten Tag. Ein Wintertagtraum. st 2282

– Versuch über die Jukebox. Erzählung. st 2208

– Versuch über die Müdigkeit. st 2146

– Die Wiederholung. st 1834

Deutschsprachige Literatur in den suhrkamp taschenbüchern: Prosa
Eine Auswahl

Handke, Peter: Unglück. Erzählung. st 146
Happel, Lioba: Ein Hut wie Saturn. Erzählung. st 2217
Hensel, Kerstin: Tanz am Kanal. Erzählung. st 2649
Hesse, Hermann: Aus Indien. Aufzeichnungen, Tagebücher, Gedichte, Betrachtungen und Erzählungen. Neu zusammengestellt und ergänzt von Volker Michels. st 562
– Aus Kinderzeiten. Gesammelte Erzählungen Band 1. 1900-1905. Zusammengestellt von Volker Michels. st 347
– Bericht aus Normalien. Humoristische Erzählungen, Gedichte und Anekdoten. Herausgegeben und mit einem Nachwort von Volker Michels. st 1308
– Berthold. Erzählung. st 1198
– Beschreibung einer Landschaft. Schweizer Miniaturen. Herausgegeben und mit einem Vorwort versehen von Siegfried Unseld. st 1970
– Der Bettler. Zwei Erzählungen. Mit einem Nachwort von Max Rychner. st 1376
– Casanovas Bekehrung und Pater Matthias. Zwei Erzählungen. st 1196
– Demian. Die Geschichte von E. Sinclairs Jugend. st 206
– Emil Kolb. Erzählung. st 1202
– Der Europäer. Gesammelte Erzählungen Band 3. 1909-1918. Zusammengestellt von Volker Michels. st 384
– Freunde. Erzählung. st 1284
– Gertrud. Roman. st 890
– Das Glasperlenspiel. Versuch einer Lebensbeschreibung des Magister Ludi Josef Knecht samt Knechts hinterlassenen Schriften. st 79
– Die Heimkehr. Erzählung. st 1201
– Hermann Lauscher. st 2517
– Heumond. Erzählung. st 1194
– In der alten Sonne. Erzählung. st 1378
– Innen und Außen. Gesammelte Erzählungen Band 4. 1919 - 1955. st 413
– Kinderseele. Erzählung. st 1203
– Kindheit und Jugend vor Neunzehnhundert. Hermann Hesse in Briefen und Lebenszeugnissen. 1. Band: 1877-1895. Ausgewählt und herausgegeben von Ninon Hesse. st 1002
– Kindheit und Jugend vor Neunzehnhundert. Hermann Hesse in Briefen und Lebenszeugnissen. 2. Band: 1895-1900. Herausgegeben von Ninon Hesse. Fortgesetzt und erweitert von Gerhard Kirchhoff. st 1150

Deutschsprachige Literatur
in den suhrkamp taschenbüchern:
Prosa
Eine Auswahl

Hesse, Hermann: Klein und Wagner. Novelle. st 116
- Kleine Freuden. Verstreute und kurze Prosa aus dem Nachlaß. Herausgegeben und mit einem Nachwort von Volker Michels. st 360
- Klingsors letzter Sommer. Erzählung. st 1195
- Knulp. st 1571
- Die Kunst des Müßiggangs. Kurze Prosa aus dem Nachlaß. Herausgegeben und mit einem Nachwort von Volker Michels. st 100
- Kurgast. Aufzeichnungen von einer Badener Kur. st 383
- Ladidel. Erzählung. st 1200
- Der Lateinschüler. Erzählung. st 1193
- Legenden. Zusammengestellt von Volker Michels. st 909
- Lektüre für Minuten. Gedanken aus seinen Büchern und Schriften. Ausgewählt und zusammengestellt von Volker Michels. st 7
- Lektüre für Minuten. Neue Folge. Gedanken aus seinen Büchern und Briefen. Herausgegeben von Volker Michels. st 240
- Die Märchen. Zusammengestellt von Volker Michels. st 291
- Die Marmorsäge. Taedium vitae. Zwei Erzählungen. st 2779
- Die Morgenlandfahrt. Eine Erzählung. st 750
- Narziß und Goldmund. Erzählung. st 274
- Die Nürnberger Reise. st 227
- Peter Camenzind. Erzählung. st 161
- Robert Aghion. Erzählung. st 1379
- Roßhalde. Roman. st 312
- Schön ist die Jugend. Erzählung. st 1380
- Siddhartha. Eine indische Dichtung. st 182
- Der Steppenwolf. Erzählung. st 175
- Unterm Rad. Erzählung. st 52
- Die Verlobung. Gesammelte Erzählungen Band 2. 1906-1908. st 368
- Der vierte Lebenslauf Josef Knechts. Zwei Fassungen. Mit einem Nachwort von Theodore Ziolkowski. Herausgegeben von Ninon Hesse. st 1261
- Der Weltverbesserer und Doktor Knölges Ende. Zwei Erzählungen. st 1197
- Zarathustras Wiederkehr. Ein Wort an die deutsche Jugend und andere Aufrufe gegen den Herdengeist von rechts und links. Herausgegeben von Volker Michels. st 2228
- Der Zyklon. Zwei Erzählungen. st 1377

Hettche, Thomas: NOX. Roman. st 2635
Hildesheimer, Wolfgang: Marbot. Eine Biographie. st 1009

Deutschsprachige Literatur
in den suhrkamp taschenbüchern:
Prosa
Eine Auswahl

Hildesheimer, Wolfgang: Mitteilungen an Max über den Stand der Dinge und anderes. Mit einem Glossarium und 6 Tuschzeichnungen des Autors. st 1276
- Mozart. st 598
- Tynset. Roman. st 1968

Hohl, Ludwig: Die Notizen oder Von der unvoreiligen Versöhnung. st 1000

Horstmann, Ulrich: Das Untier. Konturen einer Philosophie der Menschenflucht. st 1172

Horváth, Ödön von: Sportmärchen und anderes. st 1061
- Kasimir und Karoline. st 2371
- Der ewige Spießer. st 2373
- Sechsunddreißig Stunden. Die Geschichte vom Fräulein Pollinger. Roman. st 2211

Hürlimann, Thomas: Die Tessinerin. Geschichten. st 985

Johnson, Uwe: Jahrestage. Aus dem Leben der Gesine Cresspahl. Zwei Bände. st 2631 und st 2632
- Karsch, und andere Prosa. Nachwort von Walter Maria Guggenheimer. st 1753
- Eine Reise nach Klagenfurt. st 235

Kafka, Franz: Amerika. st 2654
- Der Prozeß. Roman. st 2837
- Das Schloß. Roman. st 2565

Kaiser, Susanne: Von Mädchen und Drachen. Ein Märchenroman. st 2729

Kaminski, André: Flimmergeschichten. st 2164
- Die Gärten des Mulay Abdallah. Neun wahre Geschichten aus Afrika. st 930
- Herzflattern. Neun wilde Geschichten. st 1080
- Kiebitz. Roman. st 1807
- Nächstes Jahr in Jerusalem. Roman. st 1519
- Schalom allerseits. Tagebuch einer Deutschlandreise. st 1637

Kasack, Hermann: Die Stadt hinter dem Strom. Roman. st 2561

Kaschnitz, Marie Luise: Liebesgeschichten. Ausgewählt und mit einem Nachwort versehen von Elisabeth Borchers. st 1292

Kellermann, Bernhard: Der Tunnel. Roman. st 2455

Kirchhoff, Bodo: Dame und Schwein. Geschichten. st 1549
- Die Einsamkeit der Haut. Prosa. st 919

Kirchhoff, Bodo: Ferne Frauen. Erzählungen. st 1691

Deutschsprachige Literatur
in den suhrkamp taschenbüchern:
Prosa
Eine Auswahl

Kirchhoff, Bodo: Gegen die Laufrichtung. Novelle. st 2467
- Infanta. Roman. st 1872
- Mexikanische Novelle. st 1367
- Ohne Eifer, ohne Zorn. Novelle. st 1301
- Der Sandmann. Roman. st 2330
- Zwiefalten. Roman. st 1225

Kiss, Ady Henry: Atlantic City. st 2838
- Baker's Barn. Roman. st 2633
- Manhattan II. Roman. PhB 319. st 2416

Koch, Werner: Jenseits des Sees. st 718
- See-Leben I. st 132
- Wechseljahre oder See-Leben II. st 412

Koeppen, Wolfgang: Amerikafahrt. st 802
- Angst. Erzählende Prosa. st 1459
- »Einer der schreibt«. Gespräche und Interviews. Herausgegeben von Hans-Ulrich Treichel. st 2450
- Es war einmal in Masuren. Als Film eingerichtet von Peter Goedel. Mit 35 Fotografien. st 2394
- Jakob Littners Aufzeichnungen aus einem Erdloch. Roman. Mit einem Vorwort des Autors. st 2267
- Die Mauer schwankt. Roman. st 1249
- Nach Rußland und anderswohin. Empfindsame Reisen. st 115
- Reisen nach Frankreich. st 530
- Romanisches Café. Erzählende Prosa. st 71
- Tauben im Gras. Roman. st 601
- Der Tod in Rom. Roman. st 241
- Das Treibhaus. st 78
- Eine unglückliche Liebe. Roman. st 392

Kohtes, Michael: Literarische Abenteurer. Dreizehn Porträts. st 2512
Kolleritsch, Alfred: Allemann. Roman. st 2666
Kracauer, Siegfried: Georg. Roman. st 1868
Kraus, Karl: Die Stunde des Gerichts. Aufsätze 1925-1928. Herausgegeben von Christian Wagenknecht. st 1327
- Hüben und Drüben. Aufsätze 1929-1936. Herausgegeben von Christian Wagenknecht. st 1328
- Die Katastrophe der Phrasen. Glossen 1910-1918. Herausgegeben von Christian Wagenknecht. st 1329

Krüger, Horst: Diese Lust am Leben. Zeitbilder. Erstausgabe. st 2263
Landsberg, Paul Ludwig: Die Erfahrung des Todes. st 2645

Deutschsprachige Literatur
in den suhrkamp taschenbüchern:
Prosa
Eine Auswahl

le Fort, Gertrud von: Die Tochter Jephthas und andere Erzählungen. st 351
Lenz, Hermann: Andere Tage. Roman. st 461
- Die Augen eines Dieners. Roman. st 348
- Der innere Bezirk. Roman in drei Büchern. st 2159
- Neue Zeit. Roman. st 505
- Tagebuch vom Überleben und Leben. Roman. st 659
- Verlassene Zimmer. Roman. st 436
- Der Wanderer. Roman. st 1492
- Zwei Frauen. Erzählung. st 2794
Mayer, Hans: Ein Deutscher auf Widerruf. Erinnerungen. Band I. st 1500
- Ein Deutscher auf Widerruf. Erinnerungen. Band II. st 1501
- Erinnerung an Brecht. st 2803
- Der Turm von Babel. Erinnerung an eine Deutsche Demokratische Republik. st 2174
- Wendezeiten. Über Deutsche und Deutschland. st 2421
- Der Widerruf. Über Deutsche und Juden. st 2585
Mayröcker, Friederike: Die Abschiede. st 1408
Meinecke, Thomas: Mode & Verzweiflung. st 2821
Menasse, Robert: Das Land ohne Eigenschaften. Zur österreichischen Identität. st 2487
- Phänomenologie der Entgeisterung. Geschichte vom verschwindenden Wissen. st 2389
- Schubumkehr. Roman. st 2694
- Selige Zeiten, brüchige Welt. Roman. st 2312
- Sinnliche Gewißheit. Roman. st 2688
- Überbau und Underground. Die sozialpartnerschaftliche Ästhetik. Essays zum österreichischen Geist. Mit Abbildungen. st 2648
Meyer-Hörstgen, Hans: Hirntod. Roman. st 1437
Morshäuser, Bodo: Der weiße Wannsee. Ein Rausch. st 2713
Muschg, Adolf: Albissers Grund. Roman. st 334
- Baiyun oder die Freundschaftsgesellschaft. Roman. st 902
- Entfernte Bekannte. Erzählungen. st 510
- Fremdkörper. Erzählungen. st 964
- Gegenzauber. Roman. st 665
- Im Sommer des Hasen. Roman. st 263
- Leib und Leben. Erzählungen. st 2153

Deutschsprachige Literatur
in den suhrkamp taschenbüchern:
Prosa
Eine Auswahl

Muschg, Adolf: Das Licht und der Schlüssel. Erziehungsroman eines Vampirs. st 2829
- Liebesgeschichten. st 164
- Mitgespielt. Roman. st 1083
- Noch ein Wunsch. Erzählung. st 735
- Der Rote Ritter. Eine Geschichte von Parzivâl. st 2581
- Der Turmhahn und andere Liebesgeschichten. st 1630

Neuwirth, Barbara: Dunkler Fluß des Lebens. Erzählungen. PhB 318. st 2399

Nizon, Paul: Im Bauch des Wals. Caprichos. st 1900

Nossack, Hans Erich: Der Fall d'Arthez. Roman. st 1963

Offenbach, Judith: Sonja. Eine Melancholie für Fortgeschrittene. st 688

Pakleppa, Fabienne: Die Himmelsjäger. Roman. PhB 299. st 2214

Pedretti, Erica: Harmloses, bitte & zwei Romane. st 2518

Penzoldt, Ernst: Die Powenzbande. Zoologie einer Familie. Ausgabe letzter Hand unter Zugrundelegung der neuesten Forschungsergebnisse und der nachgelassenen Dokumente mit einem Geleitwort des Altbürgermeisters der Stadt Mössel Dr. h. c. Max Dattel gemeinverständlich dargestellt. st 372

Phantastisches aus Österreich. Herausgegeben von Franz Rottensteiner. PhB 325. st 2479

Plenzdorf, Ulrich: kein runter kein fern. st 1078
- Legende vom Glück ohne Ende. st 722
- Die Legende von Paul und Paula. Filmerzählung. st 173
- Die neuen Leiden des jungen W. st 300

Praetorius, Friedrich-Karl: Reisebuch für den Menschenfeind. Die Freuden der Misanthropie. st 2203
- Sein oder Nichtsein. Lebensbericht einer Leiche. st 2463

Rakusa, Ilma: Die Insel. Erzählung. st 1964

Riedler, Heinz: Brot und Spiel. Roman. PhB 327. st 2502

Rilke, Rainer Maria: Die Aufzeichnungen des Malte Laurids Brigge. st 2693
- Die Weise von Liebe und Tod des Cornets Christoph Rilke. st 2692

Roth, Patrick: Johnny Shines oder Die Wiedererweckung der Toten. Seelenrede. st 2783
- Riverside. Christusnovelle. st 2568

Rothmann, Ralf: Messers Schneide. Erzählung. st 1633
- Stier. Roman. st 2255
- Wäldernacht. Roman. st 2582

Deutschsprachige Literatur
in den suhrkamp taschenbüchern:
Prosa
Eine Auswahl

Rothmann, Ralf: Der Windfisch. Erzählung. st 1816
Sanzara, Rahel: Das verlorene Kind. Roman. Mit einem Nachwort von Peter Engel. st 910
Schindel, Robert: Gebürtig. Roman. st 2273
– Die Nacht der Harlekine. Erzählungen. st 2667
Scholem, Gershom: Von Berlin nach Jerusalem. Jugenderinnerungen. Erweiterte Fassung. st 2784
Skwara, Erich Wolfgang: Eis auf der Brücke. Roman. st 2468
Sloterdijk, Peter: Der Zauberbaum. Die Entstehung der Psychoanalyse im Jahr 1785. Ein epischer Versuch zur Philosophie der Psychologie. st 1445
Soyka, Otto: Die Traumpeitsche. Ein phantastischer Roman. PhB 326. st 2486
Späth, Gerold: Stilles Gelände am See. Roman. st 2289
Stadler, Arnold: Mein Hund, meine Sau, mein Leben. Roman. Mit einem Nachwort von Martin Walser. st 2575
Steiner, Jörg: Schnee bis in die Niederungen. Erzählung. st 935
Streeruwitz, Marlene: Verführungen. 3. Folge. Frauenjahre. st 2726
Tschinag, Galsan: Der blaue Himmel. Roman. st 2720
– Zwanzig und ein Tag. Roman. st 2789
Unseld, Siegfried: Begegnungen mit Hermann Hesse. st 218
Walser, Martin: Die Anselm Kristlein Trilogie. Halbzeit. Das Einhorn. Der Sturz. 3 Bände in Kassette. st 684
– Brandung. Roman. st 1374
– Dorle und Wolf. Eine Novelle. st 1700
– Ehen in Philippsburg. Roman. st 1209
– Das Einhorn. Roman. st 159
– Fingerübungen eines Mörders. Zwölf Geschichten. st 2324
– Ein fliehendes Pferd. Novelle. st 600
– Ein Flugzeug über dem Haus. Und andere Geschichten. st 2788
– Halbzeit. Roman. st 94 und st 2657
– Heilige Brocken. Aufsätze, Prosa, Gedichte. st 1528
– Jagd. Roman. st 1785
– Jenseits der Liebe. Roman. st 525
– Liebeserklärungen. st 1259
– Lügengeschichten. st 1736
– Meßmers Gedanken. st 2140
Walser, Martin: »Mit der Schwere spielen«. Ein Brevier. Ausgewählt von Hans Christian Kosler. st 2659

Deutschsprachige Literatur
in den suhrkamp taschenbüchern:
Prosa
Eine Auswahl

Walser, Martin: Ohne einander. Roman. st 2574
- Das Schwanenhaus. Roman. st 800
- Seelenarbeit. Roman. st 901 und st 2615
- Der Sturz. Roman. st 322
- Die Verteidigung der Kindheit. Roman. st 2252
- Vormittag eines Schriftstellers. st 2510

Walser, Robert: Geschichten. st 1102
- Geschwister Tanner. Roman. st 1109
- Der Gehülfe. Roman. st 1110
- Jakob von Gunten. Ein Tagebuch. st 1111
- Der Räuber. Roman. Mit meinem Nachwort von Martin Jürgens. st 1112
- Lektüre für Minuten. Gedanken aus seinen Büchern und Briefen. Auswahl und Nachwort von Volker Michels. st 2831
- Liebesgeschichten. Herausgegeben und mit einem Nachwort versehen von Volker Michels. st 2318

Weber, Peter: Der Wettermacher. Roman. st 2547

Weiss, Peter: Die Ästhetik des Widerstands. Roman. st 2777
- Das Duell. Aus dem Schwedischen von J. C. Görsch in Zusammenarbeit mit dem Autor. Mit 10 Federzeichnungen von Peter Weiss. st 41

Winkler, Josef: Friedhof der bitteren Orangen. Roman. st 2171
- Der Leibeigene. Roman. st 1731
- Das wilde Kärnten. Drei Romane: Menschenkind. Der Ackermann aus Kärnten. Muttersprache. st 2477
- Das Zöglingsheft des Jean Genet. st 2320

Zeemann, Dorothea: Einübung in Katastrophen. Leben zwischen 1913 und 1945. st 2637